手塚和彰先生退官記念論集

# 変貌する労働と社会システム

編集代表
手塚和彰　中窪裕也

信山社

# まえがき

　本書は，21世紀に入ってますます急速な変貌が進む日本および諸外国の社会システムを，「労働」の問題に重点をおきながら分析したものである。本書に所収された論文は，それぞれ具体的なテーマは異なるが，いずれも2005～6年の時点における国際的な経済環境の中で，先進国が直面する社会の構造変化と法政策上の課題について，検討を行っている。

　本書の構成を，最初に紹介しておこう。まず「I　はじめに」で，日本とドイツの格差社会を素材に，本書を通底する問題関心が示される。次に，「II　現代社会の変容」では，今日の日本における社会変容のいくつかの具体的な諸相が，「III　雇用変化と労働法の課題」では，雇用システムの変化の下で日本の労働法が直面する重要課題が，それぞれ分析される。続いて，「IV　諸外国における社会と法の変化」では，欧米諸国におけるさまざまな社会変動の姿と法政策上の新たな動きが検討され，最後に，「V　特別寄稿：ドイツとイギリスの経験から」では，ドイツとイギリスの研究者から，両国の雇用関係と労働法をめぐる重要問題の紹介がなされる。

　どの論文も，現状を鋭く分析する中から21世紀を見通す先見的なものであり，タイトルを辿っていくだけで，先進諸国に共通するさまざまな課題が実感されよう。それらを通じて浮かび上がるのは，次の4つのテーマである。

　第1には，諸国の経済活動がグローバル化する中で，市場の自由化，規制の緩和を主張する新自由主義的な流れが顕著である。いわゆるリストラの進行や格差社会問題など，それがもたらす社会的・経済的な影響やこれに対する対処方法が検討され，また，労働市場の規制緩和は雇用を増加させるといった立論の当否が精査されねばならない。この点について精緻な議論を積み重ねてきたドイツでの論議は，大いに参考になろう。

　第2には，先進諸国の少子高齢・人口減少社会がどのように進み，それが法政策にどのような課題を提起するかという点である。高齢者の雇用や公的年金の再編が喫緊の課題となるのはもちろんのこと，家族関係の変化が離婚訴訟の中にも反映されてくる。また，フランスのように，社会変化が相続法

まえがき

制の改革や財政制度の変容をもたらす国もある。

　第3には，こうした環境変化の下で「労働」のあるべき姿の追求である。就業形態の多様化への対処，仕事と生活の調和，過労死問題，労働契約法制，労働組合の役割など，法政策上の課題が多々あることは言うまでもないが，それと同時に，働く側の主体的な対応も問われている。ドイツで「市民労働」と規定されている，ボランティア活動やNPOの活動を含む広い意味での市民の活動に視野を広げる必要がある。

　第4に，以上を通じた社会変化の中で，新たな社会的公正・公平をどのように考え，それを実現するにはどうした政策展開が必要か，という点である。特に，市場主義的な効率性の追求や世代間の「公平」の必要性が声高に主張される時代であるからこそ，北欧，ドイツ，イギリスなどの福祉国家にもう一度光をあて，それが持続可能となるための雇用・労働システムや教育，福祉，財政等のありかたを考えてみることが不可欠であろう。

　本書の諸論文は，手塚が代表者となり平成14年度以降に行ってきた研究を基礎としつつ，さらに何人かの方々に特別に論考を寄稿していただいてまとめたものである。上記の研究を行うにあたっては，文部科学省の科学研究費補助金（基盤研究(A)(2)，平成14年度〜17年度『経済構造変化にともなう雇用変化と雇用関係法に関する実証的・比較法的研究』）を受けるとともに，上廣倫理財団より『社会的公平・公正に関する総合的研究』のテーマに対して研究補助をいただいた。以上の研究調査活動支援の成果であることをここに記し，改めてお礼を申し上げる。

　本書の出版の企画が立てられてから2年余りの時間が経過し，論文の中にはデータ等が最新のものではない場合もあるが，それぞれの本質的な内容についてはいささかも変動がなく，今後の学問的な議論はもとより，政策的な議論にも十二分に寄与するところが大きいと自負する次第である。なお，この間に手塚は，平成19年3月末をもって，36年勤務した千葉大学を定年により退職し，新たな勤務先へと転じた。執筆者の総意にもとづき，本書に「退官記念論集」という副題をつけることをお許しいただきたい。

　なお，本研究をまとめるにあたっては，皆川宏之千葉大学法経学部准教授

　　　　　　　　　　　　　　　　　　　　　　　　　　まえがき

の多大な協力をえたことを記して謝したい。

　　平成20年新春

　　　　　　　　　　　　　　　　　執筆者を代表して
　　　　　　　　　　　　　　　　　　　　手 塚 和 彰
　　　　　　　　　　　　　　　　　　　　中 窪 裕 也

# 目　次

## Ⅰ　はじめに

問題提起——日独に見る格差社会とネオリベラリズム …………手塚和彰…3
    1　はじめに　(3)
    2　格差社会・社会的「下層」論議——好況の中での大量失業に
　　　悩むドイツ　(4)
    3　グローバリゼーションと大量失業——技術・技能労働者も
　　　大量失業するエアバスとジーメンス・ベンQ社の例　(15)
    4　ネオ・リベラリズムとグローバリゼーション　(17)
    5　グローバリゼーションと労働法　(18)

## Ⅱ　現代社会の変容

高齢社会の雇用変化 ……………………………………………藤正　巖…23
    1　高齢社会構造の変貌　(23)
      (1)　日本人口の推移　(23)
      (2)　地域社会の人口構造と機能　(24)
      (3)　人口変動を決める因子　(25)
      (4)　世界各国の人口変動の趨勢　(28)
      (5)　日本における人口減少の原因　(29)
      (6)　日本の人口減少の将来展望　(32)
      (7)　高齢人口の動向　(33)
      (8)　生産年齢人口の動向　(35)
      (9)　人口減少により経済成長が止まる　(36)
      (10)　海外労働力を受け入れたときの日本の人口の変化　(37)
      (11)　地域人口減少の注目点は人口構造の変化にある　(39)
      (12)　人口減少は人間界の維持には必須の条件　(41)

目　次

## 公的年金における公正とは何か……………………………高田一夫…45

 1　公的年金のどこが問題なのか　(45)
 2　後代負担の原因と「問題」　(46)
 3　後代負担への対策　(50)
  (1)　積立方式への回帰　(50)
  (2)　スウェーデンの改革　(52)
  (3)　アメリカの年金改革　(55)
  (4)　ドイツの年金改革　(57)
 4　後代負担は問題なのか　(58)
 5　高齢化社会における公正な再分配　(59)
  (1)　誰が負担すべきか　(59)
  (2)　貢献度に応じた分配　(64)

## 女性の職場進出と雇用の安定……………………………………岡村清子…69

 1　はじめに　(69)
 2　女性・母性の保護から男女の均等待遇への法整備の歩み　(70)
  (1)　母性保護とM字型ライフサイクル論　(70)
  (2)　女性の均等待遇と雇用差別の禁止　(70)
  (3)　男女の均等待遇と2007年改正法　(71)
 3　仕事と家庭の両立支援のための政策　(73)
  (1)　均等法以前の子どもの保育をめぐる政策の動向　(73)
  (2)　男女雇用機会均等法と育児休業法　(74)
  (3)　少子化と児童福祉法の改正　(74)
  (4)　少子化時代の女性労働政策　(75)
 4　女性の職場進出と職業上の地位　(76)
  (1)　女性の職業上の地位と構成要件　(76)
  (2)　就業上の地位の変化　(78)
 5　職場への定着を阻害する要因　(87)
  (1)　企業における長時間労働　(87)
  (2)　コース別人事の問題　(89)
  (3)　パートタイマーの処遇　(90)

⑷　間接差別　(91)
　　⑸　家庭における役割分担と性別役割分業意識　(91)
　6　男女の雇用の安定をめざして　(92)
　　⑴　均等法世代の職業キャリアと両立支援策　(92)
　　⑵　女性間の格差拡大と家族形成への対応　(93)
　　⑶　働き方による格差社会への対処　(93)
　7　おわりに　(94)

東京家庭裁判所における離婚訴訟事件の動向 ……………秋武憲一…99
　1　はじめに　(99)
　2　家族間の紛争と調停及び人事訴訟との関係　(100)
　3　人事訴訟における家族間紛争の解決の実際　(102)
　4　人事訴訟事件の実態——離婚について　(105)
　　⑴　離婚原因について　(105)
　　⑵　離婚の当事者について　(108)
　　⑶　附帯処分の申立てについて　(110)
　　⑷　離婚事件の審理方法について　(111)
　　⑸　証拠調べの問題　(114)
　5　まとめ　(115)

リストラと労働組合 ………………………………………逢見直人…117
　1　はじめに　(117)
　2　リストラの実施と労使協議の現状　(118)
　3　UIゼンセン同盟の「経営対策指針」と「合理化対策指針」　(125)
　　⑴　UIゼンセン同盟「経営対策指針」　(126)
　　⑵　UIゼンセン同盟「合理化対策指針」　(128)
　4　リストラと労働組合の発言　(129)
　　⑴　事前協議なきリストラ策の提案——A社のケース　(129)
　　⑵　企業倒産と労働組合の発言——B社のケース　(132)
　　⑶　事業再生と労働組合の関与　(135)
　　⑷　小　括　(138)
　5　従業員に対する経営者責任　(139)

6　コーポレート・ガバナンスと労働組合　(140)

### Ⅲ　雇用変化と労働法の課題

## 雇用システムの変化と労働法の再編……………………荒木尚志…147

　　1　はじめに　(147)
　　2　長期雇用システムと雇用関係・労使関係・雇用政策　(148)
　　3　1980年代半ば以降の雇用システムをとりまく環境変化　(149)
　　　(1)　労働市場の持続的構造変化　(150)
　　　(2)　バブル経済崩壊以降の新たな変化　(156)
　　4　1980年代半ば以降の労働法制の展開　(160)
　　　(1)　規制緩和：外部労働市場活性化と高失業への対策　(160)
　　　(2)　再規制：労働市場・産業の構造変化　(161)
　　　(3)　新規制：新たな価値・事象に対応した新規制の導入　(162)
　　5　労働法再編の方向と課題　(165)
　　　(1)　実体規制と手続規制　(166)
　　　(2)　強行規定・逸脱可能な強行規定・任意規定・適用除外と契約自由　(167)
　　　(3)　エンフォースメントにおける国家・紛争処理システム・市場　(169)
　　　(4)　従業員代表制度の役割　(172)

## 労働契約法の基礎的課題……………………………………野川　忍…175

　　1　序　(175)
　　2　問題の背景　(176)
　　　(1)　雇用構造の変化　(176)
　　　(2)　法制度改革の中の労働契約法　(177)
　　　(3)　雇用と法システム論の隆盛　(178)
　　　(4)　課題は何か　(178)
　　3　労働契約法理の特質と問題　(179)
　　　(1)　実定法の機能不備と判例法理の特徴　(179)
　　　(2)　規範法理の必要性　(181)

目　次

　　　　4　「労働」契約法理と労働「契約」法理の連結　(183)
　　　　　　(1)　労働関係の特質に根ざした契約法の意義　(183)
　　　　　　(2)　契約法理の最先端と労働契約法理　(188)
　　　　5　結　語　(195)

「仕事と生活の調和」をめぐる法的課題……………………土田道夫…197
　　　　1　本稿の目的　(197)
　　　　2　短時間正社員制度　(200)
　　　　　　(1)　緒　説　(200)
　　　　　　(2)　賃金の取扱い　(201)
　　　　　　(3)　不利益取扱いの違法性　(203)
　　　　　　(4)　一般的な短時間正社員制度の可能性　(205)
　　　　3　配置・人事異動　(206)
　　　　　　(1)　緒　説　(206)
　　　　　　(2)　職業生活への配慮と人事権　(207)
　　　　　　(3)　家庭生活への配慮と人事権　(208)
　　　　4　職権・勤務地限定社員，コース別人事管理，社内公募制　(212)
　　　　　　(1)　制度の概要　(212)
　　　　　　(2)　法律問題　(213)
　　　　5　労働時間制度　(216)
　　　　　　(1)　フレックスタイム制　(217)
　　　　　　(2)　裁量労働制　(218)
　　　　　　(3)　「新しい自律的な労働時間制度」について　(220)
　　　　6　結　語　(222)

「過労死・過労自殺」等に対する企業責任と労災上積み補障制度
　　──過失相殺と補償原資としての生命保険をめぐる
　　　　判例法理の到達点とその課題を中心として………………岩出　誠…225
　　　　1　はじめに　(225)
　　　　　　(1)　過労死・過労自殺の労災認定基準緩和等と損害賠償請求認容例
　　　　　　　　の急増　(225)
　　　　　　(2)　本稿の検討対象の画定　(227)

2　過労死・過労自殺の多発と企業責任　(228)
　　(1)　現下の経済情勢下での労働者への負荷の増大　(228)
　　(2)　健康診断結果に示される健康障害と労災認定の多発化　(228)
　　(3)　過労死等への損害賠償請求事件の多発化　(229)
　3　過労死等損害賠償請求事件の増加と認容例の相次ぐ出現　(229)
　　(1)　過労死等の労災認定基準の緩和と損害賠償請求の関係　(229)
　　(2)　過労死損害賠償事件の最近の動向　(235)
　　(3)　過労自殺賠償請求事件の最近の動向　(238)
　4　過失相殺等の減額事由をめぐる攻防の重要性　(240)
　　(1)　過労死等に関する過労死新認定基準と企業責任の関係
　　　　──過重労働下では事実上の結果責任化　(240)
　　(2)　過失相殺等の減額事由をめぐる攻防の重要性　(241)
　　(3)　電通事件最高裁判決での過失相殺否定とその影響　(242)
　　(4)　電通事件高裁判決の実務的先例性　(242)
　　(5)　今度の実務的対応上の留意点　(243)
　5　労災上積み補償制度におけるリスクヘッジとしての生命保険付
　　保をめぐる保険金の処理に関する判例理論の現状とその課題
　　(244)
　　(1)　上積み補償と労災保険給付との関係　(244)
　　(2)　上積み補償と損害賠償との関係　(245)
　　(3)　上積み補償の原資としての保険利用上の留意点　(246)
　6　むすびに代えて　(252)

就業形態の多様化と労働契約の「変貌」……………………皆川宏之…255
　1　はじめに　(255)
　2　労働契約の変貌　(258)
　　(1)　経営管理と労務管理の変化　(258)
　　(2)　労働契約の変容　(259)
　3　信頼労働時間　(261)
　　(1)　労働義務と労働時間　(261)
　　(2)　労働時間の弾力化──フレックスタイム制と信頼労働時間制
　　　　(263)

(3) 信頼労働時間と労働契約　(266)
　4　目標合意　(268)
　　(1) 目標合意　(268)
　　(2) 目標合意の法的評価　(269)
　5　おわりに　(271)

## Ⅳ　諸外国における社会と法の変化

雇用と雇用保険をめぐる日独の最近の変化
　——解雇制限と雇用保険の法改正を中心として……………手塚和彰…277
　1　はじめに　(277)
　2　日独の雇用改革　(278)
　3　雇用，労働市場における変化と雇用法制の変化　(281)
　4　雇用と年金　(287)

ドイツ連邦労働裁判所判決にみる定年制について…阿久澤利明…291
　1　はじめに　(291)
　2　一般の解約告知との関係　(293)
　　(1) 判　決　(293)
　　(2) 分　析　(293)
　3　合意解約との関係　(294)
　　(1) 個別的合意と包括的合意　(294)
　　(2) 65歳退職の擬制　(298)
　　(3) 合意解約と有期労働契約　(299)
　　(4) 合意解約と正当事由　(301)
　　(5) 社会法典第6編41条と企業年金　(305)
　　(6) 女性差別　(308)
　4　合意解除の承諾　(310)
　　(1) 判　決　(310)
　　(2) 分　析　(311)
　5　就業継続の合意　(311)
　　(1) 判　決　(311)

(2) 分　析 (313)
　6　高齢者扶助との関係 (314)
　　　(1) 判　決 (314)
　　　(2) 分　析 (315)
　7　まとめ (316)

## ドイツにおける労働市場の危機と「市民参加」………雨宮昭彦…317

　1　問題の所在 (317)
　　　(1) 産業立地間競争から労働の未来へ (317)
　　　(2) 複合問題としての大量失業と職業労働の変化 (318)
　　　(3) 職業労働の拡大・普遍化と労働の意味論的拡張 (319)
　　　(4) 労働の未来と未来問題委員会 (320)
　2　未来問題委員会と「適応の戦略」における「市民労働」
　　　の位置 (322)
　　　(1) 「職業労働」における低賃金戦略と社会扶助水準の引き下げ
　　　　　(323)
　　　(2) 「職業労働」の供給制限と「市民労働」による補完 (324)
　3　労働の未来におけるリスクとチャンス
　　　　　──「市民労働」論への批判 (327)
　4　ドイツ連邦議会アンケート委員会「市民参加の未来」(330)

## 北欧における福祉─労働レジームの「現代化」
　──デンマークとスウェーデン ………………………小川有美…337

　1　はじめに (337)
　2　公─民パラダイムの柔軟化 (339)
　3　北欧におけるNPMの導入 (343)
　4　デンマークとスウェーデンの労働市場政策の「現代化」(347)
　5　福祉国家グローバリズムと福祉国家ナショナリズム？ (352)

目　次

## フランスにおける財政制度の変容
### ——日仏比較を交えて ……………………………………木村琢麿…357
    1　フランスの財政制度の概観　(358)
       (1)　憲法上の規定　(358)
       (2)　予算決算制度に関する基本法令　(358)
       (3)　会計制度　(359)
       (4)　財政裁判法典　(361)
    2　予算・決算制度の改革　(363)
       (1)　政策別予算　(363)
       (2)　政策評価的な財務情報　(364)
       (3)　複数年度型予算管理　(365)
    3　会計制度の改革　(368)
       (1)　会計手続の改善　(368)
       (2)　発生主義的財務諸表の位置づけ　(370)
       (3)　日本法への示唆　(370)
    4　会計検査院をめぐる動向　(371)
       (1)　会計検査院の機能の拡大——政策評価的作業の活性化　(371)
       (2)　会計検査院の法的地位　(373)
       (3)　日本法への示唆　(376)
    5　フランスにおける改革の特徴　(379)
    6　日本法への全般的な示唆　(381)
       (1)　財政統制の変容——財政民主主義の意義　(381)
       (2)　会計の法的考察の必要性　(382)
       (3)　財政法学のあり方　(383)

## フランス相続法・恵与法の2006年改正について ………金子敬明…387
    1　はじめに　(387)
    2　改正法の成立経緯　(388)
    3　遺産の管理レジーム　(390)
       (1)　不分割財産の管理　(390)
       (2)　遺言執行者の権限の拡大　(391)

　　　　(3)　裁判上選任される相続上の受任者（mandataire successoral
　　　　　　designé en justice）(392)
　　　　(4)　死後委任（mandat à effet posthume）(394)
　4　諸種の贈与分割　(396)
　5　遺留分の事前放棄　(398)
　6　段階的恵与（libéralités graduelles）(400)
　7　企業経営の継続のための諸措置　(402)
　　　　(1)　黙示の単純承認　(403)
　　　　(2)　遺産分割の延期・不分割の維持　(403)
　　　　(3)　優先的帰属（attribution préférentielle）(403)
　8　おわりに　(404)

アメリカ労使関係法の黄昏——「骨化」から死へ？………中窪裕也…407

　1　はじめに　(407)
　2　アメリカ労働法学の栄光　(409)
　3　公民権時代の労働組合　(411)
　4　労働法の「骨化」　(412)
　　　　(1)　重要論点の減少　(412)
　　　　(2)　立法の停滞と法の老化　(412)
　　　　(3)　外部刺激からの隔絶　(413)
　　　　(4)　組合勢力の衰退　(415)
　5　労働法学への影響　(415)
　6　再生への希望？　(417)
　7　若干のコメント　(418)

　　　　Ⅴ　特別寄稿：ドイツとイギリスの経験から

高齢社会と経済のグローバル化からの挑戦に立ち向かう
　ドイツ労働法　……………………………ペーター・ハナウ…423

　1　高齢社会に対する労働法の対応　(423)
　2　グローバル化への対応　(427)
　　　　(1)　個別的労働法　(427)

目　次

　　　　(2)　集団的労働法　(429)

## 高齢世代の雇用——ドイツ労働法における高齢被用者
　　　　………………………………………………………ロルフ・ヴァンク…431
　　1　現行労働法　(431)
　　　　(1)　高齢被用者は特別の被用者グループか？　(431)
　　　　(2)　憲　法　(432)
　　　　(3)　EC 法　(432)
　　　　(4)　憲法及び EC 法の個別法に対する影響　(436)
　　　　(5)　採　用　(436)
　　　　(6)　有効採用　(438)
　　　　(7)　報　酬　(440)
　　　　(8)　定　年　(440)
　　　　(9)　終了契約　(445)
　　　　(10)　解　雇　(446)
　　　　(11)　社会計画　(448)
　　　　(12)　高齢者パートタイム　(448)
　　2　労働市場政策の変化　(448)
　　　　(1)　均等待遇 EC 指令　(449)
　　　　(2)　民主政の要因　(449)
　　3　企業実務のための結論　(450)

## 法律と実際の雇用関係の変遷（講演録）　マーク・フリートラント…451

## 解雇制限の緩和によりより多くの雇用は生まれるのか
　　　　………………………………………………………ウルリッヒ・ヴァルヴァイ…471
　　1　はじめに　(471)
　　2　出発点での分析　(472)
　　　　(1)　発　展　(472)
　　　　(2)　長期的な展望　(475)
　　3　規制と労働市場——事例としての雇用保護　(476)
　　4　就業保障と労働経済的な批判　(478)

5　OECD の 1999 年研究　(482)
　　　6　雇用・就業保障の規制緩和と労働市場に対する効果（結論）
　　　　　(483)

## ドイツの少子高齢化と年金改革の方向
　　………………………………………ヴィンフリート・シュメール…491
　　　1　はじめに　(491)
　　　2　人口動態と老齢保障　(491)
　　　3　2001 年年金改革　(494)
　　　4　今後の年金改革の方向　(497)
　　　5　私的年金制度の意義　(501)
　　　6　結　論　(502)

## ドイツにおける少子高齢化と年金　…ベルント・フォン・マイデル…505
　　　1　はじめに　(505)
　　　2　ドイツ年金保険の現状　(505)
　　　3　ドイツ年金保険の挑戦課題　(506)
　　　4　ドイツ年金保険の改革　(509)
　　　5　年金改革の方向　(511)
　　　6　おわりに　(514)


手塚和彰先生略歴・業績一覧……………………………………………517

───〈執筆者一覧（掲載順）〉───

| | | |
|---|---|---|
| 手塚　和彰 | 青山学院大学法学部法学科教授 |
| 藤正　巌 | 政策研究大学院大学リサーチフェロー |
| 髙田　一夫 | 一橋大学大学院社会学研究科教授 |
| 岡村　清子 | 東京女子大学文理学部社会学科教授 |
| 秋武　憲一 | 東京家庭裁判所判事 |
| 逢見　直人 | 日本労働組合総連合会副事務局長 |
| 荒木　尚志 | 東京大学大学院法学政治学研究科教授 |
| 野川　忍 | 東京学芸大学教育学部教授 |
| 土田　道夫 | 同志社大学法学部・法学研究科教授 |
| 岩出　誠 | ロア・ユナイテッド法律事務所　弁護士 |
| 皆川　宏之 | 千葉大学法経学部法学科准教授 |
| 阿久澤利明 | 杏林大学総合政策学部教授 |
| 雨宮　昭彦 | 首都大学東京大学院社会科学研究科教授 |
| 小川　有美 | 立教大学法学部政治学科教授 |
| 木村　琢麿 | 千葉大学大学院専門法務研究科教授 |
| 金子　敬明 | 千葉大学法経学部法学科准教授 |
| 中窪　裕也 | 一橋大学大学院国際企業戦略研究科教授 |
| ペーター・ハナウ | ケルン大学法学部名誉教授 |
| ロルフ・ヴァンク | ボーフム大学法学部教授 |
| マーク・フリートラント | オックスフォード大学法学部教授 |
| ウルリッヒ・ヴァルヴァイ | ドイツ連邦雇用庁・雇用職業研究所副所長 |
| ヴィンフリート・シュメール | ブレーメン大学経済学部教授 |
| ベルント・フォン・マイデル | マックス・プランク国際社会法学研究所前所長 |

# I　はじめに

# 問題提起
―― 日独に見る格差社会とネオリベラリズム ――

手 塚 和 彰

## 1 はじめに

　日本では，最近，国民の間での格差拡大が論じられているが，その実体，つまり，どのくらいの格差があるのか，その格差がどこから来ているかという点や格差解消策に関しては未だ明らかにされてはいない。そもそも，仕事についての能力，技能，技術，経験などにより所得の差が生ずることを認めざるを得ないのであるから，すべての国民が，同じ所得を得るということは不可能である。その所得の「もと」にある労働報酬・賃金や収益が異なることになるとしても，その差が公正・公平な基準による客観的な評価によるものであれば，不当な格差，差別ではない。しかし，能力（潜在的能力を含む）があり，将来を担うことのできる人材が，それに見合う仕事に就けず，もっぱら低賃金，不安定雇用につくか，失業していることが指摘されているが，問題は，この点をどう考えるかである。こうした人々と対比すると，他方では違法な資金集めや，電子マネーにより巨額の富を得ている者が増えつつあり，この人々と，額に汗して働いている人々や，働くに働けず，あるいは安定した職をうることのできない人々との格差の拡大が憂慮されているのである。

　最初に，予断を避けつつ，強調したいのは日本の**同世代**労働者（ゴチ：筆者，以下同様）の生涯賃金の比較をすれば，日本は先進国中で最も格差の少ない国である。先ごろ，内閣府から発表された調査によれば，年代ごとの，

1 はじめに

「格差度合い」の国際比較で,日本(2004 年,1.063 倍)は,格差の小さいとされるスウェーデン(1.114 倍),フィンランド(1.103 倍)より低く,7ヵ国の中で最も小さかったとされる[1]。

しかし,世代間の格差とその格差の下にある次の世代の 30 〜 40 歳代の若い世代の人々の間の格差は,広がりつつあるといえる。その結果,若い世代をとれば,家族単位の支援が無く,基本的な職業キャリアを積むことのできない人々は,自らの所得だけでは標準的な生活ができない貧困線まで落ち込んでいる。また,ワーキング・プアーなるテーマが論じられている。

このような,格差社会の実態は,日本と同じように,第二次大戦後経済を再建し,1970 年代後半から,最大の問題が失業だとされてきたドイツにおいても同様である。日本の格差問題の実際ならびに問題点に関しては,ここでは他稿に譲ることとし,日本と対比されるドイツでの最近の実態と議論を以下明らかにする。

## 2 格差社会・社会的「下層」論議――好況の中での大量失業に悩むドイツ

ドイツでは 650 万人が,社会的下層(soziale Unterschicht)ないしは新貧困にあるとの報告が,政府連立与党の社会民主党(SPD)系のフリードリッヒ・エーベルト財団から出された[2]。これによれば,「従属的不安定層」(abgehängten Prekariat)に,総人口の 8％が該当するという。とりわけ,旧東ドイツでは 25％がこれに当たるという。その意味は曖昧だが,これは家族の支援の無い低所得層で,職業上も不安定な人々を言い,社会的部外者・敗北者であるとする。また,研究者の中にも,この点を強調する者がある。たとえば,歴史学者のパウル・ノルテ(Paul Nolte)[3]は,教育程度も低く,職業上

---

1 なお,原稿執筆は 2007 年 1 月末であり,人名,ポスト,データなどはこの時点でのものである。太田清「日本の賃金格差は小さいのか」(2006 年 12 月,内閣府経済社会総合研究所,ESRI Discussion Paper Series No. 172)

2 Friedlich-Ebert-Stiftung, "Gesellschaft im Reformprozesses (2006)"

3 Paul Nolte, Riskante Moderne, C. H. Beck, München, 2006. なお,ノルテは,ベルリ

の訓練も無い人々は，長期の失業を余儀なくされ，また，就ける職についても低所得で，今日ではなすすべも無く，全くの受身で，自己喪失（Selbstaufgabe）状況にあるとする。こうした状況では，子どもに対する将来の改善の意思も失っている。いわば，「用心深い怠慢」（fürsorgliche Vernachlässigung）に身を委ねているのだ，と彼は表現している。

　表1に見るように，子どもの高等教育を受けさせる比率は，上位の階層の親を持つものに偏っている。

　たしかに，ドイツの場合，きちんとした中等教育以上を受けている者が，すべて上の地位をえているとはいえないし，現代のグローバル化は教育の程度の高い人々の失業を生んでいることは，日本と同様である。これらの人々も，長期失業の結果，子どもの教育をきちんとできるのか，子どもへの教育の意欲，将来への見通しという点で参照される。

　ちなみに，各中等教育修了者のその後の階層（経済的，社会的，文化的な要素を加味する）変化は，以下のようになる。

　大学等高等教育への進学の前提であるギムナジウム出身者は，52.8％が上層に属し，わずか5.6％が下層に属する。以下，卒業学校別に言えば，中級専門職への道を進む実科学校（レアルシューレ）卒の場合，上層に15.9％，下層に25.8％，統合学校（ゲザムトシューレ，進学，就職を途中で選択できる）卒の場合，上層に24.9％，下層に24.0％，もっぱら就職する基幹学校（ハウプトシューレ）卒の場合には上層に6.9％，下層に44.7％にそれぞれ属している。こうした区分は，4年制の大学への進学が進学先を選ばなければ100％であるといわれる「大学全入」の最近の日本での実情とは異なる。

　とりわけ，筆者が強調したいのは，ドイツの貧困層自身の多くは，社会扶助等を受けても，餓死寸前というわけではなく，その生活水準は，1960年

---

　　ン自由大学現代史教授である。同書に関しては，高野紀元駐独大使よりご教示いただいた。
5　ハルツⅣによる給付の概要は以下のとおりである。
　　基本給付　(1)単身者345ユーロ（51,750円，本稿では為替レートを1ユーロ150円とする。以下同様）
　　　　　　　(2)2人までの成人の同居者・パートナー（1人）311ユーロ（46,650円）

## I　はじめに

付加給付
- (3) 14歳までの子ども（1人当たり）207ユーロ（31,050円）
- (4) 14歳以上25歳未満の子ども（1人当たり）276ユーロ（41,400円）
- (5) 住宅費および暖房費（たとえば3人世帯）3部屋の住居で75平米の費用
- (6) ALG－Ⅱの受給者は，疾病・介護・年金保険の保険料を免除
- (7) 妊婦，単身学生，身障者，病人については基本給付の35%までの追加給付
- (8) 1回だけの住居費，被服ならびに子どもの修学旅行への補助
- (9) ALG－Ⅱの受給者で，最近2年間にALG－Ⅰの受給を受けていた場合には，期限付きで，1年目には子ども1人につき160ユーロと必要に応じて60ユーロまでの追加給付，2年目にはその半額
- (10) ALG－Ⅱの受給者については，ラジオ，テレビの聴衆料を免除，電話料は請求可能

たとえば，14歳未満の子ども2人と配偶者がいて，社会扶助（ハルツⅣ）を受給している場合，(311×2)＋(207×2)＝1,036ユーロ（155,400円）＋付加給付ということになる。

典型的な4つのタイプの月当たりの家計状況を見ておこう。

　ア　補助労働者で18歳未満の子ども2人の家計
　　　税込み賃金　　1,800ユーロ（27万円）
　　　税金　　　　　12.16ユーロ（1,847円）
　　　社会保険料　　378ユーロ（56,700円）
　　　児童手当　　　308ユーロ（46,200円）
　　　純収入　　　　1,717.84ユーロ（257,676円）

　イ　失業給付を得ており，4歳と12歳の子どもを持つもの
　　　失業給付　　　1,266ユーロ（18万9,900円）
　　　期限付き給付　165ユーロ（29,700円）
　　　児童手当　　　308ユーロ（46,200円）
　　　総収入　　　　1,739ユーロ（26万850円，ただし疾給付の1年目以内）

　ウ　失業給付を得ている単身者
　　　失業扶助　　　662ユーロ（99,300円）
　　　期限付き給付　31ユーロ（4,650円）
　　　総収入　　　　693ユーロ（10万3,950円，ただし失業給付の1年目以内）

　エ　63歳の寡婦（旧西ドイツ）で社会扶助を得ているもの
　　　必要給付額　　　　　　725ユーロ（10万8,750円）
　　　寡婦年金との調整額　　－396ユーロ（5万9,400円）
　　　実質社会保障給付額　　329ユーロ（4万9,350円）

表1　親の階層による進学先別中等教育

| ギムナジウム | 上位4分の1 | 52.8% |
|---|---|---|
|  | 上位4分の1 | 5.6% |
| 実科学校（Realschule） | 上位4分の1 | 15.9% |
|  | 上位4分の1 | 25.8% |
| 統合学校（Gesamtschule） | 上位4分の1 | 24.9% |
|  | 上位4分の1 | 24.0% |
| 主幹学校（Hauptschule） | 上位4分の1 | 6.9% |
|  | 上位4分の1 | 44.7% |

出所；Pisa-Studie, 2005[6]

代のドイツ人の平均的生活水準にあるという[5]。これを，日本における状況と比較しても，ハルツⅣの改革により，失業給付と失業扶助と社会扶助を統合した結果の，配偶者，子ども2人の4人家族で，職が無く，あるいは，働けない場合の給付を比較すると，ドイツの15万5,000円（注3参照）と，同様の日本の生活保護世帯の12万8,000円は，物価水準を加味すればほぼ同じ生活水準だといえる。しかし，今日の生活は，自動車をはじめ，IT機器，携帯電話，新しい技術でのテレビなどを親は求めざるを得ず，結局子どもの

---

　　以上の例は，Focus, 43/2006, S. 29, 参照
6　いうまでも無く，ギムナジウム出身でアビトウア（大学進学資格）を持つものが，大学など高等教育を受け，実科学校出身者は専門的職業への教育を受け，基幹学校出身者は，通常の職業教育を受け，専門家としての第一歩を踏み出す。しかし，最近の最大の問題は，これらの教育の中途でドロップアウトするものが多く，職業訓練を受けられず，失業につながることがドイツでの問題である。なお，総合学校は州によって，学齢5年で入学後，11学年でギムナジウムコース修了生と基幹学校コース修了生になる途の可能性を認めているもので，一時はヘッセン州などではこのスタイルがとられ，両者並立するノルトライン・ヴェストファーレン州などがあり，これと真っ向から対立し進学コースはギムナジウム，就職コースは基幹学校と厳格に分けるバイエルン，バーデン・ヴュルテンベルク州などと別れた。現在，こうした教育制度の地方分権がドイツの教育上の停滞を招いたとされ，連邦のもとでの統一が図られようとしていることも，興味深い。

I　はじめに

教育がなおざりにされるというのである。日本の場合も，少子化要因だけでなく，自らの生活上の贅沢品はもとより，前述の消費財の購入をあきらめて，子どもの教育にあてるという人々は少なくなることは，今後十分に予測される。この現状は，既にドイツで顕著であり，しだいに日本でも同様になっていくことが，予測される。

親の格差が，子どもに反映するとすれば，現在の50〜60歳代の世界に稀な格差の少ない社会を達成できた日本は，既に格差社会に突入しているドイツの途を歩むことは間違いないとも予測される。

ドイツは，日本同様，高度成長と高い雇用水準を達成し，「すべての人々の幸福」(Wohlstand für Alle) が，エアハルトの政策以来達成されてきた。1990年代初頭までは，失業や貧困に対しての国の失業給付や社会扶助，とりわけ，国のいわゆるセーフティー・ネットの助けを借りれば，後には社会的に復帰でき，悲惨な経歴を避けることができる可能性があり，それゆえにドイツは，西ドイツ時代以降「社会的福祉国家」として存立してきたとされる。しかし，現在では，この社会的福祉国家は消えうせたとされる。

この間，「下層階級」という言葉が久しくドイツでは使われてこなかったのだが，最近，再び使われたことで，論議の的になっている。同調査によれ

表2　社会の政治的階層タイプの構成

| 階　層　区　分 | 選挙民に占める割合（％） |
|---|---|
| **従属的不安定層** | 8 |
| **自立指向の不熟練層** | 7 |
| 自己満足的な伝統主義者層 | 11 |
| 存在が脅かされている中間的被用者層 | 16 |
| 満足している上昇階層 | 13 |
| 積極的な参加市民層 | 10 |
| 批判的な高等教育層 | 9 |
| 体制的な業務遂行層 | 15 |
| 個人業務層 | 11 |

出所；TNS Infratest Sozialforschung

ば，旧西ドイツの8％，東ドイツの25％の人々が自らを下層階層であると認識しているとのことだ。また，前記エーベルト財団の調査（表2）の太字の階層が，特に問題であり，このほかに中間層においても存在が脅かされていると感じている16％の人々がいる。この区分のうち，従属的な不安定層から，自立指向の不熟練層，自己満足的な伝統主義者（伝統的職業）層，存在が脅かされている中間的被用者層までは，いつ失業しても不思議でなく，社会扶助（ハルツⅣ）の受給者に転落しうるというのである。その比率は，表2の上から4つの階層の総計で42％であるが，この不安定層の問題をドイツがどう解決するか，大問題である。

　この議論が起きてから，主要なマスコミ，とくに経済誌を中心に，個別の事例を示しながら，いかに格差が拡大し，貧困により希望を失っている者が多いかが連日報道されている。これは，日本での，格差拡大，ワーキング・プアーという議論と軌を一にしている。

　とりわけ，旧東ドイツの多くの州での失業率は一向に減らず，ことに，若者の失業率が減らない。旧東ドイツでは，相変わらず，スキンヘッド，ネオナチの影響が増えこそせよ減らない現状にある。2006年9月から10月に行われた州議会選挙などでのネオナチの躍進がある，一方，現実に，ある地域では，アフリカ系やアジア系の人々が住み，働くことはもちろん，ドイツ系の人々に対して，多数を占めている。また，ごくわずかの外国人がスキンヘッドに襲撃されることも少なくない。筆者は，ベルリンからわずか40キロほどの，ブランデンブルク州のメクレンブルク・フオアポンメルン州境界近くの，小都市ノイルッピン（Neuruppin）を訪ねた。ここは，かつて18世紀前半，フリードリッヒ大王（フリードリッヒ2世）が，皇太子フリードリッヒ時代に居城（ラインスベルク）を構え，後，1740年の即位までの間の居城となった。今日，日本ではそれほど知られていないが，その美しい湖に面したお城を中心に夏には，野外オペラをはじめとするフェスティバルでにぎわう，ベルリン近郊のリゾート地であり，それゆえにフリードリッヒ大王がいち早くここを居城としたのである。もっとも，この城は，東ドイツ時代には，養老院として内部の見事な装飾等を一切剥ぎ取られ使われていたが，東西ドイツ統一後，最近までに，かつての見事な姿がほぼ再現されたのであ

I　はじめに

る。筆者の訪れた2006年10月初頭には、お城と町は閑散としており、その前の週にネオナチが、この町にベルリンから移り住み、中華レストランを開いた中国系の外国人のレストランが3回目の襲撃を受けたことが、テレビをはじめマスコミで大きく伝えられており、長年の友人が単独では危ないから一緒に行こうと誘ってくれたのであった。

　この周辺の地域の失業率は、18%、若者は5人に1人が失業し、職にあるものも低所得の労働（建設、農業など）につくよりほかないとのことで、道すがら、かつてのソ連占領軍の中心地の巨大な基地跡（トーチカなど現存）を見るにつけ、ドイツの東西統一は未だ完成していないという思いを改めて痛感した。

　こうした報告を受けて、社会民主党（SPD）の党首のクルト・ベックは、下層階級の問題を指摘し、ドイツの100万人をとってみると60%の人々の所得が平均所得以下であり、貧困層だと規定できるとする。また、社会扶助を受けている家族もちの方が週38時間働いている者より、所得がないことがあり（もっとも、中には、子沢山などの理由でそれ以上の所得のあるものもある）、こうした人々には、下層「階級」という言葉があてはまるという。この代表的な人々が、不熟練、補助労働につくいわゆる単純労働者で、特に旧東ドイツでは、職業訓練のチャンスも無く、安定した職を得ることができず、失業、疾病などにより、右の状況に置かれる者が多いことを指摘している。

　一方の連立与党であるキリスト教民主・社会同盟（CDU/CSU）は、このような用語（階級、下層階層など）の使用を否定し、その多くはアルコール中毒の人々などではなく、大量解雇されているオペル社の技術者やベンQ携帯電話社〔後述〕から解雇され一時的に失業している人々で、この人々は、グローバリゼーションの中にある現在では、誰でもが陥る危険の範囲にあるのだとしている。この人々に対して、この用語を使うことは、一定の烙印を押すことに他ならないし、その結果、以後の成功が期待できないことにもなる。むしろ政策の核は、こうした人々の社会的解決の問題であり、社会的再統合の問題であると、キリスト教民主・社会同盟の議員団長フォルカー・カウ

---

7　Süddeutsche Zeitung 17. Oktober 2006

ダー (Volker Kauder) は言うのだ[7]。

　この原因は，一時500万人を超えた大量失業にあり，その結果の社会的保護を受けたことが，子どもにすら影響するという指摘がある。とりわけ，若年失業者問題は大問題で，解決策は教育の充実と就業の促進を図らなくてはならないという点にある。

　しかし，保守側にも批判はある。1970年代，オイルショック後の高失業問題に対し，新たな「社会的挑戦」だとして，当時のコール政権で与党キリスト教民主同盟の書記長として取り組んだハイナー・ガイスラー (Heiner Geißler) は，前シュレーダー政権から現政権が引き継いだハルツIV（およびアジェンダ2010)[8]の新自由主義（ネオリベラリズム)[9]に対する批判を展開している[10]。特に，ハルツIVは，20年ないし30年まじめに働いてきた労働者に支給される扶助と，アルコール中毒の生活保護者に与えられる扶助が一緒くたにされていることにより，前者を心理的にも立ち直れないことにしていると指摘する。特に，この政策には「急進的な市場への陶酔」があると，批判するのである。

　彼は，現在ではグローバリゼーションによる構造変化の過程を，単に利潤追求だけでなく，市場を人間化するような，社会的・エコロジー的な市場経済を追求することが必要であると強調する。日本でも，この間の不況克服において，日産でのゴーン式企業再建など単に人員削減，労務費の削減による企業収益減の克服がなされたが，その限界が取りざたされている。雇用を削

---

[8] 以前に失業扶助により，失業前の実質賃金の6割まで支給され，それでも職探しが不可能な人々に社会扶助が支給されていた。この両者を統合したハルツIVやアジェンダ2000に関しては，拙著『怠け者の日本人とドイツ人』（中公新書ラクレ，2005年）245頁以下参照。

[9] 最近，この問題を検討したものとしては，権上康男編『新自由主義と戦後資本主義』がある。ドイツでは，歴史的に労働市場の規制緩和に失業問題解決の最適な解を求めようとする試みは，1920年代から繰り返し論じられてきたのだが，今日においてもこの問題は未解決である。しかし，日本では，あまりにも市場自由化至上主義がはびこり，その帰結まで，分析されていない。同書中，雨宮昭彦第三章「ドイツ新自由主義の生成—資本主義の危機とナチズム」の示唆するところは多い。

[10] Süddeutsche Zeitung 17. Oktober 2006

Ⅰ　はじめに

減することだけに，企業収益回復を求めるのではなく，広い意味での国際協力関係を構築することにより，自国の技術・技能労働者の雇用を維持できる鍵として，エコロジー経済への転換の旗手に日本やドイツがなる途がある。

一時，膨大な中国市場をめぐって，第一次大戦後に勝るとも劣らない争奪戦を演じた日本とドイツが，現在の中国経済発展による環境破壊の是正，二酸化酸素排出削減を求める京都議定書の義務の実現などを求め，日独で技術・研究面での連携を強化することに日独首脳会議（1月10日からベルリン）で合意した（東京新聞2007年1月3日）。こうした，経済成長をエネルギー消費の拡大のみに頼ることから，省エネ・環境維持に転換させる最先端技術に関して世界で優位に立つ日独の協力は先進国の協力の一つの画期となろう。

これらの点に関して，真偽のほどはどうか。筆者の同地での研究者などとの議論や資料から見てみよう。

(1)　現地での各方面の見解

まず，少なくても，かつてのように仕事をしようとしても，何も見つからないということはなくなったのが，今の失業状況である。連邦政府は，その前提として，旧東から経済好況の旧西への移動を含み高失業を解消しようという立場をとる。

しかし，こうした政府の手厚い政策の中で，個別のケースでは，「失業」というのも一つの職業にすらなっている，とハンス・ツァッハー（Hans Zacher）マックス・プランク国際社会法研究所元所長[11]は言う。しかし，若年者の失業，長期失業者問題を解決することができなくてはドイツのアンゲラ・メルケル首相の下でのキリスト教民主・社会同盟と社会民主党（CDU/CSU・SPD）からなる大連立政権の最大の課題が果たせないことになる[12]。

---

11　2006年10月ミュンヘン訪問時の筆者との対談
12　CDU・CSU/SPDからなる大連立政権のリーダーであるSPDのフランツ・ミュンターフェリング書記長とCDU・CSUのフランクションの代表であるフォルカー・カウダーは，これは社会的な統合策の問題であるとの大まかな合意をしているが，具体的政策をめぐっての対立は免れそうに無い形勢である。事実，SPD党首のクルト・

問題提起（手塚和彰）

　最近の経済報告で，空前の企業収益（2006年9月に発表された六経済研究所の経済予測では，ドイツは2.3％の成長率）とドイツの（モノの）輸出額の世界1位への復帰が伝えられるにもかかわらず，日本同様，ドイツでも若年者失業は未だ多く，一向にその数は減らない。さらには，実際に働いていても，ドイツの平均所得の6割に満たない収入しかえられない労働者も1割以上で，その結果，平均労働時間の週38時間働いていても，家族を持ち，失業手当（いわゆるハルツⅡとⅣ）を得て，社会保障を得ている人より低い収入しか上げられない人も多数出ている。日本でも4人家族で生活保護を得ている家族の方が，最低賃金でフルに働く人より収入が多いという問題が論じられているが，先の報告では，最近の数年間労働コストは下がり続け，今年，賃金コストは1.2％下がっているという。

　しかし，2006年9月の経済諮問委員会の予測では，2007年の税収は，収益税の伸びと付加価値税の3％（16から19％に）増により，6.5％の伸びで，国の財政赤字も，2006年のGDP比2.4％から，1.4％に縮小するとのことである。社会保障面でも，失業給付受給者数は，失業給付に関して（いわゆるハルツⅡ）も30％減少し，ハルツⅡより給付の低い失業扶助と生活保護を合わせた（ハルツⅣ）による保障[13]を受ける場合にも，両者の差を埋め合わすだけの相当の追加収入が上げられているとの報告である。この点，日本の生活保護が，若干の就労による稼得を認めていないことと対比すると，ハルツⅣのあり方を現政権が自立への一歩であるとして積極的に評価していることは特筆される。ただ，投資の減少など景気の低迷局面に入り，こうした生活扶助を受けている者の所得（コンビローンと呼ばれる。なお，日本では生活保護や失業給付受給者の稼得は一切認められていないが，寧ろ膨大な闇労働に走らせている現状がある）は15億ユーロの減少も予測される。

　一方，若年者の失業は，一向に減らない。政府は，若年者の雇用への入り

---

　　ベックはこの低層を，100万人当たり，60％が平均所得以下にあるとしている。しかし，家族もちで社会扶助の無いものは，週38時間働いていても低所得で，これらの人々は教育水準も高くなく，文化的にも下層に置かれており，いまや再度，階級概念が妥当すると強調している。

13　注5参照。

I　はじめに

口である職業訓練ポスト（Lehrstelle）の増を経営者側とくにドイツ商工会議所（DHAT）に再三申し入れているのだが，一向にその数は増えない。ベルリンでのヒアリングでは，結局グローバル化の中で，育成した技能労働者などをどこまで継続的に雇用できるかの見通しが立たず，企業の負担の多い職業訓練ポストを増やせない（ドイツ産業連盟BDA）のだということであった[14]。

この時期には，多くのマスメディアや雑誌等がこの問題に関する特集を組んでいるが，その中にいくつかの具体例が出されている[15]。

その第一は，家計維持者の病弱である。旧東ベルリンの大家族トルステン・シャイブ（34歳）家は，国の保障・扶助で生活している。癲癇に悩まされる彼自身は廃疾年金700ユーロと725ユーロの社会扶助，これと児童手当が300ユーロである。家族は，妻と子ども1人，失業中の31歳の弟とその乳児1人でこの子の母親はいない。家族5人で，児童手当を含みハルツIV給付の計月2,545ユーロ（38万1,750円，1ユーロ150円で換算）で生活する。週一度。せいぜい70ユーロの食品や生活必需品をスーパーで買い，タバコはポーランド側に買いに行くという。ベルリンでは，とくに旧東のシュプレー川沿いに，53万3,000人が貧困家計として住むと推計されている。

2005年末，こうした大都市での，ハルツIVの対象者は，1000人当たり，ロストックで212人，ベルリンで210人，ライプツィッヒで208人，旧西ドイツで失業率が最高のデュイスブルクで180人と，約5人に1人がハルツIVで生活しているのである（なお，これに対し，ミュンヘンは65人，シュトットガルト81人，フランクフルト127人，デュッセルドルフで127人である）。

当然のことながら，ハルツIVの受給者の多い州は，財政危機に陥っている。ベルリン市は，住民1人当たりの税収は年間2,394ユーロであるのに，ベルリン市民1人当たりの公的支出は6,355ユーロと大幅の赤字であり，市財政は破綻に瀕しているとして，国の財政支援（連邦再建基金による）を仰いだ

---

[14] 日本で，こうしたドイツ型の若年者の職業訓練システムが，デュアルシステム（Dual System）として喧伝されたが，こうした実態を踏まえた具体的な提言に結びついているとは思えない。

[15] たとえば，Focus, Nr. 43, 23. Oktober 2006, S. 20f.f.

問題提起（手塚和彰）

のだが，2006年10月16日これの差し止めを求め，バーデン・ヴュルテンベルク州，ヘッセン州などの連邦憲法裁判所決定で差し止めの訴えが認められることとなった。

しかし，住民1人当たりの財政赤字は，ブレーメン18,505ユーロ，ベルリン16,907ユーロ，ハンブルク12,142ユーロ，ザクセン・アンハルト7,770ユーロ，ザールランド7,705ユーロ，シュレスウィッヒ・ホルシュタイン7,386ユーロ，ブランデンブルク6,640ユーロ（以下，チューリンゲン6,532，メクレンブルク・フォアポンメルン6,304，ラインランド・プハルツ6,068，ノルトライン・ヴェストファーレン6,031，ニーダーザクセン5,982，ヘッセン4,959，バーデン・ヴュルテンベルク3,682，ザクセン2,825，バイエルン1,851ユーロ，2005年末）と，州ごとの財政状況は異なるが，ベルリンやブレーメンの財政赤字が突出している。その結果，この財政から，公立幼稚園の自己負担率40％の月額405ユーロ（60,750円），フンボルト，ベルリン自由大学の2大学の授業料も多額の徴収が避けられないなど，将来の負担増は避けられないという。

日本の場合，地方分権を考える上で，地方自治体の財政状況を見るにつけ，地方分権・連邦国家ドイツの先例は大いに研究しておく必要があるといえる。

## 3 グローバリゼーションと大量失業——技術・技能労働者も大量失業するエアバスとジーメンス・ベンQ社の例

ドイツでは，グローバリゼーションは日本以上に多くの労働者を失業させる結果となっている。

その第一が，エアバス社の例である。独仏を中心とするEUの目玉として2006年秋，就航を予定されていたジャンボ航空機エアバス380は，予定の引渡しができず，その遅延による損害が数十億ユーロにのぼり，合理化を迫られている。とりわけ，最も不採算の工場であるハンブルクの機体生産施設を閉鎖，将来的には東欧やアジア，とりわけ中国まで工場を移転するとのニュースが，エアバスならびにその持ち株会社の新首脳陣により明らかとされた。その結果は，3000人の労働者が失業することになる。ハンブルクの

## I　はじめに

同社工場では，相変わらず手書きの設計・製図がなされているような技術水準で，その遅れは到底機体生産を納期に間に合うようにできない原因の一つだという。

こうした大量失業と工場移転に対し，昨年 10 月独仏首脳会議に出席したアンゲラ・メルケル独首相は，この失業を避けるべくドイツ政府の追加投資を表明し，なんとかハンブルクの工場の閉鎖を免れようとしている。この動きはさらに旧西欧特に，独仏を中心に 16 工場があるここにも影響が及ぶ，とりわけ，不採算のため 7 工場は閉鎖の危機にあるとされた。

第二の例は，ベン Q 携帯電話工場の閉鎖，解雇問題である。2005 年春，IT 産業の一部に見切りをつけたジーメンス社は，その携帯電話部門を台湾のヘッジファンド「ベン Q」（Ben Q）社に売却し，その経営後，同社は 1 年を経ずして支払不能に陥り，破綻して，全員解雇・工場閉鎖が伝えられた。これに対し，ドイツ金属労組（IG メタル）の組合員はミュンヘンの本工場でのデモ，1 年前に携帯電話部門をベン Q 社に売却したジーメンス本社前で連日，デモやビラを配って抗議を行なった。その後，2006 年 10 月 19 日破産管財人（Insolventenverwalter）のマルテイン・プレーガー（Martin Präger）から 3000 人の従業員の内 1,150 人だけを新方式のモデル開発のために残し，他の約 3 分の 2 の従業員は整理解雇するとの通告があった。ここでも，約 3000 人の従業員に大混乱が生じている。このリストラ計画によれば，ミュンヘン本社工場（1,300 人）については，400 人を残し，850 人から 1000 人近くを解雇するという。リストラ内容にも，部門ごとに差があり，営業部門では 75％が解雇され，研究開発部門では逆に 700 人の内 200 人が解雇されるだけだという。ノルトライン・ヴェストファーレン州のカンプ-リントフォルト（Kamp-Lintfort），ブホルト（Buchort）の 2 工場ででは，ほとんどの労働者が解雇されようとしている。その通告も「明，金曜日には，机を片付け，社員章を返還しなくてはならない」というのである（SDZ, München, 20/21. Oktober 2006 など）。

結局，Ben Q 社に関しては，破産管財人と，バイエルン州の社会相クリスタ・ステヴェンス（Christa Stewens）およびノルトラインヴェストファーレン州社会相カール・ヨーゼフ・ラウターマン（Karl-Josef Lautermann）の対策

として，移行会社（Transfergesellschaft）を作り，3分の2が解雇予告されたのを，2007年1月1日から，1年に限り雇用を継続し，その間に再就職をさせようという案が浮かび上がっている。

もっとも，この案を実行するには，7,300億ユーロを必要とするが，2,500億ユーロが不足だとされ，ベンQ社はもとより，ジーメンス社もこれを出すことを拒んでいる（SDZ 21/22 Oktober 2006）。ただ，10月19日ジーメンス社の内外での就職斡旋センターを同社構内に開設し，450人ほどの再就職を確保したという情報もある。

しかしながら，その後の経緯を見ると，携帯電話市場のわずか3％の世界市場占拠率に止まるベンQ社への追加投資は，台湾のベンQ本社はもとより，企業収益の好調を伝えられる旧親会社のジーメンス社をはじめ，どこも引き受けず，ついに2007年早々操業停止となった[16]。

結局，こうしたグローバル化による雇用への影響の前には，労働法は無力である。

## 4　ネオ・リベラリズムとグローバリゼーション

ドイツの新自由主義的改革がグローバリゼーションとの関連で，少なからず変容を見ているのに対し，ブッシュ共和党政権の率いる米国では，経済成長の中にあって2005年には，3,700万人，総人口の12.7％が貧困ライン以下に沈んでいる（連邦統計局）。

そのラインは，平均家計（4人家族）収入の46,300ドルに対し，19,971ドル以下であり，4,600万人が健康保険の保障がない状況である。この数年間に，約300万人の職場が失われたことも拍車をかけている。

しかし，国の補助についての懐疑心を持ち，これを受けないで自助によることを信条とする米国のモデルは日本やドイツに有効であろうか。たしかに，約10年前，クリントン政権下に「助成と挑戦」をモットーに，社会扶助を

---

[16] Handelsblatt, 3. Januar 2007. 同紙は，最終的に希望が無くなったことを伝える。1月2日には，破産手続きが開始されている。もっとも，金属労組のスポークスマンはいまだ希望を持つと表明している。結果的には縮小，閉鎖も予測されている。

I はじめに

5年に限るという政策を導入した米国では国民の一部に困難を強いることになっているが，社会扶助を受けている家族は，これ以前の60％，190万人に減り，単身で働きながら，子どもを育てる母親も，増加したという。従来の社会扶助受益者の15％は，国の扶助を必要としなくなっている[18]（以上は，American Enterprise Institut の Douglas Besharov, zitiert in SDZ vom 21/22 Oktber 2006; Themen der Woche, Andreas Oldag "Amerikas Weg aus der Armut"）。

## 5　グローバリゼーションと労働法

この問題の解決に労働法の果たす役割はどのくらいあるであろうか。エアバスのケースとベンQのケースについて考えてみたい。

まず，エアバスは，典型的な欧州会社（European Company）である。この根拠となる欧州会社法は，1970年以降30年間の議論の末に，2000年に合意に達し，2001年10月8日に採択された。

このような欧州会社が，事業所移転，企業譲渡，事業所または企業封鎖や集団的整理解雇を行う場合には，会社に情報提供義務があり，これに対し被用者を代表する機関は，経営側の権限のある者（機関）との協議を行い合意に達することができる[17]。しかし，共同決定までは規定されておらず，今回のエアバスの合理化計画による人員削減に対しては，集団的整理解雇に関する指令においても，結局は労使の協議を行うにとどまっており，EU法の枠内においては，組合の交渉においても効果がないとして，前記のようなメルケル首相の動きとなったのであった。

この問題の焦点は，国境を越えて活動する，多国籍企業が最も効率のよい生産・流通拠点を選択する場合に，その移動に伴い多数の労働者の雇用問題を生ずる。エアバス社については，長年の拠点であったハンブルクの工場などの生産性の低いことを一気に解決せざるを得ず，けっきょく紆余曲折を経

---

17　浜口桂一郎『EU労働法形成過程の分析』（2006年東京大学比較法センター刊）(1) 140頁以下，(2) 1頁以下，参照。

て，なんとか工場の引き留めには成功したものの，生産効率の向上を労働者側も約束する結果となった。この結果の労働条件は，かなり弾力化された労働時間や，休暇の利用など既存の労働条件の改変を伴わざるを得なくなった。
　つぎに，第二のケースは，多国籍企業とりわけ EU 外支配企業による事業所閉鎖による大量整理解雇の事例である。このような，国外支配企業の場合にも EU は，集団的整理解雇指令で，こうした集団的整理解雇をもたらす決定が，域内の使用者により行われたか，域外の使用者に勝る権限を持つ者によりなされたかにかかわらず，情報提供義務，協議義務を認めている。しかし，本稿に見る経緯の如く，ベン Q ケースでは，旧使用者であったらば，全ジーメンス社の労働者側の被用者代表や金属労組の交渉，さらには争議までも行使できたのだが，携帯電話部門の売却，他会社への移行はこうした団結活動を困難にしている。結局，デモや度重なる協議・交渉で解決するしかないという意味では，共同決定制度（特に金属産業では強力であった）により盤石の基盤を有したドイツの労使関係法も資本，物，人の自由を促進するグローバリゼーションの前に無力感が明確になったのではなかろうか。
　ひるがえって，日本の法制においては，こうした多国籍企業，国外支配企業との関係での企業法や労使関係に関する法制はなく，もっぱら日本法の枠内での処理にとどまっている。しかし，近々エアバスやベン Q 社のようなケースが増出することは目に見えている。その場合，国内の雇用を守るという立場は，国際企業の資本の側の利益と真っ向から対立する可能性がある。立法および労使の協約などで，著しい雇用変動とりわけ集団的解雇をもたらす使用者側の決定に対して，労使協議義務を設けるとして，その上でどのような方策が必要なのか，考えておく必要があろう。
　結局，グローバリゼーションによる資本とモノと情報の流れの自由化は，国内の雇用に多大の影響を与え，これが，一国，数カ国を超える労働法（たとえば EU 労働法）によっても，限界を生ずることになる。21 世紀の最重要課題であることを指摘して，本稿を終えたい。

Ⅰ　はじめに

〔補注〕
　ジーメンス社はその後 2007 年の対前年比の純利益の増加率は 62％を占め，ドイツのトップ企業 30 社で極立っている。ちなみに，バイエル（＋43％），MAN（＋34％），ダイムラー・クライスラー（＋29％），コメルツ銀行（＋28％），ティッセン・クルップ（＋24％）を大幅に上回って，トップを占める予測である。(Handels blatt 20/21/22 Juli 2007)

# Ⅱ　現代社会の変容

# 高齢社会の雇用変化

藤 正　巌

## 1　高齢社会構造の変貌

(1)　日本人口の推移

2004年5月1日に，明治元年（1868年）以来はじめて人口が減ったと，総務省から報じられたように，日本は戦時中の一時をのぞけば，明らかに人口減少の時代を迎えるに至った。2005年厚生労働省人口動態統計の2005年上半期の人口速報値（日本にいる日本人と外国人及び海外の日本人の総計値）では，上半期の出生数が53万7,637人，死亡者数が56万8,671人で，人口は3万1,034人減少し，通年でも減少する可能性が高くなった。日本総人口は2004年に，1億2,768万7,000人で，極大値を迎えることになった。

年齢階層別の日本総人口を5年毎に推計してみると（表1），0〜19歳の

表1　2030年までの日本人口の開放推計

| 年 | 総人口 | 0〜19歳 | 20〜64歳 | 65歳〜 | 75歳〜 | 15〜64歳 | 25〜54歳 |
|---|---|---|---|---|---|---|---|
| 1995 | 125,439,273 | 28,571,688 | 78,606,763 | 18,260,822 | 7,169,577 | 87,164,721 | 53,283,173 |
| 2000 | 126,920,099 | 26,013,734 | 78,601,279 | 22,305,086 | 9,103,328 | 86,136,357 | 53,733,740 |
| 2005 | 128,087,405 | 24,439,680 | 77,250,703 | 26,397,023 | 11,917,990 | 83,901,602 | 50,850,254 |
| 2010 | 127,711,533 | 23,117,208 | 74,306,975 | 30,287,351 | 14,607,085 | 80,465,170 | 48,671,258 |
| 2015 | 125,702,254 | 21,627,109 | 69,279,493 | 34,795,653 | 16,728,202 | 75,206,108 | 46,889,388 |
| 2020 | 122,241,738 | 19,852,006 | 65,657,910 | 36,731,821 | 18,659,134 | 71,611,533 | 44,380,116 |
| 2025 | 117,636,694 | 17,682,541 | 63,250,865 | 36,703,288 | 21,225,653 | 68,567,351 | 41,190,194 |
| 2030 | 112,219,614 | 15,908,719 | 59,937,152 | 36,373,743 | 21,697,412 | 64,583,318 | 37,255,071 |

藤正　巌：GRIPS SSProj CSJ9500.06 による推計

Ⅱ　現代社会の変容

未成年人口は，1990年代頃より減少を始め，20〜64歳の生産年齢人口は1995年をピークに減少を始めた。これに対して，65歳以上の高齢者は年々その数を増やし，ことに75歳以上の後期高齢者人口が急激に増加していることが読みとれる。25〜54歳の働き盛りを経済活動と比較するために採用すると，この人口は2000年にピークを示し，このあと急速に減少をし始める。いわゆる「団塊の世代」が働き盛りを過ぎ退職し，この生産年齢人口は急減することになる。一方，65歳以上の高齢者は，2020年頃にピークとなり，それ以降はあまり増加しない。75歳以上の高齢者は，2030年でもまだ増加を続け，相当後年に至るまで減少しない。

(2)　地域社会の人口構造と機能

大戦後すでに60年，欧米先進諸国の仲間に入って40年，国民1人当たりの国内総生産が世界のトップグループになって以来20年程経過した日本は，それ以前に経験したことがないほど，経済的に安定した時代を長く続けてきた。このような安定した国において，地域社会の人口の推移を理解するための基礎は，その社会がどのような機能を持っているかを知るよりむしろ，どのような構造をしているかを知るほうが重要である。私は，生体が細胞を組み上げた組織で成り立っていて，その構造が生理的機能を決定しているのと同じように，社会が住民によって構成され，それが一定の社会経済機能を作りだしていると考えている。

経済学では今まで，まず地域社会の経済機能があり，それがその住民の数と人口構成割合を決めるとしてきた。人口構造はあくまで経済数理モデルにおいては外生変数であり，経済学であまり人口構造を考えないのはこのためである。長期間にわたって国情が安定した先進国では，その住民の年齢構成で地域社会の経済機能が決まると考えるのは私の立場で，しかもその構造は地域社会の未来も決めていると考えるのである。

このような考え方の根本には，今の社会は，開発途上国や低開発国をのぞけば，生死の秩序がほとんど決まっていると見なされるからである。一度生まれた人は，どの地域でも，ほとんど同じように生存し，死亡する。ことに，65歳以下の年齢階級別死亡率は，どこの国をとってもほとんど一致してい

る。一時，先進国に名を連ねながら，経済社会の擾乱のために人口減少が激しく起こっているロシアのような移行経済諸国では，多少の違いが見られるものの，人が生まれて死ぬ秩序というのは，統計量というよりもむしろ，年齢という時間軸に沿って固定された生命関数とみなすことができる。

このような社会は成熟した社会であり，その社会構造は，現在の状態によってつぎの状態がほぼ決定される一種の単純マルコフ過程であるとみなせる。その意味では，地域社会で人口の構造が与えられれば，その確実な未来が見通しうるともいえる。このような人口の構造に加えて，社会を基盤で支えるその都市の地勢や，投入済みの社会資本など，種々の構造要因が加わって，地域の社会構造が出来上がっていると考えるのが，私の考え方の第一にある。

経済，文化，社会的価値，政治などを社会の計測可能な機能と考えると，政策は，機能を制御する手法だと考えられる。その背景には社会構造の時間変化が関与していると考えて物事を分析してみようというのである。地域社会の構造は，ある定まった生命関数によって決まると述べたが，ある時間間隔で社会機能を眺めてみると，ひとつ前の時刻から変化した社会構造に大きく影響を受けている。しかし，社会的な機能の実現は，人の心に左右されるから，時間を追って変化を起こし，予想していた解にはならない場合もありうる。政策や戦略が一旦提示されると，将来社会機能がこうなるであろうと考え，先読みをするのが住民の常である。日本が高齢社会になると聞けば，高齢社会において何をすれば儲かるのかと考える人が出てくるし，人口減少社会になると聞けば，人が足らなくなったときには企業はどうすべきかと考える人が出てくるであろう。例えば，外国人労働者を入れたら良いと考える人が出てくるのかも知れない。そのように先読みをするわけであるから，社会構造の変化とは異なって，機能の実現は不確実になることも多い。このような状況も，まず社会構造の未来をよく考え，その上に社会機能でおこりうる状況を考えるほうが妥当であると考えた。

(3) 人口変動を決める因子

ある地域の性・年齢別人口で決められた社会構造を人口構造とここでは定

義しよう。将来の人口構造を決定するのは3つの因子である。死亡率と出生率と社会移動率，この3因子で将来の人口構造は決定される。他の要素で人口の構造が変わることはまずない。ここではまず国レベルの人口構造決定因子を考えてみる。

(a) 死亡率

前にも述べたように，先進諸国の場合，年齢階級別の死亡率は，65歳以下ではほとんど同じ率を示す。したがって，この世の中に生存している人，すなわち既に出生した人に関しては，人口の地域間移動がなければ，ほぼ一意的にその将来の人口構造が決定される。この人口推計を封鎖人口推計と呼んでいる。

(b) 出生率

ここで言う出生率は合計特殊出生率である。ある年度に各年齢の女性が何人子供を産んだかを計測し，その率で1人の女性が全年齢を通して子供を産んだと仮定して推計した出生率で，ある年度に生まれた女性が一生に何人の子供を産んだかを計測した，いわゆるコウホート出生率ではない。人口の増加には，この出生率が2.1以上あることが一つの条件となる。現在，先進諸国には，この数値が1.8を超える国はほとんどない。実は，アメリカのみが2を超えているのだが，この国の人口構造が先進諸国型でないためだと考えられる。ヨーロッパ諸国と日本などの国々は，通常は1.5から1.65くらいが高い方で，長期的に眺めればどのような国でも人口の減る要因を含んでいる。国連の推計によっても，2050年には大半の国の出生率が2を割りこむと予測されている。

ヨーロッパの国が出生率低下についてあまり大げさに騒がないのは，日本と違って，第二次世界大戦後に出生率が上がって多くの人口をかかえたベビーブームの期間が長く続いたからである。日本のベビーブームは，団塊の世代と呼ばれるように，僅か3年でそのピーク人口がとおり過ぎてしまった。日本の人口ピラミッドを眺めるとアレイ型をしている。ところが，ヨーロッパ諸国では，15年以上もピーク人口が続いた。したがって，次の世代に多い人口が受け渡され，より平坦な釣鐘状の人口ピラミッドとなっているという特徴がある。これによって，ヨーロッパ諸国では出生率が低下しても直ち

に人口減少が起こりにくく，したがってあまり大げさには騒がれない理由となっている。

一方，最近になって，東アジア諸国の驚異的な出生率の低下が明らかとなった。その原因については，多くの人が所得の上昇にその根拠を求めている。所得が上がる状況になると，産業の多い都市へ人口が集中し，失業率が高くなり，これらの国の社会保障が低いこともあいまって，子供を多数養育できなくなり，出生率が低下する現象がみられるからである。所得の上昇が高学歴社会をもたらすことも，韓国，シンガポール，台湾，中国，その他の東アジアの国々で，著明に顕れた現象である。子どもを育てるのにはお金がかかる。しかもその子どもたちには，大学を出たところで職があるわけではないため，これが高失業率となって，子どもを産む意欲を削ぐという状況が起こる。日本以上に，これらの国々は急速な高齢化おこると予測されている。さらに，人口が高齢化すると益々出生率は下がる。晩婚化が進むからであり，東アジア諸国の出生率は日本とほぼ同じ理由で1.5を割る事態になった。

日本の地域社会での出生率については後述するが，人口の多い大都市ほど出生率が低いのは明らかで，多くの大都市では出生率が1.0に近づき，1を割る地域も多数見られるようになっている。

(c) 社会移動率

社会移動率は，国によって著しく異なっている。EUでは，グローバリゼーションによって国境の意味がなくなり，社会移動は日本の地域間移動と同一にみなせるようになりつつある。

国の間の移動率の高低は旅行客の数に依存する。日本には，すでに知られているように，年間600万人から700万人の海外旅行者がやってくる。この数は，人口のおよそ1/20ほどにあたる。ところが，ヨーロッパ諸国では，ほとんどの国で，その国の人口に近い数の海外旅行者が入ってくる。ざっと考えてみただけで，日本に年間600万人の外国人が入ってくるのと，1億数千万人の外国人が入ってくるのとでは，人口構造に大きな違いが生ずることは明らかだ。例えば，旅行後の滞在者の数が，旅行者数のほんの1％でも100万人を超える人口が増加することになる。したがって，自然に増える外国人人口の問題は，日本がどうやって国を開くかという問題を提示すると言って

もよいだろう。日本に旅行にやってきて、ある程度そこで働き、一定期間が経ったら定住の権利を持たない人は海外に出ていってもらうということを、まずきちんと決めることができれば、日本の人口の減少は少なくなるかもしれない。

(4) 世界各国の人口変動の趨勢

国連の人口予測では、2050年より先になると、出生率は2を下回る国が大半となり、2以上の国として残る国は、イスラム圏の僅かな国と、中央アフリカの国々だけになると言われている。その理由として、UNでは、都市化率と出生率の関係が高いと述べている。多くの人が都市に居住することになると、農業社会と異なって子どもの数がそのまま働き手の数とはならないからであると説明されている。

国連推計による都市化率は、1960年頃25％を少し超えたが、2000年には50％を超え、2030年には70％程度になると言われている。西欧の都市化率は、現在すでに7割を超えていて、基本的には人は都市に住んでいる。都市居住人口の割合の上昇に反比例するように世界の出生率は下がっていった。5以上あった1960年頃から世界人口の出生率は下がり始め、2000年の時点で2.2程度。2030年には2を僅か超える程度となるという予測である。

出生率は、1950年頃は日本のような先進国であってもかなり高い水準にあった。しかし、2000年以後の近い年に世界の出生率は2を割ると予測される。開発途上の国のうち、後発の先進国になりそうな国の出生率が最近急速に下がりはじめた。中国が1.8、韓国は1.17、シンガポールも1.12、香港0.93、ブラジルも低くなり始めている。BRICs諸国は、すでに出生率の急減にみまわれていて、インドですらも出生率が下がり始めている。

これまで先進諸国が海外労働力として移民を受け入れてきたが、このようにしてみると、移民労働力の受け入れの問題についても再考せねばならない状況となっている。生産現場でよく言われる「海外に若年の低廉な労働力があるから、そこから労働力を受け入れればよい」といった発想は成り立ちにくくなる。本質的には、労働力の得やすい国に行ってそこで産業を興さなければならないという考え方が主流になってくるだろう。しかし、その投資を

行った国でも，今後30年以内に生産年齢人口が高齢人口に先立って減少を始めるのは明らかである，中国も立地条件の良い沿岸部では，今後間もなく生産年齢人口が減少を始め，韓国などはもう人口減少，生産年齢人口の減少の問題が喫緊の課題となっていると報じられている。

　私の推計によれば，世界は2010年あたりから急速に高齢化が進むことになる。これは世界中の平均寿命が延びた結果である。今までは7％程度を保ってきた高齢化率は急速に上がり始め，それと高い相関関係をもって合計特殊出生率は下がってくるのが予想され，2015年には世界人口の出生率は2.0以下になるとみている。そして，2030年代後半には早くも世界人口の減少が起こりうる。

(5)　日本における人口減少の原因

　多くの人が，「人口が減る」という言葉をタブーのようにし，口にすることを避けてきた。しかし，2005年から日本で人口は減少をはじめる。

　すでに述べてきたように，人口の多い集団では，死亡者数は「統計によるとこのくらいになるだろう」というような不確実な予測ではなく，確実な予測として示すことができる。年齢階級別の死亡率がほぼ同一の先進諸国では，人は確実にその秩序にしたがって死亡する。

　これに対して，出生者数はその時代の社会的要請と状況によって変わる。死亡者数が出生者数を超えた時点で（それは日本では丁度2005年にあたる），人口が減り始める（表2）。2005年以降は，出生率が2を回復したとしても，出生者数が死亡者数を超えることはまず起こらない。したがって，日本の人口が減るのは，自明の理である。現在の趨勢が続けば，人口の減少のピーク時には，年間100万人を超えて人口が減る。2030年頃には，実に130〜140万人の人口が毎年減るのである。死亡者数の増加は，高齢化率が高くなることによる。現在，20％の高齢化率は，2030年には30％以上になると私は推計している。

　日本で人口減少が大きな話題となる理由は，人口減少の割合が急激で，多少の出生率上昇ではこの人口減少に対処できないからである。しかしいずれの先進諸国も中進国ですら，程度の差はあるものの，この30年以内に人口

II 現代社会の変容

表2　日本人口と年間出生数・年間死亡数・高齢化率の推計

| Year | Total Population (in thousands) | Births (in hundreds /year) | Deaths (in hundreds /year) | Ageing Ratio (%) |
|---|---|---|---|---|
| 2000 | 126,920 | 11,566 | 10,322 | 17.6 |
| 2005 | 128,087 | 10,312 | 12,425 | 20.6 |
| 2010 | 127,712 | 9,009 | 14,466 | 23.7 |
| 2015 | 125,702 | 8,003 | 16,247 | 27.7 |
| 2020 | 122,242 | 7,303 | 17,640 | 30.0 |
| 2025 | 117,637 | 6,848 | 18,624 | 31.2 |
| 2030 | 112,220 | 6,583 | 19,137 | 32.4 |
| 2035 | 106,349 | 6,264 | 19,065 | 34.0 |
| 2040 | 100,236 | 5,790 | 18,520 | 36.4 |
| 2045 | 94,081 | 5,222 | 17,861 | 37.7 |
| 2050 | 87,989 | 4,737 | 17,370 | 38.5 |
| 2055 | 81,909 | 4,362 | 16,882 | 38.7 |
| 2060 | 75,813 | 4,085 | 16,054 | 38.6 |
| 2065 | 69,871 | 3,863 | 14,834 | 38.4 |
| 2070 | 64,348 | 3,642 | 13,481 | 38.8 |
| 2075 | 59,398 | 3,369 | 12,304 | 39.1 |
| 2080 | 54,935 | 3,071 | 11,382 | 39.0 |
| 2085 | 50,814 | 2,801 | 10,621 | 38.7 |
| 2090 | 46,934 | 2,579 | 9,862 | 38.2 |
| 2095 | 43,293 | 2,401 | 9,045 | 37.8 |
| 2100 | 39,947 | 2,250 | | 37.6 |

藤正　厳：GRIPS SSProj CSJ9500.06 による推計

の減少がおこる。

　日本の人口の急速な減少は，2005年の時点で，先進国で最も高い高齢化率を示している人口構造に原因がある。日本人口の急速な高齢化は，急速に伸びた日本人の平均寿命が原因である。日本人の平均寿命は，大戦直後50歳程度（1947年に男性50.06歳，女性で53.96歳）であったが，2002年には男

性は78.32歳，女性は85.23歳で，総人口でも80歳を超えた。この55年間で30歳も寿命が延びたことになる。

　この結果，先進国では最も速い速度で人口の高齢化が起こることになった。大戦後の日本ではまだ高齢化率は5％程度で，最近のブラジル（高齢化率5.2％：2002年）やインド（高齢化率4.2％：2001年）と同じ状況にあったが，高齢化率7％を超える高齢化社会に入った1970年以降，経済成長に合わせて人口の長寿化が始まった。この状況は最近の韓国（高齢化率8.3％：2003年）や中国（高齢化率7.6％：2004年）に相当する。日本では高齢化率が14％を超えて高齢社会に入ったのが1994年で，この間は僅か24年（ほぼ1世代）であった。ヨーロッパの大国で高齢化社会から高齢社会になるには2世代以上の期間が必要で，最も短いドイツでさえ40年がかかり，フランスはこの期間が100年を超えている。もし高齢化率14％の倍の28％に達した社会を超高齢化社会と呼ぶならば，日本は2015年頃に超高齢化社会となり，大きく社会の仕組みが異なってくる。この間隔は僅か20年程度である。ヨーロッパでは一生かかって経験する社会構造の高齢化への変化を，日本人は一生に2回以上も経験することになった。当然のことながら，BRICs諸国はこれよりさらに速い高齢化率の上昇が起こると予測される。

　高齢社会になれば当然のように死亡者数は急増する。これから2030年まで日本の高齢者死亡が急増するのは，その年齢階層別の死亡率からみても明らかである。その結果死亡者数は2005年頃までに出生者数を超えた。この時点で当然人口の減少が起こることになった。死亡者数の増加が急激であるために，多少出生率が上がったくらいでは，人口減少をくい止めることはできる状況にない。

　これから起こる日本人口の急減少は，戦後に生まれたベビーブーム世代の存在と，戦後の経済成長の過程で起こった膨大な数の人工妊娠中絶にもよっている。もし，戦後に人工妊娠中絶を合法化しなければ，これほどの人口減少が起こることにはならなかったろう。

　世界を眺めると，第2次世界大戦後も，大きな戦争後よく生ずるように，多くの先進諸国でベビーブームの世代が発生した。しかしその期間は15年以上も継続した。

一方，日本は人工妊娠中絶でベビーブーム世代を僅か3年以内で終焉させてしまった。急峻な世代人口のピークを持つ団塊の世代の登場である。日本の出生率低下は，戦前の中進国の人口構造（合計特殊出生率5.0）から，戦後の10年間で（昭和60年までに），一挙に人口転換時代の出生率（同2.5以下）を割り込んで先進国に並ぶようになった。この背景には出生児1人当たり1.5人を超える人口妊娠中絶があったのは意外と知られていない。人口調節の優等生と揶揄されたのはこの時代である。

　同じ現象は1970年頃まで高出生率を維持してきた中進国に，これから見られる現象でもある。1970年のオイルショック以後の急速な出生率の低下の影響で，日本より急速な人口減少がおこると予測される。

　日本の合計特殊出生率は，人工妊娠中絶の数を加えると（一種の特殊妊娠率ともいえる値），戦後の15年間のベビーブームの存在期間を除けば，昭和元年（1925年）以降一様に減少してきたことも認識すべきである。このトレンドは経済発展により女性の権利が確立される過程と見なされ，日本社会の近代化の指標でもあるようにみえる。合計特殊出生率が1955年頃から1985年頃まで2.0近くで安定していたのも，実際は人工妊娠中絶で出生率を調整した結果であった。

　ここまで日本の人口変化の過程を読み解けば，日本が世界に先んじて急速な人口減少が起こる原因が団塊世代の高齢化にあることが判ってくる。同時に，それは人口の多い中進国のこれからの社会状況であることもわかる。

(6) 日本の人口減少の将来展望

　日本の人口減少を考えるときには，2期に分けて考えなければならない。2005年から2030年までの「人口急減期」とそれから後の「安定的人口減少期」である。この2期間では，人口減少の起こる理由が違ってくるからだ。

　2030年までは死亡者数が急増するために起こる人口減少期である。この人口減少は，どのような手法をもってしても解決することはできない。逆に言えば，高齢者が齢を加え死亡する過程であるから，自然な人口減であるとさえいえる。

　しかし，2030年から後は，出生率が上がれば高齢化率は下がる。このま

ま出生率低下の傾向が続けば，将来高齢化率が38％程度で安定に達するが，それは社会のありかた次第であり，うまく出生力が回復すれば，ヨーロッパの国々のように人口がそれほど急減しないというような構造になるとも考えられる。したがって，2030年頃までに，女性が子どもを産みやすく，両親が育てる意欲を持ちうる社会を作らなければ，日本は，2030年以降，人口の年齢構成比が固定されたまま，年間人口の1.5％程度の人口減少が続くことになる。

　もう一度繰り返して言うと，人口急減期においては，出生率の上昇によっては人口が増加することはない。「少子化を防げば人口は増える」と多くの人は言うが，そんな馬鹿なことは絶対にないのである。「外国人労働者を入れれば人口は増えるのでは」ということも多く言われている。「これから30年間に減るであろう1,600万人を補充し人口を維持するには，年間60万人の外国人移入が必要になる」と国連は言っているが，それは，後述するように，人口の推計をきちんとしない人の論点である。

　安定的人口減少期では，逆に出生率で高齢化率が決定される。出生率が2程度あれば，今の日本の程度の高齢化率のまま19％で固定する。出生率が1.65にまで下がると，26％で安定し，人口が少しずつ減って行く。今の日本のように1.35以下になると，2030年までに32.5％にまで高齢化率が上がり，人口は減少する。1.2で37％。これは計算によって決まる高齢化率である。

　すでに市町村の6割（日本人口の6割ではない）は，安定的人口減少期に入っていて，このような都市がこれから多く発生する。

(7) 高齢人口の動向（表3）

　日本の高齢化率は2005年頃から少なくとも2030年までは世界最高値を続ける。2000年に2,230万人強だった高齢者は，2030年には3,640万人弱で，高齢化率は17.6％から32.4％にほぼ倍増，この間高齢者は1,400万人増となる。

　高齢者数は2020年頃に3,670万人強で極大値を迎える。これは団塊の世代が寿命を全うし生涯を通り過ぎてゆく時代に当たり，その後2035年頃まで

II 現代社会の変容

表3　2000年を基準とした年齢階級別人口の増減数

(in thousands)

| Year | Increasing Population from 2000 (Total) | Increasing Population from 2000 (0～19) | Increasing Population from 2000 (20～64) | Increasing Population from 2000 (65～) | Increasing Population from 2000 (75～) | Increasing Population from 2000 (15～64) | Increasing Population from 2000 (25～54) |
|---|---|---|---|---|---|---|---|
| 1995 | −148.1 | 255.8 | 0.5 | −404.4 | −193.4 | 102.8 | −45.1 |
| 2000 | 0.0 | 0.0 | 0.0 | 0.0 | 0.0 | 0.0 | 0.0 |
| 2005 | 116.7 | −157.4 | −135.1 | 409.2 | 281.5 | −223.5 | −288.3 |
| 2010 | 79.1 | −289.7 | −429.4 | 798.2 | 550.4 | −567.1 | −506.2 |
| 2015 | −121.8 | −438.7 | −932.2 | 1,249.1 | 762.5 | −1,093.0 | −684.4 |
| 2020 | −467.8 | −616.2 | −1,294.3 | 1,442.7 | 955.6 | −1,452.5 | −935.4 |
| 2025 | −928.3 | −833.1 | −1,535.0 | 1,439.8 | 1,212.2 | −1,756.9 | −1,254.4 |
| 2030 | −1,470.0 | −1,010.5 | −1,866.4 | 1,406.9 | 1,259.4 | −2,155.3 | −1,647.9 |

一時高齢化率は安定する時期を迎える。しかし，現在の1.3程度の低出生率が2030年以降も続けば，高齢化率は2035年以降も増加し続け，2050年頃に38％前後に達し安定化する。2030年以降の高齢化率の動向はまさに合計特殊出生率に依存する。

現在の日本では65歳はまだ高齢者というには早すぎる。医療や介護が実際に必要になる年齢は75歳を超えてからである。寿命の定義に世界保健機構（WHO）の定めた健康寿命があるが，日本は2000年に74.5歳に達し，ここ10年間は日本は断然他を引き離して世界一であった。逆に言えば75歳を超えてからが本当の意味での高齢であり，75歳を超えた高齢者を後期高齢者と呼んでいる。2000年には後期高齢者は総人口の7.2％程度で，910万人であったが，2030年には19.3％の2,170万人と2000年の2倍を超え，極大値を迎える。

一方，主要先進諸国ではドイツ・イタリア・スペインの高齢化率が急上昇し，2030年には30％を超える。いち早く社会が安定して世界で主導権を握ってきたフランス・イギリスは2030年の高齢化率が25％程度であり，現状より少し高齢化が進むだけである。中国やインドはさらに急速に高齢化が進むことは確実で，日本よりさらに厳しい社会政策上の制約条件が存在する。

グローバル化がからんだ産業政策も，20年スパンで大きく見直さなければならないだろう。

(8) 生産年齢人口の動向

生産年齢人口は総人口よりもっと大きく減少をし始める。20～64歳までを生産年齢人口とすると，この値は2000年より前に減少し始めている(1999年が極大値)。2030年のそれは，2005年より1,731万人減ることになる。実に22.3%の減少である。総人口は12.5%しか減らないから，減少割合では倍近く減ることになる。働き盛りの人口，25～54歳の減少割合はさらに大きく，26.3%も減少する。一方，高齢人口は約40%増え，後期高齢人口は，なんと90%近く増える。これからの25年間の日本には，このような激しい人口の構造変化が起こると考えられる。

生産年齢人口の減少分は，若年と高齢者の組み入れで補いうるかを考えてみることにしよう。何故ここに女性を挙げないかというと，女性の就労率を上げれば，男性の就労率を下げねばならないからである，確かに男女一緒に働くと出生率の上がる国もあるのだが，普通は，女性の就労率の上昇は出生率を下げ，人口減少効果が顕れ，それを防ぐには，男の働く量を減らして女性に働らいてもらうようにしなければならない。一方，労働時間はこれからも短縮を続けるから，これに対応すべき労働力の増加はさほど大きくないと言える。結局は，若い人と高齢者は現在でも働いていないわけだから，この人たちが働いて補いがつくかどうかというのが，外国から日本に労働力を入れない場合の解決策ということになる。

日本の健康余命は74.6歳とほぼ75歳であり，これは75歳までは5割の人が健康であるということを示している。障害の無い平均余命であるからには，働けないことはない。そこで，前期高齢者の半分を生産年齢人口に組み入れたとして考えてみたときに，2000年の日本の労働力を維持できるのは，2015年までであり，若年者（15～19歳）の半数を組み入れても2020年には，現在の生産年齢人口は維持できなくなる。

しかし生産年齢人口は本当に維持しなければならないのか，という疑問が当然ある。日本社会は，これから人口も減ることを忘れてはいけない。2030

年までに人口は 12.5％小さくなるのである。社会経済の外枠を維持するために，生産年齢人口を現状維持しようという考えはどこからくるのだろうか。そのなかで，人口の減少以上に急激な生産年齢人口の減少を止めたいということであれば，2030 年まででも，生産年齢人口の年齢の枠を変えれば，国内だけでまだ何とかなる。若い人にもっと働いてもらい，高齢者にも 75 歳くらいまでは働いてもらうことが，推計の結果言えるのではないだろうか。すでにフィンランドなど北欧の諸国はその道を選び始めている。

(9)　人口減少により経済成長が止まる

　さて，経済はどうなるのだろうか。経済成長の予測は，同僚の松谷明彦教授の推計を用いた。日本においては，人口減少により経済成長が 2010 年頃止まる。そして，社会機能のひとつである経済は，社会構造によって決まるというのがこれからの社会の姿である。人口が減少を始めることになると，人口構造を中に入れてマクロ経済学モデルを動かさなければいけない。いわゆる成熟社会でも短期的な経済の動向については，人口構造の影響をあまり受けないが，長期的視点に立つ政策では，それは当てはまらないのである。

　人口減少社会では経済成長は停止する。その理由は，国内総生産の成長は，生産資本のストック水準に資本の生産性をかけたもので決まるからだ。生産資本のストック水準については，労働力の減少によって生産設備の総量の縮小が起こることに重要な観点がある。機械がいくらあったとしても，働ける人がいなければ機械は動かないということである。逆に，省力化の努力は生産性を上げることになる。したがって，これは経済成長にはプラスに働く。資本の生産性，すなわち機械をどれだけ使っているかという機械の稼働率のようなものでみてみると，現在世界的に下落傾向にある。このように人口減少が労働力の減少を起こし，経済の成長を止めるということがわかる。労働力は，生産年齢人口の減少だけでなく，労働時間の短縮も関係してくる。労働時間の短縮はヨーロッパでこそ現在止まり始めているが，日本はまだこれから世界水準に向けて低下が進むと思われる。世界中の産業界が，労働時間を長くしたくない，働く年齢も長くしたくないと今までは考えてきたが，しかし，行き過ぎも考えものであると考え，ドイツやフランスで今，労働時間

を長くする傾向がみられ始めていて、これは、労働力の減少を防ぐことにつながるかもしれない。日本の技術進歩率については、先進諸国に追いついた時点から技術のキャッチアップ効果が無くなって低下をはじめ、1980年以降一貫して下降を続けている。

松谷は今の長期推計にハロッド・ドーマーモデルを改変したモデルで推計しているが、それによれば、2008年に国民所得は390兆円でピークになるという。一方、1人当たりの国民所得は、2012年に314万円程度でピークになり、2000年の水準が2030年まで維持されると述べている。すなわち、経済全体の総量が減少するが、ひとりひとりの取り分については、人口が減った分だけ減るかというと、そうではない。これが人口減少の世界で起こる経済の将来像である。残念ながら現在の経済学では、人口の増加と経済成長を前提にすべての論理が立てられてきた。人口が減少するときの論理モデルを明快に立てたものは存在しないのである。しかも、企業経営者も行政官もこのことを口にすることは決してなかった。

(10) 海外労働力を受け入れたときの日本の人口の変化

現在の生産年齢人口の定義では、日本の労働力が減少することは明らかである。このため海外から労働力を入れることは政策の一つとしてありうる。しかし、そのために将来日本の人口構造がどのように変わりうるかについて、はっきりと言及した政策提言は皆無に等しい。そこで、私の持っている人口モデル（社会構造推計エンジン SS-ProjCSJ. 072）を使用して、海外から入ってきた労働者がもしそのまま帰国しなかったら日本人口がどうなるかを試算した。

ここでは、国勢調査を3年度分（1990年、1995年、2000年の日本総人口と日本人人口を用いる）を使用した。1990年から1995年の間には、当時隆盛だった日本経済を目当てに、38万人の海外労働者が流入してきたが、1995年から2000年の間には日本経済が失速こともあって、流入人口は僅か4万人であった。この2期間の状況（それぞれ1995年モデルと2000年モデルと呼ぶ）がそれぞれ続いたとしたときに、日本人人口とは別に非日本人人口は一体どうなるかを推計してみようというものである。

II 現代社会の変容

1995年モデルでは，2030年には非日本国籍者由来の人口は1,460万人となり，日本総人口は1億2,300万人となる。この結果，非日本国籍者由来の人口の日本総人口に占める割合は11%程度となり，日本人口の減少率はあまり大きくないはずであった（表4.1）。しかし，日本の経済失速の結果，多くの労働者は帰国し，そうはならなかった。

一方2000年モデルでは，2030年には非日本国籍者由来の人口は217万人

表4.1　1990年から1995年の間に日本に流出入した同じ数の外国人がその後も流入を続けた時の外国人人口の推移

|  | 総　人　口 | 男性人口 | 女性人口 |
|---|---|---|---|
| 1990年 | 889,770 | 447,755 | 442,015 |
| 1995 | 1,309,203 | 655,245 | 653,957 |
| 2000 | 1,945,890 | 971,281 | 974,609 |
| 2005 | 2,844,451 | 1,419,272 | 1,425,179 |
| 2010 | 4,040,831 | 2,014,019 | 2,026,812 |
| 2015 | 5,588,427 | 2,775,940 | 2,812,487 |
| 2020 | 7,665,970 | 3,792,824 | 3,873,146 |
| 2025 | 10,575,539 | 5,223,541 | 5,351,999 |
| 2030 | 14,660,223 | 7,246,602 | 7,413,622 |

表4.2　1995年から2000年の間に日本に流出入した同じ数の外国人がその後も流入を続けた時の外国人人口の推移

|  | 総　人　口 | 男性人口 | 女性人口 |
|---|---|---|---|
| 1995年 | 1,271,299 | 655,245 | 616,054 |
| 2000 | 1,313,211 | 622,759 | 690,451 |
| 2005 | 1,414,513 | 623,642 | 790,871 |
| 2010 | 1,509,412 | 615,876 | 893,535 |
| 2015 | 1,602,200 | 601,050 | 1,001,150 |
| 2020 | 1,714,069 | 588,366 | 1,125,703 |
| 2025 | 1,898,103 | 606,407 | 1,291,696 |
| 2030 | 2,171,330 | 662,740 | 1,508,590 |

となり，日本総人口は1億1,000万人となる。この場合は非日本国籍者由来の人口の日本総人口に占める割合は2％程度となり，あまり労働力人口の増加には寄与しないが，ただしこの期間は，非日本国籍人口の男女の比率のアンバランスが大きく，2030年には男：女＝1：2.3程度となるといった結果がでる（表4.2）。

　この推計はあくまで非日本国籍者由来の人口が，これまでの日本人人口の出生の傾向を辿ったと仮定した結果である。労働力を入れた当初は20歳から34歳の年齢階級が急増することは理解できるが，30年後にそれらの人々が高齢人口に加わり，大きな財政負担になることまでは，推計してみなければわからない。流入人口に大きな性差があれば，出生児数の変化への影響も大きく，政策的に故意に特定年齢の流入を認めるには，十分な将来推計と，社会負担の動向の分析が必要となるのは当然である。

　（脚注：2005年の国勢調査の結果からの推計では2000年から2005年の間に外国人人口は72万人増加した。この結果をもとに推計を行うと2030年には外国人由来人口は500万人を超え，人口の4.4％を占めると予測できる（文献3.）。）

(11)　地域人口減少の注目点は人口構造の変化にある

　人口減少は人口構造に大きな変化をもたらす。人口構造の変化こそが地域社会の将来に最も影響のある影響を与える要素である。ここでは，可住地面積人口密度によって分類した市区町村の2000年と2030年の人口構造の変化を取り上げて比較してみる（表5）。

　この推計によれば，人口密度の高い市町村ほど，これから高齢化率が上昇し，これからの社会負担が多くなることを表している。それに比べれば，人口密度が800人/km²以下の市町村では，高齢化はさほど進展せず，現状のまま推移することがわかる（表6）。

　可住地人口密度が低い都市は，すでに2030年の日本の平均的人口構造の状況に近い市町村が多く，現在以上に高齢化が進展しない。一方，若い人が集まっている人口密度が高い高密度・中間密度都市では，高齢化率がまだ15～16％程度であり，後期高齢化率も6～7％しかない。これらの都市に，現状のように若い人が集まってくるという地域人口移動の仮定をいれて推計

II 現代社会の変容

表5 可住地面積当たり人口密度で分類された東京特別区および市町村の数・人口・面積およびそれらの構成割合

| Pop. Density in Habitable Area (pop/km²) | Number of Cities and Villages | Total Population (2000) | Total Habitable Area (km²) | Ratio of total numbers of cities (%) | Ratio of total habitants at 2000 (%) | Ratio of total habitable area at 2000 (%) |
|---|---|---|---|---|---|---|
| 12800以上 | 16 | 5,252,013 | 343 | 0.49 | 4.14 | 0.28 |
| 6400〜12800 | 70 | 25,659,962 | 2,974 | 2.16 | 20.23 | 2.41 |
| 3200〜6400 | 113 | 20,943,881 | 4,725 | 3.49 | 16.51 | 3.84 |
| 1600〜3200 | 224 | 27,452,992 | 12,579 | 6.91 | 21.64 | 10.21 |
| 800〜1600 | 521 | 21,088,818 | 18,851 | 16.07 | 16.62 | 15.30 |
| 400〜800 | 918 | 16,241,355 | 28,686 | 28.32 | 12.80 | 23.29 |
| 200〜400 | 882 | 7,270,141 | 24,804 | 27.21 | 5.73 | 20.14 |
| 100〜200 | 321 | 2,108,761 | 13,783 | 9.90 | 1.66 | 11.19 |
| 50〜100 | 109 | 562,922 | 7,877 | 3.36 | 0.44 | 6.39 |
| 50以下 | 68 | 283,253 | 8,564 | 2.10 | 0.22 | 6.95 |

藤正 巖：GRIPS SSProj CSJ9500.06 による推計

表6 可住地人口密度により分類された東京特別区・市町村の開放および封鎖人口推計による高齢化率・後期高齢化率

| Pop. Density in Habitalbe Area (pop/km²) | Ageing Ratio (%：2000 sensus) | Ageing Ratio (%：2030 Open Projection) | Ageing Ratio (%：2030 Closed Projection) | Late Ageing Ratio (%：2000 sensus) | Late Ageing Ratio (%：2030 Open Projection) | Late Ageing Ratio (%：2030 Closed Projection) |
|---|---|---|---|---|---|---|
| 12800＞ | 17.01 | 23.40 | 26.55 | 6.96 | 13.16 | 14.76 |
| 6400〜12800 | 14.53 | 25.14 | 25.45 | 5.43 | 14.65 | 14.32 |
| 3200〜6400 | 14.09 | 28.58 | 24.96 | 6.20 | 17.22 | 14.38 |
| 1600〜3200 | 16.13 | 26.53 | 24.69 | 6.83 | 15.85 | 14.33 |
| 800〜1600 | 18.18 | 28.13 | 24.47 | 7.93 | 16.76 | 14.43 |
| 400〜800 | 21.62 | 27.69 | 24.14 | 9.97 | 16.36 | 14.33 |
| 200〜400 | 26.94 | 26.40 | 23.49 | 12.36 | 15.65 | 14.18 |
| 100〜200 | 26.68 | 25.40 | 24.30 | 15.15 | 15.08 | 14.65 |
| 50〜100 | 25.24 | 24.21 | 24.71 | 21.42 | 14.83 | 15.04 |
| 50＜ | 24.36 | 22.31 | 25.35 | 21.68 | 13.63 | 15.21 |

藤正 巖：GRIPS SSProj CSJ9500.06 による推計

しても，2030年には高齢化率は26〜27％，後期高齢化率は14〜17％へと急上昇し，とくに日本の代表的都市である人口密度が3,200人/km²以上の高密度都市では，高齢化率は2倍に，後期高齢化率は2.5倍に増加することになる。これらの市町村においては，現在まで高齢者が少なかったために，具体的な介護のための社会投資が少ない。さらに一方，これから急増する高齢者に対し，大きな社会資本投資を行うには，経済成長による余力はすでになくなっていると見るべきで，より深刻な社会問題が生ずることになる。高齢者を鉢植えのごとく他の市町村に移し替えることが必要になってくると主張する人たちも出てくるかもしれない。

800人/km²以下の人口密度をもつ低密度都市型の市町村は，目下は人口減少が激しいが，生活を支える方法さえ見つかれば，住環境は良く，高齢者に対する社会資本も充実しており，人口減少の程度がこれから小さくなる可能性すら見えているのである。こここそ日本の原風景となっているところであり，この地域は可住地面積の66％以上を占めているうえに，その背後には日本の国土の2/3を占める森林と山岳が控えている。日本人口の2割がここに住み，日本の有事の際に逃げ込む重要な場所となっていることは，過去の大戦での疎開のことを考えればよくわかる。

日本においては人口の80％が高密度・中間密度都市に住んでいる。平成の市町村合併前の（2000年度の）市町村数の70％を占める低密度都市には僅か20％の人口が住むだけである。しかもこの市町村は高齢化が進み2030年の日本の状況を先取りしている。したがって，80％の都市住民の住む地域と，20％の農村型地域とは施策立案の方法が異なるのが当然であろう。これからの時代，高密度都市では，都市の社会資本の基盤整備を進め，スプロール化を防いだより稠密な都市を作りあげる方法が必要となり，一方，人口密度の低い地方市町村では，住民の生活基盤の確保と，環境と景観と伝統の維持を図るといった，地域分けが必要になると思われる。

(12) 人口減少は人間界の維持には必須の条件

大幅な人口減少は，世界の国々の中で日本が最初に経験をすることになる。人口減少は悪いことよりも良いことの方が多い。いや，人口減少は人間界の

II 現代社会の変容

表7 人口2000万人以上の国とその面積・可住地面積および
それらの項目の人口密度 (人/km²)

| | | Population (1995 kpop : UN) | Land Area (1993 kha) | Habitable Area (%) | Population Density (pop/km²) | Pop. Density in Habitable Area (pop/km²) |
|---|---|---|---|---|---|---|
| | World | 5,687,113 | 10,980,243 | 61.93 | 51.79 | 83.63 |
| | Africa | 719,495 | 296,361 | 84.45 | 242.78 | 287.47 |
| | N,C America | 455,805 | 2,178,176 | 60.73 | 20.93 | 34.46 |
| | S America | 317,477 | 1,752,925 | 51.72 | 18.11 | 35.02 |
| | Asia | 3,437,787 | 2,679,013 | 80.01 | 128.32 | 160.38 |
| | Europa | 728,244 | 472,625 | 66.47 | 154.08 | 231.79 |
| | Oceania | 28,305 | 845,349 | 76.35 | 3.35 | 4.39 |
| 1 | China | 1,220,224 | 932,641 | 86.01 | 130.84 | 152.12 |
| 2 | India | 929,005 | 297,319 | 76.96 | 312.46 | 406.00 |
| 3 | USA | 267,115 | 957,311 | 70.10 | 27.90 | 39.80 |
| 4 | Indonesia | 197,460 | 181,157 | 38.30 | 109.00 | 284.59 |
| 5 | Brasil | 159,015 | 845,651 | 42.29 | 18.80 | 44.46 |
| 6 | Russia | 148,460 | 2,190,070 | 63.47 | 6.78 | 10.68 |
| 7 | Pakistan | 136,257 | 77,088 | 95.49 | 176.76 | 185.11 |
| 8 | Japan | 125,068 | 37,652 | 33.34 | 332.17 | 996.40 |
| 9 | Bangradesh | 118,229 | 13,017 | 85.40 | 908.27 | 1063.50 |
| 10 | Nigeria | 111,721 | 91,077 | 87.59 | 122.67 | 140.04 |
| 11 | Mexico | 91,145 | 190,869 | 74.49 | 47.75 | 64.11 |
| 12 | Germany | 81,594 | 34,927 | 69.36 | 233.61 | 336.79 |
| 13 | Vietnam | 73,793 | 32,549 | 70.35 | 226.71 | 322.25 |
| 14 | Iran | 68,365 | 163,600 | 93.03 | 41.79 | 44.92 |
| 15 | Phillipine | 67,839 | 29,817 | 54.39 | 227.52 | 418.32 |
| 16 | Egypt | 62,096 | 99,545 | 99.97 | 62.38 | 62.40 |
| 17 | Turkey | 60,838 | 76,963 | 73.75 | 79.05 | 107.18 |
| 18 | Thai | 58,242 | 51,089 | 73.58 | 114.00 | 154.94 |
| 19 | France | 58,104 | 55,010 | 72.86 | 105.62 | 144.97 |
| 20 | UK | 58,079 | 24,160 | 89.91 | 240.39 | 267.37 |
| 21 | Italia | 57,204 | 29,406 | 76.98 | 194.53 | 252.71 |
| 22 | Etyopea | 56,404 | 110,100 | 75.48 | 51.23 | 67.87 |
| 23 | Congo | 45,453 | 34,150 | 38.21 | 133.10 | 348.30 |
| 24 | Myammer | 45,106 | 65,754 | 50.71 | 68.60 | 135.27 |
| 25 | Korea | 44,909 | 9,873 | 34.57 | 454.87 | 1315.82 |
| 26 | SouthAfrica | 41,465 | 122,104 | 93.28 | 33.96 | 36.40 |
| 27 | Spain | 39,627 | 49,944 | 67.33 | 79.34 | 117.84 |
| 28 | Poland | 38,557 | 30,442 | 71.14 | 126.66 | 178.03 |
| 29 | Columbia | 35,814 | 103,870 | 51.86 | 34.48 | 66.48 |
| 30 | Argentin | 34,768 | 273,669 | 81.40 | 12.70 | 15.61 |
| 31 | Canada | 29,402 | 922,097 | 46.43 | 3.19 | 6.87 |
| 32 | Peru | 23,532 | 128,000 | 33.75 | 18.38 | 54.47 |
| 33 | Romania | 22,728 | 23,034 | 70.99 | 98.67 | 138.99 |
| | Total % | 4,607,618 81 | 8,283,955 75 | | | |

FAO Production Yearbook (1992).

維持には必須の要件である。ヒトが今後地球環境を維持しながら発展させるには，人口を現状の5分の1程度にまで落とさねばならないのは自明の理である。しかし，地球温暖化の防止を叫ぶ人たちでも，その根本の人口増に警鐘を鳴らし，先進諸国の人口減少を提案する人たちがいないのは不思議としかいいようがない。

日本は人口2,000万人以上の33ヵ国の中で，人の住める面積（可住地面積）の国土に占める比が最小の国である（表7）。可住地人口密度は1,000人/k㎡で韓国とバングラデシュに次いで高い。EU諸国と比べるとその稠密ぶりは，およそ5倍から8倍，米国とでは20倍の人口密度を持つ。この中で世界第2位のGDPをあげるからには，単位面積当たりのエネルギー消費量や廃棄物発生量といった環境負荷も，その倍率以上に高いことを認識すべきである。生命の維持をはかる食料自給率が，西欧では100％であるのに比して，29％程度というのは当然の結果だろう。

人口の大半を占める都市住民にとっては，人口減少はすべての生活環境を改善する可能性をもっている。たかだか15％程度の75歳以上の人口を持つ日本が社会を維持できないはずはない。そのまま少なくとも人口を半減した7,000万人程度の小日本にして，社会を成り立たせる方策を模索することが，日本にとっては時代を先取りした国にする秘訣であろう。

### 参考文献

1. 藤正　巌：人口減少社会—2000年と2030年—。テクノバ（東京），pp. 46 (2004.10.4)
2. 藤正　巌：地域社会と人口変動—人口減少時代の地域構造の変化。エーアンドエス（東京），pp. 26 (2005.9.14)
3. 藤正　巌：人口減少時代への対応—高齢化率が40％を超える社会を先駆けるには—。Arts & Science（東京），pp. 40 (2007.10.12)

### 註

本論文を書き上げた後で，日本の2005年の国勢調査の結果が報告された。2000年と2005年の国勢調査を用いた社会構造推計によれば，高齢化率は2050年頃40％を超え安定に達することが予測されている。2030年頃までの推計は本論

Ⅱ　現代社会の変容

文と大差はないが，この5年間の高齢者の寿命の延長が大きかったためである。この結果は文献3.で報告されている。

# 公的年金における公正とは何か

髙 田 一 夫

## 1　公的年金のどこが問題なのか

　本稿は，公的年金の改革に関する最近の議論を概観し，議論の中核がどこにあるかを指摘し，それに基づいて公的年金の社会的公正を議論する。
　1990年代より先進国では公的年金の財政悪化を背景にして，公的年金の民営化や賦課方式の積立方式への転換について盛んに議論された。本稿ではその議論の帰結点を明らかにし，採るべき原理を考察したい。
　筆者の考えでは，民営化や積立方式は，必ずしも年金問題の根本的解決ではない。重要な点は，世代間の負担給付バランスを配慮した再分配方法を考えることにある。以下，第1に公的年の抱える中心的問題を明らかにし，次いでさまざまな改革案を検討する。そして，最後に公的年金の再構築のあり方を論じる。
　公的年金は，世代間の再分配であるが，同時に世代内の再分配を目的とした制度でもある場合がほとんどである。公的年金は歴史的には，積立方式によって始まったが，これはそもそも世代間の不均等を引き起こさないようにするための方法であった。公的年金は長期間保険料を拠出したのちに年金を支給されるので，制度発足当初は年金支払額はごく少ない。完全積み立て方式の公的年金は，あらかじめ高めの保険料を設定して剰余金を積立金として備蓄しておき，将来年金給付が増えて保険料ではまかなえなくなった場合には，その積立金の運用収入で不足分をカバーするというものだった。したがって人口構成が安定していれば，世代間で保険料の負担は同一で，同一の給付を期待できる。かくして世代間の貸し借りはなくなる（インフレなど貨

45

幣価値が変動する場合にはこの限りではないが，それについては後述する）。

また上述のように，多くの国の公的年金制度は垂直的再分配のシステムを備えており，世代間の再分配はなくとも世代内の再分配は存在する。高所得層は，低所得層に比較して年金の絶対額は多いが，保険料の大きな負担を考えると，相対的に不利な年金を受け取ることになる。これが，公的年金における垂直的再分配である。したがって当初の公的年金は，貧富の差に配慮しつつ，世代間には不平等をおこさない仕組みを考えていたわけである[1]。

公的年金に関して議論されてきた問題はほとんど，積み立て方式の廃棄による後代負担問題，あるいは同じことだが公的年金財政の立て直しである。そこでまず，後代負担問題から検討していこう。

## 2　後代負担の原因と「問題」

アメリカ，ドイツ，日本など積立方式から出発した制度が賦課方式に転換した経緯は次の通りである。図1はわが国の「完全積立方式」の財政モデルを示したものである。横軸は制度の開示時（O）からの経過年を示す。縦軸は年金の支払総額および保険料収入総額を示す。

年金の支払総額は制度開始時には少なく，制度が成熟化するにつれて増え，成熟化すると安定して横ばいになる，と一般に想定される。Aの時点では保険金の支払いは少ないが，成熟化した後のCの時点では支払額はずっと多くなる。

ただし，このモデルは人口が静止人口であり，物価上昇や経済成長の影響が資本・金融市場によって調整できる完全市場を前提とした場合にはよく当てはまる。しかし，現実には人口や経済変動の影響を無視できないことは後述のとおりである。

さて，この場合に後代負担を起こさぬように配慮するためには，あらかじめ積立金を作り，年金が成熟化した際にはその金利収入で赤字を埋め合わすのがよい。公的年金は長期にわたって拠出することが必要であるという条件

---

[1] もちろんイギリスの定額方式の公的年金は，垂直的再分配は意図されていない。

があるので，保険料収入と年金支払額が一致する時点までは黒字となる。それを積立金として将来の赤字に備えればよいのである。そこで，あらかじめ高めの保険料を設定し，それを将来にわたって維持する。これを平準保険料という。図1では収支が均衡するのがB点である。それより前では黒字が発生する。たとえばA点では，年金支払額は平準保険料よりもずっと少なく，その差額が黒字となる。この黒字が累積して積立金となる。その金額はO点からB点までの平準保険料の直線と年金支払総額の曲線に挟まれた面積で表される。

　成熟化したあとは年金支払総額は，保険料収入総額を超えてしまう。しかし，その差額は積立金の運用利息で賄うのである。というより，賄えるように平準保険料を設定しておくのである。

　かくして，平準保険料が正しく設定されれば前の世代が作った積立金のおかげで，後の世代は保険料を前の世代と同じ水準で支払えばよい。後代負担は発生しないことになる。

　しかし，実際には理論どおりにはいかなかった。戦争による激しい物価上昇も起きたし，経済成長による生活水準の向上で以前の年金額では不足することになった。かくして年金額の引き上げが政治日程に上る。年金額を引き上げれば当然，積立金額は不足し追加資金を投入する必要が起きる。ここで

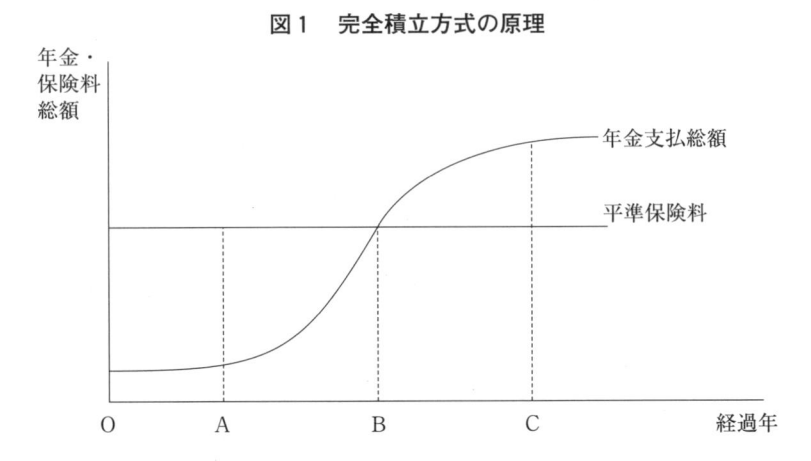

図1　完全積立方式の原理

後代負担をおこさないためには，過去に遡って平準保険料を再計算し，徴収すべきである。

その関係を示したのが，図2である。いまAの時点で年金額の引き上げが決まったとしよう。増額された年金支払総額は「新支払総額」のように上にシフトする。したがって収支均衡点はBからB′へと早い時期に移り，積立金も減ってしまう。そこで，新しい給付水準に合わせて新たな平準保険料を計算する。それが，「新平準保険料」である。保険料が引き上げられるのである。この結果収支均衡点はB″へと遅い時期に移り，積立金も新支払総額に見合った金額に調整される。

問題は，A時点より前の時期の引き上げ分（図2で斜線を引いた部分）である。これを過去勤務債務といい，完全積立方式であれば遡って徴収しなければならない。そうしなければ積立金が不足し，後代負担が発生してしまう。

ところが，過去勤務債務を徴収することは実際にはかなり難しいことである。実務的にも政治的にも難しい。実際日本では，過去に遡って保険料を集めることはしなかった。欧米においても事情は同じである。そのために現在のような保険料の継続的な引き上げが必要となったのである。さらに，1980年代から静止人口レベルを超える少子化が起きたため，積立金不足にはさらに拍車がかかった。こうなると，年金支払いを保障するために段階的に保険

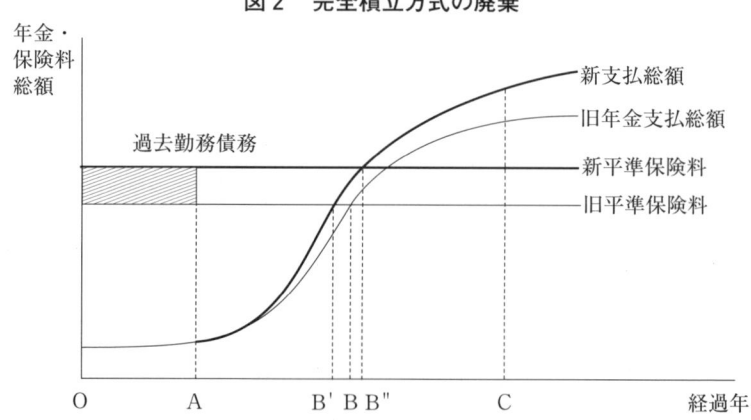

図2　完全積立方式の廃棄

料を引き上げていき，最終的にはその年度の年金支払額をその年度の保険料で賄うという賦課方式に転換することになる。もちろん支払準備金として1年分くらいの資金を用意しておくのが賢明であるから，積立金はゼロにはならない。しかし，これは積立方式における積立金，すなわち保険料収入の不足をカバーするだけの大きな積立金ではない。

　日本では政府が1950年代に厚生年金制度を再検討し，給付を引き上げた際，積立金の不足を保険料を引き上げることにした。しかしこの時，過去勤務債務は無視して，その時点から平準保険料を計算し直すという本来厚生年金の設計思想にはなかった彌縫策をとった。積立金は理論的に不足することになった。高度経済成長がつづくうちに積立金を積み増すこともしなかった。積み立て方式へ復帰するための抜本的な対策をとらないままであったため，なし崩し的に賦課方式に転換することになった。これは，日本の場合だけではなかったのである。アメリカもドイツも賦課方式に転換した。

　この「修正積み立て方式」では当然，拠出と給付の調整が必要になる。この対策として，日本政府は保険料を少しずつ引き上げると同時に給付額を削減する方法をとった。厚生年金の場合，保険料は標準報酬月額に保険料率をかけて求める。また，給付額は加入者の標準報酬月額（ほぼ給与額と同じ）[2]の平均に加入月数と支給乗率をかけて求める。したがって，保険料率を引き上げ，支給乗率を引き下げることでこれを実施してきた。この方法は何回か改訂されたが，基本的な性格は変えていない。すなわち，現役労働者の平均賃金の一定程度を年金受給者に支給するというものである。その「一定程度」も改訂され，現在では総報酬，つまり年収の「50％以上」が目安とされている。いずれにせよ，現役労働者の生活水準を基準とした確定給付方式である。

　ところが，完全積み立て方式であっても人口構造が変われば万全ではない。完全積み立て方式が機能するには，静止人口が望ましい。しかし，現実には人口高齢化が起きてしまったので，それだけでも，上記のような調整が必要

---

2　2003年度より標準報酬だけでなく，賞与も含めた総報酬に対して保険料が徴収され，かつ給付も総報酬に基づいて計算されるようになったが，基本的な考え方は変わらない。

となってくる。

　さらに，公的年金は経済成長の影響を受けて調整が必要になる。高度成長期には賃金水準が急速に上がったため，公的年金はそれを追っていった。賃金上昇分を補償するため，賃金スライド制が設けられたし，インフレが激しくなれば，物価スライド制が設けられた。低成長になれば逆の問題が出てくる。これも調整を複雑にした。

　要するに，給付建ての年金はダイナミックなものであって，積み立て方式であっても調整が不要というわけではない。インフレが進行すれば，年金の実質価値を維持するために追加拠出が必要となる。かりに保険料を引き上げず税金でカバーするにしても，負担者は違うにせよ，現役世代がより多くを拠出する結果になる。ともかく，長期にわたって十分な積立金を作ることは実際には難しい。しかし，十分な積立金を作らなかったために，人口高齢化と低成長の二重の影響で大きな後代負担がおきたことは事実である。そして，この後代負担が現在，もっとも大きな問題と考えられているのである。

## 3　後代負担への対策

### (1) 積立方式への回帰

　後代負担がはたして悪いのか，この議論は今は置いておく。要するに，積立金を十分作らなかったことが現在の問題を招いたのである。したがって，対策としては再び積立金を作ればよいことになる。ところが，賦課方式の下ですでに後代負担が生じているのであるから，そこに積立金を再構築するには，すでに支払っている年金を継続して支払う上に，積立金を再構築するだけの高い保険料を支払わなければならない。これが，いわゆる「二重の負担」である。

　それでも，積み立て方式に転換した方がよい，とする議論がある。後代負担は不公平な負担であるから，撤廃する方がよいというのである。実際，低成長の下では，賃金上昇の小さく，高齢化の影響を考えれば過大な負担を残すことは問題である。しかし，二重の負担はどうするのか，どんな方法でもこれが無くならないことは既に，積み立て方式復活論者が認めている[3]。具

体的な提案として，いくつか計算例がある。いずれにおいても二重の負担を緩やかに調整して40〜50年後になくそうというものである。しかし，このように長期にわたる調整というのは，政策的に意味があるのだろうか。

　というのは，積み立て方式支持論者が批判するのは政府の賦課方式維持論であるが，賦課方式でもゆっくりとした調整をすれば，似た結果が得られるのである。今回は詳細な比較はしないでおくが，両者の差は相対的なものであり，賦課方式でも拠出と給付の組み合わせで似た結果が出せるのである。積立金を作るまでにたいへん長い時間がかかるので，賦課方式でも給付を引き下げていけば似た効果になるのである。もちろん小塩氏が指摘するように給付水準の切り下げを行わなければならない[4]。しかし，積立方式でも，現在の公的年金の給付水準からみれば切り下げざるを得ないことは明白である。

　このように転換にはたいへん長い時間がかかり，しかもその効果はあまり大きなものではない。厚生労働省案でも効果はなくはない。政府案と民営化案との違いは相対的なものであり，また時間的なものである。もちろん相対的だから不必要ということには，ならないが，後代負担の解消にあまりに長い時間を必要とするので，多くの人たちがさらに長い間，後代負担を担わなければならない。つまり，問題は必ずしもディジタル的二者択一で解決できるものではないのである。例えていえば，AかBかではなく，どれほどAかどれほどBか，という連続性の問題なのだ。

　そうしてみると，問題の核心は積み立て方式か，賦課方式かという財政方式の選択の問題というよりは，世代間の負担のバランスをどう取るべきなのか，という問題だと理解できる。積み立て方式への復帰でも，長期間後代負

---

　[3]　小塩隆士『社会保障の経済学』（日本評論社，1998年）98頁。なお，小塩氏の議論は「すべての世代がbetter offになるような積み立て方式への移行」を問題としていて，もう少し複雑な議論になっている。しかし，可能な方法とされるコトリコフのプランも結論としては，現実的には難しいとしているので，こう言って間違いではないだろう。また，小塩氏は年金財政の問題だけではなく，就業形態やライフスタイルに対する中立性を確保するために「個人勘定をベースとする積立方式の年金保険」が望ましいとしている（『年金民営化の構想』〔日本経済新聞社，1999年〕234 － 5頁）。
　[4]　小塩隆士『年金民営化の構想』160頁。

担を存続させることになる。賦課方式で保険料を引き上げながら給付も切り下げるという厚生労働省案でも，時間をかけて拠出と給付をバランスさせることができるからである。どちらにしても後代負担は相当期間残存するのであり，違いは量的なものである。

(2) スウェーデンの改革

　日本だけでなく，年金問題は多くの国々で問題となっており，すでに対策も行われてきた。とくに1990年代から財政難をきっかけとした改革が行われている。たとえば福祉国家のチャンピオンであるスウェーデンは，税型の基礎年金を廃止し，社会保険型に統一するという大きな変化に踏み切った。しかし，内容をみれば，社会保険型といっても最低保障がついているので低所得層にとっては基礎年金的な機能をはたすものである。そして，この最低保障には保険料だけでなく，税金も投入されている。要するに基礎年金という土台が無くなっただけで，年金給付水準の引き下げと同じである[5]。

　この改革は，少子化と低成長による財政難に悩んだスウェーデン政府が，拠出の引き上げには限界があると判断し，保険料の上限を設定したことが注目される。当然給付も抑制されるが，それだけではない。注目すべきなのは，拠出立てで年金額を計算するようになったことである。これは「概念上の確定拠出制度」（Notional Defined Contribution）とよばれている。「概念上」というのはチリのように実際に市場で個人が運用するのではなく，賃金上昇率をもちいた「みなし運用益」を積み増すようになっているからである（表1の計算式を参照せよ）。現役世代が拠出するのは賃金に基づいているから，その上昇分だけ積み増せば年金原資を税金など保険制度の外部から持ってこなくてよいことになる。ここにも厳しいコスト管理の姿勢が見られる。

　この他にも，積立方式への回帰に配慮した部分がある。下の表1の「積立方式部分」である。これは実際の運用益を積み上げるので，「賦課方式部分」よりもさらに個人年金的になる。いずれにせよ，この2点から世代間の再分

---

　5　制度の骨格については，財務省財政制度審議会『スウェーデン（年金制度改革）』2001年を参照せよ（http://www.mof.go.jp/singikai/zaiseseido/siryou/zaiseia130608j.pdf）。

表1　スウェーデンの公的年金の計算式（所得比例年金）

① 賦課方式部分（概念上の拠出建て）
　（個人納付保険料総額＋みなし運用益）／除数
　　※　みなし運用益：名目所得上昇率を基本とし，受給開始前に死亡した被保険者が納付した保険料を同年齢の被保険者に分配し，管理費を差し引いたもの。
　　※　除数：退職時の平均余命を基本として，さらに，将来における実質所得の上昇を考慮したもの。直近では15.4の見通し。
② 積立方式部分（通常の拠出建て）
　（個人納付保険料総額＋運用益）を保険数理的に計算したもの
　　※　この場合の運用益は実際の運用利回りに受給開始前に死亡した被保険者が納付した保険料からの分配を加え，管理費を差し引いたもの。

出典：厚生労働省「スウェーデン」（厚労省『諸外国の年金制度』
http://www.mhlw.go.jp/topics/bukyoku/nenkin/nenkin/shogaikoku-sweden.html）

配をなるべくなくそうとした意図は明確である。

　しかし，年金給付はこのように給付立て＝個人年金化を進めてはいるが，あくまで集団的な保障である。つまり，早く亡くなった受給者の年金原資は生存者のために利用され，遺族が相続するのではない。また，このような改革が労働組合に受け入れられたのは，労働者にはむしろ，有利な改革と受け止められたからである。スウェーデンの旧制度では，給付は拠出期間内の高賃金の15年間をとって，その平均賃金に基づいて給付していた。これは昇給幅の大きい高賃金層には有利に働くが（給与の少ない時期は除外される），あまり昇給しない労働者には有利ではない。また，30年を超える期間の拠出は年金額に反映されない。そのため，就労の早く始まるブルーカラー労働者には有利ではない。逆に大学院卒など高学歴層には有利である。

　一般的に拠出立ては，高賃金層に有利で低所得層に不利に働く場合が多い。公的年金では所得の垂直的再分配が行われており[6]，拠出立てにすれば世代

---

6　公的年金の垂直的再分配については，筆者が具体例を作って説明している。高田一

内の垂直的再分配が働かなくなるからである。再分配の手厚かったスウェーデンで拠出立てに転換したことは，垂直的再分配を緩和したいという新自由主義的な方向と，ひとまず言うことができる。しかし，スウェーデンの労働組合が賛成した理由が，上述のように，新制度の方がむしろ垂直的再分配を強化することになることにあった。したがって，これを簡単に新自由主義的な原理が貫徹したものだということは，早計である。

スウェーデンの旧年金制度は被用者が拠出しておらず，税金の他はすべて雇い主負担であった。所得置換率の極めて高いスウェーデンの公的年金を使用者負担に頼って維持していくことは，国際競争上も使用者にとって重い負担である。新制度では使用者負担を 10.21％，被用者負担を 7.0％としている。

また，年金改革に先立って税制改革も行われた（1991年）。個人所得税では，最高税率を 72％から 51％に引き下げ，資本所得税として 30％比例税率が導入された。いわゆる二重的所得税へ転換したのである。しかし，その一方でこれまで寛大であった利子・損失控除に制限が設けられた。法人税に関しては，税率が 57％から 30％へと引き下げられた。付加価値税は課税品目が拡大された。その一方で環境税が新たに設けられた。

このような改革内容は，スウェーデンの社会保障体制をその他の先進国と同じ構造に近づけるものであると言える。すなわち税を軽減し，投資を活発化することによって成長を促そうという経済政策である。スウェーデンでは高い税率と高水準の社会保障の組み合わせ，いわゆる高福祉高負担の政策を採ってきた。90年代のこの改革はそれを修正して資本の取り分を多くしていこうとする政策である。その意味で新自由主義的であり，再分配の緩和である。

この政策転換のきっかけとなったのは 80 年代の不況であった。税収は落ち，国家財政は悪化した。企業の投資コストを引き下げることが課題となり，上のような政策が採られた。これも他の先進国と全く同じ情況であった。社会主義の崩壊は，資本主義国においても社会主義の限界を告げるものとなっ

---

夫「公的年金における再分配問題」社会学研究42号（一橋大学）（2004年3月）参照。

たのである。社会保障といえど，国民所得以外には頼る先はないのである。国民所得，ひいては国内総生産が低迷すれば，社会保障が危機に陥るのは見やすい道理である。スウェーデンとてもその例外ではなかった。無い袖は振れぬのである。

　要するに，財政危機が公的年金を含む再分配制度の修正を引き起こした。それをスウェーデンでは拠出立てという他の先進国がほとんど採っていない方策で行った点だけが，スウェーデンの独自性である。逆にいえば，日本，アメリカ，ドイツなどはそこまでの「改革」に踏み切っておらず例外的と言える。

　その一方で最低保障年金を設けており，低所得層対策にも配慮している。税金によるこの新年金は，かつての基礎年金と同水準の給付額と言われており，最低保障は従来どおりと言える。

　このスウェーデンの年金改革は結局，社会保障を階級モデルから市民モデルへと転換させたと言えよう。垂直的再分配の強い制度は，階級格差の是正のためであった。資本主義経済を維持しながら階級格差をできる限り，縮小しようとしてきたのがスウェーデンの戦後であった。たとえば労働者基金を設けて，労働者階級が株主として資本をコントロールしようとしたし，社会保障の費用を企業に大きく負荷させてきた。

　このような謂わば市場的社会主義の体制が，経済停滞により破綻したのがこの年金改革の背景である。イギリスでは1970年代に労働組合が経済成長の維持に失敗し，その反省からブレア労働党が生まれた。ブレアの改革も階級社会モデルだったイギリスに市民モデルを導入したと言える。スウェーデンも社会民主党がみずから社会主義路線を葬った。世代内の垂直的再分配を否定した新公的年金制度が，21世紀にどのような意味を持つか，後ほど論ずることにしたい。

(3)　アメリカの年金改革

　アメリカの年金改革は単純である。レーガン政権の際に決定したとおり，2003年から27年にかけて年金支給開始年齢を65歳から67歳に引き上げること，および保険料率を引き上げることの2点である。これはかつての日本

政府の方針と同じ方向である。支給開始年齢を引き上げることで，年金の総支給額を抑制する。また保険料を引き上げることで，年金財政収入を増やすのである。アメリカは先進国の中で唯一，合計特殊出生率を2以上に保っている国である。そのためマイルドな改革で間に合うと判断しているのである。

アメリカにも，スウェーデンのような拠出立て年金の導入が計画されていた。クリントン政権の1997年には，公的年金に個人勘定を導入するプランが選択肢として上げられていた。また，ブッシュ政権は2001年に個人勘定の創設案を議会委員会で作成した。その案は次の3つである[7]。

［モデル1］

課税所得の2.0%を個人勘定（任意加入）にて運用可能とする。

現行の計算式による給付額から，個人勘定において運用した金額及びその額の3.5%の運用益相当額を控除する。

［モデル2］

社会保障税のうち4.0%（年間1,000ドル限度）を個人勘定（任意加入）で運用可能とする。

現行の計算式による給付額から，個人勘定において運用した金額及びその額の2.0%の運用益相当額を控除する。

［モデル3］

課税所得の1.0%の追加拠出を行った場合に，社会保障税のうちの2.5%（年間1,000ドル限度）と併せて個人勘定（任意加入）で運用可能とする。

現行の計算式による給付額から，個人勘定において運用した金額（社会保障税のうちの運用額）及びその額の2.5%の運用益相当額を控除する。

3案とも，現行の公的年金の拠出を一部削り，個人勘定に振り替えるか（モデル1および2），振り替え分に個人の追加拠出を加えて運用する（モデル3），というものである。振り替え分は，保険料のそれぞれ，モデル1が2%，モデル2が4%，モデル3は2.5%である。モデル3はさらに課税所

---

[7] 「諸外国における年金改革の要点」社会保障審議会年金部会（第3回）資料（平成14年4月19日）による。http://www.mhlw.go.jp/shingi/2002/04/s0419-3.html

得の1％を個人が追加拠出することになる。

　こうした案は，アメリカの好調な株式市場を背景にして登場した。誰もが得をしそうに思えたのである。ところが，2000年を境にこのブームは沈静化した。そのため，個人勘定に対する世論の支持も冷めてしまった。結局ブッシュ政権は現在に至るまで個人勘定を実行に移していない。かくしてアメリカは新自由主義の言説華やかな中で，代表的な所得保障である公的年金は，20世紀にできた集団主義的な構造を維持している。

(4)　ドイツの年金改革

　少子化状況の厳しいドイツでも，構造的に大きな変化は起きていない。

　たとえば2005年1月より，それまでの職員年金保険（ホワイトカラー，自営の芸術家等が適用対象）と労働者年金保険（ブルーカラー，自営の手工業者等が適用対象）とが統合されたが，19世紀の階級的制度をようやく脱したということに過ぎない。

　2001年には所得置換率が引き下げられるとともに，保険料率の引き上げ限度を22.0％にした。これも支給額抑制の一方法であって，構造的な変化ではない。また，公的年金の支給開始年齢を65歳から67歳に引き上げることになった。2012年から35年にかけて支給開始年齢が段階的に引き上げられる。これも日米と同様，支給開始年齢の引き上げによる年金財政の圧縮策である。ドイツでは一定年齢以上でフルタイム勤務から失業もしくは老齢パートタイム労働に移行した場合，早期退職給付がなされる。その開始年齢を60歳から63歳への引上げることも行われた。これも，支給開始年齢引き上げの変種である。2004年年金改革では「持続性ファクター」が導入されたが，これは賃金スライドの抑制である。受給開始以後の年金支払額の増加に歯止めをかけようというものである。

　2001年年金改革では他に，リースター年金とよばれる任意加入の個人年金が導入された。公的年金との多少のリンクはあるものの，公的年金の代替までは意図されていない。

　メルケル政権も既定の路線を変えることはしていない。ドイツの年金改革は基本構造を維持したまま，つまり世代内の垂直的再分配を維持したまま，

世代間のバランスを微調整しながら推移している。これは日本の公的年金改革と全く同じやり方だと言える。

## 4 後代負担は問題なのか

以上海外3ヵ国の改革例を検討した。その結果，垂直的再分配についてはスウェーデンを除いてはほとんど批判がないこと，しかし，世代間の水平的再分配には後代負担の点で問題とされていることを確認した。では，後代負担ははたして，不公平だろうか。年金制度の枠内だけで考えれば確かに不公平ではある。自分たちの負担した以上に高い年金を受け取るのは合理的でない。後代負担はいわば世代間の贈与である。この世の中にタダのものはない，というのが経済学の公理である。したがって，タダでもらうにはそれ相当の理由がなければならない。筆者はそれはある，と考える。

現在の高齢者が若かった時の生活と現在の労働者の生活は同じではない。当然のことながら，かつての生活は厳しかった。たとえば年間総実労働時間は，1970年には2,239時間あったが，2000年には1,853時間にまで約400時間も減少している[8]。また，1人当たり雇用者報酬は，1970年には95.6万円だったが，2000年には522.1万円まで上昇している[9]。この30年間に労働時間は2割削減され，実質賃金は2倍となった。この期間は高度成長がほぼ終わった時期から，低成長の始まりまでの期間であり，全体としては中成長期とよべる年々である。高度成長期ほどにはGDPは伸びなかったが，生活の質はかなり改善された。これに対して高度成長期には，労働時間はあまり短縮されなかったが，賃金が大きく上昇した。高度成長期の1960年代にはほぼ毎年，10%を上回る賃金引き上げが行われた。高度成長の初めには，労働時間短縮の動きは緩慢であったが，60年代に入ると2,400時間を切るようになり，失業率も1%近くまで下がった。

こうした経済成長の成果は後の世代にいわば，無償で受け継がれる。後代

---

[8] 厚生労働省「毎月勤労統計調査」による。
[9] 雇用者報酬は国民所得統計による。数字は名目値である。この期間に消費者物価が約3倍になっているので，実質賃金では約2倍程度の上昇となる。

は，高い賃金と多くの余暇を最初から享受するのである。こうした，いわば先行世代からのプレゼントに対して，社会的に反対給付を行うのは，社会的正義にかなうことであろう。分配の公正を考えるのは，このように年金制度の枠を超えて考えるべきであろう。なぜなら，世代間の公平を考えるのは，市場の原理ではなく社会の原理なのであって，したがって市場のように一対一の等価原則を当てはめる必要はない。

公的年金は，上でみたように垂直的再分配という市場では考えられない要素を持つものである。拠出した金額よりも低い給付しかされないというのは，市場原理では考えられないことである。ここで計算が終わり，理念が始まる。つまり，再分配の原理をどのように立てるべきか。

## 5 高齢化社会における公正な再分配

(1) 誰が負担すべきか

抽象的にではなく，具体的な状況を踏まえて，公的年金の再分配原理を考えてみよう。我々の置かれている状況は，少子高齢化と低成長による年金財政の悪化である。それによって後代負担がおきている。これが問題である。しかし次に述べるように，それは経済成長が作り出したものであって，経済高度化の副産物である。したがって年金制度の枠内だけで公正を論ずるのは適切ではない。社会的公正を考えるべきである。まず，少子化が経済成長の結果であるという点を明らかにしよう。

そもそも少子化の発端は，子供への教育投資の重視と女性の社会進出にあった。第2次大戦直後から日本女性の出産行動を継続的に調査してきた毎日新聞人口問題調査会のデータはこのことを雄弁に物語っている[10]。ベビーブームがアメリカに比べると非常に短命に終わった後，戦後の窮乏期を過ぎた1960年代に入っても，出生率は回復しなかった。それは，豊かな社会への希望が見えてきたためであった。同会の調査によれば，たくさん子供を産まない動機の第1位は，子供によい教育を与えるため，第2位は，母親の

---

10 毎日新聞人口問題研究会『記録・日本の人口』（毎日新聞社，1992年）参照。

健康を守るためであった。そして，その手段として，受胎調節を実施しているケースが約70％（1965年調査）と激増した。家族計画が普及したことを示している。このことは，60年代に入ると，日本の夫婦が意図的に子供を少なくして，大事に育てようとしたことが分かる[11]。子供に親よりも高い教育を受けさせたい，というのは戦後日本の特徴的な社会現象であった。もちろんこれは，日本近代の立身出世主義の戦後版であって，戦後に限ったことではなかった。しかし，それが非常に高い大学進学率をもたらしたのである。そうした高い教育費を親が負担するためには戦前の親たちのように4人，5人と産むわけにはいかなかった。

他方，「母親の健康を守る」という回答結果は（これは調査会のアンケートにある選択肢の文言である），いささか奇異に響く。なるほど出産に危険の伴うことはあるし，出産を多数重ねれば老化が早くなる場合もある。しかし，この回答がそれを意識しているとは考えられない。むしろ，ここには，第2次大戦後，「強くなったのは女と靴下」と言われたように，女性解放思想，男女平等思想の浸透が窺えると言うべきだろう。第2次大戦前の女性のライフサイクルをみると，平均4〜5人の子を産み，子育てを終えると，もう老後であった[12]。女性が個人の欲求にしたがって人生を送ることはたいへん難しかった。「母親の健康を守る」という回答は，このような戦前の母親世代の生き方を拒否し，個人の欲求を重視した生き方を追求しようとする姿勢を反映したものだと言える。戦後女性の社会進出にかける意気込みがうかがえる回答である。

以上2つの理由の何れも，経済成長を促進するものであった。教育投資は

---

11 といっても2人強の水準であって，現在のような2人を下回る水準ではなかった。1955年には合計特殊出生率は2.37人に低下している。筆者はこれを第1段階の少子化とよんでいる。第2段階はほぼ1980年代以降であり，合計特殊出生率が2を下回る状況が長く続いている。1960年代にもほんのわずか，2を下回る年があったし，1966年には丙午による1.58という記録もあった。しかし，継続的に2を下回るのは，1975年の1.91からである。この年以降，2を回復していない（厚生省「人口動態調査」による）。

12 1920年頃の成人した若者は，平均して男子で約60歳，女子で約61歳で亡くなっていた。

労働力の質を高めることにより,生産性を向上させて経済成長を促進する。また,女性の社会進出も同様である。社会進出の前提として教育を受けなくてはならない。第2次大戦前の女子小学生は高学年になると男子生徒よりも成績が低下した。それは,親が女には学問は不要だとして勉強させなかったためである。女性の社会進出はこうした考え方を打破して女性の教育を促進することになった。また,女性は農業部門では従来から就業していたので,社会進出は非農業部門でおこることになった。これは経済構造の高度化をもたらした。大量の上昇志向は所得の上昇や経済を活性化させ,経済成長をもたらす可能性が高いのである。また逆に,進学や社会進出は経済成長の支えによってさらに強化される。要するに,少子化を生み出したものは経済成長促進的な要素であり,高度成長を生んだものと同一だったのである。少子化が経済成長と同じ源泉から発生したとすれば,少子化の結果である公的年金の後代負担もそのような社会的枠組みの中で解決策を考えるべきであろう。

少子化は,1980年代にはさらに進展し,合計特殊出生率が2を下回る状況が続いている。筆者はこれをベビー・ブーム終了後の少子化と区別して,第2段階の少子化とよんでいる。この第2段階の少子化も経済成長の結果といえるだろう。第2段階の少子化は非婚化によってもたらされた。当初これは晩婚化の影響であると考えられ,晩婚化がいくところまでいけば,早晩合計特殊出生率は反転し,2に復帰するとみられた。なぜなら,夫婦の出生率である出生力は[13]安定していたからである。産み終えた子供の数をあらわす完結出生力は1972年まで低下し続けて2.20人となったが,その後安定し,2002年調査でも2.23人を維持している。要するに,結婚した人たちは再生産水準の出産行動を維持しているのである。

ところが,晩婚化がさらに進んで,非婚化へと進展した。そして,生涯未婚率が上昇する兆しが出てきた。国勢調査によれば,男女とも各年齢層で,未婚率が上昇している。たとえば,男子35-39歳層では,1980年に8.5%だったものが,85年には14.2%,90年には19.0%,2000年には25.7%と80年代以降急増している。2005年には速報値だが,30%に達している。ちな

---

13 この調査は結婚持続期間15〜19年の妻に出生児数をアンケートしたものである。

みに，1965年は4.2％，国勢調査の始まった1920年でも4.1％だったのである。

女子は，これよりコーホート的には遅れているが，同じ傾向をたどっている。5歳下のコーホートを採ってみると，女子30-34歳層の場合，1980年には9.1％だったのが，85年10.4％，90年13.9％，2000年26.6％と，やはり最近急激に上昇している。近年は40歳代でも上昇しており，生涯未婚率が上昇する可能性が高い。非婚化時代が到来したのである。これが筆者のいう第2段階の少子化である。

なぜ非婚化がおきたのか，まだ十分に解明されているとはいえないが，女性の社会進出の進展が結婚しなくても生活を維持できる基盤を作ったことが関係しているのであろう。これは上に述べたように経済成長の促進要因でもあり，またそれによって社会進出がさらに強化されたのであった。このように，第2段階の少子化も経済成長と密接な関係を持っている。

ところで第2段階の少子化が年金問題を深刻化させていることは明らかである。低成長への移行は，経済成長の趨勢として早くから予想されていたし，年金給付の引き下げと保険料の引き上げで対策が既に立てられていた。そのスケジュールを第2段階の少子化が狂わせてしまったのである。しかもこの少子化は1960年代以降に生まれた世代がおこしたものである。日本の少子化は団塊の世代以後，長い時間をかけ，複数の世代にわたって進行してきたのである。かりに少子化をもたらした世代が，後代負担を担うべきだたとしたら，1世代である30年を超えた対応策を用意すべきだということになる。急速に調整すれば，そのしわ寄せが限定されたコーホート・グループに集中してしまうからである。このことは既に多くの論者が指摘しているので，繰り返す必要もないだろう[14]。

以上のことから，少子化ひいては高齢化は経済成長と密接に関係してきており，経済の高度化のもたらしたものだと言える。そしてそれは複数の世代が関与しておきてきたことであるから，複数の世代にわたる調整をすべきで

---

14 代表的な論者を上げれば，八田達夫氏と前出の小塩氏の著作があげられよう。八田氏は『消費税はやはりいらない』（東洋経済新報社，1994年）の第11, 12章がコンパクトで分かりやすい。

ある。経済成長の結果起きた高齢化であるということはまた，高齢化が決して悲観的なものではないことも示している。社会の衰退ではなく，発展の結果なのである。低成長下で調整しなければならないのだから窮屈なことは確かだが，絶望するほどのものでもない。

　第2段階の少子化が非婚化によって生まれたことを述べた。すると，未婚者が子供を作らないために社会的コストを増大させたのであろうか。これはそう単純でもない。というのは，未婚者は子供を作らないという意味では，確かに少子化を促進しコストを増大させる。ところが他方では，未婚者は受け取る年金額が片働き世帯よりも基礎年金1人分だけ少ない[15]。未婚者はみな働いて保険料を拠出しているとみてよいから，片働き世帯よりも年金財政への貢献度は高い。しかし，片働き世帯は子供を自らのコストで育てている。この点では単身者よりも貢献度が高い。この比較は簡単には結論を出せない。いずれにせよ，単身者を断罪する必要はない，と思われる。要するに社会全体で支えるのが妥当である。

　ここで考慮に入れておかねばならないのは，21世紀には経済構造の大変化が起こるということである。それはサービス経済化である。日本経済はすでに就業構造においても，GDPの生産においても商業を含めてサービス経済が中心になっているのである。そして，経済のグローバル化はますます海外投資を促進し，国内経済の停滞を引き起こしかねない。少子化はこの面で国内需要の低迷に結びつきやすく，問題を深刻化させかねない。需要不足が国内経済の停滞を引き起こすのである。

　しかし，高齢者への所得保障を適切に行うことは内需を維持する上で有効である。消費性向の高い高齢者が増えることは，内需拡大の効果をもち若い世代の雇用を維持する。したがって適切な再分配は経済活動を，とりわけサービス経済においては一層のこと刺激する効果をもっている。

---

15　この場合，報酬比例部分は同額と想定して比較している。賃金額が等しければ報酬比例部分は同額となる。

## Ⅱ 現代社会の変容

### (2) 貢献度に応じた分配

年金の歴史的端緒は，国家への貢献に対する褒美であった。現在の公的年金は，普遍主義の制度であるからもちろん褒美ではない。そして国民所得を再分配するのであるから経済成長の制約がつく。ところで，ダイシーが述べたように近代の社会政策は，集団主義的な価値を重視していた[16]。労使関係法制然り，社会保障制度然りである。このような考え方は普遍主義の制度となって現代にも受け継がれている。実は賃金も同じ性格をもっている。現代の一般的な賃金は，内部労働市場の賃金である。内部労働市場というのは一種の比喩で，実際には市場ではない。組織という強い規範，ルールによって統制された広義の「政治」的存在である。ここでは，規範やルールによって行動や分配が規制される。市場の競争は間接的にしか働かない。

公的年金もこうした性格の制度である。そこでは正義や公正がもっとも重要な概念である。公的年金も日本国憲法で「健康で文化的な最低限度の生活」を送るための制度のひとつと位置づけられている。生活保障が第一義であるので，多くの国で給付立ての年金が実施されてきたのである。しかし，19世紀的な貧困から抜け出た現代社会は今や，「最低生活」といっても明確なイメージを持つことができない。公的年金が従前保障へと進んできたのも経済成長のゆとりであるとともに貧困観の拡散であろう。したがって公的年金の水準を決めることも簡単ではない。賃金水準を決めるのと同様，かなりの幅ができてしまう。そこで現状を基準として，状況対応的に水準を決めざるを得ない。

公的年金の場合，どのような状況に対応したらよいのか。ひとつは生活水準である。今ひとつは再分配のコストである。前者から考えよう。現在，高齢者の生活実態調査をみると，世帯所得を世帯人数で除した一人当たりの収入では，60歳代はほぼ30歳代の水準に等しい。子育てをしつつ貯蓄燃していかなければいけない30歳代と同じ水準というのは，かなり高いところまで来たと言えよう。もちろん，30歳代の家族には小さな子供のいる場合が

---

[16] A. V. Dicey, Lecture on the relation between law and public opinion in England during the nineteenth century, 2nd ed., London, 1914.（『法律と世論』清水金二郎訳，法律文化社，1972年）

多いことだろう。したがって，同水準ということを文字通りに受け止めることはできない。とはいえ，いっそうの保護が必要な状態とは言えない。年金財政の苦しさを考えれば，政府案のように給付を抑制することは当然といえよう。

公的年金の本来のあり方からいえば，最低生活保障である。それがどの水準というのはなかなか決めがたいことではある。支払う側の負担と関係しているからだ。何れにせよ，原資となる国民所得の伸び率は鈍化しているので，給付も緩やかに低下させていけばよい。その場合の基準は，その世代の経済成長への寄与度が妥当だろう。国民所得を再分配するので国民所得の増加に対する寄与を中心に考えていけばよかろう。もちろん寄与度といっても短期間で測定すべきでない。少なくとも10年くらいをユニットとして考えるべきだと思う。

調整の基本的考え方は，国民所得の増加に対する寄与度を基準とするということである。公的年金の源泉は国民所得にあるのだから，それを大きくした世代は後の世代からプレゼントとして後代負担を受け取る権利があると考える。低成長になれば，後の世代に渡すものが乏しいのでプレゼントは受け取れなくなる。これが基本的アイデアである。

世代内の再分配に関しては，最低生活保障を重視して基礎年金のみを公的年金とする案が説得力ある。従前保障の公的年金は，世代間の再分配を国家が行うことについて納得させられないのではなかろうか。その意味では，税型の基礎年金を唯一の公的年金とするのが妥当である。垂直的再分配を維持するためには少なくとも比例税，望むらくは累進税がよい。現行の定額保険料では逆進的すぎる。税方式を支持するのは取りっぱぐれがすくないためである。現行の国民年金は滞納者が多く，問題になっている。保険料を納めることで自ら年金制度を支える自覚を養うというのは，もちろん高邁な理想であって趣旨に反対ではない。しかし，逆進性とモラルハザードを招きかねない状況では税方式に有利だといえよう。

税方式にすればふつうは賦課方式になるが，積立方式も不可能ではない。しかし，完全積立方式にすれば，あらかじめ平準保険料を計算して積立金を作っていくが，後の世代でさらなる少子化が起きれば，平準保険料が不足し

てしまう。そこで、八田氏は好著『消費税はやはりいらない』で、「市場収益率年金」を提唱し、各世代が自分たちの受け取る年金のための保険料を積立てる方式を提唱している。しかも確定給付型の年金であるというから、各世代ごとに保険料は変わってくる。労働力参加率や生産性など、経済のあり方が変われば貯蓄の必要性も変わり、保険料も当然変わるからである。同氏は「積立方式は自分のことは自分でやる仕組みだから」賦課方式のように人口変動の影響を受けない、と述べている[17]。

しかし、それは影響を受けないのではなく、影響を受けているにもかかわらず世代間で再分配しないから、問題にならないだけなのである。保険料の問題だけではない。八田氏のいう積立方式は、一種の集団的な貯蓄である。しかも、それは後代負担を解決しない。というのは、すでにある巨額の年金債務については各世代が約100年かけて少しずつ召還していくからである[18]。つまり100年もの間、後代負担がつづくのである。完全積立方式でも、世代間の再分配が行われる。ただ、積立金というバッファーがあるので、それで変動を調整しようという考え方である。ところが、八田氏の方式は積立方式でも共同の積立金はなく、世代ごとに基金が別になっているというものである。

こうした方式を実施するには、同じジェネレーションをメンバーとする独立勘定を立ち上げなければならない。ジェネレーションを何歳刻みにするべきか、とか長生きのリスクをどう調整すべきか、とか、実務的に解決すべき問題があれこれ出てくる。しかし、たいへんユニークなアイデアである。ただ、こうしたやり方は、世代ごとに独立採算にするために再分配が行われないだけで、世代ごとの内容的な不平等（不均等とニュートラルに表現すべきだろう）は必ずしもなくならない。したがって八田案はいささか観念的な平等主義に陥っているように思われる。

要するに、これは世代間のバランスをあまりにも重視しすぎたための結果である。社会は相みたがいだ、と考えればそこまで窮屈に理論を考えなくて

---

17 八田達夫『消費税はやはりいらない』200頁。
18 同上書、220 − 8頁。

もよいだろう。しかし，21世紀の「個的」社会がそのような理論的傾向を持つだろうことは，筆者にもよく理解できる[19]。そしてそれを追求することは，社会がどこまで共同的で，どこまで個人的な存在なのかを突き詰めることになる。現実には，どちらの考え方が支持されるか，あるいは支配力を持つか，そのことでこの問題に決着がつくけれども，共同性の限界を具体的に議論することは重要である。

　筆者の構想する年金制度は，税型の基礎年金に社会保険型の年金（企業年金でも代用可）を付け加えたものである。この考え方は保障つき競争モデルといえよう。21世紀の個的社会は個人の価値や行動を重んじる社会である。しかし，個人を守る安全ネットは整備しておかねばならない。それは最低生活の保障でよいと考える。プラスアルファは個人の拠出に応じて支払われる確定拠出型で行う。これは企業年金で行うことも可能である。ナショナル・ミニマム分は日本経団連のかつての提言のように，基礎年金を税型化して対処する。そして，世代間の再分配に関しては，経済成長率による後代負担の調整をゆっくりと行っていくことが公正さを担保することになる。基礎年金による最低生活保障をベースに自助努力，これには企業単位の集団的自助努力も含まれるが，を付加して生活保障を考えることが望ましいと考える。

---

[19] 筆者は21世紀の社会を個的社会と名づけている。それは20世紀の福祉国家のいわば螺旋的発展である。詳しくは拙著「市民社会指標の概年構成」『一橋社会科学研究』（一橋大学）第1巻第1号（2007年3月）参照。

# 女性の職場進出と雇用の安定

岡 村 清 子

## 1 はじめに

　わが国の女性労働は，戦後大きな変化を遂げてきた。これらの変化は，日本の経済発展や経済のグローバル化，ILOの労働基準などの影響を受けており，女性労働者に限らず，日本の男女労働者の働き方や労働条件に大きな影響を与えている。これらの動向に関連し，女性労働を大きく変えた要因としてフェミニズム運動がある。1960年代のアメリカで生じた公民権獲得の運動の影響を受けて，全世界に広がった第二波フェミニズム運動は，1975年の「国際婦人年」とそれに続く「国際婦人の10年」を経て，わが国の男女のあり方を大きく変えるための思想運動となった。日本においては，1985年に女性差別撤廃条約を批准し，1986年には男女雇用機会均等法が施行され，女性労働者を取り巻く法制度と労働環境は大きく変化した。

　その後，1997年に法改正がなされ，1999年4月施行の改正均等法の下において能力主義管理が進み，女性労働者は，専門職や一般事務職，生産現場やサービス業で働く常雇とパートタイマーに加えて，派遣社員やフリーター，常勤並みに働くパートタイマーなど，女性の働き方はますます多様化している。一方で，経済のグローバル化の影響を受けて，男女を問わず常勤の雇用労働者が減少して，非正規雇用化が進み従来の日本型雇用も変容しつつある。

　以下では，女性の職場進出により，女性労働者がどの様に職場に定着したのかを見る。そして，雇用の安定という立場から今後の課題について論じる。

## 2 女性・母性の保護から男女の均等待遇への法整備の歩み

(1) 母性保護とM字型ライフサイクル論

　1947年に制定された労働基準法は，賃金差別禁止と母性保護及び一般女子保護規定のみであり，女性労働者が母性機能を損なうことなく，制度に守られながら労働に従事し，女子は年少者と並んで保護の対象であった。

　女性の雇用は，企業にとっては結婚前の一時期的雇用であるとされていた。1960年代から70年代にかけて，雇用を継続するための裁判により，女性の結婚退職制による解雇は，性別による差別待遇であり，公の秩序を定めた民法90条に違反すること，結婚の自由は基本的人権であり解雇は無効であるとされた（赤松編 1976，原監修 2006 a）。これらの判決以降，出産退職制，女子若年定年制，男女差別定年制が無効となった。

　1972年に制定された勤労婦人福祉法は，女性労働者の職業と家庭の両立を目指していたが，あくまでも性別役割分業を前提としたM字型ライフサイクル論によるものであった。若い未婚の時期に働き，結婚して家庭に入り，子どもの手がかからなくなったら中高年労働者として活用するという，企業の労働力不足に対応して，女性が職場進出をするための法整備でもあった。高度経済成長を通じて女性雇用者は増大し，若年未婚型の常勤労働者と中高年既婚型のパート労働者という年齢により二分した労働市場を形成しながら職場進出が進んだ。家族的背景は，配偶者との死別や離別により男性に代わって生計中心者となる生計中心型，生計中心者の夫を補助して，生活費を補助し，教育費や住宅ローンなどの支出を主な理由として働く家計補助型，自分自身の余暇活動費のために働く小遣い稼得型の3タイプに分かれていた（岡村 1979，1988）。

(2) 女性の均等待遇と雇用差別の禁止

　1975年の国際婦人年以降，日本の国内法の性差別の見直しが進み，1987年には労働基準法の女子一般保護規定をめぐって論争が生じたが，①母性保護基準の引上げ，②女性に対する時間外・休日労働制限及び深夜業規制の緩

和，③女性に対する危険有害業務就業制限の大幅見直しなどの改正が行われた。

勤労婦人福祉法は，1985年に改正されて男女雇用機会均等法（「雇用の分野における男女の均等な機会及び待遇の確保等女子労働者の福祉の増進に関する法律」）となった。募集・採用，配置・昇進での女性差別を是正する努力義務と，教育訓練，福利厚生，定年，退職，解雇に関する女性差別の禁止を規定した。職業生活への入職から定年退職までの職業上の差別を禁止した。1997年には，「雇用の分野における男女の均等な機会及び待遇の確保等に関する法律」と改称・改正され，福祉の増進よりもより一層，均等な機会保障や待遇の確保が目的となった。1999年より施行された改正法の主な改正点は，雇用差別の禁止をより一層進め，セクシャル・ハラスメントやポジティブ・アクションの規定を新設し，紛争調停の開始要件として，使用者の同意を必要としないとしたことである。また，一方で労働基準法も改正され，それまで残されていた時間外・休日労働と深夜業に関する保護規定が撤廃された。

入社時から総合職と一般職に区分して採用を行う方法に加えて，地域限定型の総合職など，産業や企業によって異なるものの女性が生涯継続して働き続け，男性と同様に生計中心者となるための条件が整備された。

(3) 男女の均等待遇と2007年改正法

2007年4月1日「雇用の分野における男女の均等な機会及び待遇の確保等に関する法律及び労働基準法の一部を改正する法律（平成18年法律第82号）」が施行された。2006年8月に，労働政策審議会雇用均等分科会において「雇用の分野における男女の均等な機会及び待遇の確保等に関する法律及び労働基準法の一部を改正する法律の施行に伴う関係省令の整備に関する省令案要綱」，「労働者に対する性別を理由とする差別の禁止等に関する規定に定める事項に関し，事業主が適切に対処するための指針案」及び「事業主が職場における性的な言動に起因する問題に関して雇用管理上講ずべき措置についての指針案」が諮問された。

2007年4月から施行された改正法の内容は以下の通りである。その第一

は，性別による差別禁止の範囲の拡大，第二は，妊娠・出産・産前産後休業の取得を理由とする不利益取り扱いの禁止，第三は，女性から男性に対するセクシャル・ハラスメントも含めた対策を講じること，第四に，母性健康管理措置，第五に，事業主のポジティブ・アクションの実施状況の公開にあたり，国の援助が受けられること，第六に，過料が創設され，事業主が報告義務を怠ったこと及び虚偽の報告をした場合には過料が科せられる。

改正法の内容は，①女性の差別の禁止条項が，男女双方に対する差別の禁止に拡大され，男性も均等法に基づく調停など個別紛争の解決援助が利用できること，②禁止される差別が追加，明確化されたこと，③間接差別が禁止されたこと，などである。

また，出産したことによる差別的な扱いを防ぐために，①これまでの妊娠・出産・産前産後休業の取得を理由とする解雇に加え，省令で定める理由による解雇（具体的には，母性保護や均等法の母性健康管理措置を受けたことなど）やその他の不利益扱いの禁止（退職勧奨，雇止め，パートなどへの変更など），②妊娠中や産後1年以内に解雇された場合には，事業主が妊娠・出産・産前産後休業の取得その他の省令で定める理由による解雇でないことを証明しない限り，解雇は無効となる。

これまで，均等待遇の条件は整備されたものの，出産や育児休業の取得を理由とした「出産リストラ」に追い込まれる女性も多く，個別紛争解決に持ち込まれ，厚生労働省によると2004年度は600件と過去最高となった（日本経済新聞，2006年4月3日）。また，昇給，昇格などの不利益扱い等の事例も多く実効性のある法改正が求められていた。

間接差別については，2003年12月には，大阪高裁で住友電工の女性社員2名による昇給差別をめぐる裁判が和解となり，会社は女性社員の昇格を認め和解金を支払った。原告らは1995年に提訴してから，支援団体「ワーキング・ウィメンズ・ネットワーク」とともに，性別による賃金・昇格差別の実態を国連の女性差別撤廃委員会（CEDAW）など国内外で精力的に訴え，日本は国連の女性差別撤廃委員会から「間接差別の禁止の法制化」について，1994年と2003年の2度にわたり勧告を受けていた。2007年の改正法は，それまでの女性運動や国連の動向に沿った内容となっている。

## 3 仕事と家庭の両立支援のための政策

(1) 均等法以前の子どもの保育をめぐる政策の動向

女性が結婚・出産後も継続して働き続けるためには，労働基準法で定められた産前産後休暇に加えて，子どもの保育が問題となる。改正前の労働基準法では，産前産後6週間の休暇が保障されていたが，産休明けに，生後1ヵ月半の乳児の保育者を探すために，母親たちは様々な努力をしてきた。1947年に制定された児童福祉法による「保育所」は，法の制定時は，病気などの理由で父親が働けない，あるいは母親が子どもを育てることができないという「保育に欠ける子ども」や離死別のひとり親家庭などを想定していた。そこで，これらの対象にならない母親は，親族や隣人に依存するか，自主保育をするしか方法がなかった。1954年に結成された「働く母の会」は，自主保育をしながら，家庭と職業の両立を果たしてきた共働きの女性たちのグループである。2005年3月には50周年を迎え解散した（働く母の会編 1990, 2005）。多くの母親たちが自分の給与はほとんど保育費になってしまうという厳しい状況の中で，仕事と家庭の両立モデルを初めて実現した，共働きの第一期世代といえる。

勤労婦人福祉法が成立した1972年は，福祉元年と呼ばれ福祉優先の時代となり，「ポストの数ほど保育所を」という運動が全国に広がり，親と保育士による共同保育所が発足した。しかし，当時は無認可保育所とよばれていた。また，措置施設である保育所の保育時間が短いために，帰宅後に他の保育者にみてもらう二重保育を利用する人もみられた。0歳から3歳までの乳児を自宅で預かる家庭福祉員（保育ママ）制度は，1969年より江戸川区で始まり，家庭の主婦が自分の自宅で保育を行った。

学童保育は，1960（昭和35）年代から働く父母たちによる設置運動により設立された。「かぎっ子」対策であり，自分の自宅を開放して他の学童も一緒に利用する例から，児童館の利用まであり，学童の年齢も利用料も様々であった。

広田は，勤続10年以上の女子労働者が1962年の12％（89万人）から74

年の21%（238万人）へと増大したことについて，有配偶女性の労働市場への大規模な進出と定着化が，「乳幼児を持つ母親労働者」を増大させ，100万人を超えていたことを推計した。職業分野の多様化により，生産から事務・販売・専門職へと拡大したことを指摘している（広田 1979, 原監修 2006 b）。この時期は常勤の共働き世帯が増えたものの，官公庁勤務や教員などの労働条件に恵まれた共働きの第二期世代であったといえる。

(2) 男女雇用機会均等法と育児休業法

現在では産前産後休暇は，産前6週間産後8週間（多胎妊娠の場合は産前休暇は8週間）となっており，育児休業法を取得することが可能となり，乳児保育のニーズは減少している。育児休業法は，1976（昭和51）年4月1日から特定の職種（教員，看護婦，保母など）の女性公務員のみを対象にした「特定職種育児休業法」が施行されたが，他職種の公務員や民間の労働者は対象とされなかった。

1991（平成3）年に公布された「育児休業等に関する法律」は，それまで一部の女性労働者にしか認められていなかった育児休業制度を，職種や性別を問わず全ての労働者の権利として認めた。施行直後は適用猶予の制度があったが，1995年より30人以下の事業所にも適用され，全面施行となった。また，育児休業等に関する法律の改正が行なわれ「育児休業等育児又は家族介護を行う労働者の福祉に関する法律」により介護休業制度が創設され，1999年4月からは，「育児休業，介護休業等育児又は家族介護を行う労働者の福祉に関する法律」（改正育児・介護休業法）が施行された。2005年の改正では，一定の範囲の期間雇用者にも適用され，育児休業の延長が一部認められ1歳6ヶ月まで取得可能となった。また，子の看護休暇が事業主の努力義務から労働者の申し出によって取得可能となった。

(3) 少子化と児童福祉法の改正

1989年に1.57ショックとなり，保育問題が，一部の共働きの女性のみの特殊の問題ではなく多くの働く女性や専業主婦も含めた問題として提起された。そこで，保育所不足による待機児童の解消や保育条件の改善に向けて，

低年齢児の受け入れの拡大，延長保育，休日保育などを具体的な数値目標で定めた。これが，1994（平成6）年12月に策定された文部，厚生，労働，建設の4大臣合意による「今後の子育て支援のための施策の基本的方向について」（エンゼルプラン）である。また，保育サービスに限らず，雇用，相談・支援体制，母子保健，教育，住宅などの総合的な実施計画も含めて，1999（平成11）年12月からは，「重点的に推進すべき少子化対策の具体的実施計画について」（新エンゼルプラン）を策定して平成16年度までに達成すべき数値目標が定められた。

1997（平成9）年には，児童福祉法が改正され，改正前の法律の下では，「児童の保育に欠ける」と認められたときに，市町村が行う「行政措置」として位置づけられていたが，「行政措置」という文言はなくなり，市町村は保育所についての情報を公開し，保護者が入所申し込みをすることになった。希望者が多い場合には，従来どおり市町村が事情を勘案して選考する（法24条，規則24条）。また，学童保育が「放課後児童健全育成事業」の第二種社会福祉事業として法制化され（法6条の2第6項），財政援助が行われた。

児童福祉法には拠らない保育所として1951年からへき地育所へ，1966年よりは事業所内保育施設への経費の助成を行ってきた。2001（平成13）年の児童福祉法改正ではその他の，私人，団体，民間会社により不特定の乳幼児を保育する施設に対して届出義務や保育所不足を補うための施設としてとらえ，公有財産の貸し付けなどを定めた（財団法人厚生統計協会 2005）。現在では，児童福祉法改正により保育所設置の規制緩和が進み，無認可保育所という名称から認可外保育施設に変更された。また，東京都では独自の認証保育所を創設したが，待機児童問題は解消していない。

(4) 少子化時代の女性労働政策

急速に進む合計特殊出生率の低下に対応し，女性の労働力率が高い国は出生率も高いというOECD加盟24ケ国の2000年データに対応して（男女共同参画会議少子化と男女共同参画に関する専門調査会 2005），合計特殊出生率を上昇させるための方策として，両立支援策としての保育政策の重要性が理解され，児童福祉という狭い分野から国の重要な政策目標として注目されるよう

になった。これまでの児童福祉分野を中心としたプランの策定に加えて，2003（平成15）年7月には，少子化社会対策基本法と次世代育成支援対策推進法が成立した。2004（平成16）年12月には，「少子化社会対策大綱に基づく重点施策の具体的実施計画について」（子ども・子育て応援プラン）が策定され，平成21年度までの施策の目標を定めている。

女性の雇用労働化が進み，少子化にみられるように家族機能が遂行されない現実の中で，様々な政策が展開されてきたが，日本企業の雇用管理や企業風土が問題となり，実効性がみられない。アメリカでは，企業は育児や介護などの支援策を導入することにより，社員が働きやすくなるとともに，企業の生産性向上に結びつくという考え方から，ファミリーフレンドリー企業の取り組みやこれらを支えるワーク・ライフ・バランスが紹介されている。日本においても，平成11年度より「ファミリーフレンドリー」企業表彰が始まり，その後，ワーク・ライフ・バランスがアメリカのビジネス戦略として紹介され，両立支援制度の利用は，職場にとってプラスの影響が大きいことがわかった（男女共同参画会議少子化と男女共同参画に関する専門調査会 2006）。厚生労働省は「両立指標に関する指針」（平成17年4月1日改正）を作成し，企業における仕事と家庭の両立への取組みの程度を客観的に表し，それを導き出す方法を示している。また内閣府は「仕事と生活の調和（ワーク・ライフ・バランス）憲章」および「仕事と生活の調和推進のための行動指針」（2007年12月）を策定し，「仕事と生活の調和」実現度指標（2008年3月）を作成した。

従業員の性，年齢，国籍などの多様化を認めるダイバシティ（Diversity）や企業の社会的責任（CSR，Corporate Social Responsibility）の遂行という考え方は，両立支援策の上位概念として捉えられるが，一部の企業でのみ，実践されているにすぎない。

## 4　女性の職場進出と職業上の地位

(1)　女性の職業上の地位と構成要件
女性労働者の職場進出の実態とその背景について理解するためには，様々

## 図1　女性の職業上の地位指標

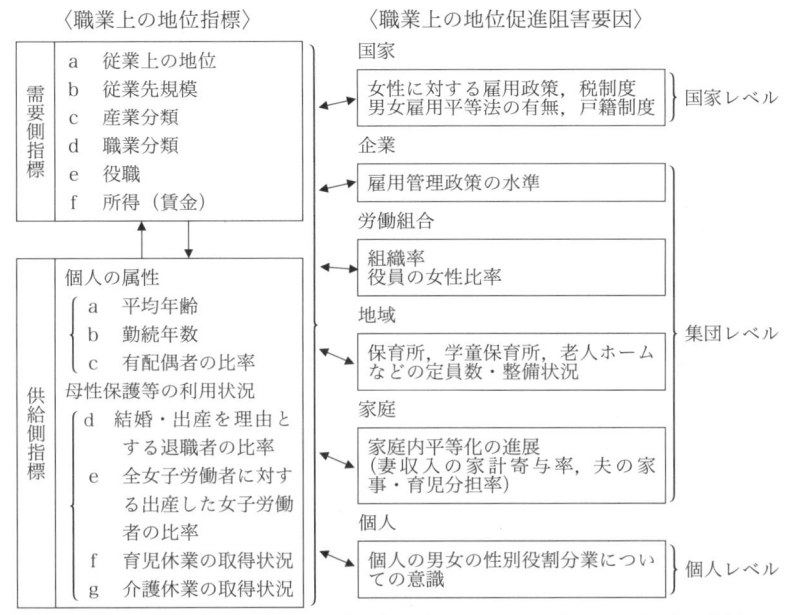

〈職業上の地位指標〉

需要側指標
- a　従業上の地位
- b　従業先規模
- c　産業分類
- d　職業分類
- e　役職
- f　所得（賃金）

供給側指標
- 個人の属性
  - a　平均年齢
  - b　勤続年数
  - c　有配偶者の比率
- 母性保護等の利用状況
  - d　結婚・出産を理由とする退職者の比率
  - e　全女子労働者に対する出産した女子労働者の比率
  - f　育児休業の取得状況
  - g　介護休業の取得状況

〈職業上の地位促進阻害要因〉

国家
- 女性に対する雇用政策，税制度　男女雇用平等法の有無，戸籍制度　｝国家レベル

企業
- 雇用管理政策の水準

労働組合
- 組織率
- 役員の女性比率

地域
- 保育所，学童保育所，老人ホームなどの定員数・整備状況

家庭
- 家庭内平等化の進展（妻収入の家計寄与率，夫の家事・育児分担率）

｝集団レベル

個人
- 個人の男女の性別役割分業についての意識　｝個人レベル

注：これらの指標のデータが入取可能な範囲内でのものに限定した。雇用者の指標である。

出典：岡村清子　1987　「職業と女性の地位——働けど低い地位——」袖井孝子・矢野眞和編『現代女性の地位』勁草書房，に加筆。

な指標が必要である。雇用の安定という視点から見る場合には，職業上の地位指標に加えて，職業上の地位に影響を及ぼす，職業以外の指標が必要となる。これらの指標を図示したのが図1である。職業上の需要側指標としては，従業上の地位，従業先規模，産業分類，役職，賃金などがあるが，賃金が総合的指標となる。供給側指標としては，個人の属性と母性保護・育児休業等の取得状況がある。これらの従業上の地位に影響を与える要因は国家，企業，自治体レベルの政策や労働組合の活動状況，地域における育児や介護の社会化への取り組みと利用状況，家庭内の家事・育児分担などの無償労働に費やす時間，個人の性別役割分業についての意識である。

保護の時代には，需要側要因は，多数の女性がパートタイマーに従事し，

女性性や母性を要求されるという「女性の適職」に従事する一部の専門職と，周辺的あるいは縁辺労働力とよばれた調理，清掃などの資格を必要としない単純労働に多くの女性が従事していた。そこで，供給側も若年未婚者と中高年既婚者では仕事内容が分かれており，平均年齢や勤続年数，配偶関係なども異なっていた。

雇用均等の時代は，女性労働の地位の変化に影響を与えた国家の雇用政策によって影響を受け，これらは企業の雇用管理に影響を与えた。また，女性の職場での地位が男性より低い理由として，家庭内での無償労働（unpaid work）の問題が挙げられる。無償労働については1997年に経済企画庁は，無償労働の貨幣評価額の試算結果を発表した。1991年について，家事など無償労働の貨幣評価額は，98兆円であり，GDP（国内総生産）の約2割を占めることが明らかになった（経済企画庁経済研究所国民経済計算部 1997）。わが国においては，国際的に見ても男性の家事時間が少なく，専業主婦世帯も共働き世帯でもあまり差がないことが指摘されている。男性は職場での有償労働時間が長時間にわたるが，女性には課せられてきた家庭内の家事，育児，介護労働がある。職場が終わってから第二の仕事場である家庭内でのセカンド・シフト（ホックシールド 1989）があり，働く女性にとっては，職場での均等待遇は，家庭内での無償労働時間の均等化なしにはありえない。

(2) 就業上の地位の変化
(a) 需要側の変化
① 労働力率と従業上の地位

労働力率は，表1にみられるように，男性は1970年から2005年にかけて，81.8％から73.3％へと低下しているが，女性はほぼ一定である。雇用者比率は男女とも増大しているが，2000年になると男女とも8割を越えた。

雇用者数は，男性は2000年以降は減少しているが，女性は増加し続けており，雇用者の4割を占めている。年齢別労働力率を横断的に見ると1980年当時20〜24歳の71.1％をピークに30〜34歳では46.5％とボトムとなり，45〜49歳で62.3％と第二のピークとなり下降するというM字型カーブを描いていた。2005年には，25〜29歳で73.0％とピークとなり，30歳代は60％

表1　女性労働基本指標　　　　　　　　　　　　　　　　（％）

| | 1970年 | 1985年 | 2000年 | 2005年 |
|---|---|---|---|---|
| (1)労働力率 | 49.9(81.8) | 48.7(78.1) | 49.3(76.4) | 48.4(73.3) |
| (2)労働力中の女性比率 | 39.3 | 39.7 | 40.7 | 41.4 |
| (3)就業者中の雇用者比率 | 54.7(71.5) | 67.2(78.9) | 81.4(84.3) | 84.7(85.0) |
| (4)女性雇用者数(万人) | 1096(2210) | 1548(2764) | 2140(3216) | 2229(3164) |
| (5)雇用者中の女性比率 | 33.2 | 35.9 | 40.0 | 41.3 |
| (6)雇用者の配偶関係別構成比 | | | | |
| 　　a　未　婚 | 48.3 | 31.3 | 33.1 | 32.5 |
| 　　b　有配偶 | 41.4 | 59.2 | 56.9 | 56.8 |
| 　　c　離死別 | 10.3 | 9.6 | 9.9 | 10.3 |
| (7)妊娠・出産による退職者比率 | 47.5 | 30.5 | 19.0*1 | 12.9*2 |
| (8)雇用者平均年齢(歳) | 29.8(34.5) | 35.4(38.6) | 37.6(40.8) | 38.7(41.6) |
| (9)雇用者平均勤続(年) | 4.5(8.8) | 6.8(11.9) | 8.8(13.3) | 8.7(13.4) |
| (10)短時間雇用者比率 | 12.2 | 22.0 | 36.1 | 40.6 |
| (11)女性賃金の対男性比率 | 51.5 | 56.1 | 63.5 | 64.2 |
| (12)月間実労働時間(時間) | 174.1(192.7) | 162.5(182.4) | 136.4(166.5) | 130.9(164.5) |

注：厚生労働省『平成17年版働く女性の実情』より作成。
　　原資料は(1)〜(6), (10)は総務庁『労働力調査』,(7)は労働省『女性(子)雇用管理基本調査』,(8)(9)は同『賃金センサス』,(11)(12)は同『毎月勤労統計調査』
　　(6)(10)は非農林業,(11)(12)は1970年,1985年は企業規模30人以上,2000年,2005年は企業規模5人以上,(11)は現金給与総額
　　(　)内は各欄,男性の場合
　　　＊1は1997年　　＊2は,2004年4月1日〜2005年3月31日
出典：熊沢誠『女性労働と企業社会』(岩波書店,2000年) 5頁,表1に2000年,2005年を加筆。

とやや下降し40歳代でまた7割前後となり30歳代,40歳代の労働力率が上昇している（表2）。近年の中高年層の労働力率の上昇は,パートやアルバイトの増加による（図2）。

1985年は,20歳前半をピークに20歳後半では54.1％と急減したが,1985年に20歳前半であった均等法第一世代を含むコーホートについてみると,ボトムは30歳前半（1995年）となり労働力率は53.3％と5割を超えており,30歳後半では60.0％と回復している。

日本の女性の労働力率を学歴別にみると,女性の大学進学率が低かった1970年代においてはほとんど差がみられなかったが,2002年の数値では小学・中学卒31.0％,高校卒52.8％,短大・高専卒64.0％,大学・大学院

II 現代社会の変容

表2 男女・年齢別労働力率

| 年　　次 | 1980 | 1985 | 1990 | 1995 | 2000 | 2005 |
|---|---|---|---|---|---|---|
| 男性15歳以上 | 82.1 | 80.4 | 78.7 | 78.8 | 74.8 | 72.2 |
| 女性15歳以上 | 46.9 | 47.7 | 48.4 | 49.1 | 48.2 | 47.5 |
| 15〜19 | 18.8 | 17.4 | 17.4 | 15.6 | 15.4 | 16.0 |
| 20〜24 | 71.1 | 73.3 | 75.5 | 74.2 | 70.5 | 68.6 |
| 25〜29 | 49.4 | 54.1 | 61.2 | 66.3 | 69.6 | 73.0 |
| 30〜34 | 46.5 | 49.2 | 50.7 | 53.3 | 57.0 | 61.9 |
| 35〜39 | 55.5 | 57.9 | 59.4 | 59.3 | 60.0 | 62.4 |
| 40〜44 | 61.8 | 65.8 | 66.7 | 67.4 | 68.2 | 69.4 |
| 45〜49 | 62.3 | 65.9 | 68.3 | 69.2 | 70.3 | 72.8 |
| 50〜54 | 58.7 | 59.8 | 63.0 | 65.1 | 66.2 | 68.3 |
| 55〜59 | 50.7 | 49.9 | 51.5 | 55.8 | 57.1 | 59.6 |
| 60〜64 | 38.8 | 37.9 | 37.4 | 38.8 | 38.6 | 40.6 |
| 65歳以上 | 16.1 | 15.2 | 14.9 | 15.7 | 14.4 | 14.2 |

注：太字枠内は均等法施行時に大学を卒業した世代を含むコーホートである。
出典：「国勢調査」（各年）より作成。2005年は抽出集計。

図2　就業形態別女性の労働力率

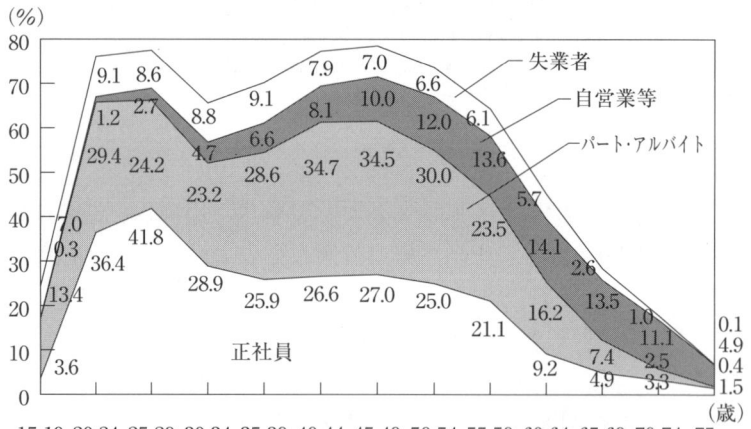

備考　1. 総務省「就業構造基本調査」（2002年）により作成。
　　　2. 女性の労働力率を，就業状態別に区分して示したものである。
　　　3. 労働力率は「（就業者数＋求職者数）／15歳以上人口」により算出。
出典：内閣府『平成18年版国民生活白書』88頁。

67.8％と短大卒以上の学歴において有業率が高くなっている。学歴は年齢の影響があるので、小学・中学卒には高齢者人口が含まれていることが影響しているが、年齢別学歴別の有業率をみると、大学卒以上は20代から30代前半では最も高いが、30代後半から40歳代で低く、50歳代では他の学歴とほぼ同様になる（総務省統計局 2002）。わが国の場合は、高学歴女性の就業率が欧米に比べて低いことが特徴である。例えば、2002年の25～64歳の労働率についてみると、イギリスでは高校79.8％、大学・大学院88.1％、ドイツは高校57.6％、大学・大学院83.4％のように大卒と高卒では10％以上の差があるが、日本は高校63.0％、大学・大学院70.5％とあまり差がない（OECD 2004，厚生労働省 2005）。大卒女性の40歳以上の就業率が低い理由として、夫の収入が高く経済的理由で就労する必要性が少ないこと、大企業の場合には夫の転勤等が多いこと、結婚前に働いていた職業と同様な職業への再就職が難しいことなど、家族と労働市場の要因が考えられる。

② 就業分野

雇用者の就業分野について産業大分類でみると、女性は、サービス業、製造業、卸売・小売業、飲食店の3つの産業で約8割を占めてきた。男性はこれらに加えて、建設業、運輸・通信業を加えた5つの産業で約9割を占めている。男女とも製造業が減少し、サービス業が増加している。女性比率の変化は少ないが、1985年と2002年を労働力調査で比較すると建設業（13.8％→15.3％）、運輸・通信業（12.7％→19.6％）と（厚生労働省 2006 a）女性比率がやや上昇している。

次に、職業大分類についてみると、女性は事務従事者、製造・制作機械運転及び建設作業者、専門的・技術的職業従事者、保安・サービス職業従事者、販売従事者で約9割を占めている。男性は、これらに、運輸・通信作業者、管理的職業従事者を加えて約9割を占めている。女性比率が約50％と高いのは、事務従事者、保安・サービス職業従事者、専門的・技術的職業従事者である。女性比率が10％に満たない職業について1985年と2002年の比率をみると、運輸・通信作業者（5.2％→5.7％）、管理的職業従事者（6.8％→9.6％）と管理的職業従事者で、やや上昇がみられる（厚生労働省 2006 a）。

このような職業大分類にみられる男女の職種の差異は、性別職務分離とよ

II 現代社会の変容

表3　女性の年齢・配偶関係別職業大分類　　　　　　　　　（％）

| | 雇用者全体注2) | 専門・技術 | 管理 | 事務 | 販売 | サービス | 生産・労務 | その他 |
|---|---|---|---|---|---|---|---|---|
| 15歳以上女性人口注1) | 100.0 (21,190,170) | 16.0 | 0.9 | 32.9 | 12.2 | 13.5 | 21.8 | 2.6 |
| 未婚 | 100.0 (7,028,332) | 19.4 | 0.2 | 39.8 | 13.9 | 12.6 | 11.0 | 3.0 |
| 有配偶 | 100.0 (11,842,530) | 15.2 | 1.0 | 30.8 | 11.0 | 12.8 | 26.9 | 2.4 |
| 死別・離別 | 100.0 (2,246,953) | 9.7 | 2.2 | 23.4 | 13.0 | 19.7 | 29.1 | 2.9 |
| 15～19歳 | 100.0 (486,960) | 5.7 | 0.0 | 23.5 | 21.7 | 27.3 | 16.1 | 5.6 |
| 未婚 | 100.0 (479,128) | 5.7 | 0.0 | 23.6 | 21.8 | 27.3 | 15.9 | 5.6 |
| 有配偶 | 100.0 (7,018) | 3.9 | 0.0 | 19.6 | 15.9 | 24.6 | 31.7 | 4.3 |
| 死別・離別 | 100.0 (747) | 3.8 | 0.1 | 16.5 | 15.5 | 40.0 | 19.4 | 4.7 |
| 20～24歳 | 100.0 (2,629,950) | 19.5 | 0.0 | 34.6 | 15.5 | 16.0 | 11.1 | 3.2 |
| 未婚 | 100.0 (2,445,125) | 19.9 | 0.0 | 35.0 | 15.5 | 15.9 | 10.5 | 3.2 |
| 有配偶 | 100.0 (166,135) | 15.3 | 0.1 | 31.0 | 14.7 | 16.7 | 19.5 | 2.8 |
| 死別・離別 | 100.0 (18,194) | 6.6 | 0.1 | 21.8 | 18.7 | 28.7 | 20.1 | 4.0 |
| 25～29歳 | 100.0 (3,018,212) | 20.6 | 0.1 | 43.4 | 12.3 | 9.7 | 11.3 | 2.6 |
| 未婚 | 100.0 (2,097,765) | 21.4 | 0.1 | 45.1 | 12.4 | 9.0 | 9.4 | 2.6 |
| 有配偶 | 100.0 (832,665) | 19.9 | 0.1 | 40.6 | 11.5 | 10.4 | 15.2 | 2.3 |
| 死別・離別 | 100.0 (86,338) | 9.5 | 0.1 | 29.3 | 16.5 | 20.9 | 20.0 | 3.8 |
| 30～34歳 | 100.0 (2,135,473) | 20.8 | 0.2 | 40.5 | 11.4 | 9.7 | 15.0 | 2.4 |
| 未婚 | 100.0 (871,337) | 20.9 | 0.2 | 46.4 | 11.8 | 7.8 | 10.4 | 2.6 |
| 有配偶 | 100.0 (1,116,278) | 21.8 | 0.2 | 37.0 | 10.6 | 10.2 | 18.0 | 2.2 |
| 死別・離別 | 100.0 (145,715) | 12.4 | 0.2 | 32.3 | 14.6 | 17.6 | 19.5 | 3.3 |
| 35～39歳 | 100.0 (2,042,557) | 20.4 | 0.4 | 36.2 | 11.0 | 10.9 | 19.0 | 2.2 |
| 未婚 | 100.0 (406,346) | 21.5 | 0.4 | 46.4 | 11.7 | 7.4 | 10.6 | 2.2 |
| 有配偶 | 100.0 (1,438,387) | 20.9 | 0.4 | 33.8 | 10.3 | 11.1 | 21.4 | 2.1 |
| 死別・離別 | 100.0 (188,182) | 14.4 | 0.4 | 32.5 | 13.9 | 16.6 | 19.4 | 2.8 |
| 40～44歳 | 100.0 (2,220,041) | 19.5 | 0.6 | 32.6 | 10.7 | 11.9 | 22.7 | 2.2 |
| 未婚 | 100.0 (224,947) | 22.0 | 0.7 | 44.1 | 11.8 | 8.0 | 11.4 | 2.0 |
| 有配偶 | 100.0 (1,769,034) | 19.7 | 0.5 | 31.5 | 10.2 | 11.7 | 24.2 | 2.1 |
| 死別・離別 | 100.0 (218,401) | 15.0 | 0.7 | 29.7 | 13.6 | 16.9 | 21.6 | 2.5 |
| 45～49歳 | 100.0 (2,558,898) | 14.9 | 0.7 | 30.1 | 11.6 | 13.2 | 27.2 | 2.3 |
| 未婚 | 100.0 (171,584) | 19.4 | 0.9 | 41.4 | 12.4 | 9.6 | 14.2 | 2.1 |
| 有配偶 | 100.0 (2,078,033) | 15.0 | 0.7 | 29.8 | 11.2 | 12.7 | 28.5 | 2.2 |
| 死別・離別 | 100.0 (299,942) | 12.1 | 0.9 | 25.9 | 13.9 | 19.0 | 25.8 | 2.5 |
| 50～54歳 | 100.0 (2,697,901) | 11.0 | 1.1 | 28.5 | 12.2 | 15.0 | 29.8 | 2.3 |
| 未婚 | 100.0 (158,732) | 16.2 | 1.3 | 41.1 | 12.4 | 11.4 | 15.5 | 2.2 |
| 有配偶 | 100.0 (2,126,994) | 11.0 | 1.1 | 28.6 | 11.9 | 14.1 | 31.1 | 2.3 |
| 死別・離別 | 100.0 (399,018) | 9.4 | 1.4 | 23.2 | 14.0 | 20.8 | 28.9 | 2.4 |
| 55～59歳 | 100.0 (1,841,527) | 8.6 | 1.5 | 24.6 | 11.0 | 17.0 | 34.7 | 2.4 |
| 未婚 | 100.0 (97,276) | 15.4 | 1.6 | 38.9 | 10.5 | 13.7 | 18.0 | 2.0 |
| 有配偶 | 100.0 (1,370,252) | 8.5 | 1.5 | 25.1 | 10.9 | 15.8 | 35.9 | 2.4 |
| 死別・離別 | 100.0 (361,410) | 7.6 | 1.7 | 19.3 | 11.7 | 22.5 | 34.9 | 2.4 |

注1）　年齢には配偶関係「不詳」を含む。
注2）　「役員」を含む。
出典：「国勢調査第4巻（平成12年）」より作成。

ばれるが，職業小分類でみるとより特徴が表れる。これらは，水平的職務分離と垂直的職務分離に分かれるが，男女差別を生み出している大きな要因となっている（熊沢 2000）。

職業大分類は，年齢要因によっても異なり，2000（平成12）年の国勢調査で男性雇用者の平均年齢をみると，全職業では42.3歳であり，これより高いのは管理職で55.6歳，低いのはサービス従事者36.8歳であり，他の職業は平均年齢に近似している。女性雇用者の平均年齢は40.7歳で，管理職57.5歳，生産・労務45.9歳と高く，やや低いのは専門37.4歳と事務38.6歳である。女性の年齢別構成比をみると，全体では，20歳代26.6％，30歳代19.7％，40歳代22.6％，50歳代21.4％となっているが，全体と比較して20歳代が多いのは，専門33.4％，事務31.8％，販売30.2％，30歳代が多いのは，専門25.4％，事務23.0％，40歳代が多いのは，専門24.0％，生産・労務25.9％，50歳代が多いのは管理32.5％，サービス24.1％，生産・労務31.2％となっている。専門・技術は全年齢で高く30代の子育て期には，専門・技術が多いが，事務は少なく，40歳代はサービス，50歳代は生産・労務が多い。これらは，1975年のデータとほぼ同様の結果である（岡村 1979，1988）。

職業大分類を2000（平成12）年の国勢調査で年齢別・配偶関係別に見ると，年齢と配偶関係により相違がみられる（表3）。未婚者は，専門は40歳代から，事務は30歳代から高率になり，有配偶は，生産・労務が10代から高く，離死別ではサービスがいずれの年齢でも高く，生産・労務は20代から高くなる。年齢に加えて配偶関係による影響がみられ，未婚者は加齢による影響を受けにくいが，有配偶や離死別の場合にはほぼ同様に，結婚や出産等による職業中断の影響を受けている。中高年女性の場合は配偶関係の違いにより就業分野も異なる。

③　雇用上の地位

パートタイマーや派遣労働者の比率が増えているが雇用者（役員を除く）に占める比率をみると，1994年と2005年を比較すると，正規の比率は，男性（91.5％→82.3％），女性（61.6％→47.5％）と1994年を100とした時に男性は89，女性は87となっているが，男女とも減少しているために，女性の

正規雇用者比率は2003（平成15）年より49.4％と半数に満たない。女性は，パート（28.1％→32.8％），アルバイト（6.5％→7.9％），その他（3.7％→12.1％）である。2005年の派遣労働者比率は女性2.9％，男性1.5％である（厚生労働省 2006 a）。男女とも非正規雇用が増大している中で，男女差は拡大しており，平成18年の「労働力調査年報（詳細結果）」によると非正規の職員・従業員の割合は男性17.9％，女性52.8％となっている（総務省統計局 2007）。

就業時間が35時間未満の短時間雇用者について1960年と2005年の数値をみると，全雇用者数が2.5倍（2106万人→5280万人）に増大しているのに比べて，女性雇用者は3.4倍（639万人→2171万人）に，女性短時間雇用者は15.5倍（57万人→882万人）に増大し，雇用者に占める短時間雇用者の比率は1960年の8.9％から2005年の40.6％に増加しており，短時間雇用者に占める女性比率は42.9％から69.7％へと増大している（厚生労働省 2006 a）。

④　管理職への登用

先に見たように1985年と2002年の管理的職業従事者に占める女性比率は，6.8％から9.6％とやや上昇しているものの最も低い。表4により，各年齢別に女性管理職の比率をみると管理的職業従事者がすべての年齢層で減少しているが，60～64歳を除いて，女性比率は増えている。特に，均等法世代のコーホートより後のコーホートではこの傾向がみられる。役職者に占める女性比率について1980年と2005年を比較すると，部長（1.0％→2.8％），課長（1.3％→5.1％），係長（3.1％→10.4％）とやや増加している（厚生労働省 2006 a）。しかしながら，将来の管理職候補となる女性総合職の割合をみると，全体で3.5％であり，女性就業者が多いサービス業が11.6％，卸売・小売業，飲食店5.6％である。企業規模5000人以上では，2.1％，300～999人では5.1％と中小企業でやや多くみられるものの（財団法人21世紀職業財団 2000），厳しい状況である。

⑤　賃　金

賃金格差について職業上の地位の総合指標である「きまって支給する現金給与額」でみると，1985年と2005年についてみると，賃金額は女性（15万3600円→23万9000円）と男性（27万4000円→37万2100円）であり，男性を

表4　男女・年齢別管理的職業従事者数および女性比率（雇用者）

| 年次 | 男性 | | | 女性 | | | 女性比率 | | |
|---|---|---|---|---|---|---|---|---|---|
| | 1990年 | 1995年 | 2000年 | 1990年 | 1995年 | 2000年 | 1990年 | 1995年 | 2000年 |
| 15歳以上 | 2,099,698 | 2,251,724 | 1,501,094 | 212,049 | 240,518 | 181,365 | 9.2% | 9.7% | 10.8% |
| 20〜24 | 5,208 | 4,880 | 2,187 | 1,751 | 1,694 | 779 | 25.2% | 25.8% | 26.3% |
| 25〜29 | 25,819 | 22,995 | 14,000 | 3,965 | 3,781 | 2,509 | 13.3% | 14.1% | 15.2% |
| 30〜34 | 65,544 | 62,888 | 34,324 | 7,175 | 7,723 | 4,645 | 9.9% | 10.9% | 11.9% |
| 35〜39 | 140,336 | 124,932 | 68,002 | 13,854 | 12,947 | 8,370 | 9.0% | 9.4% | 11.0% |
| 40〜44 | 289,454 | 231,436 | 113,008 | 26,573 | 21,831 | 12,550 | 8.4% | 8.6% | 10.0% |
| 45〜49 | 355,422 | 404,914 | 180,377 | 29,330 | 37,587 | 19,090 | 7.6% | 8.5% | 9.6% |
| 50〜54 | 375,726 | 438,982 | 303,944 | 29,807 | 36,672 | 30,950 | 7.4% | 7.7% | 9.2% |
| 55〜59 | 361,412 | 395,844 | 310,131 | 30,993 | 33,425 | 27,992 | 7.9% | 7.8% | 8.3% |
| 60〜64 | 238,913 | 266,611 | 208,025 | 26,963 | 29,876 | 22,491 | 10.1% | 10.1% | 9.8% |

注：太字枠内は均等法施行時に大学を卒業した世代を含むコーホートである。
出典：「国勢調査」（各年）より作成。

100とすると56.1から64.2へ高くなっている。所定内給与額の男女格差は，59.6から65.9となっている。所定内給与額の男女格差について学歴別に見ると，高卒では18〜19歳は92.5で，55〜54歳では55.5と最も低くなっている。短大・高専卒では，20〜24歳は98.2では，55〜54歳では65.4，大卒では20〜24歳では95.6で45〜49歳では72.8と低くなる。高卒の55〜54歳は，最も男女格差が大きく，1985年当時の格差のままである。間接差別の影響が大きいことがわかる。

　常勤の賃金格差が解消されつつあり，1985年と2005年を比較した時に，賃金額は，女性は1.95倍，男性は1.68倍に上昇している。パートタイマーの時給は1985年の595円から2005年の942円へと1.58倍の増加であるが，年間賞与その他の特別給与額は，8万4200円から3万3700円と40％に低下している（厚生労働省 2006 a）。

(b) 供給側の状況

① 平均年齢と勤続年数

　雇用者の平均年齢は，1985年の女性35.4歳，男性38.6歳から2005年女性38.7歳から男性41.6歳へと上昇しているが，平均勤続年数は1985年の女性6.8年，男性11.9年から，女性は2004年の9.0年をピークに2005年には

8.7年と減少した（表1）。年齢別にみると，女性は35歳未満の年齢層で短くなっているが，35歳以上では長期化し55歳〜59歳では最も長く1989年13.2年から2005年15.5年へと2.3年の長期化がみられる（厚生労働省 2006 a）。

女性の活用に当たっての問題点として，平成15年度の「女性雇用管理基本調査」によると，最も多い回答が，「家庭責任を考慮する必要がある」48.7％，次が，「女性の勤続年数が平均的に短い」43.4％，「時間外労働，深夜業をさせにくい」35.5％，「一般的に女性は職業意識が低い」20.8％となっている（厚生労働省 2004 b）。家庭責任があるために，職場に定着できず勤続年数が短くなり，勤務し続けたとしても家庭責任があり，時間外労働や深夜業がさせにくいという「家庭責任を抱える女性」と言う実態が変わらない限り，企業で定着して勤続年数が長期化することは難しい。

② 育児休業制度と育児休業の取得率

「女性雇用管理基本調査」によると，育児休業の規定がある企業は，事業所規模30人以上では，平成8年度60.8％から平成17年度の86.1％へと上昇している。事業所規模5人以上では，平成8年度の36.4％から平成17年度では61.6％と高くなっている。平成17年度について事業所規模別にみる，500人以上99.9％，100〜499人95.5％，30〜99人83.7％，5〜29人56.5％と零細企業で低くなっている。育児休業制度の期間は，平成17年度では，子が「1歳6ヵ月」までとする事業所が79.9％を占めている。また，育児・介護休業法の改正により平成17年度から新たに育児休業制度の対象となった「有期契約労働者」について，取得することができる対象労働者の範囲を決めている事業所（46.4％）のうち「対象労働者の範囲を育児・介護休業法による要件と同じとしている」とする事業所が，95.9％を占めている（厚生労働省 2006 b）。

出産者又は配偶者が出産した者（平成16年4月1日から平成17年3月31日までの1年間の出産者又は配偶者が出産した者）に占める育児休業取得者（平成17年10月1日までに育児休業を開始した者。育児休業開始予定の申出をしている者を含む）の割合（以下，育児休業取得率という）を男女別にみると，女性は72.3％と平成11年度の56.4％より上昇しているが，男性は0.50％で取得

率は低い。これを事業所規模30人以上でみると，女性は80.2%，男性は0.41%となっている。また，育児休業取得者のうち男性割合は2.0%とすぎない。有期契約労働者の育児休業取得率は，女性が51.5%，男性が0.10%となっている。

このように育児休業利用者は増えているものの，「第1回21世紀出生児縦断調査」[注1)]によると，第1子を出産した母親の出産1年前の就業率は73.5%（常勤47.2%，パート・アルバイト22.5%，その他3.5%）であったが，出産半年後には24.6%（常勤17.8%，パート・アルバイト3.1%，その他3.7%）となっていた。同一調査で第1回から第6回まで回答した母親の就業率は，第1回調査では，出産1年前54.5%，出産半年後25.1%となっていたが，第2回調査では30.4%，第6回調査（出生児5歳6ヶ月）では51.4%に上昇している（厚生労働省 2007 a）。また，第4回21世紀成年者縦断調査[注2)]によると，出産後も同一職業を継続している母親は，正規雇用者では73.1%，非正規雇用者では31.5%，離職者は正規雇用者では22.9%，非正規雇用者では64.8%である（厚生労働省 2007 b）。

育児休業利用者の比率を，第1子出産前後の就業歴によってみると，出生年1985～89年では，育児休業を利用して第1子1歳時にも就業していた母親は5.1%，出生年2000年～04年では13.8%となっている。育児休業を利用せずに継続している母親は，出生年1985～89年では19.9%，2000年～04年では11.5%と減少している。出生年1985～89年と2000年～04年のコーホートを比較すると，就業継続者の合計は，25.0%から25.3%でほとんど変化がなく，出産退職は35.7%から41.3%へと増加し，出産前から無職が34.6%から25.2%に減少していることから，出産前は働いている人が増えてはいるものの，就業継続者の比率はここ15年間ほとんど変化していないことがわかる（国立社会保障・人口問題研究所[注3)] 2007）。

## 5　職場への定着を阻害する要因

(1) 企業における長時間労働

近年，父親の子育て参加についての関心が高まっている。しかしながら，

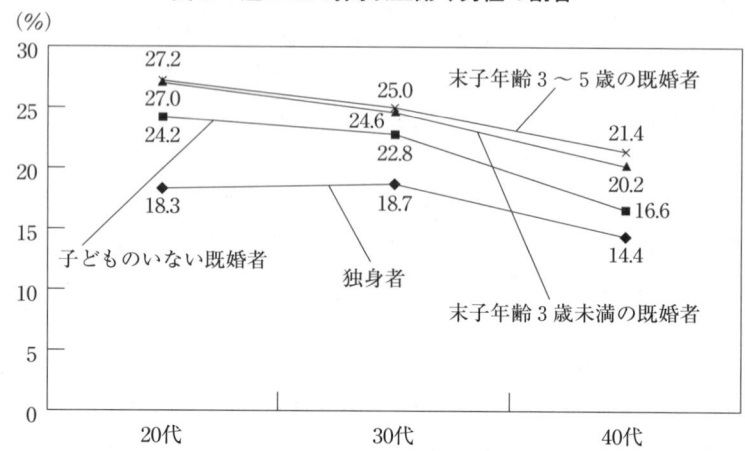

### 図3 週に60時間以上働く男性の割合

（グラフデータ）
- 末子年齢3～5歳の既婚者：20代 27.2％、30代 25.0％、40代 21.4％
- 末子年齢3歳未満の既婚者：20代 27.0％、30代 24.6％、40代 20.2％
- 子どものいない既婚者：20代 24.2％、30代 22.8％、40代 16.6％
- 独身者：20代 18.3％、30代 18.7％、40代 14.4％

備考　1. 総務省「就業構造基本調査」（2002年）により特別集計。
　　　2. 対象は1年間の就業日数が200日以上の正社員の男性で，「独身者」「子どものいない既婚者」「末子年齢3歳未満の既婚者」「末子年齢3～5歳の既婚者」のグループに分類し，各グループ内で1週間当たり60時間以上働いている者の割合である。
　　　3.「独身者」は，配偶者なしの者。
　　　4.「子どものいない既婚者」は，配偶者を有する者で末子年齢14歳以下の者と同居していない者。
　　　5.「末子年齢3歳未満の既婚者」は，配偶者を有する者で末子年齢3歳未満の者と同居している者。
　　　6.「末子年齢3～5歳の既婚者」は，配偶者を有する者で末子年齢3～5歳の者と同居している者。
出典：内閣府『平成18年版国民生活白書』73頁。

一方で子育て時期にあたる20代から40代の男性の長時間労働が指摘されている。週60時間以上働く男性は，5歳未満の子どもを持つ男性が，子どものいない既婚者や独身者に比べて多くなっている（図3）。このような男性の長時間労働に加えて，女性30～34歳の正社員の週労働時間も，末子年齢3歳未満の有子の既婚者で43～45時間16.4％，45～59時間22.5％，60時間以上3.2％と4割が残業を行っていた（内閣府 2006）。子育て中の女性にとって，残業が恒常的にある場合は，保育時間の延長や二重保育などの負担を伴うだけではなく，子どもの生活時間や生活リズムに影響を与え，心身の

発達に悪影響を与えることになる。育児休業法の短時間勤務制度は，子どもの養育や要介護状態にある家族を介護している場合に利用できるが，育児期の残業をなくすことが先決である。

　2001年以降減少してきた労働時間は2004年には総実労働時間は上昇に転じたが，2005年には減少した。しかし，2006年には所定労働時間が増加し月平均140.2時間（年間1811時間）で前年比0.5％増となり，一般労働者は前年比0.5％増パートタイム労働者は前年比0.3％減となった（厚生労働省2007）。2003年の製造業生産労働者の年間総労働時間についての国際比較では，日本1975時間，アメリカ1929時間，イギリス1888時間，フランス1538時間，ドイツ1525時間と日本が最も労働時間が長くなっている（厚生労働省2006ｃ）。このような長時間労働が，子育て世代の労働者に影響を与えている。

　1992（平成4）年に成立した時限立法「労働時間の短縮の促進に関する臨時措置法」（時短促進法）は，年間労働「1800時間」の達成を目指して政府計画とともに制定されたが，2006年4月から労働環境の改善を促す「労働時間等設定改善法」に移行した。パートタイム労働者や派遣労働者などの短時間・非正規雇用者が増加する一方，正社員等は，残業や休日出勤といった所定外労働の増加により実労働時間が増加し，労働時間が短い層と長い層の二極化は，賃金の二極化をもたらすことになる。川田は，育児休業制度の短時間勤務制度と「短時間正社員」制度を検討し，家族的責任を有する労働者の雇用を継続するための環境整備として，①フルタイム正社員も含めた働き方の見直し，②短時間正社員制度の導入，③働き方の多様化を実現するための条件整備（公正な処遇）を挙げている（川田 2006）。

(2)　コース別人事の問題

　男女雇用機会均等法は，当初は男女間の差別待遇廃止は企業の努力義務となっていたが，1999（平成11）年に改正法が施行され，禁止規定となった。コース別人事管理制度の合法性をめぐって提訴された代表的な裁判として2事例がある。野村證券と兼松はコース別人事管理制度を導入し，ともにコース転換制度をもっていたが，野村證券事件（平成14年2月　東京地裁判決）で

は転換制度がほとんど機能しておらず均等法違反として損害賠償が命じられた。兼松事件（平成15年11月 東京地裁判決）ではコース転換がある程度機能し，実績も多いとして合法とされた。野村證券事件では，会社が東京高裁に控訴し，2004年に和解が成立し，全員が課長代理に昇格した。同社では，男性は高卒勤続13年で課長代理に昇進するが，女性のほとんどは平社員のままであり，年収で約300～400万円の格差がつけられていた。兼松事件は東京高裁の控訴審判決（2008.1.31）では，一審を変更し兼松に賠償を命じた（朝日新聞2008.2.1）。

労働協約の複線化の導入が進む中で，地域限定社員制度や勤務地限定社員制度の導入が進んでいる。本人の申請により転居を伴う配置転換を免除することで，社員を，全国どこにでも社員の転勤が可能なタイプ，特定地域内の転勤のみ可能なタイプ，自宅からの通勤可能範囲のみの3つのタイプに区分し，賃金や昇進に差を設けている（週刊労働ニュース，2000年5月29日）。この制度も，パート社員との統合や，戦力化のために職務の見直しなどにより位置づけが変わろうとしている。

(3) パートタイマーの処遇

パートに代表されるように圧倒的に非正社員に女性が多く，しかも処遇面では不利益をこうむっている現状である。賃金，退職金の支払いや「103万円の壁」，「130万円の壁」といわれる税制や社会保険の加入など，世帯単位の賃金や社会保障制度のあり方が問題となっている。このような中で，パートタイマーの基幹労働力化の議論が進んでいる。

パートタイム労働法は，1993年に制定されたが，労働時間や仕事内容は正社員に近づいているにもかかわらず，労働条件は悪く，賃金は低くなっている。厚生労働省が，労働政策審議会雇用均等分科会に諮問したパート処遇に関する指針の改正案の素案が2006年11月に提示され，「正社員への転換促進」と「正社員との均衡待遇」が主な柱であり，「再チャレンジ支援」のひとつで，企業に正社員への転換促進を義務付けた。正社員とパート社員のバランスのとれた均衡処遇の実施を努力義務として課している。2005年の21世紀職業財団の調査によると職務が正社員とほとんど同じパートがいる事業

所は全体の 35.7％となっている（朝日新聞朝刊 2006.2.20）。2008 年 4 月 1 日施行のパートタイム労働法では通常の労働者と，職務内容，人材の活用や仕組みなどが同じで，契約期間が実質的に無期契約であるパートタイム労働者については，すべての待遇を差別的に取り扱うことが禁止された。また事業主は，正社員への転換を推進するための措置を講じることが規定されている。

(4) 間接差別

「男女雇用機会均等政策研究会報告書」（平成 16 年 6 月 22 日）の間接差別の基準例では，①募集採用時の身長・体重・体力，②総合職の募集・採用の全国転勤，③募集採用時の学歴・学部，④昇進時の転居を伴う転勤経験，⑤福利厚生の適用や家族手当等の支給に当たって住民登録上の世帯主要件，⑥パートタイム労働者の処遇より正社員の処遇を有利に扱った場合，⑦福利厚生の適用や家族手当などの支給にパートタイム労働者の除外について 7 項目が列記されているが，改正法では，間接差別として，①，②，④についてのみ省令に列挙し，③および⑥，⑦のパート差別や⑤の世帯主要件は排除されている。鹿嶋は，間接差別について，第一番目は，パートに代表されるように圧倒的に非正社員に女性が多く，しかも処遇面では不利益をこうむっている現状，第二に，女性差別を隠蔽した人事制度であり，コース別雇用管理制度で，総合職と一般職の振り分けの際，踏絵にしている「転居を伴う転勤」，第三に，世帯主を基準とする問題で，一般に世帯主の大半は男性であり，家族手当や住宅手当の支給対象になり，男女間の賃金格差を拡大する一つの要因としている（鹿嶋 2003）。鹿嶋の指摘する第二の間接差別は限定列挙し改正法に盛り込まれたが，世帯単位の制度をシングル単位に変えることやパート労働者の処遇改善については，日本の社会システムに深く根付き，これらを利用して日本が経済発展を遂げてきたと考える人々が多く，変革には困難が伴う。

(5) 家庭における役割分担と性別役割分業意識

先に見たように，女性のみに課された家庭責任や無償労働が，職場での定着の阻害要因となっていることが明らかである。近年，父親の育児参加が進

んでいる。出産前に保健所などで行われる母親学級も両親学級という名称に変更され，出産に立ち会う男性も増えている。また，父親の育児休業の取得促進のための具体案が提案されている（佐藤・武石 2004）。しかしながら母乳育児をめざすならば，女性の育児休業取得はやむをえない選択であるが，先に見たような育児期間にある人々の労働時間の実態は，父親の家庭参加を進める上での，阻害要因となっている。

このような労働条件整備以前の問題として，第1子出産後に夫婦の収入差や家事スキルの差を根拠にした合理主義的判断とジェンダーイデオロギーと相まって女性の労働市場からの徹退が決定されている（三貝 2007）。夫婦関係のあり方も問題となる。

## 6　男女の雇用の安定をめざして

### (1)　均等法世代の職業キャリアと両立支援策

平成15年版の「働く女性の実情」では，均等法施行後10年の世代では，それ以前の均等法世代に比べて，結婚，育児による退職が低下し25～29歳時点では，結婚による離職は20％から14％へ，出産・育児は15％から9％へと減少していることが述べられている。そして，今後の課題として，第一に，均等の確保のために，ポジティブ・アクションに積極的に取り組むこと，特に均等法施行前の世代においてなかなか解消していない，過去の雇用管理の経緯から生じている格差を縮小するため，この年代層に対してはポジティブ・アクションについての配慮が必要であること，第二に，看護休暇の制度化等も含めた育児と仕事との両立支援策の充実が求められる。最近の若い世代においては夫の育児への参加が増えつつあるが，男性を含めた働き方の見直しが一層図られることが必要であり，次世代育成支援対策推進法に基づき，企業等が策定・実施を求められている一般事業主行動計画づくりが期待されること。三つ目としては，パートタイム労働者とフルタイム労働者の処遇の均衡の推進である（厚生労働省 2004 a）。これらのうち，看護休業は育児休業法改正により確保されたが，制度整備が進む中で大企業と中小企業，正社員と非正社員の労働条件の格差縮小を考えていかなければならない。

## (2) 女性間の格差拡大と家族形成への対応

雇用機会均等法により,これまで女性労働者と一括されていたが,労働条件が良好で長期勤続が可能な女性と非正規雇用で不安定な女性と労働条件の格差拡大が進み,シングルマザーや夫の給与が低い場合は,育児休業も取得できない。また,結婚においても,配偶者も同様に労働条件の格差があるために,夫婦単位では,正社員同士のカップル,夫が正社員で配偶者は非正社員,夫は正社員で配偶者は無職,非正社員同士のカップル,夫または妻が非正社員で配偶者は無職など世帯の経済基盤も多様化する。例えば,正社員の給与を2とし非正社員を1とした場合には,片働きの時には2対1であったのが,夫婦とも正社員の共働きと非正社員の片働きを比較した場合では,4対1という格差を生み出していく。これらに対応するために,労働法制,社会保障法制の整合性が求められている。

## (3) 働き方による格差社会への対処

ホックシールドは女性の職場進出は男女間の不平等な分業体制を残したままの「挫折した革命」である指摘している(ホックシールド 1989, 萩原 2006)。「男性は仕事,女性は家庭」と言う性別役割分業は,「男性は仕事,女性は仕事と家庭」という新性別役割分業をもたらしたが,雇用の安定を得た者と,雇用の不安定化に至った者とに分かれている。筆者は,1990年の論文で10年後においては,経済的理由による夫婦共働きは不可欠であり,性別役割分業型から共業型というタイプに変わらざるを得ず,その結果夫婦間の平等化は進むざるを得ないことを指摘した(岡村 1990)。

その後1995年に日本経営者団体連盟は,右肩上がりの経済成長が期待できない環境で,雇用形態を変更し,能力主義・業績主義を導入し,終身雇用制と年功序列型賃金制を縮小・解体することを提案し,労働者を「長期蓄積能力活用型グループ」「高度専門能力活用グループ」「雇用柔軟型グループ」の3つのタイプに類型化した(日本経営者団体連盟 1995)。これらは性別を超えて男性も同様に非正社員の短期雇用となることが予測された(岡村 1996)。

現実は,雇用柔軟型グループが非正規雇用となりフリーターと呼ばれ,夫

婦共働きでやっと生計を維持しており，子どもを産む条件がないことが明らかになっている（酒井・樋口 2005）。EU 諸国にみられるような同一価値労働同一賃金による非正規雇用の均等待遇の実現が求められている（小島 2006）。

一方で，職場に定着して家事労働は親世代の代行や，外部化を進め，夫婦とも家事をしないという平等型夫婦も存在する。このように無償労働に費やす時間の格差が，夫婦というカップル単位でみるならば，より増幅する。夫婦共働きでも経済的に子どもを育てることが困難な社会のあり方について，雇用の不安定化や家事・育児労働への対処なども含めて早急に解決が求められている。

## 7 おわりに

以上みてきたように，雇用の流動化により多様な働き方の選択肢があり，男女を問わず労働条件や賃金格差が拡大している。その結果，若い世代を中心にプレカリアート（precariat）という不安定な非正規雇用者と失業者を総称する用語が使われている（雨宮 2007）。ワーキングプアと呼ばれる困窮する非正規雇用の若者たちの間では，2007 年より組合運動への参加が見られ，「全国ユニオン」，「派遣ネットワーク」，「ガテン系連帯」，「首都圏青年ユニオン」などの運動がある（熊沢 2007）。

ワーク・ライフ・バランスの実現のためには，男女を含めた働き方や労働時間の見直しが必至である。これまでくり返し指摘されてきたが，ますます悪化している状況である。先に，子育て世代の男性の労働時間が週 60 時間以上の者（月の残業時間がおよそ 80 時間を超える者）が含まれていることを述べたが，月 80 時間の残業は過労死を認定する際の一つの指標であるとして問題の深刻さが指摘されている（小島 2006）。

また，子ども世代にも親の長時間労働の影響が生じている。現在，子どもの生活リズムや成長に問題が生じており，文科省は 2006（平成 18）年に「早寝早起き朝ごはん」全国協議会を設立して，「早寝早起き朝ごはん」国民運動を推進している。大人の働き方が，子どもの発達に悪影響を与え，子どもの悲鳴が聞こえている現在，夕食を家族一緒にとれるような労働環境を構築

しないかぎり，少子化は進み，子どもの生活環境は悪化し続けるであろう。
　わが国においては，少子化という課題に遭遇して初めて両立支援策に取り組んでいるが，「わが国における少子化対策におけるジェンダー政策的視点の重要性」（津谷 2005：181）を考慮することこそが，スウェーデンの経験にみられるように，「女性の職場進出と雇用の安定」をもたらし，結果的に少子化対策となる可能性が大きい。

注１）　厚生労働省「第６回二一世紀出生児縦断調査」
　　　第１回調査は，2001年１月10日から17日の間及び７月10日から17日の間に出生した子（月齢６ヶ月）を対象に，１月出生児については平成13年８月１日現在，７月出生児については平成14年２月１日現在とした。同一対象者に毎年調査を実施しており，第６回調査は，平成18年８月１日と平成19年２月１日に実施し，出生児は５歳６ヶ月である。
注２）　厚生労働省「第４回21世紀成年者縦断調査」
　　　平成14年10月末時点で20〜34歳であった全国の男女（及びその配偶者）を対象とし，平成14年に第１回調査を実施し，そのうち，平成16年第３回調査において協力を得られた者等（及びその配偶者）を客体とした。第４回調査の実施日は平成17年11月２日である。
注３）　国立社会保障・人口問題研究所「第13回出生動向基本調査」
　　　妻の年齢が50歳未満の夫婦を対象とした全国調査であり，妻を回答者として平成17年６月１日現在の事実について調べたものである。

**参考文献**（アルファベット順）
赤松良子編 1976　『解説女子労働判例』学陽書房
雨宮処凛 2007 『プレカリアート――デジタル日雇い世代の不安な生き方』洋泉社
男女共同参画会議少子化と男女共同参画に関する専門調査会 2005　『少子化と男女共同参画に関する社会環境の国際比較調査報告書』
男女共同参画会議少子化と男女共同参画に関する専門調査会 2006　『両立支援・仕事と生活の調和（ワーク・ライフ・バランス）が企業に与える影響に関する報告書』
萩原久美子 2006　『迷走する両立支援――いま，子どもを持って働くということ』太郎次郎社エディタス
原ひろこ監修・藤原千賀・武見李子編 2006 a　　『戦後女性労働基本文献集第Ⅲ

## II 現代社会の変容

期——第 23 巻解説・女子労働判例』
原ひろこ監修・藤原千賀・武見李子編 2006 b 『戦後女性労働基本文献集第 III 期——第 25 巻・現代女子労働の研究』日本図書センター
働く母の会編 1990 『働きつつ育てつつ——保育所をつくった母たちの軌跡』ドメス出版
働く母の会編 2005 『働いて輝いて——次世代へつなぐ働く母たちの 50 年』ドメス出版
広田寿子 1979 『現代女子労働の研究』労働教育センター
ホックシールド・アーリー 1989, 田中和子訳 1990 『セカンド・シフト 第二の勤務——アメリカ共働き革命のいま』朝日新聞社
鹿嶋敬 2003 『男女共同参画の時代』岩波書店
川田知子 2006 「働き方の多様化と育児休業法の進展——育児休業のための「休業法」から「雇用継続法」への転換」季刊労働法 213 号（2006 年夏季）13 – 26 頁
経済企画庁経済研究所国民経済計算部 1997 『あなたの家事のお値段はおいくらですか？——無償労働の貨幣評価についての報告』大蔵省印刷局
小島妙子 2006 「改正均等法の「実効性」——改正均等法は雇用における男女平等を推進できるのだろうか？」季刊労働法 214 号（2006 年秋季），125 – 144 頁
厚生労働省 2004 a 『平成 15 年版働く女性の実情』厚生労働省雇用均等・児童家庭局
厚生労働省 2004 b 『平成 15 年度女性雇用管理調査』
厚生労働省 2005 『平成 16 年版働く女性の実情』厚生労働省雇用均等・児童家庭局
厚生労働省 2006 a 『平成 17 年版働く女性の実情』厚生労働省雇用均等・児童家庭局
厚生労働省 2006 b 『平成 17 年度女性雇用管理調査』
厚生労働省 2006 c 『平成 18 年版労働経済白書』国立印刷局
厚生労働省 2007 a 『第 4 回 21 世紀成年者縦断調査（平成 17 年調査）』
厚生労働省 2007 b 『第 6 回 21 世紀出生児縦断調査（平成 19 年調査）』
厚生労働省 2007 c 『平成 19 年版労働経済白書』国立印刷局
国立社会保障・人口問題研究所 2007 『平成 17 年わが国夫婦の結婚過程と出生力——第 13 回出生動向基本調査』財団法人厚生統計協会
熊沢誠 2000 『女性労働と企業社会』岩波書店
熊沢誠 2007 『格差社会ニッポンで働くということ——雇用と労働のゆくえを

みつめて』岩波書店
三貝淳子 2007 「妻の就業決定プロセスにおける権力作用」社会学評論 213号 58巻 第3号, 305 − 325頁
内閣府 2006 『平成18年版国民生活白書』社団法人時事画報社
日本経営者団体連盟 1995 「新時代の『日本的経営』──挑戦すべき方向とその具体策」
OECD "Education at a Glance 2004"
岡村清子 1979 「中高年婦人の労働問題」袖井孝子・直井道子編『日本の中高年(2)中高年女性学』垣内出版, 195 − 249頁
岡村清子 1988 「中高年婦人の労働問題」三谷鉄男・大山信義・中川勝雄編『リーディングス日本の社会学第11巻 社会問題』東京大学出版会, 299 − 317頁
岡村清子 1987 「職業と女性の地位──働けど低い地位──」袖井孝子・矢野眞和編『現代女性の地位』勁草書房, 89 − 154頁
岡村清子 1990「主婦の就労と性別役割分業──女性の職場進出は家族の役割構造を変えるか──」『家族社会学研究』2, 24 − 35頁
岡村清子 1996 「主婦の就労と性別役割分業」野々山久也・袖井孝子・篠崎正美編『①家族社会学研究シリーズ 今家族に何が起こっているのか──家族社会学のパラダイム転換をめぐって──』ミネルヴァ書房, 91 − 117頁
佐藤博樹・武石恵美子 2004 『男性の育児休業──社員のニーズ, 会社のメリット』中央公論新社
酒井 正・樋口美雄 2005 「フリーターのその後──就業・所得・結婚・出産──」『日本労働研究雑誌』535号, 29 − 41頁
総務省統計局 2004 「就労構造基本調査報告全国編（平成14年）」
総務省 2007 「労働力調査年報（詳細結果）平成18年」
津谷典子 2005 「少子化と女性・ジェンダー政策」大淵 寛・阿藤誠編『人口ライブラリー3 少子化の政策学』原書房, 157 − 187頁
財団法人厚生統計協会 2005 国民の福祉の動向 53巻12号
財団法人21世紀職業財団 2000 「大卒女性の採用状況及び総合職女性の就業実態調査」

# 東京家庭裁判所における離婚訴訟事件の動向

秋 武 憲 一

## 1 はじめに

　人事訴訟事件の家庭裁判所への移管等を内容とする人事訴訟法（平成15年法律第109号）が制定され，これに伴い裁判所法等が改正され，平成16年4月1日から家庭裁判所において人事訴訟事件を取り扱うことになった。
　私は，裁判官として，平成16年4月1日から東京家庭裁判所（東京家庭裁判所には，八王子支部があるので，以下，本稿において「東京家庭裁判所」という場合には，本庁のことである）において人事訴訟事件を担当しており，その期間は，平成19年12月現在で通算3年9か月となった。なお，東京家庭裁判所においては，人事訴訟法施行に向けて，平成16年4月1日から人事訴訟事件専門部である家事第6部を創設した。私は，平成15年4月から平成16年3月まで1年間，東京家庭裁判所の家事調停部において家事調停を担当し，その後，創設された家事第6部において人事訴訟事件を担当している。
　ところで，東京家庭裁判所が扱う人事訴訟事件は，平成17年1月1日から同年12月31日まで合計約1200件（これは，全国の受理事件の約10％に相当する）であり，平成18年度及び平成19年度もほぼ同様であった。東京家庭裁判所においては，人事訴訟事件の約80％が離婚訴訟事件である（全国平均では，約90％とのことである）。ちなみに，私が分担しているのは4分の1であるから，1年間で約300件の人事訴訟事件を扱い，そのうち約240件が離婚訴訟事件であるということになる。
　本稿においては，東京家庭裁判所において3年9か月にわたり，離婚訴訟事件の実務を担当している者として，東京家庭裁判所における離婚訴訟事件

の動向や日頃考えていることなどを雑感ということで紹介する。現代社会における人事訴訟事件の意義や在り方等について論じることは私の及ぶところではないが，実務を担当している者として率直な感想を述べたいと考えている。

なお，本稿の内容については，部内等で協議したりしたものではなく，私個人の感想であり，それも平成19年12月段階のものである。また，東京家庭裁判所における人事訴訟の運用状況については，私がジュリスト1301号32頁と民事訴訟雑誌52巻（平成18年）31頁において発表しているので，それをご覧頂きたい。また，人事訴訟事件の実務について，裁判官，家庭裁判所調査官，参与員経験者，弁護士及び研究者が意見交換したものとしては，日弁連家庭裁判所シンポジウム「離婚訴訟はどう変わったか」（判例タイムズ1202号及び1203号）があり，裁判所書記官の事務及び家庭裁判所調査官の事実調査の実情を含めた人事訴訟の審理の実情を明らかにしたものとして，『東京家庭裁判所における人事訴訟の審理の実情』（判例タイムズ社）がある。

## 2　家族間の紛争と調停及び人事訴訟との関係

私人間で紛争が生じた場合，通常，紛争当事者間において話し合いがされる。その際，専門家である弁護士が関与することもあるが，話し合いができなかった場合，公権的判断を求めるために訴訟が提起されることになる。もちろん，他に，ADR等（裁判外紛争解決手続基本法等）により，訴訟や調停以外の手続により紛争が解決されることもある。

ところで，家族及び親族間において紛争（以下「家族間紛争」という）が生じた場合には，まず調停申立てをすることになっている（調停前置主義）。これは，家族間紛争は，深刻な感情的対立を伴い，しかも，家族関係の性質上，紛争の前後においてこれを断ち切ることができないため，家族間紛争については，これに伴う感情的対立を含めて解決しないと真の紛争解決にならないことや，夫婦の性生活等の公開をはばかる事柄が原因となっていることが多いなど，その法的解決について，通常の民事訴訟のように公開の法廷での証拠調べを実施して判決するという，いわば一刀両断的な解決になじまないた

め，まず，非公開の席で，当事者間の話し合いによる方法によるべきであり，それができないときに，通常の手続で解決されるべきという考えによっていると説明されている。

そこで，家族間紛争，とくに離婚についての紛争が生じた場合にも，まず調停の申立てがされ，当事者間に合意が成立しなければ，改めて人事訴訟事件の申立てをすることになる。なお，東京家庭裁判所家事部の構成は，現在，家事第1部（成年後見等・財産管理），家事第2ないし第4部（通常の家事事件及びその調停），家事第5部（遺産分割事件及びその調停），家事第6部（人事訴訟事件）である。したがって，調停の申立てがされると，いったんは家事第2ないし第4部に配転され，調停が調わないと訴訟提起され，前記のとおり，人事訴訟事件の専門部である家事第6部が担当するということになる。

調停は，通常，当該調停の担当裁判官1名と調停委員2名で行う。東京家庭裁判所では，事件が調停担当裁判官に配転されると内容を検討して，事案にふさわしい調停委員男女2名を選任し，事件の進行について打ち合わせ（事前評議）をする。その上で，通常，調停委員2名が調停の申立人と相手方の双方から事情を聴き，必要に応じて裁判官と評議して調整に当たるというやり方をしている。調停委員は，「弁護士となる資格を有する者，民事もしくは家事の紛争解決に有用な専門的知識経験を有する者又は社会生活をするうえで豊富な知識経験を有する者で，人格識見の高い者の中から最高裁判所が任命する」（昭和49年7月13日付最高裁判所規則5号「民事調停委員及び家事調停委員規則」1条参照）ことになっている。そして，実際にも，こうした豊富な社会的知識や経験を有し，高い識見や健全な良識を有する人が調停委員に任命されているが，調停は平日に行われるため，裁判所において調停委員として実際に調停事件を担当するには，職業を有して現役で仕事をしている限り，事実上困難である。したがって，調停委員に任命される人は，男性及び女性ともに会社を退職するなどして，時間的余裕がある人が多く，しかも，上記のような条件を満たす人ということになる。その結果，有名大学等を卒業しているなど高学歴を有し，社会的に知名度の高い企業等の出身者が多くなっているというのが実情である。また，前記のとおり，調停には，法律知識のほか，不動産や税務関係の知識等が必要になることが多く，その

ため，弁護士のほか，不動産鑑定士や公認会計士・税理士等の専門的知識経験を有する人も調停委員に任命されている。調停委員の選出母体がこのような状況にあるため，その平均年齢はおのずから高くなっている。

　調停委員が調停を進めるときは，通常，まず双方から事情を聴き，問題点がどこにあるかを検討したうえ，問題点について当事者がみずから解決方法を見いだせるようにするという方法が採られることが多い。そのために，調停委員は，種々の解決方法や考え方があることを提示したり，助言するなどしており，調停委員が当初から，その事件についての結論を示し，これに沿って説得をするということはしていない（確かに，調停委員は多数おり，その中には，こうした方法を採らずに，直ちにみずから解決案を提示して説得しようとする人がいないではない）。しかし，調停委員が前記のとおり，高い識見や健全な社会常識，豊富な経験を有していることもあって，調停の当事者が調停委員に十分話しを聴いてもらい，問題点を理解することができたなどして，調停が成立した場合だけでなく，合意に達することなく終わった場合においても，調停委員に対して感謝することも多いのである。他方，調停委員が調停事件の当事者に対して，相当と思われる解決方法を提示したり，助言等した場合であっても，調停委員の価値観や道徳観が古く，保守的であるとか，調停委員から説教されたなどの不満や批判がされることも多い。ここら辺の兼ね合いは難しいところであるが，社会における権利意識や法的知識の向上とともに，調停委員の言動等についてかなり敏感な反応がされていることも事実である。

　このように家族間の紛争については，法律は非公開手続である調停を先行させているが，話し合いによる解決ができない場合には，公開の法廷で手続を行い，法的判断により紛争を解決する訴訟提起を求めざるを得ない。

## 3　人事訴訟における家族間紛争の解決の実際

　裁判所では，訴えが提起されると，その担当裁判官を機械的に決めている。ここに恣意の入り込む余地はない。事件の担当者を決めることを事件の配転というが，裁判官は，事件が配転されると，当該紛争の争点を整理し，訴訟

手続に則って審理し，判決で争点についての法的判断をする。もちろん，紛争の内容から，こうした手続ではなく，話し合いによる解決（和解）を勧めることもある。人事訴訟を担当する裁判官は，家族間紛争の前記特質から，通常の訴訟以上に，話し合いによる解決を勧めることが多い。そのため，東京家庭裁判所では，公開法廷で行われる第1回の期日の前に，双方に，調停においてどのような話し合いがされたのか，どこが問題となって話し合いができなかったのか，手続進行についての意見等に関する照会書を送付して，その回答を参考にして進行方法等を検討している。しかも，第1回期日において，再度，争点及び進行についての希望，意見を聴くようにしている。その結果，和解や再度の調停（裁判所は，訴訟提起後であっても，必要に応じて調停に付すことができる。この場合，裁判官だけで調停を行う単独調停と，改めて調停委員を選任して調停委員会を組織して調停を行う委員会調停とがある）により解決される事件も多い。東京家庭裁判所の場合，終了した事件（既済事件）のうち，判決により終了したものは約45％であり，これとほぼ同数が和解・調停成立により終了している。つまり，調停において話し合いがされているが，訴訟に至っても，判決とほぼ同数の事件が話し合いによる解決がされているのである。これは，我が国の場合，裁判所の公権的判断である判決による解決よりも，話し合いによる解決を望む傾向がまだ強いものがある結果であると思われる。つまり，現在でも，法廷において，いまだ訴訟の「被告」とされたことに感情的になっている当事者に出会うことが多いのである。これは，刑事手続と民事手続との違いを認識することなく，民事手続における「被告」と刑事手続における「被告人」とを混同するものであるが，その背後にあるのは，問題解決を話し合いの場である調停等ではなく，訴訟の場に持ち出された，すなわち「裁判沙汰」にされたということに感情的になっていることにあると思われる。このように訴訟段階においても，話し合いによる解決である和解や調停が判決とほぼ同数であるということから，調停制度が十分機能しなかったと単純にいうことはできず，他の要素も検討しなければならない。この理由として，調停の場においては決断することができなかった当事者が，調停が不調になった後，調停における話し合いの結果を踏まえて，改めて検討し，今後の方針についてようやく決断するに至ったとい

うことも考えられるからである。また，調停段階では，話し合いということで弁護士が代理人として就いていないことが多いのに対し，調停が不調となって訴訟になれば，話し合いではなく訴訟手続によって審理されるため，弁護士に相談し，法律専門家から紛争の見通し，今後の進行等について助言を受けるに至り，改めて決断したということが多いように思われる。そうであれば，上記のような結果は，紛争についての専門家の助言等の重要性が再認識されたことになろうと思われる。確かに，現在，一般人向けの法的紛争解決の入門書やハウツー本が数多く出版され，インターネットには離婚等の訴状の書き方や慰謝料等についての基準等が掲載され，これらから一応の知識を得ることができる状況にある。しかし，こうしたものに比して，専門家の知識や経験は，明らかに質的に異なるはずである。それゆえ，現在，法曹の有資格者，特に弁護士の絶対数が足りないとして司法試験の合格者を増加させることにしたが，その結果，専門家である弁護士の数が増加すれば，従前よりも裁判制度（訴訟のみならず，調停等を含めたものである）を利用することが多くなるだけでなく，調停前，調停段階及び訴訟において，法律専門家を交えての話し合いによる解決が多くなるとも考えられる。このように考えると，我が国では，弁護士の増加は，すべての紛争を訴訟により解決しようとする，いわゆる訴訟社会に移行するという面よりも，法律専門家を交えての話し合いによる解決という方向にも向かうことが予想され，また，そのような解決が望まれているのではないかと思われる。それゆえ，今後は，そのための方法等を十分検討すべきでないかと思われる。なお，その際，法律専門家が，国民から専門家として期待されるだけの知識や経験を有していることが前提であり，そのために，単に資格を得たというだけでなく，幅広い知識経験を研修するための機会が与えられ，法律専門家もこうした需要に応じようと努力することが必要であると思われる。私の個人的経験では，司法試験の合格者が増加するようになった以後に合格し，弁護士となった人の中には，従前の弁護士よりも法的知識や社会常識に欠け，訴訟の進行について独りよがりともいうべき考えを有する人が多くなったように思われる。これがどのような因果関係にあるかは判然としないが，杞憂であれば幸いである。

## 4 人事訴訟事件の実態——離婚について

　前記のとおり，私は，人事訴訟法が施行された平成16年4月1日から東京家庭裁判所において人事訴訟事件を担当している。現在（平成19年12月）まで3年9か月担当した中で現代社会を反映していると思われるエピソードをいくつか紹介する。ただし，これから紹介する事例は，いくつかの事案を抽象化したものであり，具体的な事件を示すものではない。

(1)　離婚原因について

　離婚原因については，民法770条1項1号から5号に規定があるので，これに即して説明する。

　(ア)　1号の不貞行為について

　従前は，夫の不貞行為を主張して離婚請求をすることが多かったようであるが，現在，妻の不貞行為も目立っている。また，不貞行為の証拠として，携帯電話やパソコンでの不貞行為の相手方とのメール交信の結果を提出されることが多いことからすると，携帯電話及びパソコンの普及により異性との出会いや連絡等が容易にされているという状況が窺える。

　(イ)　2号の悪意の遺棄について

　従前は，夫からの生活費の不支給を離婚原因として主張されることが多く，現在においても同様である。これは，妻が婚姻後，専業主婦となり，経済的に夫に依存していることが多かったため，夫からの生活費の不支給が直ちに生活困窮につながったためである。しかし，現在，夫婦が共に稼働（パート等も含む）していることも多く，その場合，経済的に配偶者に依存することなく生活できるため，これだけを単独の離婚原因として主張されるということは少ないようである。つまり，これだけではなく，他の原因（例えば，不貞行為，暴力等）と併せて，5号の婚姻を継続し難い重大な事由のひとつとして主張されることが多いように思われる。

　(ウ)　3号の配偶者の3年以上の生死不明について

　日本人同士の婚姻について主張されることは少なく，日本人と外国人との

離婚について主張されることが多くなっている。日本人と外国人との婚姻の場合は，夫が日本人で妻が外国人であって，来日後，妻が一方的に母国に帰国してしまい，所在が明らかにならないという事例のほか，妻が我が国から出国していないが（法務省に照会することで出入国の履歴が判明することが多い），国内のどこにいるか不明である事案が多いようである。これは，婚姻して来日したものの，婚姻生活が破たんして別居したということもあるが，明らかに我が国で稼働する目的で，そのための方便として日本人と婚姻し，来日後，所在を明らかにしなくなったと思われるものもあり，この中には，短期間同居して所在を明らかにしなくなる事例のほか，来日後，種々の理由をつけて夫のもとに一度も行かず，その後，所在不明となるという同居生活をまったくしないというものもある。

㈣　4号の配偶者が強度の精神病に罹患について

これのみを離婚事由として主張する事例はほとんどなく，配偶者が精神的に不安定であるため，婚姻生活を継続することが困難である（例えば，情緒不安定であって，夫婦間で日常生活を送ることができないとか，仕事や家事・育児をしようとしないなどである）として，5号の婚姻を継続し難い重大な事由のひとつとして主張されることが多いようである。最近，こうしたうつ病や抑うつ状態にあって精神的に不安定であるとの主張がされることが多いようである。これに比較して，当事者が統合失調症であるとの主張は比較的少ないようである。

㈤　5号のその他，婚姻を継続し難い重大な事由について

これについては，種々の主張がされている。例えば，配偶者の暴力，浪費，飲酒及びギャンブル癖等や宗教問題，趣味や考え方の違い等の従前から主張されていたと思われる事由は相変わらず多い状況にある。最近，散見されるものには，子どもの教育への過度な関心，つまり，幼稚園から始まり，小学校から大学までの進学先だけでなく，学習塾や習い事の選択や成績等への異常なこだわりである。そして，子どもに対するこうした異常な関心の裏返しとして，学校や習い事の成績等が順調でない場合において，それを原因として子どもに対する虐待がされているという主張である。さらに配偶者が両親に心理的・経済的に依存していること，これに関連して配偶者の両親による

婚姻生活への過度な干渉や配偶者の両親との人生観や性格の不一致等が主張されることも多い。これらについては，直ちに少子化傾向に原因を求めることは短絡であるとしても，これが背後にあることは否めないと思われる。しかし，離婚原因としては，こうした事由がいくつかが組み合わされて主張されることが多いようである。

　配偶者の暴力については，夫から妻への暴力が多く，妻が配偶者暴力に関する保護命令の申立てをしたり，警察や女性相談センター等に相談するなどするほか，いわゆるシェルターへの避難等し，その所在を明らかにしないまま訴えを提起することも多い。訴訟では，加害者とされている当事者が暴力を否定することも多いが，診断書のほかに上記の保護命令の決定書や女性相談センター等における相談内容等の書面が提出されることも多い。現在，カメラ機能付き携帯電話の普及により被害状況がそのまま写真化されていることも多い。その反面，自らの不貞行為や浪費等の自己に不利な事由を隠蔽する目的等をもって，配偶者から暴力を受けたなどとして女性センター等に相談に行ったのではないかと思われる事例も散見される。

　また，浪費については，夫が風俗店に通ったり，ゴルフ，飲酒及びギャンブルに浪費するというものや妻が高級ブランド品等を購入するというういわば古典的なものもあるが，妻がインターネットオークションに熱中し，多額の借財を重ねるというものも散見される。こうした事例では，妻が着なくなった自己の服や成長して着られなくなった子供服等の不用品をネットオークションで販売したところ，思いのほか金員を得ることができたというういわば成功体験を経て，次第に熱中し，すでに所持しているものを売るだけでなく，販売用に仕入れるようになり，深みにはまるというものが多いようである。この場合，夫は仕事が多忙なため妻の言動に関心を有しなかった結果，自宅内に販売用の品物が多くなったとしても，余り不審に思わず，気づいたときには，相当額の借財が生じていたという事例が多いようである。なお，インターネットを利用したものの中には，夫がインターネットによる株式の売買に熱中し，パソコンの前に座り続け，妻に関心を失ってしまうという事例のほかに，パソコン等のコンピュータゲームに過度に熱中して家庭生活をかえりみなくなったというものもある。

Ⅱ　現代社会の変容

(カ)　有責配偶者からの離婚請求について

我が国では，民法770条1項1号ないし5号の離婚事由がある場合，他方が離婚を拒否しても，裁判所は離婚を命じることができる。しかし，婚姻が破たんしている場合であっても，その破たん原因を自ら作出した者が，破たんを理由に離婚請求し，これを認容するというのは信義誠実の原則から許されないというべきである。他方，そうであっても，このような場合，離婚請求を棄却したとしても，これにより当該夫婦が婚姻関係を修復し，新たに婚姻生活をやり直せることは期待できない。そこで，婚姻が破たんしている場合は，離婚を認め，離婚により精神的苦痛を受けたり，経済的な不利益を受ける者については，別途，慰謝料や財産分与により不利益を補てんすべきであるという考えが出てくる。しかし，みずから原因を作った者が，裁判制度を利用して自己に有利な結論を得ることを認めることは許されないという国民感情はいまだ強いように思われる。そこで，実体のない婚姻関係であっても，これを形式的に維持すべきとする（なお，婚姻が継続していれば，婚姻費用の分担調停やその審判により婚姻費用の支払を求めることができ，離婚を求める配偶者は，自己が誠意を尽くしたということを示すために支払に応じることが多いようである）のはどのような場合かが離婚訴訟で争われることになる。私の見るところ，裁判実務では，これについての最高裁判所の判例により示された基準よりも破たん主義的な運用がされているように思われる。それが今後の立法化に結びつくかは疑問であるが，今後の実務の運用も，実体に即して破たんしている離婚については，慰謝料，財産分与及び養育費の支払の確保を前提に離婚を命じる傾向にあるのではないかと思われる。

(2)　離婚の当事者について

離婚の当事者を類型化することは難しいが，次のようなものが目に付くようである。

(ア)　高学歴高収入夫婦

訴訟まで至っているものとしては，夫婦双方が高学歴を有し，高収入を得ている夫婦であるという場合が目に付く。例えば，双方が医師であるとか，金融機関，広告宣伝会社，マスコミ関係や航空会社等の高収入の会社に勤務

している夫婦などの事例である。なお，双方が事業をしているという事例は少ないようである。婚姻が破たんに至った場合，双方とも高収入であり，経済的にも自立しているから，話し合いや調停による解決が比較的容易にできそうであるが，離婚原因をめぐって双方から高額な慰謝料請求がされたり，親権者や財産分与について合意ができないことが多く，その結果，調停においても話し合いをすることができずに訴訟に至ることが多いようである。とくに財産分与については，相互に高収入であるため，預貯金をはじめとする多数の資産を有しており，しかも，それぞれが別個に管理していることが多いため，相手が財産を隠ぺいしているのではないかとの不信感を抱いていることが多く，そのため，各金融機関に対する調査嘱託等が必要となり，訴訟進行が遅れる傾向がある。こうした傾向を権利意識の高まりと見るか，自己主張の強さと見るか難しいところである。

(イ) 経済的貧困者夫婦

この場合，双方が弁護士に委任することなく，いわゆる本人訴訟のまま審理することがあるが，日本司法支援センター（旧・法律扶助協会）の活動が活発になっていることもあって，その審査を経て，代理人が就くことも多い。この場合，離婚や親権者については争点とならないことも多いが，離婚後の生活費（扶養的財産分与）や養育費が争いとなることが多い。養育費については，平成15年4月から全国の裁判所において，裁判官の有志が検討して作成した「養育費用・婚姻費用算定表（判例タイムズ1111号参照）による算定結果を基準とする取り扱いがされている。しかし，その算定資料となる源泉徴収票等を提出しなかったり，リストラ等により転職したり，パート等の職場を頻繁に変えるなどして実際の収入を把握できないことも多くなっている。なお，こうした場合には，賃金センサス等を用いるなどして推計して処理せざるを得ないが，そのための前提事実（年齢のほか，学歴や勤務先の規模等）の確認も困難である場合も多くなっている。

(ウ) 当事者の片方あるいは双方が外国人である夫婦

国際化の傾向から外国人が当事者の事例も多くなっている。この場合，国籍によっては，本国法が必要になるが，大使館に照会させても明らかにならないことも多く，その処理に苦慮することも多い。今後とも，こうした傾向

は変わらないものと思われる。

(3) 附帯処分の申立てについて

附帯処分(親権者の指定,養育費の負担,財産分与)については,本来,非訟事件の性質を有しており,審判事項であるが,人事訴訟法においては,離婚訴訟と同時に申立てをすることができる旨明記された(人事訴訟法32条)。その性質論についてはともかくとして,この申立てがされた場合,どのような点が問題とされているかについて説明する。

(ｱ) 未成年の子の親権者について

従前同様,父母の双方が親権者を取り合うことが多いが,これは,かつて言われたように家制度に基づく跡継の確保という観点から父親及びその両親が親権者にこだわるということは余り見かけなくなった。しかし,母親が子を虐待しているなどの事情がない通常の離婚の事案においても,現在の少子化傾向と高齢化社会であることによって,父の両親,すなわち,子の父方祖父母が親権者にこだわる傾向が多くなっているようである。つまり,少子化傾向のため,子が少ないので,これを奪い合うことになりがちであること,また,現在,子の親権者には母親がふさわしいという,いわば従前の常識が通用しない状況になっていること,さらに,父親が稼働している場合,通常,子の監護に困難が伴うが,高齢化社会においては,祖父母が壮健であり,孫である子の監護養育をすることができる状況にあるため,父親が仕事で多忙であるとしても,それに代わって孫を監護養育することができることなどから,親権者については,母親ではなく,父親にすべきであると主張されることが多くなっている。したがって,裁判所としては,父親と母親のいずれが親権者としてふさわしいかということについて相当慎重に検討せざるを得ない状況にある。

(ｲ) 養育費の算定

これについては,前記のとおり,平成15年4月から前記「養育費・婚姻費用の算定表」による算定がされ,この結果に基づき決定されることが多いが,進学・留学費用等をめぐって意見が対立し,合意ができない場合も多い。進学等について意見が異なる場合は,いわば価値観が異なるのであるから,

反対意見を有する養育費の負担者に対して，不要であると考えている進学費用や留学費用を負担するように求めるには困難である。したがって，教育費用等の問題は，争いが深刻化する傾向がある。

　(ウ)　財産分与

　これについては，従前，離婚に伴う慰謝料，共有財産の清算及び扶養的財産分与の性質を有すると説明され，実務もこれに沿った運用がされている。ところで，共有財産の清算については，現在の経済状況の下，婚姻後，取得した住宅のローンを離婚に際してどうすべきかが問題となっている。いわゆるオーバーローン問題である。現在，裁判所においては，婚姻後，夫婦が取得した財産について，積極財産と消極財産とに分け，前者から後者を控除した結果，これがプラスであれば，それぞれの寄与に応じて分けるという方法が採られることが多く，東京家庭裁判所でも同様の扱いである。この方法は，積極財産から消極財産を控除した結果，これがマイナスであれば，共有財産の清算による財産分与請求権は発生しないと考えるから，夫婦の財産関係は，離婚に伴う財産分与という枠内では処理できないことになる。これは，住宅ローンが貸主である金融機関との問題を含むため，住宅ローンを財産分与の問題として夫婦間で協議しても，金融機関との関係では法的効果が生じないため，やむを得ないところであるが，その結果，離婚成立後において，オーバーローンとなっている住宅の処理をどうすべきかの問題が残ってしまうため，債務者となっている夫又は妻が今後，ローンの支払をしたときに，その清算をどうすべきかの問題が先送りとなって，紛争の1回的解決ができないことになる。これをどのように処理すべきかは，今後，十分な検討を要すべき問題である。

(4)　離婚事件の審理方法について

　人事訴訟法は，人事訴訟事件の審理について新たに参与員制度と家庭裁判所調査官による事実調査制度を採用した。これについては，裁判に対する国民の参加と専門知識の補充という観点から考えことができる。

　(ア)　参与員

　司法への国民参加の一環として，人事訴訟事件の審理又は和解の試みに参

与員を立ち会わせ，その意見を聴くことができるようになった（人事訴訟法9条1項）。

参与員の立ち会いを求めるのは，国民の常識や良識を裁判に反映させ，裁判官の常識や感覚が国民のそれと遊離しないようにするためである。東京家庭裁判所では，離婚訴訟において婚姻関係が破たんしているか否か，原告の離婚請求が有責配偶者からの離婚請求として信義則上許されないとすべきか否か，婚姻が破たんした原因及び慰謝料の額はいくらが相当であるかなどの事項が争点となっている場合などにその立ち会いを求めている。なお，事実関係そのものが争点であるような事案については，事実認定の問題であるので，参与員に立ち会いを求めていない。

東京家庭裁判所では，参与員の任命候補者は，東京都福祉局や東京青年会議所，東京都の公立学校のPTA連絡会等から推薦を受け，面接して選出した一般からの選出者と当庁の調停委員からの選出者とをもって構成している。

参与員が証拠調べに立ち会う場合，東京家庭裁判所では，開廷の約30分ないし45分前までには来てもらって打ち合わせを行っており，証拠調べに先立って，事案の概要を理解してもらうために，通常，弁論準備手続において整理された双方の主張（弁論準備期日の調書に双方の主張として添付されているもの等），事案の概要や双方の主張をまとめたメモ，原告及び被告の各陳述書及び身分関係図等の資料を用意し，これらに基づき事件の担当裁判官が説明をしている。30分ないし45分では事案の概要を把握することが困難と思われるかもしれないが，参与員の経験者から説明方法等について意見を聴いたところ，一般から選出の参与員は，上記のような時間及び説明で十分であり，これにより事案の内容を把握し理解することができると述べるのに対し，調停委員から選出の参与員のなかには，事前に記録を読んでおきたいし，事実整理案や陳述書を読む時間をもっと欲しいという意見を述べる傾向があることが判明した。これは，参与員の役割をどう考えるかという問題にもつながるところであるが，調停委員である参与員は，裁判記録を見慣れており，しかも，週に何回か調停のために裁判所に来ていることのほかに，調停委員としての経験があるため，参与員として意見を述べる以上，きちんとした意見を述べなければならないという意識があり，そのためには上記説明

等では不十分であると考えているためではないかと思われる。他方，一般の参与員は，職業を持ちながら，そのなかで時間を作って裁判所に来ているのであって，参与員としての役割は一般市民としての感覚や考えを述べることにあり，こうした役割を果たすには上記の説明等で十分であって，それ以上，記録を読む負担を課せられたり，長時間拘束されることには応じ難いという意識を持っているのではないかと思われる。国民の司法参加を考える場合，参加により得られる利益と参加する国民の負担とが常に問題となるが，人事訴訟の参与員制度においても，このように選出母体による考え方の違いが顕著となっている。なお，参与員からは，証拠調べが終了した後に，当該事件について意見聴取を行っているが，裁判官に対して意見を言うことに慣れている調停委員のみならず，一般から選出された参与員も，自らの意見をしっかりと述べている。これは，一般から選出の参与員であるとしても，すでにPTA活動等を通じて公的な場所において意見を述べるということに慣れているからと思われる。

なお，現在の人事訴訟参与員の状況は，前記のとおりであるが，そうではなく，一般の市民が司法参加する場合，事案の説明や意見聴取の方法等については，裁判所としては，相当な配慮を要するものと思われ，結局のところ，学校教育段階から司法制度に対する知識を得させるとともに，意見の表明や交換等についての訓練をする必要があるということになり，我が国の社会や教育の在り方を考え直さないと安易に国民の司法参加を標榜することはできないのではないかという思いに至っている。

(イ) 家庭裁判所調査官による事実調査

家庭裁判所調査官が人事訴訟事件に関与することに対する期待は大きいが，調査を命じるのは，争点がしぼられた段階からである。また，親権者指定等子の監護が問題となる事実以外については，事実の調査を命じていない。なお，子の監護が一応争点になるとしても，当該事案について，家庭裁判所調査官の調査を待つまでもなく，親権者をだれにするか等について明々白々であると思われる事案については，調査を命じていない。

家庭裁判所調査官による調査が必要と判断した場合には，事前に調査官室と，調査命令の要否，担当予定者の指定，調査期間の予定等を検討している。

そして，調査終了後，その結果は，報告書にまとめられ，訴訟記録として事件記録に編てつし，当事者に連絡して，その閲覧謄写に供している。これにより調査結果を踏まえた主張が期待されているが，調査結果に対する意見や主張が提出されることはそう多くはないようである。これは，裁判所の事実調査が信頼を得ている結果であると理解しているが，あるいは，親権者について争っている当事者は調査結果を事前にある程度予測しており，それゆえ，意見を述べようとしないのかもしれない。

なお，人事訴訟法32条4項により，親権者の指定等の裁判をする際，未成年子が15歳以上である場合には，その陳述を必ず聴かなければならないが，陳述聴取の方法として，未成年子が作成した書面の提出だけで済むものが大半である。事案によっては，直接意向を確認することが必要であるとして，裁判官が子から審問（証人尋問を実施することも理論的には考えられるが，実際には行っていない）をしたり，家庭裁判所調査官による事実の調査として行っている。

(5) 証拠調べの問題

証拠調べについても現代社会の傾向が現れている。すなわち，すでに述べたようにパソコンや携帯電話の普及に伴い，メールや交信記録が証拠として提出されることが多くなった。こうした証拠の入手方法について，相手の承諾なく入手した場合（例えば，配偶者のパソコンや携帯電話をその承諾を得ることなく見て，これを無断でプリントアウトしたり，他に転送して保存するなどする場合）にその証拠能力をどのように考えるかが問題となる。さらに，配偶者の不貞行為を疑い，その行動を監視するため，配偶者の運転する車両の車体にその所在場所を明らかにするための装置（GPS）を設置して調査するなどする場合がある。このような場合，婚姻している夫婦といえども個人としてプライバシーは有するわけであり，こうした手段により，それが侵害されることは事実であるから，これを訴訟法の枠内でどのように考えるべきかという問題が生じている。これに関連して，不貞行為を疑って，探偵社に配偶者の動向を調査させることがあるが，赤外線カメラ等を用いるなどして夜間における密会現場等の映像写真等が証拠として提出されることがある。これ

についても，秘密録音等と同様にプライバシーの問題をどのように考えるべきかという点が今後，検討されるべきであろう。

## 5　まとめ

社会の変化にともない紛争の内容及び形態も変化するのであるから，これが紛争の最終解決を図る訴訟制度に反映されることは当然である。本稿で述べたのは，離婚についてであるが，親子の在り方等については，生殖補助医療等の進歩にともなって親子関係をどのように考えるべきかという大きな問題があり，また，婚姻制度とこれを前提とする離婚制度についても，前記のとおり，有責配偶者からの離婚請求の問題に絡むが，婚姻の破たんと離婚事由をどのように考えるべきかについて，実務家として関心を寄せているところである。

# リストラと労働組合

逢見直人

## 1 はじめに

90年代のバブル崩壊とその後の長期不況の下で,金融の不良債権処理と併せて,日本経済再生,産業競争力強化が大きな政策課題として認識されるようになり,不良債権処理の名の下に金融機関による貸出先の選別や,有利子負債の圧縮が強く求められ,競争力強化の名の下に,事業の「選択と集中」が進められた。

この間,個別企業では,さまざまな企業組織の再編・縮小と,それに伴う雇用の削減策(以下,リストラという)が実施された。1997年から2005年までの8年間で,正社員の雇用は438万人減少した。正社員の減少がすべてリストラによるものではないが,一連のリストラ,合理化の影響があったことは否定できない。

図1 総争議のうち争議行為を伴った争議の件数(1960〜)

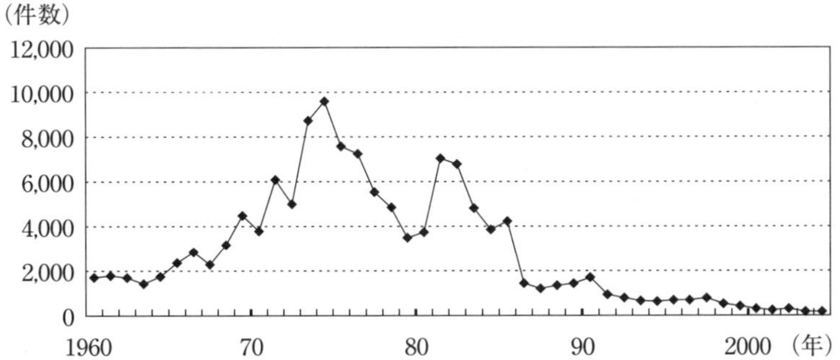

資料出所:厚生労働省「労働争議統計調査」

こうしたリストラは，雇用に大きな影響を与えるだけに，その実施をめぐって労使間に激しい摩擦が起きることが予想される。ところが集団的労働紛争は，図1に示すように1980年代にやや増加した以後は，一貫して減少傾向にあり，一連のリストラ策が実施された90年代も減少傾向が続いている。

このように集団的労働紛争が減少する一方で，個別労働紛争が増加している。個別紛争増加の要因について，山川（2004）は，「最近の個別紛争の増加は，バブル経済崩壊後の不況の長期化・深刻化とほぼ軌を一にしており，そうした不況への対応として，企業が雇用調整，労働条件や人事制度の変更，または組織再編などを行ったことは疑いがないと思われる」と述べている。これに加えて，集団的労使関係のルールが効かなくなっていることも，個別的労働紛争増加の背景にあると筆者は考えている[1]。

本稿では，集団的紛争の減少という側面に着目し，リストラ策の実施過程で，労使間の摩擦がいかに調整されたのか，あるいは調整されなかったのかを探る。まず既存調査による一般的な傾向を概観し，次に，筆者が所属するUIゼンセン同盟の，基本的対応指針を示し，ケーススタディから，リストラ，倒産問題に直面した労働組合が，その時どのように行動し，発言したかを検証する。このケーススタディでは労働組合が積極的に発言し，経営のリストラ方針にも一定の影響を行使したものを取り上げているが，これが90年代のリストラをめぐる労使交渉の一般的事例として紹介するものではなく，事例を通じて，労使間の摩擦調整のプロセスを紹介しようとするものである。

## 2　リストラの実施と労使協議の現状

図2は，過去3年間に企業組織の再編・事業部門の縮小等が実施されたかどうかみたものである。「実施された」と回答した労働組合は45.7％に達している。産業別では，運輸・通信業が最も多く，電気・ガス・熱供給・水道業，卸売・小売業，飲食店がこれに続いている。これらは90年代を通じて，

---

[1] 逢見（2006）75頁。

**図2　過去3年間における企業組織の再編等の実施の有無**

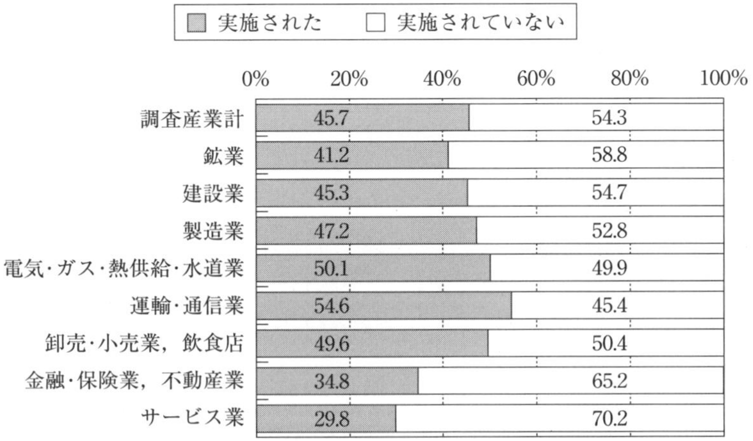

■ 実施された　□ 実施されていない

| 産業 | 実施された (%) | 実施されていない (%) |
|---|---|---|
| 調査産業計 | 45.7 | 54.3 |
| 鉱業 | 41.2 | 58.8 |
| 建設業 | 45.3 | 54.7 |
| 製造業 | 47.2 | 52.8 |
| 電気・ガス・熱供給・水道業 | 50.1 | 49.9 |
| 運輸・通信業 | 54.6 | 45.4 |
| 卸売・小売業，飲食店 | 49.6 | 50.4 |
| 金融・保険業，不動産 | 34.8 | 65.2 |
| サービス業 | 29.8 | 70.2 |

資料出所：厚生労働省「労働組合活動実態調査」(2000年)

規制緩和，競争自由化が進んだ産業である。

表1は，企業組織の再編に当たっての労働組合の関与の有無をみたものである。企業組織の再編に当たって，82.2％の組合が「関与した」と回答している。表2は「関与した」労働組合について，どのように関与したかをみたものである。「労使協議機関で協議した」が90.7％，「団体交渉を行った」が36.5％となっている（複数回答）[2]。「労使協議機関で協議した」を内容別にみると，「協議事項として」が75.3％，「報告説明事項として」が36.9％，「同意事項として」が27.8％となっている。

表3は，「事業の縮小，廃止」に伴う事前協議を労働協約等で規定している割合をみたものである。「事業の縮小・廃止」を事前協議としている組合は49.5％で，そのうち労働協約によるものは40.2％であった。事前協議の

---

[2] 労働省労政局「団体交渉と労働争議に関する実態調査」(1987年)によれば，団体交渉を開始する手続きとして，「事前協議を経た後」が51.8％，「事前打ち合わせを経た後」が37.7％，「労使協議機関を経た後」が22.9％となっており，なんらかの事前手続きを要しているところが多い。なかには，団体交渉に移行する前段階の労使協議で事実上の交渉が行われているものもある。

Ⅱ 現代社会の変容

表1 企業組織の再編等の実施に当たっての労働組合の関与の有無

(％)

| 産　　　業 | 企業組織の再編等が「実施された」 | 関与した | 関与しなかった |
|---|---|---|---|
| 計 | 100.0 | 82.2 | 17.8 |
| 鉱業 | 100.0* | 100.0* | ― |
| 建設業 | 100.0 | 77.4 | 22.6 |
| 製造業 | 100.0 | 83.4 | 16.6 |
| 電気・ガス・熱供給・水道業 | 100.0 | 98.7 | 1.3 |
| 運輸・通信業 | 100.0 | 91.7 | 8.3 |
| 卸売・小売業，飲食店 | 100.0 | 79.9 | 20.1 |
| 金融・保険業，不動産業 | 100.0 | 59.5 | 40.5 |
| サービス業 | 100.0 | 73.6 | 26.4 |

資料出所：厚生労働省「労働組合活動実態調査」(2000年)
注：＊は分母となるサンプル数が10未満であり，データ利用上注意を要する。

表2 関与の内容別労働組合の割合

M.A.(％)

| 産　業 | 関与した | 労使協議機関で協議した | 同意事項として | 協議事項として | 意見聴取事項として | 説明報告事項として | 団体交渉を行った | その他 |
|---|---|---|---|---|---|---|---|---|
| 計 | 100.0 | 90.7 (100.0) | (27.8) | (75.3) | (21.2) | (36.9) | 36.5 | 3.1 |
| 鉱業 | 100.0* | 71.4*(100.0)* | (80.0)* | (20.0)* | (40.0)* | (60.0)* | 57.1* | ― |
| 建設業 | 100.0 | 90.4 (100.0) | (34.8) | (70.6) | (22.5) | (38.6) | 32.2 | 0.5 |
| 製造業 | 100.0 | 95.4 (100.0) | (25.9) | (80.9) | (21.6) | (34.9) | 30.9 | 3.4 |
| 電気・ガス・熱供給・水道業 | 100.0 | 97.6 (100.0) | (8.3) | (89.8) | (10.5) | (8.8) | 25.2 | 3.6 |
| 運輸・通信業 | 100.0 | 86.0 (100.0) | (37.5) | (76.0) | (21.4) | (32.1) | 54.0 | 2.1 |
| 卸売・小売業，飲食店 | 100.0 | 85.0 (100.0) | (26.3) | (66.5) | (24.5) | (51.6) | 30.1 | 3.1 |
| 金融・保険業，不動産業 | 100.0 | 96.8 (100.0) | (29.5) | (60.4) | (19.6) | (46.7) | 24.2 | 2.5 |
| サービス業 | 100.0 | 79.2 (100.0) | (15.6) | (59.3) | (17.6) | (46.4) | 47.9 | 6.2 |

資料出所：厚生労働省「労働組合活動実態調査」(2000年)
注：＊は分母となるサンプル数が10未満であり，データ利用上注意を要する。

規定を持っているところが半数以下というのも，やや低いように思う。表4は，労働協約の改定をめぐって，事業の縮小・廃止に伴う事前協議の項目が，過去3年間に労使間で対決したという回答の割合を見たものである。総計は

表3 事業の縮小・廃止に伴う事前協議を労働協約等に規定している割合

(%)

| 総計 | 何らかの規定あり | | | | | | 規定なし | 不明 |
|---|---|---|---|---|---|---|---|---|
| | | 規定の種類（M.A.） | | | | | | |
| | | 労働協約あり | | | 就業規則 | その他 | | |
| | | | 包括協約 | 個別協約 | | | | |
| 100.0 | 49.5 | 40.2 | 32.0 | 9.4 | 5.4 | 7.8 | 49.1 | 1.4 |

資料出所：厚生労働省「労働協約等実態調査」(2001年)
注：「何らかの規定」とは，労働協約，就業規則，その他の書面により定められた規定をいう。

表4 労働協約の改定をめぐって事業の縮小・廃止に伴う事前協議の項目が過去3年間に労使間で対立した割合

(%)

| 総計 | 鉱業 | 建設業 | 製造業 | 電気・ガス・熱供給・水道業 | 運輸・通信業 | 卸売・小売業飲食店 | 金融・保険業，不動産業 | サービス業 |
|---|---|---|---|---|---|---|---|---|
| 1.9 | 1.9 | 0.1 | 2.3 | 0.7 | 1.8 | 2.5 | 0.8 | 2.0 |

資料出所：厚生労働省「労働協約等実態調査」(2001年)

1.9％であるから，労使間の対立はほとんどなかったといえる。事前協議の規定をすでに持っている40.2％の労使については，経営サイドからの見直しのアクションがほとんどなかったとみることができる。一方，事前協議規定をもっていない残りの59.8％は，組合側からこの見直しや新たな協定化にほとんど取り組まなかったからと見ることができる。いずれにしても，90年代のリストラをめぐって，労使協議の基本的枠組みにかかわる部分での労使間の対立はほとんどなかったということがいえる。

図3は，企業組織の再編，事業部門の縮小について最初に「話し合い」が持たれた段階を調査したものである。最初の「話し合い」の段階を見ると，「大枠が固まった段階」が41.6％，「検討に着手した（する）段階」が36.4％，「詳細が固まった段階」が13.5％となっている。

図4は，企業組織の再編・事業部門の縮小について，最初の話し合いの時期別に，それが適当であったかどうかを尋ねたものである。「適当であった」

II 現代社会の変容

**図3 「企業組織の再編・事業部門の縮小」について最初に話合いが持たれた段階**

(「企業組織の再編・事業部門の縮小」について話合いが持たれた労働組合＝100)

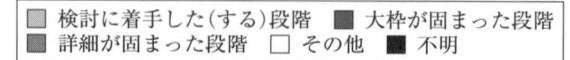

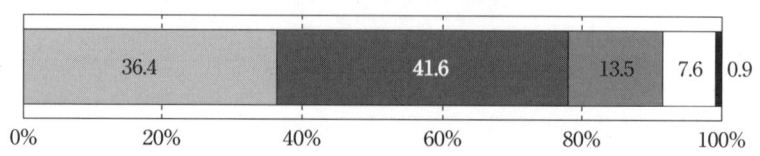

凡例：検討に着手した（する）段階　大枠が固まった段階　詳細が固まった段階　その他　不明

| 36.4 | 41.6 | 13.5 | 7.6 | 0.9 |

資料出所：厚生労働省「団体交渉と労働争議に関する実態調査」(2002年)

**図4 「企業組織の再編・事業部門の縮小」について最初の話合いの時期の評価**

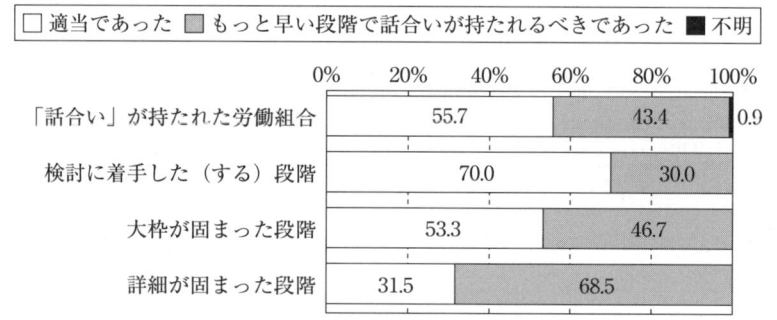

凡例：適当であった　もっと早い段階で話合いが持たれるべきであった　不明

| 区分 | 適当であった | もっと早い段階で話合いが持たれるべきであった | 不明 |
|---|---|---|---|
| 「話合い」が持たれた労働組合 | 55.7 | 43.4 | 0.9 |
| 検討に着手した（する）段階 | 70.0 | 30.0 | |
| 大枠が固まった段階 | 53.3 | 46.7 | |
| 詳細が固まった段階 | 31.5 | 68.5 | |

資料出所：厚生労働省「団体交渉と労働争議に関する実態調査」(2002年)

と回答したのは，「検討に着手した（する）段階」では70.0％，「大枠が固まった段階」では53.3％，「詳細が固まった段階」では31.5％である。当然のことであるが，「検討に着手した段階」で最初に話合いが持たれたところのほうが「適当であった」と回答した割合が高くなっている。

企業組織の変更は，そこに働く従業員の雇用や労働条件に大きな影響を与える可能性が高いだけに，労働組合は，検討に着手した段階から事前協議事項として会社からの情報提供を求めるとともに，その内容について十分な検証を行い，組合民主主義の原則に則った，組合員による意思決定を行うことが必要とされるはずである。しかし事前協議ルールをもっているところが

図5　使用者からの情報・資料提供の程度の評価（％）

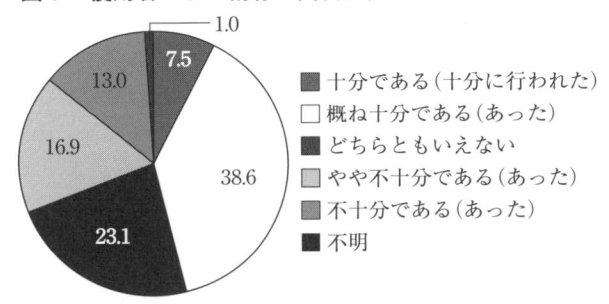

- 十分である（十分に行われた）：7.5
- 概ね十分である（あった）：38.6
- どちらともいえない：23.1
- やや不十分である（あった）：16.9
- 不十分である（あった）：13.0
- 不明：1.0

資料出所：厚生労働省「団体交渉と労働争議に関する実態調査」（2002年）

図6　労使間で十分な話し合いが尽くされたかの評価（％）

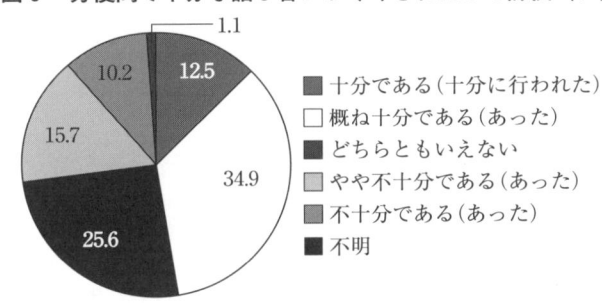

- 十分である（十分に行われた）：12.5
- 概ね十分である（あった）：34.9
- どちらともいえない：25.6
- やや不十分である（あった）：15.7
- 不十分である（あった）：10.2
- 不明：1.1

資料出所：厚生労働省「団体交渉と労働争議に関する実態調査」（2002年）

図7　「企業組織の再編・事業部門の縮小」について組合意見の反映の程度

（「企業組織の再編・事業部門の縮小」について話合いが持たれた労働組合＝100）

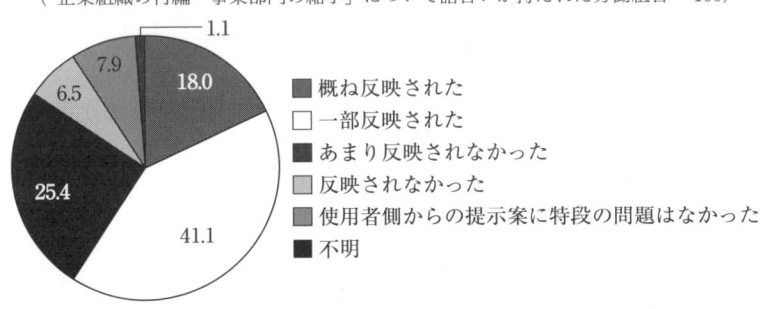

- 概ね反映された：18.0
- 一部反映された：41.1
- あまり反映されなかった：25.4
- 反映されなかった：6.5
- 使用者側からの提示案に特段の問題はなかった：7.9
- 不明：1.1

資料出所：厚生労働省「団体交渉と労働争議に関する実態調査」（2002年）

40.2％、さらに協議関与としては、企業の組織の再編が「大枠が固まった段階」で協議したのが41.6％というのは、関与の程度としては弱いと言わざるを得ない。

　図5は、使用者からの情報・資料提供の程度をみたものである。「十分である（十分に行われた）」は7.5％、「概ね十分である（あった）」は38.6％であった。図6で、労使間で十分な話し合いが尽くされたかの評価をみると、「十分である（十分に行われた）」は12.5％、「概ね十分である（あった）」は34.9％であった。

　図7は、企業組織の再編・事業部門の縮小についての組合意見がどの程度反映されたのかどうかをみたものである。「概ね反映された」が18.0％、「一部反映された」が41.1％であった。

　同様の調査は連合総研（2001）でも行っている。連合総研が、調査時点から過去5年間（1994年度～98年度）に、経営側からの経営再建、人員合理化などに関わるなんらかのリストラ提案を受けた組合は約4分の3にも及んだ。表5は、リストラ策への労働組合の対応をみたものである。91.6％の組合が「事前の折衝・話し合いあり」と答えている。経営側の当初提案をそのまま受け入れたのは、22.9％であり、68.1％が「一部修正」または、「大幅修正」をさせている。組合独自案を提示したのも8割以上にのぼる。このような労使協議の成果として、表6に示すように59.7％の組合が「労働条件や雇用を守ることができた」と回答している。

　これらの調査データは主観的な印象も含むものであり、実際どれだけ反映されたかを具体的に知ることは困難である。しかし労働組合が経営側の提案をそのまま受け入れているわけではなく、半数以上は組合の意見は反映されたかたちで、企業の事業の再編や縮小が行われていることを示しているといえよう。鈴木（2004）は、「1990年代後半の厳しいリストラに際して企業別組合は積極的な「発言」を行い、そのプロセスに関与しようとしたことだけは事実として確認できる」と述べている。筆者もこの時期、産別（UIゼンセン同盟）でこうした合理化問題を担当し、団体交渉にも直接関わった経験をもっている。筆者の経験でも、労働組合がそのまま経営側提案を受け入れることはなかったし、反対のための反対ではなく、どうすれば問題を解決でき

表5 リストラ策への労働組合の対応

(%)

|  | 母数 | 事前の折衝・話合い | 組合独自案の提示 | | | | 経営側の当初の提案 | | | その他 |
|---|---|---|---|---|---|---|---|---|---|---|
|  |  |  | 提示,受け入れ | 提示,一部修正 | 提示,受け入れられず | 提示せず | 当初提案どおり | 一部修正 | 大幅修正 |  |
| 合　計 | 467 | 91.6 | 14.3 | 50.3 | 10.1 | 21.0 | 22.9 | 59.3 | 8.8 | 1.7 |
| 1000人以上 | 256 | 91.0 | 14.5 | 48.4 | 5.5 | 26.6 | 25.0 | 56.6 | 8.6 | 1.6 |
| 300〜999人 | 134 | 94.0 | 14.2 | 52.2 | 15.7 | 15.7 | 20.9 | 65.7 | 6.0 | 1.5 |
| 299人以下 | 68 | 89.7 | 16.2 | 51.5 | 14.7 | 13.2 | 20.6 | 54.4 | 16.2 | 2.9 |
| 製造業 | 287 | 90.2 | 13.6 | 50.2 | 10.1 | 22.3 | 23.7 | 60.3 | 8.4 | 1.0 |
| 非製造業 | 178 | 93.8 | 15.7 | 50.0 | 10.1 | 19.1 | 21.9 | 57.3 | 9.6 | 2.8 |

資料出所：連合総研（2001年）22頁

表6 労使協議の結果についての評価（そう思う＋どちらかといえばそう思う）

(%)

|  | 母数 | 労働条件や雇用を守ることができた | 将来ビジョンを引き出すことができた | 経営危機意識を組合員に浸透させえた | 経営責任を問えた | 経営への発言をより強めるきっかけができた |
|---|---|---|---|---|---|---|
| 合　計 | 467 | 59.7 | 48.6 | 76.9 | 27.0 | 34.1 |
| 1000人以上 | 256 | 67.2 | 53.2 | 77.7 | 23.4 | 32.8 |
| 300〜999人 | 134 | 48.5 | 40.3 | 71.6 | 30.6 | 32.8 |
| 299人以下 | 68 | 53.0 | 45.6 | 85.3 | 32.3 | 41.2 |
| 製造業 | 287 | 61.0 | 51.2 | 77.3 | 29.0 | 34.1 |
| 非製造業 | 178 | 57.3 | 44.4 | 75.9 | 23.6 | 34.3 |
| 発言力高い | 130 | 64.6 | 53.0 | 80.0 | 46.1 | 43.9 |
| 発言力中位 | 123 | 64.2 | 47.1 | 81.5 | 27.6 | 35.0 |
| 発言力低い | 116 | 58.6 | 58.6 | 79.3 | 21.6 | 30.2 |
| 労使協議制なし | 67 | 44.8 | 31.4 | 71.6 | 17.9 | 22.4 |

資料出所：連合総研（2001年）24頁

るかを，組合としても真剣に考えてきた。

## 3　UIゼンセン同盟の「経営対策指針」と「合理化対策指針」

　ここでは，リストラに係わる労使協議の原則について，UIゼンセン同盟のケースを取り上げる。UIゼンセン同盟は，2002年にゼンセン同盟，CSG連合，繊維生活労連が統合してできた組織である。統合前のゼンセン同盟か

ら通算すると60年近い歴史があり，経営や合理化問題についても多くの経験を積み重ねてきた。

UIゼンセン同盟は統合と時期をほぼ同じくして，これまでの運動の経験に基づいて，「経営対策指針」，「合理化対策指針」を策定している。

(1) UIゼンセン同盟「経営対策指針」

UIゼンセン同盟「経営対策指針」は2004年7月に確認された。この背景には，バブル崩壊後の中で，「公正な競争を通じて利潤を追求する」という，あるべき企業行動を逸脱した企業不祥事が相次ぎ，コンプライアンスや企業の社会的責任を求める声が高まってきたことや，株主利益を最優先するコーポレート・ガバナンスの考え方が強まってきたことが挙げられる。

企業経営を取り巻く変化のスピードがますます早くなるなかで，労働組合は，経営の一方的な意思決定によって雇用・労働条件が脅かされることのないように，また社会正義に反する企業行動に走らないように，労使協議の強化をはかることを目的として策定したものである。その内容は以下のとおりである。

1 企業は単なる利益追求組織ではなく，社会的な存在である。企業は社会的責任を果たすことが求められており，労働組合も企業が社会的責任を果たすよう働きかける役割を担っている。
2 企業は株主や経営者だけでなく，そこに働く従業員，取引先，消費者・ユーザー，地域社会など多様なステークホルダーズ（利害関係者）との良好な関係を維持することが求められる。労働組合はそこに働く従業員の声を代弁するとともに，企業に最も近いところにあるステークホルダーとして，経営のチェック機能を果たすことが求められている。
3 企業は，コンプライアンス（法令遵守）は当然のこととして，倫理性のある経営を行う責務があり，不法行為や反社会的行為は厳しく排除されなければならない。企業が不法行為ないしは反社会的行為によって社会的な信用を失ったら，そこに働く従業員が結果として被害者となる。そのため従業員による社会性のある通報行為（ホイッスルブローイング）は，保護されるべきである。

4 およそ人は人として平等に扱われる権利を有している。これは市民社会における普遍的な原理であり、企業においても不当な差別、人格を否定するようないやがらせ行為は絶対にあってはならない。これは、国内外を問わず、雇用形態の違いを問わず適用されるものであり、またサプライチェーン、取引先に対しても及ぶものである。
5 企業にとって「人」は最大の経営資源である。適切な雇用環境、労働条件の下で、従業員が生きがいをもって働くことが、企業の生産性を高めることになる。そのために労働組合が活動し、交渉することは、長期的には企業価値を高めることになる。
6 従業員の代表が職場の問題、不満を積極的に発言し、改善を迫るほうが、結果的に従業員の士気を高め、生産性を向上させるという効果を持つ。そのためには、企業経営にかかわる情報を労使が共有し、企業経営にかかわる問題について労使が協議することは有効であり、労使協議の充実をはかっていく。
7 日本の労働組合は、従業員の過半数を組織している場合には、当該企業における従業員代表としての権能を与えられている。従業員代表たる労働組合は、単に組合員の利益代表にとどまらず、中間管理職など非組合員も含めた全従業員の代表としての役割も期待されている。過半数代表としての労働組合は、全従業員の声を代表して経営に対して「発言」する権利を有している。
8 企業・産業が健全に発展していくことは、労使共通の目標である。その意味では労働組合は、経営パートナーとしての役割を果たすことが期待される。
9 経営者が従業員に対して果たすべき責任としては、労働契約、労働協約を誠実に遵守する責任、株主や市場に開示する情報を従業員にも開示し説明する責任、従業員に約束したことが果たされなかった場合の結果責任の3つがある。労働組合は、経営者がこうした責任を適切に果たすよう監視する責務を担っている。
10 労働組合は企業とは別の意味で、社会的存在であり、社会的横断的な労働条件の確立を求め、政策・制度要求の実現を求め、志を同じくする国内外の政党、NGO、労働団体などと社会正義や改革のための行動を実践する。こうした労働組合の行動について企業の理解や協力を求めることもある。

(2) UIゼンセン同盟「合理化対策指針」

　ここで言う合理化とは，経営の都合で発生する事業の縮小，廃止，倒産などの問題を言う。UIゼンセン同盟は，このような合理化問題が発生した場合には，当該組合にその処理をまかせるのではなく，上部団体であるUIゼンセン同盟も入って「合理化対策委員会」を設置し，対応に当たることにしている。UIゼンセン同盟は「合理化対策指針」を大会で確認しており，加盟組合に合理化問題が発生した時には，この指針に基づいて対処することにしている。対策指針では以下の4原則を確認している。

---

**UIゼンセン同盟の合理化対策4原則**

1　事前協議制の確立，職場討議の強化
　　経営側の一方的な提案にまきこまれることなく，経営者の責任を明確にしながら労働組合としての対策を示しうるだけの準備体制を日常から強化していく。そのためにも，"事前協議制を確立"し，"経営の実態を把握"し，"労働者の意見を経営に反映"させていく。
　　合理化の具体的対処にあたっては幹部交渉に終始せず，計画変更が可能な段階での事前協議を重視し，職場討議のなかで対策を具体化し，正式な団体交渉事項として労使交渉を進める。

2　情報公開
　　経営側は，合理化の必要性と合理化が労働者にとって将来の利益につながることを，具体的な資料にもとづいて説明する。これがない場合は，組合員に責任ある説明をすることはできず，かつ，組合員も経営側の提案に賛成，反対の判断をすることができないことから，提案には反対。
　　労働組合との間で，事前に重要な経営情報を開示することが，即「インサイダー取引」となるものではない。経営不振の回避または企業業績向上のためには，労使の充分な論議を通じて，より妥当性の高い方針決定を行うことが株主利益にも通じる。

3　労働条件の低下防止，労働強化反対
　　国際競争力の強化，構造改善などに名をかりて単に労働強化，労働条件の引下げを目的とする合理化には絶対に反対する。こうした活動を通じて

経営姿勢を正し，自らの産業政策をすすめ，構造改善の推進と生産秩序の確立に努力する。

労働条件の引下げを内容とする合理化にあって，その必要性についてやむを得ないとしたときであっても，期限を限定して実施する。同時に，引下げられた労働条件についての補償を経営側に求める。

4　完全雇用と修学権の確保

経営側の合理化提案を受け入れる場合には，合理化に対する経営者の責任の所在を明確にして労働者の完全雇用が守られる保障を確保する。

完全雇用を守るために，よりよい生活を保障する職業の選択と移動の自由を実現しなければならない。しかし，こうした環境が整っていないことから，長年の労使慣行として守られてきた長期安定雇用制を堅持し，経営側に対し，企業内での雇用の保持について最大限の努力と責任を求める。

雇用の維持・確保は重要なことではあるが，将来に確信が持てず，再び合理化をせざるを得なくなるとするならば労働者の士気は確実に低下し，さらなる業績の低下を招くという悪循環に陥る可能性がある。企業の存続にのみ固執することなく，場合によっては早期に労働債権確保を図らなければならない。

やむを得ず離職する労働者については，経営側の責任によって完全就職斡旋と従来の労働条件確保，その他の条件を獲得することが必要である。配置転換や就職斡旋に際しては，勤労学生の修学権を確保する。

## 4　リストラと労働組合の発言

ここでは，経営サイドから事業の再編・縮小などのリストラ提案があった場合に労働組合がどのような対応をしたかを，筆者が係わったケースについて述べる。

(1)　事前協議なきリストラ策の提案——A社のケース

A社は，綿・化合繊の総合紡績業で，東京に本社を置き100年以上の歴史をもつ名門企業である。A社は，バブル崩壊後のデフレ経済の中で，国内衣

Ⅱ　現代社会の変容

料品販売の不振，海外品の輸入増大とそれに伴う価格破壊の進行，市況の悪化など厳しい経営環境に置かれていた。

　A労働組合は，A社との労使協議会の中で，1998年の決算説明を受けた。そこで，A社の経営状況は極めて深刻であり，この状況が続くと重大な事態となることが予想されること，ついては思い切ったリストラを実施せざるを得ないとの会社側の説明を聞いた。

　これを受けて，A労働組合は，合理化の労使事前協議に入ることした。事前協議では，会社側より経営改善計画の提案を受けた。経営改善計画は，紡績工場の再編合理化，不採算事業からの撤退，組織の簡素化，営業体制の再構築，販管費の圧縮，人員削減などが盛り込まれていた。

　労働組合は，同年10月希望退職募集についての会社提案を受け，12月には400名強にわたる希望退職を出すに至った。このような合理化努力にもかかわらず，その後の製品市況の低迷等により，A社の経営は更なる悪化が懸念されるようになり，Y工場の閉鎖などの合理化が続いた。

　A社は，2000年3月期の決算で125億円の繰越損を計上することになった。この原因は子会社の整理損と在庫圧縮のためと説明されており，A社はこれまでの経営改善計画を見直し，あらたな「5ヵ年計画」を策定することになった。「5ヵ年計画」では，既存事業の見直しによる一部事業の完全分社化，汎用製品の国内生産から海外調達へのシフト，子会社関連会社の整理，高採算分野・成長分野への経営資源の重点投入，役員報酬カットなど更なるコスト削減などであった。労働組合は事業部門別に「5ヵ年計画」の検討を行い，結果としてW工場閉鎖などの合理化を受け入れた。こうした合理化努力にもかかわらず，A社は，2001年3月期決算で，単体で135億円もの繰越損失を計上することになった。

　組合は事業計画の5本柱のうち1本しか達成できていないことを重視し，この点をどう解明し，今後につないでいくのかについて会社側と協議してきたが，明確な回答を得るに至らなかった。

　こうした中で，銀行サイドからの合理化を徹底すべきとの圧力もあって，社内では，2001年2月に3月期業績下方修正を発表するのと同時に，大胆な合理化実施を発表しなければならない状況に追い込まれた。

急遽，匿名チームが編成され，合理化案が検討された。そして業績下方修正と同時に化繊事業の休止も対外発表された。化繊事業の休止は，事業からの撤退を意味するものであった。「5ヵ年計画」未達の十分な分析もないまま，事業の柱の1つである化繊事業の撤退が発表されたことに，労働組合は大きなショックを受けるとともに，会社のやり方に対し怒りをもって受け止めた。

　事業の撤退は，組合員の雇用や労働条件に直結する問題であるにもかかわらず，労働組合との事前協議がなかったことに対し，組合は，労使間の信義則違反である旨を会社に文書で通告した。組合が問題にしたのは以下の5点である。

① 今回の提案が，事前協議なく提案されたこと。これはこれまでの労使の関係を踏みにじる信義則違反であること。
② 余剰となる組合員については「配置転換等で雇用を確保する」とされているが，具体的な中身の説明がなく，雇用の確保に関し安心感をもてないこと。
③ 化繊事業からの撤退に関する提案のみで，それ以降の会社再建に向けての計画が明らかにされていないこと。
④ 化繊事業から撤退する場合，今後影響が及ぶことが推測される紡績・織機・加工部門に関する説明がないこと。
⑤ 5ヵ年計画策定から1年も経過していない時点で，大幅見直しが必要になったにもかかわらず，経営責任についてなんら言及されていないこと。

　A社の労使関係は，これまで大きな争議等もなく，健全に推移してきた。事業所閉鎖等の合理化問題についても労使の事前協議を原則として，協議の場がもたれてきた。

　今回のように事前協議のないまま，会社側が一方的に合理化を公表することは，事実を先行させて労働組合をないがしろにするものであるとして，労働組合は強く反発した。労働組合は，化繊事業の撤退に反対することを決議し，会社側に通告した。このため交渉は暗礁に乗り上げ，膠着状態になることが憂慮された。結局，社長が5ヵ年計画未達成に終わった責任をとる形で，

辞任し、新社長の下で、5ヵ年計画の修正作業に着手し、その中で化繊事業撤退後の再建の姿を明らかにすることで、組合は納得した。

これによって交渉は動き出し、2001年7月に5ヵ年修正事業計画に関わる合理化問題が提案され、8月30日に労使協定が締結された。

(2) 企業倒産と労働組合の発言——B社のケース

B社は、大阪に本社を置く総合小売業で、1957年に日本での衣料セルフ店を開業したセルフ方式の草分けである。1963年に衣料専門店4社が合併し、さらに1967年に地方の実用衣料小売店40社を合体して、セルフ方式の総合小売業の大手企業に成長した。

1981年、創業者であったN氏が死去し、その後K氏が社長に就任した。K氏は、これまでの「量販店」型経営を否定して、高価格帯化、客層ヤング化など「質販店化」を志向し、1988年グループ名称を変更してからは、多角化をさらに推進し、映画館事業、リゾート開発事業、中国出店など大型投資を続けてきた。

80年代は、金融機関からの借り入れによって資金をまかない、事業を拡大してきたが、1994年から収益の低下と資金繰りの悪化が始まり、1998年2月期決算では、日本の会計基準では黒字を計上したものの、アメリカSEC基準では670億円もの赤字があることが判明した。

B社は、店舗証券化、子会社の清算など財務体質改善を進めてきたが、金融機関側の協調融資体制も崩れ始め、2001年9月14日に民事再生法適用を申し立てた。この日はB労組にとって長い一日であった。またその後の混乱の始まりであった。

9月14日、午後2時のNHK国会中継で「B社自主再建断念、会社更生法申請へ」というテロップが流れた。組合本部には問い合わせの電話が相次いだが、取締役会が開かれている最中であり、労働組合も確認しようがなかった。

後に知ったことであるが、取締役会は民事再生法か、会社更生法かで役員間の意見が対立し、社長が解任されるという事件が起こっていた。労働組合は経営破たんが明らかになった直後に、団体交渉を要求し、同日深夜の午前

1時40分から団体交渉を開催し，民事再生に至った経緯の説明を聞いた。団体交渉にはその日の取締役会で新しく社長になったYが座っていたが，マスコミ報道に翻弄される中で何がおこったのか，十分な把握もできないまま，明日の営業を混乱させることなく続けるための話し合いが中心であった。

UIゼンセン同盟は，以前から「B社合理化対策委員会」を設置していたが，民事再生申立てを受けて，合理化対策委員会の体制を強化して現地に常駐体制を敷いた。ゼンセン同盟（現UIゼンセン同盟）は9月13日まで北海道で大会を開催しており，14日はまだ委員長をはじめ，北海道に多くの役員が残っていたが，ゼンセン「対策委員会」メンバーも急遽B社にかけつけた。

9月15日からは，B労働組合とゼンセン対策委員会メンバーが一緒に団体交渉に出席することになり事実の把握，会社の資金繰り，スポンサーの見通しなどについて情報収集する一方，当座の対策にあたった。

B社は総合小売業であり，B社以外にも多くのグループ関連会社を擁しており，グループ7社が民事再生法を申し立て，さらに親会社の資金供給ができなくなったことで経営破綻する企業がさらに増える可能性があった。

B対策委員会は，本体だけではなく，グループ会社の個別事情を把握し，当面どのような対応をとるべきかを協議した。子会社によっては，労使揃ってくるところもあり，子会社にとっては，対策委員会が一時「よろず相談所」のような雰囲気となった。

ゼンセン対策委員会は，再生計画全体シナリオの見通しが不十分であること，資金繰り内容の把握が不十分であること，グループ会社の対応に問題があること，スポンサー探しの状況が不透明であることなどから，再生計画を進めるうえで懸念すべき点が多いと判断し，疑問点を率直に団体交渉でぶつけることにした。こうした問題点を解明すべく開催した9月22日の団交には，社長はもちろん，副社長，専務2名も突然欠席となり，代表権をもつ役員が誰も出席できないという事態となった。団体交渉では現場の混乱や怒りが経営陣にぶつけられた。

会社は民事再生申立直後から混乱，迷走を続けていた。「対策委員会」は，申立代理人（弁護団）とも直接接触するようした。弁護団との接触には組合の前委員長がパイプ役になってくれた。弁護団との協議は深夜に及ぶことが

大半であったが，組合側からは現場で起こっている問題を会社ルートとは別に直接上げることができたし，逆に，再生弁護団としてどのような分析や方向を考えているのかを知ることができた。「対策委員会」は当初から，民事再生で社長が解任され，その後に就任したＹ社長の下で果たして再生作業が進むのかどうか疑問視していたが，申立後の社内の混乱が治まる気配がないことから，社長退陣を求めるべきではないかという意見が強まっていた。しかし，判断を誤ると民事再生そのものが頓挫する心配があったので，状況を十分把握する必要があった。また，スポンサー候補の見通しやその場合の雇用への影響についても情報を収集する必要があった。

　マスコミからは，スポンサー候補として米系企業があがっており，そこは反組合的な経営姿勢であることが報道されていた。そこで「対策委員会」は，ファイナンシャルアドバイザーや監督委員を訪問して，スポンサー民事再生に当たって，従業員の雇用への要請を行うとともに，現経営陣への評価なども聞いてまわった。

　スポンサー選定にあたって要請した事項は以下の４点である。
① 雇用・労働条件に関し，可能な限り全員の雇用を継続し，労働条件を引き継ぐ計画を有する企業であること。
② Ｂ社グループが現状有する資産（店舗・グループ企業を含む）の多くを活用する計画であること。
③ 良好な労使関係を尊重する企業であること。特に，労働組合に対し敵対的態度をとる企業については，再生に支障をきたす恐れがあることから選定にあたり排除すること。
④ 取引の継続性が確保できる企業であること。特に，Ｂ社との取引が多くを占める取引先については，再生法申立による損失及びその影響による連鎖倒産の社会不安を鑑み，取引継続を最優先すること。

　監督委員への要請では，まず問題になったのが会社の執行体制であった。「対策委員会」として，社内は迷走状態であり，従業員の支持も得られていないことなどを率直に申し上げた。監督委員もこのままでは金融機関，取引先などの債権者の理解と協力を得られないという問題意識をもっており，どのような体制にすれば再生作業がうまく進むかということで組合の意見も求

められ，かなり突っ込んだ意見交換が行われた。

それから3日後の，9月28日Y社長が退陣し，代わりに若手取締役のU氏が社長に就任した。この社長交代は組合が予想した動きであった。

U社長就任から，労使関係はうまく回り始め，翌29日には第3回交渉で，再生の基本スキーム確認，支援企業決定に関する基本認識など確認され，各事業部においても社長や再生弁護団による経緯説明会がなされた。これをきっかけにして，職場もようやく混乱が収拾されるようになり，金融機関からのDIPローンが決まるなど資金的な裏付けもはっきりするなかで，11月22日にはスポンサー企業としてN社の支援が決定した。

支援決定の記者会見で，スポンサーとなったN社の社長は，「（支援するに当たっては）私どもとしては，会社更生法への切りかえ，メインバンクの協力，何より労働組合の協力がとれない限り難しいと考えていたが，関係者の努力でこの条件が整った。これから全力で（再建）を成し遂げて行きたい。」と語った。

一時は，再生不能で清算の可能性もあっただけに，急転直下で支援企業が決まったことは，関係者にとっては，最悪の危機を脱出した思いであった。

(3) 事業再生と労働組合の関与

C社は，総合小売業で創業者であるN氏の強力なリーダーシップによって高度経済成長の波に乗って拡大を続けてきた。C社は，拡大の過程で，小売業にとどまらず，金融業，不動産業，外食・ホテルなどのサービス業など領域を拡大し，店舗も全国に拡大し，日本一の小売業を謳歌した時期があった。

しかし，資金調達が土地神話に基づく借入金依存体質であったために，バブル崩壊以降，C社の巨額債務が金融機関から問題視されるようになり，90年代後半から，体質改善のために一連の財務リストラなどの改革を進めてきた。リストラの過程で，創業者であるN氏，及びその一族も経営から手を引き，オーナー経営から脱却し，金融機関への債務免除を含めた，財務体質改善を進めてきた。これらの措置によって相応効果があったものの，巨額の債務体質を抜本的に改善するところには至らなかったため，2004年には産業再生機構に支援を申し出た。

産業再生機構は，C社が窮境に至った原因を解消すること，組織・人事体制を見直すこと，スポンサーを選定し，スポンサーとの連携に下で再生を進めることを基本に，事業再生計画を作成し，コア事業である小売業を中心として，それとのシナジー効果が発揮できる事業を中心に再生をはかることで再生を進めることとした。

人事・組織面では，長期にわたる人事リストラ等の影響で低下した従業員の活力を取戻し，全従業員のベクトルが顧客満足度の向上に集約される組織運営体制への変革を図ることを基本に，スポンサーから役員を受け入れるとともに，若手の積極的登用による活性化を図ることとした。

「UIゼンセンC合理化対策委員会」は，C社のこれまでの数次にわたる人事リストラについて，当該組合とともに対策に当たってきたが，今回の事業再生をラストチャンスと捉え，事業再生による雇用確保を基本に，スポンサー，新経営陣と協議することとした。

UIゼンセン同盟は，これまでの経験から，事業再生について以下のようなスタンスで対処してきている。

清算と事業再生を比較すれば，その企業に蓄積された有形無形の資産，ノウハウを活用して事業再生を図るほうが，雇用の確保につながる可能性が高い。その意味では，できる限り事業再生の可能性を探り，可能性があるならば，労使協力して再生を果すべきである。雇用の確保や事業再生は，スポンサーや株主によって信任された経営者が主導的役割を果すのは当然であるが，実際には，事業のことをよく知る従業員との一体的行動によってなされるものである。事業再生の取り組みの過程では雇用削減，労働条件低下などを伴うことがあるが，これらを克服しながら，事業再生を成功させるために不可欠なのは，再生を成し遂げようとする従業員の主体的なコミットメントである。これをうまく引き出すために，従業員・労働組合の主体的参加が期待されている。事実，事業再生がうまくいったところは，従業員・労働組合の参加の枠組みをもち，それをうまく機能させている。

人材なくして事業再生はない。今，必要なのは，求心力である。そして何をどのようにすれば良いかという方向指示である。従業員が安心して働ける企業づくりに労使ともに協力していけば，事業再生は可能である。

2005年4月，C社と新経営陣とC労働組合の労使協議会が開催され，席上，C労働組合からは，①一体感のある再生，②事前協議ルールに基づく労使協議，③再生にあたっての従業員の理解と経営参画について見解を述べ，同時に「生産性3原則」の確認を求めた。

　生産性3原則は，生産性運動を進める上での基本原則を確認したもので，労働組合にとっては，生産性向上に協力するための前提条件となるものである。

　生産性運動とは「経済の発展のためには生産性向上に関する経営と労働の協力が必要であり，そのことが労働者の経済的，社会的地位の向上をもたらす」という考え方に基づく，政府，経営者，労働者の三者による生産性向上の推進運動のことである。このモデルはヨーロッパにあり，戦争で荒廃した経済の再建のため，生産性運動の推進機関が英国や，旧西ドイツで設立され，その後，ヨーロッパ各国でも広がっていた。日本でも経営者を中心に生産性運動への関心が高まり，この運動の中核体となる「日本生産性本部」が1955年に設立された。

　生産性本部設立当初は，労働組合側は，「生産性運動は経営者主導で，経営のためにあるもの」という感触が一般的であった。こうした中で，生産性運動への「労働」の参加を促すため，1955年5月20日「生産性運動に関する了解事項」が確認された。それは以下の3点である。

### 生産性3原則

1　生産性の向上は，究極に置いて雇用を増大するものであるが，過渡的な過剰人員に対しては国民経済的観点に立って，能う限り配置転換その他により失業を防止するよう官民協力してこれを研究し，協議するものとする。
2　生産性向上のための具体的な方式については，各企業の実情に即し，労使が協力してこれを研究し協議するものとする。
3　生産性向上の諸要素は，経営者，労働者および消費者に，国民生活の実情に応じて公正に分配されるものとする。
第1回生産性連絡会議（関係9省庁及び日本生産性本部：昭和30年5月20日）における「生産性向上運動に関する了解事項」

この生産性3原則は，雇用の安定，労働条件の維持向上と生産性向上とは相対立するものではなく，むしろ労使の協議と協力によって両立が可能であることを明らかにしたものであった。当時の総同盟は，いち早くこれに反応し，生産性運動に参加したが，総評は「労働強化と賃金抑制をはかる手段」として反対した。

　全繊同盟（後に統合しUIゼンセン同盟）は，最初は生産性本部の運動には直接参加せず，その動向に注目しながら，独自の生産性向上対策に取り組む方針を取っていた。しかし，1959年に「全国労組企画実践委員会」（1968年全国労組生産性会議に改称）が発足したのを契機に，生産性運動への参加を真剣に検討するようになり，1960年6月の静岡大会で正式な参加を決め，その後は，中央，地方で労組サイドから生産性運動を推進する立場で活動してきた。

　C労働組合の生産性3原則遵守についての要請に対し，C社の経営陣は，以下のように文書で回答した。

　「事業再生計画」の遂行にあたっては，店舗改造や新規出店等の営業力回復の施策と不採算店舗からの撤退等の事業構造の改革を同時に進める必要があります。今後，具体的な施策を実施するにあたり，従業員の雇用に十分配慮し，従業員の労働条件等に関する内容については，事前協議の原則に基づく対応を実施すると共に，事業再生計画の進捗や経営状況について，適時情報を開示いたします。また「生産性3原則」についての重要性も十分認識しており，これを遵守し，企業としての社会的責任を果たすとともに従来どおりの健全な労使関係の維持に努めます。

(4) 小　括

　以上の3つの事例は，筆者が直接関わったものを述べたもので，産別が強力に支援したものである。したがってこれらの事実をもって，リストラに対する労働組合の関与を一般化することは適当ではない。ただ，リストラは文字どおり「事業の再構築」であり，これを実現するためには，労働組合や従業員の協力が不可欠であることは明白である。

　これが法的手続きによる事業再生になると，産別のより強力な支援が必要

になる。労働政策研究・研修機構（2005）が行った事例調査では，労働組合が経営陣よりも積極的に早期の法的整理着手を推進する場合があることを紹介している[3]。事業再生に取り組む際の労働組合の関与には，企業別組合だけではなく，上部団体にあたる産別組織の関与が大きな役割を果たしている。

## 5　従業員に対する経営者責任

　取締役の株主に対する経営責任について，法律上は善管注意義務（民法644条）と忠実義務（会社法355条）があるとされている。善管注意義務とは，注意をして職務を遂行しなければならない義務のことで，取締役と会社との関係は委任関係にあり，取締役は会社に対して善良な管理者としての注意義務を負うことになるというものである。

　一方，忠実義務は，会社の利益を犠牲にして自己の利益を図ってはならない義務のことであり，取締役は法令および定款の規定ならびに株主総会の決議を遵守し，会社のために忠実にその職務を遂行する義務を負うというものである。これらの違反行為に対しては，株主代表訴訟による，取締役の損害賠償責任が生じる。

　こうした民法，会社法上の経営責任論とは別に，労使関係上，従業員あるいは，従業員代表としての労働組合に対しては経営者はどのような責任を負うのか。経営者が従業員に対して果たすべき責任としては次の3つを挙げることができよう。

　第1は，労働契約，労働協約を誠実に遵守する責任である。労働契約は，基本的には，労働力の提供とそれに対する報酬の支払いの契約関係である。労働者側は，労働契約の趣旨に従った労働を行う義務があるが，使用者はこのような労働に対し報酬として契約で定められた賃金その他の報酬を支払う義務がある。

　また，労働契約は，労働力そのものの利用を目的とした人的・継続的な契

---

[3]　労働政策研究・研修機構（2005）167－172頁。

約関係であり,そこには両当事者間の信頼関係(誠実配慮の関係)が求められる。すなわち使用者には,労働者の生命や健康を職場における危険から保護すべき義務を負い,人員整理についても,解雇回避努力義務や協議義務があると考えられる。

　労働契約は企業という組織体の中で行われるので,使用者による組織的管理(労務管理)が行われる。これを円滑に進めるため,使用者には人事権が与えられるわけであるが,これについては労働者の統一的で公平な取り扱いの責任が課せられている。これら労働契約を誠実に実行する責任が経営者にはある。

　第2は,情報公開と説明責任である。株主や市場に開示される情報は,同時に労働組合を通じて,従業員にも開示し説明すべきである。これについては,証券取引法のインサイダー情報の問題があって,開示するタイミングについての配慮が必要になりことがあるが,従業員の雇用や労働条件について重大な影響がある問題を,マスコミ報道で知るということがあってはならない。

　第3に,従業員に約束したことが果たされなかった場合,あるいは企業が不祥事を起こし社会的信用を失った場合の結果責任の問題がある。市場の変化や,環境の変化で,経営が計画どおりにいかず,合理化やリストラを余儀なくされることもある。「責任は重いほうから順番に」というのが基本である。労働組合は,経営者がこうした責任を適切に果たすよう監視する責務を担っている。

## 6　コーポレート・ガバナンスと労働組合

　「企業は誰のものか」というコーポレート・ガバナンスの議論が盛んである。その代表的な答えの1つは「企業は株主のものである」というものである。この考え方は,企業は株主のものであり,経営者は株主価値の最大化のために経営活動をすればよいというものである。筆者はこの立場に立つものではない。企業にとって株価は重要な企業評価の面があることは否定しないが,株主利益の極大化だけで,企業価値が決まると考えるのは正しくない。

企業は株主や経営者のためだけにあるのでなく，そこに働く従業員＝労働組合員も重要な企業の構成員である。労働組合は，産業民主主義を徹底し，ステークホルダーとしての従業員の声を代弁し，企業行動をチェックするという機能を担っている。産業民主主義とは，産業・企業の分野における民主的な関係をシステムとして構築することであり，労働組合が，経営者ないしは経営者団体と団体交渉や協議を通じて合意を形成し，それを協約化することによってその実現を図ってきた。

　日本の大企業のコーポレート・ガバナンスには，「従業員主権」とか，「共同体モデル」といわれるような日本型モデルと呼ぶべきものがあるといわれてきた[4]。しかし，昨今，「会社は株主の所有物」といった考え方が強まっていることも否定できない。これは，投資ファンドやM&Aを実施する側の論理であって，企業の第一線にいる労使関係者から支持されているわけではない。

　荒木（2004）は，社会経済生産性本部が2001年に実施した調査[5]から，企業の第一線にいる労使関係者からは，労使協議が迅速な経営上の意思決定の支障になるとは考えられていないことを紹介し，「この調査が……アメリカ流のコーポレート・ガバナンスが賞賛され，日本の伝統的コーポレート・ガバナンスへの否定的評価が最も強まっていた時期であるにもかかわらず，経営・労使関係の直接の担当者は，コーポレート・ガバナンスにおいて労働組合の関与を強める必要があると考えていた」と指摘している[6]。

　仁田は，日本のコーポレート・ガバナンスの実態を理解するうえで重要な「どうやって猫の首に鈴をつけるのか―成績の悪い経営者をいかに退任させ

---

[4] たとえば，こうした考え方を最初に提起したのは当時の経済同友会代表幹事であった大塚万丈氏であるが，近年のこうした立場の主張としては，伊丹（2000），ドーア（2006）などがある。

[5] 社会経済生産性本部労使関係特別委員会（2003）によれば，「労働組合との労使協議は，経営の意思決定の迅速化にあたって支障をきたす恐れがあるか否か」という設問に対し，人事労務担当部長では「そう思う」「ややそう思う」が35.8を占めるものの，「そうは思わない」「ややそうは思わない」が労働組合執行委員長のみならず，人事労務担当部長・経営企画担当部長ともに過半数を占めている。

[6] 荒木（2004）168頁。

るか」という問題について十分解明されておらず、そこに、従業員の声がどのように反映されているかという問題の検討の重要性を指摘している[7]。

前述したA社、B社の事例は、一般的とはいえないが、従業員の声を代弁した労働組合が経営者の退陣を求めたケースである。企業経営が危機的な状態に陥った時に、どのようにして、その危機を脱するかが、コーポレート・ガバナンスが最も問われる局面であろう。

ドーア（2005）は、異なるタイプの資本主義の制度間に存在する差異はまだかなり大きいとしたうえで、労使関係についても敵対的な関係が形成され、認識される程度にも3つの差異があることを指摘している。

1つはアングロ・サクソン型で、ここでは敵対的関係は本物である。ナイフは抜かれている。アングロ・サクソン型の国では、株主の利益を唯一の目標とすることに対抗する組織としての労働組合は一貫して衰退している。第2は、大陸ヨーロッパ型で、ナイフは鞘に納まっている。労使はみんなの合意によって形成されたルールにしたがってポーカーをやっている。敵対的関係は否定されないが、妥協に到達する交渉のルールははっきりしている。第3は日本型である。ルールはしっかり確立しており、ナイフはかぎをかけた戸棚にしまわれている。ナイフをどこにしまったか思い出しはじめるのは、家族の年長者がルールをはなはだしく破るときだけである。ナイフを探しても切れなくなっている状態であることが普通である。慣習の惰性によって維持されているが、これまでの協調的価値や責任感がアメリカの覇権的文化のプレッシャーにもっとも強くさらされている[8]。

このドーアの立論には、筆者も同感するところが多い。日本の労働組合は、経営の失敗の責任を追及し、成績の悪い経営者を退陣させる役割を果たす時がある。しかし、これはいわば「伝家の宝刀（ナイフ）」であって、めったに抜くものではない。しかし、90年代のバブル崩壊とその後の長期不況の過程では、実際に抜かれることもあった。

この労働組合が持っているナイフが切れない状態になった時、日本のコー

---

7　仁田（2003）204頁。
8　ドーア（2005）185－186頁。

ポレート・ガバナンスは，株主主権を唱導するアメリカの覇権的プレッシャーに屈することになるのではあるまいか。

**参考文献**
荒木尚志（2004）　「コーポレート・ガバナンス改革と労働法」『コーポレート・ガバナンスと従業員』稲上毅・森淳二朗編著　東洋経済新報社
伊丹敬之（2000）　『日本型コーポレートガバナンス』日本経済新聞社
逢見直人（2006）　「労働紛争解決に果たす労働組合の機能」『日本労働研究雑誌』特別号 NO.548　労働政策研究・研修機構
社会経済生産性本部労使関係特別委員会（2003）　「コーポレート・ガバナンスと労使関係に関するアンケート調査結果」
鈴木不二一（2004）　「リストラのもとで揺らぐ企業社会と労働組合の課題」『コーポレート・ガバナンスと従業員』稲上毅・森淳二朗編著　東洋経済新報社
仁田道夫（2003）　『変化のなかの雇用システム』東京大学出版会
連合総合生活開発研究所（2001）　『労働組合の未来をさぐる―変革と停滞の 90 年代をこえて―』
ロナルド・ドーア（2005）　『働くということ』中公新書
ロナルド・ドーア（2006）　『誰のための会社にするか』岩波新書
労働政策研究・研修機構（2005）　『人材・雇用の面からみた事業再生』労働政策研究報告書 NO.30
山川隆一（2004）　「労働紛争解決システムの新展開と紛争解決のあり方」『季刊労働法』205 号

# Ⅲ　雇用変化と労働法の課題

# 雇用システムの変化と労働法の再編

荒 木 尚 志

## 1　はじめに

　1992年にバブル経済が崩壊して以降，日本の雇用システムを取り巻く環境は大きく変化した。政府の数次にわたる財政支援にもかかわらず経済停滞は長期化し，雇用保障を中核に据えてきた大企業も雇用調整に踏み切らざるを得なくなった。1997年までは微増にとどまっていた失業率も，1997年からは急カーブを描いて上昇し始め，2002年には5.4％を記録するに至った。1997年から98年にかけての山一証券，北海道拓殖銀行，日本長期信用銀行，日本債券信用銀行の相次ぐ倒産は，メディアによっていわゆる「終身雇用制」の終焉を象徴する出来事として報じられた。新自由主義の思想の下に規制緩和政策が展開され，90年代以降の労働法の展開も規制緩和によって特徴付けられているとの見方がメディアにも研究者の間にも有力に存する。

　しかし，現在進行している労働法の再編の全体像を冷静に観察すると，規制緩和（deregulation）のほかに，再規制ないし規制の現代化（reregulation, modernization of regulation）そして新規制の導入（new regulation）という3つの流れが同時進行していることがわかる。こうした労働法の大きな展開を捉えるためには，バブル経済崩壊以後の状況だけでなく1980年代半ばから始まっている構造変化の中で労働法の展開を捉える必要がある。

　この小論では，まず，これまで日本の雇用・労働関係を特徴づけてきた長期雇用システムの特徴を概観し，第二に，1980年代半ばからの雇用システムを取り巻く環境変化を整理し，第三に，1980年代半ば以降の労働法制の展開を概観し，最後に，今後の労働法の再編の方向と課題について，若干の

考察と展望を行う。

## 2　長期雇用システムと雇用関係・労使関係・雇用政策

　日本の雇用関係は，正規従業員を極力解雇することなく，内部労働市場で長期にわたり育成活用する長期雇用慣行を前提に発展してきた。日本の労働法制，裁判所の法解釈，政府の雇用政策等はいずれもこの長期雇用慣行を前提に構築・展開されてきた。このような雇用保障を中核に内部労働市場を高度に発展させてきた日本の雇用システムは「長期雇用システム」と呼ぶことができる。

　戦後の混乱期を脱した日本では，1950年代後半から高い期待成長率の下，良質の労働力を確保したいという企業の要求と，雇用喪失のリスクを低減し，安定的な雇用保障を享受したいという労働者の要求が合致し，また，判例法による解雇権濫用法理による解雇制限とも相まって，いわゆる「終身雇用制」と呼ばれる長期雇用慣行が形成された。長期雇用慣行のもとでは，内部労働市場が形成され，雇用関係に関わる諸制度が内部市場に適合的な形で展開することになる。例えば，採用については，外部市場から必要な技能を持ったものを雇い入れるというより，定年までの雇用保障を前提とした新卒定期採用が行われ，教育訓練については，職務内容を特定せずに雇用した正規従業員を柔軟な配置転換およびOJTを通じて育成訓練した。また，賃金や昇進も，勤続年数と職務遂行能力の蓄積を基準とする年功的運用を伴う職能資格制度が普及した。社会経済変動への対応の必要が生じても，正規従業員の解雇を避け，余剰人員の配転・再訓練や労働条件の不利益変更などの手段によって対処する内部市場における柔軟性（内的柔軟性）が活用された。もっとも，このような内部市場型雇用システムの妥当範囲は正規従業員に限られ，有期契約労働者やパートタイマー等の非正規従業員は外部市場型の雇用管理（外部市場からの随時の雇い入れと不況期の雇用調整）に服した。

　集団的労使関係も欧州で主流の企業外の産業別労働組合は日本では発展せず，高度に発展した内部労働市場に適合的な企業別組合が主流となる[1]。そして，長期的雇用関係は，ゲーム理論にいう「くり返しゲーム」を意味する

ことから，労使双方が機会主義的行動を抑制し，協調行動をとるインセンティブを与えることになった[2]。また，長期雇用慣行の下，従業員の中の成功者が役員として登用され，日本企業の経営者の大部分は内部昇進者であるというという特徴[3]を備えることになった。この点で，長期雇用慣行は，日本の協力的労使関係の基礎ともなった。

政府の労働市場政策も，当初は，すでに発生した失業者に対する失業保険制度等の外部市場に向けた事後的救済的施策として出発した。しかし，長期雇用慣行の定着による内部市場の発展に対応して，労働市場政策も，雇用を維持し失業を生じさせない，内部市場に向けた事前的予防的施策へと転換していった[4]。

こうした雇用関係，労使関係，雇用政策の展開が相互に作用し合って日本の長期雇用システムを支えてきた。しかし，1980年代以降，日本の長期雇用システムは様々な局面において変化の圧力にさらされてきた。

## 3  1980年代半ば以降の雇用システムをとりまく環境変化

1980年代前半まで日本の経済は戦後復興期，高度成長期，そして2度にわたる石油危機を克服した安定成長期を経てきた。しかし，1980年代にな

---

1  1997年労働組合基礎調査によると，日本の労働組合の95.6%が企業別組合であり，企業別組合に所属する労働者は全組織労働者の91.2%にのぼる。
2  使用者が合理化に伴う余剰人員を整理解雇することなく雇用を保障することを約束した1955年の生産性三原則（雇用の安定，労使の協力・協議，成果の公正分配）は，戦後の敵対的労使関係から協力的労使関係への転換の重要な契機となった。
3  稲上毅東京大学教授を座長とする委員会による1999年調査（東京証券取引所1部上場企業1307社のうち推計731社から回答）によると，取締役会構成員のうち75.6%が内部昇進者であり，ここで内部昇進者にカウントされていない者の多くも企業グループ内他社（親会社等）から着任した者であることを考慮すると，大多数の経営者が企業コミュニティ内部から登用された者といえる。荒木尚志「日米独のコーポレート・ガバナンスと雇用・労使関係」稲上毅・連合総合生活開発研究所編『現代日本のコーポレート・ガバナンス』251頁（2000年）参照。
4  荒木尚志「労働市場と法」日本労働法学会誌97号56頁以下（2001年）。

ると，大幅な対外収支黒字による日米貿易摩擦や 1985 年 9 月のプラザ合意による急激な円高による輸出産業の収益悪化，競争力低下等への対処の必要から，日本経済は輸出依存型から内需主導型の経済へとその体質改善を迫られることとなる。欧米へのキャッチアップを終了し，世界経済のフロントランナーとなった日本は，対外的には 1986 年 4 月のいわゆる「前川レポート」で国際協調型経済を目指し，1987 年 5 月のいわゆる「新前川レポート」では，内需主導型経済のために，内需拡大や国際的に調和のとれた産業構造等と並んで，労働時間短縮を掲げ，2000 年に向けて年間総労働時間を 1800 時間程度に短縮することを国際的公約とした。やがて円高不況を克服した日本経済は景気拡大が加速し，バブル経済へと向かうが，1991 年には高騰した地価が下落に転じ，バブル経済は崩壊する。そして，1990 年代は未曾有の長期にわたる平成不況を経験することとなる[5]。

こうした経済情勢の変化の中で雇用システムにも大きな変化の波が押し寄せた。1980 年代後半以降の雇用システムを取り巻く環境変化は，相互に関連はするが，2 つに分けて把握できよう。一つは 1980 年代から始まった日本の社会経済の構造変化に起因するものである。すなわち，労働市場構造の変化，産業構造の変化，国際競争の激化などはすでに 1980 年代から始まっており，90 年代も引き続き日本の雇用システムに変容を迫ってきた。もう一つは，1990 年代になって顕在化した変化で，バブル経済崩壊と失業率の高騰に起因する，規制緩和政策の推進，企業組織再編と日本型コーポレート・ガバナンスの見直しなどである。

(1) 労働市場の持続的構造変化

日本の労働市場は 1980 年代以来，その労働力構造の変化，労働者の多様化・個別化，企業の競争環境の変化といった大きなそして持続的な構造変化を経験している。

---

[5] 戦後の経済政策と雇用政策の展開については JILPT 資料シリーズ No. 5 『戦後雇用政策の概観と 1990 年代以降の政策の転換』(松淵厚樹) 参照 (2005 年)。

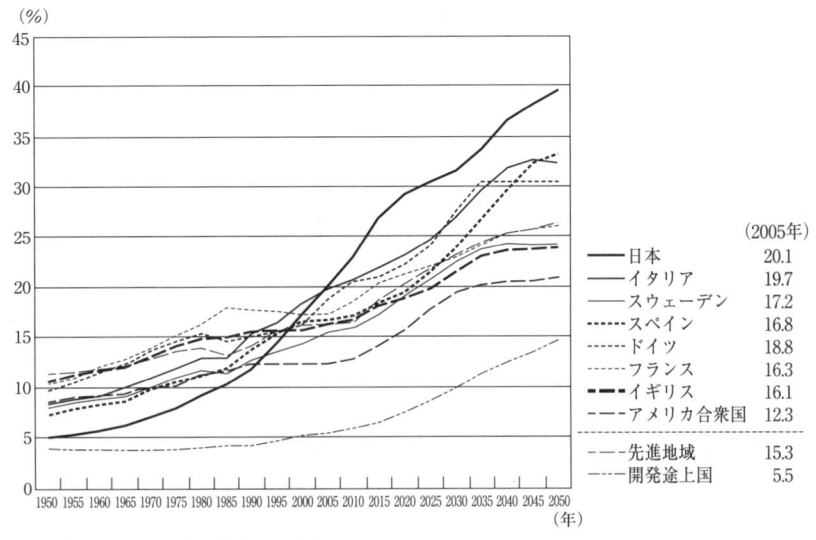

**図 1　世界の高齢化率の推移**

|  | (2005年) |
|---|---|
| 日本 | 20.1 |
| イタリア | 19.7 |
| スウェーデン | 17.2 |
| スペイン | 16.8 |
| ドイツ | 18.8 |
| フランス | 16.3 |
| イギリス | 16.1 |
| アメリカ合衆国 | 12.3 |
| 先進地域 | 15.3 |
| 開発途上国 | 5.5 |

内閣府　平成 19 年版高齢社会白書
http://www8.cao.go.jp/kourei/whitepaper/w-2007/gaiyou/html/jg110000.html

(a)　労働市場構造の変化：少子高齢化・労働力人口の減少

　日本の長期雇用システムは高齢者が少なく若年労働力が豊富にあったピラミッド型の労働力構造の下で展開されてきた。しかし，平均寿命が伸び続ける一方で，出生率は年々低下し，日本は先進国の中でも最も急速に少子・高齢化社会へと変化しつつある（図 1　世界の高齢化率の推移）。少子高齢化は，経済成長を維持し社会保障制度を機能させるために必要な労働力が不足するという懸念を生み，ワーク・ライフ・バランスのための諸施策など雇用労働政策にも直接的影響を与えている。

(b)　労働者の多様化・個別化

　人口高齢化，女性の高学歴化につれて，高齢労働者・女性労働者の労働市場参加が進行したが，労働力不足に対処するためには，高齢者・女性の労働市場参入を更に促進すべきこととなる[6]。実際，高齢者については高年齢者

---

6　労働力人口の減少に対して，移民労働力を導入するという対応策も選択肢としては

Ⅲ 雇用変化と労働法の課題

雇用安定法を通じた定年延長や定年後の再雇用への取り組みが行われ，女性については男女雇用機会均等法の規制強化と事実上家庭責任を負いがちな実態を考慮したワーク・ライフ・バランスを支援する施策（育児・介護休業法の制定と改正）が展開されている。その結果，従来壮年男子中心の労働力が多様化し，しかも，高齢者・女性の就労形態は有期契約，パートタイム契約による例が多いため，就業形態も多様化することになる。

また，労働者の多様化は非正規従業員の増加という現象だけではなく，正規従業員の中でも進行している。正規従業員のホワイトカラー化，高技能化の進展とともに，雇用管理も集団的画一的なものから多様化・個別化したものへと移行してきている。例えば，裁量労働制やフレックスタイム制の下では個々の労働者によって就業時間が異なる。成果主義賃金制度や年俸制の下では個別の目標設定，個別査定，個別交渉により賃金額が決定される。

労働者像の変化も重要である。第二次大戦後に日本の労働法が形成された時には，保護の必要な均質な集団としての労働者を想定してその処遇を論じることができた。しかし，現在では労働者の交渉力にも個人差が顕著となり，労働者の選好も多様化してきている。労働者の個人主義化の進行も著しく，紛争の形態も集団的紛争から個別的紛争へと変化している。その結果，労働

あり得る。しかし，日本は，高度の技術をもった外国人に対しては広く門戸を開放するが，非熟練労働力の導入については慎重な姿勢を維持してきた。バブル経済期には，労働力不足倒産といった現象も見られ，非熟練・低技能労働者の導入も主張された。しかし，これに対しては受け入れ後の社会的コストや不十分な受け入れ態勢の下で生ずる深刻な社会問題を懸念して慎重な対応を望む声も強かった。バブル経済崩壊によって，積極導入論は沈静化していたが，日本経団連は 2004 年 4 月および 2007 年 3 月に外国人労働者受入に関する提言を発表し，外国人研修・技能実習制度については，2007 年 5 月に厚生労働省および経済産業省がそれぞれ報告書を提出し，2007 年 5 月 15 日には法務大臣が私案を示しつつ外国人労働者受入れの検討を指示するなど労働政策上の重要課題となってきている。政府は平成 21（2009）年度までに入国・在留管理制度の見直しを予定している（「規制改革推進のための 3 か年計画」平成 19 年 6 月 22 日閣議決定）。外国人労働者の受け入れ問題に関する検討の視点を包括的に示したものとして『外国人雇用問題研究会報告書』（座長：岩村正彦東京大学教授）厚生労働省職業安定局外国人雇用対策課（2002 年 7 月 5 日）参照〈http://www.mhlw.go.jp/houdou/2002/07/h0705-3.html〉。

者を労働組合という集団を組織して交渉させる伝統的集団的労使関係システムのみでは労働者のニーズに合った解決をもたらさない事態が生じてきている。

さらに，家庭と労働の関係でも重要な変化が生じている。1970年には男性が雇用され妻が専業主婦という世帯が1114万世帯で，共働き世帯は614万世帯に過ぎず，共働き世帯の割合は34.5％にすぎなかった。しかし，2006年には男性が雇用され妻が専業主婦という世帯854万世帯に対し，共働き世帯は977万世帯に達し，共働き世帯の割合は53.4％と多数を占めるに至っている（図2　共働き等世帯数の推移）。ワーク・ライフ・バランスの実現が喫緊の課題となってくるのも当然といえよう。

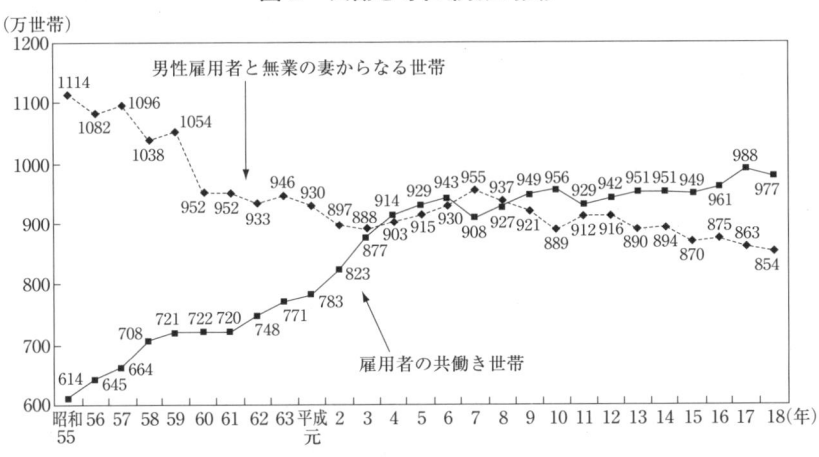

図2　共働き等世帯数の推移

(備考)　1．昭和55年から平成13年は総務省「労働力調査特別調査」（各年2月，ただし，昭和55年から57年は各年3月），平成14年以降は「労働力調査（詳細結果）」（年平均）より作成。
2．「男性雇用者と無業の妻からなる世帯」とは，夫が非農林業雇用者で，妻が非就業者（非労働力人口及び完全失業者）の世帯。
3．「雇用者の共働き世帯」とは，夫婦ともに非農林業雇用者の世帯。
4．昭和60年以降は「夫婦のみの世帯」，「夫婦と親から成る世帯」，「夫婦と子供から成る世帯」及び「夫婦，子供と親から成る世帯」のみの世帯数。
5．「労働力調査特別調査」と「労働力調査（詳細結果）」とでは，調査方法，調査月などが相違することから，時系列比較には注意を要する。

男女共同参画白書（平成19年版）

Ⅲ 雇用変化と労働法の課題

(c) 産業構造の変化および企業の競争環境の変化

使用者を取り巻く環境変化にも顕著なものがある。まず，産業構造が第2次産業から第3次産業へと転換し，サービス経済化が進展するという変化も相当長期にわたって継続している。1950（昭和25）年に就業者の29.6％を占めるにすぎなかった第3次産業は，2005（平成17）年には67.3％に達している（図3　産業構造の変化）。

さらに，サービス経済化は，単に第2次産業から第3次産業へという産業分類の次元だけではなく，第2次産業内部においても進行している。例えば，IT化の進展は製造業の生産部門のブルーカラー業務をIT機器等を操作する

図3　産業構造の変化（15歳以上就業者数の推移）

| 年　次 | 就　業　者　数　（千人） | | | | 割　　合　（％） | | | |
|---|---|---|---|---|---|---|---|---|
| | 総数[1] | 第1次産業 | 第2次産業 | 第3次産業 | 総数[1] | 第1次産業 | 第2次産業 | 第3次産業 |
| 大正9年[2] | 27,261 | 14,672 | 5,598 | 6,464 | 100.0 | 53.8 | 20.5 | 23.7 |
| 昭和5年[2] | 29,620 | 14,711 | 6,002 | 8,836 | 100.0 | 49.7 | 20.3 | 29.8 |
| 15 [3] | 32,483 | 14,392 | 8,443 | 9,429 | 100.0 | 44.3 | 26.0 | 29.0 |
| 25 [3] | 36,025 | 17,478 | 7,838 | 10,671 | 100.0 | 48.5 | 21.8 | 29.6 |
| 30 [3] | 39,590 | 16,291 | 9,247 | 14,051 | 100.0 | 41.1 | 23.4 | 35.5 |
| 35 | 44,042 | 14,389 | 12,804 | 16,841 | 100.0 | 32.7 | 29.1 | 38.2 |
| 40 | 47,960 | 11,857 | 15,115 | 20,969 | 100.0 | 24.7 | 31.5 | 43.7 |
| 45 | 52,593 | 10,146 | 17,897 | 24,511 | 100.0 | 19.3 | 34.0 | 46.6 |
| 50 | 53,141 | 7,347 | 18,106 | 27,521 | 100.0 | 13.8 | 34.1 | 51.8 |
| 55 | 55,811 | 6,102 | 18,737 | 30,911 | 100.0 | 10.9 | 33.6 | 55.4 |
| 60 | 58,357 | 5,412 | 19,334 | 33,444 | 100.0 | 9.3 | 33.1 | 57.3 |
| 平成2年 | 61,682 | 4,391 | 20,548 | 36,421 | 100.0 | 7.1 | 33.3 | 59.0 |
| 7 | 64,142 | 3,820 | 20,247 | 39,642 | 100.0 | 6.0 | 31.6 | 61.8 |
| 12 | 62,978 | 3,173 | 18,571 | 40,485 | 100.0 | 5.0 | 29.5 | 64.3 |
| 17 | 61,513 | 3,151 | 15,925 | 41,380 | 100.0 | 5.1 | 25.9 | 67.3 |

1　「分類不能の産業」を含む。
2　全年齢の有業者数。
3　全年齢の有業者数。軍人・軍属及び一部の外国人を除く。
4　14歳以上就業者数。沖縄県の本土籍日本人及び外国人を除く。
5　沖縄県は14歳以上就業者数。
総務省統計局　平成17年国勢調査
http://www.stat.go.jp/data/kokusei/2005/sokuhou/03.htm

ホワイトカラー類似の業務に変えている。また，製造業で生産工程に直接関わる現場部門の比率が低下し，代わって，営業・総務・企画・顧客対応などの企業内サービス部門の雇用の増大が見られる。同様に，第3次産業内部でも単純なサービス提供の業務にかかわる雇用は減少し，代わって，サービスの高付加価値化や，その提供・販売等を効果的に支援するシステムにかかわる雇用の重要性が高まってきている（図4　第2次・第3次産業内部における

**図4　第2次・第3次産業内部におけるサービス経済化の進展**
［産業別職種構成比］

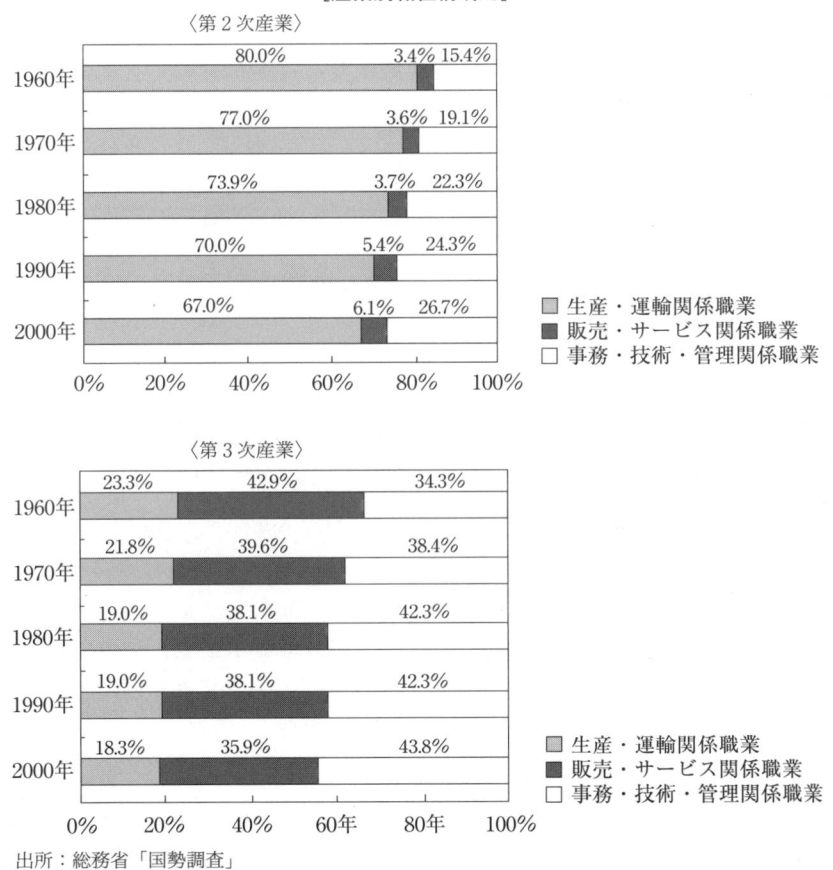

〈第2次産業〉

| 年 | 生産・運輸関係職業 | 販売・サービス関係職業 | 事務・技術・管理関係職業 |
|---|---|---|---|
| 1960年 | 80.0% | 3.4% | 15.4% |
| 1970年 | 77.0% | 3.6% | 19.1% |
| 1980年 | 73.9% | 3.7% | 22.3% |
| 1990年 | 70.0% | 5.4% | 24.3% |
| 2000年 | 67.0% | 6.1% | 26.7% |

〈第3次産業〉

| 年 | 生産・運輸関係職業 | 販売・サービス関係職業 | 事務・技術・管理関係職業 |
|---|---|---|---|
| 1960年 | 23.3% | 42.9% | 34.3% |
| 1970年 | 21.8% | 39.6% | 38.4% |
| 1980年 | 19.0% | 38.1% | 42.3% |
| 1990年 | 19.0% | 38.1% | 42.3% |
| 2000年 | 18.3% | 35.9% | 43.8% |

出所：総務省「国勢調査」

## III 雇用変化と労働法の課題

サービス経済化の進展)[7]。

また，日本が高度成長を遂げて先進諸国の仲間入りをして以降，日本企業は，先進諸国との競争とともに，急速な経済発展を遂げつつあるアジア諸国との競争にも直面している。この国際競争は，90年代のグローバル経済の進展によりさらに激化し，日本企業が競争の質を変え，より高い創造性と付加価値を追究することを余儀なくしている。このことが，企業の抜本的な体質改善，大胆な組織改革を迫ることにもなっている。

### (2) バブル経済崩壊以降の新たな変化

以上のように，労働市場の構造変化が進み，労働者および使用者も大きく変化する中で，1992年にバブル経済が崩壊し，日本の雇用システムに新たな変革圧力が加わった。

#### (a) 長期経済停滞と失業率の高騰

バブル経済が崩壊して以降の日本の経済不振の深刻さは未曾有のものであった。1993年度以降1～2％程度の低成長に陥ったが，政府の度重なる景気刺激策にもかかわらず経済は浮上せず，1998年からはついにマイナス成長の時代に入った。

こうした経済停滞の中でも，雇用保障を重視した日本の雇用システムは直ちにドラスティックな人員整理を行うことはせず，1990年代前半は失業率も漸増に留まった。しかし，1997年以降は，人員調整を極力避けてきた大企業の倒産や余裕を失った企業の人員整理等が相次ぎ，失業率は97年を境に急騰し，1999年には失業率4％，失業者300万人を超え，2001年には失業率5％，2002年には失業率5.4％，失業者数は352万人にも達した（図5 日本の失業率の推移）。

長期雇用システム下の施策ではじりじりと失業率が高まり，ついには持ちこたえられず失業率が高騰するという事態を経験し，サイクリカルな景気変動にはうまく対応した従来の雇用維持中心のシステムでは対応できない新た

---

[7] 産業構造審議会新成長政策部会サービス経済化・雇用政策小委員会『サービス経済化に対応した多様で創造的な就業システムの構築へ向けて』（2002年）。

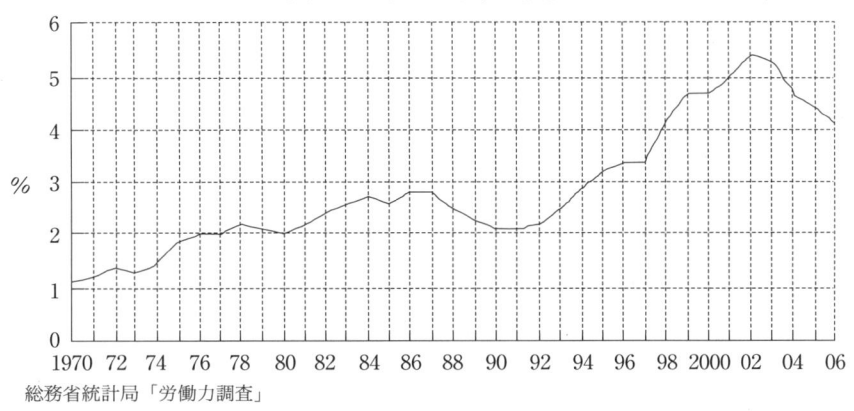

図5　日本の失業率の推移

総務省統計局「労働力調査」

な経済状況に直面しているとの認識が広まった。そして，失業発生を所与の事態として捉え，外部市場を活性化させてより迅速に衰退産業から新興産業へと労働力移動を後押しすることが急務であると考えられるようになった。

また，長期不況の中で，長期雇用システムを支えてきた正規従業員の比率が縮小し，非正規従業員（パートタイム労働者，アルバイト，派遣，契約社員，嘱託等）の比率が拡大してきた。1990年には20％であった非正規従業員が，2006年には33％にまで達している（図6　正規従業員と非正規従業員の比率）。正規雇用のコストに耐えかねた企業は，非正規雇用の規制緩和とも相まって，定年退職や希望退職，さらには解雇により正規従業員を縮小し，新たに労働力が必要となっても非正規従業員を利用するという形で，正規従業員を代替していった。

(b)　規制緩和政策の推進

規制緩和政策自体は，1981年の「臨調（第二次臨時行政調査会）」以来の政治課題であり，前川レポートでも市場原理を基調とした施策が謳われたが，1980年代の規制緩和は遅々として進まなかった。しかし，バブル経済崩壊後は，日本経済建て直しのために政府は規制緩和を最重要の政策課題とし，毎年規制緩和推進計画を発表し，対象と期限を定めて規制緩和を推進した。

当初，社会的規制である労働法分野の諸規制は，規制緩和の直接の対象と

III　雇用変化と労働法の課題

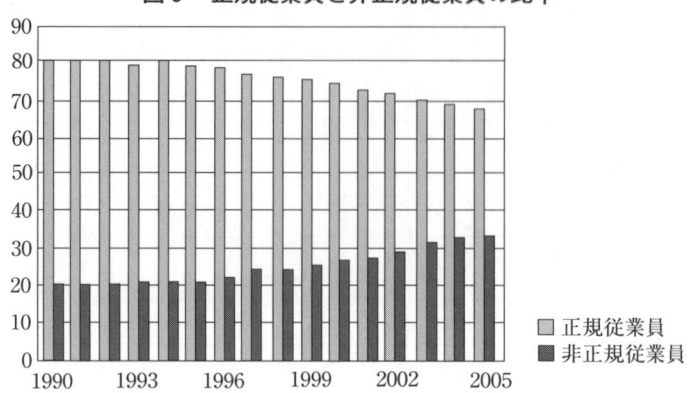

図6　正規従業員と非正規従業員の比率

は考えられていなかった。しかし，1995年3月の規制緩和推進計画から，有料職業紹介，派遣労働，裁量労働等が規制緩和の対象領域として明示されるようになり，労働法の規制緩和が進行し始めた[8]。

(c)　企業組織再編促進とコーポレート・ガバナンスの見直し

長引く不況の中で厳しい国際競争にさらされた日本企業は，競争力回復のために，様々な企業組織再編に取り組むことになった。しかし，従来の法制は迅速かつ効率的な企業再編を阻害しているとの認識が広がり，1990年代後半になると，次のような企業組織再編を促進するための法改正およびコーポレート・ガバナンス制度にかかわる改正が相次いで行われた。

まず，企業組織再編法制に関しては，1997年に，企業グループ単位の効率的経営を可能とするための独占禁止法改正による純粋持ち株会社の解禁，市場に敏感な経営を誘導するストックオプション制度の導入，合併手続簡素化・合理化のための商法改正が，1999年には，事業の再構築を支援する産業活力再生特別措置法の制定，完全親子会社関係・持株会社の円滑な創設を目的とする株式交換・株式移転制度の導入，破産予防と企業再建を目的とする産業再生法制定が，2000年には，迅速な企業組織再編を可能とする会社

---

[8]　Takashi Araki, "Changing Japanese Labor Law in Light of Deregulation Drives: A Comparative Analysis" 36-5 Japan Labor Bulletin 5（1997）.

分割制度導入等が行われた。

　そして，コーポレート・ガバナンス法制に関しては，2002年5月の商法等改正法および2005年の会社法により，取締役会に指名委員会・監査委員会・報酬委員会の3委員会を設置し，各委員会の過半数を社外取締役とする「委員会設置会社」というアメリカ型コーポレート・ガバナンスの採用が可能となった。コーポレート・ガバナンス法制の展開には次のような背景事情が指摘できる。90年代に金融機関が不良債権を抱えて呻吟する中で，企業は間接金融から直接金融へと転換せざるを得なくなり，株主価値を無視した経営は困難となり，株式持ち合いの解消も進行した。また，1997年から98年にかけて大手金融機関の倒産が相次ぎ，その際には経営陣の企業統治能力の欠如が明らかになった。このように，日本の伝統的コーポレート・ガバナンスの破綻が顕在化するにつれ，株主価値の最大化を第一義に考えるアメリカ型のコーポレート・ガバナンスを導入すべきであるという議論が強力に主張されるようになっていった。

　こうした動きは，短期的利益を追求しない安定株主の存在のもとで，内部昇進した経営者が従業員集団の利益を尊重して経営を行うという日本型コーポレート・ガバナンス[9]の見直しにつながる変化である。特に，日本型コーポレート・ガバナンスの特徴は，そのステークホルダー・モデル（株主価値の最大化ではなく従業員や地域社会などの多元的価値を尊重するコーポレート・ガバナンス・モデル）がドイツのように法制度によって担保されているのではなく，株式持ち合い，経営者の内部昇進，長期雇用慣行，労使協議などの慣行に依存している点にある。そこで，上記の会社法制に関わる一連の制度変更は，従来の雇用・労使関係にも大きな影響を及ぼす可能性がある[10]。

---

[9]　日本型コーポレート・ガバナンスの特徴については，稲上毅・連合総合生活開発研究所（編）『現代日本のコーポレート・ガバナンス』（2000年）参照。

[10]　荒木尚志「コーポレート・ガバナンスと雇用・労働関係（上）―比較労働法の視点から見た日本型ステークホルダー・モデルの特徴と課題―」商事法務1700号18頁（2004年）。

III 雇用変化と労働法の課題

## 4　1980年代半ば以降の労働法制の展開

　上述のような雇用システムを取り巻く構造的変化と，バブル経済以降の経済情勢の変化は，労働法の姿を大きく変える圧力となっている。現在労働法に生じている変化は，①規制緩和，②再規制（規制の現代化），③新規制の3つが同時進行している状況にあると整理できる。上記の雇用を取り巻く環境変化との関係で整理すると，バブル経済崩壊以降，国家による規制を後退させ，より市場メカニズムを十全に発揮させるべきであるとする新自由主義の考え方の下で規制緩和政策が政策を指導する理念となった。労働法制もこの大きな流れの影響を受けて規制緩和が進行したのは確かである。しかし，以下に見るとおり，規制緩和は労働市場規制の領域では顕著に認められるが，労働法制全体の再編を見ると，80年代半ばから始まっていた労働市場・雇用システムの持続的構造的変化へ対応するための規制の現代化や新たな規制の導入が観察される。

(1)　規制緩和：外部労働市場活性化と高失業への対策

　1985年の労働者派遣法は，派遣労働関係を適切に規制するために制定されたものであるが，職安法44条によって労働者供給事業の一部として禁止されていた労働者派遣を労働者供給の概念から除外して合法化した（職安法4条6項）という意味では規制緩和でもある。もっとも，外部市場活性化のために規制緩和政策が本格的に展開されるのは1990年代になってからである。

　日本産業の構造転換が進展せず不況を脱せないのは日本の外部労働市場が機能していないためであるとの主張が強まり，1995年以来，労働市場の規制緩和が政府の重要施策の一つとなった。1996年に派遣対象業務の拡大（26業務），1997年に省令改正による有料職業紹介の事実上の原則自由化への転換などが行われたが，1999年の職安法・労働者派遣法の大改正により，有料職業紹介の事業制限撤廃，労働者派遣事業の原則自由化が正面から認められ，労働市場規制の緩和が大幅に進展した。2003年には，99年改正によっ

て新たに自由化された派遣対象業務につき，派遣期間を最長1年から3年に延長することとし，また，それまで禁止されていた製造業への派遣も1年を条件に解禁した。2003年の労基法改正では，有期労働契約について，上限1年を3年[11]，高度の専門的知識等を有する労働者と60歳以上の労働者につき，上限3年を5年にそれぞれ緩和することとした。

また，従来の雇用政策は，企業の雇用維持をサポートするために企業に対して「雇用調整助成金」等の補助金を給付するという内部市場に向けた施策が中心であった。これに対して，98年の雇用保険法改正で創設された教育訓練給付金は，労働者自身がemployabilityを高めることをサポートするため，直接労働者に対して支給されるという点で，外部市場をも視野に入れた政策ということができ，雇用政策の転換を象徴するものとして注目された[12]。

もっとも，外部労働市場の整備は規制緩和策のみではなく，必要な規制の見直しや新たな規制も行われている。例えば，失業率の増加と中高年の長期失業の深刻化などに対応して，2000年には離職の理由が倒産・解雇等事前に準備しがたい事由による場合の求職者給付（失業給付）を拡充する等の雇用保険制度の改正が行われた。また，再就職に際して募集・採用における年齢制限が大きな障害となっている実情について，2001年雇用対策法改正では，募集・採用における年齢制限をしない努力義務が定められ，2007年改正では，これが一定の例外を伴いつつ義務化された。

(2) 再規制：労働市場・産業の構造変化

第2次産業から第3次産業へのシフト，労働者の過半数をホワイトカラーが占めるという産業・労働市場の構造変化に対応して，個別的労働関係法は，すでに1980年代半ばから戦後労働法制を新たな時代に適合させるべく規制

---

[11] しかし，国会修正によって労基法附則137条が設けられ，必要な措置（改正法施行後3年を経過した場合において，施行状況を勘案しつつ検討を加え，その結果に基づいて講ずるものとされている）が講じられるまでの間は，労働者は契約期間1年経過後，使用者に申し出ることによりいつでも退職することができるとされている。

[12] もっとも教育訓練給付制度は必ずしも所期の効果をあげていないとの反省が生じ，制度の見直しが進められている。

Ⅲ 雇用変化と労働法の課題

改革の時代へと入った。工場労働を主として念頭に置いた労働時間規制を現代化すべく労働基準法が1987年に大改正され，週法定労働時間の48時間から40時間への短縮，多様な変形労働時間制の導入，裁量労働制の導入等がなされたのがその典型である。従前の中高年齢者雇用促進特別措置法を抜本改正した1986年の高年齢者雇用安定法が60歳定年の努力義務を設定したのも，55歳定年制を前提とした長期雇用システムの変化に応じた規制の現代化と位置づけることができる。

このような既存の規制を現代化するための法改正は，1990年代以降も継続されている。すなわち，1994年高年齢者雇用安定法改正は，60歳未満の定年制を禁止し，また，65歳までの雇用継続努力義務を設定した。1998年労基法改正は，労基法全体にわたる規制の現代化を行い，有期契約の上限規制緩和，労働条件明示強化，退職時の証明への解雇理由追加，変形労働時間制（1ヶ月，1年）のさらなる柔軟化，企画業務型裁量労働制導入，年次有給休暇の保護強化等を実施した。2003年労働基準法改正では，判例法理たる解雇権濫用法理が明文化され（労基法18条の2），また企画業務型裁量労働制の規制の見直しが行われた。また，2007年最低賃金法改正では生活保護との逆転現象の是正，不払いに対する罰則強化，殆ど活用されてこなかった協約拡張方式による最低賃金の廃止等の現代化が行われた。

(3) 新規制：新たな価値・事象に対応した新規制の導入

産業・労働市場の構造変化は雇用システムにおいて尊重されるべき価値を変化させ，また，予期していなかった新たな事象への対応を迫っている。

(a) 雇用平等とワーク・ライフ・バランス

従来の長期雇用システムは雇用保障を最大の価値として尊重し，その他の価値をこれに従属させる傾向にあった。しかし，既述の雇用システムを取り巻く環境変化の中で，雇用保障という価値は，依然として重要な価値ではあるが，その地位は相対化し，従来はあまり考慮されなかった新たな価値，例えば雇用平等，ワーク・ライフ・バランス，自己決定の尊重，プライバシー保護等の価値が相対的に高まってきており，労働法制もこれに対応して新たな規制を導入してきている。

まず，男女雇用平等という価値の台頭に呼応して，1985年には男女雇用機会均等法が制定された。同法は，男女平等と女性保護の関係について議論が収束しないまま制定されたこともあり，雇用平等法としては純化されていなかったが，1997年の同法改正では募集・採用・配置・昇進における平等取り扱いの「努力義務」が差別禁止規定となり，労基法上の女性保護規定は撤廃された。2006年改正では，女性に対する差別規制という片面性も払拭され，男女双方の性差別禁止規制となり，雇用平等法として純化されるとともに，新たに間接規制の概念も導入される等，規制の強化が進んでいる。

次に，1990年代になって雇用平等の実質的実現と少子高齢化社会における社会保障制度維持のために労働政策・社会保障政策の大きな指導理念となったのがワーク・ライフ・バランスの実現である。この新たな価値の実現のために，1991年に育児休業法が制定され，1995年には介護休業制度を取り込んで育児介護休業法へと発展し，2001年にはさらに子の看護休暇の努力義務が盛り込まれ，2004年改正ではこれが義務化された。また，2007年12月18日には官民トップ会議により「仕事と生活の調和（ワーク・ライフ・バランス）憲章」「仕事と生活の調和推進のための行動指針」が採択され，数値目標を設定しての取り組みが開始されている。

雇用の多様化に対しては，1993年にパートタイム労働者の雇用管理改善を目指して短時間労働者雇用管理法（パート労働法）が制定され，2007年改正では，通常労働者と同視されるパート労働者の差別が禁止され，その他のパートタイマーの均衡処遇の努力義務が定められている。

(b) 企業組織再編への対応

1990年代後半に展開された企業組織再編を促進する各種立法改正に際しては，労働組合側から企業のリストラクチャリングの過程に労働組合等の関与を認めるべきとの主張が強まり，1999年の民事再生法制定に際しては，民事再生手続における労働組合等（過半数組合，これが存しないときは過半数代表者）からの意見聴取（民事再生法24条の2，42条3項，115条3項，126条3項，168条，174条3項，217条，246条3項）の手続が設けられ，会社更生法の2003年改正でも同様の手続が導入された（会社更生法22条1項，46条3項3号，85条3項，188条，199条5項）。

Ⅲ　雇用変化と労働法の課題

　2000年に,営業の全部または一部を新設会社または既存の会社に包括的に（債権者の個別同意を要せず）承継させる会社分割制度を導入するに際しては,労働関係への影響が最大の政治的争点となった。この点については,分割対象となる営業（事業）[13]に主として従事していた労働者には雇用が承継されることを保障すると同時に,労働者の同意を要せずに雇用関係が当然に新設・吸収会社に承継されること,分割対象となる営業（事業）に従として従事していたにすぎない労働者は雇用関係移転に異議を唱えて承継を阻止できること等のルールを定めた「会社分割に伴う労働契約の承継等に関する法（労働契約承継法）」が制定された。これは,会社分割に際して一定の労働者保護を図ると同時に,会社分割という企業組織再編の必要性に鑑み,これを円滑に実施できるよう配慮したものであった[14]。

　また,2003年の労基法改正により,それまで判例法理に過ぎなかった解雇権濫用法理が明文化されたこと（労基18条の2）も重要である（2007年労働契約法制定により同法16条に移行）。これは企業組織再編に当たって,労働者はその雇用関係を企業が自由に処分してよい存在ではなく,コーポレート・ガバナンスを考える際の重要なステークホルダーであることを法律上確認したという意義がある。2007年労働契約法制定（とりわけ労働条件変更問題について就業規則の合理的変更に関する判例法理を明文化したこと）も,企業組織再編に伴って生ずる労働紛争への対応という側面を持つ。

(c)　紛争処理システムの整備

　長期雇用システムの揺らぎ,企業再編の増加,労働者の多様化の進展とともに,個別労働紛争の増加が顕著となった。そこで,紛争処理システムの整備が喫緊の課題として認識されるようになり[15],次々に新たな制度的対応が

---

[13]　2005年制定の会社法により「営業」は「事業」に改められ,また,会社分割の対象となるのは「事業に関して有する権利義務の全部又は一部」とされ,労働契約承継法では「営業」の語が「事業」に改められた。

[14]　労働契約承継法制定の詳細については労働省労政局労政課編『労働契約承継法』（2000年）,菅野和夫＝落合誠一編『会社分割をめぐる商法と労働法』別冊商事法務236号,荒木尚志「合併・営業譲渡・会社分割と労働関係」ジュリスト1182号16頁（2000年）等参照。

行われた．まず，行政部門における紛争処理システムの整備として，2001年に個別労働関係紛争解決促進法が制定され，都道府県労働局長の助言・指導制度，紛争調整委員会のあっせん制度の創設等により行政による総合的な個別労働関係紛争処理システムが構築された．次いで，2004年には，司法制度改革の一環として職業裁判官である労働審判官 1 名に労使関係における専門的な知識経験を有する労働審判員 2 名が加わって，原則 3 回以内の期日で個別労働紛争を処理する労働審判制度を導入する労働審判法が成立し，2006年 4 月から施行された．労働審判制度では，当事者の権利義務を踏まえつつ事案の実情に即した解決を行うべく，審判手続の経過を踏まえて審判を下すことができる（労働審判法 1 条，20 条）．その結果，民事訴訟では困難な，実情に合致した審判（例えば解雇紛争の金銭解決等）が試みられている．

さらに 2004 年には労働組合法が改正され，労働委員会における不当労働行為審査手続を迅速化し，また，適正化すべく審査計画書の策定，物件提出命令，証人出頭命令，証人等の宣誓等の新たな制度が導入された．

なお，2007年制定の労働契約法も，個別紛争の増加に対応して，判例法理による契約ルールを明文化しルールの透明化を図る必要，非法律家である労働審判員の参加する労働審判制度という新たな紛争処理制度の導入に呼応して労働契約を規律するルールを成文化しておく必要に応えた新立法と捉えることができる．

## 5 労働法再編の方向と課題

以上見たように，1980 年代半ば以降，雇用を取り巻く環境変化に応じて，日本の労働法は規制緩和，再規制，新規制という 3 つの異なる対応を同時進行的に展開してきた．今後も，雇用システムの変化に対応して，時代に適合しない規制は撤廃され，新たな事態に対応するために規制の再編・現代化や

---

15 労使関係法研究会『我が国における労使紛争の解決と労働委員会制度の在り方に関する報告』34 頁以下（1998 年），山川隆一「労働紛争の変化と紛争処理システムの課題」岩波講座現代の法 12『職業生活と法』205 頁（1998 年）等参照．

Ⅲ 雇用変化と労働法の課題

新規制の導入が行われるであろう。

　規制緩和策においても、単なる規制の撤廃ではなく同時に一定の新たな規制が導入される例も少なくなく、また、再規制や新規制においては、まさにいかなる規制を行うかが問題となる。労働法は、伝統的に実体的規制を、強行的規範によって規律し、その履行を罰則・行政監督によって担保するという規制手法を採用してきた。今後、新時代の労働法はどのような規制の在り方が模索されるべきかについて若干の指摘を行い、まとめに代えたい。

(1) 実体規制と手続規制

　第1に、労働者の多様化に対応して、労働法の設定する規制規範自体の再検討が必要となろう。伝統的労働法は均質な労働者によって構成される集団としての労働者の保護のために、国家が適当と考える基準を設定し、市場に一律に介入を行う傾向にあった。しかし、労働者が多様化し、その価値観も多様化した社会においては、ある労働者にとって必要・有益な保護規範が、他の労働者にとっては契約自由・自己決定の自由の制約となり不利益に作用することがある[16]。このような場合、労働者の多様化に応じて、必要な規制とその例外を事細かに規制することも理論上は考えられる。しかし、そうした詳細な実体規制は労働関係と社会情勢の変化に追いつかず、また、一覧性を欠いた複雑・膨大な規制となり、一般労働者が自らの権利義務を容易に把握すべき労働関係立法として適切でないという問題点がある[17]。

　そこで、法の介入による労働者保護の要請と、個別労働者の自己選択の調和のために、使用者の一方的措置による弊害を実体規制を詳細化することによってではなく、労働者の要求を十分に反映することのできるプロセスを要

---

[16] 例えば、かつて労働基準法は女性の深夜業を一律禁止していたが、この規制がメリットとなる女性労働者もいたが、キャリア展開を阻害する不都合な規制と感ずる女性労働者もいた。1997年改正では母性保護は拡充し、女性保護規定は撤廃することとなり、女性の深夜業規制も廃止された。

[17] 労働基準法の労働時間関係の規定は非常に複雑化してきているが、これは、実体規制を多様な就労実態に合わせて多種多様な緩和措置、例外措置を設けることで対応しようとしたことに一因があるように思われる。

求する手続規制を課すことによってコントロールする方向が考えられるべきである。このような規制方法によると、法による規制内容は職場における公正が確保される手続を定めることとなり、その手続によって労使が具体的に到達した内容については、国家は介入を控えることとなる。労働者、就労形態の多様化に対して、国家の関わり方として、このように実体規制から手続規制に規制の比重を移すのが合理的と考えられる場合が増えてくると思われる[18]。

　このようなアプローチは、規制のレベルの観点から見ると、国家法による実体規制が中央集権的規制であり、多様な雇用の現場の変化に対応困難な性格を持つのに対して、規制のレベルを分権化し、現場の労使に妥当な規制権限を委ねる規制手法と言うことができる。手続規制のこのような特色を適切に活用することによって、社会に活力をもたらす多様性と公正の確保の両立を図ること、ひいては現場の労使関係・雇用関係の安定を達成することが可能となる。ただし、全ての労働法の規制において実体規制が不要となることを意味するものでないことは言うまでもないし、実体規制と手続規制を併用すべき規範、手続規制にゆだねてよい規範、さらには規制自体を撤廃してよい事項等についてさらに議論を深めることが必要である。また、後述するように手続規制アプローチが成功するには、手続の担い手が実効的規制を行いうる当事者であることが極めて重要となる。

(2)　強行規定・逸脱可能な強行規定・任意規定・適用除外と契約自由

　手続規制は、労働法規の性質に着目すると、強行規定の強行性を一定の手

---

[18] 企画業務型裁量労働制は、専門業務型裁量労働制と比較すると、実体規制から手続規制に重点を移そうとした規制と解することができる（荒木尚志「裁量労働制の展開とホワイトカラーの労働条件規制」社会科学研究50巻3号33頁（1999年）参照）。もっとも同制度の運用は必ずしもそうはならなかった。なお、欧州における議論を参考に法の手続化を主張するものとして、水町勇一郎「法の『手続化』――日本労働法の動態分析とその批判的考察」法學65巻1号5頁（2001年）、同『労働社会の変容と再生―フランス労働法制の歴史と理論』279頁（2001年）、同編『個人か集団か？変わる労働と法』286頁以下（2006年）。

Ⅲ　雇用変化と労働法の課題

続によって解除することを認めるものである。したがって，合意によって逸脱することの許されない強行規定のほかに，一定の手続によって逸脱可能な強行規定[19]を活用していることとなる。集団的合意を要件に，強行規定の例外を認める手法は伝統的労働保護法でも多用されてきた[20]。手続規制が集団的合意にとどまらず一定要件の下での個別合意によってもよいとすると[21]，当該規定は任意規定に近接してくる。そして，何らの要件も課さずに個別労働者との合意で異なる規制を行いうるとすればそれは任意規定ということになる。労使紛争には何らの規範も設定されていないことが紛争を招くことも少なくないので，対象事項によっては任意規定の活用も有用な場合があり得る[22]。そして，端的に適用除外を認めるとすれば，それは規制緩和（撤廃）となる。ただし，適用除外にも何らの手続を要せずに一定カテゴリーの労働者を除外する[23]のではなく，集団的合意や個別合意といった手続要件を課した上で適用除外を認める場合，これは逸脱可能な強行規定と重なってくる[24]。

---

19　大内伸哉「従属労働と自営労働の均衡を求めて」中嶋士元也先生還暦記念論集『労働関係法の現代的課題』63頁（2004年）は適用除外や労使協定による例外の認められる規定群を「半強行的規定群」と呼んでいる。なお大内伸哉『労働者代表法制に関する研究』13頁，22頁（2007年）は，真意による個別同意があれば適用除外となる規定もこの半強行規定に含めて論じるが，手続規制との関連を重視する本稿の立場からは，集団的合意と個別的合意による逸脱は区別して把握すべきこととなる。

20　現行労基法は，36協定（時間外労働協定）等，過半数代表と使用者との労使協定締結やその届出を条件に労働基準法の強行性を解除する手法を数多く採用してきた。

21　西谷敏『規制が支える自己決定』407頁（2004年）は，①法定基準からの逸脱が労働者の真意に基づくこと，②労働者生活に重大な影響を及ぼすおそれのない労働条件に限定すること，③逸脱合意をいつでも撤回できること，の3要件を課しつつ，法定基準を下回る個別合意を認める余地を肯定する。

22　出向に関する法律関係などは，当事者が規制を行っていないために紛争が生ずることも少なくない。このような場合は，当事者が別段の規制を行わない場合に適用される任意規範を法が用意しておくことには十分意味がある。

23　例えば労基法上の労働時間規制を，農業，水産業従事者（労基41条1号）や管理監督者（労基41条2号）に対して適用除外する場合。

24　例えばホワイトカラー・エグゼンプションで議論となったように労働時間規制の適用除外に集団的合意や個別的合意を要件とする場合等。世上議論されたホワイトカラー・エグゼンプションは手続規制を経ずに（年収要件という客観要件のみで）適

伝統的労働法は国家が労働契約関係に一律の最低基準を設定して契約自由・私的自治に枠をはめ，その枠を外れた合意を行ってもその効力を認めなかった[25]。当該合意は交渉力に劣る労働者が使用者に強いられた合意であるとみなしてその効力をカテゴリカルに否定してきたわけである。しかし，労働者の多様化によって，国家が設定した私的自治の枠付けをあらゆる労働者に一律に適用することの可否を再検討する必要がある。労働保護法の強行的規制と契約自治の関係については判例[26]をめぐって，解釈論としての議論が展開されてきたが，今後の立法論を検討するに当たっては，当該規範にどのような強行性を認め，どのような逸脱可能性を認めるのかについて，多様な法規範の選択可能性があること，そして，逸脱可能性を設定する際に集団的および個別的手続規制等多様な選択肢がありうることを踏まえて，再規制・新規制の在り方を正面から検討すべきであろう。

(3) エンフォースメントにおける国家・紛争処理システム・市場
(a) 国家による履行確保と紛争処理システム

伝統的労働法は法規制の履行確保手段として刑事罰や行政監督制度を用いてきた。もとより，国家が直接監督すべき労働条件基準は今後もなくならないであろう。しかし，近時の個別労働関係紛争の増加に見られるように，最低労働基準の違反ではなく，労働契約の民事上の効力をめぐる紛争については，罰則・行政監督による伝統的手法では適切に対応できない。むしろ，契約上の権利義務の存否を判断する裁判所その他の紛争処理機関を通じた労働契約の履行確保こそが真の解決手段となる。ドイツでは，刑事罰・行政監督によって担保される「労働保護法（Arbeitsschutzrecht, Arbeitnehmerschutz-

---

除外となる制度として論じられる傾向が見られた。

[25] 労働基準法は同法13条で「この法律で定める基準に達しない労働条件を定める労働契約は，その部分については無効とする」としてこのことを宣言している。

[26] 法定の例外要件（労使協定締結）を満たさない合理的合意による労働基準法24条からの逸脱を認めた日新製鋼事件・最二小判平成2・11・26民集44巻8号1085頁をめぐって議論がある。荒木尚志「新労働法講義第12回　賃金(2)」法学教室318号47頁（2007年）参照。

recht)」はむしろ限られており、個別的労働関係に関する立法の大部分は、民事規範を設定し、その権利実現は裁判所等の紛争処理機関を通じて行うという広義の「労働契約法（Arbeitsvertragsrecht）」に属する[27]。規範自体が最低労働基準とはいえない内容に関するものであること、労働契約内容の履行確保のすべてを国家監督に依拠することは膨大なコストがかかり、その十分な実効性も期待し得ないこと[28]、現場の労働契約当事者によってその権利義務の履行が確保される制度が望ましいことを考えると、コストのかからない紛争処理システムを整備して、当事者による契約内容の履行確保を確実にする制度が望まれる。その意味で、2004年に3回以内の期日で簡易迅速に個別労働紛争を処理する労働審判制度が導入され、2007年に純然たる民事規範からなる労働契約法が制定されたことは、日本の労働法が新たな時代に入ったことを示す画期的な出来事といえる。

(b) ハードローとソフトロー

上述の議論は基本的に裁判所によってその効力が担保されるハードローを前提としていた。しかし、現代の労働法の規制は裁判所によっては担保されないソフトローも活用した、より多様かつ豊富なものとなっている。

社会の価値観の変化に伴って新たな規制を導入する場合、ダイレクトにハードローを導入すると種々の混乱や衝突、紛争を惹起しかねない。そこで、日本の労働政策は行政指導の根拠とはなるが裁判所によっては担保されない「努力義務」を多用してきた。ソフトローの一種である努力義務を通じて、新たな価値の社会への浸透を図り、その後に努力義務を禁止規定や強行規定というハードローに転換する手法を採ってきた[29]。再規制や新規制の必要が

---

27　荒木尚志・山川隆一・労働政策研究・研修機構編『諸外国の労働契約法制』15頁（2006年）。

28　労働基準法自身、監督行政のみによって履行を確保する趣旨ではなく、労働基準法13条の強行的効力の定めは裁判所による処理を予定しており、また、労基法上支払うべき金額と同一額の支払いを認める「付加金制度」（労基114条）は、労働者が裁判に訴えて履行確保を図るインセンティブを与えようとする制度である。

29　その詳細については荒木尚志「労働立法における努力義務規定の機能―日本型ソフトロー・アプローチ」中嶋士元也先生還暦記念論集『労働関係法の現代的課題』19頁（2004年）。

新たな価値の台頭によって生じている場合，将来ハードロー化するかどうかは別として，一定の行為規範を設定し，これを裁判所ではなく公法上の措置・紛争処理手続によって担保する手法の活用は大いに考えられる[30]。

(c)　エンフォースメントと市場

労働者の権利確保のために労働市場の機能を利用することも積極的に考えられてよい。活発な外部労働市場が整備されており，転職によって同等ないしより良好な労働条件機会を得られることは，現在の労働条件に不満な労働者にとって，当該使用者に労働条件確保やその改善を迫る上で交渉力の大きな担保となる[31]。従来は内部労働市場における個別労働者の交渉力を担保するために雇用保障の価値が重要であった。この意義は雇用を尊重する日本の雇用システムが急激に変容するものではない以上，今後も大多数の労働者にとっては重要であり続けるであろうし，筆者自身は雇用保障を中核に据えた雇用システムのメリットを評価している[32]。しかし，多様化した労働者の中には内部労働市場の中での交渉に縛られることが不利益となるものも生じてきている。また，労働法政策を論ずる場合に，内部市場の中だけで労働者に不利益な事態が生じないことを確保しようとすると，非効率な規制となり長期的には労働者の利益にも反することがありうる。voice の効果を高めるだけではなく exit の効果も利用できる選択肢も模索されて良い。

また，企業が労働力を市場から調達せざるを得ない以上，市場における評判 (reputation) は，使用者が良好な労働条件・労働環境を維持する大きなインセンティブとなる。しかし，このような市場を通じたチェックが機能するためには，市場が企業の状況を判断するための情報が提供されていなけれ

---

[30]　2007年の改正パート労働法13条は，事業主にパートタイマーの待遇決定に当たって考慮した事項について説明義務を課している。これは，ハードローでは確定困難な均衡処遇という新たな価値・概念について，当事者の交渉と納得の促進に寄与する公法上の行為規範規定を活用することで実効性を図ろうとするものであり注目される。

[31]　同旨，大内伸哉「労働法学における『暗黙の前提』—法と経済学の協働の模索・可能性・限界—」季刊労働法219号26頁（2007年）。

[32]　雇用システムにおける雇用保障の意義に関する法律学と経済学の考え方につき，荒木尚志・大竹文雄「解雇規制」荒木他編『雇用社会の法と経済』15頁以下（2008年）参照。

ばならない。そのための環境整備は，国家がハードローによって行うべき場合も十分に考えられる。例えば，企業の社会的責任（CSR: Corporate Social Responsibility）を市場メカニズムを利用して達成しようとする社会的責任投資（SRI: Socially Responsible Investing）が機能するためには，企業の社会的責任への取り組みを評価するための情報が市場にもたらされていることが必要である。そこで，諸外国では，CSR 自体はもとより企業が任意に取り組むべき課題であるが，CSR 関連情報の公開については法律で義務づけている例が少なくない[33]。労働条件についても労働者自身が就職前に当該企業の実情について知りうる条件整備について，いかなる施策が考えられるか検討に値しよう[34]。

(4) 従業員代表制度の役割

国家が履行監督を行う労働保護法から新たに当事者が履行確保の任務を担うべき（広義の）労働契約法（Arbeitsvertragsrecht）が活用される時代に入った。当事者による労働契約の履行確保・履行チェックが機能するためには，裁判所等の企業外の紛争処理機関の積極的活用のほかに，企業内の労使当事者によるチェック機能が働くことが重要である。そして，上述のように実体規制から手続規制に規制の比重をシフトする場合には，その担い手となる従業員代表の役割が極めて重要となる。労働関係の公正を確保できないような従業員代表が手続規制を担えば，そのような制度が失敗に終わることは明らかである。この点で，現在の労基法上の労使協定制度は，過半数組合が存在しない場合に過半数代表者が当事者となっていること，強行規定からの逸脱を許容する協定締結の場面のみに着目した制度であり[35]，常設機関による当

---

[33] 詳細については荒木尚志「企業の社会的責任（CSR）・社会的責任投資（SRI）と労働法―労働法政策におけるハードローとソフトローの視点から―」山口浩一郎先生古稀記念論集『友愛と法』22, 31頁（2007年）。

[34] 現行法は就業規則の事業場内での周知を義務づけているに留まる（労基106条）が，仁田道夫「労働条件変更法理と労使関係の道理」日本労働研究雑誌500号34頁（2002年）は，労働協約および就業規則の公開を義務づけ，社会的監視の活用を提案する。

[35] 労使協定締結時点での過半数代表であれば適法に労使協定は締結される。現行の労

該協定の履行確保・監視の観点を欠いている等，多分に改善の余地がある。

　労働組合は，組織率が低下の一途をたどるという量的問題に加え，正規従業員中心の企業別組合が非正規従業員を十分に組織してこなかったという質的問題に直面している。多様化した労働者を代表する従業員代表制度は，この点でも大きな政策課題となる。そしてこのような労働者代表制度の検討は，今後のコーポレート・ガバナンスと労働関係を考える際にも重要である。慣行に依存してきた日本のステークホルダー・モデルのコーポレート・ガバナンスが変容しようとする中で，労働法は解雇権濫用法理の明文化や会社分割に際しての雇用承継ルール（労働契約承継法）等，一定の制度化を行ってきた。しかし，集団法の場面においては，伝統的な団体交渉制度（不当労働行為制度によって担保された団体交渉義務）があるにすぎず，これは労働組合が存在しない企業では機能しない。また，労使協議制の形骸化も指摘されている。新たな従業員代表制度はコーポレート・ガバナンスにおける労働関係の位置づけに関しても重要な任務を担う可能性がある[36]。

　上述のように現在労働法の直面する課題には，一つの決まった対応策というものがあるわけではない。労働者・労働関係の多様化に対応して，今後の労働法政策は，多様な規制規範，規制手段，規制の担い手，紛争処理システム，さらには市場メカニズムの利用等，多様な選択肢の中から多様な組み合わせの可能性踏まえて慎重に選択・設計されるべきものである。その際，普遍的な人権に関わる規制は別として，実体規制（規範）の評価は多様であり得，したがって中央集権的に価値決定を行うことが困難な場合が少なくない。その場合，集権的規制（国家法）のレベルでは手続規制を活用することで，新たな規制の在り方が開けてこよう。しかしこれは同時に，手続規制の担い手という重要かつ困難な課題に取り組むことを要請していることも認識する必要がある。

---

　　使協定制度については東京大学労働法研究会編『注釈労働基準上（上）』33頁以下［川田琢之］（2003年）参照。
[36]　従業員代表制に関する諸学説については労働政策研究・研修機構編『労働条件決定システムの現状と方向性』234頁以下［内藤忍］（2007年）。

# 労働契約法の基礎的課題

野川　忍

## 1　序

　本稿は、労働契約法の制定を契機として今後議論されるべき課題のうち、最も基礎的な意義を有すると考えられる、民法上の雇用契約および契約法理一般と労働契約法との関係につき一定の検討を加えるものである。

　2007年11月28日に誕生した「労働契約法」は、学界・実務界においてかねてより注目され、長期間にわたる議論の末に制定された法律であった。しかし実際には本体がわずか19条しかなく、内容も多くが判例法理のリステートと労基法からの移転であり、新味の薄い法律と見られるため、一般にはさしたる話題とはなっていない。

　他方で、周知のように現在民法の債権法部分について抜本的大改正の作業が進んでいる[1]。典型契約の一類型である雇用契約についても、他の労務供給型契約との関連をにらみながら新しい構成が検討されている。

　労働契約法制定の意義は、この債権法大改正との関連で捉えられる必要がある。確かにその中身は乏しく、現段階では多くの新しい論点を提供しているとは言いがたい[2]。しかし、消費者契約法がそうであったように、小さく生まれた法律もやがて一定の重要な役割を果たす可能性はあるし、雇用均等法がそうであったように、やがて改正を重ねられてその意義と機能を拡大し

---

[1] 債権法改正の進捗状況については、http://www.shojihomu.or.jp/saikenhou/indexja.html より参照。

[2] ただし、いくつかの重要な論点が、特に就業規則に関する規定には存在する。詳細は拙著「わかりやすい労働契約法」（商事法務、2007）参照。

ていくことも十分に想定される。労働契約法はまさにそのように進化を遂げていくべき法律であり、現在必要なのは、その方向性と基本的構想である。そして、民法における債権法大改正のゆくえを見通すならば、これからの労働契約法の基本構想は、民法上の雇用契約規定との有機的な統合を視野に入れながら検討されるべきである。以下ではこの点を中心に、あるべき労働契約法について、原理的な課題の一端を指摘したい。

## 2 問題の背景

### (1) 雇用構造の変化

日本の雇用構造は、経済社会の変化の大きさにともなって、これまでにないほどの変貌を見せている。第一に、雇用形態の多様化がいっそう進み、とりわけ非正規従業員が絶対数としても雇用者中の割合としても拡大している[3]。このことは、正規従業員中心に構想されてきた企業の人事・労務対策にも根本的な変化が生じていることを予想させるとともに、国民の所得格差が増大しているとの指摘を裏付ける要因の一つともなろう[4]。さらには、それぞれの形態に応じた非正規雇用者に対する立法・行政・司法の対応を促すことにもつながるといえよう。第二に、雇用社会における性や年齢の多様化もますます拡大しており、女性の雇用者数が1990年の1834万人から、2005年には2229万人と過去最高に達したのみならず、60歳以上の雇用者数も、2005年には936万人に達している[5]。女性や高齢者の労働市場への参入が一般化すればするほど、家庭責任のこれらの人々への固定化は廃され、職業生

---

[3] 労働経済白書平成18年版10頁によれば、2004年2005年はいずれも前年比の雇用者数が増加しているが、一般常用雇用者は両年とも減少しており、それをパート、派遣、契約社員などの非正規雇用者数の急増が凌駕するという傾向を見せている。

[4] OECDの統計によれば、2000年時点において、日本の相対的貧困率（13.5%）は主要先進国中アメリカ（13.7%）についで高いとされている。この数値がわずかな差であることや、その後の推移から見て、現在では逆転していることも十分に考えられよう。

[5] いずれも総務省統計局「労働力調査」による。

活と家庭生活の調和と言う課題もいよいよ喫緊の対応を迫られることとなろう。第三に，フリーターやニートといった雇用社会の縁辺に位置する労働者が増大し，とりわけこれらの労働者の圧倒的多数を占める若年層の職業能力向上という深刻な課題が生じている[6]。このことは，就学から就労へという人生のコースが揺らいでいることを示しており，職業生活を送るための多様なコースやそれを支えるシステムの必要性をも喚起しているといえよう。

(2) 法制度改革の中の労働契約法

前世紀末から間断なく進行している労働法制の改革は，このような雇用構造の変化に対応すべく，それまでの労働法制の基本的枠組みを維持しながらもできるだけ柔軟に変化への対応を実現できるような工夫を模索してきた。労働時間規制を緩和することから開始された労働基準法の改正作業も，雇用均等法や派遣法の度重なる改正も，また企業変動に対応した労働契約承継法の制定等もこのような模索の一環であった。しかし，2004年から本格的な議論が開始され，3年以上の検討を経てようやく成立した労働契約法は，こうした流れのいわば土台を構築するものとして重要な意義を有する。すなわち，労基法による最低基準の確保と団体交渉・労働協約システムによる労使の交渉力の対等性の回復という基本ツールに加え，個々の労働関係を定立するための契約ルールという新しい（しかし法体系上はむしろ当然の）規範が，曲がりなりにも設けられたのである。この法律は，個々の労働者が自らの権利・義務を自覚的に設定し，独立した法主体として行動することを促すことによって，雇用形態の多様化や職業生活と家庭生活の調和，職業能力の確立・向上といった前記の課題に自主的に取り組むことを究極の目的としているといえるが，その目的を実現するためには，実定法としての同法の内容はいかにも不十分といわざるを得ない。

---

[6] 平成18年版経済財政白書233頁によれば，05年にフリーターは200万人弱，「ニート」は約60万人を数え，あまり改善の傾向は見られない。

Ⅲ 雇用変化と労働法の課題

(3) 雇用と法のシステム論の隆盛

周知のように，労働契約法の制定については 2004 年に厚労省内に研究会が設置されて以来，精力的な議論が展開されてきた[7]。まず，2005 年 9 月にまとめられた「今後の労働契約法制の在り方に関する研究会報告書」では，雇用労働情勢の現状分析を踏まえて，労働契約法の必要性が強調され，労基法など労働者保護法規とは一線を画する「民法の特別法」としての労働契約法が提唱された。そこでは，労働関係の成立前から終了後にいたるまでの全ステージにおける広範なルールが提示されているとともに，労使委員会制度の活用や就業規則と労働契約との関係及び就業規則の改定による労働条件の不利益変更，解雇の金銭解決などの新しい仕組みも提案されていた[8]。しかし，その後労働契約法案作成のために開始された労働政策審議会では，審議の冒頭からこの報告書を土台としないとの了解が要請されるなど波乱のうちに展開し，中間取りまとめを発表する予定であった 2006 年 7 月を前にしていったん中断という異例の事態に陥った。原因は，取りまとめ案の性格を有するものとして労使に提示された「検討の視点」が，もともと労使の対立軸が多い内容を，強引に厚労省の主導でとりまとめようとしたとして反発を買ったものであった。審議会自体は 8 月末に再開されたものの，その後の議論は当初想定された法案内容のそぎ落としの連続となり，結局，実際に制定された労働契約法は，上記研究会報告書の内容とは遠くかけ離れた，判例法理のリステートを中心として労働者・使用者の定義や一般原則を加えたささやかなものに終わった。

(4) 課題は何か

このような経緯が教えるのは，労働契約法を，現今の行政課題や雇用政策と結びつける方法は，利害関係者の思惑の錯綜を招くリスクを負っているということである。労働側も経営側もそれぞれの深刻な課題を抱えながらの対応であるから，労働契約法のような包括的な法律を三者構成審議会で議論す

---

[7] 労働契約法の制定過程については，前掲注 2 野川 37 頁以下参照。

[8] この報告書に対する筆者の批判については，野川「労働契約法の意義―雇用契約法の展望」（法律時報 963 号 72 頁以下）参照。

ること自体に大きな問題があるといえよう。では，今後労働契約法を適正な方向へリニューアルするとすれば，そのオールタナティブはどこにあるのか。それを探るためには，日本の労働契約法理の特質を概観し，労働契約法に関する基礎課題を確認することが不可欠である。

## 3　労働契約法理の特質と問題

### (1)　実定法の機能不備と判例法理の特徴

　実定法としての日本の労働契約法制としては，労働契約法が制定される以前には，労働契約承継法など限定的な事態を想定した個別法規を別とすれば，民法の「雇用」の部分と労働基準法が一定の役割を果たしてきたといえる。この点，労働法のみならず民法の教科書等でも，労基法と判例法理の成熟とによって民法の 623 条以下は現在あまり大きな意義を有しないかのような指摘がされている [9] が，実際には，雇用契約の定義としての 623 条は重要な意義を有しているし，625 条は出向に関する法規制としての意義を失っていない [10]。また解雇に関する 627 条，628 条も，むしろ近年においていっそう重要性を増しつつあるといえる状況であり，民法の諸規定は十分に機能してきたと見ることができる。一方，労基法が個別労働契約の規制に対してどれほど有効な機能を果たしえているかは疑問の余地があろう。労基法の労働契約に対する規制は，14 条〜23 条の労働契約の成立と終了に関する直接の規制のほかは，13 条による強行的・直律的効力を本旨とする。しかし，たとえば 15 条の労働契約締結段階の手続について契約法上の議論が生じることはほとんどなかったし，14 条もそれ自体が争いの対象となることはあまりない。19 条以下の解雇規制はその内容が特殊な事態を対象としていたり（19 条），あまり意味がないものとなっていたり（20 条）[11] という状態で，労働契

---

 9 民法の代表的な標準的教科書である内田貴「民法 II（第二版）」（有斐閣, 2007）253 頁など。

 10 出向の要件として 625 条を重視するのが裁判例の通例である（最近の裁判例として，住友軽金属工業事件・名古屋地判平 15・3・28 労判 851 号 53 頁，新日本製鐵（日鉄運輸）事件・福岡高判平 12・11・28 労判 806 号 58 頁等参照）。

Ⅲ　雇用変化と労働法の課題

約上の喫緊の課題に応えるようなものとはとうていいえない状況であった。さらに 13 条の規定が直接適用されて労働契約内容が修正されたという例は，とりわけ近年においては皆無に近いといってよいであろう。

　他方で，労働契約をコントロールする最も機能的なツールが，実際には就業規則と判例法理であったことはいうまでもない。労働者の採用から離職後の取扱にいたるまで，企業は労働契約内容に関わる広範な規定を就業規則に盛りこみ，実際にそれが具体的な労働契約の内容になっていることが争われたり[12]，また多くの裁判例では，就業規則に記載されていることにより当該規定が労働契約の内容になっていることを前提として議論を展開してきている。要するに，労働契約内容とはすなわち就業規則の規定であるという基本的前提を踏まえて，それに権利濫用や公序良俗，あるいは信義則等の一般法理を適用して事案の解決を導くという手法が定着してきたのである。言い換えれば，法制度上は使用者の一方的作成・変更になる就業規則の規定の適用が労働契約上のトラブルを起こす場合には，諸般の事情を考慮した入念な解釈作業と上記一般法理の組み合わせによって具体的判断がなされるのが司法の対応であったといえよう。

　このように，主として就業規則法理とケースロー (Case law) とによって構成され，民法の雇用に関する諸規定と労基法等の労働者保護法規とがそれを補完するという従来の労働契約法理は，いわゆる日本的経営の確立により日本経済が高度成長をとげた時期に成立したものであって，当時の雇用社会に対する法規制のあり方としてはそれなりの合理性を有していたことはまちがいない[13]。

---

11　周知の通り，最高裁は 20 条の解雇予告期間規定は効力規定ではないと判断している（細谷服装事件・最二小判昭 35・3・11 民集 14 巻 3 号 403 頁）。

12　日立製作所事件（最一小判平 3・11・28 労判 594 号 7 頁）をはじめ，帯広電報電話局事件（最二小判昭 61・3・13 労判 470 号 6 頁），秋北バス事件（最大判昭 43・12・25 民集 22 巻 13 号 3459 頁）なども就業規則規定と労働契約との関係を扱っていると見うる。

13　久米郁夫「日本型労使関係の成功」（有斐閣，1998）の特に第五，第六章，西谷敏「規制が支える自己決定」（法律文化社）11 頁等。

しかし、前述のような個別労働契約法制の必要性は、このような法規制のあり方事態に対しても大きな変貌を促してきた。就業規則と労働契約との関係については判例法理になお不明な点が多く[14]、今後の展開についても不透明であるといわざるを得ないし、何よりも判例法理はその時々の雇用社会の実態を反映するので、高度成長時代に核を有するこれまでの判例法理が将来についても「判例労働契約法」として十全の機能を果たすとは限らないことは明らかだったからである。

(2) 規範法理の必要性

それでは、実定法としての労働契約法を構想するに当たっては、そもそもどのような基本的認識を前提とすべきであろうか。現在の経済社会における雇用関係・労使関係の把握については、すでに多くの試みが提示されている[15]。そこで主張されているのは、いわゆるハードローからソフトローへの基本ツールの移行の必要性を前提として、今後のあるべき労働法制においては、一律の強行規範を緩和し、あるいは例外を実現するための集団的な合意を制度化することが最も妥当な選択であるという立場である[16]。しかし、そのような立場は、社会規範としての法に対するシステム論的な視点からの位置づけを前提としており、直ちに普遍性を有するわけではない。すなわち、

---

[14] フジ興産事件最高裁判決（最二小判平15・10・10労判861号5頁）では、懲戒規定の拘束力を就業規則の周知手続きに求めており、労働契約の内容になるとは言っていない。

[15] JILPT（労働政策研究・研修機構）の報告書や、リサーチセンターの成果物は、最近次々と雇用システムや、雇用をめぐる法システムについて総合的な把握をしようと努めている。労働政策研究会報告書55号「労働関係の変化と法システムのあり方」、同56号「社会経済構造の変化を踏まえた労働条件決定システムの再構築」（いずれもJILPT 2006年）、「労働法における規制手法・規制対象の新展開と契約自由・労使自治・法規制」（労働問題リサーチセンター／日本ILO協会、2006年）等。

[16] 前掲注12労働問題リサーチセンター等においては、「制定法の規範を集団的合意を容易に引き下げる余地を認めるという法規制のあり方は、法による規制を労働関係の実情に合わせて柔軟化・多様化する一つの方策であ」ると述べられている（同報告書2頁）。

### III 雇用変化と労働法の課題

法は正義の理念にしたがって社会生活をコントロールするための装置ではなく，雇用システムを円滑に運営するための政策対応の一つであるという認識である。このような認識が生まれるのは，前述のように実定法が必ずしも明確な規範として機能せず，判例法理と就業規則法理という，いずれも本来は個別事案を処理するためのそのつどの判断基準を導くツールであるべき法理が，むしろ包括的・一般的な労働契約法理として大きな役割を果たしてきたという事実と無縁ではあるまい。

しかし，このような事態は必ずしも適切とはいえない。確かにこれまでの実定法は期待された役割を果たしていないが，だからこそ規範としての有効性を備えた新しい労働契約法が模索されてきたのであり，集団の秩序形成機能や，一定の妥当性を有する慣行や制度を規範そのものに置き換えるかのような対応が適切とはいえまい。たとえば，「分権化」や「コミュニケーション」というキーワードによる事業所単位のソフトロー的労働条件設定システムの構想[17]は，本来は個別労働契約による労働条件設定に対するオールタナティブとして考えられるべきものを，労働契約に代わるものとして位置づけている。しかし，従業員代表制が長い伝統を有するドイツのような国では，労働契約により設定される労働条件と，事業所委員会と使用者とが締結する事業所協定によって設定される規範とは原則として峻別されているのみならず，そもそも事業所協定は強行法規を緩和する手段として法定されているわけではない[18]。新たな労働契約法を構想するためには，集団的規範と労働契約そのものとの関係を再確認した上で，契約法としての合理性をどのように確保するかを検討することが必要であろう。

---

[17] 前掲注13「労使関係の変化と法システムのあり方」はこのような考え方に貫かれている。

[18] ドイツの従業員代表制や事業所協定についての概略は，野川「労働法」(2007, 商事法務) 85頁以下参照。

## 4 「労働」契約法理と労働「契約」法理の連結

(1) 労働関係の特質に根ざした契約法の意義
(a) 労働契約の本質

周知のように，労働契約ないし雇用契約は他の典型的契約類型と異なる本質的な特徴を有している。すなわち，労働に従事することを約する側は，常に自然人＝生身の個人でしかありえないという制約である。この点，従来は労働契約を「従属労働に関する契約」ととらえる考え方が主流を占めていたため，労働者が使用者に対して経済的に依拠する状態であること（経済的従属性），指揮命令関係が人的つながりにおける上下関係を固定化させるものであること（人的従属性），そして企業組織の中に組み込まれた労働者が組織の論理により動かされる状態に置かれていること（組織的従属性）などを労働契約の特質としてあげていた[19]。

しかしながら，このような特性はいずれも相対的な事実関係に立脚しており，たとえば大幅な裁量をゆだねられて委託に近い形で働く専門職に関する労働契約などは，これらの特徴が常に十全に当てはまるわけではない。むしろ，必ずしもこれらの特性に当てはまりにくい労働者が目立つようになると，従属労働論を前提とする労働者保護や労働組合助成のさまざまな仕組みの緩和が主張されるようになるという逆効果を生じることとなった。

これに対し，労働契約の特殊性が，契約当事者の一方が本質的に自然人でしかありえず，他方の相手方は通常法人ないし組織であるという点にあることを踏まえると，これに対する現行の法規制のあり方についても契約法理そのものから理解が可能となろう。

すなわちまず，日本の憲法は28条において，団結権，団体交渉権，団体行動権のいわゆる労働三権（労働基本権）を保障しており，これらの権利の意義や相互の関係については従来からさまざまな見解が主張されているが，

---

[19] 従属労働論を前提とする労働契約論の展開については，石田眞「労働契約論」籾井常喜編『戦後労働法学説史』（1996，労働旬報社）615頁以下参照。

上記のような労働契約の本質的な性格からは，以下のような理解が導かれよう。

(b) 合意形成の特質

第一に，労働契約においては一方が常に自然人で，他方が通常法人ないし組織であるとすれば，情報収集力など交渉力の前提となる条件について基本的な格差が生じるだけでなく，交渉力そのものにおいても構造的な違いが存在する。誰もが会社に入社する折り，自分と会社とが対等な契約関係にあるなどという認識を持てない実態からも明かなように，この格差・違いの核にあるのは，自然人である労働者と法人・組織である会社との相違にあることは言うまでもない。そうだとすれば，労働者の側も，集団を形成し，組織ないし法人として契約の交渉に当たることにより，その格差は基本的に解消されるはずである。このような観点から，市場経済システムを採用する先進国はいずれも，団体交渉と労働協約とに特別な法的効力を与えることにより，労働契約の本質的不均衡をカバーしてきたといえる[20]。日本も，団体交渉権を憲法で直接に保障し，労働組合法において労働協約の規範的効力と一般的拘束力を保障することにより，個別労働契約関係における労働者の本質的な不利をカバーする仕組みを設けているのである。

第二に，このような観点からは，団結権は，団体交渉権の前提となる権利として位置づけることが可能であり，また団体行動権は，団体交渉を実質化させるための法的ツールと理解することが可能になる。団結権が保障しているのは，勤労者が労働組合を結成することであるが，労働組合法は憲法28条の規定を受けて，同法が保障する様々な権利を享受できる労働組合について一定の制約を置いている。特にその目的要件である「労働条件の維持改善その他労働者の経済的地位の向上」という概念は，個別労働契約に対する労働者のオールタナティブとして団体交渉権という権利が付与され，それをに

---

[20] この点，団体交渉と労働協約とのどちらに重きを置いた法制度を採用するかについて，各国ごとにかなりの相違が生じることはいうまでもない。特に，英米法系における団体交渉システムの成熟と，大陸ヨーロッパ法系における労働協約の強力な効力の相違はよく知られている。それぞれの代表的形態を有するのアメリカとドイツの労使関係法制については，前掲注18野川「労働法」64頁以下及び79頁以下参照。

なう機関として労働組合の結成と活動が団結権により認められているという関係をよく表しているといえよう。また，団体行動権は，団体交渉において双方が互いにその主張を譲らず，交渉が暗礁に乗り上げた場合の打開策として設けられているものであり，契約の交渉において，内容を自己に有利に導くために特別に当事者に許されるべき行為を行う権利として理解することができる[21]。

以上のように，憲法秩序の下で労働組合を通して認められている労働者の集団的行動は，その核を労働契約における交渉力の本質的不均衡に求めることができるのであり，労働者はこのような選択肢を有していることによって，個別労働契約そのものの妥当性を自ら判断することが可能となるのである。

他方で，労働組合が労働契約に対して機能する局面が一定の範囲にとどまっていることも留意する必要があろう。すなわち，憲法28条に定められた労働基本権の中心が団体交渉権であるとしても，労働組合の役割自体が団体交渉とこれを推進し，あるいは団結を維持するための団体行動にとどまるわけではない。団体交渉の成果は労働協約に結実してはじめて個別労働契約を規律する法的効力が機能する。

労働協約は，締結当事者である労働組合と使用者との間の契約であるという面からいわゆる債務的効力を有し，これとは別に，労組法による特別の効力として，個別労働契約に対して規範的効力を及ぼす。この規範的効力の内実は，労基法13条による労働契約に対する効力や，同93条による就業規則の労働契約に対する効力のように片面的な強行性のみを有するのか，あるいは一律に労働契約内容を規律するのかにつき争いがあることは周知の通りで

---

21 たとえば，賃貸借契約の交渉において，その金額につき両当事者に隔たりがあった場合，たまたま双方が他に賃貸借契約関係にあったとして，一方がその主張による代金を相手が受け入れなければ当該賃貸借契約を解約すると意思表示することは（他に法的制約がない限り）自由であるし，それが自己を有利に導くツールとなりうることもあろう。団体行動の中心的手段であるストライキの場合は，契約条件について合意に至らない場合に自らが負う当該契約上の義務の不履行を相手に甘受させるという点でこれとは異なるものの，基本的に類似の手段であることは変わらない。

22 いわゆる有利原則が日本の労働協約制度には適用しにくいことはかねてから指摘さ

あるが[22]、いずれにせよ、当該労働協約を締結した労働組合の組合員である労働者と、当該労働協約締結当事者たる使用者との間の個別労働契約の内容が、右労働協約の規範的部分によって規律されることは間違いない。しかし、この効力はあくまでも労働者の処遇に関する規範的部分に限定されるものであるし、個々の労働契約関係においてすでに発生した具体的な請求権を奪ったり、その内容を変更したりすることはできない[23]。またたとえば、ある労働者に対する配置換えの範囲を特定する特約など、個々の労働契約において合意されるべき固有の事項についても対象外となる。労働協約が労働契約を直接に規律できるのは、当該労働組合に所属しているか、もしくは一般的拘束力が及ぶ労働者の労働契約内容のうち、労働組合の交渉力によって統一的に確立することになじむ労働条件である。言い換えれば、労働者が個別労働契約そのものによって設定することを選択し、あるいは、性格上集団的・統一的な規制になじまない労働条件については、やはり個々の労働契約そのものによって設定されることとなるのであり、したがって、労働契約を規制する包括的な法ルールの制定は、労働協約の労働契約に対する強力な効力とその十全な利用を前提としても、そのこととは全く別に不可欠であるといえるのである。

(c) 雇用契約との関係

もう一点、労働関係の特質に根ざした労働契約法のありかたを考える上で重要なのは、民法において労務供給契約の類型としてあげられている他の契約類型と雇用契約との関係である。とりわけ、委任及び請負に関しては、そのような契約形態をとりつつ労務提供者を「労働者」とみなして一定の法的保護を付与すべき場合が増えている[24]。傭車運転手が業務上被った災害について労災保険法の適用がありうるか、といった問題はその典型例である[25]。労働契約法を構想する場合に、民法上の雇用契約との関係を明確にすること

---

れている（菅野和夫「労働法第七版補正二版」（有斐閣、2007）520頁以下参照。

[23] 大阪白急タクシー事件（大阪地決昭53・3・1労判298号73頁）、北港タクシー事件（大阪地判昭55・12・19判時1001号121頁）等。

[24] この問題についての代表的文献として、鎌田耕一「労務サービス契約の研究」（平14～16科研費研究成果報告書、2005年、非売品）。

に加え，これらの労務供給契約との関係もはっきりさせておく必要があろう。

　この点において注目されるのは，2003年の民法改正（現代語化）において，623条の規定が変更され，従来「労務に服すること」とされていた労働者側の給付内容が「労働に従事すること」となったことである。立法者意思としてはこの両者は異ならないということになろうが，これまで労働契約における使用者側の権利の中核を「指揮命令権」ないし「労務指揮権」と措定してきたことと結びつけて考えるならば，労務に「服する」こととは異なり，労働に「従事する」ことは，文理上必ずしも作業上の指揮命令に服することを意味しないことは重要であろう。つまり，特に相手の指揮命令に服しているとまでいえなくても，指定された労働に携わっていれば，その契約は雇用契約であるとみなす余地が出てくるという解釈も可能となる。たとえば，一定の仕事を相手に依頼して報酬を支払うという契約において，その仕事の処理や完成のための作業について具体的な指示や管理は行われないが，仕事の諾否の自由はなく，依頼に一定の反復性や定期性が認められ，進行状況や完成の期日についても依頼者の意向に左右されるというような場合は，むしろ雇用契約の範疇に含めることも想定されよう[26]。

　そうすると，将来仮に労働契約法が，民法の雇用の部分の抜本改正とリンクしてリニューアルされることになるとするならば，そこで扱われる契約形態として，従来請負や委任と判別が困難であった労務供給契約の多くが，雇用契約の一環として包括されることとなる可能性も否定できない。具体的には，明らかに物の供給を目的とするタイプの請負契約と，医師による治療や弁護士による訴訟行為のように明確に受任者の判断と裁量が優先する（準）委任契約以外の労務供給契約については，他の事実関係の評価によって常に雇用契約に包括される可能性があり，ひいては労働契約にも該当することが考えられるということになる。そうすると，労働契約法の対象とする労働関係はかなり幅広いものとなろう。

---

[25]　横浜南労基署長事件（最一小判平8・11・28労判714号14頁），新宿労基署長事件

### (2) 契約法理の最先端と労働契約法理

#### (a) 債権法改正における雇用契約の位置づけ

それでは，契約法理を踏まえた労働契約の規律という観点からは，どのような労働契約法理が導き出せるであろうか。

周知のように，現在の民法学においては，100年を経た民法典のリニューアルが検討されており，特に債権法の改正は最重要課題の一つと認識されている[27]。債権法の中心が契約法と不法行為法であることは異論がないであろう。そして，将来の契約法のあるべき姿についても，すでに活発な議論が展開されているが，ここではこのうち，労働契約法理の検討に関する基礎的素材を提供しうる論点を見てみたい。

第一に，労働契約という契約は，民法典の典型契約の一つとして定立されている雇用契約とどのような関係に立つものとして理解すべきであるかという点である。この論点が重要なのは以下の二つの意味においてである。まず，現在の民法学においては典型契約の意義が再検討されており，民法典の契約各論を改正する場合に，どのように典型契約を規定すべきかが大きな論点の一つとなっている。そもそも典型契約という形で契約を類型化し，民法典に書き込むことの妥当性が問われているのみならず，典型契約方式を残すとしても，どのような基準で具体的な契約類型を抽出するかが問題となるのである[28]。そしてその場合の基準のひとつとして，他の法律により規律されることが適切と考えられるものを民法典に組み込むことは適当ではないとされている[29]。商法典における海上運送契約はその典型であるが，実は同様に問題となりうるのが雇用契約である。雇用契約の大部分が労基法等において労働

---

（東京高判平 14・7・11 労判 832 号 13 頁）等。

[26] 前掲注 8．野川 77 頁以下参照。

[27] 詳細は，「債権法改正の課題と方向—民法 100 周年を契機として」（別冊 NBL 51 号）所収の諸論文，「特別座談会　債権法の改正に向けて(上)(下)」（ジュリスト 1307 号 102 頁以下，同 1308 号 134 頁以下），及び「契約責任論の再構築— 2006 年日本私法学会シンポジウム資料」（ジュリスト 1318 号 81 頁以下）所収の諸論稿参照。

[28] 前掲注 27「債権法改正の課題と方向」所収の山本敬三「契約法の改正と典型契約の役割」。

[29] 前掲注 28 山本敬三・21 頁。

契約として取り込まれ，それらの法律で包括的に規制されているとするならば，もはや雇用契約を民法典の中の典型契約として残しておく意味はないということになる。

労働契約と雇用契約との関係を改めて考える必要がある理由の二つ目は，本来労働契約法という法律を制定するにあたっては，当然ながら民法の雇用契約との関係を整理しなければ意味がないという点にある。すなわち，労働契約法という法律を「契約を規制する法律」として措定するならば，すでに労働関係について一定の契約規制法理が民法に組み込まれている以上，そこで対象とされている雇用契約を新たな労働契約法においても対象とするのか（そうであれば民法典の雇用の部分は削除されることとなろう），それとも雇用契約と労働契約を峻別し，労働契約という新たな「民事法上の」契約類型を創設するのかが問われることとなるのである。

この二つの理由から検討されるべき労働契約と雇用契約との関係は，まさに，現在あいまいなままで議論がなされている労働契約の意義について決着をつけねばならない時期に至っていることを意味しよう。労働契約については，さまざまな議論がなされてきたものの，現在は，「従属労働に関する契約」という考え方と「労働基準法が適用される労務給付契約」という見解とにほぼ二分されている[30]。しかし双方とも，これだけでは具体的にどのように雇用契約との区別をつけるのかが判然としないままである。そして，仮に前者の見解を労働契約法に採用するとすれば，明らかに雇用契約に該当する労務給付契約であっても，「従属労働とはいえない」との理由で労働契約からは除外される可能性があるし，後者の見解であれば，労働契約法は労基法の特別法であって正確な意味では契約法とは言えないということになろう。

(b) 労働契約法の対応

このような観点から，実際に制定された労働契約法をみると，残念ながら上記の点については結論を先送りしていると解さざるを得ない。すなわち，同法には労働契約の定義は置かれておらず，第二条で労働者と使用者との定

---

[30] 諸学説の変遷と内容については，石田眞「労働契約論」籾井常喜編「戦後労働法学説史」615頁以下，東大労働法研究会「注釈労働基準法(上)」184頁以下（和田肇）参照。

義を置くという労基法と同様の方式を採用しており，使用者に使用されて労働し，賃金を支払われる者を労働者とし，使用する労働者に対して賃金を支払う者を使用者としている。「使用」と「賃金」という概念の意義を踏まえるならば，現行労働契約法の想定する労働契約は労基法上の労働契約と同様のものであると考えるのが妥当であると思われるが，労働契約法自体には，そのような限定は付されていない。そもそも，労基法は「事業」を適用対象としているのであって，事業性を有しない雇用関係は労基法上の労働契約関係といえないから，労働契約法上の労働契約と労基法上の労働契約とが全く一致するわけではないのである。結局，現行労働契約法は，労働関係を形成する契約を正面から対象とし，これを包括的にコントロールするための法律としては十分な機能を果たしえないといえる。むしろ，前述のように雇用契約の概念が，従来請負や（準）委任等に該当するとされていた労務給付契約まで包括しうる内容に解釈可能となっていることを踏まえるならば，民法債権法の大改正にあわせ，これだけ拡大しつつあり，かつ重要性を増している個別の労働関係を規制する内容としてはお粗末に過ぎる「雇用」の部分を削除して，民法の特別法としての「雇用契約法」を制定し，その中で「労働契約」を雇用契約のうちの特別な規制対象としてあらためて定義することが妥当であろう[31]。具体的には，「労働に従事」して「報酬を支払われる」という雇用契約のうち，一方当事者が「使用されて」「賃金を支払われる」形態については「労働契約」とみなすという方向が考えられる。この場合，労働契約ではない雇用契約とは，請負や（準）委任とのボーダーライン上にあるような特殊な労務給付契約のみを意味することとなる。

(c) 合意論について

労働契約法理に関する基礎的な論点の第二として，民法学において重要な課題として認識され，活発な議論が戦わされている合意論の労働契約との関係が検討されるべきであろう。すなわち，将来実現すべき債権法の大改正における契約法理の中心的論点には，契約は合意によるという近代法の基本原則をどうとらえ，盛り込むのかというテーマが提示されているのである[32]。

---

31 この点については，前掲注8野川77頁以下参照。
32 具体的な議論の内容については，前掲注27「特別座談会㊤」119頁以下参照。

契約が合意により成立し，内容が確定されるのは根本的な原理であってこのこと自体は揺るぎがない。しかし，これまで契約上の権利義務を発生させる合意とは，意思の合致が申し込みと承諾という一度の行為（意思表示）で行われればそれで合意とみなしうると考えられてきたのに対し，経済取引がシステム化され，契約の当事者間に当該取引についての情報力の格差が生まれるなど契約の成立を一回の意思の合致でただちに認めることが必ずしも妥当とは言えない事態が通常化している。そこで，合意を「瞬間から過程へ」という概念で捕らえ，契約内容についての双方のやりとりや申し込みと承諾に至る経緯，その後の展開なども考慮事項と考える見解が有力に主張されている[33]。要するに，契約が成立したということは契約上の権利義務が設定されるということであるから，そのような関係が生じることを双方が十分に了解し，引き受けたという確認が必要である。クーリング・オフ制度などはその法制度上の具体化といえよう。

　契約上の合意は，その成立だけではなく内容の確定についても必須の要件であり，「契約当事者は，互いに合意したことに拘束される」，「契約当事者は，法律の定めによる場合を除き，互いに合意していないことには拘束されない」という原則は，どのような契約内容に拘束されるかを決定する基準でもある。ところが，労働契約についてはこの原則と基準とがほとんど看過されているといえる状態である。特に，就業規則の役割は絶大であり，労働契約の現場では，雇用とは契約ではなく労働者の企業組織への編入契約であって，労働者は自動的に当該企業の就業規則の遵守と，人事権への服従を義務付けられるとの想定が一般的であったといえよう。しかし，あらためて労働契約法のリニューアルを構想するのであれば，労働関係が契約によってのみ成立し，内容が確定されるという原則を踏襲し，契約によるという意味が合意によるということであること，その場合の合意とは，単に当初の一回の意思の合致ではすまないということも確認する必要がある[34]。そうすると，現

---

[33] 大村敦志「合意の構造化に向けて」前掲注27「債権法改正の課題と方向」31頁以下。

[34] 労働契約における合意の意義をめぐる議論については，東京大学労働法研究会編『注釈労働基準法(上)』(2003年，有斐閣) 188頁（和田肇）及びそこに記載された各文

### III 雇用変化と労働法の課題

在の労働契約の実態と以上のような契約法理の原則とをどう折り合わせるかが重大な課題として浮かび上がってこよう。

これについて、現行労働契約法制定のために議論を重ねてきた前述の労働政策審議会労働条件部会では、労基法上の就業規則が適法に届け出られ、その内容に合理性が認められる場合には、労働契約の内容となるという合意が推定されるとの規定の可否が大きなテーマとなった。そして、就業規則と労働契約との関係に関する現行労働契約法は、「労働者及び使用者が労働契約を締結する場合において、使用者が合理的な労働条件が定められている就業規則を労働者に周知させていた場合には、労働契約の内容は、その就業規則で定める労働条件によるものとする」との原則を置いている（7条）。この規定は、政府提出法案が「使用者が合理的な労働条件が定められている就業規則を労働者に周知させた場合には、労働契約の内容は、その就業規則で定める労働条件による」としていた内容を国会審議において修正した結果である。政府提出法案の記載は、周知と合理性のみを要件として就業規則規定を労働契約内容とする道を開くものであって、後述のように従来の判例法理を逸脱するだけでなく、就業規則規定の改定による労働条件の変更法理にも適用されるかのような表現をとっているために非常な混乱を招くことが予想された。これに対して現行規定は、合理性と周知による就業規則の労働契約への取り入れを労働契約締結段階に限定しており、これまでの判例法理の変更に至らないよう留意されている。この修正の過程は、就業規則と労働契約との関係をどのように整序するかという問題の困難さを象徴するものといえよう。

すなわち、仮に政府提出法案のような規定が労働契約法に盛り込まれることになっていれば、以下のような理由において、上記の債権法改正に向けた議論の流れとは全く逆行することとなっていたものと思われるのである。

まず、就業規則と労働契約の内容との関係については、確立した判例法理はいまだ存在しないといってよい。就業規則に関する大法廷判決として注目された秋北バス事件では、労働条件は当該就業規則によるという事実たる慣

献参照。

習が成立している場合につき，合理的であることを条件として「法的規範性」を認め，労働者は就業規則の存在や内容を知らなくてもこれの適用を免れないと判示されたが，この意味について後々まで解釈の混乱を招いたことは周知の通りである[35]。その後，二つの最高裁判決が，問題となった就業規則規定について「労働契約の内容になる」としたが，いずれも業務命令規定が対象であり，一般の労働条件やその他労働者の処遇に関する規定についてはいまだ最高裁の考え方は不明である。かえって，懲戒規定については，「周知手続きが取られている」ことを拘束力の根拠とするとの判断が示され[36]，現段階では，およそ一般的に「就業規則は合理的な内容であれば労働契約の内容になる」との法理が成立しているとは言えない状況である。

さらに，就業規則規定が労働契約の内容になると判断した判決も，当該規定が「合理的であれば合意が推定される」との見解を示したことはない。就業規則規定が労働契約内容になる根拠や理由についてはさまざまな考え方が可能であり，実定法において上記のような規範を設定してしまうことはいかにも拙速を免れまい。

加えて，就業規則規定と労働契約との関係は，就業規則の改定による労働条件の不利益変更の問題と密接に絡み合っている。この問題については，最高裁は繰り返し，合理的な変更であれば当該就業規則規定は「効力を生じ」，不同意の労働者にもその効力が及ぶ，あるいは「適用を免れない」と述べており，変更後の規定が「労働契約の内容になる」と述べたことはない。効力を生じるということの具体的な意味もまた，不明のままであるという状態である。しかし，就業規則規定がある労働者にとっていかなる意味で法的拘束力を生じるか，という問題とその規定が変更された場合に法的拘束力が生じるのはどのような理由で，という問題とは，就業規則規定の個別労働関係に対する法的効力という意味では同じ性格の問題であり，統一的に解決されるのが自然な方向であることはいうまでもない。それにもかかわらず，最高裁判決がいずれについても様々な解釈を可能とする判断を示し，かつ就業規

---

[35] 就業規則と労働契約との内容に関する判例の変遷については，さしあたり唐津博「就業規則の法的性質」(労働法の争点第3版 (有斐閣2004年) 16頁以下) 参照。

[36] 前掲注11 フジ興産事件。

則の法的拘束力の根拠という問題と不利益変更の法的効果との問題とについて異なる判断がなされているという現状のもとで，立法による特定の，しかも理論的に必ずしも十分な了解が得られるとはいえない考え方の採用は妥当性を欠くといわざるを得まい。

結局，就業規則と労働契約との関係をめぐる諸問題については，なおいっそうの議論の詰めが必要であり，かつ，債権法改正の動向を見極めながら慎重に対処すべきであるように思われる。

(d) 契約法原理の再検討

第三に，前述のように民法の領域では，債権法改正を射程において契約法理の原理的課題について精力的な議論が展開されている。それは，単に民法典の抜本改正を前にしていきなり議論が活発化したということではなく，近年の民法学における契約法理の見直し作業が具体的な対象を得たと捕らえるべきであろう。そして，このような議論の内容が，今後の労働契約法のあり方をめぐる議論にとって貴重な示唆となることを看過すべきではない。

すなわち，90年代初頭からの内田貴教授による「関係契約説」[37] は，共同体の納得を得ることを基盤とする関係的規範が契約を形成する構造の存在を指摘し，とりわけ労働契約をそのような契約の典型例の一つと捕らえているし，また大村敦志教授は，契約の自由と言う原理が実際には貫徹してこなかったという認識を踏まえて，給付の均衡などの契約正義の観点からの原則により契約における合意という要素を構造として捕らえるべきであるとの主張を行ってきた[38]。これも，労働契約の成立や内容の特定という問題を検討する上で考慮すべき見解であることはいうまでもない。さらに山本敬三教授は，基本権保護義務という憲法学において定立されてきた概念を，民法の基本原理のひとつである公序良俗の再構成に応用し，契約当事者の基本権相互の衡平をどうはかるか，といった具体的問題の処理基準を示そうとしてい

---

[37] 関係契約説については，内田貴「契約の再生」（弘文堂，1989），同「契約の時代」（岩波書店，2000年）参照。

[38] 大村敦志「公序良俗と契約正義」（有斐閣，1995），同「契約法から消費者法へ」（東京大学出版会，1999年）参照。

る[39]。そして山本教授は，このような具体的問題の一例として労働契約における競業避止義務と労働者の職業選択の自由との関係をあげているのである[40]。

このほか，契約変更の局面を対象とした再交渉義務論や，前世紀末から考察が進められてきた契約交渉過程の諸課題を解明しようとする熟度論なども，労働契約の法制化においては大いに参考になる議論であるといえよう[41]。

こうして，労働契約の成立や内容の特定・変更等の基本課題につき，民法学の議論は豊富で有益な示唆を与えてくれている。しかし，今般の労働契約法制定論議の中で，これらの議論が十分に検討され，かつ有効に反映されたということはできない。唯一，内田教授の関係契約説は就業規則と労働契約との関係や労働条件不利益変更の問題について一定の影響をもたらしたように思われるが，それが必ずしも適切な方向をもたらしたといえないのは前述の通りである。

債権法改正の大波の中で雇用契約の取り扱いが問題となることが避けられないとすれば，現行労働契約法をめぐる議論も，今後いっそう本格化することが予想される。その際には，上述した基本課題の十全な検討は不可欠の前提といえるのではないだろうか。

## 4 結 語

あるべき労働契約はどのような姿として想定しうるのか―。多くの論者が検討を重ねているこの問題への私見はすでに他の場所で示したことがある[42]が，当時はまだ厚労省において「今後の労働契約の在り方に関する研究会報

---

[39] 山本敬三「公序良俗論の再構成」(有斐閣, 2000) 参照。
[40] 前掲注33山本・66頁。
[41] 再交渉義務論については，山本顕治「契約交渉関係の法的構造についての一考察(1)～(3)」（民商法雑誌100巻2, 3, 5号），石川博康「「再交渉義務論」の構造とその理論的考察(1)(2)」（法学協会雑誌118巻2, 4号），熟度論については川上正二「「契約の成立」をめぐって―現代契約法論への一考察」（判例タイムズ655号11頁以下）参照。
[42] 前掲注2野川，同注8野川参照。

Ⅲ　雇用変化と労働法の課題

告書」が出た段階であった。その後労政審での議論を経て，右報告書で提案された内容の多くが反映されない法律が制定された現在，むしろ労働契約法を「雇用契約法」にリニューアルする必要性をあらためて提唱したい。労基法がカバーできる対象がますます減少し，多様な労務給付契約の類型が次々と出現している現状にかんがみ，またこれまでの労働契約法理をいっそう有効に機能させる必要性を踏まえると，民法の中での雇用契約の位置の見直しを含めた最も総合的な「雇用契約法」の制定こそが，個別労働関係をめぐる様々な今日的問題を解決するための出発点となると考えられるからである。

# 「仕事と生活の調和」をめぐる法的課題

土 田 道 夫

## 1 本稿の目的

　本稿は，「仕事と生活の調和」（ワーク・ライフ・バランス）を促進する上で，いかなる法的課題があるかを検証し，その方向性を提示することを目的とする。

　「仕事と生活の調和」については，すでに，2004年の厚生労働省『仕事と生活の調和に関する検討会議報告書』がポイントを示している[1]。すなわち，同報告書は，近年における社会経済状況の変化（人口構造の変化，企業の競争構造の変化，働く者の変化）に伴い，次のような基本的認識を示している。いわく，「仕事については，誰もが自らの選択により，家庭，地域，学習やボランティア活動などの様々な『仕事以外の活動』すなわち『生活』と様々に組み合わせ，両者の『調和』を図ることができるようにする必要がある。そして，今後の我が国においては，この『調和』の実現を通じて，すべての働く者が安心・納得できるようにすることの重要性が増している」と。そして，そのための具体的方策として，①働く者が労働時間と生活時間を様々な配分で選択できるよう，労働時間を短縮しつつ選択肢の多様化を図ること，

---

[1] 厚生労働省『仕事と生活の調和に関する検討会議報告書』（2004年）。なお，これからの賃金制度のあり方に関する研究会編『企業における多様な働き方と賃金制度』（2006年・雇用情報センター）は，賃金制度の観点から「仕事と生活の調和ある働き方」にアプローチしている。本稿は，同書に収められた土田道夫「仕事と生活の調和ある働き方と法的課題」に，その後の情報も含めて加筆を施した上，（財）雇用情報センターの承諾を得て執筆するものである。

②ある時期は仕事を優先し，ある時期は家庭を優先し，また別の時期には自分を優先するなど，ライフステージにわたる長期的視点からの仕事と生活の調和を図ること，③就業場所についても，テレワークなど，場所を選択して働くことができるような選択肢を設けること，④働き方の多様な選択肢を設けた場合に，働き方相互間での公正な処遇の確保を図ることが不可欠であること，⑤多様なキャリア（職業キャリア・人生のキャリア双方を含む）をもった働き方が可能となるよう，キャリア権の考え方を強めること，などである。

また，2007年には，政府が『仕事と生活の調和（ワーク・ライフ・バランス）憲章』を公表し，a「就労による経済的自立が可能な社会」，b健康で豊かな生活のための時間が確保できる社会」，c「多様な働き方・生き方が選択できる社会」の実現を目指すとともに，そのために必要な方策を『仕事と生活の調和推進のための行動指針』として定めている。さらに，2007年に制定された労働契約法（平成19年法128号）は，「総則」に1条を設け，「労働契約は，労働者及び使用者が仕事と生活の調和にも配慮しつつ締結し，又は変更すべきものとする」と規定する（3条3項——仕事と生活の調和への配慮の原則）。

本稿では，特に，『仕事と生活の調和に関する検討会議報告書』の提言をふまえつつ，正社員雇用を中心に，「仕事と生活の調和」をめぐる解釈論・立法政策上の課題について検討する。その際，特に上記の④，すなわち，働き方の選択肢を多様化しつつ，働き方相互間の公正な処遇を図る必要があるとの観点に着目したい（『仕事と生活の調和（ワーク・ライフ・バランス）憲章』ではcにあたる）。「働き方の多様化」と「公正処遇」は，「仕事と生活の調和」を促進する上での車の両輪である。前者だけでは，典型的なフルタイム正社員とそれ以外の労働者間の格差が拡大したまま多様化が進行し，かえって多様化を妨げるおそれがあるし，後者だけでは，企業にメリットがなく，多様な雇用機会を狭める危険があるからである[2]。

---

2　この点については，土田道夫「解雇・労働条件の変更・ワークシェアリング——『働き方の多様化』に向けた法的戦略」同志社法学289号（2002年）117頁以下，厚生労働省『パート労働の課題と対応の方向性—パートタイム労働研究会最終報告』（2002年）参照。『仕事と生活の調和（ワーク・ライフ・バランス）憲章』も，「多様な働き方・

この点，雇用の多様化に関する法政策は，最近の労働法改正によって着々と進行している。特に，2003年の労基法改正による有期雇用の規制緩和（14条），裁量労働制の規制改革（38条の3，38条の4），同年の労働者派遣法改正による派遣期間の上限延長などが挙げられる。テレワークについても，それを正面から認める労働法制はないが，逆に労働法によって禁止されているわけでもない。

　では，公正処遇の方はどうか。企業における賃金処遇をめぐる問題であるだけに，強行法的な介入には無理があり，基本的には，企業・労使による取り組みに委ねられている。もっとも，パートタイマーに関しては，2007年にパートタイム労働法（短時間労働者の雇用管理の改善等に関する法律）が抜本改正され，均等処遇の強行規定（8条）や，均衡処遇の努力義務規定（9条）が盛り込まれたが（平成19年法72号），本稿が対象とする正社員に関しては，特段の立法規定は存在しない。しかし，だからといって，公正な処遇の確保が「できなければ，働く者の納得は得られないばかりか，意欲の減退につながるおそれがあ」り，それに向けた「労使の取り組みを促していく必要がある」ことは明らかである[3]。公正処遇は，賃金処遇のみならず，配置・人事異動・能力開発等の人事制度を含む広範な概念を意味する。

　こうして，「仕事と生活の調和」をめぐる法的課題としては，企業・労使が働き方の多様化を進めつつ，公正な処遇を進め，人事制度を構築するよう促進するインセンティブ規制が重要となる。もともと労働法自体，今日では，かつての工場労働関係をモデルとする強行的・一律的な介入モデルではなく，企業・労使の取り組みを促すインセンティブ規制に変身しつつあるが，働き方の多様化と公正処遇を進め，それを通して「仕事と生活の調和」を促進する上では，労使双方の納得と自主的取り組みが不可欠であり，特にこうした発想が求められるといえよう。

　また，「仕事と生活の調和」を進めるためには，成果主義人事とのリンクが有効適切と考えられる。成果主義は，いうまでもなく，労働者個人の意

　　生き方が選択できる社会」の条件として，誰もが「個人の置かれた状況に応じて多様で柔軟な働き方が選択でき，しかも公正な処遇が確保されている」ことを挙げている。
3　厚生労働省・前掲注（1）報告書。

欲・能力・成果を基準に賃金処遇を行う制度であり，賃金処遇を年齢・勤続年数・性別・雇用形態などのステレオタイプな属性から切断する点に特色がある。また，年俸制や裁量労働制においては，賃金処遇は労働時間とも切断されている。このような制度は，「仕事と生活の調和」の促進に親和的といえよう。たとえば短時間正社員の場合，成果主義人事によれば，労働者が長時間働かなくても，生活との調和を考慮して効率よく短時間で働き，成果を挙げるのであれば高処遇に値するのであり，そうした処遇制度と短時間正社員制度は親和的である。また，裁量労働制は，本人に労働時間の配分を委ねる点で「仕事と生活の調和」にふさわしい制度であるが，この制度が適切に機能するかどうかは，裁量労働者に対して成果に即した公正な評価が行われ，報酬が支払われるかどうかに依拠している。本稿では，上記の点に鑑み，成果主義人事との関係も意識しながら検討したい[4]。

## 2 短時間正社員制度

### (1) 緒　説

短時間正社員とは，所定労働時間が企業における通常の所定労働時間より短い正社員をいう。すなわち「正社員であって短時間勤務である」社員のことである。短時間正社員には，「正社員の所定労働時間を一時的に短くするタイプ」（短時間正社員Ⅰ）と，「所定労働時間をフルタイム正社員より短く設定するタイプ」（短時間正社員Ⅱ—終始短時間型，短時間移行型）がある。多様就業型ワークシェアリングの目玉であると同時に，「仕事と生活の調和」を進める上でも重要な制度である[5]。

法律上は，短時間正社員Ⅰに相当する制度が育児・介護休業法において導

---

[4] 成果主義人事の意義については，土田道夫「成果主義人事と労働契約・労働法」土田道夫＝山川隆一編『成果主義人事と労働法』（2003年・日本労働研究機構）57頁参照。

[5] 短時間正社員制度については，厚生労働省『多様就業型ワークシェアリング制度導入実務検討会議報告書』（2006年），笹島芳雄「短時間正社員制度と賃金」これからの賃金制度のあり方に関する研究会・前掲注（1）書9頁が詳しい。

入されている。すなわち同法は、全日の育児休業を長期間取得することが困難な労働者がいることを考慮して、育児休業を取得せずに1歳までの子を養育する労働者が希望する場合は、その労働者に対して勤務時間の短縮措置を講ずる義務を課している（育児・介護休業法23条1項）。具体的には短時間勤務制度、フレックスタイム制、時差出勤制度、所定外労働の免除等を掲げるが（育児・介護休業法施行規則34条）、このうち、短時間勤務制度が短時間正社員Ⅰに相当する。要介護状態にある対象家族を介護する者についても、同様の短時間勤務制度が規定されている（育児・介護休業法23条2項）。企業においても、この種の短時間正社員制度の導入は進みつつあり、「制度が既にある」が27.2％、「検討中」が3.6％、「今後検討の可能性がある」が21.3％に上っている（ただし「今後検討の可能性がない」も42.6％と多い—21世紀職業財団「多様な就業形態のあり方に関する調査」（2002年））。

(2) 賃金の取扱い

法的には、勤務時間短縮制度を取得した労働者に対する賃金処遇が問題となる。企業事例を見ると、基本給については、時間比例で減額という企業が多く、手当・通勤費や退職金については影響なしとする企業が多数であるが、賞与に関しては、時間比例で減額のほか、業績部分は低い査定率を適用する企業がある一方、成果主義のため影響なしとする企業まで様々である（東京都産業労働局「短時間正社員の可能性についての調査報告書」（2003年））。

一方、短時間正社員制度のフロンティアと目されている企業では、たとえば週3日勤務であれば、労働時間はフルタイム正社員の60％であるのに、賃金は正社員の50％（時間当り賃金は83％）、週4日勤務であれば、労働時間は正社員の80％であるのに、賃金は70％（時間当り賃金は88％）という具合に、労働時間の短縮率以上に賃金が減少している[6]。短時間就労に伴う賃金の比例的減額であれば、当該不就労時間の取扱いに関する法律上の規制はなく、労使自治に委ねられるため、労使間に特段の定めがない限りはノーワーク・ノーペイの原則が妥当し、賃金カットの取扱いに問題はない。これに対

---

6 笹島・前掲注（5）論文17頁参照。

し，時間比例以上に賃金を減額するような処遇制度については，その適法性が問題となる。

　思うに，短時間正社員を含めて，人事処遇は基本的に労使間の自主的取り決め（契約の自由）が妥当する問題であり，時間短縮以上に賃金が減少しているからといって，直ちに違法の問題が生ずるわけではない。上記企業の場合，賞与・昇給は時間比例で決定しており，福利厚生まで含めれば，フルタイム正社員と処遇内容は異ならないとされているため，直ちに法的問題は生じないであろう。ただし，最近の判例によれば，こうした取扱いは，勤務時間短縮措置（短時間正社員制度）を取得したことを理由とする不利益取扱いとして，公序（民法90条）違反の問題を生ずるおそれなしとしない。この後述べるとおり，判例は，勤務時間短縮措置の取得に伴う不就労時間についての比例的な賃金減額を適法としつつ，それを超える不利益取扱いについては公序違反の余地を認め，比例的減額かどうかを重視しているからである[7]。

　また，職務内容がフルタイム正社員と異ならないにもかかわらず，均衡を失する程度に賃金を引き下げる場合は，その面からも公序との関係が問題となる。この点，パートタイマーについては，2007年にパートタイム労働法が改正され，通常の労働者（正社員）と同視すべきパートタイマーに関して差別的取扱いを禁止する（8条）とともに，それ以外のパートタイマー（職務内容が正社員と同一のパートタイマー等）について，正社員との均衡を考慮しつつ賃金を決定すべき努力義務（9条）を課す改正が行われた[8]。この動向をふまえると，もともと正社員であり，パートタイマー以上に基幹労働力に位置づけられる短時間正社員に関しては，条理上，均等処遇・均衡処遇が公序の内容と解されることは当然と解される[9]。

---

[7] 東朋学園事件・最判平成15・12・4労判862号14頁。

[8] パートタイム労働法の改正に関する詳細は，土田道夫『労働法概説』（2008年・弘文堂）300頁以下，同『労働契約法』（2008年・有斐閣）686頁以下参照。また，パートタイム労働法の基本理念である「均衡の理念」（同法3条）に関しては，土田道夫「パートタイム労働と『均衡の理念』」民商法雑誌119巻4・5号（2000年）547頁参照。

[9] この「条理」に関しては，「労働契約は，労働者及び使用者が，就業の実態に応じ

(3) 不利益取扱いの適法性

　短時間正社員の処遇をめぐる具体的な法律問題としては，勤務時間短縮措置の取得を理由とする賞与等の不利益取扱いの適法性という問題がある。企業が昇給や賞与・精皆勤手当の支給に際して，育児・介護休業や勤務時間短縮措置の取得を欠勤扱いとし，昇給不実施や賞与・精勤皆勤手当を不支給とするケースは少なくない。こうした措置は，法が権利として認めた勤務時間短縮措置の性格にてらして許されるであろうか。

　この問題については，勤務時間短縮措置取得中の賃金支払義務は労使自治に委ねられるという側面（上述）と，労使自治によって不利益取扱いを無制限に認めると，労働者の権利行使を抑制し，ひいてはそれら権利を保障する法令（ここでは育児・介護休業法）の趣旨を没却する結果となるという側面を考慮する必要がある。そこで判例は，不利益取扱いの趣旨・目的，労働者が被る経済的不利益の内容・程度，権利行使に対する事実上の抑制力を総合して，それら制度が労働者の権利行使を抑制し，法の趣旨を失わせる程度のものか否かを検討し，それが肯定されれば公序（民法90条）違反となると判断している[10]。特に，最近の最高裁判例（東朋学園事件）は，賞与について出勤率90％以上を支給要件としつつ（90％条項），育児休業法（当時）上の勤務時間短縮措置の取得を欠勤扱いとし，上記出勤率未満の場合に賞与を全額不支給とする旨定めた給与規程（就業規則）について，①本件90％条項は賞与を全額不支給とする点で不利益が大きいこと，②本件では，年間総収入に占める賞与の割合が大きいこと，③90％という出勤率の数値から見て，勤務時間短縮措置の取得によって直ちに90％条項に該当し，賞与不支給となる可能性が高いことの3点から，権利行使に対する抑制力の強さを認定し，公

---

　　て，均衡を考慮しつつ締結し，又は変更すべきものとする」と規定する労働契約法3条2項（均衡考慮の原則）も根拠となると解される。
10　産前産後休業の取得を理由とする昇給上の不利益取扱いにつき，日本シェーリング事件・最判平成元・12・14民集43巻12号1895頁，生理休暇の取得を理由とする不利益取扱いにつき，エヌ・ビー・シー工業事件・最判昭和60・7・16民集39巻5号1023頁。

### III 雇用変化と労働法の課題

序違反により無効と判断する[11]。短時間正社員制度の導入に際しても，留意すべき判断といえよう。成果主義人事の観点から見ても，労働者の賃金や賞与は，本人の能力・成果によって判断すべきであり，法律上の権利行使を理由に不利益に扱うような人事制度は本末転倒である。

　一方，東朋学園事件においては，勤務時間短縮措置による現実の不就労時間分を賞与支給額からカットすることの適法性も争点となったが，この点については，最高裁判決と，原判決とで判断が分かれた。原判決が，この種の取扱いは企業・業界によって多様であり，ノーワーク・ノーペイ原則によって直ちに不就労時間に正比例して賞与をカットすべきとはいえない等と述べて違法と判断した[12]のに対し，最高裁は，労働者は本来，不就労時間に対する賃金請求権を有しない上，本件就業規則においても，不就労時間は無給とされており，また無給としても，労働者の権利行使に対する抑制効果は強くないと述べて公序違反を否定し，原判決を破棄している。一般に，ノーワーク・ノーペイの原則は任意法的原則であるから，直ちに不就労時間に対応する賞与の不支給が許されるわけではないが，実際に同原則を採用している企業では，労使自治の範囲内として許容されることになる。しかし，これはあくまで不就労時間に比例して減額する場合であって，それを超えて減額する場合は，権利行使に対する抑制効果が肯定される余地がある[13]。時間短縮に伴う賃金の減額率について公序違反の問題が生じうると述べたのは，この意味においてである。

　なお，育児・介護休業法は，育児・介護休業の申出をし，またはこれを取得したことを理由とする解雇その他の不利益取扱いについては，明文をもってこれを禁止している（10条・16条）。ただし，育児・介護休業の取得による不就労期間中の賃金カットについては，上記の東朋学園事件の判断が妥当すると思われる。なお，休業期間中の賃金の取扱いは労使に委ねられるが，

---

11　前掲注（7）東朋学園事件。
12　東朋学園事件・東京高判平成13・4・17労判803号11頁。
13　前掲注（7）東朋学園事件も，不就労時間に比例した賞与カットの場合は，労働者の権利行使に対する抑制効果が小さいことを，同カットを適法とする一理由として挙げている。

雇用保険制度から，休業開始前の賃金の50％が育児休業給付・介護休業給付として支給される[14]。

(4) 一般的な短時間正社員制度の可能性

以上では，育児・介護休業法上の勤務時間短縮制度（短時間正社員制度Ⅰ）をめぐる法律問題を瞥見したが，では，それ以外のニーズにも対応しうる短時間正社員Ⅱ（終始短時間型）についてはどうであろうか。「仕事と生活の調和」という観点から見ると，育児・介護以外にも多様なニーズが存在することから，この制度も短時間正社員Ⅰに劣らない重要性をもつはずである（たとえば，社会活動，キャリア形成のための大学院通学など）。しかし，その導入状況は芳しくない。21世紀職業財団「多様な就業形態のあり方に関する調査」（2002年）によれば，「既に正社員であって育児，介護以外の理由で短時間正社員を希望する者を対象」とする制度が「既にある」企業は4.3％，「検討中」が2.9％，「今後検討の可能性がある」が20.0％にとどまるのに対し，「今後検討の可能性がない」は67.1％に上っている。企業としては，仕事の配分（他の社員へのしわ寄せ）や業務の引き継ぎ等の面で難点があるということであろうか。一方，(2)で紹介した企業では，短時間正社員制度の利用に際して，目的を問わないとしている[15]。

短時間正社員制度Ⅱの導入が法的規律になじまないことはいうまでもない。しかし同時に，この制度が「仕事と生活の調和」を進める上で有意義であることも再言するまでもない。少なくとも処遇の面で見る限り，育児・介護休業法上の短時間勤務制度のような法規制はなく，また，賃金制度としては，職務給制度の導入によってより柔軟な対応が可能であることが指摘されている[16]。労使が知恵を絞って積極的導入に取り組むことを期待したい。

---

14 育児・介護休業の現状と方向性に関しては，鬼丸朋子「仕事と生活の調和ある働き方における育児・介護休業制度の位置づけ」これからの賃金制度のあり方に関する研究会・前掲注（1）書37頁参照。
15 笹島・前掲注（5）論文16頁参照。
16 笹島・前掲注（5）論文24頁，藤井康弘「その他自律を支援する制度と職務給の導入について」これからの賃金制度のあり方に関する研究会・前掲注（1）書77頁参照。

III 雇用変化と労働法の課題

## 3 配置・人事異動

(1) 緒 説

　配置・人事異動は，法的には使用者（企業）の人事権の問題である。そして従来，長期雇用制度を採用する日本企業においては，一般のホワイトカラーに関する限り，企業の広範な人事権が肯定され，法的にも同様に解されてきた。すなわち，配転命令に対する法規制は，配転命令権（人事権）の存否に関する労働契約の解釈と，配転命令権が肯定された場合の権利濫用の規制という2段階で行われるが，前者に関しては，一般のホワイトカラーに関しては，職種・勤務地限定の合意は消極に解され，後者についても，権利濫用による規制は例外的なものとされてきた[17]。

　しかし近年，人事権についても，「仕事と生活の調和」の観点や，労働者のキャリア権の発想によって一定の制約が肯定されるようになっている。まず企業においては，人事権を基本としつつも，労働者の選択権や生活上の利益に配慮する制度が登場している。仕事や職場に関する自主的選択を認める制度の導入（社内公募制，社内FA制，勤務地限定制度等），人事管理の個別化・多様化（専門職制度，コース別人事管理等），成果主義人事の導入，労働者個人のキャリア形成支援（キャリア・コンサルティング制度，教育訓練休暇等），家族の育児・介護に従事する労働者への配慮措置等が挙げられる[18]。

　また，こうした人事管理上の変化を促進する法制度上の動きも生じている。その代表例は，職業能力開発法における「職業生活設計の理念」（同法2条4項，3条の2）と，育児・介護休業法が定める転勤時の配慮義務（同法26条）である。こうした人事制度・法制度の変化は，人事権の解釈に際しても十分反映させる必要がある。

---

　17　詳細は，土田・前掲注（8）『労働法概説』166頁以下参照。
　18　木村周『キャリア・カウンセリング』（2003年・雇用問題研究会）107頁以下参照。

(2) 職業生活への配慮と人事権

　まず，職業能力開発法は，「職業生活設計の理念」として，労働者の自発的・計画的な能力開発の重要性と事業主によるその支援を謳い，具体的には，①労働者のキャリア形成に関する情報の提供，②労働者の配置その他の雇用管理上の配慮，③有給教育訓練休暇・長期教育休暇の付与，④教育訓練を受ける時間の確保の4点を規定する（10条の3，10条の4）。また，同法に基づく指針（平成18・9・25厚労告515号）は，①〜④の具体的内容として，キャリア形成に関する情報提供，キャリア・コンサルティング（相談等の援助）の実施，配置に際しての職業生活設計に即した実務経験機会の提供，社内公募制の整備，職業能力の発揮が可能となるような配置上の配慮，有給教育訓練休暇等の実施などを定めている。これら職業キャリア（職業生活設計）への配慮は，厳密にいえば「生活」への配慮ではないが，労働者個人の仕事やキャリアの選択権（自己実現）を尊重するという意味で，広い意味での「仕事と生活の調和」を目指すものと位置づけられよう[19]。こうした法制度の変化や，それを具体化する新たな人事制度が人事権それ自体をどのように制約するかについては後述し（4），ここでは，人事権濫用（労働契約法3条5項）への影響について考える。

　この点，従来の裁判例においては，長期雇用制度下のローテーション人事の実態を重視して，配転に伴う職種変更の不利益はほとんど顧みられてこなかった。今日でも，労働者は多様な職種・職務を経験してキャリアを形成するのが通常であるため，職種変更の不利益を過大に評価することは適切でない。

　しかし，上記のような変化をふまえると，今後は，職業生活設計の利益を法的利益ととらえ，同利益に対する配慮を人事権濫用の要素に位置づけるべ

---

[19] 職業能力開発法の改正を含めて，最近の法政策や，それが労働契約に及ぼす影響に関しては，両角道代「職業能力開発と労働法」講座21世紀の労働法2『労働市場の機構とルール』（2000年・有斐閣），同「職業能力開発と労働契約」『労働法の争点（第3版）』（2004年・有斐閣）259頁参照。また，「職業生活設計の理念」の基礎を成す「キャリア権」の考え方については，諏訪康雄「キャリア権の構想をめぐる一試論」日本労働研究雑誌468号（1999年）54頁参照。

きであろう。すなわち，使用者がキャリア形成の利益への配慮を著しく欠いたまま配転等の人事異動を命じた場合は，人事権の濫用が成立すると解すべきである。その典型は，専門的能力を発揮して就労してきた労働者を，合理的理由もなく能力を発揮できないポストに配転する場合や，高度な能力を要する職種への配置換えに際して，能力開発の機会を十分提供しない場合である。特に，全くの異職種への配転に際しては，高度の業務上の必要性を求めるとともに，使用者がキャリア形成上の不利益の軽減措置（能力維持・発揮のための機会の付与等）を講じたかどうかを考慮し，それが不十分な場合は人事権濫用を成立させると解すべきである。長年，熟練労働に従事してきた労働者に対する異職種配転についても同じことがいえる。

　裁判例でも，近年には，十分な能力評価を行わないまま不利益な配転を強行した場合に人事権濫用を認める例が増えている。たとえば，市場関係調査業務に従事してきた労働者の職務を解き，社内公募を利用して他の職務を探す仕事に配置換えしたことにつき，徒に不安感・屈辱感・疎外感を与えるポストへの配置として人事権濫用と解するとともに，「適切に就労させ，不当な処遇をしてその人格の尊厳を傷つけないよう配慮すべき」付随義務違反として損害賠償責任を認めた例[20]や，退職勧奨拒否者に対する賃金減額を伴う降格的配転命令につき，その基礎となった人事考課を含め，労働者の能力に対する評価の適切さを著しく欠いていると述べて無効と判断した例[21]などがある。時代は，「仕事と生活（ここでは職業生活）の調和」への配慮を求める時代に確実に変化しつつある[22]。

(3) 家庭生活への配慮と人事権
㈦ 使用者の配慮の必要性
　家庭生活への配慮が人事権をどう制約するかは，特に遠隔地転勤において問題となる。それを象徴するのが単身赴任問題である。この点，最高裁は，

---

20　プロクター・アンド・ギャンブル・ファー・イースト・インク事件・神戸地判平成16・8・31労判880号52頁。
21　日本ドナルドソン事件・東京地八王子支判平成15・10・30労判866号20頁。
22　詳細は，土田・前掲注（8）『労働契約法』378頁参照。

「労働者が通常甘受すべき程度を著しく超える不利益を負わせる」程度の不利益か否かを基準としつつ，単身赴任を含む通常の遠隔地転勤について，労働者が通常甘受すべき程度の不利益と解し，人事権濫用を否定している[23]。その後の裁判例も，本人または家族の病気によって転勤が困難なケースでは人事権濫用を認める[24]一方，それ以外の不利益（単身赴任，通勤時間の長時間化による幼児の保育場の支障）については，労働者が通常甘受すべき不利益にとどまると解している[25]。人事の公平の観点からは，家庭生活上の不利益を過大評価すべきではないが，同時に，「仕事と生活の調和」の観点からは，労働者の被る不利益をより慎重にチェックする必要がある。労働契約法3条3項が規定する「仕事と生活の調和への配慮の原則」からも同じことがいえる。

まず，家族の重病と介護の必要性といった特別の事情があるときは，一般の転勤以上に高度の業務上の必要性を求めるべきである。これに対し，単身赴任をもたらす転勤については，遠隔地転勤が特別の事情とはいえない以上，業務上の必要性を過度に厳格に考えるべきではない。しかし，単身赴任が本人のみならず，家族の扶養・介護・教育への影響をもたらすことが多いことを考えると，一定の配慮が要請される。すなわち，単身赴任をもたらす転勤については，使用者は信義則上，単身赴任が労働者に及ぼす不利益を回避・軽減するための措置を講ずるよう配慮すべきものと解し，その点を人事権濫用の要素に位置づけるべきである（労働契約法3条4項，同5項）。裁判例においても，こうした配慮義務を求める例が増えており，最近における人事権濫用の否定例は，企業がこうした配慮を行ったケースによって占められている点に注意すべきである[26]。

---

23 東亜ペイント事件・最判昭和61・7・14労判477号6頁。
24 北海道コカコーラボトリング事件・札幌地決平成9・7・23労判723号62頁，ネスレジャパンホールディングス事件・神戸地姫路支決平成15・11・14労判861号88頁。
25 単身赴任につき，帝国臓器製薬事件・最判平成11・9・17労判768号16頁，通勤の長時間化や幼児の保育上の支障につき，ケンウッド事件・最判平成12・1・28労判774号7頁。裁判例については，土田・前掲注（8）『労働契約法』379頁以下参照。
26 前掲注（25）帝国臓器製薬事件の第一審・東京地判平成5・9・29労判636号19頁

この配慮の要請はさらに，①単身赴任を回避し，家族帯同の転勤を可能とする措置（配偶者の就職斡旋，保育所紹介等）と，②単身赴任が避けられない場合の不利益の軽減措置（本人の健康対策，定期的帰省の配慮）に分かれる。前記のとおり，企業においても一定の制度化が進んでおり，これを人事権濫用の要素に位置づけることによってそうした制度化を促進すべきである。ただし，裁判例の多くは，配慮義務の内容を「各企業の実情に応じた人事施策に委ねられるべきもの」と解し，かつ，単身赴任の回避（①）よりは，それを選択した後の不利益軽減措置（②）を重視している[27]。しかし，労働者の不利益によっては，単身赴任の事前の回避措置（①）が重要となる場合もありうる。たとえば，重度の要介護者を家族に抱える労働者にとっては，日常的な介護こそが重要であって，単身赴任後の経済的配慮（②）によっては介護の中止という不利益を塡補できないことが多い。こうしたケースでは，事前の回避措置に重点を置いて人事権濫用を判断する必要がある。その点を実定法として認めたのが，次に述べる育児・介護休業法26条である。

(イ) 育児・介護休業法上の配慮義務

育児・介護休業法26条は，労働者の転勤によって子の養育や家族の介護が困難となる場合は，使用者がそれらの状況に配慮すべきことを定めており，育児・介護に従事する労働者については，人事権濫用の要素となると解される。具体的には，同法に基づく指針（子の養育又は家族の介護を行い，又は行うこととなる労働者の職業生活と家庭生活との両立が図られるようにするために事業主が講ずべき措置に関する指針。平成16・12・8厚労告460号）が，対象労働者の育児・介護状況の把握，本人の意向の斟酌，転勤後の育児・介護に関する代替手段の有無の確認等を規定している。

使用者は，この規定によって，転勤を行わない義務まで負うわけではない。しかし使用者は，労働者の育児・介護上の負担の考慮や，転勤を回避するための方策等について真摯に対応する義務を負い，その点が人事権濫用（労働契約法3条5項）に影響するものと解される。具体的には，使用者は，労働

---

が代表例である。同旨，新日本製鐵事件・福岡高判平成13・8・21労判819号57頁。
[27] 前掲注(26)帝国臓器製薬事件。

者の意向聴取によって育児・介護の状況（特に，本人が育児・介護を行う必要があるのか，他に代替手段があるのか）を把握し，本人による育児・介護の必要性が高い場合は転勤をできるだけ回避し，転勤が避けられない場合は手厚い経済的支援を講ずる義務を負うと解すべきである。

　裁判例では，介護上の配慮を求める申し出にもかかわらず，転勤命令を再検討することなく強行したケース[28]や，労働者が転勤前の事情聴取において，母親が要介護2の認定を受けているとして介護の必要性を申告したにもかかわらず，その事情を聴取することなく転勤に応ずることを求めたケース[29]で人事権濫用が肯定されている。これらのケースでは，使用者は転勤自体については相当の経済的配慮（帰省費用，諸手当支給等）を講じているが，裁判所は，労働者本人による介護の必要性が高いことを理由に配慮義務違反を肯定しており，育児・介護の状況によっては通常の経済的支援では不十分であることを示している。すなわちここでは，事前の回避措置に重点を置いた人事権行使が求められるのであり，これは，「仕事と生活の調和」の法的要請にほかならない。一方，使用者が誠実な対応を行っていれば，人事権濫用が否定されることはいうまでもない[30]。

---

[28]　明治図書出版事件・東京地決平成14・12・27労判861号69頁。

[29]　ネスレ日本事件・大阪高判平成18・4・4労判915号60頁。NTT西日本事件・大阪地判平成19・3・28労判946号130頁も参照。

[30]　育児・介護休業法26条が直接争われたケースではないが，前掲注（25）ケンウッド事件は，転勤による通勤時間の長時間化によって生ずる幼児の保育問題につき，会社が勤務時間を含めて話し合いを求めたにもかかわらず，労働者がこれに応じようとしなかったことを一理由として人事権濫用を否定している。また，札幌から東京への転勤命令につき，会社には単身赴任手当のほか，看護休暇や介護休職の制度があり，労働者が行ってきた週1～2日の父親の介護には十分と判断し，転勤命令を有効と判断した裁判例もある（NTT東日本事件・札幌地決平成15・2・4労判846号89頁）。本件では，労働者本人による介護が不可欠という状況ではなかったとも認定されており，本人による介護の必要性の程度がポイントとなることがわかる。

## 4 職種・勤務地限定社員，コース別人事管理，社内公募制

　前記のとおり，従来，人事権の根拠となる労働契約の解釈に際しては，職種・勤務地限定の合意は認められず，就業規則上の包括的配転条項によって広範な人事権が肯定されてきた。これに対し，ここで紹介する新たな人事制度においては，職種・勤務地限定の合意が制度的に創出され，人事権を制約することになる。「仕事と生活の調和」に向けた制度として注目される。法律問題としては，人事権の範囲，一般ホワイトカラーとの処遇の均衡，雇用確保義務の3点が問題となる。

(1) 制度の概要
(ア) 職種・部門限定社員
　募集・採用に際して，あらかじめ職種や部門を区分し，その職種・部門ごとに採用・雇用区分を行う制度である。高度の専門的能力を要する基幹業務を担当するケースが多いが，一般ホワイトカラーに比べると，上級管理職への昇進について違いが生ずる。これを昇進制度に導入したのが専門職制度であり，昇進制度を複線化しつつ，独力で専門的業務を遂行する能力のある社員を専門職として処遇する制度をいう。広い意味で，「仕事と生活の調和」にマッチする制度といいうる。

(イ) コース別雇用制
　本人の希望により，従業員の職種と処遇を分け，広範かつ基幹的な業務を担当するコース（総合職等）と，定型的で補助的な業務を担当するコース（一般職等）に区分する制度をいう。前者のコースでは，異職種配転・広域転勤・出向等の人事異動に服する一方，上級管理職への昇進可能性が予定されるのに対し，後者のコースでは，配転や出向は限定されるが，昇進も限定される。

(ウ) 勤務地限定制度
　コース別雇用制を勤務地に応用した制度であり，全国・海外勤務や出航を予定するコース（全国コース），一定の地域内の転勤を予定する中間コース

(エリアコース等), 勤務地を通勤可能な事業所に限定し, 転居を伴う転勤を予定しない「限定コース」等に分けることが多い。

(エ) 社内公募制・社内 FA 制

社内公募制は, 担当業務を予め明示し, その業務に従事する人材を社内から広く募集する制度であり, 社内 FA 制は, 労働者の側から希望する職務を申告し, 会社が審査の上でその職務を担当させる制度をいう。前者は求人型, 後者は求職型という違いはあるが, ともに従来の「上命下服」型人事を転換する新たな人事制度であり, 人材発掘・人材活性化・組織活性化・能力開発活性化としてのメリットが指摘されている[31]。

いずれの制度も,「仕事と生活の調和」という観点からは, 社員に働き方の選択肢を提供し,「仕事と生活」をどう重視するかの選択を本人に委ねることによって, 社員のニーズに応えようとする制度ということができる。

(2) 法律問題

(ア) 人事権の範囲

まず人事権については, 職種・部門限定社員, コース別雇用制における一般職, 勤務地限定制度の適用者については, 職種・勤務地限定の合意によって人事権が制限される。すなわち一方では, これらの制度は, 就業規則上の人事制度を意味するため, 就業規則自体による人事権の限定をもたらす。また他方, これら制度の選択は, 本人の申請と企業による承認というプロセスを辿るため, 労使間の個別的合意による契約内容の限定をもたらすことになる。したがって, これら制度の適用者については, 当該制度が予定する職種・部門・勤務地への異動命令は可能であるが, それを超える人事異動には本人同意が必要となる。就業規則の包括的配転条項との関係では, 職種・勤務地限定の合意は, 配転条項に優先すべき個別的特約を意味することになろう (労働契約法 7 条但書参照)。労働者がどうしても同意しなかった場合は, 変更解約告知による対処を認めるべきである[32]。

---

[31] 今野浩一郎 = 佐藤博樹『人事管理入門』(2002 年・日本経済新聞社) 90 頁参照。
[32] この点については, 土田・前掲注 (8)『労働契約法』375 頁参照。

社内公募制・社内 FA 制は，法的には，労使間の個別的合意（本人同意）に基づく人事異動を意味する。しかし一方，これら制度においては，上記の各制度と異なり，職種・職務内容を契約上特定する効果までもつものではなく，各制度によって異動した労働者に対しても，配転条項に基づく通常の人事権行使は可能である。その場合も，社内公募制・社内 FA 制の趣旨に鑑み，労働者の意向を最大限尊重する必要がある。

(イ) 処　遇

処遇については，上述した限定的人事制度の適用者について，そうした限定のない労働者との間で合理的な処遇格差を設けうることは当然であり，その点に法律上の問題はない。これら労働者の間には，職務・職責・企業による拘束度や，企業に対する貢献度において自ずから違いがあり，こうした違いに基づくリスク（＝働き方のリスク）が高い労働者に対して報いること（＝リスクプレミアム）は，企業の合理的人事政策の範疇に属するからである。それはまた，正社員雇用を多様化しつつ，正社員雇用によって企業に生ずる過剰負担を軽減し，ひいては「仕事と生活の調和」に向けた企業行動を促進することを意味する。裁判例でも，勤務地限定・無限定の基準（広域転勤の有無）によって賃金に格差を設けることは，それが建前どおり運用されている限りは問題はないと判断した例がある[33]。

ただし，これにも 2 つの観点からの制約がある。

第 1 に，これら制度が男女差別の便法として用いられてはならない。職種・勤務地の限定・無限定によって処遇格差を設けること自体は適法であるが，実際には，それらを無限定とするコースを男性に限定し，限定するコースを女性に限定するような運用を行い，女性の賃金を抑制することを意図していれば，男女同一賃金原則（労基法 4 条）違反と評価される。裁判例でも，上記の勤務地限定・無限定基準の運用事例につき，実際には男性を例外なく勤務地無限定，女性を勤務地限定とする人事配置を行っていることから，男女差別を容認する意図で制度を運用しているとして労基法 4 条違反を認めた例がある[34]。また，そのような事実上の男女別コース制は，雇用機会均等法

---

[33] 三陽物産事件・東京地判平成 6・6・16 労判 651 号 15 頁。

の下では，性別を理由とする配置・昇進差別の禁止（6条1号）および職種・雇用形態の変更に関する差別の禁止（同3号）違反となるとともに，公序（民法90条）違反として，制度そのものが違法と評価される[35]。さらに，2006年の改正均等法は，新たに「間接差別」の規制を設け（7条），その一環として，①総合職の募集・採用に際して全国転勤を要件とすることと，②昇進に際して転居を伴う転勤経験を要件とすることを定め，厚生労働省令に規定している[36]。これら①・②の措置について「合理的な理由」があれば間接差別は成立しないが（7条）[37]，企業としては，限定的人事制度が男女差別の温床との謗りを受けないよう，制度設計と運用に留意する必要がある。

　第2に，これらの制度において処遇格差を設けること自体は適法であるが，その格差が均衡を失する程度に著しい格差を意味するものであってはならない。前記のとおり，この均衡処遇の規制（パートタイム労働法8条・9条）は，直接的にはパートタイマーに関するものであるが，パートタイマー以上に職務と拘束度が高い正社員については，公序（民法90条）を通して処遇格差の規制根拠となるものと解される。企業としては，処遇格差が均衡処遇の逸脱という謗りを受けないよう，均衡処遇に向けて取り組む必要がある。そのための具体的な処遇モデルも様々に提案されており，特に，働き方に限定条件（時間・場所・勤務地の限定）がある社員群（Job-entry社員群）と，そうした限定がない社員群（Company-entry社員群）を分けた上，職能資格制度と職務給制度の組み合わせによって均衡処遇のモデルを提案する見解が注目され

---

34　前掲注（33）三陽物産事件。
35　野村證券事件・東京地判平成14・2・20労判822号13頁。
36　平成18・10・11厚労省令183号。間接差別規制を含む改正均等法の基本的考え方については，厚生労働省『男女雇用機会均等政策研究会報告書』（2004年）参照。
37　厚生労働省の指針（平成18・10・11厚労告614号）は，「合理的理由がない場合」として，①広域にわたり展開する支店・支社等がなく，その計画もない場合や，②広域に展開する支店・支社等はあるものの，それら支店・支社等で管理者としての経験を積むことが幹部としての能力の育成・確保に必要と認められず，かつ，転居を伴うローテーション人事が特に必要と認められない場合を挙げている。全国展開する企業の場合，このようなケースが生ずることは少数であろうから，間接差別の合理的理由は相当広範に認められることになろう。

る[38]。

(ウ) 雇用確保義務の範囲

雇用確保義務については，人事権が限定される（上記(ア)）代わりに，その義務が軽減されると解すべきである。すなわち，これら制度の適用者は，職種または勤務地を特定して労働契約を締結しているため，当該職種や勤務場所が失われた場合の解雇回避努力義務も軽減される。もともと解雇回避努力義務は，包括的労働契約に基づく広範な人事権と表裏一体の関係にあるため，そうした契約を締結している正社員については妥当するが，職種・勤務地限定社員等については，労働契約の解釈上，縮減されざるをえない。もちろん，これら労働者といえども，企業は合理的な雇用確保努力を求められるが，企業に期待可能な範囲を超えて過度に拡大すべきではない。これは一見，労働者保護に反するようであるが，企業にとって柔軟な正社員雇用を可能とし，正社員雇用を促進するという意味では，「仕事と生活の調和」に資する解釈ともなりうる[39]。

## 5　労働時間制度

「仕事と生活の調和」という観点から見た労働時間制度として注目されるのは，フレックスタイム制と裁量労働制である。ともに，労働者が自らの生活設計に合わせて労働時間を決定できることを可能とする制度を意味するからである。労使双方からのニーズが高い制度といえよう。もっとも，法制度としてみた場合は，ともに労基法に規定され，定型的労働時間規制を除外する制度として位置づけられているため（32条の3，38条の3，4），定型的規制の原則からの逸脱を恐れるあまりの過剰規制が目立つ。以下，この観点からポイントとなる点について指摘する[40]。

---

[38] 短時間労働者の活用と均衡処遇に関する研究会『短時間労働者の活用と均衡処遇―均衡処遇モデルの提案―』(2003年・社会経済生産性本部)。

[39] この点については，土田道夫「非典型雇用とキャリア形成」日本労働研究雑誌534号 (2004年) 46頁参照。

[40] 両制度の詳細に関しては，土田・前掲注 (8)『労働法概説』133頁以下，『労働契

(1) フレックスタイム制

　フレックスタイム制とは，労使協定の定める一定の期間（清算期間）について一定時間労働することを条件に，始業・終業時刻の決定を個々の労働者に委ねる労働時間制度である（労基法32条の3）。それによって，労働者が仕事と生活（家庭生活・個人生活）を両立できることを目的としている。フレックスタイム制はかなり普及しており，2004年の調査（平成16年度賃金事情等総合調査）では，68.4％の企業が実施しているが，全部門で実施する例は少なく（21.5％），本社，研究・開発部門，管理部門，情報処理部門が多い。以下，この制度に関する細かな解釈論に立ち入ることは避け，「仕事と生活の調和」という観点から問題となる点について検討する。

　まず，フレックスタイム制の形態については，コアタイム・フレキシブルタイムを設けることが多いが，これは必須の要件ではなく，オール・フレキシブルタイム制も適法という柔軟な解釈がとられている。しかし，なお厳格な解釈も残っており，たとえば，始業・終業時刻のどちらか一方を労働者に委ねる制度は違法と解されている。また，フレックスタイム制を採用しつつ，一定の期間や1日についてのみ始業・終業時刻を固定する制度（変則的フレックスタイム制）についても違法とする見解が多い。しかし，変則的フレックスタイム制を採用すれば，たとえば，1週のうち1日のみを固定制としつつ，残余日をフレックスタイム制としたり，1年のうち一定の月は固定制としつつ，残余の月をフレックスタイム制とするなど柔軟な労働時間制度が可能となる。「仕事と生活の調和」という観点からも，企業の実情に応じたフレックスタイム制の導入の促進という観点からも，違法と解する理由はないと解される[41]。

　フレックスタイム制に関してしばしば問題となるのは，使用者がフレキシ

---

約法』308頁以下，東京大学労働法研究会『注釈労働基準法（下）』（2003年・有斐閣）660頁以下参照。「仕事と生活の調和」の観点からの検討として，新谷信幸「フレックスタイム，裁量労働，在宅勤務について」これからの賃金制度のあり方に関する研究会・前掲注（1）書53頁参照。

[41] 東京大学労働法研究会『注釈労働時間法』（1990年・有斐閣）248頁参照。

ブルタイム中の一定時刻までの出勤や居残りを命じうるか否かである。諸説あるが，否定説が通説である[42]。フレックスタイム制は，日々の労働時間の決定を労働者に委ねることに眼目がある制度であり，そのベースである「仕事と生活の調和」という観点からも，否定説が当然の帰結となろう（合理的な留保条項に基づく業務命令による例外も考えられなくはないが，濫用の危険が大きい）。フレキシブルタイム中の業務命令を拒否した労働者に対するマイナス考課の適法性についても，同じ理由から否定すべきである。

　もっとも，企業が組織である以上，一定の時間管理の必要性が生ずることも当然である。そこで使用者は，始業・終業時刻を30分等の単位で区切った上，その中から労働者が選択したり，上司との合意で決定する方法をとることがある。これを違法と解する見解もありうるが，労働者本人が自由意思で決定している限りは適法と解すべきである。まして，30分等の単位を目標時刻としておき，事後の変更を認める時間管理を違法と解すべき理由はない。さらに，事前に出退勤時刻を記載した勤務予定表を提出させて時間管理することも，本人の自主的判断によるものである限りは適法と解される。フレックスタイム制の積極的意義をふまえれば，制度導入のインセンティブを削ぐような硬直的解釈をとるべきではない。

(2) 裁量労働制

　裁量労働制（裁量労働のみなし制）とは，労働遂行に際して一定の裁量を有する労働者について，労使協定や労使委員会の決議で一定のみなし労働時間を定めれば，実際の労働時間数にかかわらず，それだけの時間労働したものとみなす制度である。この場合，労働者は，労働の量（労働時間）ではなく労働の質（内容・成果）によって報酬を受け取ることになる。すなわち裁量労働制は，①裁量労働者に関する制度であること，②実際の労働時間数にかかわらず労働時間を一定時間とみなす（算定する）こと，③成果主義人事・賃金制度とリンクしていること，を特色とする。フレックスタイム制と

---

[42] 菅野和夫『労働法（第8版）』(2008年・弘文堂) 290頁，土田・前掲注（8）『労働法概説』135頁。

の関係では，同制度が始業・終業時刻の決定を労働者に委ねるにとどまるのに対し，裁量労働制は，労働時間全体の管理（配分）に加え，労働遂行そのものに関する裁量を認める制度であり，「仕事と生活の調和」という観点を一歩進めた労働時間制度といえる。

裁量労働制は，専門業務型裁量労働制（労基法38条の3）と，企画業務型裁量労働制（同38条の4）に分かれるが，ここでは後者を取り上げる。この制度は，企業の中枢部門で企画・立案・調査・分析の業務に従事するホワイトカラーに関する労働時間のみなし制であり，1998年の労基法改正時に導入された。しかし，専門業務型のように業務それ自体に広い裁量性があるわけではないので，対象事業場・業務・労働者の3点から厳しい規制が設けられるとともに，手続的要件である労使委員会の決議において，全員一致の合意という厳格な規制が設けられてきた。ところが，その結果，この裁量労働制の利用率がきわめて低いことが明らかになった（2002年のデータでは，わずか0.4％。1000人以上の企業でも0.8％）ため，2003年の労基法改正で規制が緩和された。その内容は，①対象面で存在した「事業運営上の重要な決定が成される事業場」という限定の廃止，②労使委員会の決議要件を全員一致の合意から5分の4以上の合意に緩和，③労使委員会の労働者委員について，過半数組合・過半数代表者の指名に加え，改めて過半数労働者の信任を得る旨の要件の廃止，などである。

この改正はひとまず妥当と解される。改正前の規制は，企画業務型裁量労働制の導入自体にきわめて（非常識ともいえる）高い障壁を設けるものであり，多様・柔軟な働き方を法で認めながら，実際には導入するなと宣告しているようなものであった。企画業務型裁量労働制自体は，「仕事と生活の調和」という観点から積極的に評価できる制度であり，その導入段階で過剰に規制すべきではない。この点では，改正後の5分の4要件もなお厳格に過ぎ，過半数要件で十分と思われる。また，対象事業場の要件は，法文からは削除されたが，裁量労働制に関する指針（平成15・10・22厚労告353号）には残存しており，不要な規制として速やかに削除すべきである。一方，成果主義人事とリンクし，「仕事と生活の調和」を考慮した制度という趣旨からは，制度の適用に際しては，本人同意の要件を明確に位置づけるべきであろう。

問題は，むしろ裁量労働制の運用面にある。運用上の問題点としては，①裁量労働制が成果主義人事とリンクする制度であるにもかかわらず，人事考課が公正に行われないケースがあること，②「裁量労働」の建前にもかかわらず，過重なノルマや制度の本旨にそぐわない時間管理が行われ，裁量性が形骸化していること（社内滞留の拘束等），③その結果，長時間労働やサービス残業の弊害が生じていること等が挙げられる。こうした問題点への対処法としては，労使委員会の決議事項とされている苦情処理手続や健康・福祉確保措置（労基法38条の4第1項参照）が重要であり，これらについては実効的な規制を行い，裁量労働制が文字どおり「仕事と生活の調和」に資する制度として機能するようチェックすべきである[43]。

また，裁量労働制の運用に関する規制は重要であるが，それにしても，同制度に関する指針（前掲）は詳細な点に立ち入り過ぎており，過剰規制の観がある。せっかく労使委員会という実質的な労使協議機関を創設したのであるから，裁量労働制に関して押さえるべきポイントは押さえつつ，制度の具体的運用は労使委員会に委ねる簡素な規制に移行すべきであろう[44]。

(3)「新しい自律的な労働時間制度」について

「仕事と生活の調和に関する検討会議報告書」は，研究開発者など，一定期間は集中的に働き，その後はまとまった休暇を希望する者や，職務内容からも労働時間規制になじまない仕事があるにもかかわらず，現行労働時間制度がこうしたニーズに対応しえていないとの認識の下，新たに「労働時間規制にとらわれない働き方」について提言している。すなわち，「職務内容に照らし労働時間規制が必ずしもなじまない仕事に就く者については，その者が希望するならば量的なものも含め労働時間規制にとらわれない働き方を可能とする新たな仕組みを導入することが考えられる」と。そして，アメリカ

---

[43] この点については，土田・前掲注（8）『労働契約法』276頁，324頁参照。

[44] 労使委員会制度は，2007年の労働契約法制定に際して，集団的労使自治の基盤を提供する新たな制度として検討の素材とされたが，結局，実現しなかった。労使委員会制度については，土田道夫「労働法の将来——労働契約法制・労働時間制度報告書を素材として」ジュリスト1309号（2006年）9頁参照。

のホワイトカラー・イグゼンプションを含む多彩な議論[45]と,「今後の労働時間制度に関する研究会報告書」および労働政策審議会の「今後の労働契約法制及び労働時間法制の在り方について（報告）」を経て,2007年,「自己管理型労働制」の創設を内容とする労基法改正案（法律案要綱）の国会提出が予定された。

「自己管理型労働制」の内容は,管理監督者の適用除外とは別の制度とした上,適用除外の要件として,①対象労働者につき,ａ労働時間では成果を適切に評価できない業務に従事する者,ｂ業務上の重要な権限及び責任を相当程度伴う地位にある者,ｃ業務遂行の手段および時間配分の決定等に関し使用者が具体的指示をしないこととする者,ｄ年収が相当程度高い者（管理監督者の一歩手前に位置する者を想定した上,厚生労働省令で定めることを予定）とすること,②休日確保の観点から,4週間を通じて4日以上かつ1年間を通じて週休2日分の休日を確保すること,③企画業務型裁量労働制と同様の労使委員会決議を要件とした上,決議事項として,ａ対象労働者の範囲,ｂ賃金の決定・計算・支払方法,ｃ週休2日分の休日の確保,ｄ労働時間の状況の把握および健康・福祉確保措置,ｅ苦情処理措置,ｆ本人同意および不同意に対する不利益取扱いの禁止等の要件を定めることというものである。適用除外の効果としては,休日確保の強化（上記②）を除き,労働時間,休憩,時間外労働・休日労働および割増賃金規定の適用除外を掲げていた。対象労働者の具体的イメージとしては,管理職の一歩手前に位置する者が想定されている。しかし,この「自己管理型労働制」に対しては,長時間労働を蔓延させるとの強い反発があり,法案提出は結局,見送られた。

私は,「仕事と生活の調和」に即した自律的な働き方に対応する立法政策として,「自己管理型労働制」を検討することには賛成である。しかし同時

---

[45] ホワイトカラー・イグゼンプションを含むホワイトカラーの労働時間制度に関しては,「特集・ホワイトカラーの労働時間をめぐる最近の動向と課題」日本労働研究雑誌519号（2004年）参照。アメリカのホワイトカラー・イグゼンプションに関しては,梶川敦子「アメリカにおけるホワイトカラー労働時間法制」季刊労働法199号（2002年）180頁,同「アメリカ公正労働基準法におけるホワイトカラー・イグゼンプション」前掲日本労働研究雑誌519号28頁が詳しい。

に，その具体的制度設計（特に上記の②ｂ）には疑問を抱かざるをえない。この点，法律案要綱は，②ｂの「業務上の重要な権限及び責任」の内容を明らかにしていないが，「研究会報告書」は，「業務遂行の方法や労働時間の配分について，使用者からの具体的な指示を受けず，かつ，自己の業務量について裁量があること」を掲げ，具体的には，個々の業務のうち優先的に処理すべき業務や過重な業務指示への対応が本人の判断に委ねられていることや，出退勤時刻の設定がないか，または事前に設定された枠内での選択権があること等を求めており，法律案要綱が想定する具体的内容もさほど異ならないものと考えられる。しかし問題は，企業組織の中で，そうしたホワイトカラーが現実にどれほど存在するのかということである。特に，業務量のコントロールについては，上記イメージに挙げられたポジションにあるホワイトカラーがそうした裁量権を現実に行使できるかは相当に疑問である。

翻って，法律案要綱が想定するホワイトカラーについては，現行企画業務方裁量労働制（労基法38条の４）に組み込むことが可能であり，現行制度が欠いている年収要件や本人同意要件等の客観的要件を組み込むことで，「仕事と生活の調和」のビジョンに対応することは可能と考えられる。こうして私は，「自己管理型労働制」（日本型ホワイトカラー・イグゼンプション）の導入は時期尚早と考える[46]。

## 6　結　語

本稿では，「仕事と生活の調和」という観点から，正社員雇用をめぐる労働法上の諸課題について検討した。一方，紙幅の制約上，①在宅就労・テレワーク，インデペンデント・コントラクター等，雇用と自営の中間領域の問題，②長時間労働の抑制・年次有給休暇取得促進の課題，③高齢者雇用の問題，④非典型雇用（パートタイマー，派遣等）をめぐる問題を取り上げることができなかった。①は，労働法の適用対象の画定にまで遡る基本問題であ

---

[46] 私見については，土田・前掲注（44）論文12頁，土田・前掲注（８）『労働契約法』329頁参照。

り，②は，「仕事と生活の調和」を推進する上での基本的な課題である。また③は，高年齢者雇用安定法の 2004 年改正（高年齢者雇用確保措置の新設）によって企業が直面している重要課題であり，「仕事と生活の調和」の観点からも重要なテーマに位置している。さらに，④は，本稿で取り上げた正社員雇用とは別に，「仕事と生活の調和」を考える上で避けて通ることのできない課題である。これらの論点については他日を期したい[47]。

---

47　①については，橋本陽子「契約労働（Contract Labour）」『労働法の争点（第 3 版）』（2004 年・有斐閣）277 頁を，②に関する私見については，土田・前掲（8）『労働契約法』275 頁，295 頁を，④に関する私見については，土田・前掲注（8）論文および注（39）論文を参照されたい。

# 「過労死・過労自殺」等に対する企業責任と労災上積み補償制度
―― 過失相殺と補償原資としての生命保険をめぐる判例法理の到達点とその課題を中心として ――

岩 出　誠

## 1　はじめに

(1)　過労死・過労自殺の労災認定基準緩和等と損害賠償請求認容例の急増
　当初，労災認定に限られていたいわゆる過労死・過労自殺（以下，一括して，過労死等ともいう）問題は，企業の健康配慮義務の高度化とあいまって[1]，今や，ほぼ確実に過労死・過労自殺等を招いた企業の健康配慮義務違反を理由とする損害賠償請求を不可避とする事態に陥っていると言って過言ではない。むしろ，過労死・過労自殺に対する労災認定基準の緩和化が[2]，

---

[1]　拙稿「従業員の健康管理をめぐる法的諸問題」日本労働研究雑誌444号12頁以下等参照。なお，健康配慮義務に関しては，西村健一郎「労災保証責任の法的性質」『労働法の争点』236－237頁，上田達子「使用者の安全配慮義務」『同』238－239頁，品田充儀「使用者の健康配慮義務」『同』240－241頁，小畑史子「過労死・過労自殺」『同』249－250頁，中嶋士元也「安全配慮義務」東京大学労働法研究会編『注釈労働基準法(下)』(2003年) 941－954頁，和田肇「雇庸と安全配慮義務」ジュリ828号120頁以下等参照。労働契約法の6条の安全配慮義務については，拙著『労働契約法って何？』（労務行政研究所，2008年）44頁以下参照。

[2]　先ず，「平成11・9・14基発第554号・心理的負荷による精神障害等に係る業務上外の判断指針」〈以下，過労自殺認定基準ともいう〉が，次いで，「平成13・12・12基発第1063号・脳血管疾患及び虚血性心疾患等（負傷に起因するものを除く。）の認定基準について」〈以下，過労死新認定基準ともいう〉が示されている。労災認定基

Ⅲ　雇用変化と労働法の課題

かかる損害賠償請求事件の増加を加速化させている感を禁じ得ない[3]。さらには，裁判例においては，行政解釈以上に労災認定の判断をより柔軟に解釈し，その認定範囲は拡大している[4]。さらに，平成18年4月1日施行の改正労働安全衛生法（以下，改正安衛法ともいう）は，最近の以上の過労死・過労自殺の多発化を受けて[5]，過重労働発生時の面接指導を，メンタルヘルス面を含めて義務化し，これに沿う改正労働安全衛生法施行規則（以下，改正安衛則ともいう）や改正された各種指針・通達等（以下，一括して改正安衛法等ともいう）の施行とあいまって[6]，労働者の健康管理義務を強化しており[7]，

---

準の緩和化の推移・内容の詳細については，拙著『社員の健康管理と使用者責任』109頁以下等参照。

3　後記「過労死・過労自殺の損害賠償における過失相殺割合等一覧表〈以下，一覧表ともいう〉参照。

4　重い心臓疾患を有する地方公務員の死亡と同人が公務としてバレーボールの試合に出場したこととの間に相当因果関係があるということはできないとした原審の判断に違法があるとされた最近の地公災基金鹿児島県支部長（内之浦町教委職員）事件・最二小判平18.3.3労判919-5を始めとして，労働時間基準のみによらず，海外出張等の負荷を重視する神戸労働基準監督署長事件・最三小判平16.9.7労判880-42，玉野労基署長三井造船玉野事業所事件・岡山地判平17.7.12労判901-31，八女労基所長（九州カネライト）事件・福岡地判平18.4.12労判916-20，成田労基署長（日本航空）事件・千葉地判平17.9.27労判907-46，名古屋南労基署長（中部電力）事件・名古屋地判平18.5.17労判918-14，地公災基金高知県支部長（南国市役所）事件・高知地判平18.6.2労判926-82，加古川労基署長事件・東京地判平18.9.4労判924-32等に見られるような過重性の要件として様々なストレス要因や，対象疾病の拡大等方面に亘って認定の拡大がなされている。裁判例の動向等の詳細については，過労死につき，拙著『実務労働法講義』（改訂増補版下巻）561頁以下，過労自殺につき，同書567頁以下等参照。

5　平成17年度の労災認定状況についての，厚生労働省の「脳・心臓疾患及び精神障害等に係る労災補償状況（平成17年度）について」においても，その動向は明らかである。http://www.mhlw.go.jp/shingi/2006/06/dl/s0627-6c.pdf参照。

6　改正通達・指針等の詳細については厚生労働省のHPの「労働安全衛生法等の改正（平成18年4月1日施行）に係る通達等」参照。特に過重労働との関係では，平成18・3・17基発0331717008号「過重労働による健康障害防止のための総合対策について」及び平成18・3・31基発0331001号「労働者の心の健康の保持増進のための指針について」及び「平成18・3・31公示・健康診断結果等に基づき事業者が講ずべ

226

これも，今後，前述の過労死・過労死等の労災認定基準の緩和と同様に，過労死等に対する損害賠償請求事件の増加を加速する要因となろう。なぜなら，改正安衛法等自体が，これまでの過労死等をめぐる損害賠償請求事件判例・裁判例が指摘してきた健康配慮義務等を明文化した面があり，このため，より企業に対して，過重労働発生時や，健康診断の結果等に応じた労働環境の整備・業務の軽減ないし免除などの健康配慮義務違反による賠償責任を認め易くなる関係があるからである。

(2) 本稿の検討対象の画定
　そこで，本稿では，今後，改正安衛法等の下で，従前以上に増大が予想される，①過労死等をめぐる労災民事賠償請求につき，従前の判例・裁判例の状況を紹介しつつ，②現在の判例・裁判例法理では，過労死等の発症の場合に，いわば過重労働が認定されたときには[8]，半ば自動的に企業の健康配慮義務違反の責任と発症・死亡等との結果の相当因果関係の存在が同時に事実上推定され，企業の側において，そのいずれかの存在の推定を覆す特段の事情を立証できない限り，企業の損害賠償責任が認められていることを概観した上で，③かかる判例・裁判例法理の下では，過重労働が認められる場合には，企業においては，あたかも，自動車損害賠償保障法の下での運行供用者責任のごとく容易に責任が認められている現状を確認し，④かかる場合の労使双方にとっての実務法学的関心事と法理論的検討課題は過失相殺や寄与度等による損害賠償の減額等の調整に移っていることからその相殺対象要因を整理し，⑤かかる状況下での企業の過労死等をめぐる損害賠償請求訴訟リスクマネジメントの観点から不可欠な，いわゆる労災上積み補償制度における，

---

　　き措置に関する指針」が重要な役割を果たしている。指針等の全文については，
　　http://www.mhlw.go.jp/topics/bukyoku/roudou/an-eihou/kanren-sonota.html 参照。
7　拙著『労働安全衛生法と労災保険法等と改正点と企業の実務対応』58頁以下等参照。
8　特に，労災認定が先行している場合が典型であるが，このことは以下の項目についても共通する。手塚和彰「労働判例研究」ジュリ1220号140頁も，いわゆる過労死等における労災認定と安全配慮義務違反による賠償責任の実際上の連動性につき，菅野和夫『労働法（第5版）』376頁を引用しつつ肯認されている。

Ⅲ　雇用変化と労働法の課題

リスクヘッジとしての生命保険付保をめぐる保険金の処理に関する判例理論の現状とその課題を検討しようとするものである[9]。

## 2　過労死・過労自殺の多発と企業責任

(1)　現下の経済情勢下での労働者への負荷の増大

　我が国経済社会の国際化，情報化，サービス経済化等に伴う産業構造の急速な変化の下，企業間競争の激化，企業における能力主義，成果主義的な賃金・処遇制度の導入など人事労務管理の個別化も進み，労働時間は長短両極へ二分化する傾向にあるとともに，仕事に関して強い不安やストレスを感じている労働者は6割を超えるなど労働者への負荷は拡大する傾向にある[10]。

(2)　健康診断結果に示される健康障害と労災認定の多発化

　一方，労働者の一般健康診断結果にみる有所見率は年々増加の一途をたどり，平成15年では何らかの所見を有する者の割合は47.3％にも達している。その中でも高脂血症，高血圧症等に関連する所見を有する者の割合が高くなっている。このような状況の下，労働者に業務による明らかな過重負荷が加わることにより，脳血管疾患や虚血性心疾患等の疾病を発症したとして平成17年度に労災認定された件数は330件を超えている。また，業務による心理的負荷を原因として精神障害を発病し，あるいは当該精神障害により自殺に至る事案が増加し，平成17年度の労災認定件数は127件（内自殺は42件）に及んでいる。

---

9　文献・裁判例の紹介につき，過労死等をめぐる民事賠償請求に関しては拙著・前掲『使用者責任』137頁以下，拙稿「過労死・過労自殺をめぐる近年の判例動向」季労209号71頁以下，上積み補償制度と保険金に関しては，拙著・前掲『講義下巻』591頁以下，渡辺絹子「保険金の帰属問題と使用者の求償権」ジュリ1173号141頁以下，古笛恵子「事業穂保険契約の付保既定文書と雇用契約上の退職金支給の合意」判タ972号63頁以下等参照。

10　例えば，平成18年3月発表の中央労働災害防止協会「平成17年度職場におけるメンタルヘルス対策のあり方検討委員会報告書」等参照。

(3) 過労死等への損害賠償請求事件の多発化

 かかる状況下で，前述の通り，過労死等の事案のなかには，安全配慮義務違反の債務不履行責任によるか，使用者責任を介した不法行為責任によるかの法的構成はともあれ，企業責任（損害賠償）を追及する民事訴訟が提起され，事業者が安全配慮義務違反によりその責任を問われる結果となったものが多くなっている（後記一覧表参照）。判例においては，事業者が健康状態の把握やそれに基づく業務軽減措置を怠った場合は，安全配慮義務違反となるとされており，民事上，過重な労働負荷がかかった場合の労働者の健康確保については事業者の責任として定着してきている[11]。

## 3 過労死等損害賠償請求事件の増加と認容例の相次ぐ出現

(1) 過労死等の労災認定基準の緩和と損害賠償請求の関係

 前述の通り，当初，労災認定に限られていた過労死等の問題は，企業の健康配慮義務の高度化とあいまって，今や，ほぼ確実に過労死等を招いた企業の健康配慮義務違反を理由とする損害賠償請求を不可避とする事態に陥っていると言って過言ではない。むしろ，前述の通り，緩和された過労死・過労自殺に対する労災認定基準の緩和化が，かかる損害賠償請求事件の増加を加速化させている感を禁じ得ない。

 結果的にも，かかる過労死等に対する損害賠償請求において，健康診断の結果等に応じた労働環境の整備・業務の軽減ないし免除などの健康配慮義務違反による賠償責任を認める判決が急増している。近時の例として，例えば，従業員が長時間労働により増悪した高血圧症を原因とする脳出血により死亡したことにつき，会社に対する安全配慮義務違反に基づく損害賠償請求が認められた例などが現れている[12]。

---

11 以上の現状分析につき，平成 16 年 8 月 18 日厚生労働省「過重労働・メンタルヘルス対策の在り方に係る検討会報告書」〈座長和田攻東京大学名誉教授〉，拙著・前掲『使用者責任』1 頁以下等参照。

12 システムコンサルタント事件・東京地判平 10.3.19 判時 1641-5，同控訴事件・東京

Ⅲ　雇用変化と労働法の課題

　ここで，主な過労死等をめぐる民事賠償請求事件を下記の通り，「過労死・過労自殺の損害賠償における過失相殺割合等一覧表（非死亡事件を含む）」過労死・過労自殺の損害賠償等（非死亡事件を含む），として，以下の通り，認容額，過失相殺の有無，相殺検討事由等を概観しておく。

| 事件名 | 判決日<br>出　典 | 認容額 | 過失相殺割合（減額割合） | 過失相殺割合の原因（死亡原因） |
|---|---|---|---|---|
| 電通事件☆ | 東京地判<br>平 8.3.28<br>労判 692-13 | 1億 2588万円 | 0割 | —<br>（自殺） |
| 東加古川幼児園事件☆ | 神戸地判<br>平 9.5.26<br>労判 744-22 | 棄却 | — | — |
| 電通事件・控訴事件☆ | 東京高判<br>平 9.9.26<br>労判 724-13 | 8900万円 | 3割 | 本人の性格の寄与（同上） |
| 川崎製鉄事件 | 岡山地倉敷支判<br>平 10.2.23<br>労判 733-13 | 5200万円 | 5割 | 本人にうつ病親和性，原告ら家族に予見可能性あり。睡眠時間が少ないのは飲酒も原因（自殺） |
| システムコンサルタント事件　○ | 東京地判<br>平 10.3.19<br>労判 736-54 | 3387万円 | 5割 | 飲酒等（高血圧による脳出血） |
| 協成建設事件 | 札幌地判<br>平 10.7.16<br>労判 744-29 | 9163万円 | （実質1割減） | 損害額自体の認定（自殺） |
| 東加古川幼児園事件・控訴☆ | 大阪高判<br>平 10.8.27<br>労判 744-17 | 574万円 | 8割 | 本人の性格や心因的要素（自殺） |
| システムコンサルタント事件・控訴　○ | 東京高判<br>平 11.7.28<br>判時 1702-88 | 2697万円 | 5割 | 飲酒・肥満を除く自己健康管理配慮義務の問題（同上） |

　　高判平 11.7.28 判時 1702-88，三洋電機事件・浦和地判平 13.2.2 労判 800-5，南大阪マイホームサービス事件・大阪地堺支判平 15.4.4 労判 854-64 等，一覧表とも参照。

| 事件 | 裁判 | 金額 | 割合 | 備考 |
|---|---|---|---|---|
| 電通事件・上告 ☆ | 最高裁二小判 平 12.3.24 労判 779-13 | 差戻し | 0割 | 本人の性格は通常予想される範囲を外れるものとは認められない（同上） |
| オタフクソース・イシモト食品事件 | 広島地判 平 12.5.18 労判 783-15 | 1億1111万円 | 0割 | ―（自殺） |
| 東加古川幼児園事件・上告 ☆ | 最高裁三小決 平 12.6.27 労判 795-13 | 棄却 | 8割 | 本人の性格や心因的要素，退職後1ヶ月経過してからの自殺（自殺） |
| システムコンサルタント事件・上告 ◇ | 最高裁二小決 平 12.10.13 労判 791-6 | 棄却 | 5割 | ―（同上） |
| 三洋電機事件 ○ | 浦和地判 平 13.2.2 労判 800-5 | 1310万円 | ①7割 ②5割 | ①本人の寄与度 ②遺族の定期的通院や自殺未遂の会社への未報告等（自殺） |
| みくまの農協事件 | 和歌山地判 平 14.2.19 労判 826-67 | 1173万円 | 7割 | 自殺までが短期間な為使用者の対応が困難であること，家族が労働者の健康状態を通知しなかったこと（自殺） |
| 関西医科大学研修医（過労死損害賠償）事件 ○ | 大阪地判 平 14.2.25 労判 827-133 | 1億3500万円 | 0割 | 研修医という立場上，研修を休んで診察を受けることを期待することは酷にすぎること（急性心筋梗塞疑） |
| 榎並公務店事件 ☆ | 大阪地判 平 14.4.15 労判 858-105 | 1104万（×1） 552万（×2） 552万（×3） | 3分の2 （約6.7割） | ①身体的要因としての心房細動・高脂血症 ②生活習慣としての飲酒（脳梗塞） |
| 川崎市事件 ○ | 横浜地川崎支判 平 14.6.27 労判 833-61 | 1172万円 | 7割 | 本人の資質・心因的要因（自殺） |
| 三洋電機サービス事件・控訴 ◇ | 東京高判 平 14.7.23 労判 852-73 | 862万（×1） 838万（×2） | 8割 | 本人の性格や素因からくる心因的要因を斟酌，遺族の自殺未遂の主治医への未報告等（自殺） |

Ⅲ　雇用変化と労働法の課題

| 川崎市事件・控訴事件○ | 東京高判平15.3.25労判849-87 | 1172万円 | 7割 | 本人の資質・心因的要因（同上） |
|---|---|---|---|---|
| 日本益田赤十字病院事件 | 広島地判平15.3.25労判850-64 | 棄却 | | 亡医師の自殺と医療検査の失敗との因果関係はあるが，同医師は通常の医療業務を従来通り支障なく遂行しており，診療業務自体も過剰ではなく，病院に，休養を取るように勧めた以上に適切な措置をすることができなかったことなどから，専門医の診断を受けさせたり，業務の休止・制限をさせるなどの安全配慮義務違反があったとはいえないとして，棄却 |
| 南大阪マイホームサービス事件 | 大阪地堺支判平15.4.4労判854-64 | 3600万円 | 5割 | 拡張型心筋症の増悪を放置した（急性心臓死） |
| 榎並公務店事件・控訴◇ | 大阪高判平15.5.29労判858-93 | 2187万（×1）1093万（×2）1093万（×3） | 4割 | 心房細動等により要治療との検診結果にも係らず，治療を受けなかった，業務中の事故の無報告（脳梗塞） |
| 関西医科大学研修医（過労死損害賠償）事件・控訴○ | 大阪高判平16.7.15労判879-22 | 4217万（×1）4217万（×2） | ①2割②1割5分（素因減額） | ①医師免許を取得した医師である以上自らの健康保持に努める義務があり，発症回避の可能性があった②突然死においてブルガタ症候群という素因たる疾患の意味は小さくない（急性心筋梗塞疑） |
| ジェイ・シー・エム（アルバイト過労死）事件 | 大阪地判平16.8.30労判881-39 | 3350万（×1）1383万（×2） | 2割 | 喫煙が発症に少なからず寄与したものと推認（突然死（虚血性心疾患＊推定）） |
| 長崎新聞事件 | 長崎地判平16.9.27判時1888-147 | 2000万円 | 0割 | ―（自殺） |

| | | | | |
|---|---|---|---|---|
| 北海道銀行(自殺)事件 | 札幌地判平17.1.20 労判889-89 | 棄却 | | —（自殺） |
| JR西日本尼崎電車区事件 | 大阪地判平17.2.21 労判892-59 | 棄却 | — | —（自殺） |
| 金港交通事件 | 横浜地判平17.2.22 労判890-83 | 1269万1702円 | 5割 | 長時間労働は原告が高血圧で治療が必要な状態であったことを知りながら，収入増加のために最終的に自分の判断で行ったものであり，被告に原告の損害全部を賠償させるのには公平を欠く。（※脳梗塞，後遺障害） |
| NTT東日本事件 | 札幌地判平17.3.9 労判893-93 労経速1899-20 | 3314万余円（×1）3314万余円（×2） | 0割 | —（急性心筋虚血等の急性心疾患） |
| エージーフーズ事件 | 東京地判平17.3.25 労判893-18 | 5312万余円（逸失利益）2600万円（慰謝料） | 0割 | —（自殺） |
| アテスト(ニコン熊谷製作所)事件 | 東京地判平17.3.31 労判894-21 | 2480万円 | 3割 | 家族への金銭の貸与による預金の一時的喪失が一定程度の精神的負担であったこと，資格試験準備への焦りからくる精神的余裕のなさが退職申出に対する被告らからの回答を待つゆとりのなさに連なったこと，発症から自殺までの期間が短く被告らが亡Aの健康状態の悪化に気付かず，原告も亡Aの身近におらず，事態の深刻さに思い至らないうちに亡Aが自殺を選んだことは，まことに不運な出来事であるとして，過失相殺を認めた。（自殺） |

| 富士電機E&C事件 | 名古屋地判平18.1.18労判918-65 | 棄却（過重労働なく，Aの職場復帰される過程において，いささか慎重さを欠いた不適切な対応があったことは否めないものの，Y社は，Aの職場復帰に際し，Aの心身の状態に相応の配慮をしたと認められることから，Y社に安全配慮義務違反があったとまでは認められないとされ，Aの遺族らの損害賠償請求が棄却された例） | | |
|---|---|---|---|---|
| KYOWA（心臓病突然死）事件 | 大分地裁判平18.6.15労判921-21 | 合計8400万余円の支払いが命じられた例 | 0割 | 過失相殺類似の寄与度減額の主張を認めず。ただし，労災保険法64条の趣旨は，労災の保険給付と民事損害賠償との調整をして二重給付を回避することにあり，X₁ら（妻子）は時効により前払一時金として請求できなくても，今後遺族年金として受給することができ，それまでY社は支払いを猶予されるものと言うべきであるとして，X₁らが請求可能であった労災保険の前払一時金の最高限度額が損益相殺として損害額から控除された例 |
| NTT東日本北海道支店事件 | 札幌高判平18.7.20労判922-5 | 損害逸失利益3086万余円，慰謝料2800 | 0割 | 控訴人は原審において，裁判所からの求釈明に応じて過失相殺の主張 |

| | | 万円，葬儀費用1410万余円，弁護士費用600万円（労災認定されていないほど過重性がない宿泊研修過程のストレスによる症状の悪化と因果関係を認め健康配慮義務違反を認めたもので，同義務の高度化・結果債務化を示す典型例となっている） | | をしない旨答えていたことが認められるところ，控訴審において，控訴人が過失相殺に関する規定の類推適用を主張することは著しく信義に反するものであり，また，第一審軽視にもつながり，訴訟上の信義に反するものとして，控訴人が上記主張をすることは許されないとされ，また，上記経緯に照らすと，控訴人の主張がないのに過失相殺規程の類推適用をすることも相当でないとされた例で，疑問は残る |
| ファーストリテイリング（ユニクロ店舗）事件 | 名古屋地判平18.9.29労判926-5 | 約966万円（被告Y1社の管理部部長Cが，本件事件の3年近く後に，XがPTSDないし神経症である旨の診断を受けていたこと等を認識していながら，「ぶち殺そうかお前」などと声を荒げながら，Xの生命，身体に対して害悪を加える趣旨を含む発言をしていたことは違法であって，不法行為を構成するとされた） | 6割 | Xの障害の発生・持続には，不当な事柄に対しての憤り，論理的に相手を問いつめるという同人の性格的傾向による影響が大きいと認められる |

(2) 過労死損害賠償事件の最近の動向

先ず，過労死をめぐる損害賠償請求事件の動向を知る上で，全体の概要は一覧表に委ね，近時，注目を浴びた事例を紹介しておく。

Ⅲ 雇用変化と労働法の課題

## 関西医科大学研修医控訴事件・大阪高判平 16. 7. 15 労判 879-22

〈判決の要旨〉 控訴人病院の安全配慮義務を怠ったことによる損害賠償責任があるとされながらも、ブルカタ症候群（過労や精神的ストレスによる突然死）という素因たる疾患の意味は小さくなく、本件発症の危険性、医師としての活動への配慮等の事情を斟酌して、死亡逸失利益の1割5分の減額、またXは医師免許を取得し、自己の心身の状況を自ら管理する能力が十分にあり、また研修開始後、自らの健康異変を認識していたことからすれば、健康診断の受診等の措置を講じることによりブルカタ症候群の発症を回避できた可能性があったと認め、本件賠償額につき、自らの健康管理に配慮を欠く過失があったとして、2割の過失相殺が認められたことにより、一審の認容損害賠償額が、素因減額、過失相殺および損益相殺により変更された。

〈解説〉 研修医の過労死損害賠償事件での初の高裁認容例であり、過失相殺の事情として、原審と異なり、素因減額及び医師としての自己健康管理義務も考慮されて居る点も注目される。

さらに、ジェイ・シー・エム事件（大阪地判平 16.8.30 労判 881-399）では、中古車流通・情報雑誌の広告制作業務に従事していたアルバイト男性の突然死につき、会社における勤務時間、時間外労働（死亡1週間前で 50 時間 30 分、死亡4週間前で 88 時間 7 分の時間外労働）、死亡直前における深夜勤務（死亡直前の 5 日間は午後 11 時 30 分過ぎから翌日の午前 3 時 30 分過ぎまで）や休日の取得状況（死亡前 9 日間にわたり休日なしに連続勤務）、従事していた業務の内容（未経験で不慣れな雑誌の制作業務）や精神的ストレス等を考慮すると、死亡直前には、当該アルバイトには肉体的・精神的な疲労が相当程度蓄積していたものと認められ、被告会社における過重な業務により肉体的・精神的負荷がかかり、疲労が蓄積している状態の中で1日当たり 20 本ないし 30 本という喫煙を重ねた結果、長時間労働などによる職業性ストレスと喫煙の影響があいまって心筋梗塞を発症したものと推認することができるとして、当該アルバイトの死亡と同人が従事していた業務との間に相当因果関係があるとされたが、喫煙による寄与減額が2割認められ、合計金約 6200 万円の支払が命じられた。この事件では、労災認定は審査会ようやくで認定された事案であるが、アルバイトにも過労死が認められ、高額な損害賠償も認められ、

非典型雇用の労務管理に警鐘を鳴らす事例となっている。

### 富士電機E&C事件・名古屋地判平18.1.18労判918-65

〈判決の要旨〉　①　Y社の従業員であったAが，Y社の関西支社における業務の心理的負荷によりうつ病に罹患したため，一時休職した後，職場復帰したところ，Y社が，Aを中部支社に転勤させたうえ，過重な業務に従事させ，うつ病を再発させた結果，自殺に至らしめたとして，Aの遺族が，Y社に対し，それぞれ相続した安全配慮義務違反に基づく損害賠償金等を求める事案。

②　うつ病罹患による休職後，職場復帰し，課長として転勤，単身赴任した後に自殺したAにつき，転勤後にAのうつ病は完全寛解していたとされ，そのことに照らせば，管理職としての業務一般およびAが従事した個々の業務が，Aにとって，心理的負荷を及ぼすような過重な業務であったと認めることはできないとされた例。

③　昨今の雇用情勢に伴う労働者の不安の増大や自殺者の増加といった社会状況にかんがみれば，使用者にとって，被用者の精神的な健康の保持は重要な課題になりつつあるが，精神的疾患について事業者に健康診断の実施を義務づけることは，精神疾患に対する否定的印象等から，プライバシーに対する配慮が求められる疾患であり，プライバシーの侵害のおそれが大きいといわざるを得ないとされた例。

④　安衛法66条の2，安衛則44条1項について，精神的疾患に関する事項についてまで医師の意見を聴くべき義務を負うということはできず，安衛法66条の3第1項所定の，事業者が負う就業場所の変更，作業の転換，労働時間の短縮等の措置を講ずべき義務も精神疾患に関する事項には当然に適用されるものではないと解するのが相当であるとされた例。

⑤　被告Y会社の安全衛生規程を根拠として，Y社の主治医等からの意見聴取義務や就業場所の変更の措置を講ずべきなどの法的義務が発生するとは認めがたいとされた例。

⑥　Aは，自らうつ病に罹患したことを報告していたことから，Y社としては，Aのうつ病罹患の事実を認識していたものといわざるを得ず，そのよ

うなAが職場復帰し，就労を継続するについては，Y社としても，Aの心身の状態に配慮した対応をすべき義務があったものといわざるを得ないとされた例。

⑦　Aを職場復帰される過程において，いささか慎重さを欠いた不適切な対応があったことは否めないものの，Y社は，Aの職場復帰に際し，Aの心身の状態に相応の配慮をしたと認められることから，Y社に安全配慮義務違反があったとまでは認められないとされ，Aの遺族らの損害賠償請求が棄却された例。

〈解説〉　この事件は，メンタルヘルスで休職後の復職後の自殺につき，復職後の健康配慮につき使用者の責任を否定した点で注目されている。同判決の理由は，①労働者が自らうつ病に罹患したことを報告していたことから，使用者としては，労働者のうつ病罹患の事実を認識していたものといわざるを得ず，そのような労働者が職場復帰し，就労を継続するについては，使用者としても，労働者の心身の状態に配慮した対応をすべき義務があったものといわざるを得ないとはされたが，②復職時の症状につき，うつ病は完全寛解していたとされていたこと，③復職後の業務に過重性がなかったことが大きな要素となっていると解される。しかし，④職場復帰される過程において，いささか慎重さを欠いた不適切な対応があったことは否めない，ともされており，同事件での控訴審での判断が注目される（シンポジウム記録「労働者の健康と補償・賠償」学会労働法109号107頁〈筆者発言部分参照〉）。

(3)　過労自殺賠償請求事件の最近の動向

過労死自殺についても，企業に対して安全配慮義務違反を理由として損害賠償を認めた判決が増えている。その先例は，マスコミでも大きく話題となった電通事件（東京地裁平8.3.28労判692-13）であるが，その後も，一覧表の通り，常軌を逸した長時間労働によってうつ病に陥り，そのために自殺したとして，長時間労働とうつ病の間，およびうつ病と自殺による死亡との間にいずれも相当因果関係あるとされた川崎製鉄事件（岡山地倉敷支判平10.2.23労判733-13），あるいは，前述のように新基準の認めていない，過労による心身症と自殺の因果関係を認めた東加古川幼児園事件（大阪高判平

10.8.27労判744-17)[13], 出向先の過労自殺損害賠償責任が認められた協成建設事件[14], 三洋電機事件[15], みくま農協事件 (和歌山地判平14.2.19労判826-67) 等などが続発している。近時でも棄却例は出ているが[16], それらは, 結局, 労働時間基準を満たすような時間外労働や特別のストレス等の過重負荷がなかったことが理由とされており, 過労死の場合と同様, 過重労働等が認められた場合には, 企業の安全配慮義務違反による過失と精神障害の発症・自殺等との相当因果関係が事実上推定され, 企業がそれをくつがえす特段の事情の主張・立証に成功しない限り損害賠償責任を免れない, ということは定着した判例法理となっていると言えよう。

注目すべきは, これらの過労自殺損害賠償請求事件では, 前述の通り, 反応性うつ病罹患の有無や, うつ病と業務との因果関係などを厳格に認定判断することもなく[17], 労災認定の場合以上に緩やかに, 業務の過重性の存否の

---

13　但し, 同事件地裁判決・大阪地判平9.5.26労判77-22では請求棄却だったが, 高裁判決では, 被控訴人保育所 (幼稚園) を退職して1ヶ月後, うつ病で自殺した保母の死亡と園の過酷な勤務条件との間に相当因果関係があると認め, 園に安全配慮義務違反があるとして賠償責任が肯定された。

14　札幌地判平10.7.16労判744-29。ここでは, 出向労働者の自殺が, 工事責任者として, 工事の遅れや工事量の大幅な減少に責任を感じ, かつ時間外労働の急激な増加などにより心身ともに極度に疲労したことが原因となって, 発作的になされたものと判断され, 出向先会社は, 工事請負会社として工事の進捗状況のチェックや工事の遅れに対する手当, (出向) 労働者の健康状態への留意義務などがあるとされ, Aの死亡 (自殺) につき過失 (安全配慮義務違反) があったとされたが, 出向元会社は, 出向会社に対しても施工方法等について指導する余地はなかったとして, 出向元会社の自殺に対する使用者責任が否定されている。

15　浦和地判平13.2.2労判800-5 (課長昇進と家族介護の負荷の総合的事情を考慮), 川崎市事件・横浜地川崎支判平14.7.27労判833-61, 同・控訴事件・東京高判平15.3.25労判849-87。

16　石川島マスターメタル事件・神戸地姫路支判平16.1.26労経速1883-16, A鉄道 (B工業C工場) 事件・広島地判平16.3.9労判875-50, 北海道銀行 (自殺) 事件・札幌地判平17.1.20労判889-89, 西日本旅客鉄道株式会社事件・大阪地判平17.2.21労時1889-75等。

17　例えば, 協成建設事件・札幌地判平10.7.16労判744-29では, 「私病が原因で自殺

みにより，事実上，自殺と業務との因果関係，そして企業の健康配慮義務の違反による損害賠償責任を認める傾向があり[18]，実務的には，企業は，そのような下級審判例の動きへの対応の準備をしなければならないであろう（一覧表参照）。

なお出向元企業の出向労働者に対する安全配慮義務に関しては，前掲・協成建設事件（札幌地判平10.7.16労判744-29）の判示には疑問があり，少なくとも，抽象的・一般的な義務としては出向元も負担していると解される[19]。

## 4 過失相殺等の減額事由をめぐる攻防の重要性

(1) 過労死等に関する過労死新認定基準と企業責任の関係
　　　――過重労働下では事実上の結果責任化

前述の通り，過労死等に対する労災認定多発化の大きな契機となった，いわゆる過労自殺に関する労災認定基準（平11・9・14基発554号。過労自殺新認定基準）とその後示されたいわゆる過労死の労災新認定基準（平13・12・12基発1063号。過労死新認定基準）は，法理論的な労災保険と民事賠償の因果関係論等の次元の相違を超えて，実務上は，企業には，極めて重大なリス

---

をするとは考え難いことなどの事実を考慮すると，太郎は，本件工事の責任者として，本件工事が遅れ，本件工事を大幅に減少せざるを得なくなったことに責任を感じ，時間外勤務が急激に増加するなどして心身とも極度に疲労したことが原因となって，発作的に自殺をしたものと認められる。」と認定するのみで精神障害の診断名の推定すら判示していない。

18　同旨・三洋電機事件・浦和地判平13.2.2労判800-5。
19　過重性がないとして請求は棄却された例だが，前掲・A鉄道（B工業C工場）事件・広島地判平16.3.9労判875-50は，出向先は，出向労働者が出向先での勤務で精神的，肉体的ストレスを受けて，さらなる勤務を継続すれば心因性反応等の精神疾患を発病することが予見されるような状況にあった場合には，その発生・進行を防止する義務を負い，出向元も，出向労働者が出向先での仕事に困難が生じたとして相談してきた場合には，出向先での業務の遂行に伴う疲労や心理的負荷等が過度に蓄積してその心身の健康を損なうことがないように配慮し，出向先の会社に勤務状況を確認したり，出向の取止めや休暇取得や医師の受診の勧奨等の措置をとるべき注意義務を負うとしている。

クの負担を確認させるものとなっている。即ち，過重労働が認められる中で，それも，過労死新認定基準の中のいわゆる時間的基準（「発症前1か月間におおむね100時間又は発症前2か月間ないし6か月間にわたって，1か月当たりおおむね80時間を超える時間外労働」）が認められれば，その労働時間抑制等による健康配慮義務の履行は，通常，企業が容易になし得るところであるところから，精神障害，脳・心臓疾患等が発生した場合には，その企業は，その発生が，業務外の事由によるとの特段の事情を証明できない限り，単に労災保険給付対象としての労災認定を受けるに留まらず，民法上，被災労働者自身または遺族（遺族等）に対する損害賠償責任を免れ難い結果をもたらし，かかる場合には，健康配慮義務はいわゆる結果債務に近づいていると言って過言ではないだろう[20]。

そしてこの時間的基準を踏まえて，厚生労働省から「過重労働の発生の場合に関する過重労働による健康障害防止のための総合対策」（平成14・2・12基発第0212001号。旧総合対策ともいう）が示され，それが，前述の如く，改正安衛法及ぶ改正安衛則，平成18・3・17基発0331717008号「過重労働による健康障害防止のための総合対策について」（以下，新総合対策ともいう）にメンタルヘルスを含めて反映されているところから，益々，前記のような企業責任は容易に認められやすくなったと言えよう。

(2) 過失相殺等の減額事由をめぐる攻防の重要性

かかる意味で，時間的基準を満たす過重労働下で発生した過労死等をめぐる企業と遺族等との損害賠償問題に関しては，係争の実務的中心は，責任論から過失相殺・寄与度減額等の損害論に移行していると言って大過ないだろう（裁判例の全体的動向については，前掲一覧表参照）。その意味で，過労自殺において高裁判決での3割の過失相殺を否定した電通事件最高裁判決（最二小判平12.3.24労判779-13）の意義・射程範囲とその影響を再確認しておくことは，過労死等の損害賠償にとって，実務的には大きな意味を持つものだろう。

---

20 拙著・前掲『講義下巻』522頁参照。

### (3) 電通事件最高裁判決での過失相殺否定とその影響

電通事件最高裁判決は，高裁が認めた過失相殺の適用乃至類推適用につき（東京高判平9.9.26労判724-13），①「自殺者本人の性格等を理由とする減額」と②「家族の健康管理義務懈怠による減額」を否定した。しかし，高裁は，3割の減額を認める事由としてこの①②のみを指摘した訳ではなく，③実質裁量労働的な労働態様，④精神科等での受診・治療の可能性（いわゆる自己健康管理義務違反）等の事実も掲げていたが，最高裁は，これらの点への判断を示さないままに全面的に過失相殺を否定した。その意味で，これらへの最高裁の態度は明確にはなっていなかったところ，その後，これら諸点をも踏まえて過失相殺を否定する裁判例が現れた[21]。

### (4) 電通事件高裁判決の実務的先例性

しかし，その後の過労死等をめぐる損害賠償事件の判例の動きを見ると，実務的には，最高裁を含めて，電通事件最高裁判決が判断を回避した上記(3)の③④の事情を考慮し[22]，あるいは否定した同①②の事情をも考慮に入れ[23]，更には，極めてアバウトな判断[24]により[25]，5～8割の大幅減額を認めるものまで現れており，電通事件最高裁判決の過失相殺に関する判断は，実際上，当該事案の特殊事情を考慮した事例としての意味しかもっていないようである（このことは一覧表を参照頂ければ明らかであろう）。むしろ，電通高裁判決の方が，その後の過労死等における損害賠償請求事件における過失相殺の先例性を強くもっていると見ることができる[26]。

---

21 オタフクソース・イシモト食品事件・広島地判平12.5.18労判783-15。
22 システムコンサルタント事件・東京高判平11.7.28判時1702-88 等。
23 三洋電機事件・浦和地判平13.2.2労判800-5，川崎市事件・横浜地川崎支判平14.7.27労判833-61 等。
24 「重圧に苦しむ者であっても，その全員……が……自殺に追い込まれるものではない」等。
25 高裁を支持した東加古川幼児園事件・最三小決平12.6.27労判795-27労判795-13 等。
26 システムコンサルタント事件・東京高判平11.7.28等は，この電通高裁判決の過失

このことは最近の裁判例においても変わっていない[27]。

### (5) 今後の実務的対応上の留意点

以上の結果は，元来，過失相殺に関する電通最高裁判決の判断が，法令等の解釈論を判示したものでない以上，民訴法上では矛盾はないものであるが，若干の違和感を禁じ得ない[28]。

ともあれ，客観的には，以上の通り，未だ，過労死等を巡る損害賠償請求に関する過失相殺事由等は，事案毎に幅広い事情を総合的に考慮されるということになる。したがって，過労死等の損害賠償請求案件にかかわる法律実務家としては，原告・被告のいずれの立場に立つとしても，今後，判例の蓄積により基準が明確化されるまでの間は，労使ともに，上記で論じたこれらの過失相殺事由の立証・反証に努めざるを得ないようである。

とくに改正安衛法等に関連して付言しておくと，今般の改正安衛法等の下では，過重労働発生時の面接指導が，「労働者の申出」により行うものとされている点である（改正安衛則52条の3第1項）。この労働者の申し出の懈怠も自己健康管理義務の要素として加味されることは避けられないであろう。ただし，使用者側からの摘時適宜な「産業医による申出の勧奨」等が図られていなければ（52条の3第2項から52条の7参照），自己健康管理義務懈怠の要素として見られる重みは軽減される関係にあるものと解される。

いずれにせよ，過失相殺については，訴訟前の示談交渉等においても，電通最高裁判決の判断に過大な評価を与えて，依頼者に余計な負担や期待をかけないで，解決すべき際の参考にもしなければならないことを示している。

---

相殺論を墨守している，といえるほどである。

27 例えば，前掲・関西医科大学研修医控訴事件・大阪高判平16.7.15では，前述の通り，自らの健康管理に配慮を欠く過失があったとして，2割の過失相殺が認められ，前掲・金港交通事件・横浜地判平17.2.22でも，労働者の本件障害等は会社の長時間労働の黙認・放置に一因があるが，収入増加のために最終的に自分の判断で行ったものであり，労働者の損害の全額を会社に賠償させることは公平を欠き相当でないから，民法418条類推適用し，諸般事情を総合考慮して，原告の損害額から5割を減ずることが相当とされている。

28 逆に電通最高裁判決における過失相殺否定を指示する立場からの論述として，岡村

Ⅲ 雇用変化と労働法の課題

なお，過失相殺の主張は，過重労働が認められる事案では，早期に主張をしておかないと，その主張自体が信義に反するなどとの非難を受ける例も出ており[29]，実務的対応としては，慎重な対応が必要である。

## 5 労災上積み補償制度におけるリスクヘッジとしての生命保険付保をめぐる保険金の処理に関する判例理論の現状とその課題

### (1) 上積み補償と労災保険給付との関係

わが国の労災補償制度の構造上，被害額全額の補償でないこと等から[30]，被災者乃至遺族は企業に対して，労災保険制度でカバーされていない慰藉料を含む，逸失利益の不足額等の差額につき，損害賠償請求が可能な構造となっている。そこで，いわゆる労災民事賠償請求が，前述の過労死等に限らず，なされることが少なくない[31]。そこで，企業は，かかる上積み請求をカバーし，労働者の被害救済等の福祉的配慮と紛争の抑止乃至早期解決による労使間の平和の維持というリスクマネジメント対応の一環とし[32]て，労働協約や就業規則の付属規程として（労基法89条1項8号，2項），いわゆる労災上積補償協定や規程を設けて，労災のあった場合に，労災保険給付に加えて

---

親宜『過労死・過労自殺救済の理論と実務』449頁以下参照。

[29] NTT東日本北海道支店事件・札幌高判平18.7.20労判922-5では，一覧表記載の通り，控訴人は原審において，裁判所からの求釈明に応じて過失相殺の主張をしない旨答えていたことが認められるところ，控訴審において，控訴人が過失相殺に関する規定の類推適用を主張することは著しく信義に反するものであり，また，第一審軽視にもつながり，訴訟上の信義に反するものとして，控訴人が上記主張をすることは許されないとされ，また，上記経緯に照らすと，控訴人の主張がないのに過失相殺規程の類推適用をすることも相当でないとされたものである。一審での過失相殺の主張を裁判所の釈明にも拘わらず主張したことをもって認めなかったことは疑問であるが，実務的にはかかる裁判所の対応をあり得ることを踏まえた訴訟活動が求められる。

[30] 拙著・『実務講義下巻』578頁参照。

[31] 拙著・前掲『講義下巻』577頁以下参照。

[32] なお，労災保険制度全般の意義については，西村健一郎『社会保障法』325頁以下参照。

一定の定額又は実損害に応じた上積み補償制度が設けられることが少なくない。実は、この目的は、本来労災保険制度の重要な存在意義であったはずで[33]。この場合、上積み補償制度は、通常、労働災害の補償について法定補償の不足を補うため上積みする趣旨なので、原則として保険給付に影響は与えないとされている[34]。

(2) 上積み補償と損害賠償との関係

これに対して、上積み補償と損害賠償との関係については、一般的には、使用者は、上積み補償を行った場合、その支払額について、被災労働者又はその遺族に対して負担する損害賠償責任を免れるものと考えられている。しかし上積み補償制度が、当然に損害賠償の予定（民法420条1項）とされ、この協定（契約）による支払をもってそれ以外の損害賠償請求権が一切失なわれるというような効力（賠償の打ち止め効果）を期待することは困難である[35]。但し、補償協定中に損害賠償の予定であることを明示する条項又は損害賠償請求権の放棄条項が設けられている場合には、そのような条項は一般的には無効とならず、実際の上積み額が実損害と比べて著しく低額であるような場合について個別に公序良俗違反（民法90条）となることがあるだけだとされている[36]。つまり、上積み保険の利用などで、労災保険と合わせて充分な補償がなされていれば、賠償の打ち止め効果を期待することも可能ということである。逆に規定が不整備の場合、折角支払った上積み補償金が単なる儀礼的な見舞金等に過ぎないとされ[37]、損益相殺による控除対象とならない危険もあり、後述のように保険を利用する場合などでは、規定の作成には

---

33 上積み補償制度に関しては、清水寛「労災上積み補償協定をめぐる問題」現代労働法講座12巻352頁等参照。企業にしてみれば、上積み補償制度のような屋上屋を重ねるような制度を設けなければならないところに、現在の我が国の労災保険制度の一つの問題点を示しているものである。

34 昭和56・10・30基発696号。

35 打ち止め効果が否定された例として、極洋損害賠償請求事件・東京高判昭49.9.25高民集27-4-357参照。

36 菅野和夫『労働法』（第7版補正2版）356頁。

37 例えば、近時でも、細倉じん肺事件・仙台地判平8.3.22判時1565-20等参照。

慎重な検討が必要である。

(3) 上積み補償の原資としての保険利用上の留意点
(a) 上積み補償の原資としての保険利用の普及

そこで、この上積み補償規程の支払原資を得るべく、損害保険会社の上積み労災保険である労働災害総合保険などへの加入する場合が少なくない。従前は過労死等に対しては、一般の総合保険ではカバーされなかったが、最近では、過労死等の急増に対応して、カバーされるようになった。しかし、低い定額での加入例が多く、企業も別個の事業者責任賠償保険や生命保険などへ加入することもある。

(b) 団体生命保険等の保険金の帰属問題

ここで、生命保険での対応については、以下のとおり、団体生命保険等の受給権をめぐっての紛争が起こらないような補償規程の整備等の配慮が必要である[38]。

① 企業の保険金取得の論理

企業にしてみれば、保険金に対しては、かけてきた保険料や保険金受領に伴う税金分はもちろん、特に幹部従業員の場合には、その従業員に投資してきた多大な人材開発費用や、その従業員がてがけていた業務が死亡により頓挫したことに対する逸失利益などへの補填・回収なども当然に期待している。場合によれば、計算上はこれらの回収分で保険金が終わってしまうことも予想される。裁判例の中でも、従業員への団体生命保険金の帰属について、業務外の死亡の場合についての請求を否定した例や[39]、役員の一般の生命保険について前述の企業損害へのリスクヘッジとしての保険の論理を認めて、遺族の請求を否定したものもある[40]。

---

38 拙著・前掲『講義下巻』591頁以下参照。
39 山口電設事件・東京地判平10.3.24・金判104-34では、団体生命保険は、従業員の業務中の事故に伴う損害賠償の支払原資確保のために締結されたものであり、従業員の死亡原因を問わず保険金の全部又は一部に相当する額を従業員の相続人に支払う旨の合意が成立したとは言えないとして、業務外の疾病・癌で死亡した遺族の保険金請求が棄却されている。

② 労働者の場合は企業による独占は困難

　しかし，多くの場合，特に労働者の場合については，その遺族の福祉というＡ保険の本来の目的からは，保険金全額を企業が一人占めすることには到底従業員側の納得は得られないであろう。実際，Ａ保険が生まれた米国では企業がＡ保険により利益を得ることが禁止されている。生命保険会社も，これらの問題を踏まえて，平成8年11月以降，Ａ保険に代えて，従業員の同意取得や保険金について従業員と企業との取得分を明確にすることを求めた総合福祉団体定期保険（新保険）の販売を開始し，平成9年4月1日以降はこの新保険への移行により，Ａ保険の更新を認めていない[41]。

　そんな中でＡ保険そのものについても含めて，同様に従業員の福祉を目的として企業が加入した生命保険などの死亡保険金の行方をめぐる判決があいついで現れた。最初は，従業員にかけられた養老保険の死亡保険金について，保険の福祉目的の趣旨から，当該従業員の加入の際の同意の中に，死亡保険金の相当部分を弔慰金として，企業がかけてきた保険料や保険金受領に伴う一時所得税などを考慮の上，保険金の4割（400万円）の支払いを認めた判決も出ている[42]。二つめは，従業員にかけられた福祉団体定期保険外2件の死亡保険金・入院給付金などについて，保険の福祉目的の趣旨から，当該従業員の加入の際の同意の中に，入院給付金などについては全額を見舞金として，死亡保険金については社会通念上相当な金額を退職金および弔慰金として支払うとの契約があったとして，結局，給付された保険金全額が相当な額（約994万円）であるとして，既払いの退職金額を控除した金額の支払いを認めた判決である[43]。そして，以下の通り，その後もほぼ同様の判決が続いている[44]。これらの判決によれば，企業としては裁判になれば，保険金の一人

---

[40] 成和化成事件・東京地判平11.2.26労経速1695-22。
[41] 団体定期保険実務の動向につき，山野嘉朗「団体定期保険契約の効力・効果」判タ933号42頁以下等参照。
[42] 布目組事件・名古屋地判平7.1.24労判682-155。
[43] 東映視覚事件・青森地裁弘前支判平8.4.26労判703-65。
[44] 近時の御船運輸株式会社事件・大阪高判平15.11.27判時1866-138も，会社が受領した従業員を被保険者とする傷害保険契約につき，保険金の60％の3000万円の遺族

占めはできないことは明らかである。

③　保険金の合理的配分の補償規程等による明確化の必要

ここで注目すべきは，名古屋地裁等が保険料や税金分の控除を認めていたのに対して[45]，青森地裁ではそれらが（主張されていなかったこともあり）認められていないことである[46]。

A保険に限らず，同様な保険により労災などの従業員の死傷病への補償に対処しようとするならば，新保険でも求めているように，保険金について従業員と企業との取得分を明確にすることが必要である。但しその場合でも，明確な規定に基づく従業員の退職金や弔慰金，または労災などでの損害賠償金への充当分以外で，企業が当然に取得分を主張できるのは，名古屋地裁が認めている保険料や税金の負担などまでで，それ以上に前述の諸費用・損失などを回収するには，それらの支出についての合理的な算出方法に基づく明確な補償規定が必要である[47]。

④　住友軽金属事件最高裁判決の意義と射程範囲と残された課題

かかる状況下で，最近示された住友軽金属事件最高裁判決[48]は，「(1)　団体定期保険契約は，他人の死亡により保険金の支払を行うものであるところ，このような他人を被保険者とする生命保険は，保険金目当ての犯罪を誘発したり，いわゆる賭博保険として用いられるなどの危険性があることから，商

---

への支払を認めた。

[45]　田中技建事件・東京高判平 7.12.25 労旬 1381-47，日本エルシー事件・名古屋地判平 9.5.12 労判 717-19 等。

[46]　バリス観光事件・山口地宇部支判平 9.2.25 労判 713-5 は，保険金から保険料等を除いた全額を支払うべきとしている。

[47]　住友軽金属事件・名古屋地判平 13.3.6 労判 808-30 では，かかる規程がないことを理由に遺族に合計金 6000 万円の保険金の支払いが命じられたが，同控訴事件・名古屋高判平 14.4.24 労判 829-38 では，保険金の 2 分の 1 まで会社が支出した経費の控除を限度とした。なお，遺族への保険金請求が認められるのは，前述のような明確な規定のない場合に限られる旨を明言する近時の例として，住友軽金属工業事件・名古屋地判平 13.3.6 労判 808-30，赤武石油ガス事件・仙台高判平 12.11.29 労判 806-50。

[48]　最三小判平 18.4.11 労判 915-51。同判決に対する評釈として，山下友信「団体定期保険と保険金の帰趨」NBL 834 号 13 頁等参照。

法は，これを防止する方策として，被保険者の同意を要求することとする（674条1項）一方，損害保険における630条，631条のように，金銭的に評価の可能な被保険利益の存在を要求するとか，保険金額が被保険利益の価額を超過することを許さないといった観点からの規制は採用していない。

本件で，第1審被告が，被保険者である各従業員の死亡につき6000万円を超える高額の保険を掛けながら，社内規定に基づく退職金等として第1審原告らに実際に支払われたのは各1000万円前後にとどまること，第1審被告は，生命保険各社との関係を良好に保つことを主な動機として団体定期保険を締結し，受領した配当金及び保険金を保険料の支払に充当するということを漫然と繰り返していたにすぎないことは，前記のとおりであり，このような運用が，従業員の福利厚生の拡充を図ることを目的とする団体定期保険の趣旨から逸脱したものであることは明らかである。しかし，他人の生命の保険については，被保険者の同意を求めることでその適正な運用を図ることとし，保険金額に見合う被保険利益の裏付けを要求するような規制を採用していない立法政策が採られていることにも照らすと，死亡時給付金として第1審被告から遺族に対して支払われた金額が，本件各保険契約に基づく保険金の額の一部にとどまっていても，被保険者の同意があることが前提である以上，そのことから直ちに本件各保険契約の公序良俗違反をいうことは相当でなく，本件で，他にこの公序良俗違反を基礎付けるに足りる事情は見当たらない。原審の上記判断は，その立論の前提を欠くというべきである。

(2) また，第1審被告が，団体定期保険の本来の目的に照らし，保険金の全部又は一部を社内規定に基づく給付に充当すべきことを認識し，そのことを本件各生命保険会社に確約していたからといって，このことは，社内規定に基づく給付額を超えて死亡時給付金を遺族等に支払うことを約したなどと認めるべき根拠となるものではなく，他に本件合意の成立を推認すべき事情は見当たらない。むしろ，第1審被告は，死亡従業員の遺族に支払うべき死亡時給付金が社内規定に基づく給付額の範囲内にとどまることは当然のことと考え，そのような取扱いに終始していたことが明らかであり，このような本件の事実関係の下で，第1審被告が，社内規定に基づく給付額を超えて，受領した保険金の全部又は一部を遺族に支払うことを，明示的にはもとより，

黙示的にも合意したと認めることはできないというべきである。原審は，合理的な根拠に基づくことなく，むしろその認定を妨げるべき事情が認められるにもかかわらず，本件合意の成立を認めたものであり，その認定判断は経験則に反するものといわざるを得ない。このような合意を根拠とする第1審原告らの請求は理由がない。

(3) 以上によれば，第1審原告らの請求を一部認容すべきものとした原審の判断には，判決に影響を及ぼすことが明らかな法令の違反があり，原判決のうち第1審被告敗訴部分は破棄を免れない。第1審被告の論旨は理由がある。」と判示して原審に差し戻しをしている。

同判決は，直接的には，旧団体定期保険に関する判旨であるが，現在の団体定期保険やその他の保険にも波及する問題点があり注目される。

先ず，その判旨には，今まで下級審が，生命保険会社の提供した付保規定等の，合理的な意思解釈や労働者との保険金の処理に関する個別の黙示の合意等の認定判断により具体的妥当性を探ってきた流れを一気に押し返す面で疑問なしとしないが，社内規定に他人への生命保険付保の商法674条1項の同意への代替を認めている以上[49]，論理的には，それなりの合理性を持つであろう。これにより，保険商品としては別であるが，企業の取り分を明示して契約される，新保険でのヒューマンバリュー特約への合理性への一部からの疑問[50]などは少なくとも解消されたことになろう。

残された課題は，最高裁が同意のみに根拠を求めているか否かの問題がある。本件においても，①6分の1とは言え，1000万円程度は遺族に支払われていることは要件となるのか。私見では，公序良俗違反等の考慮要因としては未だ最高裁の考慮要因として示唆しているものと解される。

また，前記同意の有無につき，その根拠となった，②社内規定につき，最高裁が要約する原審の認定によれば，「本件各保険契約には商法674条1項所定の被保険者の同意が要求されるところ，第1審被告は，その従業員に

---

[49] 今までそれを明示した例として前掲・住友軽金属事件・名古屋地判平13.3.6労判808号30頁等参照。

[50] 吉川吉衛「従業員を被保険者とする会社締結の団体定期保険等の保険金と死亡退職金の関係」平成8年度重要判例解説ジュリ1113号112頁等。

よって組織される労働組合であるJの執行部役員に対し，労働協約に基づく従業員への給付制度の財源対策として，従業員全員を被保険者とし第1審被告を保険金受取人とする団体定期保険に加入するという程度の説明を，口頭で簡単にしたことにより，被保険者となる従業員全員の同意に代えていた。そして，第1審被告も，上記労働組合も，その従業員，組合員に対し，本件各保険契約を周知させる措置を執ったことはなく，同労働組合の執行部役員の経験者を除いて，第1審被告の従業員のほとんどの者は，本件各保険契約の存在さえ知らず，自らがその被保険者となっていることの認識もなかった。」とされていることをどのように解するかである。これを額面通り受け取れば，補足意見のように本件保険契約が無効との判断も十分にあり得たものである。

　少なくとも従前の就業規則の拘束力の最低限の要件たる合理性と周知すら欠いていたことから[51]，かかる規定の効力をどのように理解するかという問題を検討せざるを得ない[52]。なぜなら，上記事実関係からは，この論理が他人への生命保険付保に関する同意の場合のみにつき限定されているとしなければ，従前の就業規則の拘束力要件論は再検討を余儀なくされることになるからである。

　かかる意味からは，付保への同意の認定をここまで規定に基づきラフに認定することと，前述の下級審の合理的意思解釈とどちらが従前の就業規則等との最高裁判例等との関係で法的整合性と合理性を有するかにははなはだ疑問を抱かざるを得ない。

　さらに同判決が，他の生命保険事案でも同様の解釈が示されることは予想し得るが，前述のラフな認定ですらその存在を認定できない事案で，本件におけると同様に，その趣旨があいまいな同意書のみの取得であった場合に，本件判決の下級審のような合理的意思の探求による具体的妥当性の実現が禁

---

51　従前の判例・学説の紹介等については拙著『講義上巻』52頁以下等参照。労働契約法7条については，拙著・前掲『労働契約法』52頁以下参照。

52　前掲・文化シャッター事件・静岡地浜松支判平9.3.24は，周知なき規定による生命保険への同意を無効としていた。

じられるかという点が問題となる[53]。筆者は，本判決はそこまでは射程としておらず，従前の合理的意思解釈による解決を否定するものではないと解される。

ただし，実務的対応としては，改めて，補償規定の整備の必要性とその実務的有効性が確認されたことになった。リスクマネジメント的観点からは，前述のような不安定要素を孕んだ本判決に依拠することなく，少なくとも，就業規則の制定・改正に関する有効要件[54]の取得に留意すべきであろう。

## 6　むすびに代えて

「はじめに」でも触れたように，①過労死等をめぐる労災民事賠償請求の今までの判例によれば，②現在の判例法理では，過労死等の発症の場合で，いわば過重労働が認定されたときには（特に，労災認定が先行している場合が典型であるが），半ば自動的に企業の健康配慮義務違反の責任と発症・死亡等との結果の相当因果関係の存在が同時に事実上推定され，企業の側において，そのいずれかの存在の推定を覆す特段の事情を立証できない限り，企業の損害賠償責任が認められており，③かかる判例法理の下では，過重労働が認められる場合には，企業においては，あたかも，自動車損害賠償保障法の下での運行供用者責任のごとく容易に責任が認められており，④かかる場合の労使双方にとっての実務法学的関心事と法理論的検討課題は過失相殺や寄与度等による損害賠償の減額等の調整に移っているが，未だ，その相殺対象要因を整理は未完であり，⑤かかる状況下での企業の過労死等をめぐる損害賠償請求訴訟へのリスクマネジメントの観点から不可欠な，いわゆる労災上積み補償制度における，リスクヘッジとしての生命保険付保をめぐる保険金の処理に関する判例からは，規定の適正かつ合理的内容による整備が必要と解され

---

[53] 本判決の判例研究である山下友信「団体定期保険と保険金の帰趨」NBL 834号12頁以下は，従前の方法を支持する立場からではあるが，射程が及ぶとの立場と解される。

[54] 拙著・前掲『講義上巻』52頁以下等参照。労働契約法9条乃至11条については，拙著・前掲『労働契約法』60頁以下。前掲注51参照。

る。

　残された④の類型化による明確な基準化と⑤に関連した，住友軽金属事件最高裁判決が改めて提起した生命保険金の処理を含む災害補償規定の有効要件の確認と同判決の射程範囲の検証と今後の判例の動向への継続した監視は，筆者に課せられた今後の課題としたい。

　最後に，定年退官を迎えられた手塚先生の恩義に報いるべき退官記念論文集に，かかる駄作しか献呈できない不孝を，浅学菲才の故とお許し願うとともに，手塚先生が，今後も今まで同様に，エネルギッシュに益々の研究活動等で活躍されることを祈念して，筆を置くこととする。

# 就業形態の多様化と労働契約の「変貌」

皆 川 宏 之

## 1 はじめに

　今日，雇用にまつわるキーワードの一つに，「就業形態の多様化」がある。労働法とのかかわりで，この語が用いられるとき，そこに含意されているのは，従来，典型的と目されてきた雇用形態から逸脱する就業形態の増加，及び，そうした状況に対する労働法の対処の如何といった問題関心である。

　他方，「労働契約」の概念もまた，労働法学における重要な論点の一つである。かねてより，このテーマは労働法学上の重要な論点とされてきたところ，労働契約法が制定された現在，改めてその概念の内実を問う機運が高まっている。

　さて，上記の2つのテーマが結びつけられるとき，すなわち，「就業形態の多様化」と「労働契約」とが併せ論じられる場合に，まず念頭に浮かぶのは，労働法の適用対象者画定の問題であろう[1]。これまで多くの裁判例で，

---

[1] このテーマに関しては，日本における労働法の形成・確立期以来，「労働契約」概念をめぐる数多くの論説が公表され，度重なる議論が展開されてきた。その中で，現代における「就業形態の多様化」と明確に関連づけて労働法の適用対象者を論じたものとして，吉田美喜夫「雇用・就業形態の多様化と労働者概念」日本労働法学会誌68号（1986年）39頁。さらに近時，この問題分野における精力的な取組みが数多く公表されている。橋本陽子「労働法・社会保険法の適用対象者―ドイツ法における労働契約と労働者概念」（一）法学協会雑誌119巻4号612頁，（二）同120巻8号1477頁，（三）同120巻10号1893頁，（四・完）120巻11号2177頁（2002～2003年），島田陽一「雇用類似の労務供給契約と労働法に関する覚書」『下井隆史先生古稀記念―新時代の労働契約法理論』（信山社，2003年）27頁，大内伸哉「従属労働者と自営労働者

Ⅲ　雇用変化と労働法の課題

　自営業者として業務に従事していた一人親方，外務員，傭車運転手，音楽演奏家等の「労働者」性が争われ，その判断基準が議論の対象となってきたが，この問題は，具体的に如何なる特徴を有する労務提供関係について「労働契約」が成立し労働関係法令の適用が認められるか，との議論と結びつけられて論じられてきた。それはいわば，労働法の適用対象者たる「労働者」の「外縁」の画定をめぐる問題，換言すれば，現代の企業組織において利用される「労働」の典型的形態の「外縁」をめぐる問題である[2]。

　もっとも，「就業形態の多様化」と把握される現象は，労働者の外縁のみにかかわるわけではない。従来，労働法制の適用範囲内にあることが疑われてこなかった企業「内」の労働者に目を転ずると，彼らの「働かされ方」もまた「多様化」の波にさらされている。すなわち，情報・知識利用型の専門性の高い労働では，工場労働に典型的であるような労働の形態とは異なり，労働の遂行手段・手順・方法や労働時間・場所等に関する使用者からの指揮命令への拘束が希薄となっている。このような労働者の「働き方」に対し，

---

の均衡を求めて―労働保護法の再構成のための一つの試み」『中嶋士元也先生還暦記念論集―労働関係法の現代的展開』（信山社，2004年），鎌田耕一「労働基準法上の労働者概念について」法学新報111巻7・8号（2005年）28頁，川口美貴「労働者概念の再構成」季刊労働法209号（2005年）133頁等。また，このテーマを詳細に検討した代表的著作として，柳屋孝安『現代労働法と労働者概念』（信山社，2005年）が公刊されている。

[2] 労働法と「企業組織」概念とのかかわりについては，盛誠吾「企業概念と労働法学」労働法律旬報1238号（1990年）5頁，同「企業組織の変容と労働法学の課題」日本労働法学会誌97号（2001年）121頁，石田眞「歴史の中の『企業組織と労働法』―企業組織の変容と労働法」日本労働法学会誌97号（2001年）143頁，同「企業組織と労働法―変動の歴史と課題―」季刊労働法206号（2004年）14頁などを参照。石田教授の前掲論説によると，機械制大工業の出現する時代では，企業と労働者の労務供給契約において，従属労働を対象とする労働契約（雇用）が支配的となり，労働法は，原則として一つの法人格内の労働契約関係を対象として形成される。こうした企業組織の「外縁」は，次の段階では，第一に複数法人格の企業から構成されるグループとしての企業組織が増加すること，及び，第二に労働契約と，それとは異なる労務供給契約が企業組織の中に並存するようになることで変容する。現在，第二点の現象に対し，労働契約以外の労務供給契約関係にある就業者に対する適切な法的対処が必要となっていることを，同論説は指摘する。

従来の労働時間規制が適合的ではないことが主張され，規制緩和の一環として労働基準法上で裁量労働制が導入され，さらに現在では，労働時間法制のさらなる見直しも検討されている。また，情報・知識利用型労働はいわゆる成果主義的賃金制度と親和的であるとされ，労働の対価たる賃金の決定基準を労働の「成果」に求める制度が広がりをみせている。労働時間規制の緩和と成果主義的賃金制度とは，必ずしもワンセットである必然性はないものの，とりわけ1990年代後半以降，国の法律における規制緩和と，各企業における経営政策とが明確に結びつけられるに至っている[3]。

　こうした労働時間規制の緩和及び賃金制度の成果主義化は，労働関係についていかなる法的問題を惹起するだろうか。そもそも労働契約とは，労働者が労働義務を負い，使用者がその対価として賃金を支払う義務を負うことを内容とする双務契約であると解されている。労働者は使用者の指揮命令に従い労務を提供することで労働義務を履行し，賃金請求権を得る。このとき，賃金額は労働契約，就業規則，労働協約といった規範によって定められることになるが，賃金額決定の尺度として基本となるのは，労働者が労務を提供した時間数である[4]。上述のような労働時間規制の緩和及び賃金決定の成果主義化は，労働契約当事者の権利義務の内容を変質させる。つまり，裁量労働におけるみなし労働時間制の例をとると，そこでは，協定で定められたみなし労働時間数を超える実労働時間に対し，使用者が労働基準法所定の割増賃金を支払う義務はなく，その点で労働時間数と賃金の比例的関係が失われる。加えて，労働の「成果」に対する評価によって賃金額が決定されること

---

[3] 林和彦「労働法の規制緩和論からみた裁量労働制の再検討」季刊労働法207号（2004年）64頁，69頁。同論説は，1987年の裁量労働制施行当初においては，労働時間の不規則な専門職労働者の時間外労働の適正な管理を行うことを同制度の趣旨と捉える見解が有力であったものの，1990年代以降，「労働の量より質ないし成果」に応じた賃金制度と結びつける理解が一般化した点を指摘する。

[4] 原則として，労働と賃金の対価関係は労働契約の本質的部分を構成するものと解される。東京大学労働法研究会『注釈労働時間法』（有斐閣，1990年）§32〔Ⅴ〕3⑵㈹。労働契約ないし就業規則等により定められた所定労働時間は，労働者が労働義務を負うことを約し，使用者がその労働義務の履行について賃金を支払うことを約した時間であると解される。同書§32〔Ⅴ〕2⑴㈱。

になれば、ここでもやはり、労働時間と賃金との結びつきが後背に退き、替わって「仕事の完成」を契約の対象とする「請負」の要素が前面に現れてくるようにみえる。

上記の方向性は、労働契約の「請負化」を帰結させるのだろうか。従来の法解釈のもとでは、労働法令は原則として労働契約ないし雇用契約に適用され、請負ないし委任の関係は通常、労働法制の適用範囲外とされてきた。すると、労働契約の請負化が進むとすれば、これまでの労働法制の適用を排除する方向に進むのか、あるいはそうした方向が目指されるべきなのだろうか。

以上は、いわば企業組織「内」における労働者の分化・多様化をめぐる問題である。本稿は、「就業形態の多様化と労働契約」にまつわる問題の中で、企業組織「内」における就労形態の変化と、それに伴う労働契約の「変貌」に焦点を当て、そこから惹起される法的問題の考察を試みることとしたい[5]。具体的な題材として、比較法的見地から、ドイツにおける類似の法的問題に関する議論を取り上げて検証する。次に見るように、ドイツにおいても、労働時間弾力化のための諸制度と成果指向の賃金決定制度が普及し、かかる諸制度が労働契約の規範構造に及ぼす影響が議論されるに至っている。そうした議論から、今後の日本法における同様の議論につき示唆を得ることが本稿の目的である。

## 2 労働契約の変貌

### (1) 経営管理と労務管理の変化

まずは、「労働契約の変革―労働時間から労働成果へ」[6]と題されたW・トリッティンによる2001年の論考を紹介しよう。この論説でトリッティンが問題の前提として指摘するのは、企業における成果指向型経営（Ergebnisorientierte Unternehmensführung）の拡大である。こうした経営方法にあっては、

---

[5] 成果主義的な賃金制度に関する労働契約法上の諸問題について、土田道夫「能力主義賃金と労働契約」季刊労働法185号（1998年）等を参照。

[6] Wolfgang Trittin, Umbruch des Arbeitsvertrags: Von der Arbeitszeit zum Arbeitsergebnis, NZA 2001, S. 1003-1011.

現代のコミュニケーション技術の発展に支えられた形で，従来の垂直的な集権的組織運営が見直され，組織の脱中心化，フラットな階層，PC（profit center）制度，顧客指向（Kundenorientierung）といった手法が導入されている。ここで鍵となるのは，企業経営上の責任が個々の労働者のレベルにまで降ろされていることである。労働者は，上位からの指揮命令によって動くのではなく，一人一人があたかも一つの「企業」（「Selbst-GmbH」，「Ich-AG」）であるように行動し，利益を生み出すことが期待される。使用者は，労働者に対するコントロールを労働時間管理によって行うのではなく，労働時間の決定を労働者に手に委ね，また，報酬額は時間数への対応ではなく，生み出した利益，すなわち労働の「成果」によって評価されることになる[7]。

トリッティンは，こうした経営手法の特徴を以下のように簡潔に表現している。「望むようにやりたまえ。但し利益は出すように。」[8]

(2) 労働契約の変容

上述のような経営方法の特徴は，労働関係における「時間」の意義を後退させ，報酬額の決定を何らかの「成果」と関連づける点にある。かかる傾向は，労働契約の権利義務の在り方にどのような影響を与えるだろうか。

ドイツの法体系において，「労働契約」は，民法典611条以下に規定された「雇用契約」の下位類型の一つに位置づけられている。雇用契約とは，契約当事者の一方（労務義務者）が労務（Dienst）の給付，その相手方（労務権利者）が労務給付に対する報酬の支払を約する双務契約であって，労務義務者の義務は，労務それ自体，すなわち「働くこと」である。労働契約において労働者は，使用者に雇われた状態での労働，すなわち使用者の指揮命令に従った他人決定的で従属的な労働を給付する義務を負う[9]。これに対し，請負契約は，契約当事者の一方（請負人）が仕事の制作，相手方（注文者）が報酬の支払を約する双務契約であって，請負人の義務として，物の製作若し

---

[7] Trittin, NZA 2001, S. 1003f.
[8] Trittin, NZA 2001, S. 1004.
[9] Schaub, Arbeitsrecht-Handbuch, §29 Rn. 1; Staudinger/Richardi, Vorbem. vor §611 BGB Rn. 5; MünchKomm-BGB/Müller-Glöge, §611 Rn. 125.

III 雇用変化と労働法の課題

くは加工，又は労働若しくは労務給付によってもたらされる何らかの成果が対象となる。この請負契約との対比で，労働契約上の労働者の主たる義務である「労働」義務の範囲は，何らかの「成果」ではなく「時間」によって画されている。当事者の義務には「時間」の枠によって量的な限度が存在することとなる[10]。

　一方，使用者は労働契約上の主たる義務として，報酬支払義務を負う。民法上の一般原則によると，賃金は労務給付の後に支払われる（民法典614条）。労働契約において，支払われる賃金額の決定方法は，後述のように手数料やプレミア賃金といった，必ずしも労働時間数には直接対応しない形を取り得るものの，民法典614条の規定からは，少なくとも労働契約において，労働の給付と賃金の支払が双務的関係にあるとの原則が導かれる[11]。

　労働契約における上記の原則を変質させる制度として，トリッティンの論説の中で注目されるのは，ドイツ企業で普及している「信頼労働時間」制度と「目標合意」制度である[12]。前者は労働者が義務として給付する労働の量的範囲の決定，後者は労働者が反対給付として受け取る賃金の決定にかかわる制度であり，両者はそれぞれに別個の制度ではあるものの，近時は労働の成果指向という方向性において結びつけられている。詳細については後述するとして，「信頼労働時間」とは，労働時間の管理を労働者が自己で行うよう使用者が「信頼」する制度であり，所定労働時間，労働したものといわば「みなす」もので，この制度の運用下では，労働者の労働義務の時間的限度が，事実上意味を持たないことになる。「目標合意」とは，いわゆる目標管理の手法に基づき，労働者の「成果」によって報酬額を決定する仕組みの一つである。

　上記のような制度運用が実施された場合，労働関係は実態として「請負」的性格を帯びるようにみえる。例えば，労働時間を労働成果にとって替わらせることの重要な帰結として，一定の時間的範囲の中で一定の課題を達成しなければならないことのリスクを使用者が負担しなくなることが挙げられる。

---

10　Trittin, NZA 2001, S. 1005.
11　ErfK/Preis, BGB §614 Rn. 3.
12　Trittin, NZA 2001, S. 1005.

労働時間が労働契約上の交換関係の中心的位置を占めるならば，事業の稼動障害に対するリスクは使用者が負担する。使用者は起こり得る障害に備え，例えば，ある労働者が疾病にかかり労働を現実に提供できない場合の人的なリザーブ，時間的バッファーの設定，在庫管理等々を図り，リスクに対処することになる。これに対し，時間ではなく一定の成果を賃金と結びつけることにより，使用者はこうしたリスクを一定程度労働者に負わせることができるようになる[13]。こうしたリスク負担のあり方には，「請負」契約との類似性がある。

さらに，一人一人の労働者は一つの「企業」であるかのように扱われ，その働き方が労働者自身のコントロールに委ねられるのであるとすれば，そもそも，それは「労働関係」であるのか，との問いも生じよう。後述するように，ドイツにおける労働者性の判断基準は，労働者の人的従属性，換言すれば労働の他人決定性によるとされるが，企業において労働者が「請負」的な関係において「自己制御」により働くのだとすれば，その者は果たして「労働者」といえるのだろうか。他方で，労働者に労働の具体化における一定の自由の余地が開かれるとしても，労働義務の提供に当たり，時間的限度が事実上意味を持たず，報酬が成果によって評価されるとすれば，そのことで労働者にとって「終わりなき労働」の扉が開かれることにはならないだろうか。トリッティン自身は，かかる懸念を指摘する[14]。では，そのとき労働法制は，かかる経営方法の普及に対し，どのように対処することが適切だろうか。

以下では，かかる問題点を，上述の両制度の具体的な性格を検討した上で考察することにしたい。

## 3 信頼労働時間

(1) 労働義務と労働時間

信頼労働時間（Vertrauensarbeitszeit）制度の特徴を指摘するためには，ま

---

13　Trittin, NZA 2001, S. 1005.
14　Trittin, NZA 2001, S. 1003.

### III 雇用変化と労働法の課題

ずもってドイツにおける労働時間規制の原則と，その弾力化手段についての理解が必要である。

既述のように，労働契約において，労働者は何らかの成果ではなく，時間によって量定される労務の提供を義務とする[15]。労働関係の特徴は，労働者の労働義務が時間によって画定される点にある[16]。この労働時間の長さは労働契約によって定められるが[17]，1994年6月6日の労働時間法（Arbeitszeitgesetz）[18]の規制に反する取り決めは民法典134条により無効となる。

労働時間法によると，原則として労働者の週日の労働時間は8時間を超えてはならないが，しかし，その一方で，6暦月若しくは24週間内の平均で1日8時間を超えない限り，1日10時間までの労働時間の取り決めが可能とされている（同3条）。労働時間法の規定の多くについては，労働協約ないし労働協約に根拠を持つ事業所協定による異なる取り決めが，労働者にとって不利益となるものであっても可能とされており（労働時間法7条以下），実際には労働協約ないし事業所協定によって企業経営の実態に適合する形で労働時間規制が行われている[19]。

労働協約ないし個別の労働契約によって定められた労働時間の長さについては，使用者はこれを一方的に変更することはできない。しかし，取り決められた労働時間の長さの範囲内で，各日の労働時間の開始と終了，及び休憩時間を定め，また，各週日への労働時間の配分を定めることは，使用者に労働契約上で認められた労務指揮権（営業法106条）の行使によって行い得る

---

15 Staudinger/Richardi, Vorbem. zu §611 BGB Rn. 199 und §611 BGB Rn. 292; Hromadka/Maschmann, Arbeitsrecht I §6 Rn. 35.

16 BAG v. 17. 3. 1988, AP Nr. 99 zu §626 BGB.

17 両当事者が明文で労働時間の長さ及び配置を取り決めておらず，疑いのある場合には，事業所における労働時間を合意する意図であったことが推認される。BAG v. 23. 6. 1992, AP Nr. 1 zu §611 Arbeitszeit.

18 現在の労働時間法制に関しては，和田肇『ドイツの労働時間と法』（日本評論社，1998年）を参照。

19 労働協約上の週所定労働時間は，2004年の統計によると旧西ドイツ地域で全分野平均37.4時間，旧東ドイツ地域で全分野平均39.0時間である。WSI-Tarifhandbuch 2005, S. 90.

と解されている[20]。もっとも，事業所組織法87条1項2号により，労働時間の開始と終了，及び各週日への労働時間の配分に関しては，事業所委員会が発議権を含む共同決定権を有すると解されているため，事業所委員会の選出されている事業所においては，使用者は労働時間の配分に関して共同決定を行う必要がある。

　労働者に超過勤務時間を使用者が期待する場合には，労働契約上，かかる労働者の義務が規定されている必要がある[21]。1994年の労働時間法では，超過勤務時間に対する割増賃金規制が定められていないため，超過時間に対する賃金請求権は労働契約や労働協約に根拠を必要とする。

(2) 労働時間の弾力化——フレックスタイム制と信頼労働時間制

　上述のような法的枠組みにおいて労働時間が設定される一方，労働時間の長さや配置を「弾力化」する労働時間モデルの必要もまた唱えられてきた。こうした「労働時間の弾力化」ないし「弾力的な労働時間モデル」の定義については諸説がある[22]。以下では，各種の弾力的労働時間モデルの中から，主に，労働時間の配置を恒常的に変動させ，労働時間の決定権限の一部を労働者に委ねるモデル，すなわちフレックスタイム制度と信頼労働時間制度に焦点を当てる。

　こうした弾力的労働時間モデルの必要性及び利点は，労働者と使用者の双方にある。厳格な労働時間設定を一部緩和し，労働者自身の決定による労働時間配分を可能とすることは，労働者の家族生活上の責任，あるいは，労働者自身の自由時間，継続教育，他者とのコミュニケーションといった利益と職業との調和を図る可能性を大きくする点で，労働者にとって利点がある[23]。しかし，とりわけ近時においては，前述のように，市場のグローバル化によ

---

20　ErfK/Preis, §611 BGB Rn. 816.
21　ErfK/Preis, §611 BGB Rn. 825.
22　和田・前掲書68〜69頁。
23　Hermann Reichold, Zeitsouveränität im Arbeitsverhältnis: Strukturen und Konsequenzen, NZA 1998, S. 394. 社会的観点からは，出退勤時の交通上の混雑を緩和することも期待される。Schaub, §160 Rn. 2.

III 雇用変化と労働法の課題

り企業に対する競争ないしイノベーションの圧力が強まっていること，それ故に市場ないし顧客の需要に迅速に応ずる企業経営が求められ，それに適応した形での労働力の柔軟な利用が必要とされていることから，使用者側の利益が弾力化推進の主な要因になっているといえよう[24]。

(a) フレックスタイム（Gleitzeit）

労働者に，自らの労働時間を開始及び終了する時刻について一定の限度の中で決定することを可能とする制度がフレックスタイム制である。この制度には，一日の労働時間の長さ自体は使用者が決定し，専ら労働時間の開始（自動的に終了時刻が決まることになる）を労働者が決めることのできる「制限的モデル」と，労働時間の開始及び終了のみならず一日の労働時間の長さをも労働者が決定できる「拡張的モデル」とがあり，実務においては大部分が後者となっている[25]。

特に拡張的モデルのフレックスタイム制の下では，労働者はその労働時間の開始及び終了時について厳格に拘束されず，一定の限度の中で労働時間の開始と終了を自由に決定できる。このことは，労働時間に関する決定権，すなわち「時間主権（Zeitsouveränität）」の一部が労働者に委譲されることを意味する。もっとも，フレックスタイム制の下であれ，労働者が労働義務を負う労働時間の長さが労働協約ないし個別労働契約で定められていることには変わりがなく，使用者には労働者が実際に労働した時間の把握が求められる。このことは同時に，拡張的モデルの下では契約上の労働時間と，労働者が現実に労働した労働時間との間に差異が生じ得ることを意味する。労働者は労働時間につき，使用者に対し「貸し」と「借り」を持ち得ることになる。

以上より，フレックスタイム制が導入される場合には，①労働者が労働義務を負う標準労働時間，②午前・午後における労働時間の変動可能枠，③コアタイム，④一定期間における貸し・借り時間の限度，⑤貸し・借り時間の調整期間，⑥使用者による労働時間把握の方法等が取り決められる。労働者に出勤義務のあるコアタイムが定められなくとも問題はない。ただし通常の

---

24 Reichold, NZA 1998, S. 393.
25 和田・前掲書 74 頁。

フレックスタイム制の下では，労働者が労働可能な週日の労働時間の範囲，一日の最長及び最短労働時間，並びに使用者による時間把握といった枠組み条件が残されている[26]。なお，事業所委員会は，事業所組織法87条2項に基づき，フレックスタイム制の導入につき，発議権を含む共同決定権を有すると解されている。

(b) 信頼労働時間（Vertrauensarbeitszeit）

「信頼労働時間」につき，法律上の定義は特に存しないため，実務における諸々の制度から，その特徴を見出すより他はない。現在，実務において普及している信頼労働時間制の一般的な特徴とは，上記のフレックスタイム制において，さらに「弾力化」の度合を進め，コアタイムがなく，且つ，一日の労働時間の範囲，最長・最短労働時間といった枠組み条件もなく，さらに使用者による時間把握が事実上なされず，労働時間の決定，把握，管理が労働者に委ねられるまでに至っている点にある。ここでは，労働者が所定労働時間につき労働を行うことを使用者が「信頼」する形となっており，実際に労働するか否かは労働者の判断に委ねられることになる。このような信頼労働時間制は，現在のドイツにおける労働時間制度のうち，労働者の「時間主権」が最高度に高められた制度であると見ることができる[27]。他方，こうした労働時間の運用の下では，所定労働時間以上の「超過勤務時間」及びそれに対する手当の請求権が原則として発生させられないか，あるいは例外的にしか発生しないことになり，こうした超過勤務回避が，この制度のコンセプトの一つであることは疑いない[28]。以上の点から，ドイツにおける信頼労働時間制は，日本における裁量労働のみなし労働時間制と類似した帰結をもたらすことになる。

2001年に実施されたアンケート結果では，アンケート対象の全事業所の39パーセントで信頼労働時間制が実施されていた。うち，サービス業部門で45パーセント，工業部門で41パーセント，公行政部門で14パーセントと

---

[26] Reichold, NZA 1998, S. 396.
[27] Reichold, NZA 1998, S. 396.
[28] Helke Grunewald, Grundlagen und Grenzen der Vertrauensarbeitszeit: Vorgaben des ArbZG und kollektivvertragliche Gestaltungsmöglichkeiten, 2005, S. 44.

なっている。そして，半数以上の事業所で，すべての協約外職員について信頼労働時間制が採られている[29]。このように，協約外職員のような高給処遇の労働者を中心とする信頼労働時間制の拡大を見て取ることができる。

(3) 信頼労働時間と労働契約

上述のような信頼労働時間制の下では，事実上，労働時間の配置につき，使用者の指揮命令及び監督が行われないことになる。また，信頼労働時間制のような弾力的な労働時間設定が利用されるに至った背景には，先のトリッティンの指摘にもあるように，労働者をあたかも事業者であるかのように働かせ，その成果を利用するという経営管理手法の普及があり，そのような場合には，労働の遂行方法や手順等について労働者の裁量が認められ，使用者の専門的指揮命令への拘束もまた希薄となる。

ここで，一つの疑問が生ずる。上記のように使用者の指揮命令への拘束が弱い形で労働を提供する関係は，果たして労働契約を基礎とする労働関係といえるのか，換言すれば，自由雇用契約等に基づく関係と解される可能性はないのか，という問いである。

ドイツの通説及び判例では，労働法の適用対象者である労働者とは，私法上の契約に基づき契約相手に雇われた状態で労働の義務を負い，その対価として合意された報酬を得る者とされる[30]。ドイツ連邦労働裁判所（BAG）は，「労働者」性を肯定する基準を，労働の受領者に対する労働給付者の「人的従属性」（persönliche Abhängigkeit）ないし「他人決定性」（Fremdbestimmtheit）の存在に求める立場を一貫して示してきた[31]。このとき，制定法上の解釈の手掛かりとされてきたのが，ドイツ商法典84条1項2文である。同条同文は，「独立」した代理商を「本質的に自由に自らの業務を形成し，自

---

[29] Grunewald, S. 55f.

[30] Vgl. Hueck/Nipperdey, Lehrbuch des Arbeitsrecht, Bd. I §9 II; BAG 15. 3. 1978 AP Nr. 26 zu §611 BGB Abhängigkeit. ドイツにおける労働者概念に関して橋本・前掲論文，及び，柳屋・前掲書を参照。

[31] ErfK/Preis, §611 BGB Rn. 45; MünchArbR/Richardi, 2. Aufl. 2000, §24 Arbeitnehmerbegriff Rn. 18.

らの労働時間を決定し得る者」と定義する。この条項の反対解釈として，本質的に自由に自らの業務を形成し自らの労働時間を決定し得ない者が「職員」(Angestellte)，すなわち「労働者」(Arbeitnehmer) と解される。BAG は，人的従属性の具体的な徴表として①専門的な指揮命令への拘束性，②時間に関する指揮命令への拘束性，③場所に関する指揮命令への拘束性，④他人の事業組織への編入などを挙げてきた。

　信頼労働時間制の下にあって労働に従事する者は，使用者による時間的・専門的指揮命令への拘束が希薄であり，職務によっては場所的な拘束もまた希薄となる場合があり得る。また，BAG の判例によると，「事業所への編入」のメルクマールにつき，就業者の労務提供が契約相手の事業所の設備や，他の就業者とのチーム労働に依存していることのみでは労働者性は肯定されない，とされており[32]，外観上の事業所編入は労働者性にとって決定的な肯定要素とはならない。かかる労働者性判断基準に照らすならば，信頼労働時間制の下では，そもそも労働者性を肯定する要素が失われるかのようにもみえる。それでは，信頼労働時間制度の下での就労をもって，労働者性の否定，すなわち労働関係の自由雇用ないし請負関係への転化が帰結するのだろうか。

　結論からいえば，信頼労働時間制の下でも，労働関係の本質的要素は失われることはない。BAG の判例は，1週間及び1ヶ月における労働の量，及び，労働時間の配置が明確に確定されていなかったとしても，就業者が使用者の決定権に従って労務を給付している場合には労働者性を肯定している[33]。そして，信頼労働時間制の下，労働者が労働時間の決定や労働の遂行方法等につき，具体的指揮命令を受けていないとしても，単に指揮命令を行使していないというのみでは，労働者性を失わせる帰結は導かれない[34]。労働関係における「指揮命令権」とは，労働を具体化する個々の形成権行使の意思表示に還元されるわけではなく，労働者の行動に対する要求をなす上位からの権限と解されるべきものであり[35]，信頼労働時間制の下で，労働時間確定の具

---

[32] BAG v. 30. 11. 1994, AP Nr. 74 zu §611 BGB Abhängigkeit.
[33] BAG v. 19. 1. 1993, AP Nr. 20 zu §1 BUrlG.
[34] Grunewald, S. 75.
[35] Grunewald, S. 76.

Ⅲ　雇用変化と労働法の課題

体的指示に替わる監督権限を使用者が行使し得る場合には，労働者性は疑われない。使用者が経営秩序維持のための規律を遵守させる権限を有すると認められる場合も，同様に労働者性が肯定されるものといえる[36]。

## 4　目標合意

(1)　目標合意

労働契約上の労働と賃金の交換関係において，賃金額は労働時間数との比例的対応関係において決定されることが原則である。しかし，他方で，労働の量を，時間とは別の尺度で測り，これを増進させるための賃金決定方法が労働関係において禁じられるわけではない。ドイツでも，労働者の労働量をその給付の量や速度によって測定し，労働者のパフォーマンスを向上させるよう設計された賃金形態が採られてきた。そうした賃金形態として，出来高賃金（Akkordlohn），手数料（Provision），プレミア賃金（Prämien）などが知られている。

出来高賃金は，一定単位の給付に対し一定の金額を支払う形態を取ることで，より多くの単位の給付がなされるよう労働者に刺激を与える[37]。手数料は，例えば労働者が仲介した取引における獲得金額の一定割合を報酬とすることで，より高額でより多数の取引を使用者のために達成するよう労働者を促すものである[38]。プレミア賃金は，固定給に加え，ある一定の目的ないし成果の達成に対し追加的な報酬を与えることで，当該目的ないし成果を達成するための営為を促進する[39]。このプレミア部分は，労働の量ないし質のいずれの達成についても支払われ得る。

目標合意（Zielvereinbarung）とは，いわばプレミア賃金の一形態であり，これまで論じてきたところの，労働における成果指向化にとって有力な手段

---

36　Trittin, NZA 2001, S. 1006.
37　ErfK/Preis, §611 BGB Rn. 491-494.
38　Viola Lindemann, Flexible Gestaltung von Arbeitsbedingungen nach der Schuldrechtsreform, 2003, S. 320; Ulrich Preis, Der Arbeitsvertrag, 2. Aufl., 2005, II A 75 Rn. 17.
39　ErfK/Preis, §611 BGB Rn. 500.

として利用されている手法である。この手法の特徴は，個々の労働者がその職場において達成すべき個別目標を定め，その目標の達成程度の評価を行い，その評価に基づき一定の幅で変動する賃金を使用者が支払うことを，使用者が当該労働者と「合意」する点にある[40]。目標合意は，目標を決定するプロセスに労働者自身を関与させる点で，使用者の指揮命令に基づき一方的に定められる目標設定（Zielvorgabe）と区別される。この場合，変動賃金部分は，固定給部分に追加される形で定められることが一般的である。

個々の労働者に達成が期待される目標は，通例，当該労働者とその直接の上司との間で面談が行われ決定される。目標の内容は，量的に測定可能なもの（収益，売上高，コスト等），質的なもの（労働者の態度，意欲，資格獲得）のいずれも可能であり[41]，こうした諸要素が組み合わされた運用がなされている。評価の対象となる期間の設定もまた，当事者の協定により，当該目標の性質に応じて決定され，6ヶ月，1年といった期間での運用がなされている。こうした目標合意制度は，いわゆる「目標管理制度」（Management by Objectives）のコンセプトに基づき開発された労務管理の一手法であり，ドイツにおいても広がりを見せている[42]。こうした制度に対する直接的な法規制は存在せず，その法的根拠は個々の労働契約ないし個々の追加的な合意に求められており[43]，制度の内容については当事者の合意によって自由な形成が可能であると解されている。労働協約ないし事業所協定が，かかる制度について規制を行っている場合には，その規範的効力が及ぶことになる。

(2) 目標合意の法的評価

目標合意制度は，前述の信頼労働時間制度と結びつけられた形で運用され

---

**40** Preis, Der Arbeitsvertrag, II Z 5 Rn. 1; Jobst-Hubertus Bauer, Martin Diller, Burkard Göpfert, Zielvereinbarungen auf dem arbeitsrechtlichen Prüfstand, BB 2002, S. 882.

**41** Preis, Der Arbeitsvertrag, II Z 5 Rn. 2.

**42** Bauer/Diller/Göpfert, BB 2002, S. 882; Jörg Berwanger, Zielvereinbarungen und ihre rechtlichen Grundlagen, BB 2003, S. 1499; Karl Riesenhuber, Robert v. Steinau-Steinrück, Zielvereibarungen, NZA 2005, S. 785.

**43** Preis, Der Arbeitsvertrag, II Z 5 Rn. 3.

Ⅲ　雇用変化と労働法の課題

ることにより，これまで検討してきた労働契約における成果指向を相乗的に強めることになる。信頼労働時間制のコンセプトは，所定の労働時間，労働することを労働者に対して「信頼」するものであり，実際の労働時間把握を使用者は行わない。そこでは，一定の時間，確実に労働者に労働させる形で一定量の労働を労働者に行わせるための使用者によるコントロールが欠けるため，その代替手段として，別種の手法により，質的により高い労働を提供するよう方向付け，刺激を与えることを通じたコントロールが求められることは，ある意味，必然的といえる。

目標合意制度の下では，個々の労働者の目標達成の程度によって変動部分の報酬額が決定されることから，「請負」契約の要素が前面に現れるようにもみえる。前述のように，信頼労働時間制に関しては，当該制度が実施されたとしても，労働契約の本質的性格が失われることにはならない，と解するのが相当であったが，目標合意制度についてはどうであろうか。目標合意の導入は労働契約の本質に変容をもたらすか，換言すれば，「請負」化を帰結させるだろうか。

この点に関して，ドイツの学説では，目標合意もまた労働契約の請負契約化をもたらすものではない，とするのが共通した見解である[44]。目標合意における変動賃金のほかにも，従来より出来高賃金，手数料といった形式で，労働者の労働がもたらす一定の成果を基準とした報酬決定制度が実施されており，そのことは労働契約であることを否定する決定的な要素とは解されていない。ドイツ商法典84条1項2文は，代理商の独立性の要件を，「本質的に自由に自らの業務を形成し，自らの労働時間を決定し得る」ことに置いているのであり，ここで決定的なのは労務遂行の状況であって，その報酬額決定方法ではない。目標合意の場合も，その導入をもって労働契約が請負契約になると解されることはなく，労働者性の有無は，やはり人的従属性のメルクマールに基づいて判断されることになる[45]。現実には，賃金の変動部分を

---

[44] Trittin, NZA 2001, S. 1004; Martina Köppen, Rechtliche Wirkungen arbeitrechtlicher Zielvereinbarungen, DB 2002, S. 375; Bauer/Diller/Göpfert, BB 2002, S. 882; Berwanger, BB 2003, S. 1499; Riesenhuber/Steinau-Steinrück, NZA 2005, S. 786.

[45] 目標合意制度自体は，労働契約のみならず，自由雇用契約ないし請負契約に基づく

目的とする当該労働者の活動と，固定給部分の反対給付となる活動とを，日常の労働において区分することは不可能であって，労働の遂行過程を全体としてみた場合に人的従属性が認められるならば労働関係の存在が肯定される。目標合意は，確かに目標を両当事者の合意に基づき決定し，目標の達成という成果と報酬支払の関係を定めるものであるが，その部分のみを関係の全体から取り出し，その評価を関係総体の評価に結びつけることは適切ではない。

　それでは，関係総体について労働関係であると評価されるとしても，目標合意による合意部分の権利義務関係については，請負契約法に基づく法的判断を行うとすることは可能だろうか。あるいは，そのように解することが妥当だろうか。一般的には，2つの異なる契約関係が1つの事実関係について併存することの可能性は排除されていない[46]。しかし，目標合意に基づく「目標の達成」の法的性格を，請負契約にいう仕事，すなわち，「労務給付によりもたらされる成果」のそれと同視することはできず，また，そうすることは適切ではないと解される。協定で定められた目標の達成程度が低い，と評価された場合に，そのことをもって，仕事債務の不履行ないし不完全履行の場合に債権者に生ずる履行請求権，あるいは，損害賠償請求権ないし解除権が使用者に発生すると解され得るだろうか。こうした解釈が適当とは考え難いことから，目標達成評価の法的問題に関しては，労働法の範疇において対処すべきとする見解が妥当である[47]。

## 5　おわりに

　以上，労働契約の「請負化」傾向について，ドイツの事例を概観してきた。ドイツにおいても，労働時間設定の弾力化と賃金決定の成果指向化とが相まって，労働契約における当事者の権利義務の内容に変化をもたらしている。

---

　　関係にある当事者間でも導入が当然可能である。Riesenhuber/Steinau-Steinrück, NZA 2005, S. 786.
[46]　Berwanger, BB 2003, S. 1499; Esser/Beyers, Schuldrecht, Bd. II, Teilband I, 1998, S. 234.
[47]　Berwanger, BB 2003, S. 1500.

### III 雇用変化と労働法の課題

しかし，こうした労働契約の「変貌」は，使用者に留保された労働者の労働に対する包括的な決定権そのものが失われない限り，労働法の適用根拠たる労働の人的従属性を失わせるものではない。故に，「請負」的色彩を帯びる労働関係から惹起される問題についても，労働法制の枠内で対処方法を検討すべきことになる。

信頼労働時間制にみられる労働時間設定の弾力化は，一面では労働者に労働時間配分の「主権」をもたらすもので，労働者の自由が拡張されるという利点を有する。その反面，懸念されるのは，労働義務の時間的限度が失われることによる，労働者にとっての「終わりなき労働」の拡大であり，成果指向型の賃金決定制度が結びつくことで，かかる傾向が促進される可能性がある。これに対し，ドイツの労働法制の枠組みにおいて適切な対処方法を考えるとするならば，それはやはり，特に事業所レベルでの共同決定を通じ，労働時間の決定・配分のあり方，ないし成果指向型の評価制度に関する適切な条件の枠組みを設定するということになるだろう。ドイツの事業所組織法は，事業所委員会と使用者の共同決定事項として，87条1項2号で労働時間の開始と終了，個々の週日への労働時間配分，休憩時間を定めている。信頼労働時間をはじめとする労働時間の弾力化と，それに伴う長時間労働の懸念に対しては，この条項に基づく事業所委員会の共同決定を通じて対処が可能であり，また，対処が求められるともいえよう。目標合意制度に関しては，事業所の賃金形成に関する事項を共同決定の対象とした事業所組織法87条1項10号を根拠として，制度の原則，目標の項目等について事業所委員会が共同決定を行い得る。こうした問題に関する研究はすでに進められているところであり[48]，その具体的な検討は今後の課題としたい。

最後に，ドイツにおける議論が日本に示唆するところを挙げておこう。日本でも，裁量労働のみなし労働時間制といった労働時間規制の緩和，及び，成果主義的賃金制度の普及といったドイツと同様の傾向が存在する。現在のところは，年俸制に代表される成果主義的賃金の採用が増加する一方，裁量

---

[48] 信頼労働時間制度に関する事業所委員会の共同決定問題について，Grunewald, S. 370ff. 目標合意制度に関する共同決定問題について，Svanja Deich, Die rechtliche Beurteilung von Zielvereinbarungen im Arbeitsverhältnis, 2004, S. 315ff.

労働制の導入は進んでおらず，両制度に明白な連関が見出されるには至っていない[49]。それでも，立法課題にも上った「自由度の高い働き方にふさわしい」労働時間制度[50]が労働基準法の改正によって導入された場合には，労働時間規制の緩和と成果主義賃金制度とが結びつきを強める可能性がある。しかし，その場合であれ，ドイツでの議論と同様，契約関係の本質が労働契約から請負契約に転化し，労働法制の適用根拠が失われるとは解されない。使用者が労働者に対し，「業務の遂行の手段及び時間配分の決定等に関し」，「具体的な指示をしない」としても，いかなる業務に従事すべきか，その具体的内容や仕事量を業務命令により決定する包括的な権利はなお使用者に残されている[51]。目標管理制度の下で，個々の労働者が達成すべき目標が使用者との合意によって定められるとしても，一般に，当該合意は，当該労働者にとって設定された個別目標を達成するための業務以外の業務に労働者が従事する義務を失わせるものとは解されていない。結局のところ，労働者の行うべき業務量を決定する包括的権利が使用者にある以上，労働時間規制の緩和によって懸念されるべきは労働者にとっての「終わりなき労働」の拡大であり，かかる事態への対処が労働法制の枠内で求められるといえるのである。

---

[49] 林・前掲論文65頁。

[50] 中小企業における導入促進を念頭に置いた企画業務型裁量労働のみなし労働時間制導入要件の緩和も同時に検討されている。第72回労働政策審議会労働条件分科会議事録資料「今後の労働契約法制及び労働時間法制の在り方について」等を参照。

[51] 改めて指摘するまでもなく，判例法理上，労働契約において使用者には各種の「業務命令」をなし得る権利が認められ，労働者はその命令に服する義務を負う。電電公社帯広局事件・最一小判昭和61年3月13日労判470号6頁は，「労働者は，使用者に対して一定の範囲での労働力の自由な処分を許諾して労働契約を締結するものであるから，その一定の範囲での労働力の処分に関する使用者の指示，命令として業務命令に従う義務」があるとする。

# Ⅳ　諸外国における社会と法の変化

# 雇用と雇用保険をめぐる日独の最近の変化
——解雇制限と雇用保険の法改正を中心として——

手塚和彰

## 1　はじめに

　先進国中，少子高齢化の著しく進んでいる日本とドイツでは，経済の停滞とともに労働市場は過去最高の失業率を記録している。先進国のトップグループの先進国首脳会議参加国（G－7）をとってみても，日独の高失業率は目立っている（日本の失業率5.4％は，ドイツの10.6％，フランスの8.7％などに次ぐもので，英国の3.2％，米国の4.8％などから見ても高い。データは2001年および2002年）。日独ともに，1990年代までは世界経済のトップランナーだと評価されてきたが，現在では先進諸国の中で，2003年前半まで，マイナス成長の，いわば，ブービーランナーとなった。こうした中で，従来の雇用のあり方が根本的に変化したとみなされる事態に立ち至っている。

　その原因としては，急速な少子高齢化が挙げられるが，むしろ，第二次世界大戦での敗北を契機に経済社会システムの改革がなされて以来，基本的な改革が見送られてきたことに問題があり，日独の低迷する経済社会を解決するためには，単純な制度の手直し程度での雇用の改善は不可能である。こうした中で，税制改革・財政改革と労働市場改革ならびに，年金改革，医療保険・医療制度改革などの社会保障改革が相互に関連しつつ，緊急に必要と

---

1　これらの改革に関しては，拙著『怠け者の日本人とドイツ人』（2004年3月，中央新書ラクレ）を参照されたい。なお，データ及び政治家などについては，2003年当時のもののままであるが，この間の分析として現在も有効であるとの前提から，当時のままとした。

Ⅳ　諸外国における社会と法の変化

なっており，日独ともに，従来の考えから一歩踏み出すことが必要である[1]。なお，本稿に関しては，2001年10月のシンポジウムの時点以降の重要な変化も付け加えた。

## 2　日独の雇用改革

　ドイツでは，まず，シュレーダー政権下に，少子高齢化に関する与野党を超えた連邦議会メンバーと研究者による少子高齢化に関する調査委員会とその報告書が出された（2002年）[2]。労働改革に関しては，この間，ハルツ委員会（ペーター・ハルツ・フォルクスワーゲン社人事担当取締役を委員長とする労働改革に関する政府諮問委員会）は，連邦雇用庁改革，サービス労働改革についで，連邦雇用庁の連邦雇用エージェント（Die Bundesagentur für Arbeit）への組織変更と，職業紹介に関する民営化の推進を答申し，これは，Das Dritte "Hartz-Gesetz"，いわゆる "Hartz-Ⅲ" により進められた[3]。また，Hartz-Ⅳによる社会法典第2部（das Zweites Sozialgesetzbuch）の改正により，長期失業者の再就労の促進がなされる方向となった[4]。これにより，ともすると失業扶助を得た後に，生活扶助を受けて働こうとしない労働可能な人々を，再就労を進めるために給付額，期間のカットを行うことが定められ，失業手当（Arbeitslosengeld）と失業扶助（Arbeitlosenhife）と両者の給付期間後の生活扶助（Sozialhilfe）が，統一的に扱われることになり，失業給付と社会手当（Arbeitslosengeld/Sozialgeld）として統一的に把握されることになった[5]。

　この改革に関し，労働局などによる再雇用斡旋を本人の希望条件以下，とりわけ協約賃金以下であっても，受け入れない場合に，社会手当（失業手当，失業扶助，生活扶助を合わせ略称する）の支給がカットされるという点をめ

---

2　Deutscher Bundestag, Enquete-Kommission, Demographischer Wandel, 2002. なお，この最終報告書までの間に，2冊の中間報告書があり，それぞれ一見の価値のあるものである。
3　"ハルツⅢ" の概要に関しては，Bundesarbeitsblatt, 1-2004, S. 4ff. 参照。
4　"ハルツⅣ" の概要に関しては，Bundesarbeitsblatt, 2-2004, S. 4ff. 参照。
5　Ebenda.

ぐって，労組（DGB）側と政府との間に対立があり，再三の労組の変更要求にもかかわらず，政府，とりわけ，シュレーダー首相とクレメント経済・労働社会相の受け入れるところとはなっていない。その後，ハンブルクの州議会選挙の歴史的敗北（かつてヘルムート・シュミット元首相を擁し，社民党の金城湯池であったが，今回の選挙で絶対多数を CDU が獲得し，戦後最大の敗北とされている）後，社民党の党員数の激減などが続き，DGB 内部（IG Metal：金属労組内の幹部など）には，新政党を組織しようという動きすらあると伝えられている（SDZvon 3.3.2004）。もっとも，社民党の連邦議会議員の 90％は DGB 組合員であり，どうなるかは未知数である。

この間，2004 年 3 月 1 日，シュレーダー首相と，DGB 会長のミヒャエル・ゾンマーとの会談において，DGB 側は，2003 年 12 月雇用改革法の見直しを迫っている。すなわち，

① 2005 年から導入予定の長期失業者への協約賃金以下での雇用の提供に対し，これの受け入れ義務を課し，その拒否に対し，失業給付等のカットをするというハルツⅣの変更
② 使用者が倒産した場合，労働時間コント（Arbeitszeitkonto）の労働時間のストック分の保障を求める
③ 職業訓練ポストの提供の促進

の 3 点の要求をしたのである。DGB 側はこれが受け入れられない場合には，デモ，ストなどにより抗議するとして，2004 年 4 月 3 日にベルリン，ケルン，スチュットガルトなどで，「社民・緑の党」連立政権への抗議デモを行ったが，結局両者の意見は食い違ったままである。

また，医療保障，公的年金改革に関しても，マイデル教授の論稿に示されるごとく，政府の委員会が組織され，その結論が報告書として提示され，かつ一部はすでに法改正により実行されている[6]。

年金に関しては付加価値税の 1998 年 4 月 15％から 16％への引き上げの結果，保険料率を一旦引き下げたが，2006 年には 19.5％，2007 年には 19.9％

---

6 Sachverständigenrat für die Konzeretierte Akition im Gesundheitswesen, Finanzierung, Netzorientierung, Band 2 : Qualität und Versorgungsstrukturen.

にまで引き上げられている。医療保険改革においては，保険料の若干の引き上げ（2006年13.3%，2007年14.1%）にとどめ給付のカット，歯科に関しては別保険に移行，自己負担の導入などにより行うとされ，とりわけ使用者負担分を今後，6.5%に固定しようとするものである。その背景には，国際競争力，とりわけ東欧など10ヶ国のEU加入（2004年5月1日）をひかえ，製造業等の立地（Standort）としてのドイツを，高賃金，高負担では維持できないという，産業界や，経済の専門家からの意見があり，これらの事態に対して，シュレーダー政権が社会保障改革を決断したものである。詳細は別稿に譲るが[7]，ビスマルク時代以来の，労使50%ずつ負担する社会保険方式を崩し，私保険を導入，また自己負担を導入したことには大いに注目すべきである。

こうした情勢の下に，雇用と年金に関して言えば，表裏一体の関係にある。両国が少子高齢化の進む中で，働く現役世代，労働力の減少は，年々増加する年金受給世代を支えきれないことも明らかである。その上，経済の低迷による膨大な失業者が年金財政に影響を与えている。とりわけ，毎年の被解雇者・退職者350万人の中で，210万人が，被解雇者である。被解雇者の中で30万件が労働裁判所に提訴され，約20万7000件が3ヶ月以内に処理（内約2400件に判決が出され，約1200件が控訴）されるという[8]。こうした大量解雇・退職が雇用状況を悪化させ，さらには年金財政の危機を招いていることは明らかだ。

このような少子高齢化と高失業と年金の危機の解決すべき3つの課題に関しては，それぞれ関連づけて考える必要があるといわねばならない。

ところで，日独両国の「挑戦」とも言うべき，こうした改革の進捗を見ると，ドイツでは，2003年9月26日に与野党の合意により，労働市場改革と医療保険改革の第一歩が，それぞれ，法律として年末ぎりぎりに連邦議会を通過した。とりわけ雇用改革に関しては，従来世界で最も強力な解雇制限だとされてきた解雇制限法を緩和し，従業員5人未満の零細企業に関してはこ

---

[7] 手塚和彰ほか，『医療システム改革』プロジェクト報告書（東京財団，2004年7月）。
[8] 2001年の場合である。Vgl. Jahrbuch des Arbeitsrechts, Bd. 39 S. 105ff.

の一部を解除し，新規の採用をする場合には期限付き雇用をなしうるとしたことなどが注目され，また，雇用保険上の失業給付制度を改め，長期失業者ができるだけ早期に再就労することを進めたことである[9]。

以下具体的に検討する。

## 3　雇用，労働市場における変化と雇用法制の変化

日本では，第二次大戦後50年間続いてきた終身雇用制・年功序列制にも，変化が見られ，早期退職が大量に行われるとともに，企業の倒産，不況による退職，解雇が続出している。他方終身雇用制の前提となってきた新規学卒者の大量採用，企業内訓練による熟練形政の採用慣行にも変化が著しい。

こうした雇用情勢の下に，2004年1月からの労基法の改正[10]により，有期労働契約の期間の延長や対象労働者の拡大がなされているが，その効果がどれだけあったのか，また，現在の正規従業員に代わって有期契約労働者への代替がなされたのではないか，逆に実際に有期雇用から期間の定めのない契約への転換がどの程度なされるのかなど，検証すべき点が多い状況にある。この法案を作る過程で，こうした点の予測なしで，立法したのではないかという批判は否めないのではないか。3年後の経過時点で，「必要な措置」が講じられることが定められている（労基法附則137条）が，その内容に関しても国会等で事前に論じられてはいないが，雇用政策上どのように考えるべきなのか，疑問なしとしない。

こうした立法の背景には，労働需給の逆転現象の中で，使用者が即戦力の労働力をうることができるという意味で，人材育成を終身雇用，企業内での訓練によることに重きを置かなくなってきていることがある。しかし，不(半)熟練労働に関しては，労働需要は常に変化するのであるから，短期雇用の方が有利といえるのだが，しかし，仕事への責任や，モラルの点で雇用

---

9　2003年12月23日の連邦議会最終日の夜半翌24日，これらの立法は議会を通過した。

10　労基法の改正に関しては，ジュリスト1255号の岩村，荒木，塚原，中山氏の座談会および，山川隆一「労基法改正と解雇ルール」参照。

保障が役立たないとはいえない。結局，企業の業態，規模などによって，決まるものであり，この点で5人未満の企業が10人までの雇用を行う場合に，解雇制限法の規定の解除をしたドイツの最近の判断は大いに参考としても良いのではなかろうか。

ほとんど，この間日本では論ずることがなかったのだが，期限付き雇用やパートタイマーの同一労働に関しての平等扱いがなされていれば，有期契約と無期契約労働者の間に流動が生ずるし，女性の出産などの際にも，短時間就労に転じ，後にフルタイマーに戻れるという可能性が生ずる。オランダ，北欧などのワークシェアリングやフレキシブルな就業転換は今後の日本でも生かされるべき点である。

また，雇用保護を意図して，労基法18条の2などにおいて明文化された解雇に際して合理的事由の必要をかかげる規定は，確かに，期間の定めのない労働契約の下にある正規従業員の雇用保障に一定の役割を果たすであろう。しかし，これを新規の雇用という点から見ると，こうした雇用保護下にある正規従業員としてどこまで雇用がなされるか。むしろ労働市場の弾力化の結果，期間の定めのある労働契約の多様な取り入れ，2004年4月1日からの派遣労働の製造業などへの全面的解禁と，紹介予定派遣などの導入による利用など派遣労働の拡大により，期間労働者や派遣労働者により，企業が正規従業員の新規雇用を避ける傾向が強まっていることも予測される。

この点を，ドイツにおいて，大胆に考慮して提起されたのが，クレメント経済・労働社会相の雇用改革である。すでに，ノルトライン・ヴェストファーレン州首相時代に中小企業の雇用増を重点地区のミュンスター地区で成し遂げ，同様に中小零細企業の雇用に発展が見られたバイエルン州とともに注目されていた。

ドイツにあっても，日本同様に強力な解雇制限の法的枠組みの中で，実質的な終身雇用を実現してきたが，この15年あまり，早期退職がなされるとともに，高齢者の部分就労（Altersteilzeit）が一般化して，高齢者の労働市場からの全面的ないしは部分的引退が勧められてきた。しかし，その代わりに促進されると期待された若い世代の新規雇用は進まず，その鍵を握るとされた中小企業での新規採用は進まなかった。これに対し，クレメント雇用改革

法（2003年12月23日法，BGBl. IS. 3002）は，第一弾としては主に次の2点に関して，解雇制限法の適用を緩和した。その1は，5人未満の零細企業が新規採用をする場合に関しての解雇制限法の緩和措置であり，その2は，経営上緊急の必要による解雇に関して，その労働関係の存続を裁判上争う代わりに，半月分の収入を，年齢，勤続により，15ヶ月ないし18ヶ月の補償に上乗せされた額を得て，退職することが定められた。

すなわち，2003年12月23日成立の雇用改革法により，解雇制限法が次のように改正された。

(1)「解雇制限法第1節の規定は，同法4条ないし7条ならびに13条1項1文，2文の規定を除き，職業訓練中の就業者を除き，通常5人以内の被用者を雇用している事業所，行政官庁には適用されない」（解雇制限法23条1項2文）とし，更に，「2003年12月31日以降に労働関係が開始された被用者で，職業訓練中の就業者を除き，通常10人以内の被用者を雇用している事業所，行政官庁については，解雇制限法第1節の規定は，同法4条ないし7条ならびに13条1項1文，2文の規定を除き，適用されない。本条第1項2文により，就業中の被用者数の確定に際しては，通常10人の被用者の数までの就業については当該被用者を考慮に入れないものとする」（同法23条1項3文）としている。

またパートタイマーの場合に上の人数の計算に際しては，通常の週労働時間が20時間を超えない被用者については0.5人，30時間を超えない被用者に関しては，0.75人と計算することとされた（同法3条1項4文）。

要するに，解雇制限法中，5人未満の零細事業所と2003年12月31日以降に雇い入れられた被用者がいる場合10人以内の事業所の範囲では，経営上の緊急の必要による解雇などに関して，事業所委員会との選考基準（事業所組織法95条）などの規定の適用はなく，かつ解雇に関する共同決定（事業所組織法102条）なしに解雇でき，また，解雇に対する補償（betriebsbedingte Abfindung 解雇制限法1条a）なしで解雇できるというものである。つまり，5人未満の事業所で，新規雇用をされた被用者が期間の定めのない契約であるとしても，経営上の理由等による解雇に関して，事業所委員会との間の解雇基準の設定をする必要はなく，かつ，解雇の際の補償（Abfindung）の支

払いを免れるとするものである。この間,経営上の理由による解雇に際して,事業所委員会との間で決められる解雇に対する補償は不況に悩む零細企業には支払いが困難であるとされ,この補償が義務付けられる限り新規雇用増は期待できないとして,今回の法改正を行ったものである。

(2) 次に,一般に経営上緊急の必要に基づく解雇に際して,これが解雇制限法上,告知により労働関係が解消されないと裁判所で判断され,被用者がその職場での労働関係を継続するのが期待できない場合および使用者側が当該被用者との事業目的に沿った協働が期待できない場合に,一定の補償を払って労働関係を解消することが認められている(同法9条)。この場合,補償は12ヶ月分の給与が補償される。ただし,被用者が満50歳を超え,15年以上労働関係が継続していたものについては,15ヶ月分,20年以上労働関係が継続していた場合には,18ヶ月分の給与相当額が補償されるが,公的年金受給年齢に達したものには補償されない(同法10条1項)。

確かに,(1)で述べたように,補償額の大きさは中小零細企業などには負担である。この点に関して新規採用者に関しては(1)に述べた改正によって緩和された。しかし,従前からの被用者に関して経営上の理由による解雇を行う場合には,解雇制限法の社会的正当性の有無(解雇制限法1条)が,裁判所で争われる可能性がある。このような場合,経営上緊急の必要の有無を,労働裁判所で争うよりも,若干補償を上乗せして,労働関係を解消できれば,早期に経営の再編がなしうるし,被用者も早期に再就職ができればということから,今回の改正で,次のような規定が設けられた。

すなわち,経営上緊急の必要による告知に関して,使用者は,被用者側が,その告知を労働裁判所に正当でないか,その他の理由により無効だとして訴え,労働関係の解消がなかったことが確定する以前に,告知期間満了をもって,補償を請求できる。この請求は,使用者の側から,告知が経営上緊急の必要があるもので,被用者が右の訴えの期限が過ぎる前に,補償を請求できるとしてなされる告知意思表示を前提とする(解雇制限法1条a1項)。また,この場合の補償額への上乗せ額は,労働関係の存続期間1年あたり,0.5ヶ月分の月額給与とする。労働関係の存続期間の確定に際しては,6ヶ月以上の期間については,1年に切り上げる(解雇制限法1条a2項)。

この要件は，労使の間で，解雇が社会的正当性の存否に関して裁判所に訴えを提起しないことを明確にしていることが要件だとされる[11]。
　つまり，日本でも再三議論のあった解雇が合理的でなく，無効だと裁判所で判断される場合に，解雇無効ということで復職することが実際上期待できず，かつ，労働者も復職を望まない場合に，金銭補償により退職することとしたほうが当事者によって良い結果となるとの考えから金銭補償の規定をドイツでは今回設けたのである。
　日本でも，解雇無効の場合に金銭補償により解決を図るという考えが提起されてきたが，今回の労基法改正では見送られた。労働市場の変化や，高齢化などの強まっていく日本でも，終身雇用の維持は期待できないし，中途での転職はますます増えていくといわねばならない。こうした中で，企業の再編や，リストラもますます進む。その中で，とりわけ経営上の理由による解雇を，裁判などで長期間争い，結局和解により決着することも多い現状からしても，労使が金銭補償により，話し合い，スムーズに受け入れられる目安としての，金銭補償の規定を設けても良いと考える。日本の労働者は，かつてほど終身雇用に執着していないといえるのであり，リストラや縮小を余儀なくされた会社にとどまるより，早期に転職する途をとる方を選択する者も少なくないはずである。法的に解雇無効となってもほとんど復職はしないということならば，金銭補償方式を一定の基準の下に立法することを進めたい。ドイツの例で，参考となるのは，解雇が社会的に正当でなく無効だとの判決が出る前に，被用者側の選択により金銭補償を受けて，労働関係を解消していることと，金銭補償の基準が定められていることである[12]。
　日本でも，平成15年法改正により労基法18条の2が「客観的に合理的な理由を欠き，社会的通念上相当と認められない場合は，」解雇を使用者の権利濫用で無効だとし，上の理由があることを義務付けさせることに関し，期間の定めのない労働契約に関しては，とりわけ中小零細企業では，新規雇用が難しいとされ，正規の雇用を避け，期限付契約や派遣による新規雇用，若

---

11　Preis, DB 2004 70, 72; Giesen/Besen, NJW 2003, 185, 187; Wolff, BB 2004, 378.
12　前注，座談会27頁，山川論文50頁参照。

者の雇用が多くなりつつある。しかし，中小零細企業での新規の雇用に関しては，労基法 18 条の 2 の適用につき，ドイツの今次改正のように，その規定の適用排除までは考えないにせよ，政策的配慮が必要ではなかろうか。少なくても，労基法の本則に判例で確立されてきた，合理的な理由が必要との判断が取り入れられたことの結果，使用者側に必ず，厳密かつ詳細な合理的理由への明示責任（立証責任とまではいえないとしても）を課するとするならば，中小零細企業での新規の正規労働者の雇用増は期待できにくいといわねばなるまい。

これ以上，高失業対策としては，ドイツではいち早く雇用の場は大企業ではなく，中小零細企業における雇用増と起業の促進であるとの認識から雇用政策が立てられた。その一つが，雇用保険を受給しつつ自営をすること，いわゆる"Ich-AG"による起業の促進などにより，少しでも失業者（とくに長期失業者）を減らすこととしたが，この措置によっても失業率は容易に低下しなかった。いわば，今回の改革は，他方で，期限付きの労働契約の大幅な認容とならんで，雇用増への切り札と期待されている。

(3) 長期失業者の救済と再就労の確保　日独ともに長期失業者の増加は，雇用改革の一つの中心的論点である。

昨年の労働改革（Hartz-IV）により，2005 年から，労働局などの職業紹介に対し，協約賃金以下でも，「地場で通常支払われる賃金水準」(die ortübliche Lohn)での仕事があればこれを受け入れなければならないとされ，これに従わない場合は失業給付などの支給を停止するというものである。

日本の場合にも，雇用保険の改正により，受給期間の縮小などを行っているが，それだけでは，不十分であり，一旦失業した人々の再就職への可能性を多様な職業紹介システムにより確保しなければならない。その一つが，民間職業紹介期間の利用であるし，紹介派遣など段階的な就業へのプロセスの設定である。ここでは，この点については紙数の関係で省略するとして，ドイツでの一つの動きを見てみたい[13]。

---

[13] 日本における雇用保険法等の最近の改革に関しては，中窪裕也「雇用保険法の改正—財政危機下の制度再編」季刊労働法 203 号 148 頁以下参照。

かつてのような，職業紹介の労働局（連邦雇用庁）での独占によることでは，今日の高失業を解決し得ないとのことで，連邦雇用庁の改革がなされ，「連邦雇用エージェント」（die Bundesagentur für Arbeit）に組織変更がなされた。その改革内容としては，民間や州やそれ以下の自治体などとの第三セクター，サービス労働に関しては民間などに職業紹介を委ねることを認めたこととが注目される。

　しかし，ごく最近，民間でのサービス業などへの最大の職業紹介機関として注目された，Maatwerk 社が 2004 年 3 月 1 日倒産し，この改革の帰趨を問われかねないとされている。

　また，従来の失業給付（Arbeitslosengeld），失業扶助（Arbeitslosenhilfe）は労働局から雇用保険の財源で，社会扶助（Sozialhilfe）は，自治体（Gemeinde）からその財源でというシステムが，財政的には両者を一元化し，労働局が管理し，自治体との協働によって行うこととされた。

　この過程で，社会手当までを労働局が扱うとされたが，労働局は自治体と異なり，各個人の家庭の状況，とりわけ家族状況に関しては知るべくもないし，そのような権能もないとのこと（本シンポジウムの報告者のウルリッヒ・ヴァルヴァイ雇用職業研究所副所長）で，結局両者の協働という解決が図られたのである。しかし，確かに膨大な財政赤字に悩む自治体の負担を軽減したとはいえ，長期失業を減らし，再雇用の途を開くことになるかは今後の課題である。

## 4　雇用と年金

　すでに多くの報告等で明らかとなっているように，少子高齢化の進展は，日独ともに著しく，抜本的な年金改革が政治プログラムにあがっている。こうした中で，財源，年金受給年齢，支給開始年齢などすべてに，雇用との関係が問題となっている。また，少子高齢化とは関係なく女性の就労率が上がり，さらには，雇用形態が多様化してきて，フルタイムで，期間の定めのない労働契約以外で働く，パートタイマー，期限付き労働契約による被用者，派遣労働者などの年金との関係も考え直すべき点が多い。

IV 諸外国における社会と法の変化

　さらには，日本に関しては，専業主婦の社会保障，税法上などの得点が女性の就業にマイナスとなっていることが，OECDなどからも指摘されるに至っている[14]。

　この点，ドイツは，日本より早期に短時間就労者等の少額稼動者に関しても，630マルクジョブを導入，現在では400ユーロの収入のあるものからも年金保険料を取ることを確立している。もちろん，そのことが，所得税も社会保険料も支払わないもぐりの就労（いわゆるSchwartzarbeit）を促進しているとの批判もあるが，一応は定着していると見ることができよう。ドイツでは，専業主婦に関しては独自の年金権はなく，夫の年金に依拠し，夫の死後寡婦年金により，生計を維持することとされてきた。しかも，今回の年金改正では寡婦年金の支給額等の削減もなされることは，マイデル教授の報告に詳しい。

　これに対し，日本の場合，主婦の年金権の確立との名目の下で，主婦に無拠出の第3号被保険者の地位を与えてしまった。このことが，いかに女性の職場進出を遅らせているか，また，一定の学歴や能力のある女性を家庭内にとどめているか，その国民経済的なマイナスに関して，国際的にも指摘されるに至っている。

　しかも，少子化対策の面から見ても，日本の年金をはじめとする社会保障政策が，こどもを生み，働く親に，税制も含みマイナスに働いていることは，否定できない。マイデル教授からも指摘があるとおり，年金改革などと税制改革で，単身者や子供を育てていない夫婦に関しては，税負担を重くし，あるいは育児期間中の親の年金保険料に関して優遇措置をとるなど，連邦憲法裁判所の判決を受けて，施策が進んでいる。

　一方，日本の高齢者の就業率は比較的高く，ドイツはじめ他の先進国で，65歳の年金受給年齢以前の早期退職が進んでいるのに対し，働く意欲は十分だといえるのである。にもかかわらず，ドイツでは目下，公的年金制度を高齢社会の中で維持していくためには，現在65歳の年金受給年齢を，67歳に引き上げるという案が，政府のリュールップ委員会や野党のヘルツォーク

---

[14] OECD, Babies and Bosses, Vol. 2, 2003.

委員会などにおいて提起されており，仮に，このような案が通ったとしても，その実現にはかなり困難なことが予測されるのである。しかし，高齢化により年金受給期間がますます長期化していること，これを支える現役世代の減少などの深刻さが，こうした案も出てくる根源にあることは否定できない。

特に，税・社会保険料負担の増加に，ドイツは耐えられないとのことで，現在42％の負担率を35％に引き下げるという前提での議論が野党（ヘルツォーク委員会）からなされている。これに対し，ドイツ政府がどのような年金改革を今後提起しようとしているのか，日本との関係で，注目したい。

# ドイツ連邦労働裁判所判決にみる定年制について

阿久澤利明

## 1 はじめに

　2005年のドイツの統計によると，従属労働に従う就業人口全体の中で，20歳以上〜25歳未満が8.8％，55歳以上〜60歳未満が8％，60歳以上〜65歳未満が3.3％を占め，65歳以上で0.8％の人が就業している。すなわち，60歳以上の就業者の割合は格段と下がっており，65歳以降の就業はまったくの例外となっている。これは，老齢年金の支給，すなわち65歳未満の早期退職ないし65歳退職時の老齢年金の支給が行われ，労働関係が比較的早期に終了することを意味しているものといえよう。
　しかし，ドイツにおいては，65歳定年制を定める公務員の場合は別として，労働法上定年年齢を明示した規定はない。従って，労働者は，原則として死亡するまで就業することができる。また，年齢による労働者の稼働能力の著しい低下が，解雇理由になるとしても，単に65歳になったことを理由とする解雇も認められない[1]。さらに，老齢年金の請求権が発生したからといって，解雇が正当化されるものでもない（社会法典第6編41条）。しかし，それにもかかわらず，特に60歳以降の就業人口は，かなり少なくなっている。
　また，年齢別の失業率を見ると，1998年では全体で428万人の失業者のうち，55歳以上の失業者が95万人（約22％）だったものが，2005年では，全失業労働者486万人のうち，55歳以上では，58万人（11％）と失業率が半減

---

[1] Hanau・Adomeit, Arbeitsrecht, 13. Aufl. S. 266f.

している[2]。すなわち，高齢者では，早期退職による影響が見られる反面，就業している場合には，逆に他の年代の労働者に比べ雇用が安定化する傾向が見られることを示している。

社会法典第6編41条は，「被保険者による老齢年金の請求権は，解約告知保護法に基づく使用者による労働関係の解約告知を生じさせる事由とみなされない。労働者の労働関係終了を，解約告知なしに，労働者が65歳を満了する前に老齢年金を申請できる時点で定めた合意は，その労働者に対しては，その合意が最後の3年間の間に，締結されたか，労働者によって承諾された場合を除いて，65歳の満了に向けて締結されたものとみなす。」と規定している。従って，労働関係の終了は，(1)一般の解約告知による場合，(2)定年制が労働契約で定められた場合は，老齢年金の支給を条件に65歳。(3) 65歳以前の定年が労働契約で定められた場合は，老齢年金の支給を条件に，その年齢以前の3年間の間に，①合意解約が結ばれるか，②労働者の承諾があった場合に，当該年齢での定年が認められるという高齢者就業を助長する制度が見られるのである。

このようなドイツにおける相反する傾向を見て，定年制がどのような仕組みになっているのかさらに明らかにする必要があるであろう[3]。そこで，比較的最近のドイツ連邦労働裁判所の判決をもとにして，この仕組みを明らかにしたい。この場合，Küttner/Kreitner, Personalbuch 2005, Altersgrenze Rz. 1ff.

---

[2] 以上，Stat. Jahrbuch 2006, S82, 92.

[3] 定年制は，後述のように年金支給開始年齢と密接に関係するが，2005年段階における年金支給年齢は，概略以下の通りである。
　①5年の待機期間を充たしている一般の場合：65歳。
　②待機期間が35年に達した場合：63歳。
　③重度身体障害者の場合：63歳。
　④失業もしくは高齢者パートタイムの場合で，1951年以前に生まれ，年金支給開始前10年間のうち，8年間強制保険料を支払っていた場合：60歳。
　⑤女性で，1951年以前に生まれ40歳以降就労して10年間強制保険料を支払っていた場合，待機期間15年：60歳。
　以上，Küttner/Schlegel, aaO. Rentnerbeschäftigung, Rz. 10. ただし，④については，2006年以降，1945年出生後の労働者では，63歳へ変更。

に掲記されている主要な判決を紹介し，分析することにする。

## 2 一般の解約告知との関係

(1) 判　決
① **BAG Urt. v. 18.1.1990 - 2 AZR 357/89, NZA 90, 729.**
【事実の概要】　被告は，1975年から被告企業で働いてきた（解約告知直前は，設計技師であった）。被告企業は，1987年秋から28％の人員削減を行った。その際，社会的選択の評価について点数評価がなされ，原告は，1988年3月に解約告知された。原告は，解約告知無効の訴を起こし，その理由の1つに，社会的選択の評価の不当性，特に所属期間と年齢との関係を争った。原審は原告の主張を認めて，使用者での所属期間が労働者の年齢より2倍に評価されている不当性を認めた。

第1審は請求棄却。2審が請求を認め，被告の上告に対して原判決破棄差戻となった。

【判決要旨】　州労働裁判所は，事業所の所属という要素が年齢よりも2倍に評価されているというが，実際の点数評価を見ると，それは当たらない。

社会的選択では，常に年齢，扶養義務の有無，事業所に所属した期間が考慮され，これらの観点のどれか1つだけに焦点が合わされてはならない。しかし，解約告知保護法1条3項は，社会的な観点からの十分な考慮を求めているだけで，その観点の細分化までも禁止しているわけではない。従って，そのどれかの観点をより重視することはできる。本件では，むしろ，特定の規準について明白に過度の優位性が認められず，ほとんど同価値の規準である。事業所の所属における点数評価の増加も，年齢と同様に55歳の満了まで考慮されており，それは，原告が解約告知の時点で55歳であったことから，原告の不利に評価されたものではない。

(2) 分　析
労働関係は，一定年齢への到達もしくは老齢年金の受給開始によって自動的に終了しない。そのためには，一定の意思表示，すなわち解約告知または

合意解除が必要である。しかも，この場合でも，一定の制約が課せられている。

労働関係が解約告知によって終了する場合，老齢年金の受給開始という事実が解約告知事由になるとはみなされない。また仮に65歳到達以前に年金請求権が生じたからといって，それは，事業に原因を有する解約告知の社会的選択において考慮されてはならない。これに対して，確かに否定できないのは，55歳満了までの間は，事業所委員会との合意による被解雇者の選抜要綱の作成（事業所組織法95条），または経済的共同決定における利害関係の調整（事業所組織法112条）[4]の際には，事業に原因のある解約告知でも，その社会的選択では，本判決のように，事業所に帰属していた期間または年齢が考慮されうる。また，同様に65歳を過ぎた労働者については，社会的選択でも不利益に働くことは許されている。従って，56歳以上から65歳未満までの年齢の労働者が，解約告知の面で一定の保護を受けることになる[5]。これについて，本判決は，55歳以上の労働者に対して解約告知を行う場合，年齢や事業所の帰属期間の観点から不利益な社会的選択がなされてはならないとしている。

同じく社会法典第6編41条は，個人的な諸理由から老齢による労働者の給付能力低下ゆえに，使用者が一般的な法的要件に基づいて解約告知できるかについては触れていない。

## 3　合意解約との関係

(1)　個別的合意と包括的合意
(a)　判　決
② **BAG Urt. v. 20.2.2002 - 7 AZR 748/00, NZA 02, 789.**
【事実の概要】　原告は，1938年生まれ，1990年2月に被告会社（当時その前身会社）とジャンボ747のパイロットとしての労働契約を結んだ。その

---

[4]　手塚和彰・阿久澤利明訳「ハナウ・ドイツ労働法」165頁参照。
[5]　Küttner/Kreitner, aaO. Altersgrenze, Rz. 2.

労働契約では，定年が65歳であったが，その後結ばれた96年の労働契約では，60歳が定年であると合意された。当事者間の争いは，1998年に，その労働契約が，契約上合意された定年をもとに終了したか否かである。原告は，争った理由の1つとして，60歳定年制が妥当な事由を欠くがゆえに無効であるということをあげた。

　労働裁判所，州労働裁判所は，いずれも訴を棄却し，連邦労働裁判所も，上告を棄却した。

　【判決要旨】「一定の定年に達した際に，労働関係が終了するという，個別契約による合意は，原則として可能である。これを定める権限は，労働契約の当事者にとって，正当性と妥当性の許容限度範囲内での私的自治を根拠とする。定年に関する労働契約上の合意が有効とされるためには，それを正当化づける客観的事由が必要である。……労働契約による定年の有効性を判断するには，その合意の時点に焦点が合わされるべきである。」

③　BAG Urt. v. 31.7.2002 - 7 AZR 118/01, NZA 03, 620.

【事実の概要】　原告は，1982年から被告会社のバス運転手として勤務していたが，1998年11月に心筋梗塞を患い，2000年4月まで労働不能であった。そして，1998年12月1日から職務不能年金が支給された。原告は，1999年10月28日に重度身体障害者の認定を受けた。2000年5月2日，被告会社は，社会福祉事務所に労働関係終了の申請を行い，同年7月11日に，社会福祉事務所は，労働関係終了の決定を下した。

　原告は，そこで，他の無理のない職場での継続就業が可能であったから，職務不能年金の承認は，労働関係の終了をもたらさないこと，および原告が旅客運送以外の就業を会社に申し出たときから就業が可能であったとして未払い賃金の支給を求めた。

　原審は，請求を棄却し，上告も棄却された。

　【判決要旨】「当事者の労働関係は，基本協約25条1項2文（1998年7月3日）によって，職務不能年金の支給承認に基づいて，1998年11月30日に終了した。……協約は，労働関係が，『予めの解約告知を必要とすることなく，労働者が稼得不能または職務不能によって無期限の年金を受け取る月の終わる前に』終了すると定めている。これは，——誤解される表現であるが

IV 諸外国における社会と法の変化

――労働関係は，年金が承認された前月の終了で終わると理解される。」

④ **BAG Urt. v. 14.8.2002 - 7 AZR 469/01, NZA 03, 1397.**

【事実の概要】 両当事者が争っているのは，その労働関係が 2000 年 5 月 31 日で終了したか否かである。原告は，1968 年 12 月 1 日以降製造企業の労務者（Arbeiter）として働いてきた。被告会社には，事業所協定の形で事業所規則があり，それによると，労働関係は，工場従業員が老齢年金を受け取る時点から，遅くとも工場従業員が法定の年金受給年齢になった月の終わりをもって終了すると規定されていた。そして，雇用契約には，労働関係が遅くとも，65 歳になる月の末日をもって終了すると定められていた。その雇用の際，原告は 1939 年 5 月 8 日に生まれたと表示したが，原告の申立により，トルコの Hekimhan 地方裁判所は，原告が実は 1935 年 6 月 1 日に出生したことを確認した。原告は州保険事務所へその訂正を申請したが，州保険事務所は，その訂正を認めなかった。そこで，原告は，当事者間の労働関係が 2000 年 5 月 31 日に終了していないことの確認，さらに被告企業に継続就業させるべき旨の判決を求め，逆に被告企業は，法定の年金年齢が原告の申告どおりの，1935 年出生をもとにして計算されると主張した。

請求は認容され，それに対する控訴・上告は棄却された。

【判決要旨】 事業所協定が，労働関係は，法定の年金年齢に達したときに終了すると定めているならば，法定の年金年齢の計算は，社会法典 33 条 a 1 項により，労働者が最初に州保険事務所に対して表示した出生日が規準となる。出生日のその後の変更は通常考慮されない。

(b) 分 析

労働関係の終了は，年金受給と関連づけられることが多い。この合意解約は，個別契約の形で決められることもある（判決②）が，多くは包括的な合意，すなわち集団的に，協約または事業所協定による[7]。

判決②の事件は，個別契約による航空機パイロットの定年制を扱ったものである。この個別的な合意に客観性ないし正当性が認められるかについて，

---

6 Küttner/Kreitner, aaO. Rz. 3.

7 Küttner/Kreitner, aaO. Rz. 5.

連邦労働裁判所は，60歳定年制が認められる根拠として，飛行機操縦に関する安全確保をあげている。また，航空機事業法（LuftBO BGBl I 70, 262）は，その41条1項2文で航空機企業が60歳を超えたパイロットを投入しないように義務づけているが，これは企業に対する取締規定であるものの，意思表示解釈として，当事者が当然それによって60歳以上の操縦が認められないという認識をもっていたものと判断している。また，この法律は，1998年9月1日改正施行され，60歳を超えたパイロットの投入を禁止する根拠ではなくなったが，1990年と1996年の本件労働契約締結時には，なお効力を有していたものであった。従って，定年ないし労働関係の終了という効果の発生は，それが合意された時点を基準として，その時点で効力を有する法が適用されることになる。

判決③は，協約によるいわゆる包括的合意を問題とした事件である。この場合，労働関係を終了させるには，解約告知保護法の回避を避けるべく，同法と同じように，労働者の保護を前提とした客観的な正当事由が必要とされる。

判決④は，事業所協定による定年制を扱ったものである。年金支給の要件となる労働者の年齢が実際のものと異なるという場合，保険事務所がその訂正を認めることが必要である。本件の場合，これが誤記等によって生じたものではなかったため，保険事務所はその訂正に応じなかった（社会法典33条a2項）。従って，年金の支給は，その表示どおりの年齢を規準とすることになる。連邦労働裁判所は，65歳に達しときに労働関係が終了するという付款をここでは期限と解しているが，その期限の解釈に関しても，文言上ただその年齢に達したかどうかではなく，労働者の生活が年金受給によって実質確保されたか否かに左右させている。それが肯定されることによって，次に人事計画の予定が立てられるという使用者の利益が認められるのである。

(2) 65歳退職の擬制

(a) 判　決

⑤　BAG Urt, v. 18.2.2003 - 9 AZR 136/02, http://juris.bundesarbeitsgericht/cgi-bin/recht-sprechung.

【事実の概要】　原告は，1985年から被告会社で職員（Angestellte）として働いていた。その労働契約では，職員が65歳に達した月の経過をもって，労働関係が終了すると合意されていた。その後，1989年に追加約款が当事者の間で結ばれた。すなわち，「第1号：当事者の一方は，積極的な労働関係が63歳前の3年間のうちに終了することを求めることができる。積極的労働関係の終了とは，労働者が労働給付の義務から解かれるが，法的には労働関係が継続し，減額された賃金が支払われることを意味する。……第5号：63歳をもって，労働関係は終了する。労働者が63歳になって未だ退職者の身分にないときは，労働関係は，それに応じて後に終了する。」

1989年の追加約款は，63歳になる前の3年間に，賃金が支給された上での就労免除を本来意味していたが，原告は，65歳で退職する前の3年間の就労免除の同意を請求した。

労働裁判所は，請求を認容し，州労働裁判所はその判決を修正して，原告の訴を棄却した。原告の上告は，棄却された。

【判決要旨】　訴には理由がない。原告は，そのような合意の締結を求める権利をもたない。1989年の追加約款は，ただ61歳から63歳までの免除の合意を義務づけるものである。原告の主張するような請求権は，社会法典第6編41条から生じない。

(b) 分　析

社会法典第6編41条は，すでに指摘したように，労働者が65歳になる前に年金を申請できる時点で労働関係が終了すると定める合意が，原則として65歳になったときに締結されたものとみなされると規定し，例外としてその前の時点から3年前のうちに合意が結ばれ，または労働者がそれを承諾した場合には，その65歳前の時点で労働関係が終了するとしている。連邦労働裁判所は，この原則として65歳で締結されたものとみなす規定を，例外にあたらない限りは，法律上の擬制規定として位置づけている。その規範目

的は，それと反対の合意がありながら，退職についての決定の自由を労働者に保障し，退職の結末を判断させることを可能にするということにある。従って，本件では，追加約款が1989年に結ばれているので，定年は社会法典41条によって65歳となるが，社会法典の規定は，退職することによってどのような労働条件が設定されるかという実体的権利には全く触れておらず，その労働条件の設定は，本件のような終了免除の約款によることになる。

(3) 合意解約と有期労働契約
(a) 判　決
⑥　BAG GS, Beschl. v. 7.11.1989 - AGS 3/85, NZA 1900, 816.
【事実の概要】　原告は，1965年から被告のもとで職員として働いてきた。その労働契約では，最初に結ばれた事業所協定が雇用契約の要素になることが合意された。その事業所協定は，1969年に締結された。その内容は，「労働関係は，解約告知なしで原則として定年になった月の末から計算して，65歳の後6か月で原則として終了する」というものであった。しかし，1981年になって，6か月の期間を削除する新しい事業所協定が締結された。そこで，被告は，原告との労働関係が65歳になったがゆえに，1981年11月30日に終了すると通告した。原告はこれを争った。

労働裁判所は，請求を棄却した。州労働裁判所は，請求を認容し，被告が上告した。連邦労働裁判所第2法廷は，当初労働契約の内容となった退職に関する規定が，後に定められた，任意の事業所協定によって当該労働者の不利益に変更できるかどうかという問題の判断を大法廷に求めた。大法廷は，この問題を否定した。

【決定要旨】　ここで問題となるのは，労働契約による合意と，後の事業所協定との相互の規範抵触の問題である。使用者と経営協議会は，事業所の規則制定権の一般的制約の限度内で，また強行法的な法規定を遵守して，一定の年齢に達したときに労働者が労働関係から離脱することを内容とした事業所協定を締結することができる。この事業所協定と契約による合意との関係については，有利原則が当てはまる。後者の事業所協定によれば，労働者が労働関係の継続か終了かについて自由に決められる期間が，半年短くされて

いる。そのいかなる短縮も労働者にとって不利益である。

⑦ **BAG Urt. v. 19.11.2003 - 7 AZR 296/03, NZA 2004, 1336.**

【事実の概要】 原告は，1989年9月1日に被告会社の商業・技術部門の労働者として採用された。その労働契約に期間の定めはなかったが，1999年11月23日に新たな雇用契約が締結された。その中には，「就業関係は，労働者が63歳になった月の経過によって遅くとも終了する。」とあった。

被告は，2001年8月31日以後原告の就業を拒否したので，原告は，定年規則の無効と就業継続を求めて裁判を起こした。原告は，その際，63歳までの労働契約の期限設定が，社会法典第6章41条において客観的に妥当な理由に基づかないと主張した。また，契約による定年規則が基本法3条（法の下の平等），12条（職業選択の自由）に反すると主張した。

労働裁判所は請求を棄却し，州労働裁判所も原告の控訴を棄却した。さらに，上告棄却。

【判決要旨】 この確認の訴には，理由がない。当事者の労働関係は，1999年の雇用契約に基づき2001年8月31日終了した。それによれば，当事者の労働関係は，原告が63歳になった月の経過をもって終了すべきものであった。原告は，65歳になるまで法律の擬制によって労働関係が継続することを主張することはできない。合意された定年と結びつく労働関係の期限付与は，客観的に正当である。その個々の契約による定年規則は，基本法12条1項によって保護された職業選択の自由や3条の平等原則に違反するものではない。

(b) 分 析

⑥の判決は，大法廷判決であり，当該問題に関する連邦労働裁判所としての初めての判断である。事業所協定と労働契約上の統一規則との間の抵触については，既にBAG Urt. v. 16.9.1986, NZA 1987, 168の大法廷判決があるが，これは，事業所協定による社会給付の制限に関する問題であり，事案が異なっている。

⑦の判決では，63歳の定年の合意が63歳退職の2年前に結ばれており，63歳定年制の合意が有効とされた事例である。

また，63歳以前の3年簡に，労働関係が63歳で終了する合意の締結が認

められるが，63歳で終了するという付款を，連邦労働裁判所は，解除条件ではなく，期限であると判断しており，これは，②の判決にも見られるように，連邦労働裁判所の判例を踏襲したものである。従って，パートタイム労働・有期労働契約法が適用され，特に当該法律が要求する有期化の正当事由がここにも認められるか否かが重要な帰結となってくる（②の判決参照）。当該法律は，定年制について触れていないが，その当該法律14条1項6号の意味する個人的な条件による期限設定の1つとみなされている[8]。

　判決⑦は，②の判決と同様，定年の期限を設けるには，客観的に正当な事由が必要であるとしている。それは，有期労働契約の機能に反する利用や強行法である解約告知保護法の客観的な回避を防ぐためである[9]。そして，判決⑦は，老齢年金の受給を受けるか，さらに働くかの決定の自由を保障できるものであることに正当事由の存在を肯定しているのである。

　さらに，連邦労働裁判所は，そもそも41条の原則である65歳定年制の合意すらも期限を設定したものとみている。その場合も客観的な正当事由が必要とされるのである。

(4)　合意解約と正当事由
(a)　判　決
⑧　BAG Urt. v. 21.7.2004, 7 - AZR 589/03, aaO. http://aaO.
【事実の概要】　原告は，1989年6月9日からパイロットとして仕事をしてきた。搭乗員に関する基本協約（2000年10月20日）では，定年に関して，「労働関係は，解約告知を必要とすることなく，法定の年金保険事務所によって老齢年金が支払われ，労働者が60歳になった月の経過をもって終了する。」と規定されていた。そしてそれによって，原告との労働関係は，2002年6月30日に終了したことに対して，原告は，協約による定年規則がそれを正当化する事由がないので無効であるとして，訴訟を提起した。

　労働裁判所は，請求を棄却した。州労働裁判所は，控訴を棄却し，上告も

---

[8]　Küttner/Kreitner, aaO. Rz. 6.
[9]　Küttner/Kreitner, aaO. Rz. 6.

棄却された。

　【判決要旨】　当事者の労働関係は，2002年6月30日に終了した。協約による定年は，有効である。期限設定による労働関係の終了に関する協約規則は，労働裁判所による期限のチェックに従う。それゆえ，協約による定年の規定もそれを正当化づける客観的事由が必要となる。そして，その正当事由となるのは，コックピットの乗務員は，その年齢からくる障害が現れたり，予期しない誤謬の危険が増え，水準以上の精神的，肉体的負荷にさらされている。従って，定年は，職務の規則どおりの履行を確保するばかりではなく，それ以外に乗組員や乗客の生活や健康を守るために役立つのである。確かに，能力の減退を起こす高齢者は，年齢だけで決まるのではなく，個人的に異なって生じる経過による。しかし，年齢が上がれば，高齢者は年齢から生じた結果が発生する蓋然性が高くなる。

　⑨　BAG Urt. v. 27.11.2002 - 7 AZR 655/01, AP Nr. 22 zu §620 BGB.

　【事実の概要】　当事者は，その労働関係が協約の定年規則に基づいて1999年4月30日に終了したかどうかを争っている。1939年に生まれた原告は，1966年からパイロットとして被告企業で働いていた。その労働契約に適用される基本協約（1999年4月19日）は，労働関係が原告が55歳になった月末に終了するが，肉体的，職業的適性から60歳まで延長されることがあると規定していた。

　1999年に，被告は，原告との労働関係が終了すると通告したが，原告は，それに対して訴を提起した。その主張は，基本協約が適用にならないこと，60歳の定年制には客観的事由がないこと，基本協約が基本法12条に反することなどであった。

　労働裁判所，州労働裁判所は，請求を棄却し，さらに，上告も棄却された。

　【判決要旨】　協約の定年制には，客観的事由がある。パイロットの労働関係が，解約告知をする必要なく55ないし60歳の到達をもって終了するという協約規範は，有効である。この定年は，航空輸送の安全確保という航空企業の利益のために，1998年8月31日の航空機事業法改正後も客観的に正当とされる。また，協約による定年規定について客観的な事由があれば，その規範は，基本法12条1項に反しない。

⑩ BAG Urt. v. 27.11.2002 - 7 AZR 414/01, NZA 2003, 812.

【事実の概要】 原告は，1989年よりパイロットとして働いてきた。適用されていた基本協約では，労働関係は，労働者が60歳になった月の経過をもって終了すると規定されていた。争点は，原告が60歳になった2000年3月31日に，被告との間の労働関係が終了したかどうかである。

労働裁判所は，請求を棄却し，州労働裁判所も，控訴を棄却した。さらに，上告棄却。

【判決要旨】 当事者の労働関係は，基本協約の規定によって2000年に終了した。この協約規範は，労働裁判所による期限のチェックの要請に適い，それゆえ基本法12条に反しない。

すなわち，基本協約の規定には，客観的に正当な事由がある。その規定は，パイロットが水準以上に精神的，肉体的な負荷にさらされ，その結果年齢からくる事故の発生や予期しない誤った反応が増加するという医学的な経験値に起因する。それでもって，定年は，職務の適正な履行を確保し，さらに乗組員や乗客の生命や健康を守るために資するものである。それは，乗員やその顧客の生命や健康を，会社が任命した労働者の衰えた給付能力から生じる危険から保護するという，まさに航空会社本来の利益にとって必要とされることである。

⑪ BAG Urt. v. 31.7.2002 - 7 AZR 140/01, NZA 2002, 1155.

【事実の概要】 当事者間では，協約の定年規則に基づいて，労働関係が2000年3月31日に終了したかどうかが争われた。原告は，当時55歳で，1972年より訴外航空会社およびその権利承継人である被告会社でスチュワーデスとして働いてきた。当事者に拘束力のある基本契約（1998年11月8日）では，コックピット乗務員は60歳で，客室乗務員は55歳で定年になると規定されていた。そして，客室乗務員の場合には，最高57歳までパートタイムの形で2回就業を継続することができた。原告は，協約の定年規則の無効を主張し，フルタイム労働者として2000年3月以降の就業継続を裁判で求めた。

労働裁判所は，請求を認容。州労働裁判所は，被告の控訴を棄却した。上告は棄却された。

303

Ⅳ　諸外国における社会と法の変化

【判決要旨】　原審が正当にも認めたように，基本協約の定年規則は無効である。定年規則は，労働裁判所の期限のチェックに耐えられない。定年を正当化する客観的理由がない。

　前掲⑧，⑨，⑩の判決と同様に，パイロットの場合の若年定年制に合理的な理由があると述べつつも（筆者注）……航空機の客室乗務員の場合には，そのような安全に対する危険は，コックピットの人員と同じではない。客室乗務員の加齢による事故が旅客，乗員または飛行領域の人々を深刻な危険にさらしうるということには確証がない。協約の規定は，協約当事者が客室乗務員につきいかなる目標を 55 歳定年制で追求していたを知らしめるものではない。

⑫　**BAG Urt. v. 23.1.2002 - 7 AZR 586/00, NZA 2002, 669.**

【事実の概要】　当事者は，その労働関係が 1998 年 9 月 30 日に終了したかどうかを争っている。1938 年に生まれた原告は，1989 以来 B 747 のパイロットとして働いてきた。その労働契約には，「第 10 条：労働契約は，解約告知を必要とせずに，従業員が 65 歳になったときに終了する。法令が，強行規定または取締規定によって一定年齢を超えたパイロットの投入を許していない限りで，労働契約は，解約告知を必要とすることなく，従業員がそこで定められた年齢に達したときに終了する。航空機事業法（LuftBO）41 条 1 項 2 文は，当時 60 歳の年齢でのパイロットの投入をしていなかったので，労働契約は，この規定またはこれに準ずる規定がこの時点でまだ留意されるべきである限り，60 歳の到達をもって終了する。」という規定があった。1996 年に，当事者は，新しい労働契約を結び，従前の労働契約の定年規則が継続して適用になると合意された。被告は，その後労働関係が 1998 年 9 月 30 日に終了すると通告した。原告は，60 歳の根拠となる航空機事業法が 1998 年 9 月 1 日から失効しているから，労働関係がその 1998 年以降も継続しているとして訴を起こした。

　労働裁判所，州労働裁判所いずれもが請求を棄却したが，上告が認められた。

【判決要旨】　航空機事業法 41 条 1 項 2 文の規定は，航空機乗員の定年を 60 歳と定めているが，その規定は，1998 年 9 月 1 日以降大型航空機にはも

はや適用されない。従って、これ以降、労働関係の終了という結果をもたらさない。

原審は、不法に訴を棄却した。労働関係は、1989年の労働契約の規定によっては60歳の到達をもって終了しなかった。なぜなら、この時点で、航空機事業法41条1項またはそれに準ずる規定は、B 747への原告の投入においてもはや顧慮されることができないからである。それでもって、65歳到達以前に生じる労働関係の終了についての、労働契約によって合意された前提が失われる。

(b) 分　析

民間航空機のパイロットについては、多くの判決が出されている。個々の労働契約を結ぶ際に協約を契約の合意内容とする場合でも、あるいは協約の直接適用が考えられる場合でも、その制度の正当事由の存在が肯定されている。判決⑫は、判決⑩と異なり、取締規定の改廃から定年制の当否を判断しており、客観的な正当事由の有無までを判断していない。

労働裁判所による期限設定のチェックの原則は、協約自治によって処分できるものではない。判決②⑧から⑩は、この点でみな共通する。従って、この正当事由の当てはまらないスチュワーデスでは、結論が反対になる。スチュワーデスの容姿の変化等も、定年制にとって論外である。

(5) 社会法典第6編41条と企業年金

(a) 判　決

⑬ **BAG Urt. v. 14.10.1997- 7 AZR 660/96, NZA 1898, 652.**

【事実の概要】 1929年に生まれた、工学士である原告は、1964年以来被告のところで働いてきた。当事者の労働関係には、連邦職員協約が個々の労働契約によって適用になった。原告は、年金保険に加入しておらず、生命保険に加入していたが、その保険料は、被告が支払っていた。その生命保険の満期日は、1994年7月1日であり、一時金が支払われた。また、それ以前、4月1日からは、協約による付加年金の給付も受けていた。被告は、原告が1994年3月以後の労働関係の継続を希望するのを拒否し、さらに解約告知を追加して通告した。原告は、職員協約の定年規定が無効であり、労働関係

は，65歳以後も期限の定めなく存続し，解雇も無効であると主張した。

労働裁判所は，当事者の労働関係が1994年7月1日に終了したことを認めたが，根拠は，それ以後の報酬請求権を認める根拠規定がないということであった。これに対して，州労働裁判所は，労働関係が1994年以後も1995年3月31日まで継続するとした。双方の上告に対して，連邦労働裁判所は，原告の上告を棄却し，原判決を破棄して，第1審判決を支持した。

【判決要旨】 本件では，定年の到達と老齢年金に対する社会保険上の請求権が労働関係の終了と関係しているという関連性が見られない。ここでの労働関係終了の合意は，協約上の定年に達したことと企業年金の受給との関係を扱うものであって，法定の年金保険からの受給とは関係がない。従って，社会法典41条が適用にならないのである。

⑭ **BAG Urt. v. 25.2.1998 - 7 AZR 641/96, NZA 1998, 715.**

【事実の概要】 原告は，1935年10月生まれで，1997年1月から被告において飛行技師として働いてきた。飛行技師は，コックピットの乗員として，飛行前また飛行中航空機の技術的事項を扱う職務を負っている。当事者の労働関係には，基本協約（1990年7月1日）が適用され，その基本協約には，労働関係は，老齢年金保険による支給が始まる月の経過をもって，遅くとも60歳になる月の経過をもって終了すると定められていた。被告は，これを根拠に1995年10月31日以降原告を就業させなかった。その際，専ら被告が料金を支払ったグループ保険から保険金が支給された。

労働裁判所は，請求を棄却した。そして，原告の控訴も上告も棄却された。

【判決要旨】 原審が原告の請求を棄却したのは正しい。当事者の労働関係は，基本協約47条によって終了した。協約規範は，裁判所の期限のチェックの要求を充たしている。

社会法典第6編41条が前提とする定年年齢と社会保険年金との関連がここでは見られない。労働関係の終了のために前もって定められた時点が，職業上の職務または他の事情による特別な要求に応じているときには，基本協約60歳定年制は，この年齢での老齢年金との関連をもたない。この協約規範は，むしろコックピットでの職業上の職務における特別な給付を認めるものであり，年をとるにつれて増大する能力低下の危険とそれから生じる乗員

や彼らを信用する乗客の危険に対応するものである。
⑮　BAG 11.3.1998 - 7 AZR 700/96, NZA 1998, 717.
【事実の概要】　原告は，1939年1月に生まれ，1964年12月以来，機長として被告会社に勤務していた。当事者に適用になったコックピット乗務員の労働協約は，労働者が55歳になった月の経過で終了すると規定して，さらに，労働関係が肉体的および職業的能力の点でこの年齢を超えて延長されることもあるとしていた。この場合は，1年毎に延長が繰り返され，60歳までの就業が可能であるとされた。そこで，当事者は，1992年に55歳以後も労働関係を延長し，1995年12月31日までの延長を合意した。さらに，その後，労働関係の延長は，パートタイム労働として事業所協定で合意された。原告は，1995年2月1日以降もパートタイム労働として就業してきたが，協約に根拠をもつ定年規則が社会法典第6編41条に反するとして訴を提起した。

労働裁判所と州労働裁判所は，請求を棄却し，上告も棄却された。

【判決要旨】　労働関係は，社会法典41条によって65歳になるまで継続させられるのではない。41条の規定は，本件の労働協約による定年規則やそれに付加した合意には適用されない。41条の規定は，例えば職務または他の事情から認められる特別な給付という，社会保険法による老齢年金となんら関係のない給付の終了規則には適用されない。

(b)　分　析

職員（Angestellte）も，1968年施行の財政変更法（BGBl I, 1259）によって，年金保険の免除を定めた職員保険法（AVG）の規定が削除され，今では全員が年金保険の加入義務を負うが，原告の場合は，それ以前に所得制限を越えた場合の強制保険免除者であり，また1968年の法改正の移行措置としてなお申請により年金保険の免除が認められるケースである。⑬の判決で，連邦労働裁判所は，社会法典第6編41条が企業年金には適用されずに，個々の契約ないし協約規定によって労働関係の終了が決められるとするものである。41条の立法趣旨には，年金財政の悪化を防ぐという目的が含まれており，企業年金とは関係ないとする考え方である。

同様に，パイロットについては，⑬と⑭いずれの事件も，法定の年金保険

が60歳で支給されてはいない。従って，社会法典第6編41条によって，60歳定年制は，原告が主張するように無効になるはずであるが，連邦労働裁判所は，社会法典第6編41条が，職務に特別な危険があり，それに配慮しなければならないときは，その適用が除外され，またその特別な危険に対して企業年金が付加給付される場合には，それを41条が定める法定保険と同置することはできないと判断した。

(6) 女性差別
(a) 判　決
⑯ BAG Urt. v. 21.11.2000 - 9AZR 654/99, NZA 2001,. 619.

【事実の概要】　1939年に生まれた原告は，1988年から被告のところで働いてきた。1999年の年休では，退職まで14日の年休を消化した。原告は，1999年5月31日に退職し，年金生活に入った。労働関係については，被告に適用される基本協約があった。その協約の36条では，「年休の年の途中で労働関係が開始されまたは終了するときは，年休の請求は，それぞれの就業した月について12分の1として計算する。労働者が職務不能，稼得不能または定年に達したために労働関係から離脱するときは，完全な保養休暇を取得する。」と規定されていた。また，39条では，「労働関係は，……解約告知を必要とすることなく，労働者が65歳になった月の経過をもって終了する。」と定められていた。

原告は，1999年について完全な年休を取得できるとして，未消化の年休手当の支払を求めて訴を起こした。

労働裁判所，州労働裁判所いずれとも請求を棄却した。上告も棄却された。

【判決要旨】　協約の規定の文言によると，被告は，労働関係が定年によって終了する場合に，完全な年休を与える義務を負う。すでに，この表現は，請求権の前提が社会法典第6編35条以下に応じて老齢年金を受給する権利がある何らかの年齢到達，たとえば女性や重度障害者について60歳，または長期保険にかかっていた63歳であるのではない。むしろ，考えられるのは，すべての労働者に等しく適用される定年である。すなわち，社会法典第6編35条による65歳である。従って，労働関係が60歳で終了した原告には，

1年分の保養休暇は与えられない。

　また，この完全な保養休暇の制度は，女性を文言上直接に差別するものではない。さらに，間接差別についても，女性が60歳で年金を受給できるが，この社会法上の可能性を享受するかどうかの自由を有しているので，当てはまらない。

⑰　**BAG Urt. v. 20.8.2002 - 9 AZR 750/00, NZA 2003, 861.**

　【事実の概要】　1938年10月に生まれた原告は，20年以上被告会社で働いてきた。当事者に適用される菓子産業の基本協約では，60～62歳毎に特別な有給休暇が認められていた。そして，その際に，休暇の請求時期は，労働関係の終了，遅くとも法定の早期老齢年金の請求が可能な，できるだけ早い時点で終了すると定められていた。

　原告は，被告にこの休暇の付与を請求し，訴を起こした。原告は，女性では，男性と異なり60歳になった時から老齢年金の支給を受けられるため，この休暇を享受できない。このような不平等な取扱について客観的な理由は存在しないというものであった。

　労働裁判所と州労働裁判所は，請求を棄却したが，連邦労働裁判所は，それを破棄し，原告の請求を認めた。

　【要旨】　民法612条3項1文と2文は，性別を理由として男性よりも低い報酬を受けている女性労働者のために，より高い報酬に対する請求権を理由づけている。有給の特別休暇も，この報酬に含まれるものと解される。

　協約の規定は，間接差別である。ある規定が中立的に定められているが，割合的に著しく男性よりも女性に不利益を与えているならば，この異なった取扱が性による差別とは関係のない客観的な要素によって正当化されない限り，その規定は，女性の労働者を間接的に差別するものである。間接差別かどうかは，通常統計上の比較をもって判断される。本件の場合，当該協約規範が女性という性だからというのではなくて，事実上ほとんど女性が果たせない基準と結びついているのである。男性が同様に60歳から年金を請求することができ，それゆえ老齢休暇の請求権を持ち得ないというのであれば，事実上も法律上も問題はない。

Ⅳ 諸外国における社会と法の変化

(b) 分　析

　60歳の女性労働者に対する早期老齢年金の支給は，1999年の年金改革法によって，1952年以後に生まれた女性については廃止されるので，この判決の意義は少なくなるであろう。

　⑰の判決は，有給の特別休暇に関する協約規定が，その付与の終了時期を法定年金の支給が可能な年齢としているので，女性に対する差別に当たるとするものである。従って，⑯の判決とは事案を異にするものである。

　また，要旨にある民法612条3項の1文と2文は，次のように規定している。「労働関係において，同一または同価値の労働に対して労働者の性を理由として他の性の労働者におけるよりも低い報酬が合意されてはならない。より低い報酬の合意は，労働者の性ゆえに特別な保護規定が適用になることによって正当とはされない。」。この3項の規定は，2006年8月18日施行の一般平等取扱法（AGG）7条の新設によって民法から削除された。第7条は，「就業者は，第1条に掲げられた理由（性別―筆者注）で差別されてはならない。」と規定して，平等原則を報酬以外の労働条件にも当てはめている。

## 4　合意解除の承諾

(1)　判　決

⑱　BAG Urt. v. 17.4.02 - 7 AZR 40/01, DB 2002, 1941.

【事実の概要】　当事者は，原告が65歳になった月に労働関係が終了するという労働契約を結んだが，その後1998年6月に次のような補充的な契約を結んだ。1. 両当事者は，労働契約が2000年6月30日に終了することを合意した。2. 原告は，この時点から（63歳になる）老齢年金を受給し，従って企業を退職するものとするという契約である。原告は，この合意が無効であり，2000年で終了していないと主張した。

　労働裁判所，州労働裁判所は，原告の訴を棄却した。上告も棄却。

【判決要旨】　65歳終了前に年金を申請することができる時点で労働関係が終了するという合意は，例外の場合を除いて，65歳に向けて締結されたものと擬制するという社会法典第6編41条の規定は，定年の合意を禁じる

ものではない。41条は，労働者の選択の自由を理由づけるものであって，早期の定年を承諾しなければ，早期定年制は，65歳に向けて結ばれた退職の合意として生じる。その承諾は，41条によって，定年が65歳の時点より前に定められた時点から遡って，最後の3年間の間に労働者によってなされた時点に照準が合わされるべきである。

(2) 分 析

当初の労働契約で決められた退職の時期は，何ら効力を持たない。むしろ，年金受給の可能性がある時点で，退職するか，就業を続けるかを選択する自由が労働者には認められる。41条は，それゆえ，早期退職年金を申請することができる時期に結んだ合意は，65歳退職を意図して結ばれたものと擬制するのである。そして，この擬制という法律効果を外すのが労働者の主体的な承諾であり，ここでは，労働者がいかに使用者に対して貢献したかということは，念頭に置かれておらず，専ら労働者側の諸事情をもとにして，労働者が総合的に決められるとするのである。定年年齢に関する合意が労働契約を締結したときに合意されたとしても，それを遵守したり，協力する義務は労働者にはない[10]。

## 5 就業継続の合意

(1) 判 決

⑲ BAG Beschl. 12.7.1988 - 1 ABR 85/86, DB 1988, 1556.

判例紹介の部分は，大変短いので全文を掲げることにする。

経営協議会とルフトハンザは，ルフトハンザが，協約によって，肉体的および健康的な適性をもつ労働者を55歳の定年以後も継続就業させることができるというときに，経営協議会の同意が必要なのか否かを争っている。州労働裁判所は，経営協議会のこの共同決定権を認めた。ルフトハンザの法律違反を理由とする抗告は，成果がなかった。

---

10 Küttner/Kreitner, aaO. Rz. 12.

Ⅳ　諸外国における社会と法の変化

　当裁判所の一定した裁判によると，最初から期限のある就業を延長することも，経営組織法99条によって経営協議会の同意を必要とする雇用である。定年を超えた就業についても，異ならない。この過程も，最初の採用と同じく，その確保が経営協議会の任務である従業員の利益に関わるものである。

　⑳　BAG Beschl. v. 10.3.1992 - 1 ABR 67/91, DB 1992, 1530.

　【事実の概要】　当事者間の事業所協定には，65歳定年制を定めた定年規則があった（1991年12月31日まで有効）。労働関係がこの規則によって終了した労働者が，継続して就業させられることができるかどうかという問題は，事業所協定に明示されていなかった。経営協議会が就業継続の同意を拒否したため，そのような拒否権が経営協議会にあるかどうかが問題となった事件である。

　【決定要旨】　定年規則が協約または事業所協定の中で規範化されている限り，その規則は，事業所における合理的な従業員の年齢構成やあらかじめ予測できる人員および後継者の採用を可能にするという意味を有している。従って，協定は，企業の利益ばかりではなく，それによって一定の期間の中で昇進および異動の可能性が開かれているので，従業員の利益ともなる。このような定年後の就業継続や定年過ぎの新規採用も，使用者の側では，どの程度このような就業が定年規則と適合するかという決断を必要とする。このような就業継続も，また新規採用も，経営組織法99条によって経営協議会の同意を必要とする。経営協議会は，それによって経営の中で従業員が不利益に扱われる場合に，その同意を拒否することはできる。しかし，定年規則が就業継続ないし新規採用を禁止しているという意味に解され，経営協議会がそれでもって同意を拒否することはできない。そのような場合は，事業所協定がその就業を禁止していることを明示していなければならない。それは，本件では見られない。規定は，単に定年の到達を伴った労働関係の終了を規定しているに過ぎない。定年を超えた継続就業や，定年をすでに過ぎた労働者との新たな労働関係の形成は，ここでは問題とされない。

　㉑　BAG Beschl. v. 16.7.1985 - ABR 35/83, DB 1986, 124.

　【事実の概要】　抗告人（百貨店）は，労働者をすべて期限を定めて採用してきた。その経営協議会は，その度に期限付きの採用が許されないという理

由で同意を拒否してきた。州労働裁判所は，（特に当該労働者の）採用が経営組織法99条による共同決定権に違反してなされたものであるという申立を認めた。連邦労働裁判所は，百貨店の法律違反を理由とする抗告に対して，経営協議会が，労働関係の期限設定がベルリン小売業基本協約に従って許されないという理由づけで採用に反対している場合，経営組織法99条4項による同意に代わる手続を使用者が実施する義務を負うことを確認した。

【決定要旨】　当事者間では，2つの問題が争われている。1つには，経営協議会が，ある労働者の期限付き雇用に対して，その期限の設定が認められないという理由でその同意を拒否することができるかどうかである。第2の問題は，同意がこの理由をもって拒否されたときに，使用者は，経営協議会がこれを拒否できない場合でも，経営組織法99条4項による同意に代わる手続を実行しなければならないかどうか，あるいはこのような同意の拒否は，同意がなされたものとみなされ，使用者が労働者を期限をもって雇用することができるという結果をもって，同意拒否が問題とされないかどうかである。

経営組織法99条によると，人的な個別の措置には経営協議会の同意が必要である。その同意が拒否されるならば，使用者は，原則として経営協議会の同意に代わる裁判を労働裁判所へ申し立てなければならない。

経営協議会は，労働関係につき契約上予定された期限の設定が許されないという理由で，経営組織法99条2項1号に従って労働者の雇用に対する同意を拒否することはできない（BAG Urt. v. 20.6.1978 - 1 AZR 65/75, DB 1978, 2033.）。それゆえ，百貨店によって起こされた同意に代わる裁判手続においては，その同意が認められるであろう。経営協議会が「強行法の番人」であるということは，確かに正しい。しかし，それは，個別の人事的措置それ自体が強行法に違反する限りにおいてのみ当てはまる。

(2)　分　析

⑳の事件の争点は，経営協議会が共同決定の同意を拒否することが，労働契約の期限を設けて労働者を採用することが許されないという理由で認められるかどうかである。

経営組織法99条2項は，経営協議会が共同決定の同意を拒否できる事項

IV 諸外国における社会と法の変化

を定めているが、その中に人的措置が法律、協約その他の規則に反する場合をあげている（1号）。これによって与えられる拒否権は、個別の人的措置自体が法規定に反する場合で、例えば法律による就業禁止、母性保護法による女性の就業禁止、健康保護法規などの強行法規に反する場合である。経営協議会は、これらの禁止規定違反に対する番人であり、これに対して、個々の労働契約の規定に対する内容のコントロールを行う資格はないとされる[11]。これは、連邦労働裁判所の1978年判決で下された判断であり、また学説の通説である（本件判決理由参照）。

また、経営協議会が同意を拒否した場合、それが許されるかどうかを問わず、使用者は、労働裁判所へその同意に代わる裁判を申し立てなければならない（経営組織法99条4項）。

なお本件では、経営協議会の同意の拒否が、本件において許されないとしながら、連邦労働裁判所は、使用者の申立を棄却している。使用者は、このような場合、経営協議会の共同決定権の限界を明らかにし、同意に代わる裁判手続の中で同意権の拒否が許されないという確認の申立をすべきであるとした。そのような主張がなされていないので、裁判所は、その立場を明らかにする必要がなかったとした。

## 6 高齢者扶助との関係

(1) 判　決

㉒　**BAG Urt. v. 6.8.2003 - 7 AZR 9/03, NZA 2004, 96.**

【事実の概要】　当事者が争っているのは、その労働関係が2001年4月30日に終了したかどうかである。1836年に生まれた原告は、1966年から被告企業で働いてきた。1984年12月に高齢者扶助の了解事項が結ばれ、その4条には、「老齢年金　扶助の権利者は、雇用関係が65歳の到達までに継続したときには、老齢年金が支給される。この場合、雇用関係は、扶助の権利者が65歳になった月末に老齢年金関係へ自動的に移行する。」と規定していた。

---

11　ErfK/Kania, §99 BetrVG, Rd. 23, 24.

原告は，当事者間の労働関係が2001年4月30日に終了していないことの確認を求め，被告は，定年規則が扶助の了解事項の中で有効に合意され，労働関係が当該時期（65歳）に終了したと述べた。

労働裁判所，州労働裁判所いずれも原告敗訴とし，上告も棄却された。

【判決要旨】　州労働裁判所は，正しく請求を棄却した。当事者間の労働関係は，扶助の了解事項4条に従って2001年4月30日に終了した。原告は65歳になったからである。この了解事項の規定は，原告が65歳になった月の経過という労働契約の期限の設定を含んでいる。この期限は，当事者の労働契約上の合意の対象である。65歳の定年規則は，有効である。

本件扶助の了解事項では，労働関係の終了が明記されておらず，雇用関係は，この時点で年金関係へ移行すると表されている。しかし，これは，一般の言葉の慣用に従えば，労働関係がこの時点で終了すると解される。老齢年金は，通常，退職した時点で支払われる。

また，了解事項の4条の規定は，いわゆる不意打ち条項ではない。本件事件に適用される民法旧法242条および旧普通契約約款法3条は，不意打ち条項が信義則に従って契約の内容にならないと規定している。この一般的な法的思考は，労働契約にも当てはまる。不意打ち条項とは，契約条項が通常ではないことから，約款使用者の相手方が想定する必要もない場合の条項である。しかし，定年規則は，それほど想定外のものではなく，しばしば労働契約または関連する協約に規定されている。また，当初の労働契約では定年規定がなくとも，後に合意によって改正できるものである。

(2)　分　析

事業所による高齢者扶助については，法律上何ら一定の定年の定めはないし，社会法典第6編41条も適用にならない。本件判決が指摘しているように，65歳をもって法定の老齢年金へ移行するという個別的合意は，定年を定めたものと解釈される。かかる定めは，労働関係の終了を明示していないから，その終了は，想定外の不意打ち条項（現行民法305条e）になり，信義則に反するかという問題に対しても，連邦労働裁判所は，これを否定している。

Ⅳ　諸外国における社会と法の変化

## 7　まとめ

　ドイツ社会法典第6編41条は，労働者の早期退職への希望と年金財政の逼迫改善という相反する観点の調整の結果生まれたものである。早期退職の場合，また65歳退職の場合も，期限をもって労働関係を終了させるには期限の設定を正当化する客観的事由が必要とされる。社会法典41条の規定は，その正当事由を，ただ単に65歳ないしそれ以前の一定の年齢に達したかどうかではなく，労働者の生活が年金受給によって実質確保されたか否かに係わらせている。それは，企業の人事計画に優先するものと位置づけられている。

　また，定年制は，その定年年齢の3年前に，解約告知，合意解約または退職の合意がなされたときに有効となる。それは，退職の時期が既に採用のときに決められるものではなく，また企業への貢献度によって評価されるものではない。そこでは，労働者を取り巻く具体的な諸事情によって，労働者が主体的に退職するかどうか決断することが重視されているのである。

　その例外をなすのは，パイロットをはじめとしたコックピット乗員の定年制に関する判断である。ここでは，期限設定の正当事由には，労働者の経済生活の維持よりも，より安全な航行確保が優先する。これは，本稿でも明らかなように，最近の訴訟件数として多数を占めるが，特殊の事例である[12]。

　異なる年金制度をもつ日本とドイツであっても，なおドイツの定年制が日本にとって参考になるであろう。退職する年代の経済生活が法制度ないし政策面から確保されてはじめて，次世代の就業への引き継ぎが可能であるとするドイツの基本的認識は，まずもって評価されるべきであろう。

---

[12] しかし，最近になって，民間航空企業におけるパイロットの65歳定年を合憲とする決定がなされた。BverfG Beschl. v. 26.1.2007, -2 BvR, http://www.bundesverfassungs-gericht.de/presse mitteilung/bvg07-012.html. この決定の分析については，次の機会に譲りたい。

# ドイツにおける労働市場の危機と「市民参加」

雨宮 昭彦

## 1 問題の所在

(1) 産業立地間競争から労働の未来へ

近年，グローバリゼーション，社会主義圏の崩壊，IT革命などによって資本主義市場がますます拡大するとともに国際的にもいっそう緊密に統合され，商品やサービスや資本のクロス・バウンダリーな移動に対する制限や制御は，急速にかつ大幅に緩和されたり除去されたりしたが，それにともなう賃金・労働条件・雇用・社会保障を巻き込んだダウンワーズ・スパイラルの発生が指摘されている[1]。ドイツでは，1990年代に，「産業立地間競争」(Standortwettbewerb) と呼ばれる激しい論争が展開したが，それは，資本と比較して移動が相対的に困難な労働に関する（労働）市場間競争の帰結——すなわち労働条件と社会政策に関するダウンワーズ・スパイラル——をめぐる政策論争に他ならなかった[2]。

1995年度のドイツ経済諮問委員会白書（Sachverständigenrat, 1995/1996）のタイトル（"Im Standortwettbewerb"）ともなったこの「産業立地間競争」というコンセプトは，90年代末以降，表面的には政治の表舞台からは退いた。そして，それに代わって中心テーマへと浮上したのが「労働の未来」(Zukunft der Arbeit) のキーワードで表現される，職業労働の激変と雇用の危機

---

1 Went, Robert (2000, p. 28f.).
2 雨宮 (2001, 2004)。

をめぐる論争であるが[3]，これら2つのテーマは言うまでもなく相互に密接に関連しており，しかも後者は前者の問題提起に対する，提起者自身の陣営からの積極的な回答の試みに他ならなかった[4]。

ところで，98年9月に誕生した新連立政権における連邦首相府の雇用政策問題——「労働のための同盟」プロジェクト——顧問 W. シュトレーク (Wolfgang Streeck) を執筆者の一人に含んで2000年に公にされた『労働の歴史と未来』(Kocka, Offe Hg., 2000, S. 9ff.) によれば，「直面する就業の危機」とは次のような2つの問題点が重なった複合問題であった。

(2) 複合問題としての大量失業と職業労働の変化

第1の問題は大量失業の長期化である。ドイツの失業は2000年の時点で，380万人以上，失業率10％で，この状態は90年代から継続していた。その結果，「職業労働」を行う能力と意欲をもつ多くの人々が長らく職業に参入できなくなっており，今日の水準から見て意義ある生活を送ることが不可能になっていた。さらに大量失業は将来も減少することなく，むしろ増加すると予想された。

第2の問題は「職業労働」の性格が変化したと考えられたことである。「労働の未来」をめぐる論争において，この「職業労働」（ドイツ語ではErwerbsarbeit）の概念は，後に出てくる「市民労働」（同じく Bürgerarbeit）と並ぶキー・コンセプトである。「職業労働」は，企業家のような自立的事業者であろうが労働契約で雇用された被雇用者であろうが，肉体労働であろうが非肉体労働であろうが，さらにまたいかなる熟練度であろうが，いずれにせよ，市場交換を目的にした財・サービス生産に役立つような労働であり，貨幣所得を目的に行われ，彼らとその世帯構成員は通例その貨幣所得に依存している。「職業労働」とそれによって獲得する所得は，物質的健全，自己

---

[3] 雨宮（2002, 2004, 2005 b, 2005 c）。本稿はこれらの拙稿，とりわけ雨宮（2005 c）を踏まえている。わが国の関連する研究として，田中（2003, 2004, 2006），高橋進・坪郷實（編）（2006），山口二郎・宮本太郎・小川有美（編）（2005）。

[4] ここでは立ち入らないが，これらの問題提起は両方とも，同じ経済的自由主義の立場にたつ CDU/CSU 陣営から発信されたものである点には注意が必要である。

了解，人生のチャンス，個人の承認と社会的受容のために中心的な役割を果たす。「職業労働」は，いわゆる「職」や労働の様々な形態のなかに著しく多様な形で編成されており，その多様性に，物質的生活水準や社会的アイデンティティーが結びついている[5]。

ここで問題となったのは，産業社会の物質的基礎であったこの「職業労働」の性格に大きな変化が生じてきたことである。同一職業で一生働くことは普通のことではなくなっていく。それまでの「ノーマルな労働関係」——フルタイムで就業し，期限付きでない雇用契約をしている全ての労働者とホワイトカラー——の浸食と非正規雇用の膨張に伴って，「フレキシビリティー」の要求は，労働の場所，労働時間，労働内容，雇用主，労働資格，稼得収入など広範に及ぶ。テクノロジーの発展，グローバル化，IT革命の結果，労働過程の柔軟化と断片化が利益を生むようになる。一生のうちで「職業労働」を行う期間は次第に短くなり，「職業労働」が，将来は，アイデンティティー形成・生活設計・社会的関係にとってもはや中心的役割を果たさなくなるであろうと考えられた。

(3) 職業労働の拡大・普遍化と労働の意味論的拡張

『労働の歴史と未来』の編者である社会史家J. コッカ（Jürgen Kocka, ベルリン自由大学教授，刊行当時ベルリン科学センター WZB 所長）は，今日の失業問題を「職業労働」システムの終焉という長期的な転換過程と結びつける議論を歴史的視点から相対化し，労働問題における今日の新しさを，「職業労働」の終焉にではなく，むしろ，この数十年間に進んだその深甚な諸変化に求めている[6]。すなわち，第1に，市場・企業―家族・家計―国家・政府の3つの経済領域・経済主体からなる経済において，家族・家計の役割が後退し，その機能の，他の2つの極への吸収が進んだ。それは労働秩序とジェンダー秩序の伝統的な関係が急速に変化したことを示している。女性の参入による「職業労働」の急増はこの変化の原因であり，結果であった。第2に，

---

[5] Kocka (2001, S. 10), Kocka, Offe (Hg.) (2000, S. 9f.).
[6] Kocka (2001, S. 12f.).

IV 諸外国における社会と法の変化

完全就業者の相対的な減少とパートタイム労働や派遣労働など多様化した新たな雇用形態での就業者の増加や起業を行う新しい形態の自営の増加が示すように，「職業労働」は全体的に増加しつつ，より柔軟化，流動化し，全体として，「空間と時間における労働の傾向的断片化」が進んだ。確かに労働概念は「職業労働」を超えて——自己労働（Eigenarbeit），家事労働（Hausarbeit），名誉職労働（ehrenamtliche Arbeit）等へと——意味論的な拡張を示す一方で，「職業労働」の拡大と普遍化が同時に進行しているのである。

(4) 労働の未来と未来問題委員会

いずれにしても，このような大量失業の長期化と伝統的な「職業労働」の激変という複合する問題を背景に，「労働の危機と労働社会のいわゆる終焉をめぐる論争」，すなわち「労働の未来」をめぐる論争が起こった。すでに上で示唆したように，とりわけ，「職業労働」に基づいた労働社会は終焉に向かっており，我々は新しい時代の始まりを経験しているとの主張はこの論争における最大の争点の一つである。この「新しい時代」はどのように描かれるのであろうか。

デジタル革命を軸とした技術発展とグローバリゼーションの結果，とりわけドイツのような高賃金先進国では，慢性化した労働の供給過剰がやがて「労働の終焉」をもたらすであろうとのJ. リフキン（Jeremy Rifkin, 1995）が提出した一つの極端な議論に対して，より現実的なモデルがドイツの著名な社会学者U. ベック（Ulrich Beck, 2000）によって描かれた。それによれば，過剰労働問題の解決は市場メカニズムによってはもはや不可能であって，「職業労働」という工業時代に主流となった労働に基づく労働社会は限界に来ているのである。

ドイツの自動車大企業ＢＭＷに関して言えば1970年に始まった雇用の減少傾向は継続して2000年頃にはゼロとなる，とのBMW経営者の言葉をベック（Beck, 1998）は引き合いに出して，次のように述べている。「この話はもちろん誇張ではある。しかし，包み隠さずに言わなければならないことは，生産性の上昇の結果，完全雇用に復帰することはもはやないということである」，と。女性を含めて，ますます多くの人々が「職業労働」に殺到す

320

る一方で,「職業労働」はよりいっそう生産的になり,その必要量はますます収縮していくという根本的なディレンマに直面しているとの診断にもとづいて,ベックは,その意義が後退しつつある「職業労働」に代わって,市場によっても国家によっても制御されない「市民労働」のような新たな労働形態の発展と拡大こそが「労働の未来」を指し示しているとした。

　このような労働の未来像は,以下で示されるように,「被雇用者中心の産業社会」(arbeitnehmerzentrierte Industriegesellschaft) から「企業家的知識社会」(unternehmerische Wissensgesellschaft) へという未来社会の構想のなかに位置づけられている。それによれば,「企業家的知識社会への転換は,市場向きではない,公益に指向した仕事の領域が開拓されること,そして,それが社会活動の新しい魅力的な中心へと束ねられることによって,補完される」のである。「『職業労働』を超えた向こう側」(Beck) に自発的な社会参加の形態として構想された「市民労働」のコンセプトは,「職業労働」に支えられた社会に代替する選択肢ではなく,むしろ,その来るべき形態である「企業家的知識社会」の補完として企図されていることに注意しておこう。

　ところで,この「市民労働」を軸に展開するベックの「労働の未来」論は,バイエルン州・ザクセン州の CDU/CSU 政府が 1996〜97 年に発表した「未来問題委員会」報告書 (Kommission für Zukunftsfragen der Freienstaaten Bayern und Sachsen, 1996, 1997a-c) のなかでその政策的意図を明確に示している。その正式名称「バイエルン・ザクセン両自由州未来問題委員会」(Kommission für Zukunftsfragen der Freistaaten Bayern und Sachsen) は,CDU の著名な政治家 K. ビーデンコップフ (Kurt Biedenkopf) の協力者として活躍し,現在,ボンの経済・社会研究所 (Institut für Wirtschaft und Gesellschaf) 所長を務める M. ミーゲル (Meinhard Miegel) を委員長に,U. ベック (社会学者,ミュンヘン大学教授),U. ブルム (Ulrich Blum, ハレ経済研究所所長),H. ヘンツラー (Herbert Henzler, コンサルティング会社マッキンゼーのドイツ支店・ヨーロッパ事業所リーダー) などをメンバーに編成された。ドイツの職業活動と失業問題に関して,その発展傾向,原因,改革提案にわたって包括的に論じ,「市民労働」の提案へと至るこの 3 部からなる大冊の報告書の諸論点は,やがて,98 年秋の政権交代後,社会民主党を軸とした新連立政権の下で,「市民労

働」(そして,それと関連して「名誉職労働」)と「職業労働」をめぐる激しい論争の出発点となった。

## 2 未来問題委員会と「適応の戦略」における「市民労働」の位置

ベックの「市民労働」論が最初に具体的な政策論として示されたのは,彼もそのメンバーの一人として参加した「バイエルン・ザクセン両自由州未来問題委員会」の報告書『ドイツの職業活動と失業——発展,原因,対策』(第1～3部,1996～97年)の第3部15章「職業労働の市民労働による補完」(Kommission für Zukunftsfragen der Freienstaaten Bayern und Sachsen, 1997b)である。

未来問題委員会の報告書は,ドイツの就業と失業の短期的・長期的な実態を国際比較のなかで明らかにしたうえで,「団体利害に対する政治の優位」(Kommission für Zukunftsfragen, 1997b, S. 8, 40)という注目に値する介入的自由主義のスタンスから,具体的な政策提案を行っている[7]。その趣旨は,企業家のダイナミックな力を包括的に引き出し発展させるための「革新の戦略」と,それに対応した環境を作るための,賃金差別化やサービス労働の拡大や職業労働の供給制限等からなる「適応の戦略」を通じて,「被雇用者中心の産業社会」から「企業家的知識社会」への転換を実現することであった。「市民労働」政策は,これら戦略を側面から支援する重要な位置にあり,とりわけ「適応の戦略」の重要な一環を構成している。以下では,これら第3部の政策提案のうち「適応の戦略」における「市民労働」に関わる論点を取り上げてみたい。

さて,「労働の未来」をめぐる論争の核心的テーマを含んだ「適応の戦略」は,大きく分けて,次の2点から構成されている。(1)稼得収入の差別化・引き下げと人間に関係した単純サービス労働の拡大のような「職業労働」にお

---

[7] 団体利害による市場の機能不全を「政治の優位」によって克服していく政策思想の起源に関連して,雨宮(2005 a)。

ける低賃金戦略,および(2)「職業労働」の供給制限とそれにより減少した「職業労働」の「市民労働」による補完。

(1) 「職業労働」における低賃金戦略と社会扶助水準の引き下げ

報告書は,先進工業諸国に広く認められる労働価格の下落に積極的に対応して,稼得収入のいっそう強力な差別化や引き下げを要請している。この低賃金戦略による雇用の増加の結果,就業状態が改善して生活水準が向上する労働者が出てくる一方で,賃金が下がって生活水準が低下する労働者も出てくる。前者の労働者のなかで失業保険や社会扶助を得ていたグループに関しては,就業による稼得収入の獲得によって公的な移転経費の支出が減っていくために,財政負担の軽減と税や社会保険による歳入増加が見込まれるとする。これに対して,低賃金所得層に移行する労働者グループに関しては次のような問題が指摘される。すなわち,もしも,稼得収入が月270DM(1997年時点)の水準以下であり,就業者にそれ以外の収入がない場合には,その水準まで社会扶助が支給されうる。その該当者数は,95年末で,11万人弱,15〜65歳の社会扶助受給者の7％以上であった。

これは,最初の労働者グループにおける経費軽減や歳入増加によっては調整されない公的財政の負担増となると予想される。そこで,「被雇用者中心の産業社会」から「企業家的知識社会」への転換を妨げるこのような公的財政の拡大を回避するために,就業者のための社会扶助の水準を引き下げることが提案される。賃金が社会扶助の水準よりも僅かだけしか高くない場合でもとりわけ複数者世帯の労働者はそのような職場に就職を希望するので,社会扶助の水準を引き下げて,低生産性労働力のための賃金引き下げの余地を拡大することが必要である。

社会扶助水準の引き下げとそれによる低賃金労働分野での就業状態の向上は,経済成長を刺激し財政収入を増加させるというプラスの効果をもたらす一方で,物質的・非物質的不平等を拡大させる。生存のミニマムを示す社会扶助の引き下げは貧困の現象形態を変化させ,アメリカなどに見られるように,住民の健康状態が悪く,生活に暗い展望しかない都市の貧民地区が生まれうるし,犯罪も増加しうる。しかし,予想されるこのようなマイナス面を

十分に認めた上で,「低賃金戦略は,『企業家的知識社会』を目指す『革新の戦略』が十分に効果をあげるまでは,追求されなければならない」と未来問題委員会は述べている。それまでは,「政治も社会（die Gesellschaft）も狭い稜線の上を歩まなければならない」のである。拡大する社会的不平等が,社会全体（die Gesellschaft）の安定性を脅かしてはならないし,社会全体の必要で望ましい転換が妨げられてはならない。社会全体のそのような望ましい転換は,「グローバリゼーションの条件下で知識集約的・資本集約的生産様式に社会が十分に適応する」ことによって達成される。こうして,第1の「適応の戦略」である低賃金戦略とセットする形で,生産様式の移行期における社会の不安定性を回避するための第2の「適応の戦略」が次のように設定される。

(2) 「職業労働」の供給制限と「市民労働」による補完

「職業労働」の供給制限とその「市民労働」による補完は,「被雇用者中心の産業社会」から「企業家的知識社会」への転換という全体的な政策構想のなかに位置づけられた「適応の戦略」の一部である。

「職業労働」の供給制限から見ていこう。「適応の戦略」は,未来問題委員会によれば,最終的には,パートタイム労働や非正規就業ならびに個人の週・年・生涯労働時間の短縮化によって既存の「職業労働」のいっそうの細分化を行うことである。それが目指しているのは,総労働量が一定との条件の下で,より多くの人々に雇用を提供することである。その際には2つの条件が要請される。第1に,「職業労働」の細分化が総労働コストの増加をもたらさないことである。その上で雇用の増加を実現するために,第2に,「職業労働」の細分化が同時に稼得収入の再配分に結びつくように,一人当たりの労働供給の減少が自発的に,或いは社会的コンセンサスによって,実現することである。この問題で範例となるオランダの場合,社会的コンセンサスによって第2の条件をクリアした。これが自発的にも,コンセンサスによっても克服されない場合には,イタリアやイギリスやアメリカに見られるように,就業者は,不本意な所得の減少を追加的な「職業労働」の需要によって補填しようとするであろう。それによって労働市場の調整は挫折する。

こうしていずれかの方法により「職業労働」の個人的供給量を減らすことが政策目標となる。さらに労働時間と稼得収入の双方の減少を従業員が受け入れるように説得することが企業の課題となる。追加コストなしに労働時間の自発的短縮を実現することは，新しい「企業文化」とならなければならないのである。同様にサバティカルや教育休暇の導入も推奨される。職安紹介職種に関する「受諾期待可能性の要求」（Zumutbarkeitsanforderungen，職安から紹介を受けた職種を受け入れなかった場合は失業手当などに関する制裁を受けることに関する規定）を厳格に適用することも，「職業労働」の個人供給を減少させる一契機になるとともに，そうした職種への就業が可能であるために非EU諸国から移住してくる外国人の数を減少させることで，労働市場における労働力の潜在量を減らし，失業の解消に貢献する。

　労働市場を通じて取り引きされる低賃金職と並んで，労働市場を通じて取り引きされない，公益に指向した労働を開拓することも，未来問題委員会の構想において望まれている社会転換を側面から支えることになる。これが「市民労働」である。この「市民労働」の意義は次の2点に求められる。第1に，それを通じて，「職業労働」の意義の減退の諸結果と，それに伴って現れた社会国家の危機が緩和される。第2に，「市民労働」のコンセプトは，諸個人が——最終的には家族の解体により女性をも含んで——伝統的な社会的諸関係から切り離されていく社会の「個人化」（Individualisierung）の進展を考慮し，それによる民主主義の想定しうる浸食を予防する政策として位置づけられる。この「個人化」のコンセプト[8]を未来問題委員会に導入した社会学者のU. ベックは，「職業労働」——"Bezahlte Arbeit"すなわち「有給労働」或いは端的に「支払われる労働」——が経済の需要を失っていくものと考え，衰退していく「職業労働に基づく社会」（Erwerbsarbeitsgesellschaft）の彼方に民主主義の可能性はいかにして可能かを問うて，「市民労働」に基づく社会を構想した（ベック，1998, p. 135ff., Beck, 2000）。この「市民労働」とは何であろうか。それは，次のように定義されている（Kommission für Zukunftsfragen, 1997b, S. 148f.）。

---

　8　このコンセプトに関連して，ベック（2003）に付けられた「訳者解説」を参照。

IV　諸外国における社会と法の変化

　「市民労働」とは次のような自発的な社会参加である。それは，プロジェクトと結びつけられており（従って期限付きで），公益企業家（Gemeinwohlunternehmer）の指導のもと，協同的で自己組織的な労働形態をとる。「市民労働」論の一核心であるこの公益企業家とは，その人格と能力の中に企業家の技能と技法を結合し，それを社会的・公益的目的のために投入する。彼は，絶えざる進化のための「市場闘争」のなかで鍛えられた創造的な「実力者」，「人間の姿をとった指導力資源」（personifizierter Initiativreichtum）である。既存の「社会システム」を清算し乗り越えていく「反官僚主義者」，「カリスマ的指導者としての人格」であって，新しい社会資本と新しい「市民労働」を開拓し，住民を動機付け，彼らの参加への志向を活性化させるのである。

　この自発的な社会参加は，（地方自治体の）市民労働委員会との調整で正式に認可され，助言を受け，実施される。市民労働には，賃金は支払われない（nicht entlohnt）が，とくに物的ではない形で——資格授与，表彰，年金請求や奉仕活動証明（奉仕活動の時間［Sozialzeit］を提供したことの証明書）の承認，「優遇証」（Favor Credit，幼稚園への無料入園などの優遇措置）等々の形で——謝礼が支払われる（belohnt）。物的には，市民労働に生活の糧を依存している人々に対して，「市民貨幣」（Bürgergeld）が支払われる。支給額の規準は社会扶助認可の場合と同一で，それに必要な資金は，社会扶助ないし場合によっては失業扶助の財源から充当されるが，「市民貨幣」の受給者は，自発的イニシアティヴで公益的活動を行う点で，社会扶助や失業扶助の受給者とは異なる。彼らは，その希望に基づいて，プロジェクトに参加している間は，労働市場における取引の対象ではなくなり，失業者には数えられなくなる。

　実験段階にある「市民労働」モデルを，公募も含めて，異なった条件にある大小の地方自治体で試験し，発展させることを，未来問題委員会は推奨している。同委員会の意図は，なによりも，「市民労働」のコンセプトについての広範な議論を通じて，社会を「職業労働」に固定する現在のあり方を相対化し，異なった社会像の選択肢を明示することだった。その際に重要なことは，先に見たように，「職業労働」の完全な排除ではなく，あくまでもその必要な後退部分の補完である。

なによりも「企業家的知識社会」への移行を最大の課題とする自由主義の立場にとって，打破しなければならない「被雇用者中心の産業社会」の壁は，ドイツの場合とくに強固であったといってよい。この構想が目指す新たな社会的均衡へとソフトランディングするうえで，「あらゆる可能性を利用しければならない」のであり，「市民労働はそうした可能性のひとつでありうる」，と未来問題委員会の報告書は締め括っている。

　労働市場を再定義して，「市民労働」をそこから引き上げることには，こうした立場にとってどのような効果が期待できるであろうか。「職業労働」を組織する大規模な労働組合が，自由主義的経済政策の立場にとって最大の壁の一つであると思われるが，「市民労働」はこの「集団的利害」の力を後退させる一助となり「政治の優位」の確立に貢献するであろう。また，「市民労働」の拡大は，再定義された労働市場への労働供給を減少させることによって，労働市場の負荷を軽減し，失業率の引き下げと社会の安定化に役立つであろう。さらに，「自発的な社会参加」の理念は，労働の時間的・空間的断片化とともに失われていくアイデンティティーを再建し，「市民」としての自覚を促し，社会的不平等の拡大に伴って損なわれていく社会的安定性の回復に貢献するであろう。いずれにせよ，1997年に公にされた「企業家的知識社会」への移行をめぐるこの政策構想は，その包括性・総合性と具体性，さらにそれを支える社会学理論の大きな影響力の故に，90年代末以降激しく展開していくことになる「労働の未来」論争の出発点となったのである。

## 3　労働の未来におけるリスクとチャンス
　　——「市民労働」論への批判

　「労働の未来」を一つのコアテーマとする「未来問題」（Zukunftsfragen）は，単に「労働」の領域にのみ限られたものではなく，いっそう広範な内容を含んでいる。ドイツ労働総同盟DGBの研究センター，ハンス・ベックラー財団が，金属労組IGメタルの研究センター，オットー・ブレンナー財団と協力し，未来問題委員会報告書への全面的な反駁を意図して公刊したワーキン

Ⅳ 諸外国における社会と法の変化

グペーパー（Hans-Böckler-Stiftung, 2001）は，「未来論争の5つのキーテーマ」として，「労働の未来」，「労働組合の未来」，「経済の未来」，「社会の未来」，「政治の未来」を挙げている。だが，新しい世紀へと跨いで広範な論争へと発展したこの「未来問題」において，「労働の未来」とそこにおける「市民労働」の位置づけは，最も核心的な争点となった。

ところで，ドイツには，住民が，義務として或いは自発的に行う社会奉仕活動である「名誉職活動」（ehrenamtliche Tätigkeit）の長い伝統がある。それには，子供・高齢者の世話，動物保護，山小屋管理，保護観察期間にある者の生活・就職援助（Bewährungshilfe），電話相談，教会による社会奉仕，援助組織，無料商品店（Umsonstladen），看護所（Spitäler），老人ホーム，障害者施設，スポーツ等の団体などがあげられる。この伝統は，高い失業率と国民の政治的関心の後退を背景に各方面から再評価され，名誉職活動の振興が要請されるようになった。それには，失業の減少，官僚制の縮小，社会政策的サービスの維持ないし向上，および社会的結び付きの衰退の阻止のような社会政策的効果が期待できるとされている。バイエルン・ザクセン両州の未来問題委員会によって提案された「市民労働」論は，このような流れの中で登場した「名誉職労働」の様々なコンセプトのうち「最も具体的な提案」である。それ故に，「名誉職労働」をめぐる論争においては，この「市民労働」が焦点になった。ここで問題となったのは次の2点である。すなわち，第1，「市民労働」には失業の減少のような社会政策的効果が期待できるか。第2，企図されている「市民労働」にはどのような社会的リスクが予想されるか[9]。

① 批判によれば，実態調査が明らかにする名誉職活動のようなヴォランティア活動の主要な担い手の典型は，無資格・非熟練の長期失業者のような労働市場の問題集団ではなく，むしろ比較的高い学歴と職業資格を有する「職業労働」の担い手でもあった。従って「市民労働」の失業者吸収効果は小規模にとどまることが予想される。

② 「市民労働」が予定する非物質的謝礼からは，「職業労働」撤退者の福

---

9 以下については，Erlinghagen, Marcel, Rinne, K., Schwarze, J.（1999），Erlinghagen, Marcel（2001a, b），Hans-Böckler-Stiftung（2001），Salamon, Lester M.（1996），Wagner, Gert, Schwarze, J., Rinne, K., Erlinghagen, M.（1998a），Wagner, Gert（1998b）．

祉・生活状態の客観的改善は期待し得ない。
　③　公共サービス（公共財・集合財）を「自発性原理」（ボランティア）に依存して調達する政策が孕む問題点，すなわちフリーライダー問題や景気依存的に増減するボランティア志願者の基本的な供給不足も，「市民労働」論にそのまま指摘しうる問題点である。
　④　公共サービスの「自発性原理」への依存は，客観的・法的基準による普遍主義的・客観主義的な請求権による社会政策的課題への対応というドイツにおける「偉大な社会的達成」を後退させるという危険性を孕む。さらに，名誉職活動や「市民労働」の担い手（カリスマ的な「公益企業家」）の主観への公共サービスの依存は，「慈善行為の特殊主義」やパターナリズムを発生させるのではないかと危惧される。
　⑤　2001年7月に提出された「名誉職活動促進法案」に対しても批判が向けられた。第1に，同法案は，名誉職活動への対価は費用補填であるとの基本認識から，名誉職活動全般について社会保険料の支払い免除を規定した。それによって，正規就業も名誉職活動に指定変更されれば，協約賃金よりも低い給与で働く，社会保障システムの保護下にもないような新たな「公益的」低賃金セクターが生まれる。それは，正規の保険義務を備えた雇用を創出する努力を妨げ，脆弱な雇用関係を拡大するものと批判された。第2に，法案は，公益活動振興政策の原理を，客体（対象事業）振興から主体（事業推進主体）振興へと転換させることにより，必要な行政費の上昇，政策目標の内容的連続性と効率性の減少，担い手の社会保険義務の解除，といった諸問題を発生させる。
　⑥　「市民労働」による「民主主義の魂」の回復という見解に対しては，極右政党幹部や外国人に敵対的な市民運動家により名誉職活動が担われている事例が挙げられて批判的に検討されている。
　「市民労働」論への批判も，市民参加がドイツ社会における民主主義の重要な支柱の一つであることを十分に認識している。実際，名誉職活動は1980年代より増加していることは実態調査によって確認されている。1996年には，すでに西部ドイツでは16歳以上の住民の3分の1以上が，東部ドイツではほぼ4分の1が名誉職活動に関わっており，その比率は年々上昇し

ていると推測されている[10]。しかし，こうした諸個人による名誉職活動と並んで，市民による社会参加は，テーマ依存的でプロジェクト指向的な「市民労働」型を超えて，多様な形態で展開している。「多元的民主主義は，政党・様々な団体・委員会などの，とくに地域レベルでの日常活動なしには長期的に存続できない」のである。

「被雇用者中心の産業社会」から「企業家的な知識社会」への移行を基本目標に据え，その円滑な移行を達成するための政策の一環として構想されたのが「市民労働」のコンセプトであった。「市民労働」には，この基本目標に沿う形で，失業問題の解決，「民主主義の魂」の救済，社会の共同性の回復が託された。しかし，それに対する批判が示唆しているように，労働市場を再定義して「市民労働」をそこから引き上げようとする試みは，協約賃金にも社会保障システムにも組み込まれない，「自発的参加」（ボランティア）に動機づけられること（従って，低賃金を甘受すること）を期待された「第2労働市場」を，社会システムの内部，既成の労働市場の外側につくることで，産業立地間競争を社会システムに内部化する政策的効果をもっている。かかる構想に孕まれた「社会的リスク」を鋭く指摘した現代ドイツの政策論争は，しかし，対立の不毛な深化で終わったわけではなく，むしろ，この斬新な問題提起と社会全体を巻き込んだ激しい論争を通じて，以下に示すように市民参加の活性化に向けた新たな政策次元が切り拓かれることになった。

## 4 ドイツ連邦議会アンケート委員会「市民参加の未来」

「市民参加は社会の団結のための放棄することのできない条件である」——このような，基本的確信をもって，ドイツ連邦議会は，1999年12月に，アンケート委員会「市民参加の未来」（Enquete-Kommission "Zukunft des Bürgerli-

---

10 詳細な分析として，市民参加と「職業労働」に関する連邦議会アンケート委員会調査報告書第9巻（Enquete-Kommission "Zukunft des Bürgerschaftlichen Engagements" Deutscher Bundestag（Hg.），2002）。同書は1999年のボランティア調査分析を含む。2004年のボランティア調査報告（Bundes ministerium für Familie, Senioren, Frauen und Jugend, 2005）をも参照。

chen Engagements"）を設立した。委員会への委託内容は，「自発的で公益に指向した，物質的利益を目的にしない市民参加をドイツにおいて促進するための具体的な政治的戦略と政策を作成する」ことである。委員会はこの委託を受けてから2年以上の調査作業を経て，市民参加の実態の系統的整理の結果と，市民参加促進の社会的条件を改善するための行動指針を提出した。その内容は，連邦議会（第14期）に提出された「アンケート委員会『市民参加の未来』報告書：市民参加——将来性ある市民社会への道」（2002年6月30日付，Bericht der Enquete-Kommission, 2002）で詳細に示されている。さらに，それと並行して，11巻の調査報告書（Enquete-Kommission "Zukunft des Bürgerschaftlichen Engagements" Deutscher Bundestag (Hg.), 2001-2003）が作成・刊行された。

アンケート委員会調査が，「市民労働」を軸に展開された「労働の未来」をめぐる一連の激しい論争を背景に，いわばそのジンテーゼを作成しようとする試みであることは一目瞭然であろう。ここでは，アンケート委員会の基本方針のなかで重要な点についてのみ言及しておきたい。

まず，(1)市場と国家と家族の相互の緊張関係のなかで成立する「市民社会」を参照枠組みとしたこと，(2)名誉職を含む個人の自発的活動だけでなく，団体・組織活動など「市民」参加の多様な形態を把握・評価しようとしたこと，(3)市民参加活動の承認や保障の必要性を主張したこと，(4)市民参加の振興手段を広範に検討したことである。

本稿のテーマとの関連で重要なことは，(5)「職業労働」に基づく社会の変化のなかで市民参加をとらえ，労働世界における中心的アクターである企業家，労働者など被雇用者，労働組合，企業家団体が，市民社会のアクターとしても自らを把握し，それに応じた活動を行うという課題が設定されたことである。「職業労働」と市民参加との関連では，市民参加は失業の補完ではありえないとされ，「職業労働」への統合は，個人のアイデンティティー，社会の豊かさへの関与，市民参加へのアクセスにとって中心的な重要性を有するとされた。

アンケート委員会調査（Enquete-Kommission "Zukunft des Bürgerschaftlichen Engagements" Deutscher Bundestag (Hg.), 2002）が明らかにしたように，

「職業労働」と市民参加は高い相関性を有し，最も高い参加率を示したのは，フルタイムで「職業労働」に雇用されている人々であった。失業者の参加率が高まった時期（調査では1992～94年）については，失業以前から参加活動をしている多数の人々の失職という事態に，「可能な説明」が見出された。さらに，14歳以上のドイツの住民を対象にした1999年のボランティア調査を素材に試みられた，多様な説明変数[11]を導入して，それらと「参加する／しない」という目的変数との関係を分析するカイド分析（CHAID分析）の結果によれば，参加水準に強く働きかけている要因として析出されたのは，家計所得の高さ（高い），社会的ネットワークの有無（有），政治的関心（高い），教会との結び付き（強い）であった。

しかし，同時に，市民参加が失業者にとって労働世界への架け橋を作り，社会統合に貢献する点も確認された。労働時間の柔軟化や余暇の拡大と市民参加の可能性との関係では，企業家団体と労働組合，企業と事業所委員会，立法機関などが，「職業労働」と家族と市民参加との関係について共同で決定していくことが主張された。こうした文脈で示されているように，企業も市民社会のアクターである「市民」として把握されていることである。企業が「コーポレイト・シチズン」（企業市民）として理解されるようなプロジェクトや試みがこれまで以上に要請されている。企業との関連で注目されるのは，とくに流動性や労働時間柔軟化や業績圧力の強化のような「職業労働」における諸変化は，参加の中断や参加時間の確保の問題など，市民参加の条件に直接的に作用する点が強調されたことである。

さらに，(6)参加指向的な制度の構築，(7)市民を官僚制的諸規則から解放するだけでなく，社会的課題を市民が責任をもって引き受けることができるような社会的枠組みを整備する「可能にする戦略」（Strategien der

---

11　説明変数は次の2つのグループからなる。①ハードな要素：東・西，男・女，「職業労働」の有無，教育水準，家計規模，子供の有無，職業の地位，労働時間，年齢，家計純収入，州，共同体規模，国籍，②ソフトな要素：居住地区の満足，交友サークル，教会との関係，政治・公共生活への関心，価値観。Enquete-Kommission "Zukunft des Bürgerschaftlichen Engagements" Deutscher Bundestag (Hg.) (2002, S. 57ff.).

Ermöglichung),「可能にする政策」(ermöglichende Politik) によって，市民参加を強力に支援し，それを「可能にする国家」(der "ermöglichende Staat")が要請されている。

### 文献目録

雨宮昭彦 (2001):「グローバリゼーションの衝撃とドイツにおける選択肢」秋元英一編『グローバリゼーションと国民経済の選択』東京大学出版会，所収

雨宮昭彦 (2002):「最近のドイツにおける『消費史』研究と消費の観点から見た『帝政期ドイツの新中間層』」歴史学研究 増刊号 No. 768

雨宮昭彦 (2004):「グローバリゼーション，欧州統合とコーポラティズムの再建――ドイツにおける『労働のための同盟』」永岑三千輝・廣田功編『ヨーロッパ統合の社会史――背景・論理・展望』日本経済評論社，所収

雨宮昭彦 (2005 a):『競争秩序のポリティクス――ドイツ経済政策思想の源流』東京大学出版会

雨宮昭彦 (2005 b):「コーポラティズムと比例代表制へのコミット――レームブルッフを読む」UP No. 392, June 2005.

雨宮昭彦 (2005 c):「労働の未来から市民参加の未来へ――現代ドイツにおける政策論争」公共研究（千葉大学公共研究センター）第 2 巻第 3 号

ベック, U., ギデンズ, A., ラッシュ, S. (1997): 松尾精文・小幡正敏・叶堂隆三訳『再帰的近代化――近現代における政治，伝統，美的原理』而立書房

ベック, U. (1998): 東廉・伊藤美登里訳『危険社会――新しい近代への道』法政大学出版局

ベック, U. (2003): 島村賢一訳『世界リスク社会論――テロ，戦争，自然破壊』平凡社

Beck, Ulrich (1998): Die Seele der Demokratie. Wie wir Bürgerarbeit statt Arbeitslosigkeit finanzieren können, in : *Gwerkschaftliche Monatshefte*, Ausgabe 06-07/1998.

Beck, Ulrich (Hg.) (2000): *Die Zukunft von Arbeit und Demokratie*, Frankfurt/M.

Bericht der Enquete-Kommission (2002): *Bericht der Enquete-Kommission "Zukunft des Bürgerschaftlichen Engagements", Bürgerschaftliches Engagement : auf dem Weg in eine zukunftsfähige Bürgergesellschaft* (Deutscher

IV 諸外国における社会と法の変化

Bundestag Drucksache 14/8900, 14. Wahlperiode 03. 06. 2002).
Bundes ministerium für Familie, Senioren, Frauen und Jugend (2005) : *Freiwilligen Engagement in Deutschland 1999-2004*, München. Available online : http://www.bmfsfj.de/RedaktionBMFSFJ/Arbeitsgruppen/Pdf-Anlagen/freiwilligensurvey-langfassung,property=pdf,bereich=,rwb=true.pdf
Enquete-Kommission "Zukunft des Bürgerschaftlichen Engagements" Deutscher Bundestag (Hg.) (2001-2003) : *Schriftenreihe, Band1-Band11*, Opladen.
Enquete-Kommission "Zukunft des Bürgerschaftlichen Engagements" Deutscher Bundestag (Hg.) (2002) : *Bürgerliches Engagement und Erwerbsarbeit (Schriftenreihe, Band9)*, Opladen.
Erlinghagen, Marcel, Rinne, K., Schwarze, J. (1999) : Ehrenamt statt Arbeit? Sozioökonomische Detreminanten ehrenamtlichen Engergements in Deutschland, *WSI Mitteilungen*, 4/1999.
Erlinghagen, Marcel (2001a) : Die sozialen Risiken "Neuer Ehrenamtlichkeit". Zur Zukunft des Ehrenamtes am Beispiel der "Bürgerarbeit", in : *Aus Politik und Zeitgeschichte*, B25-26/2001.
Erlinghagen, Marcel (2001b) : *Schriftliche Stellungnahme zu der öffentlichen Anhörung zum Gesetzentwurf der Fraktion CDU/CSU : Entwurf eines Gesetzes zur Förderung ehrenamtlicher Tätigkeit (BT-Drs. 14/3778), am 4. Juli 2001 in Berlin. Berlin : Deutscher Bundestag, Ausschuss für Arbeit und Sozialordnung (Ausschussdrucksache Nr. 14/1645)*.
Hans-Böckler-Stiftung (2001) : *Zur Zukunft der Erwebsarbeit, Düsseldorf.*
Kocka, Jürgen (2001) : *Thesen zur Geschichte und Zukunft der Arbeit*, in : *Aus Politik und Zeitgeschichte (Beilage zur Wochenzeitung : Das Parlament)* 18. Mai 2001, B21/2001.
Kocka, Jürgen, Offe, Claus (Hg.) (2000) : *Geschichte und Zukunft der Arbeit*, Frankfurt u.a.
Kommission für Zukunftsfragen der Freienstaaten Bayern und Sachsen (1996) : *Erwerbstätigkeit und Arbeitslosigkeit in Deutschland. Entwicklung, Ursachen und Maßnahmen. Teil I : Entwicklung vom Erwerbstätigkeit in Deutschland und anderen frühindustrialisierten Ländern*. (Teil I 〜 III, Available online : http://www.bayern.de/Wirtschaftsstandort/Zukunftsfragen/).
Kommission für Zukunftsfragen der Freienstaaten Bayern und Sachsen (1997a) :

*Erwerbstätigkeit und Arbeitslosigkeit in Deutschland. Entwicklung, Ursachen und Maßnahmen. Teil II : Ursachen steigender Arbeitslosigkeit in Deutschland und frühindustrialisierten Ländern.*

Kommission für Zukunftsfragen der Freienstaaten Bayern und Sachsen (1997b): *Erwerbstätigkeit und Arbeitslosigkeit in Deutschland. Entwicklung, Ursachen und Maßnahmen. Teil III : Maßnahmen zur Verbesserung der Beschäftigungslage.*

Kommission für Zukunftsfragen der Freienstaaten Bayern und Sachsen (1997c): *Erwerbstätigkeit und Arbeitslosigkeit in Deutschland. Entwicklung, Ursachen und Maßnahmen. Teil IV: Leitsätze, Zusammenfassung und Schulußfolgerungen der Teile I, II und III des Kommissionsberichts.*

Rifkin, Jeremy (1995): *The End of Work. The Decline of Global Labor Force and the Dawn of the Post-Market Era*, New York.

Sachverständigenrat zur Begutachtung der gesamtwirtschaftlichen Entwicklung (1995): *Im Standortwettbewerb. Jahresgutachten 1995/96*, Stuttgart.

Salamon, Lester M. (1996): Third Party Government. Ein Beitrag zu einer Thorie der Beziehung zwischen Staat und Nonprofit-Sektor im modernen Wohlfahrtstaat, in: Evers, A., Olk, Th. (Hg.), *Wohlfahrtpluralismus. Vom Wohlfahrtsstaat zur Wohlfahrtsgesellschaft*, Opladen.

高橋進・坪郷實（編）(2006):『ヨーロッパ・デモクラシーの新世紀――グローバル時代の挑戦』早稲田大学出版部

田中洋子 (2003):「労働――雇用・労働システムの構造転換」戸原四郎・加藤榮一・工藤章『ドイツ経済――統一後の10年』有斐閣，所収

田中洋子 (2004):「労働の未来」『新しい社会政策の構想』社会政策学会誌第11号

田中洋子 (2006):「労働と時間を再編成する――ドイツにおける雇用労働相対化の試み」『思想』No. 983

Wagner, Gert, Schwarze, J., Rinne, K., Erlinghagen, M. (1998a): Bürgerarbeit : Kein sinnvoller Weg zur Reduzierung der Arbeitslosigkeit, in: *DIW-Wochenbericht* 65 (4).

Wagner, Gert (1998b): Soziale Abenteuer als Pseidialternative, in : *Blätter für deutsche und internationale Politik*, März 1998.

Went, Robert (2000): *Globalization. Neoliberal Challenge, Radical Response*, London u. a.

Ⅳ　諸外国における社会と法の変化

山口二郎・宮本太郎・小川有美（編）(2005)：『市民社会民主主義の挑戦——ポスト『第3の道』のヨーロッパ政治』日本経済評論社

# 北欧における福祉―労働レジームの「現代化」
――デンマークとスウェーデン――

小 川 有 美

## 1 はじめに

　公共部門や社会保障制度・税制への信頼が低い日本においては，スウェーデンを始めとする北欧福祉国家があたかも社会主義的弊害と経済・財政危機がのしかかる硬直した資本主義として想像されることが決して少なくない。ところが近年はむしろ，経済グローバル化のなかで競争力を発揮しつつ，高い福祉や教育の水準を維持しているモデルとして，フィンランドやスウェーデン，デンマークといった北欧諸国が再注目されるようになった。「世界経済フォーラム」はじめ近年の世界の競争力ランキングで北欧諸国が首位クラスに位置している事実をここで多々引用する必要はなかろう[1]。

　先進各国の福祉―労働レジーム（体制）の「持続可能性」は，大きな政府か／小さな政府か（典型的には「国民負担率」，公務員数）という単一の尺度で決まるわけではない。少子化や長期失業，貧困を防止しあるいは放置する福祉―労働レジームの決定的な相違は，市場化か／脱商品化か，あるいは家族重視か／脱家族化か，いずれに重点をおくかという原理的な違いにあることを強調したのはエスピン‐アンデルセンである。エスピン‐アンデルセンは周知のように，アングロサクソン諸国を主体とする自由主義型，ドイツ，フ

---

[1] スウェーデンの政治経済レジームの現代的有効性を解説し，その上で日本への政策オールタナティヴを提言した論考として，神野直彦「日本の目指す『ほどよい政府』への道」生活経済研究 No. 108（2006 年）4－15 頁。

ランス，オーストリアのような欧州大陸諸国を主体とする保守主義型，そして北欧諸国を主体とする社会民主主義型の3つの福祉—労働レジームが歴史的に確立し，グローバルな社会構造上の変化に対しても，それぞれ異なった適応の道をたどることを説明した[2]。

その後のシャルプらによる比較実証研究によって明らかになったように，グローバル化な競争に晒されるヨーロッパの中で，雇用や成長が慢性危機にあるのは保守主義型福祉国家諸国である。1990年代末から2000年代前半の傾向として，アメリカ，イギリスのような自由主義型諸国とともに，北欧の社会民主主義型諸国や，オランダ，アイルランドのような一部の開放経済型中小国は危機を乗り越え，パフォーマンスは堅調であった[3]。表1のように，デンマーク，スウェーデンは失業率をEU平均（2003年，2004年には9.0%）より低く抑えることに成功し，財政赤字もほとんどないか黒字である。

表1　スウェーデンとデンマークの経済・財政指標

| | | 1995 | 1996 | 1997 | 1998 | 1999 | 2000 | 2001 | 2002 | 2003 | 2004 |
|---|---|---|---|---|---|---|---|---|---|---|---|
| 実質GDP成長率 | スウェーデン | 4.1 | 1.3 | 2.4 | 3.6 | 4.6 | 4.3 | 1.0 | 2.0 | 1.5 | 3.6 |
| | デンマーク | 2.8 | 2.5 | 3.0 | 2.5 | 2.6 | 2.8 | 1.3 | 0.5 | 0.7 | 2.4 |
| 失業率 | スウェーデン | 7.7 | 8.0 | 8.0 | 6.5 | 5.6 | 4.7 | 4.0 | 4.0 | 4.9 | 5.5 |
| | デンマーク | 7.2 | 6.8 | 5.2 | 4.9 | 4.8 | 4.4 | 4.3 | 4.6 | 5.6 | 5.4 |
| 財政赤字対GDP比 | スウェーデン | 6.9 | 2.8 | 1.0 | −1.9 | −2.3 | −5.0 | −2.6 | 0.5 | 0.1 | −1.2 |
| | デンマーク | 2.3 | 1.0 | −0.4 | −1.1 | −3.2 | −2.5 | −2.8 | −1.6 | −1.0 | −2.3 |

出所　ジェトロ海外情報ファイル（JETRO-FILE）
http://www3.jetro.go.jp/jetro-file/country.do より作成。

---

2　Gøsta Esping-Andersen, *The Three Worlds of Welfare Capitalism*, Polity Press (Cambridge), 1990 ［邦訳，岡沢憲芙／宮本太郎監訳『福祉資本主義の三つの世界—比較福祉国家の理論と動態—』ミネルヴァ書房］, *Social Foundations of Postindustrial Economies*, Oxford University Press (Oxford), 1999 ［邦訳，渡辺雅男／渡辺景子訳『ポスト工業経済の社会的基礎—市場・福祉国家・家族の政治経済学』桜井書店 (2000年)］.

3　フリッツ・シャルプ「グローバル経済下の国際競争力と福祉国家—社会保障・雇用・税制の類型分析」山口二郎／宮本太郎／坪郷實編『ポスト国民国家とソーシャル・ガヴァナンス〔ガバナンス叢書②〕』ミネルヴァ書房（2004年）。

しかし，直近の経済・雇用その他のパフォーマンスをとらえて，北欧型あるいは何々国型がつねに優れている，劣っている，と評価してしまえば，固定した「モデル」論争にとどまってしまうおそれがある。新しい福祉国家政治論を唱え，「スナップショット」よりも「動画」——時間の政治学——を重視するピアソン（Paul Pierson）の観点を取り入れるならば，北欧福祉国家の時代的変化の意味を問うことが学問的に求められよう[4]。

そこで本章では，次のような問いに答えていきたい。第一に，北欧福祉国家は，どのような分野で，どの程度，福祉—労働レジームの「現代化」（modernization）を受け入れたのであろうか。またそれには北欧各国による差異があるのだろうか。

第二に，福祉—労働レジームの「現代化」が進められたとすれば，それはどのような政策言説（policy construction/discourse）によって方向づけられ／制約されたのだろうか。またそれが意図せぬ効果，不確実性につながっている面はないのであろうか[5]。

## 2　公—民パラダイムの柔軟化

福祉国家は，公正さ，民主性，平等な処遇を保障するゆえに，民間にはなしえない公共性をもつとされてきたが，特に70年代以降，経済学ならびに実態の面から，「政府の失敗」，すなわち官僚主義，腐敗，不効率に対する批判を浴びせられるようになった。そのため国家に代わり，市場あるいは非営利組織がより優れた効率，選択の自由，創発性を実現すると考える政策論が強まった。しかしグローバルな市場活動の拡大が，豊かさだけではなく新しい格差をもたらすことも改めて憂慮されるようになっている。

---

[4] Paul Pierson, Politics in Time : History, Institutions, and Social Analysis, Princeton University Press（Princeton）, 2004. また，時間の政治学については以下の拙稿も参照のこと。小川有美「時間の歴史政治学・端書—民主化論・社会運動論・労働時間論から遠近法的分析へ」千葉大学法学論集第18巻1号（2003年）287 - 311頁。

[5] 政策構成／言説による分析については，Vivien A. Schmidt, The Futures of European Capitalism, Oxford University Press（Oxford）, 2002.

IV 諸外国における社会と法の変化

そのような公―民パラダイムの大論争時代において、スウェーデンの政治学者ロートステイン（Bo Rothstein）は、公共政策の構成主義（constructivism）の立場を唱えている。彼は社会民主主義な政治経済学者の一人であるが、その立論は公共部門依存型の「旧い」社会民主主義とは異なり、むしろより分権的でフレキシブルな新制度論者であるといえよう。ロートステインが強調するのは、公か民かのトータルな二者択一にとらわれる必要はないということである。

ロートステインによれば、図1のように、公共サービスを実現するうえでは、提供者においても、規制者においても、財源においても、公・民様々な選択肢の組み合わせがありうる。重要なのは、市民の選択の自由、生活の自律性を最大限尊重しながら、普遍的なサービス保障を実現する制度であり、その意味における「普遍的福祉国家」は、（ネオ）リベラル型の夜警国家ではないのはもちろん、パターナリスティックな福祉国家とも異なる。

そのような制度は、市民の大多数からの信頼、正統性を維持できる。実際、スウェーデンは世界で最高度の「大きな政府」であるのに、90年代に入っても医療、老人福祉、初等中等教育、雇用政策への公的支出を拡大すべきという意見の割合は、削減すべきという意見に比して有意に高い。削減すべきという意見が多いのは、国・地方の行政管理支出や住宅手当など、普遍的なサービス保障ではない部門である[6]。

スウェーデン福祉国家が、パターナリスティックな福祉国家か、非パター

**図1　公・民ミックスの多様な選択肢**

| 提　供 | 公 | | | | 民 | | | |
|---|---|---|---|---|---|---|---|---|
| 規　制 | 公 | | 民 | | 公 | | 民 | |
| 財　源 | 公 | 民 | 公 | 民 | 公 | 民 | 公 | 民 |

出所　Bo Rothstein, *Just Institutions Matter*, 1998, p. 205, Fig. 8.2.

---

6　Bo Rothstein, Just Institutions Matter : The Moral and Political Logic of the Universal Welfare State, Cambridge University Press（Cambridge）, 1998., pp. 166-167.

ナリスティックな福祉国家であるか，という歴史評価は，スウェーデン政府による 1985-90 年の「スウェーデンの民主主義と権力」調査（Democrati och makt i Sverige）を契機に，学問領域をまたがる論争となった[7]。女性史研究者ヒルドマン（Yvonne Hirdman）は，1930 年代スウェーデンの福祉国家イデオロギーを指導したグンナル／アルヴァ・ミュルダール夫妻（(Karl) Gunnar Myrdal/Alva Myrdal（Reimer））を全面的に批判した。ヒルドマンによれば，ミュルダール夫妻は典型的な「社会工学者」であり，そのパターナリスティック／マターナリスティックな福利国家構想は，個人と社会の生活に介入しようとするユートピア思考にほかならなかった。特にアルヴァ・ミュルダールが，家族，母親，子供の生活を「矯正する」ことを強調し続けたという指摘は，フェミニズムに衝撃を与えた。女性の政治進出の先鞭をつけ，福祉国家を通じた女性の社会進出の推進者であるアルヴァが脱神話化されたからである。

　しかしこれに対して，ロートステインはヒルドマンのラディカルな歴史解釈を批判した。つまり，スウェーデン社会民主主義の本流は決してミュルダール夫妻の設計によるものではなかった，ということである。ロートステインは，「アルヴァ・ミュルダールが考えたこと」と「グスタヴ・メッレルが実行したこと」がいかに対照的であるかを強調した。ミュルダール夫妻の活躍と同時代に社会相を務めたメッレル（Gustav Möller）は，社会民主主義政権の中で彼らと対置される存在である。メッレルは，「過剰な官僚主義」を排し，権威主義的なビスマルク型とも，ミュルダール夫妻のような介入主義的な形とも異なる社会福祉国家を建設しようとした。それは市民に対し，セン（Amartya Sen）のいう基本潜在能力（basic capabilities）やドウォーキン（Ronald Dworkin）のいう「同等の配慮と尊重」を提供する福祉国家像であったということができる。しかもメッレルの方法論は現実主義的で単純であった。

---

[7] なお，ミュルダール夫妻をめぐる論争についてより詳しくは，Ibid., pp. 166-167.; 宮本太郎『福祉国家という戦略―スウェーデンモデルの政治経済学』法律文化社（1999 年）68－111 頁；小川有美「「計画の政治」と北欧社会民主主義体制の形成」千葉大学法学論集第 10 巻第 1 号（1995 年）138－143 頁。

IV 諸外国における社会と法の変化

　ミュルダール夫妻は選別・ターゲット化された家族・子供に，衣服，靴，ビタミン，食品栄養を配給する「裁量給付」政策を志向した。そこでは「ミーンズ・テスト」の必要性は明らかであった。これに対しメッレルは，「ミーンズ・テスト」によるスティグマは極力回避されなければならないと考えていた。普遍的な「一般給付」政策を取るならば，低所得の家族は指導と慈善を受けるのでなく，自らの家計を管理することができるようになる。そればかりか，選別・裁量型の制度にともなう巨大な官僚制も必要なくなる。どうしても選別的な給付手法をとらざるを得ない領域については，メッレルは国家規制と私的組織のミックスによってこれを実施させようとした。たとえば失業基金については，労働組合にその資格審査を委ねようとしたのである。

　このように理解されるスウェーデン福祉国家は，非パターナリスティックで，分権的な歴史的性格を十分に備えていたということができる。しかし経済とりわけ資本移動のグローバル化は，スウェーデンをはじめとする北欧諸国において，戦後の社会民主主義的な政策レジームの設計修正を迫った。公―民の分業を規定する制度的枠組みは，1990年代以降いくつかの領域で「現代化」を経験したのである[8]。

　ピアソンの「新しい福祉国家政治」論の述べるように，北欧諸国の政策エリートは，全面的な「解体（dismantling）」は避けながら，いくつかの次元において「現代化」を遂行せざるをえなかった。それらの柱となるのは，

① 受給権の厳格化等による，財政的合理化，社会保障費用のスリム化の取り組み
② NPM（new public management 新公共管理）の導入
③ 労働市場の柔軟化，「アクティヴェーション」

などである。このうち，①としてデンマークでは，疾病給付引き下げ・リハビリ施策拡充（1990），老齢年金給付と他の所得の関連づけ，職業訓練中以外の失業若年者への教育義務化（1996）などが行われた。スウェーデンでは，

---

[8] 小川有美「北欧福祉国家の政治―グローバル化と女性化の中の「国民の家」」，宮本太郎編『福祉国家再編の政治―講座・福祉国家のゆくえ第1巻』ミネルヴァ書房（2002年）91－97頁。

疾病給付引き下げと 1 日待機期間 (1990)，国民医療制度への被用者負担導入，ファミリードクター制導入 (1993)，失業保険給付の引き下げ (90%から75%) と 5 日間待機期間 (1991-94)，失業保険改革 (1994-97)，年金基礎額の引き下げと雇用者負担の 4.5%引き下げ，付加年金の制度変更 (1994-99)，などの改革が次々行われた。

①にはスウェーデンの付加年金制度改革のように，抜本的な制度のオーバーホールも含まれるが，その性格は総じて財政的合理化にあたる[9]。それに対して，②，③については公の役割を残した「現代化」に対応する政策的新機軸を含んでいると見ることができる。そこで，これらについては次に節を改めて論じることとしよう。

## 3　北欧における NPM の導入

NPM の指す内容は多様であるといわれるが，一言で言えば「より多くのことを，より少ない費用で実現する」ために，民間部門の経営技術と効率性を公共部門に移入しようとする新しい行政パラダイムであるといってよい。それは上述のロートステインの公一民ミックスの一形態にあたる。

NPM は，ネオリベラル経済政策および HRM（人的資源管理 human resource management）の潮流と密接に連関し，アングロサクソン諸国のような自由主義型諸国や，OECD（特にその公共管理委員会）において推進された。しかし北欧の社会民主主義型福祉国家においても，NPM は決して拒否されたわけではない。むしろ，NPM は熾烈な経済グローバル化の中で福祉国家

---

[9] 1990 年代の銀行・金融危機や年金制度危機を克服したスウェーデンの「危機政策」については，わが国の研究者も含め，経済学や政治学の様々なディシプリンの専門家によって分析が進められている。カレン・M・アンダーソン「スウェーデンの年金改革―成熟した年金システムにおける抜本的改革」新川敏光／G. ボノーリ編『年金改革の比較政治学―経路依存性と非難回避』ミネルヴァ書房 (2004 年)；上川龍之進／真渕勝／トルステン・スヴェンソン「金融システム危機管理の比較政治学」レヴァイアサン 37 号 (2005 年) 7-47 頁；井上誠一『高福祉・高負担国家スウェーデンの分析―21 世紀型社会保障のヒント』中央法規 (2003 年)；丸尾直美「資産・金融型不況へのスウェーデンの対応」北ヨーロッパ研究第 1 巻 (2004 年) 61-71 頁。

がサバイバルするための解決策として認知されたといってよい。80年代以降の北欧の政策エリート・市民は，分権化，サービス選択の拡大を歓迎する傾向にあり，福祉・医療分野については，特に質(クオリティ)の競争に関心が寄せられるようになっている。

しかし，NPMと福祉国家の関係には矛盾やパラドクスも生じている。エリクセンとダール（Tine Rask Eriksen and Hanne Marlene Dahl）が指摘している一つの問題点は，文書情報化（documentation）による予期せぬ機能不全である。NPMは効率性と質の向上のために，業務と成果を文書情報化することを要求する。そのことに多大な時間・資源が費やされるとともに現場の負担は増大し，「自律性」の掛け声とは裏腹に，ケア対象者（高齢者）やシステムにとって「不便」な結果をもたらす。

もう一つの問題点は，福祉国家の下で確立したプロフェッションの軽視である。NPMは官僚的専門組織の特権性・硬直性を否定し，「経営プロフェッショナリズム」とその組織原理を持ち込もうとするが，他面で，福祉国家を支えてきた（女性中心の）非エリート的プロフェッション（公給ホームヘルパー，看護士等）の役割・特性は看過されがちである[10]。

このように，NPMとサービス提供主体の「多元化」は，北欧の福祉国家の「現代化」にとって有用であると考えられる一方，組織的摩擦や価値対立が歴史制度的文脈とのズレによって現れる。その結果，スウェーデンとデンマークにおけるNPM型「現代化」の受容には，成果と矛盾が表れた。

スウェーデンでは，政府の財政補助と規制の下にNPMの導入が推し進められた。民間部門（非営利および営利）にアウトソーシングされたケアの量は，依然として他の先進国に比して低いが，その増加率は急激であった。NPMの手法が活かされる典型的な分野と考えられてきた児童ケアの分野では，90年代を通じて民間事業職員数が倍増し，サービスの「拡大」が実現したように見える（図2）。ただし，それにともない児童当たり職員数は特

---

[10] Tine Rask Eriksen, and Hanne Marlene Dahl. "Introduction: Social Research, Political Theory and the Ethics of Care in a Global Perspective," In Hanne Marlene Dahl and Tine Rask Eriksen (eds.), *Dilemma of Care in the Nordic Welfare State: Continuity and Change*, Ashgate (Aldershot), 2005.

図2　スウェーデンにおける国家補助による
児童ケアの民間事業職員数の変化

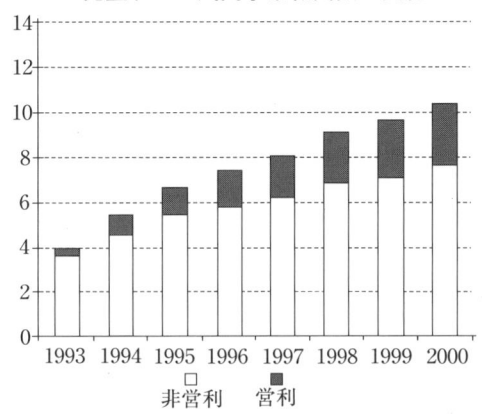

□ 非営利　■ 営利

図3　スウェーデンにおける国家補助による
高齢者ケアの民間事業職員数の変化

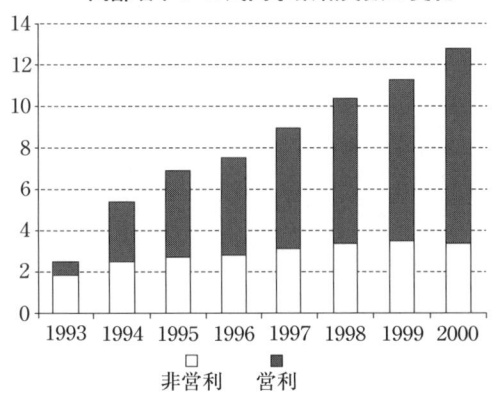

□ 非営利　■ 営利

出所　Marta Szebehely, "Care as Employment and Welfare Provision" in Dahl and Eriksen (eds.), *Dilemma of Care in the Nordic Welfare State : Continuity and Change*, Ashgate (Aldershot), 2005, p. 83, Fig. 5.1; p. 87, Fig. 5.3.

に放課後学童保育において急減し，1990年を100とすると2002年には45前後に落ち込んでいる。その結果，クオリティの悪化，および職場環境の心理―社会的悪化の傾向も指摘されている。

　スウェーデンにおいてNPM型手法が導入されたもう一つの重要な分野は，高齢者ケアである。高齢者ケアにおける民間営利事業職員の割合の増加は，児童ケアと比べてもはるかに高い水準に上った（図3）。スウェーデンの市町村の半数以上が「サービス提供者―購入者モデル」の行財政管理手法を導入したが，そこでは高齢者ケアの財政支出主体とサービス提供主体が切り離され，評価・実績にもとづく予算システムへの移行が進んでいる。

　スウェーデン政府の1997-98年行動計画は，高齢者ケアについて，高齢者が独立性を維持し，良質の医療・社会サービスにアクセスできるという原則に変わりないと述べていた。それにもかかわらず，1990年代以降のスウェーデンの高齢者ケアには，一定の変化が起こったことは否めない。それは，少数の高ニード高齢者集団に資源が集中し，高齢者全体の中でサービスを受けられる人の範囲が従来よりも狭まったということである。つまり外観上は，児童ケアと反対に，サービスの「普遍性の縮小」が起こっているのである[11]。ロートステインの議論のように，「普遍的なサービス」とそうではないものを二分できるというほどケア政策は単純ではない。児童ケアと高齢者ケアの政策効果をみるとき，何を重点におけば何が犠牲になるか，というジレンマがあらわになってきているといえよう。斉藤弥生によれば，NPMおよび公共サービスの「多元化」が不可逆的に進んだ後，民間委託から自治体直営に戻る事例や，政府による介護サービス自己負担の上限規制がみられ，スウェーデン福祉国家の「現代化」は試行錯誤を余儀なくされている[12]。

　これに対しデンマークでは，NPM型その他の市場志向改革の規模は，医療，高齢者ケア，児童ケアの諸分野でごく限られているか，導入されても実質的変化は小さかったとグレーン-ペーダーセン（Christoffer Green-Pedersen）

---

11　Marta Szebehely, "Care as Employment and Welfare Provision : Child Care and Elder Care in Sweden at the Dawn of the 21st Century," in Dahl and Eriksen（eds.）, op. cit.

12　斉藤弥生「スウェーデンの高齢者福祉と社会的民主主義―「民営化」という世界的潮流の中で」『現代の理論』05春号［vol. 3］（2005年）108－115頁。

は分析している。

　デンマークでは，無料サービスの高齢者ケア体制は基本的に変化しなかった。ホームヘルプやホームにおける民間事業の参入は一定程度見られたが，スウェーデンのように利用者料金が徐々に拡大する傾向は生じなかった。自治体等の行財政改革として「サービス提供者─購入者モデル」が一般化することは，1990年代のデンマークではなかったのである。

　児童ケアについては，1982年からの中道保守政権時代に民間導入改革が唱えられ，90年の改正社会サービス法によって，自治体が公共スキーム外の民間の個人または団体にも補助をするしくみが取り入れられた。これはサービス提供者間の競争を自由化する趣旨である。しかしその後の再改正を経ても，1990年代中に公共スキーム外の児童ケアを利用する児童数は全体のわずか2％前後にとどまった[13]。

## 4　デンマークとスウェーデンの労働市場政策の「現代化」

　NPM導入についてデンマークはスウェーデンより消極性が目立っていたが，それとは対照的に，1993年からの包括的労働市場改革・三種休業制度，若年職業教育中心の「全員への教育」戦略を通して，デンマークは労働市場の「アクティヴェーション」政策への大胆な転換を行ったと評価されている。2001年のコックス（Robert Henry Cox）の論文，「至上命題の社会的構成─なぜデンマークとオランダで福祉改革が実現し，ドイツでは実現しなかったか」は，社会民主主義型レジームの中で特にデンマーク，そして保守主義型レジームの中で特にオランダが，1990年代の福祉国家改革において早い適応を示し，オランダと同じ保守主義型のドイツは圧倒的に後れたのはなぜか，という問題を提起した[14]。

---

13　Christoffer Green-Pedersen, "New Public Management Reforms of the Danish and Swedish Welfare States : The Role of Different Social Democratic Responses," *Governance*, vo. 15, pp. 279-280.

14　Robert Henry Cox, "The Social Construction of an Imperative: Why Welfare Reform Happened in Denmark and the Netherlands but Not in Germany," *World Politics, vol.*

Ⅳ　諸外国における社会と法の変化

　ドイツの場合,「立地条件」論というグローバル化言説の下で,「改革」論争はいわば外圧として受け止められ, 国民の多く, とりわけ旧東ドイツの市民は現状を変革する必要性を積極的に認めなかった。これに対し同時期のデンマークとオランダでは, アングロ＝アメリカ型ネオリベラリズムを輸入したのではないことを強調しつつ,「改革」を進めた。これらの中小国において,「改革」はむしろ, デンマークの国民的価値観, あるいはオランダの戦後コンセンサスに依拠し, 改めて立ち返るという,「社会的構成」の上に成り立っていたのである。

　「脱生産主義レジーム」として注目されるようになった「オランダ・モデル」は, 職場においてのみならず, 家庭生活, ケアにおける男女の無理のない分担(「1・5人稼ぎ手」モデル) を実現するものと受け止められた。それは, オランダ語で福祉国家にあたる「ケア国家」(Verzorgingsstaat) の価値観に合致し, しかも国家による福祉から, キリスト教民主主義の伝統の上にある「補完性」的な福祉のイメージに自然に移行しうるものだった。

　デンマークでは, 1993 年に社会委員会が (特に若者の) 労働市場参加率の低さを問題として取り上げ, その改善策として, 社会扶助の受給額の引き下げ, 早期退職制度の厳格化, 失業手当の 5 年上限導入を提案した。それらはいずれも, 手厚い受動的給付を行ってきたデンマークの福祉—労働レジームを軌道修正しようとする提案であった。特徴的なのは, それを正統化した言説である。

　社会委員会の持ち出した根拠は, 国の憲法であった。「就労可能ないかなる市民も, 生活を保障しうる条件下で労働する機会を与えられなければならない」ことを福祉の目的と定めた第 75 条 1 項と, 自身・家族を支えられず公的援助を受ける者は法の定める義務に従うことを定めた同 2 項は, 個人と国家の相互性を生み出すものと解釈されたのである。

　デンマーク国民の間では, これまで通りの受動的所得保障が限界であるとの共通認識が高まり, 1990 年代の社会民主党中心の中道左派政権も, そのコンセンサスの上に積極的労働市場政策法案, 自治体によるアクティヴェー

---

*53*, 2001, pp. 463-98.

ション法案を次々成立させた。この新パラダイムは、スウェーデン等ですでに実施されている積極的労働市場政策に近づいたとみることもできる。自治体アクティヴェーション法では、社会扶助受給者に就労努力を求め、他方自治体に就労機会を提供することを義務づけた。ただし、その導入の際には、英米型の「ワークフェア」であるとの批判を避けることに注意が払われた。あくまでデンマークの憲法、「デンマーク人の価値観」に本来合致することが「改革」であるという政策言説が選択されたのである。

　一方、スウェーデンの労働レジームは、それほど大きな変化を経ていないように見える。戦後続いているスウェーデンの積極的労働市場政策は、むしろ国際的にも国内的にも「再評価」されたのであった。「福祉から就労へ」路線を打ち出したイギリスのブレア政権の政策アドバイザー達——なかんずくギデンズ（Anthony Giddens）やバートン（John Burton）——は、アメリカのワークフェア政策とともに、スウェーデンの積極的労働市場政策に注目した。

　だが、スウェーデンの積極的労働市場政策の研究者であるハリソンとペテションは、イギリスの政策エリート・学者が（意図的に）「ワークフェア」と混同していると批判している。ハリソンとペテションによれば、戦後スウェーデンの積極的労働市場政策は、古い慈善的福祉を脱却した普遍主義的な完全雇用／所得保障レジームの一つの柱にほかならない。これに対して「ワークフェア」は、財政効果において効率的といわれるものの、能力や背景の異なる個人に「自助」責任を負わせ、道徳的な差別・スティグマを残すものである[15]。

　わが国では、宮本太郎が同じ「ワークフェア改革」という概念でとらえながら、そのなかにおける「ワークファースト・モデル」と「サービスインテンシブモデル」との違いを重視する。前者は「就労を福祉の条件とする」——とりわけ就労忌避の場合の手当支給停止などのペナルティの強化——色彩が強く、英米型はこれに近い。後者は「福祉が就労を支援する」こと——

---

15　Lars Harrysson and Jan Petersson, "Revealing the Traits of Workfare: The Swedish Example," in Paul Littlewood, Ignace Glorieux and Ingrid Jönsson (eds.), *The Future of Work in Europe*, Ashgate (Aldershot), 2004.

すなわち人的資本開発と再配分プログラムの結合——に重点があり，スウェーデン型はこれに近いとされる[16]。ただし宮本自身も認識しているように，現実のスウェーデン型と英米型の現実の政策は完全に分けられるわけではない。スウェーデンの1998年社会サービス法と開発保証プログラムにより，就労・訓練中でない20〜24歳の若者は，自治体労働プログラムまたは能力開発スキームに最大12ヶ月参加する権利／義務を与えられた。その代わり，拒否した者は給付の権利を失いうる。「ワークファースト・モデル」と「サービスインテンシブモデル」の違いはむしろ，公共部門全体の果たす役割や，労働組合組織率の高さを含む，総合的文脈の中で考えるべきであろう[17]。

積極的労働市場政策に関する一つの根本的な問題は，積極的労働市場政策が，脱産業化，サービス経済化，脱公共部門化の進む現代において，マクロ経済的な実効性をもちうるかどうか，という点である[18]。

伊藤正純は，製造業や公共事業の成長期に発展した積極的労働市場政策が，近年は構造的な問題に直面していることを，統計・政策資料やインタビュー調査にもとづき明らかにしている。第一に，スウェーデンの労働市場は，大陸保守主義レジームと違い長期失業の宿痾から逃れているように見えるが，そこにも，「仮の仕事と失業の繰り返し」の罠が隠れている。AMS（労働市場局）の実務家への聴取からは，根本的解決にならない典型的な例が浮かび上がっている。AMSは長期失業者に13〜14ヶ月仕事を与え，それによって

---

16 宮本太郎「社会民主主義の転換とワークフェア改革」日本政治学会編『三つのデモクラシー——自由民主主義・社会民主主義・キリスト教民主主義〔年報政治学2001〕』岩波書店（2002年）69-88頁。

17 Joel F. Handler, *Social Citizenship and Workfare in the United States and Western Europe : The Paradox of Inclusion*, Cambridge University Press（Cambridge），p. 159.

18 ハリソンとペテションが，失業者および準失業者に失業の理由を尋ねた調査の結果では，「個人的理由」として最も多く挙げられたのが第一に年齢，第二に病気，第三が低学歴であり，「構造的理由」としては第一に就労機会の喪失，第二に不況であった。あくまでも主観的判断による評価であるが，上位に挙げられている理由のほとんどは個人の教育・訓練・努力によって挽回できるものではない。Harryson and Petersson, op. cit. pp. 94-95.

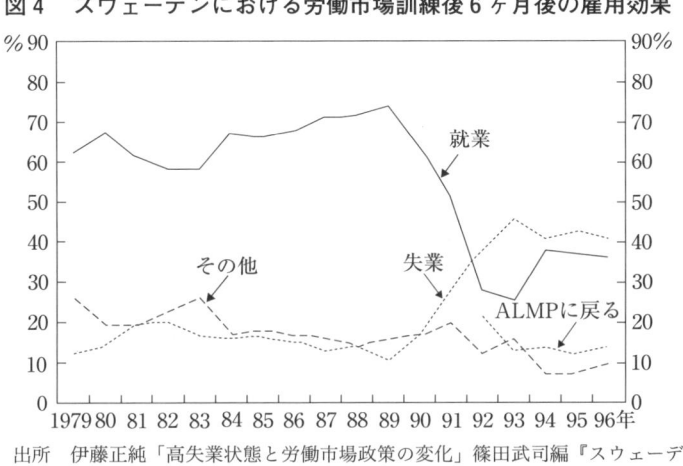

図4 スウェーデンにおける労働市場訓練後6ヶ月後の雇用効果

出所　伊藤正純「高失業状態と労働市場政策の変化」篠田武司編『スウェーデンの労働と産業―転換期の模索』(2001年) 220頁, 図8-4。

次に失業保険の受給権が確保されるが，その期限である300日が過ぎる前に，ふたたび半年間仮の仕事をさせる。それによって失業保険が300日延長されるが，その繰り返しとなる。マクロに見れば明らかに積極的労働市場政策の中長期的効果が低下している（図4）。

　第二に，雇用の種類・量は資本による労働需要に依存するのであり，雇用訓練などの労働市場政策自体が「雇用創出機能」をもっているわけではないことが（その実務家の間でも）必ずしも理解されていない。昨今のビジネスの構造転換による労働市場の変化が，政府・自治体による積極的労働市場政策に新しいチャンスと限界の両方をもたらしている。なぜだろうか。

　1990年代末のスウェーデンで，求人が増えているのはコンピュータ技術者や教師などであり，減っているのは，女性の事務職，建設労働，准看護婦・ヘルパー，不熟練製造業労働者などであった。労働需要の高い職種は，高い教育レベルを要求するものが多いが，その分野では再教育プログラム，産学協同先端技術学習組織，生涯教育などの充実したスウェーデンの「学習社会」が，キャリアアップ希望者にスプリングボードを提供する潜在力をもっている。しかし，全体で見れば，スウェーデンの雇用情勢を改善させた

IV 諸外国における社会と法の変化

最大の傾向は、私的サービス部門における各種の労働の増大であった（1997-98年の5.8万人の雇用増のうち4万人を占める）。その典型は、英語ではコンサルティングと訳される委託労働である。委託労働は、弁護士のような専門職よりはるかに広い意味で、特定の期間に特定の技能をもった人が行う特定の業務を指すが、それは幅広くアウトソーシングや派遣労働を含む労働カテゴリーとなっている。

臨時雇用の利用頻度は、ホテル、レストラン業、建設業界、そして地方自治体で最も高いという。90年代を通じて臨時労働は急増し、1997年には男性労働の12%、女性の17%に達した。スウェーデンでは、正規労働者に育児休業などの権利が保障されたパートタイム就労の権利を認めているが、それ以外の非正規雇用のパートタイムも増えている。スウェーデン使用者連合SAFの調査は、企業の45%がAMSの雇用センターを全く利用していないことを明らかにし、その理由を臨時雇用の増大と説明している。こうして経営側は、ネオリベラリズム的な労働市場の「流動化」を推し進めることをはっきり志向している。それに対し全国労組LOは、そのような「流動化」に当然懸念を示している[19]。

## 5 福祉国家グローバリズムと福祉国家ナショナリズム？

以上の考察を要約しよう。北欧の中でもコーポラティズムが最も制度化されていたスウェーデンでは、グローバル化の中で国際的に最も高い組合組織率を維持しながらも、資本・経営側はコーポラティズムに拘束されない行動をとるようになっている[20]。結果として、スウェーデンでは、NPM、営利・

---

[19] 伊藤正純「高失業状態と労働市場政策の変化」篠田武司編『スウェーデンの労働と産業－転換期の模索』学文社（2001年）。

[20] 伊藤は、スウェーデンの積極的労働市場政策の構造的条件変化を次のように分析している。「このように雇用訓練は、成長政策を内包する本来の積極的労働市場政策の考え方と合致した反循環的訓練プログラムである。それは、産業構造の変化の予測に合致したプログラムでなければならない。だからこそ、AMS委員の選出は、もともと政労使の三者間原則（principle of tripartism）にもとづくものだった。ところが、

非営利のサービス提供の増大をはじめとする公—民パラダイムの柔軟化が進んだ。さらに前節で述べたように「流動化」する労働市場の下で，積極的労働市場政策は本質的な転機を向かえている。つまり，「スウェーデン・モデル」は意図した面と同時に，意図せぬ次元まで含めて，静かだが急速な変化を経験しているといえよう。

　一方デンマークは，受動的な所得保障から，より能動的な「アクティヴェーション」に力点を置く福祉—労働レジーム改革を導入した。ただしその際，「デンマーク的」であることを強調する政策言説が重視され，「ワークフェア」と一線を画すという言説が必要とされた。また全般的に，福祉，医療，教育サービスの民間化がなし崩しに進むことはなかった。デンマークでは，政治的な文脈によって，NPMや公—民パラダイムの転換には慎重な姿勢が採られたのである。

　1990年代以降の公—民パラダイムの変化のベクトルを比較すれば，スウェーデンは「福祉国家グローバリズム」に向かい，デンマークは「福祉国家ナショナリズム」に向かったと理解することができよう。同じ北欧型，社会民主主義型といわれる福祉—労働レジームの間でそのような差異がみられることは興味深い。その説明は，より具体的なレベルにおける歴史的制度と，政治的な文脈に求めることができよう。デンマークの社会保障制度は，使用者に拠出負担をほとんど求めないものであり，グローバル化に対応して使用者負担軽減が強く叫ばれたスウェーデンとは改革の緊急度が異なっていた。1990年においてデンマークの使用者の社会保障負担はGDPの0.3%（OECD 21位）にすぎないが，スウェーデンでは14.5%（OECD 1位）であったのである。またデンマークでは，1982年から中道右派連合，93年から中道左派連合と政権競争が続き，福祉国家の「現代化」について左右のイデオロギー論争と勢力均衡が保たれた。一方スウェーデンでは，第一党の社会民主労働党が政権を担当した期間が長く，同党がNPMを含む福祉国家の「現代化」の担い手を自ら任じなければならなかった。1990年代初の厳しい経済・

---

「1991年にSAFが政府のすべての行政委員会から代表を引き上げたため，この三者間原則はいまは存在しない。その意味で，ＡＭＳが策定する労働市場政策プログラムの通用力は弱体化してしまった」。伊藤・前掲書215頁。

雇用危機は，中道右派・中道左派の「改革」言説の収斂を促したのである[21]。

だが最後に指摘しておかなければならないのは，「福祉国家ナショナリズム」の意図せぬ政治的作用である。デンマークの政治においては，経済政策と福祉国家をめぐる社会経済的争点から，移民との文化摩擦や治安に焦点をおいた社会文化的争点へのシフトが起こっている。

1970年代前半にデンマークでは反税政党として新右翼の進歩党（Fremskridtsparti）が登場したが，90年代に入ると厳格な移民政策・法秩序政策を掲げる議員達がデンマーク国民党（Dansk Folkeparti）を結成する。女性党首ケアスゴー（Pia Kjærsgaard）率いる同党は今世紀に入り飛躍的に伸長し，2001年に政権を獲得した中道右派のフォー-ラスムセン内閣は，政権・議会運営をこの右翼新党の支持に依存するようになる。外国人排斥と福祉国家維持をともに掲げるデンマーク国民党は，「福祉ショーヴィニズム」といわれる政治を代表する。経済，雇用パフォーマンスが相対的に好調であるにもかかわらず，移民・外国人に寛容であった福祉民主主義社会が，その相貌を変えつつあるのである[22]。

それが福祉国家を新自由主義・市場主義から守ろうとした中道左派政権以来の「福祉国家ナショナリズム」の予期せぬ「ハイジャック」であるとしたら，単に政治は皮肉な世界であると言って済ませられないであろう。スウェーデンでは労使協約積極的労働市場政策が従来のような安定装置として機能できないことがうかがわれ，一般的な政治不信や反EU感情が表出しているものの，「福祉ショーヴィニズム」の政治的噴出を免れている。福祉―労働レジームをめぐる言説によって，政治―社会的排除・包摂の輪郭が変えられる傾向のもつ意味は重大である＊。

---

[21] Sven Jochem, "Nordic Corporatism and Welfare State Reforms: Denmark and Sweden Compared," in Frans van Waarden and Gerhard Lehmbruch (eds.), *Renegotiating the Welfare State : Flexible Adjustment through Corporatist Concertation*, Routledge (London), 2003, p. 120; Green-Pedersen, op. cit., pp. 282-286.

[22] 宮本太郎「新しい右翼と福祉ショービニズム―反社会的連帯の理由」齋藤純一編『福祉国家／社会的連帯の理由［講座・福祉国家のゆくえ5］』ミネルヴァ書房（2004年）；小川前掲書109－110頁。

\*　本章は，2006 年に脱稿されたものである。2006 年 9 月にはスウェーデンで総選挙が行われ，12 年ぶりに社会民主労働党が下野し，保守党レインフェルトを首班とする中道右派連合が政権を奪回した。これに対して，ロートステインは，保守党の勝利は新自由主義政策を放棄したことによるもので，福祉国家コンセンサスがむしろ再強化されたと論評した。だがスウェーデンの労働組合の研究者は，一見「血なまぐさくはない」が，アメリカ・モデルあるいは戦前の企業経営者主導の「スウェーデン・モデル」への転機であると危機感を表明している（宮本太郎「スウェーデンの政権交代と新しい労働戦略」及びビリャール・ヴィクルンド「スウェーデンにおける労使関係の変容」『生活経済政策』no. 120（2007 年）25 － 30 頁及び 31 － 36 頁）。

　一方，デンマークでは 2007 年 11 月に総選挙が行われ，フォー＝ラスムセン首相の右派連合が三期連続で政権の座につくこととなった。ただし少数派内閣であるため，反移民政策のデンマーク国民党，他方で移民系の党首を戴くが新自由主義的な新党「新連合」がキャスティング・ボートをにぎる可能性もある。

　このように，現在のスウェーデン，デンマークの政治は，静かに保守化傾向を帯びながら，アンビヴァレントな福祉国家言説をはらんでいるといえよう。EU の東方拡大の中で，賃金格差，生活保障格差，地域格差が広がる潜在的可能性は否定できず，それぞれの国民は，グローバル化，欧州統合，脱工業化の中における「北欧福祉国家」の再定義を迫られていくであろう。

# フランスにおける財政制度の変容
―― 日仏比較を交えて ――

木 村 琢 麿

　近時のフランスでは，予算・会計を中心に，財政制度に関する改革が進んでいる。とりわけ，2001年に財政に関する新しい基本法律が制定され，2006年度から本格的に適用されていることが注目に値する。時期的には英米系ないしNPM系諸国の改革を追った形であり，内容的にはそれほど急進的な要素は見られないが，同国の行政全般に大きな影響を与えており，わが国の現実的な改革論を考えるうえで有益な素材になると思われる。

　本稿では，はじめにフランスの財政制度を概観し，ついで予算・決算制度，会計制度，会計検査院のそれぞれについて，改革の前後を対照させつつ，なおかつ適宜日本法との比較を交えながら述べたうえで，最後に日本法の改善に向けて若干の総括を行うことにしよう[1]。

　なお，本稿では国の予算会計制度を中心に述べることにし，地方公共団体など，国以外の公法人については，必要に応じて言及するにとどめる。

---

1　フランスの予算会計改革について，筆者はすでにいくつかの論考を公表している（後掲の参考文献を参照）。本稿は，これらの拙稿をもとにして，2005年4月19日に会計検査院で行った「テクニカルセミナー」の内容を整理したものであり，その後の動向を部分的に加筆している。このような経緯から，本稿は既発表論文と基本的部分が重複していること，会計検査院の機能や位置づけに関する叙述が相対的に多いこと（後掲の参考資料も，上記セミナーの席上，配布したものである）を，あらかじめお断りしておきたい。また，基礎となったフランスの文献についても，これらの論考に引用したものを参照ねがいたい。
　なお，本稿執筆に際して，会計検査院情報公開・個人情報保護審査会事務室長（現職）である山口亨氏から多くのご教示をいただいたことに対して，ここに感謝の意を記しておきたい。

IV 諸外国における社会と法の変化

## 1 フランスの財政制度の概観

(1) 憲法上の規定

フランスでは伝統的に，憲法典において財政に関する規定はほとんど置かれなかったために，憲法は単に予算制度を予定し，それをうけて下位の法令において予算上の基本原則や手続等が定められてきた。1958年に始まった第五共和制においても，憲法34条は「予算法律（loi de finances）は，組織法律（loi organique）の規定するところにより，国の歳出歳入を決定する」と定めている。同じく47条6段において，「会計検査院は予算法律の執行の統制にあたって国会と政府を補佐する」と規定されている。この憲法34条をうける形で，当初1959年1月2日オルドナンス（59-2号）が制定され，近時これに代わる存在として，2001年8月1日組織法律（2001-692号）が制定されたわけである。

また，憲法34条によると，この種の組織法律の定める手続・様式によって，予算法律・決算法律が議決される。正確にいえば，憲法34条のいう「予算法律」は決算法律を含んだ，広い概念である。予算や決算が法律の形式で議決されるのは，日本とは異なる制度であるが，世界的には主流であるといえる。

(2) 予算決算制度に関する基本法令

予算決算制度を具体化するために，憲法34条は組織法律の形式を求めているが，第五共和制の成立当初は，憲法92条に基づき，経過措置としてのオルドナンス（法律に代わる政令）の形式が取られた。これがながらく実定法として存続していたが，2001年組織法律は，はじめて本来の組織法律の形式によったことになる。

もともと組織法律は，特に統治機構に関して憲法の規範を補充・具体化する法律であるが，憲法院（憲法裁判所）は，組織法律一般が憲法レベルの規範であると解しており，その代替的な政令である1959年オルドナンスについても，憲法規範としての性格を認めている。同様に2001年組織法律も，

憲法レベルの価値を有するものとされているが，内容的には，日本でいえば財政法レベルであり，憲法と法律の中間的なイメージで捉えるのが適当であろう。ちなみに 2001 年組織法律の条文数は 68 条であり，規定の分量としても日本の財政法を凌いでいる。さらに付言すると，組織法律も形式的には法律である以上，憲法院による違憲審査の対象となっている。2001 年組織法律についても，2001 年 7 月 27 日に憲法院の判断が示され，一部の違憲判断や解釈留保（限定解釈）が付されたうえで，法律として公布された[2]。

この新法たる 2001 年組織法律は，2006 年度予算から本格的に適用されている。ただし，2005 年度予算においては，旧法たる 1959 年オルドナンスによる予算区分のほかに，新法による予算区分が試験的に掲げられた（2001 年組織法律 66 条参照）。

1959 年オルドナンスと 2001 年組織法律を全般的に比較すると，まず旧法は，行政権優位の第五共和制憲法の原理を反映して，議会の財政上の権限を相当程度，後退させている。もともと 1958 年に始まった第五共和制は，ドゴール大統領の強力なリーダーシップのもとで制定されたという経緯があったために，概して国会の権限が抑制されている。これに対して新法は，議会が財政上の権限を奪回するという意図のもとで，議員主導で制定作業が進められ，議員立法として成立した。このため新法では旧法と違って，議会優位の発想が見られる。内容的には，複数年度型予算管理のほか，政策別予算への移行，公会計改革，政策評価などについても，基本的な方向性が示されている。

(3) 会計制度

会計制度に関しては，1959 年オルドナンスのもとで，1962 年 12 月 29 日政令（デクレ）（62-1587 号）が制定されており，2001 年組織法律のもとでも基本的に維持されている。以下では，この 1962 年政令を中心に概観しておく。

① フランスの会計制度の基礎となっているのは，命令官（ordonnateurs）と会計官（comptables）の分離原則である。命令官は，日本の支出負担行為

---

[2] C. C. 25 juillet 2001, DC2001-448, Rec. p. 99.

担当官に相当するもので，原則として各省大臣であるが，他の公務員に委任することは可能である（実際には，各省の局長レベルに委任されている）。それに対する会計官は，日本でいえば地方公共団体の出納長・収入役に相当するもので，国の支出官に出納権限を与えたような存在であるが[3]，会計官は財務大臣によって任命される職員であり，各省職員とは独立している。また，国の支出官の場合と異なり，命令官と会計官の兼職は厳格に禁じられている。

ここでは支出会計手続だけを掲げると，支出負担行為（engagement）・確認（liquidation）・支出命令（ordonanncement）・支出（paiement）の4段階が規定されている。前3者が命令官の行為であり，最後の支出が会計官の行為である。会計官は，命令官による支出命令の適法性を審査し，支出を行う。

② また，支出負担行為と支出命令の事前認証（visa）の制度があり，財務認証官（contrôleur financier）がこれにあたる（1922年8月10日法律）。このように，伝統的に重層的な事前手続が課されているが，この点は2001年組織法律の施行にあわせて修正されている（3(1)①参照）。なお，日本の分任支出負担行為担当官の制度と同様に，支出負担行為の権限を分散させることも可能であるし，資金前渡官吏の制度もある。

③ さらに，会計官に対しては，財務監察団（Inspection générale des finances）による監督がある。財務統制官と財務監察団は，会計官と同様に財務省に属し，特に財務監察団は独立した《職団（corps）》を構成している。特に，支出負担行為の認証の主体が財務省職員である点が，日本と相違する。総じてフランスでは，予算執行の場面でも財務省の権限が相対的に広いことに特徴がある。

同国では，上記の諸制度に会計検査院等の裁判機関による統制を加えて，精緻な仕組みが構築されてきた。そこで，会計検査院をはじめとした外部的な統制機関について，次に概観することにしよう。

---

[3] 明治22年の会計法の制定過程をみると，当初は国の会計についても現行の地方自治法に類する制度を導入することが考えられていたが，最終的には現行の会計法のように改められた。

(4) 財政裁判法典

① 財政上の裁判機関　　ここでも法律に即してみていくと，フランスでは財政裁判法典（Code des juridicitons financières）のもとで，会計検査院（Cour des comptes）のほか，地方会計院（chambres régionales des comptes）と予算財政懲罰院（Cour de discipline budgétaire et financière）が置かれている。会計検査院は1807年以来の伝統をもつが，ほかの2つの機関は第二次大戦後に創設されたものである。

② 会計検査院の基本的権能　　教科書的な説明によると，ここでも先述の《命令官と会計官の分離原則》が意味をもつ。会計検査院の基本的な機能は，会計官の統制であり，《会計官の作成した会計簿》に対して予算会計上の適法性の観点から判決を下し，違法と判断された場合には会計官個人に賠償責任が課せられる。しばしば使われる表現によると，会計官は命令官の財務行為に対する《一種の裁判官》であり，支出命令を法令や予算の観点から審査し，違法な支出を事前に抑止する。そのうえで，会計官に対して会計検査院が事後的に裁判的統制をかける，という図式が妥当している。この機能が，決算法律における検査報告（適合性の宣言）に結びついている。これに対して命令官については，伝統的に個人責任の制度はなく，日本の予責法（予算執行職員等の責任に関する法律）のような法律は存在しないが，第二次大戦後に，新しい統制機関として予算財政懲罰院が創設された。予算財政懲罰院は，命令官の違反行為に対して罰金の制裁を課すが，後述のように実効性は乏しいといわれる。

ここで日本法についてみると，わが国の会計検査院の沿革については諸説があるが，戦前の会計検査院法において現在の「検定」の代わりに「判決」の形式が採用されたのは，フランス的な要素を取り入れた結果であるといえる。ただし，しばしば会計検査院は司法裁判所のひとつであるといわれることがあるが[4]，それは正確でない。会計検査院は，あくまで行政裁判所の系

---

4　参照，本田洋平「フランスの会計検査院」会計と監査1981年10月号22頁以下，会計検査院の広報誌である「けんさいん」2005年18号29頁。同旨，甲斐素直『財政法規と憲法原理』（1996年・八千代出版）195頁。わが国では第二次大戦後に行政裁判所が廃止されたので，「司法裁判所」が「裁判所」と同視されることが多いが，伝統

Ⅳ 諸外国における社会と法の変化

列に属しており，最上級審であるコンセイユ・デタ（国務院）のもとに置かれている。

　もっとも，コンセイユ・デタとの関係は，他の行政裁判所のように上級審・下級審の関係ではなく，会計検査院の判断に法律違反がある場合にかぎって，例外的にコンセイユ・デタに破毀申立てがなされうる。したがって，事実判断については，会計検査院の判断がその後の裁判においても維持される。日本でいえば，検査院が弁償責任の検定に際して行った事実認定が，裁判所の判断をも拘束するもので，教科書的にいうと実質的証拠原則に類する原則が妥当している。このようにコンセイユ・デタと会計検査院は実質的には独立しており，行政の番人として双璧をなしている。

　③　会計検査院の人的構成　　会計検査院の主要構成員，つまり会計に対する判断権者には，通常の裁判所のスタッフと同じように，《裁判官（juges）》としての地位が与えられている[5]。

　幹部スタッフについては，国立行政学院（ENA）からの採用が基本とされている。ENA は，大学外の官僚養成機構であり，会計検査院には，コンセイユ・デタと並んで，ENA での席次がトップクラスの者が採用されており，彼らは財務監察団と同じく職団を構成している。また，会計検査院の職員のなかには政界へ転ずる者も多く，この点でも財務監察団と類似している。

　このように，フランスの会計検査院では，ENA の卒業生を中心に閉鎖的な人事がなされているが，公務員経験者や地方会計院スタッフからの中途採用もなされている。中途採用は種々に区分され，30代後半から50代前半までが対象とされるが，公務員経験者の半数は財務行政の経験者が占める。近時では外部からの採用を拡大する案（会計専門家の採用など）があるが，今なお頓挫している模様である。

　会計検査院のスタッフには，裁判官と同じ身分保障があり，なおかつ中途採用の割合等が法令上明文で示されているために，硬直的で，平均年齢が高

---

　　的ないし比較法的な用語法としては正確ではない。
　5　法令上は《法務官（magistrat）》と呼ばれる。この用語に対しても，わが国では《司法官》の訳語が充てられることが多いが（前注の諸文献を参照），正確には裁判官・検察官の総称であり，行政裁判所系統の裁判官を含む点にも留意する必要がある。

い人員構成になっている。このことが伝統的な会計検査方法からの脱却を妨げているという批判が，内部のメンバーからも提起されている。この点わが国では，2004（平成16）年度に会計検査院の大幅増員（40名）がなされており，数名の公認会計士も出向扱いで採用されている。人事の面でフランスのそれと比較すると，概して日本の会計検査院の方が柔軟性が高いといえよう。

④　地方会計院の地位　　以上が国のレベルの機関であるが，地方レベルでは，1982年に分権改革の一環として，州単位で地方会計院が設置されている。分権改革以前の地方財政は，基本的には会計検査院と財務省によって監督されていたが，独立した会計検査機関が創設されたわけである。現在，フランス本土で22の地方会計院が置かれている。会計検査院と地方会計院のあいだの管轄の区分は複雑であるが，基本的には州・県・市町村の財政が地方会計院の管轄となる。いずれも形式的には国の機関である。

人事管理は，全国の地方会計院について一体的になされている。採用については，ENAの卒業生が中心であるが，創設以来，公務員経験者の中途採用が広く認められている。会計検査院の人事とは独立しているが，地方会計院の長官の大半は会計検査院の裁判官が兼務しているし，地方会計院の裁判官が会計検査院に採用されることもある。さらに，後述の政策評価的な活動にあたっては会計検査院が指導的な役割を果たしている。

⑤　予算財政懲罰院　　予算財政懲罰院については，財政裁判法典において会計検査院の附属機関であると明示されている（同法典第3部の表題を参照）。会計検査院の庁舎の内部に設置されているが，人的構成からみるとコンセイユ・デタと会計検査院の合同機関である。大臣等の政治的な職員は，予算財政懲罰院の訴追の対象外とされているうえに，審理の総件数も少なく，十分には機能していないといわれる。提訴権者は，首相・各省大臣などに限られている。

## 2　予算・決算制度の改革

(1)　政策別予算

予算区分について，1959年オルドナンスは，日本とほぼ同様に，部

(sections), 款 (titires), 項 (chapitres), 目 (articles) の区分をしていたのに対して, 2001年組織法律は, ミッション (missions), プログラム (programmes), アクシオン (actions) という区分を採用している。これらが政策別予算の体系を構成する。理念的には, 成果主義の発想のもとに,《手段としての予算》から《結果のための予算》に変容させる枠組みである。

このうちミッションは議決の単位であるのに対し, プログラムは予算特定の単位であり, さらにプログラムを細分化した政策単位としてアクシオンがある。ただし, 議決の単位というのは観念的なものであり, 最終的には一個の予算法律として議決される。以上は歳出予算の区分であって, 歳入については, 2001年組織法律は特に新しい規定を設けていない。

予算表示科目の区分は, 日本では財務省令で定められているが, フランスでは毎年度の予算法律において定められれば足りるので, 理論的にはミッション等の分類を毎年変更することも, 理論的には可能である。また, ミッション等の名称は, 全体として官庁用語ではなく, 分かりやすい言葉が用いられている。数量的には, 予算特定の単位として, 従来848個あった項が, 149個のプログラムに収斂している。このように2001年組織法律では, 予算の概括化がなされたほか, 後述のように決算には発生主義的な財務諸表が加えられるようになったことから, 決算の重要性が相対的に高まっている。

日本でも現在, 財務省が政策別の予算編成に向けた作業を進めており, 世界的な流れとしても, これは肯定されるべきであろう。ただし, 現行の款項目別予算には組織別予算の側面があり, 組織規範を補う意義があることに留意するべきである。その意味で, 筆者は, 一定の組織別予算の枠組みは, 今後も維持される必要があると考えている。

(2) 政策評価的な財務情報

2001年組織法律は, 予算・決算の添付資料として, 政策評価的な資料を求めている。その具体的な様式・方式等については, 財務大臣の決定(アレテ)等によって定められている。また, 評価結果を後年度予算に反映させることも見込まれており, 引き続き検討がなされているが, 現段階では理念的・手続的に予算と評価を結合させたにとどまるという色彩が強いように見

(3) 複数年度型予算管理

① 債務負担行為　　フランスの会計年度は，1月1日から12月31日までであり，この点は旧法・新法を通じて変わりがない。また，いずれも予算単年度主義を採用している。2001年組織法律の制定にあたっては，予算単年度主義ないし会計年度独立の原則の弊害を避けるために，複数年度型の予算管理が検討されたが，最終的には，予算単年度主義を維持しつつ，それを修正するために，日本でいうところの国庫債務負担行為を拡張的に用いる，という手法が採用された。

フランスでは，ふるくから議決の対象を，支出負担行為と支出に分ける考え方があり，これをもとに《債務負担の認可（autorisation d'engagement）》と《支出の認可（autorisation de paiement）》の区分が観念されてきた。これは，支出会計手続として，支出負担行為，確認，支出命令，支出という4段階の手続のうち，最初と最後の段階に対応している。

1959年オルドナンスにおいては，日本での考え方と同様に，予算法律は原則として支出を認可するが，支出認可には同一年度の債務負担認可が含意される。ただし，例外的に投資的支出についてのみ，債務負担認可を切り離した議決が可能であるとされてきた。他方，債務負担認可の期間が限定されなかったことから，財政秩序の混乱の原因となっていたといわれる（12条3段）。これに対して，2001年組織法律は，債務負担認可を一般化し，予算法律による議会の統制は，原則として債務負担認可と支出認可の二本立てとなった。つまり，国の歳出全般について，支出負担行為のレベルで，支出とは別個の認可が求められるようになったのである。もちろん実際には，両者は単一の予算法律において承認されうるが，日本の場合と違って，当該年度になされる支出負担行為についても，すべて支出の認可とは別に議会の承認が求められる。

債務負担認可は原則として当該年度かぎりの効力をもつが，繰越は可能である。同時に，予算の添付資料として，複数年度にわたる債務負担行為の計画書が作成されることによって，複数年度の予算管理が可能となる。ただし，

人件費については，明文上，債務負担認可の金額と支出認可の金額を一致させることが求められており（8条4段），単年度主義が徹底されている。

②　繰　越　　このように債務負担行為が拡張される一方で，繰越の範囲については，新法は旧法以上に厳しい基準を設定している。すなわち，原則として各プログラム予算の3％以内で繰越が認められるが，財務大臣の決定が必要である。ただし，新法では予算単位が弾力化したために，実際上の不都合は少ないといわれる。

③　事実上の複数年度型予算管理　　法制度上の措置ではないが，事実上の措置として，複数年度にわたる契約の手法が用いられている。これは，長期的な事業について，将来の予算支出を約束する内容を契約条項のなかに盛り込む一方で，目標達成や事前評価・事後評価を契約上義務づける，というものである。フランスでは，行政の手法として，一般に契約の手法が多く用いられており，そうした傾向が予算管理にも反映されている。

国の内部では，1990年代以降，財務省予算局と他の行政機関とのあいだで成果契約（contrat de performance）が締結される例がある。これは，当該部局に対して，複数年度にわたる予算配賦と裁量的な予算執行を認める代わりに，一定の目標達成義務を盛り込む契約である（例えば，財務省租税総局の予算について，租税徴収率の目標設定が課されている）。日本でいえば，最近導入されているモデル事業に近い側面があるが，翌年度以降の予算配分額を契約条項に盛り込むことに特徴がある。このほか，地方公共団体に対する補助金交付に際しても，国土整備事業を中心に，4年間の計画契約（contrat de plan）の方式が用いられている。

法的な性質としては，これらの契約は紳士協定にすぎず，法的な意味での権利義務関係は観念しえないとされているが，実際上の拘束力はあり，政策評価を結びつける手法として重視されている。

④　会計制度における会計年度の柔軟化　　ここで，会計年度の区分を柔軟にする措置として，支出負担行為を前年度に行うことを認める制度に触れておこう。形式的には，次に述べる会計制度の改善に関する要素であるが，実質的には複数年度の予算管理のために機能するからである。

その根拠となる1986年3月14日政令（86-451号）8条は，「11月1日以

降，当該年度の予算許容費の4分の1を限度として，人件費以外の通常支出（dépenses ordinaires）に関する支出負担行為を，翌年度の予算許容費に依拠して行うことができる。ただし，当該支出負担行為に際して，役務の執行は翌年度の1月1日以降であることが明記される」と定めている。他方，同政令によって，同じく人件費以外の通常支出に関する支出負担行為は，緊急の場合を除くほか，11月30日までになさなければならないとされていたが（5条），その後の改正によって，支出負担行為の期限が原則として12月31日まで（主任命令官については翌年1月10日まで）に緩和されている（1996年12月26日政令（96-1172号）1条）。これらの法令は，2001組織法律が施行された現在でも，維持されている。

　⑤　日本法への示唆　このうち①と②に述べたところは，日本法との関連でいえば，複数年度型の予算管理のためには，国庫債務負担行為を活用するか，繰越を活用するか，という問題につながっている。総じてフランスでは，債務負担行為が重視されている。これは，債務負担行為の方が計画的な財政運営が期待できるという考え方に基づくものであり，筆者もこれに好意的な立場を取っている。

　他方，③の契約的手法は，成果主義な行政に移行するためには，《法令による画一的な規律》から《契約による個別的規律》に移行することが有益である，という示唆を与えるものである。これによって，規範の柔軟化が図られるとともに，政策評価の取り込みが可能になる。もとより評価の結果を後年度の予算に直結させるか否かは，別途問題になる。日本では翌年度以降の予算配分額を事前に掲げることには否定的な扱いがなされているが，契約的構成を充実させるためには，こうした実務も再検討されてよいと思われる。その場合には，歳出予定額を含めた契約の内容が議会に適切に情報提供される必要がある。

　なお，人件費については，正規職員の採用自体が一種の債務負担行為であると解することも可能である。そうすると，将来の雇用予測を含めて，予算法律のなかで定員管理の情報を示すのが適当であるということになる。実際フランスでは，日本の総定員法のような独立した法律ではなく，予算法律において当該年度の定員や将来的な雇用予測を示すことになっており，理論的

IV 諸外国における社会と法の変化

にはこれが好ましいように思われる。

## 3 会計制度の改革

(1) 会計手続の改善

伝統的な《命令官と会計官の分離原則》については，手続の効率性を害するものとして批判はあるが，2001年組織法律は同原則を維持しており，前掲の1962年デクレも基本的には維持されている。この点に関する近時のフランスの動向について，いくつかの点を指摘することしよう。

① 支出会計手続の改善　2001年組織法律の本格的な施行にあわせて，2006年度から，これまでの財務統制官に代えて，各省庁に財務統制室 (autorité chargée du contrôle financier) が設置されている（2005年1月27日政令（2005-54号））。この制度改正は，2001年組織法律の趣旨に基づき，予算区分を概括化して，予算執行者の裁量を広げるという観点からなされたものである。すなわち，まず財務統制室は，個々の支出負担行為に対して認証をするのではなく，年度の予算計画 (document annuel de programmation budgétaire) および支出計画 (projets d'actes de dépenses) に対して一括した認証 (visa) を行い，必要に応じて事前意見 (avis préalable) を提示する（同政令5条，12条参照）。また，統制の観点としては，従来の財務統制官は主として適法性の統制を行っていたが，新しい制度においては，公務員の俸給関係の支出を除いて適法性の統制は消滅し，財政支出の必要性ないし財政的均衡の観点からの統制がなされている。また，同政令は財務統制室に対して，これら各省の財政計画等に対する《統制》の権限とあわせて，財政的均衡を維持するための《補助》の役割をも与えている（1条4段参照）。なお，財務統制機関にあたる職員は，従来と同じく財務大臣によって指名され，統制の方法等については，関係大臣の合意に基づき財務大臣によって定められる（3条）。

あわせて，支出負担行為の権限を分散化させることが目指されている。現在のフランスでは，日本ほどではないにしても，会計上の権限が集中しているが，今後は，庁内分権を図るために，各部局に会計上の権限を分散させ，

実体的な行政権限の所在と近接させることが検討されている。中央集権国家であるフランスでは，特に地方出先機関が多いために，会計上の権限が地方出先機関の末端レベルに細分化されることが試みられている。

ちなみに，フランスでは，すでに公用クレジットカードの手法として，分任支出負担行為担当官に近い制度が活用されている。すなわち，個々のカード所持者を分任支出負担行為担当官に任命するもので，日本では公式には禁じられているが，フランスでは庁内分権の一環として，2003年以降，財務省の主導で試験的に採用されており，今後本格的に導入される見込みである。

② 会計官の役割の変化　従来，会計官は命令官の行為に対して適法性（合規性）の審査を行うものとされていたが，今後は適法性のみならず効率性・有効性の統制をも行うこととされている。そのために，会計官による統制の対象を選択し，集中的に統制を図ることが予定されている。この点は，先にあげた財務統制室とともに，一見すると過重な事前統制であるようにみえるが，現行の会計制度を維持しつつ成果主義的な対応を図るというスタンスが感じられる。特に，財務省の機関である会計官の統制を通じて，翌年度の予算編成に向けた情報収集が可能になる意義があるといわれており，予算の概括化の反面で，効率性等の観点からの情報収集がいっそう重視されている。さらに会計官は，次にのべる発生主義的財務諸表の原則的な作成主体とされている。

近時では，命令官と会計官の関係について，監督的関係を重視するか，連携的関係を重視するか，が議論されている。前者は，両者のあいだの伝統的な関係であり，民間企業でいえば，監査役と同じような役割を会計官に求める考え方である。これに対して，後者の先駆的モデルとして引き合いに出されるのは，フランスの公施設法人（établssements publics）である。公施設法人は，わが国の特殊法人や独立行政法人に類する公法人であるが，そこでは財務の専門家としての会計官が，現金出納の管理とともに，資金調達をはじめとしたノウハウを提供しており，いわば財務アドヴァイザーとして機能している。新たに創設された財務統制室にもかかる機能が期待されているが，フランスの財務省の方針としては，会計官については，前者を基本としつつ，後者の要素を適宜取り入れることにしている。

Ⅳ 諸外国における社会と法の変化

(2) 発生主義的財務諸表の位置づけ

以上は主として現金主義会計の改善であるが，発生主義会計についても重要な改革がなされている。従来は，日本と同じように，事実上の措置として企業会計的な財務諸表が作成されてきたが，2001年組織法律のもとでは，これが法定の決算書の一部となり，会計検査院の検査対象にもなっている。ただし，現金主義的な予算書・決算書は別途維持されており，決算の場面でのみ発生主義的財務諸表が加えられている。

発生主義的決算書の要素として，貸借対照表，損益計算書，キャッシュフロー計算書があり，その体系や表示科目については，財務省の作業グループの検討結果に基づいて，2004年1月に定められている。さらに，2001年組織法律では，企業会計原則にいう真実性の原則が法定されている（27条3項）。

(3) 日本法への示唆

以上の認識をもとにして，日本法の改善に向けた視点を，いくつか提示しておくことにしよう。

① 出納系統職員の分離の要否　日本では，フランス型の会計官の制度が，特に地方公共団体の出納長・収入役の制度として輸入されたが，今日この制度に対しては，効率性を害するなどの理由から批判が強く，2004（平成16）年の地方自治法改正においても，従来の必置原則が緩和されている（168条2項参照）。また，国の場合の支出官に対しても，支出負担行為担当官と区別する意味が乏しいなどの批判的見解がある。これに対して筆者は，国のレベルで出納長・収入役を導入することまでは提唱しないまでも，出納系統ないし支出系統の機関を独立させる意義はあると考えている。たとえば，後述のように支出負担行為権限を分散化する一方で，支出官は各省会計課長のままにする，といった構成が考えられる。その場合の出納系統機関の機能としては，支出会計手続における事前統制という伝統的な機能があるほか，今後は発生主義的財務諸表の作成主体ないし統制主体としての機能が与えられうると思われる。

② 支出負担行為の制度的改善　支出負担行為の改善案としては，まず

分任支出負担行為担当官の制度を，会計上の権限分散の手法として活用することが考えられる。また，支出負担行為認証官の制度を活用する方途がある。すなわち，支出負担行為の効率性・有効性の審査は，フランスでは会計官（ないし財務統制室）の役割とされるようになったが，日本法はすでに支出負担行為認証官の制度を有しているのだから，これを積極的に活用していくべきであろう。さらに，支出負担行為実施計画（財政法34条の2）の統制を充実させることも考えられる。

このほかに政策評価的な機能をもつ機関として，会計検査院がある。そこで，この点を次にみることにしよう。

## 4　会計検査院をめぐる動向

会計検査院が政策評価的な活動を行い，国会に対して補助的な機能を果たしていることは，程度の差こそあれ，今日の各国でみられる現象である。

(1)　会計検査院の機能の拡大——政策評価的作業の活性化
①　概念的区分　前述のように，会計検査院の基本的機能は，《会計官の作成する会計簿》に対する裁判作用であったが，1990年代以降，こうした伝統的な会計検査（contrôle des comptes）に加えて，管理統制（contrôle de la gestion）が活発になっている。管理統制は，会計の適法性以外の統制を広範に含み，政策評価的な機能をもつものである。民間企業の《マネジメント管理（contrôle de gestion）》とは，概念的に区別される。

フランスで管理統制が活性化したのは，日本における1997（平成9）年の会計検査院法20条3項の改正と，時期的にほぼ一致している。もちろんそれ以前にも，日本の場合と同じように評価的な活動がなされていたが，より積極的になったのは1990年代以降である。概念的な説明としては，管理統制は会計官に対する裁判的統制ではなく，命令官に対する非裁判的統制であるとされる。

②　管理統制の態様　会計検査院は，各種の報告書（rapports publics）を作成しており，1990年代以降は，従来からある年次報告書のほかに，分

野別の個別報告書が多数公表されている。テーマとしては，高速道路や公務員制度，都市再開発事業をはじめとして，10年以上を経て，ほぼ網羅的なテーマ設定がなされつつある。テーマの設定，報告書の編集方法については，会計検査院の判断に委ねられている（毎年4冊程度の個別報告書が公刊されるのが通例である）。報告書は主な書店で市販され，マスコミにも取り上げられることが多い。

他方，地方会計院では，所見（lettre d'observation）の形式が用いられ，現金主義会計の非違行為とあわせて指摘がなされる。フランスには多数の地方公共団体があり，すべての公共団体について網羅的な評価はできないので，それぞれの裁判官の活動計画に基づいて評価作業がなされている。また会計検査院は，地方会計院の自主的な判断を尊重しつつも，全国的規模での調査に関しては指導的な役割を果たしており，各種の報告書も，相互の協力関係のもとで完成されることが多い。

③　政治的な障害　近時の法改正として，2001年12月21日法律（2001－1248号）により，地方会計院の所見提出時期に制限が加えられた。すなわち，地方会計院は，関係する地方公共団体の選挙期間中（選挙の3ヶ月前から選挙の翌日まで）に，所見の公表，すなわち管理統制の結果を公にすることができなくなった。これは，地方会計院から政治的に好ましくない判断（無駄な公共事業など）が示されて，選挙に悪影響が生ずることを避ける趣旨であり，地方の政治家の要望によって導入されたものである。ここには，フランスの地方首長の多くが国会議員を兼職しているという事情も関係している。同法律に対しては，地方会計院のスタッフのみならず学説も，地方会計院の判断の効果を害するものとして，批判的な見方をしている。

④　会計検査院の評価担当機関　日本の会計検査院では，2005（平成17）年4月の組織改正によって，官庁や政府関係法人を横断的に検査する部局の拡充が図られた[6]。このことは，一定の観点からみて関係する官庁や法

---

6　省庁横断的な評価的活動を行う機関として，従来から会計検査院の第五局に「上席調査官（特別検査担当）」が置かれていたが，これに加えて「特別検査課」が設置され，両者を統括する審議官も新設された（会計検査院事務総局事務分掌及び分課規則別表，会計検査院法施行規則の改正）。前者は特殊法人などの国の機関以外に対する

人を同時並行的に検査するという意味で，まさに評価的機能の充実に向けた組織改正であると考えることができ，大いに歓迎されるべきであろう。

他方，フランスの会計検査院では，特に評価担当の専門機関は置かれず，基本的には行政分野ごとに分かれた各局（chambre）が伝統的な会計検査と評価的活動をあわせて行っているが，省庁横断的な評価的活動に際しては別途委員会が編成される場合がある（1999年に公表された，公務員制度に関する報告書など）。さらに，評価活動をまとめる個別報告書の作成にあたっては，院長以下，関連部局の代表者からなる編集委員会が中心的な存在となる。他方，地方会計院では，各院で地区別の組織編制がなされているので，行政活動ごとの横断的な評価が困難であるという問題点が指摘されている。

⑤ 行政の外部評価機関への参加　日本の場合には，会計検査院のスタッフが行政の外部評価に参加することは少ないが，フランスでは，比較的広く認められている。まず国のレベルでは，国家評価委員会（Conseil national d'évaluation）があり，同委員会には，会計検査院の構成員の参加が法令上求められている。同委員会は，国の全体の政策評価の方針や方法について決定するほか，省庁間にまたがる事業について総括的な指摘を行っている。ただし，個々の行政活動の具体的な評価作業に携わる例は少ないといわれる。これに対して地方では，地方会計院のスタッフが国土整備事業の評価委員会などに参加するのが通例である。フランスでは会計検査と管理統制が概念的に区別されており，後者に含まれる評価作業が会計検査と峻別されていることも，以上のような会計検査機関の関与を容易にしているといえる。

(2)　会計検査院の法的地位

① 国会補助機関としての性格が強まる傾向　明治憲法下の日本と同じように，フランスの会計検査院は，もともと国家元首に直属する機関であった。大革命以前に存在していた国王の会計検査機関（Chambre des comptes）を，1807年にナポレオン1世が再生したという経緯がある。現在でも，各

---

統制を，後者は国の行政機関に対する統制を，それぞれ基礎にしている点で区別されるが，いずれも政策評価的な検査活動が期待されている。

IV　諸外国における社会と法の変化

種の報告書が大統領に提出されるというのは，こうした歴史的経緯によるものである。

　しかし，会計検査の憲法上の位置づけについては，時代によって大きな揺れ動きがある。もともとフランスでは議会中心主義の伝統があることから，大革命以来，国会が会計検査の主体とされ，1946年憲法では国会が会計検査院の補助を求めることが明示された。すなわち，同年憲法18条は，「国民議会は，国民の会計を決定する。国民議会は，そのために会計検査院の補助を受ける。歳出歳入の執行または国庫の管理に関して，会計検査院にあらゆる調査・研究を課すことができる」と定めている。会計検査院が憲法典に登場したのはこれが初めてであるが，大革命当時の法令の趣旨を復活させたものと解されている[7]。それまでのフランスでは，大革命以来の伝統により，国会が会計検査の主体であるという理念が存在していたことから，会計検査院を憲法上の機関と位置づける必要がなかったのである。

　その後，1958年に第五共和制に入ると，議会中心主義の修正が図られた。このことは，会計検査院に関する憲法の規定の変化にも表れている。すなわち，同憲法47条6段は，「会計検査院は，予算法律の執行の統制に関して国会および政府を補助（assister）する」と定めている。ここでは，会計検査院の補助の対象として，国会のみならず政府も明示的に含められることになった。さらに今回の2001年組織法律の制定によって，国会への情報提供機能が強化され，学説上は，会計検査院を国会補助機関と位置づける見解が有力になっている。現行憲法47条6段の解釈としても，今日では国会の補助が政府の補助に優先すると解されている。

　このように，会計検査院の位置づけについては，長らく論争があったのであり，2001年組織法律の制定にあたっても多面的な議論が展開された。フランスで具体的な論点として問題になったのは，会計検査院の《活動計画ないし統制計画（programme de contrôles）》の策定にまで国会の関与が認められるか否かであった。現在では，活動計画は会計検査院の内部手続で定めら

---

[7] 1791年9月26日法律1条は，「国民議会は，みずからの国民の会計を終局的に検査する」と定めており，1946年憲法18条との連続性が指摘されている。

れているが，国会の補助機関性との関連で議論が続いていた。今回の改革にあたって議会は，会計検査院の活動計画について国会の財政委員会の関与を認める条文を採択した（58条1項）。ところが憲法院は，同条が，権力分立原理を定めた憲法64条の《趣旨》などに反するものとして違憲判断を下した（判決理由104から106）。これは立法論的な限界を示すものであり，結果的には国会補助機関説に否定的な解決が示されたことになる。同時に，憲法47条6段にいう《補助 (assistance)》は《従属 (dépendance)》を意味しないことも，憲法院の判決のなかで示されている。

他方，同法律では，国会の調査要請に対する期限付きの回答義務が明記された（58条2段2号）。これについては，憲法院は合憲判断をしている。ただし，注意を要するのは，《解釈留保》が付せられていることであり，日本でいえば《合憲限定解釈》の手法が用いられている。すなわち，《立法権と執行権という2つの権力のあいだでの均衡が確保される必要がある》という留保である（判決理由107）。つまり，会計検査院があまりにも国会に肩入れすることによって，立法権と執行権の均衡を害するようなことがあってはならない，という趣旨である。したがって，会計検査院に対する国会の調査要請の権限は，無制限に行使できるものではないことになる。均衡を図る義務の主語が会計検査院となっていることから，国会に対する補助の内容については会計検査院に広範な裁量が認められるという読み方もなされているが[8]，その具体的な態様については，その後の法令上，特に明記されておらず，今後の実務に委ねられている（以上につき，後掲の参考資料をも参照）。

こうした憲法院の判断にもかかわらず，フランスの学説は，一般に会計検査院の国会補助機関性を肯定している。これは，あくまで国会に対する情報提供機能ないし評価的機能が拡張している現象を描写する意味で語られることが多い。ドイツや日本とは違った，フランス的な表現ともいえる。なお，会計検査院のスタッフの個人的見解としても，国会補助機関性に賛否両論が見られる。これは後述のように，国会補助機関性には，観点の違いによって，実務的なメリット・デメリットの両方があるためである。

---

8　ex. J.-P. Camby（dir.），La réforme du budget de l'Etat, 2 éd., LGDJ, 2004, p. 358.

② 政治的な決定権との関係　会計検査院の判断は，種々の意味で，国会をはじめとした政治的決定権に劣後する。第1に，日本と同じように，会計検査院の検査報告は国会の決算審議に拘束力を有しないと考えられている。第2に，会計官に対する賠償責任は，財務大臣への申立てによって減免される。申立ての対象は変遷があったが，政治的判断による減免が認められることでは一貫している。フランスの感覚からすると，会計検査院による《裁判》の結果が政治的判断によって修正されるという，極めて異常な姿であるが，会計に関しては，かかる変則的な法理が歴史的に認められてきたわけである。この点は，日本の会計検査院法32条4項の趣旨と共通していると解すべきであろう[9]。

(3)　日本法への示唆

これらのフランスの議論状況をもとにして，日本法に関して，以下に若干の私見を述べておくことにしたい。

①　日本の会計検査院の法的地位論　日本でも，会計検査院を国会補助機関と位置づける見解があるが，これに対しては，会計検査院に近い論者から強い批判がある。この問題について，筆者は国会補助機関説に好意的な立場を示したことがある。ただし，私見はあくまで理論的なものであって，特に次の2点を表現するものである。すなわち，第1に，現行の財政法令はその基本原理として，各省大臣による政治的統制などを通じて，広範な議会統制を想定していること（(2)②などを参照），第2に，憲法83条の財政民主主義の意義を現実的に考え，端的に《情報による統制》と解することから，会計検査院から国会への情報提供機能が重視される必要があること（5④および6(1)を参照），である。

したがって，国会の関与については，謙抑的に捉える必要もあると考えている。たとえば，フランスの憲法院の判断と同様に，日本でも，会計検査の基本方針や検査計画について，国会の関与が認められるべきではないし，

---

[9]　この規定のもつ理論的な意義につき，木村・判例評釈・会計と監査58巻11号（2007年）19頁以下をも参照。

個々の検査要請についても，会計検査院の独立性や業務の一貫性からして，一定の限界があると考えている。1997（平成9）年の国会法と会計検査院法の改正に際して，衆議院議員運営委員会が運用に関する申合せ（同年12月11日）として，「現行会計検査法上行われている会計検査業務の円滑な遂行に支障を来さないよう……調整を図ること」が付記されているが，これはきわめて当然の事理を示したものであり，フランスの憲法院判決も同じ趣旨を含意していると考えられる。もっとも，実際の国会からの検査要請は，過去2回しかなされておらず，それらについて会計検査院は，所定の手続によらずに自発的な回答を行っている。フランスでは年間10件程度の要請がなされていることに鑑みると，わが国でも国会と会計検査院のあいだの交流がもっと盛んに行われてもよいように思われる。

　もとより，国会の検査要請によって会計検査院の事務的ないし財政的負担が増加する可能性はある。これは民主主義のコストとして一定の範囲では許容されるべきであるが，同時に国会の増額修正権に制度的に裏づけられる必要がある。この点フランスでは，国会の増額修正権が一定の範囲で明示的に認められており（2001年組織法律47条参照），わが国とは事情がやや相違している。また，フランスでは，すでに会計検査院による評価的作業の成果が相当程度に蓄積されていることから，国会の要請に応えるのが容易であるという現実もある。その一方で，同じく情報収集機能をもつ，国会の予算委員会や決算委員会との連携ないし役割分担は，フランスのみならず日本でも，今後の重要な課題とされるべきであろう。

　このように，私見の基本的な趣旨は会計検査院の《機能》に着目したものであり，他の機関との従属性の有無といった《組織》に着目したものではない。したがって，会計検査院の検査報告の提出先が内閣であるという手続的規定の存在（憲法90条1項），日仏両国において，設立当初は国家元首に直属する機関であったという沿革などは，一応，度外視して考えることができる。フランスでも，報告書の提出先が大統領であることは会計検査院の国会補助機関性を妨げるものではない，と考えられている。

　政治的な障害との関係を考えるうえでは，フランスとドイツの会計検査院の比較，フランスの会計検査院と地方会計院の比較が有益である。すなわち，

まず第1に，逆説的ながら，ドイツでは《会計検査院は政治的な判断を評価することに謙抑的であるべきだ》という議論があるのに対して，フランスではこの種の議論は存在しない。つまりドイツでは，会計検査院が独立機関であるとされるがゆえに，《司法権の消極性》に類する議論が展開されたわけである。フランスの会計検査院は，たとえば1999年の港湾行政に関してまとめた個別報告書において，全国的な港湾政策の不在を厳しく指摘しており，別の報告書ではパリ第3空港の建設の必要性にも疑問を呈しているが，ドイツの感覚ではありえないところであろう。第2に，フランスでも，地方議会の補助機関としての位置づけがなされていない地方会計院では，先述のように評価活動に対する政治的な制約が課せられたのに対して，国会補助機関とされる会計検査院にはこの種の制限が課せられていない。したがって，会計検査院が国会補助機関であることは，必ずしも会計検査院の活動範囲を狭めることにはならないのである。

そこで筆者は，具体的な法規範の設定にあたっては，国会補助機関としての性格と，準裁判機関的独立性という，の2つの要素の調和をはかる必要があると考えている。日本法の解釈論としては，まず第1に，特に予算会計職員の弁償責任に対する検定については，準裁判機関としての独立性を強化する必要があると思われる。たとえば，前述のように，会計検査院の行った事実認定は，原則としてその後の裁判所をも拘束するという，実質的証拠原則が妥当すると考えられる。この原則は明文がなくとも認めうるが，立法論としては手続的規定の整備が好ましい。第2に，権限なくして公金を扱った職員・私人には会計検査院の検定手続を準用することが考えられ，実際的にみても機密費・報償費等の統制方法として意義があると思われる。フランスでは，これが《事実上の会計官》の法理として認められており，こうした基礎的活動の独立性が評価的活動の独立性を根拠づけていると考えられる。実際，憲法院も，裁判機関としての独立性を会計検査院の独立性の理由としているのであるから（判決理由106第2文），上記の論理を採用しているといえる。

② 地方会計院の創設可能性　地方財政については，今後，外部監査などによって政策評価的な作業がすすむと，フランスの例にみるように，政治的な介入が生ずる危険がある。フランスでは，2001年12月21日法律の制定

によって，独立した会計検査機関である地方会計院に対してさえも，不本意な形で政治的な制約を課せられたわけであり，日本のように，首長の部局が任命する監査委員や外部監査人に対しては，今後いっそう政治的圧力がかけられる危険性がある。かかる弊害を避けるためには，地方財政についても，会計検査院に準じて，独立した会計検査機関を設けることも一案であると思われる。

なお，地方公共団体の外部監査人の資格要件としては，会計検査院の実務経験者も含められているが（地方自治法252条の28第1項3号，同施行令174条の49の21第1号），実際には例が乏しいようである。このことは，フランスの感覚からすると極めて嘆かわしいところである。

## 5　フランスにおける改革の特徴

以上に述べたところのまとめとして，近時のフランスにおける改革の意義を，4点に要約しておこう。他の諸国に共通する要素も多いが，フランスに特徴的なのは①であろう。

①　議会による財政統制の強化　　フランスでは伝統的に議会中心の制度が採用されてきたが，1959年オルドナンスは行政権優位の制度を採用した。2001年の改正は，議会の財政上の権限を強化するもので，一面では伝統的な議会中心主義への回帰である。国会のなかでは，とりわけ両院の財政委員会の機能が重視されている（予算流用に際しての報告義務など）。財政委員会は，日本の国会でいう予算委員会と決算委員会を結合させたものであり，一貫した財政統制を可能としている。

ところが，2001年組織法律によって，議会は実体的な決定権限の多くを回復したわけではない。最近の言葉づかいによれば，議会は財政上の《決定（décision)》の主体ではなく《統制（contrôle)》を行うのである。その統制の手段として，《情報（information)》の収集が重視されており，会計検査院も情報提供機関として位置づけられているわけである。

これまで財政権の所在に関して，日本ではドイツの学説の影響をうけて，特に実体的な決定権に注目して，行政権優位か立法府優位かという古典的な

対立図式が強調されてきたが，今日では両者の単純な対立関係には収まらない現象が生じているといえよう。フランスでは数度にわたる法改正を通じて，行政権と立法権のあいだの現実的な関係が模索された結果，こうした原理が確立しつつあるといえる。

② 事前統制から事後統制へ　つぎに国会審議のレベルでは，予算重視から決算重視に移行するという傾向が認められる。これは，①で述べた国会の機能的変化にも対応している。また，予算の執行レベルでも，支出負担行為の包括化・簡略化がなされており，これと引き換えに決算等における成果の提示が求められるわけである（④参照）。

③ 公会計と企業会計の接近　フランスは会計法の母国であり，古典的な公会計制度が築き上げられてきた。この結果，公会計と企業会計の異質性が強調されてきたが，2001年組織法律の制定によって，企業会計に準じた財務諸表の作成が法的に義務づけられている。②にあげた決算法律の重視のほか，予算単年度主義の緩和，真実性原則の採用なども，企業会計に共通する要素である。ただし，企業会計原則に一元化することは避けられており，現金主義会計は従来どおり存続している。この点は，②とともに世界的な潮流に倣ったものといえる。

④ 成果主義行政に向けた財政制度　予算単位としてプログラムやミッションを採用したことにより，予算に政策的な要素が加わっているほか，予算書や決算書には事前評価・事後評価に資する情報が含まれている。企業会計的な財務諸表の導入も，行政にマネジメントの論理を導入し，成果主義行政に移行させる意義を有している。わが国では政策評価と予算編成を直接的に結びつけることは避けられているが，フランスでは制度的な連結が試みられているといえるであろう。もとより，かかる枠組みでの政策評価が成功するか否かについては，今後の実務の帰趨をみるほかない。

また，成果主義や政策評価が議会の統制権強化の一環として採用されたことも，特徴的である。これは，フランスでは議会が政策評価の主体として重要な地位を占めていることによる。また会計検査院も，今回の改正で議会の補助機関としての色彩を強めながら，評価活動をすることが期待されている。

ただし，この成果主義ないしマネジメントの論理は，①にみた議会の統制

権の拡大と矛盾する側面もある。すなわち，まず第1に，財務諸表の分析には専門技術的な判断が求められるところ，議会がそうした分析能力をもつことには疑問が生じうる。第2に，財政規律を緩和することは，議会の財政統制を後退させることをも意味する。こうした矛盾の解決策として，2001年組織法律は，両院の財務委員会に専門職員を配して，そこに財政上の権限を帰属させるとともに，財政情報の結節点になることを予定している。会計検査院も，国会の補助機関として，これらの国会の諸機関に対して情報提供（およびその分析）を行うことが期待されているわけである。

## 6　日本法への全般的な示唆

日本法に関しては，すでに関連する箇所で最小限のコメントをしてきたが，最後に全般的な視点を提示しておきたい。

(1)　財政統制の変容——財政民主主義の意義

これまで，憲法83条の《財政民主主義》を《財政議決主義》の意味に解するのが，一般的な見解であった。しかし，予算をはじめとした議決によって財政を統制するのは，現実的ではない。財政作用が継続的になされることに鑑みると，《国会が継続的に情報収集し，随時働きかけをすることによって，財政民主主義の要請がみたされる》と考えるのが自然である。その意味で，財政民主主義の本質は，《情報による統制》であると考えられる。この解釈は，憲法90条が財政状況の「報告」を財政民主主義の一要素としていることからしても，肯定できるのではないかと思われる。もとより，予算・決算の場面での《議決＝決定》の要素は不可欠であるが，それ以外の場面での《統制》の制度が整備される必要がある。たとえば，発生主義的財務諸表について，憲法90条の報告内容の一要素として，提出先を国会にすることなどが考えられる。

さらに，こうした国会を通じた《情報による統制》の一環として，会計検査院が国会に情報提供するという側面が重要になる。前述のように，会計検査院と国会の各委員会との連携ないし機能分担も重要な課題となるが，予算

と決算の連続性に鑑みると，フランスのように予算委員会と決算委員会を統合することも好ましいといえよう。

(2) 会計の法的考察の必要性

① これまで会計は，地味な機械的・技術的作業として，法学者に対して魅力を与えてこなかった。会計法に関する研究成果がほとんどないことも，これに起因している。ところが，最近では企業会計原理の導入が求められており，会計学での議論が活性化しているが，法律学での議論は進んでいない。たしかに発生主義財務諸表の内容じたいは，基本的には会計学の問題であるが，これをいかに位置づけるかは法律学の課題とされなければならない。

② 概念的な問題として，「会計」の意義に関する検討が求められる。学説のなかには，《会計検査院は会計に関する検査を行うのだから，会計検査院が政策評価の機能をもつことには消極的であるべきだ》という有力な見解が存在するが，「会計」の概念は広がりをもっていることに留意する必要がある。周知のとおり，第二次大戦後は財政法と会計法が分離したが，戦前は両者を統合する形で会計法が存在していたのであり，後者が会計検査院という場合の「会計」であり，なおかつフランスの伝統的な用語法でもある。その意味で，現行法令上の名称に齟齬があるわけである。さらに筆者は，あくまで理念的にいえば，憲法90条の「決算」には発生主義的な決算書も含まれると解している。以上の理解からすれば，同じく憲法90条に根拠をもつ会計検査院についても，さまざまな財務情報を基礎にした幅広い役割が期待されてしかるべきであることになろう。

③ もちろん，憲法90条のいう「検査」の意味は別途問題になる。この点については，なお検討を要するが，少なくとも旧憲法の「検査確定」から言葉のうえで「確定」が削除された経緯があり，なおかつ日本国憲法の英語版にいう《audit》は，民間企業の監査役との比較からしても，また母国フランスの会計検査院の姿に照らしても，広範な概念として用いられうる。そもそも憲法90条は，文理上の最小限の要請として，現金主義会計の検査を求めているだけであって，それ以外に，会計検査院に「検査」以外の機能を持たせることは，立法論的に可能である。現にフランスでは，本来の機能で

ある《裁判（＝会計検査）》を越えた広範な機能が法定されている。

　ただ，ここで障害になりかねないのは，「会計検査院」という組織名称であり，「検査」という側面がいたずらに強調されかねない。実際，現行の会計検査院法も，会計検査院の権限として，「検査」を軸とした構成を取っている（20条参照）。これに対して，フランスやドイツの会計検査院を直訳すると「会計院」であり，主体の名称からの制約が薄いという旨みがある。会計検査院法の解釈論としても，「検査」の意義を柔軟に解することは可能であり，それが実際上も適当であると思われる。

(3)　財政法学のあり方

①　フランスにおいて，財政に関する科目として「財政論（finances publiques）」がある。これは，英米の《Public Finance》，ドイツの《Finanzwissenschaft》のような，いわゆる「財政学」ではなく，法的観点・経済的観点・政治的観点を基礎として，財政を総合的に研究する科目である。この「財政論」も，境界学問として長らく不遇の地位にあったと言われることもあるが，法学部の公法系の主要科目でありつづけている。

②　フランスでは，法学部の低学年において，「財政論」が公法系の必修科目として提供されることが多く，主な公務員の試験科目としても，「財政論」が必修ないし選択必修になっている。さらに，2001年組織法律の制定をうけて財政的な知識が実務上いっそう重要になっていることから，近時，財務省職員や大学研究者らのグループが，公務員試験における財政の位置づけについて意見書を提出している。これに対して日本では，現在，国家Ⅰ種の「行政法」の一部に形ばかりの財政法の問題が出題されているが，財政法の重要性からして，将来的には試験科目として「財政法」が導入されることが期待されるところである。

③　学術的な研究のレベルでは，今後のあるべき姿として，一方では，法的観点と経済的観点（財政学・会計学的な観点）を統合した研究，実務と学説の橋渡しとなる研究が求められるであろう。他方では，法的観点として，より高い視点から，特に憲法の理念との関係で財政統制のあり方が検討されるべきであろう。本稿が，わが国の財政法研究（ないし財政研究）の発展の

Ⅳ 諸外国における社会と法の変化

ために，多少なりとも意味をもつことを願って，筆をおくことにしたい。


**参考資料**
1．2001年8月1日組織法律（抄）
　第57条［財政担当委員会の調査権］
　① 両院の財政担当委員会は，予算法律の執行を追跡・統制し，財政に関するあらゆる問題の評価を行う。この任務は，委員長および総括報告者に委ねられ，なおかつその権限の範囲において特別報告者にも委ねられる。この目的のために，上記の委員会担当者は書面調査および現地調査を行い，必要があれば聴聞をする。
　② ［行政機関等の情報提供義務：略］
　③ ［関係人の出頭義務：略］
　第58条［国会に対する補助］
　［① 後出2.に掲げる憲法院の違憲判断により削除。もとの条文は以下のとおり：会計検査院は，統制計画（programme de contrôles）を定めるに先立って，当該計画案を国会両院の財政担当委員会の委員長および総括報告者に送達する。財務担当委員会は，当該計画案に対して15日以内に意見を述べ，必要がある場合には同じ期間内に本条2段2号に定める調査要請を行う。］
　② 憲法47条最終段が定める，会計検査院の国会に対する補助の任務は，とりわけ下記の内容を含む。
1° 第57条に定める統制と評価の任務の枠組みで，各院の財政担当委員会の委員長および総括報告者から求められた補助要請に応える義務。
2° 会計検査院が統制する役務および機関の管理について，国会両院の財政担当委員会によって要請されたあらゆる調査を実施すること。この調査の結果は，要請があった日から8ヶ月の期間内に，委員会の要請の趣旨に照らして報告しなければならず，報告をうけた委員会はその公表について決定する。
3° 前年度執行結果に関する事前報告書を提出すること。この報告書は，第48条に定められる報告書［翌年度予算法律の附属文書］に添付される。
4° 前年度執行結果および関連会計に関する報告書で，とくに予算許容費の執行についてミッションおよびプログラムごとに分析したものを提出すること。この報告書は，決算法律案に添付される。
5° 国の会計の合規性・真実性・正確性を確認すること。この確認は，決算法律案に添付され，確認に関する説明が伴われる。

6°　行政機関が行った予算許容費の移流用で，決算法律において追認が必要なものについての報告書を提出すること。この報告書は，当該決算法律案に添付される。

③　前段3号・5号・6号に定められた報告書には，必要がある場合には，関係大臣の回答が伴われる。

**2．2001年7月25日憲法院判決（抄）**

判決理由104：組織法律58条1段は，次のように定めている。……

同105：司法機関に関する憲法64条の規定，および1872年5月24日法律以来の行政裁判制度に関する諸法律によって認められた基本原理によると，裁判機関の独立性は，その作用の特殊性とともに保障される。

同106：財政裁判法典によると，会計検査院は行政裁判機関のひとつである。したがって，上述のように，憲法は，立法権および執行権に対する会計検査院の独立性を保障している。会計検査院の任務のうち，会計や管理の確認作用は裁判的性格をもたないが，これらの作用によって，裁判手続の発動を呼び起こす違法性が明らかになる可能性がある。しかも，組織法律58条1段に基づいて，会計検査院がみずからの統制計画案を国会両院の財政担当委員会の委員長および総括報告者に送付する義務を課すことは，両委員会から同計画案に対して意見が提示される可能性とあわせて，会計検査院の独立性を侵害する性質を有する。これらの理由により，組織法律58条1段は違憲である。

同107：組織法律58条2段以下は，会計検査院が国会の補助をするにあたって，さまざまな義務，とりわけ調査実施と報告書提出の義務を課している。これらの義務は，「会計検査院は予算法律の執行の統制に関して国会および政府を補助する」と定めた憲法47条最終段に照らして解釈されなければならない。すなわち，この憲法上の規定によると，憲法制定権者の予定する両権力間の均衡［立法権と執行権の均衡］が，一方の権力を害しないようにすることは，会計検査院の諸機関の義務である。組織法律の規定のうち，とりわけ第58条に定める期間制限も同じ趣旨であると解される。

同108：以上の留保のもとで，組織法律58条の規定は，第1段を除いて憲法に違反しない。

　＊上記の訳文中で［　］で括った箇所は，条文の見出しを含めて，筆者（木村）の補足である。

Ⅳ　諸外国における社会と法の変化

**参考文献**

木村琢麿「現代行政における経済性の意義(1)〜（5・完）——法的観点からのパブリック・ガバナンス論の試み」自治研究82巻8号74－95頁，同11号109－136頁，83巻2号66－92頁，同8号78－94頁，同9号82－97頁

同「国公有財産制度・公物制度に関するフランスの動向」千葉大学法学論集21巻3号1－39頁

同「フランスにおける複数年度型予算管理」日本財政法学会編『複数年度予算と憲法〔財政法叢書22〕』(2006年・敬文堂) 30－50頁

同「決算制度」日本財政法学会編『財政法の基本問題〔財政法講座1〕』(2005年・勁草書房) 57－77頁

同「成果主義的な行財政制度の構築に向けた試論(1)〜(5・完)——複数年度型予算会計・補助金・定員管理」自治研究79巻9号（2003年）138－165頁，同11号79－99頁，80巻9号（2004年）80－97頁，同12号104－116頁，81巻1号112－129頁

同「フランスにおける予算会計改革の動向——日本法への示唆を求めて」季刊行政管理研究106号（2004年）20－40頁

同「フランスにおける予算会計改革について——最近の動向を踏まえた補足的考察」千葉大学法学論集19巻2号（2004年）183－204頁

同「会計検査機関による政策評価とその政治的障害——フランスの地方会計院改革をめぐって」内山忠明ほか編『自治行政と争訟』（2003年・ぎょうせい）495－516頁

同「財政統制の現代的変容(上・下)——国会と会計検査院の機能を中心とした研究序説」自治研究79巻2号（2003年）91－112頁，79巻3号44－61頁

同「公会計における支出方法の一考察——ガヴァメントカードの導入に向けて」千葉大学法学論集17巻2号（2002年）1－72頁

同「フランスの2001年『財政憲法』改正について」自治研究78巻9号（2002年）57－76頁

# フランス相続法・恵与法の 2006 年改正について

金 子 敬 明

## 1　はじめに

　本稿は，フランスにおいて，相続及び恵与を改革する 2006 年 6 月 23 日の法律（Loi no. 2006-728 du 23 juin 2006 portant réforme des successions et des libéralités. J. O. 24 juin 2006, p. 9513. 以下では「同法律」又は「改正法」と呼ぶ）により実現されることになった改正点（2007 年 1 月 1 日より施行された）の紹介を目的とするものである。

　筆者がこのトピックを取り上げる理由として，次の 2 点を挙げることができる。第 1 に，筆者はかつて，遺産の管理，及び，（将来の）被相続人による無償譲渡の事前のプランニング，という 2 つの異なる側面から，フランス相続法・恵与法を扱ったことがあったが，いずれの叙述も，基本的には同法律による改正前の民法典の規定（以下では「旧規定」「旧○○条」などと呼び，これに対して，同法律による改正後の民法典の規定は「新規定」「新○○条」などと呼ぶ）に基づくものであったため，これをいわば最新のものに差し替えたいと思ったことである[1]。第 2 に，同法律による相続法・恵与法の改正は，後に折に触れて言及するように，高齢化をはじめとした現代的な問題状況をふまえておこなわれたものであり，したがってその改正は，同様の問題状況

---

[1]　前者が，拙稿「相続財産の重層性をめぐって(5)」法協 121 巻 6 号（2004）701 頁以下，後者が，拙稿「大陸法系における信託の可能性？——フランスにおける信託の動向」新井誠［編］『高齢社会における信託と遺産承継』（2006，日本評論社）135 頁以下である。但し後者では，注において新規定への言及も不十分ながら試みた。

をかかえる日本にも幾分かの示唆を与えるのではないか，と思われることである[2]。

　同法律による民法典の改正点は多岐にわたり，中にはパクス（Pacs = Pacte civil de solidalité）や夫婦財産制に関わるものもある。本稿では，上述のような関心と紙幅の制約とに鑑みて，同法律による改正を網羅的に紹介することはせず，扱う項目を絞ることにしたい。

　かくして，まず，改正法の成立経緯を簡単に説明した上で（2），いくつかの大きな改正点として，遺産の管理レジーム（3），さまざまな贈与分割（4），遺留分の事前放棄（5），段階的恵与（6），企業経営の継続のための諸措置（7），の5点のみを取り上げ，最後に簡単なまとめを付することとする。

## 2　改正法の成立経緯[3]

　フランス民法典の相続法規定は，1804年の民法典制定以来，基本的に改正を受けてこなかったが，かつてその全面的改正が，1987，1991，1995年の3度にわたる政府提出法案と，相続法の部分的改正（注2参照）が実現した直後である2002年の元老院議員提出法案によって，企てられたことがある[4]。また恵与法については，Carbonnier名誉学部長とCatala教授によって率いられたグループ（以下では「Carbonnierグループ」と呼ぶ）による，Une offre de loi と題された立法提案が2003年に公刊されていた[5]。

---

[2]　正確には，相続法のごく一部分の改正は，2001年12月3日の法律（Loi no. 2001-1135）で既に実現されているところ，その改正の目玉であった配偶者相続権の拡大もまた，近時の人口動態と密接に関連していた。しかしこの法律については，既に日本語による優れた紹介が存在する（拙稿・前掲「重層性」論文705-706頁注3及び4所引の諸論文を参照）ため，本稿では扱わない。

[3]　改正の経緯についてヨリ詳しくは，Philippe Malaurie, Examen critique du projet de loi portant réforme des successions et des libéralités. Défrénois 2005, art. 38298, p. 1963 et s. を参照。但し同論文は，改正法が成立する以前に公表されたものである。

[4]　2002年の元老院議員提出法案については，拙稿・前掲「重層性」論文702-703頁も参照。

しかし，改正法にインスピレーションを与えたのは以上にとどまらない。まず，2001 年に相続法の部分的改正が実現した後に，家族法にかかわる重要な改正（離婚法，親子関係法）が相次いで成立し，これらは相続法にも影響を与えた[6]。さらに，ノテール会議（Congrès des notaires）を通じて，また法務省事務局（Chancellerie）の求めに応じてノテール最高評議会（Conseil supérieur du notariat）により実行されたアンケートを通じて，ノテール界から表明された提案も，裨益するところ大であった[7]。さらには，企業界や，社団界（とりわけ障害者の支援団体）から表明された意見も，一部取り入れられた[8]。

同法律の政府提出法案は 2005 年 6 月 29 日に国民議会に登録され[9]，2006 年 2 月 22 日に一部修正の上で国民議会第一読会を通過して元老院に送られた。同年 5 月 17 日にはさらに一部修正されて元老院を通過し，同年 6 月 13

---

5　Jean Carbonnier/Pierre Catala/Jean de Saint Affrique/Georges Morin（Préface de Jean Carbonnier），Des libéralités : une offre de loi（2003, Paris（Defrénois））．

6　Jean-Francois de Montgolfier, Famille et patrimoine : la réforme des successions. Le point de vue de la Direction des Affaires civiles et du Sceau. G. P. 7-8 juillet 2006, p. 8. なお同論文は，2006 年 1 月 26 日にパリの化学会館（Maison de la Chimie）で行われた家族法シンポジウム（2èmes États Généraux du droit de la famille）において，de Montgolfier 氏が，人及び家族の法部部長（chef du Bureau du droit des personnes et de la famille）として行った講演を記録したものであり，政府提出法案の段階での改正法をもとにした検討である（したがって最終的に成立した改正法の内容とは食い違っている部分もある）ことに注意すべきである。

7　Raymond Le Guidec, La loi du 23 juin 2006 portant réforme des successions et des libéralités. JCP G 2006 I 160, no. 1. なお，de Montgolfier, *op. cit.*, p. 8-9 及び改正法の政府提出法案起草理由 p. 6 によれば，2003 年 7 月に行われたこのアンケートには 3000 人ものノテールが回答し，その回答の分析から，法務省事務局は，遺留分割合を引き下げる必要はなく，むしろ，全当事者の同意のもとで遺留分制度を回避する可能性を認める制度をつくるべきである（本文 5 を参照），と確信したという。

8　de Montgolfier, *op. cit.*, p. 9.

9　J. O. doc., A.N. 2004/05, no. 2427. 2006 年 1 月 27 日に訂正版（rectifié）が出されており，以下で改正法の政府提出法案を引用する際にはこの訂正版に依拠する。なお，拙稿・前掲「可能性」159 頁注 50 の 9 行目で，2005 年 1 月 27 日とあるのは 2006 年 1 月 27 日の誤りである。この場を借りて訂正したい。

日には元老院通過後の法案が国民議会第二読会でそのまま採択された。短いながらも深い審議を通じて，一つのコンセンサスが幅広く成り立っており，改革の必要性と適切さがそのことにも現れていた，と Le Guidec は評している[10]。

## 3 遺産の管理レジーム

旧法下での遺産の管理レジームとしては，遺産分割前に不分割（indivision）の状態にある財産の管理（共同相続の場合にのみ問題となる），遺言執行者制度，暫定管理人制度，などがあった[11]。

新法は，まず，不分割権者らが不分割状態の遺産を管理する場合に関して，若干の改正をおこなった（(1)）。また，遺言執行者の権限を強化する方向で改正がなされ（(2)），判例上認められるにとどまっていた暫定管理人の制度につき明文の規定が設けられた（(3)）。さらに，新しく死後委任という制度が設けられた（(4)）。

### (1) 不分割財産の管理

旧815-3条1項では，不分割財産の管理行為及び処分行為については，不分割権者全員の同意が要求されていた（全員一致の原則）。しかし，新815-3条1項ではこれが改められ，管理行為などについては，3分の2の多数持分による決議を以て有効になすことができるようになった（但し，そのような決議は，それに賛成しない不分割権者に通知しなければ，彼らに対抗できないものとされる。新815-3条2項）。これに対して，不分割財産の通常の利用という範疇に属さないすべての行為や，不分割の負う債務及び負担を支払うために不分割動産を売却すること以外のあらゆる処分行為，を行うためには，依然として全員の同意が必要である（新815-3条3項）。

このような改正は，1995年法案でも，2002年法案でも提案されていな

---

10 Le Guidec, *op. cit.*, no. 1.
11 これらの制度については，拙稿・前掲「重層性」論文771頁以下を参照。

かったものであるが，相続財産の処理を担当するノテール[12]が，相続人らの無気力，能力不足，仲違いにしばしば逢着し，その結果不分割状態の遺産の管理不全が生じていたことに鑑みて，ノテール界から要望されていたものであった[13]。

(2) 遺言執行者の権限の拡大

遺言執行者についての旧法の規定は，遺言執行者制度を軽視していた末期古法及び中間法の態度を反映して，不十分で窮屈なものであったが，判例はそれを緩和する傾向をこれまで示してきた[14]。1995年法案及び2002年法案は遺言執行者制度に言及していなかったが（そもそも遺言執行者の規定は相続法部分ではなく恵与法部分に設けられている），Carbonnierグループが，旧法の規定に判例法理の到達点といくつかの変更とを盛り込んだ条文案を作成しており[15]，新法は，大筋でその条文案を採用した。

遺言執行者がいる場合には，かれは遺言の円滑な執行のために有用な保存行為を行わねばならない。同時にかれは，財産目録を作成させ，緊急に弁済する必要のある相続債務のために流動性を調達すべく動産を売却する，ことができる（以上，新1029条）。このような，すべての場合に当てはまる基本的な権限及び義務に加えて，遺言者は遺言執行者に，相続財産中の動産の全部ないし一部の占有を持ち・必要であれば特定遺贈の弁済のために自由分の限度でそれを売る，という権限を与えることができる（新1030条）。さらに，遺留分権利者がいない場合には，遺言者は遺言執行者に，相続財産中の不動産の全部ないし一部を処分すること，元本を受領し投資すること，債務及び負担を弁済すること，相続人及び受遺者のあいだで遺産を分割し帰属させること，についての権限を与えることもできる（新1030-1条）。

---

12 拙稿・前掲「重層性」論文744頁以下を参照。
13 Le Guidec, *op. cit.*, no. 26.
14 François Terré/Yves Lequette, Droit civil : Les successions, les libéralités（1997, Paris（Dalloz）），no. 414; Michel Grimaldi, Droit civil : Libéralités, partages d'ascendants（2000, Paris（Litec）），no. 1479.
15 Carbonnier *et al, op. cit.*, p. 70 et s.

IV 諸外国における社会と法の変化

遺言執行者の任務は，遺言開封時から最大で2年間で終了する。但し判事によって延長が認められうる（新1032条）。新1030条・1030-1条に基づいて遺言者から遺言執行者に対して与えられた権限は，遺言開封時から最大で2年間しか与えられえないが，最大で1年間の延長が判事によって与えられうる（新1031条）。

(3) 裁判上選任される相続上の受任者（mandataire successoral designé en justice）

裁判上選任される相続上の受任者（以下単に「相続受任者」という[16]）については，それに対応する制度が既に判例上認められていたところである[17]。1995年法案には，これを明文で定める規定があり，2002年法案もその規定をそっくりそのまま採用していた。

これら法案の段階では，ノテールその他適任者の裁判上の選任という措置は，相続財産を保存・管理する措置の一環として位置づけられており（両法案の811条及び812条参照），実際にも，ノテールその他適任者の裁判上の選任という措置を規定する趣旨は，第三者が相続財産の計算において保管していた資産の受領や，有価証券のポートフォリオの日常的な管理，の際に実務上生じていた困難（理論的には相続人全員の同意が必要）を解決することに求められていた[18]。

これら法案の規定を，改正法の立法者がどのように評価していたのかは定かでないが，規定ぶりを比較する限りでは，次のような違いがあるように思

---

[16] なお，似た名前の制度であるが，改正法では「合意によって選任される受任者（mandataire designé par convention）」についての規定も設けられている（新813条）。これは，相続人間の合意によって，相続財産の管理を相続人のうちの1人または第三者に委ねるものであるが，実のところ，一般の委任と何ら異なるものではなく（新813条1項は，この委任は，民法典1984条ないし2010条（委任に関する規定）により規律される，としている），旧法下でも実務上存在していた（改正法の政府提出法案起草理由説明 p. 13）。但し，少なくとも一人の相続人が限定承認したときは，この委任は利用できず，相続受任者の制度だけを利用できる（新813条2項）。

[17] de Montgolfier, *op. cit.*, p. 11.

[18] 1995年法案（J. O. doc., A. N. 1994/95, no. 1941）の起草理由説明 p. 14.

われる。すなわち，1995年法案や2002年法案では，裁判上選任される管理人（但し条文上「管理人」という言葉が用いられているわけではない）が行えることがらは，権限の範囲（812条）や任務の期間（813条）においてやや限定的であるようにみえ，裏から言えば，本来は相続人が有するはずの管理権限をなるべく侵さないような配慮が感じられる（両法案の814-3・814-4条）。これに対して改正法には，むしろ相続受任者の制度をヨリ積極的に評価し活用していこうという方向性が看取される[19]。

相続受任者は，相続人ないし相続人らが相続財産の管理についてやる気がなかったり・怠慢であったり・非行があったりする場合，相続人らのあいだで仲違いや利害対立がある場合，相続上の状況が複雑な場合，において，相続財産を暫定的に管理すべく判事によって選任される者（適任であれば自然人か法人かを問わない）である（新813-1条）。判事に相続受任者の選任を請求する資格をもつのは，相続人，債権者，被相続人の生前にその財産の全部ないし一部を被相続人のために管理していた者，その他の利害関係人，である（新813-1条）。選任の裁判は登録され公示される（新813-3条）。

相続受任者は，保存行為，監視的行為，暫定的管理行為をなすことができるほか，判事の許可のもと，相続財産の利益にかなうその他のあらゆる行為を行うこともできる（新813-4条）。さらに，一人でも相続を承認した相続人（単純承認か限定承認かを問わない）が現れた場合には，あらゆる管理行為をなすことができるほか，判事が許可すれば，相続財産の善良な管理のために必要な処分行為をなすこともできる（新814条）。さらに，限定承認をした相続人はいつでも，かれが本来なすべき遺産の管理・清算という任務を担わ

---

[19] この点で注目されるのは，誰が管理人ないし相続受任者の選任を請求できるかに関する，1995年法案及び2002年法案と改正法との態度の相違である。すなわち，前者においては，その請求ができるのは，相続資格をもつ者のうち最も勤勉な者（le successible le plus diligent）だけであったのに対し，後者においては，本文ですぐ後に述べるように，債権者を含むすべての利害関係人である。改正法の政府提出法案起草理由説明 p. 13 は，そのような規定の趣旨は，その有する債権の引き当てとなる相続財産が劣化するのに対抗すべく，アクションを取る可能性を特に債権者に残しておくことに存する，としている。

せるべく，相続受任者の選任を判事に対し請求することができる（新814-1条）。相続上の受任者は，その権限の範囲内で，民事上及び裁判上の行為につき相続人全体を代表する（新813-5条1項）。

相続上の受任者の受任期間及び報酬は，その選任の裁判において定められるが，請求があれば判事は受任期間を延長することもできる。もっとも，相続人間での不分割に関する合意により，また分割証書にサインがされたことにより，任務は当然に終了し，さらに，受任事務の完遂されたことを判事が確認したときにも，任務は終了する（新813-9条）。

(4) 死後委任（mandat à effet posthume）

死後委任の規定は，1995年法案，2002年法案，Carbonnierグループの立法提案，のいずれにも見られなかったものである。

被相続人は，明示された一人ないし複数の相続人ら（以下「対象相続人」という）の計算および利益において，自分の相続財産の全部ないし一部を自分の死後に管理運用すべきことを，生前に一人ないし複数の者（自然人ないし法人。相続人のうちの一人であってもよいが，相続財産の処理を担当するノテールであってはならない）に委任することができる（新812条）。死後委任は，対象相続人ないし相続財産に鑑みて重大かつ正当で詳細に理由づけられた利益によって正当化される場合に限って，有効である（新812-1-1条1項）。受任者は，委任者たる被相続人の生前に受諾していなければならない（新812-1-1条4項）。この委任は原則として2年を超えない期間のみ与えられうる（判事により延長が認められうる）が，対象相続人の不適格・年齢や，職業的財産の運用の必要，に鑑みて死後委任がなされる場合には，5年間とすることができる（これについても判事により延長が認められうる）（新812-1-1条2項）。上述の重大で正当な理由が失われたり，受任者による任務の執行が善良でない場合には，対象相続人ないしその代理人の請求に基づいて，死後委任の裁判上の撤回（révocation）が認められうる（新812-4条1項3号）。また，放棄（renonciation）は，任務の執行開始前であれば，その意思を相手方に伝えさえすれば委任者・受任者のいずれからも可能であり（新812-1-1条5項），また執行開始後であっても，受任者が放棄の申し入れを

対象相続人ないしその代理人に通知すれば，原則として通知から3ヶ月の経過後に効力を生じる（新812‐6条）。

死後委任の制度は，対象相続人が適正な能力を欠いた状態にある場合（未成年者，障害者など）や，相続財産の管理が特殊な技能を必要とする場合（企業，金融資産など）において有用である[20]。改正法の政府提出法案起草理由説明は，死後委任制度は，他国では相続の局面における信託（fiducie successorale）が満たしている需要に応じるものとなるだろう，と述べている[21]。もっとも，死後委任の受任者には処分権は認められていない（その点では信託受託者とは全く異なる）ことにも注意すべきである（新812‐4条1項5号も参照）。

なお，Malaurie は死後委任について，特段の定めがないかぎり無償であるとの定め（新812‐2条1項）にもかかわらず，「新たなもうかる専門職，すなわち遺産の管理という職業，が生まれ，瞬く間に発展するだろう」「この受任者は報酬を受け，それも非常に高い報酬を受けることになるだろう」と予言し，その結果遺産が食い物にされることになるのを警戒している[22]。

最後に，遺言執行者，相続受任者，死後委任の3制度間の優劣に触れておく。まず，遺言執行は他の2者に優先する。すなわち，死後委任の受任者の権限は遺言執行者の権限を侵すことができないし（新812条1項），相続受任者も，遺言執行者として選任されていた者の権限と両立可能な限度でしか行為できない（新813‐2条）。また，相続受任者は，死後委任の受任者の権限と両立可能な限度でしか行為できない（新813‐2条）。

---

[20] 改正法の政府提出法案起草理由説明 p. 12; Le Guidec, *op. cit.*, no. 28.

[21] 改正法の政府提出法案起草理由説明 p. 12. また，Le Guidec, *op. cit.*, no. 28; Nathalie Levillain, Loi du 23 juin 2006 : principales nouveautés relatives aux successions. JCP N 2006 act. 446, p. 1233 は，それぞれ，被相続人の意思に基づく相続人の dépossession，相続人が相続財産に有する権利の侵害，という点を，死後委任制度に伴うものとして指摘する。

[22] Malaurie, *op. cit.* p. 1971 et s.

IV 諸外国における社会と法の変化

## 4 諸種の贈与分割

フランス相続法の大原則の1つとして，将来の相続にかかる法律行為の禁止（prohibition des pactes sur succession future）がある[23]。しかしこの原則は絶対的なものではないと考えられており，民法典がその例外として明示的に認めているものの一つに，贈与分割（donations-partages）がある。これは，処分者が，自分が現在有する財産の全部ないし一部を，同意する複数の譲受人に対して，その場で不遡及的に無償譲渡し，そのようにして遺産分割を先取りしておこなってしまう，というものである。贈与分割は，相続を念頭に置いて無償譲渡を事前にプランニングする（anticipation successorale）ための手段として理想的であるが[24]，旧規定下では，尊属がその卑属に対して財産分配をする場合にしか使うことができないという制約があった[25]。

---

[23] pacte という言葉は本来単独行為を含まないが，旧法下から一般に，単独行為についてもこの原則が妥当するといわれており，その例として，相続をその開始前に事前放棄することができないとする旧791条の規定がよく挙げられていた（新770条がこれに対応する）。そのことを含めて，この原則の説明については，Terré/Lequette, op. cit., nos. 603 et s.; Michel Grimaldi, Droit civil : Successions (6e éd., 2001, Paris (Litec)), nos. 339 et s. を参照。

[24] 改正法の政府提出法案起草理由説明 p. 3; Le Guidec, op. cit., no. 10.

[25] それゆえ，旧法下では，贈与分割の規定は「尊属分割（partage d'ascendant）」と題された章の中に設けられていた。なお，尊属分割のもう1つの類型として，遺言分割（testament-partage）というものがあるが，現実にはほとんど利用されていない（Terré/Lequette, op. cit., no. 1081. ほとんど利用されない理由として税法上の問題が大きいと指摘する Gérard Chabot, Le testament-partage entre désuétude et renouveau. Revue Lamy Droit Civil no. 23, p. 51 も参照）。改正法は，贈与分割と遺言分割とを包摂する上位概念として「恵与分割（libéralités-partages）」という概念を案出し，恵与分割一般に適用されるべき規定を集めた節も用意されたが（新1075条以下），上述のような事情もあって，実際には贈与分割の規定の改善をもっぱら念頭に置いているようにみえる（Frédéric Guerchoun/Stéphane Piedelièvre, La réforme des successions et des libéralités par la loi du 23 juin 2006. G. P. 23 août 2006 p. 2, no. 85）。かくして，以下の叙述では贈与分割に話題を絞ることにする。

これに対して，改正法は贈与分割が利用できるケースを大幅に拡大した。

第一に，譲受人が処分者の卑属でなくても，推定相続人であれば贈与分割が利用できるようになった（新1075条・1076条）。これはCarbonnierグループの提案の中にも盛り込まれておらず，改正法の政府提出法案の段階で初めて提案されたものであり，以て，卑属のいない者が，兄弟や甥姪のために贈与分割をおこなうことが可能となった[26]。

第二に，AとBの夫婦が共同で贈与分割をおこなう際に，ABのカップルから生まれたのではないがA（またはB）の子ではある，という者を，A（またはB）の固有財産（biens propres）や共通財産（biens communs）の譲受人として含めることができる（新1076-1条），つまり再構成家族（famille recomposée）の子の全員を一個の贈与分割の対象とすることができる，という点が明文化された[27]。

第三に，譲受人が処分者の卑属であれば，世代の異なる者が含まれてもよい（したがって推定相続人でない者が含まれてもよい）ことになった（新1075-1条・1078-4条以下。donation-partage trans-générationnelleなどと呼ばれる）。これはノテール会議が要望しCarbonnierグループが提案していたところ[28]を立法化したものであって，高齢化の進展とともに，相続開始時における相続人の年齢も上昇しており，かくして相続人よりもその1つ下の世代の者の方が，遺産を受け取ることによってヨリ多くの効用を感じる[29]，という現代的状況に対応したものである[30]。この改正により，例えば処分者には子が一人

---

[26] 改正法の政府提出法案起草理由説明 p. 25.

[27] 改正法の政府提出法案起草理由説明 p. 25; Le Guidec, *op. cit.*, no. 10; Frédéric Bicheron, Réforme des successions : une entrée en vigueur au 1er janvier 2007. AJ Famille 2006, 266. 再構成家族という概念については，大村敦志『家族法』（第2版補訂版，2004，有斐閣）10頁も参照。

[28] Carbonnier *et al, op. cit.*, p. 104; Le Guidec, *op. cit.*, no. 11.

[29] de Montgolfier, *op. cit.*, p. 9. 同所は，2005年の税法が，孫への金銭贈与の促進のため，それをおこなうと税負担が軽くなるという措置を導入したところ，成功をおさめた（実際に促進された），という例を挙げ，その例は，家族は孫へ財産を移転できるよう望んでいることを示している，という。

[30] Carbonnier *et al, op. cit.*, p. 104; 改正法の政府提出法案起草理由説明 p. 25; Le

しかいなかったとしても，その子にさらに子（処分者から見ると孫）がいる場合には，贈与分割はその子及び孫に対してなされてもよいし，あるいは孫たちに対してのみなされてもよいことになる（新1078-5条1項）。これらの例において，孫（たち）は，前者では部分的に，後者では全面的に，子に代わって財産を受けることになるが（新1078-4条），その際には，譲受人となる孫だけでなく，権利を部分的ないし全面的に放棄する子の同意も必要とされる（新1078-5条2項）。

## 5　遺留分の事前放棄

改正法は，無償処分者がなした処分の法的安定性（sécurité juridique）という観点から，遺留分の現物返還原則を価額返還原則へと転換した（新924条）。しかし，遺留分制度の改正点としてこれ以上にインパクトが大きいのは，遺留分の事前放棄が改正法によって可能とされたことである。

すなわち，将来の相続にかかる法律行為の禁止（本文4で前述）に対するさらなる例外として，改正法は新たに，遺留分の事前放棄を一定の要件のもとで有効とした（新929条以下）。遺留分を有する推定相続人は，未だ開始していない相続に関する減殺訴権の行使を，特定された別の者（例えば，障害をもった者や生存配偶者[31]）のために放棄することができる（新929条1項）。この放棄は，放棄者の遺留分の全部を目的とするものであっても，一部のみを目的とするものであってもよく，また，ある特定の財産の恵与のみに係るものであってもよい（新929条2項）。この放棄は，被相続人によって承認されて初めて効力を生じる（新929条1項）。この放棄は，2人のノテール（うち1人はノテール会議所（chambre des notaires）の所長によって指名された者でなければならない）のもとで，当該放棄のみを記載内容とする公署証書（acte authentique spécifique）の形式によって証明されねばならない。放棄者

---

Guidec, *op. cit.*, nos. 11s. 一番最後の文献が，"une solidarité familiale modernisée et adaptée", "famille intergénérationelle unie et confiante" という言葉を用いているのが興味深い。

31　この例示は，改正法の政府提出法案起草理由説明 p. 23 による。

は各自が個別的にノテールのみの面前で署名する必要があり，また証書には，各放棄者にとってどのような法的帰結が生じるかが明示されていなければならない（新930条1項）。また，被相続人が放棄者に扶養義務を果たさない場合，相続開始時において放棄者が要扶養状態（état de besoin）にあって，遺留分放棄をしなかったならばそのような状態は生じていなかったはずである場合，放棄により利益を受ける者が，放棄者の人身に対する犯罪ないし不法行為の責めを負う場合，の3つの場合に限り，放棄者は放棄の撤回（révocation）を裁判上請求することができる（新930-3条・930-4条）。

　遺留分の事前放棄が規定されるに至った背景としては，遺留分の不可侵性が，生前の・ないし死亡を原因とする無償での財産の移転，をオーガナイズするにあたっての主たる障害となっている，という事情が挙げられている[32]。すなわち，贈与分割の制度ではカバーできないタイプの贈与については，当初は遺留分侵害の問題を生じさせないと思われていたにもかかわらず，贈与財産が相続開始までの間に価額変動することによって，遺留分侵害の問題を生じさせ，その結果，一旦なされた贈与に対し遺留分減殺請求がされてしまう，という可能性があるところ，遺留分の事前放棄という制度によって，柔軟さがもたらされ，一旦なされた贈与の法的安定性が確保される，というわけである[33]。特に企業界及び障害者を優遇したい親たちが，この制度を待望していた[34]。

　この制度について，Le Guidec は次のように評価する[35]。確かに障害者のために他の遺留分権利者が遺留分を事前放棄するような場合を考えれば，正当な制度であるようにも見えるが，家産維持を図って相続人の一人のみを優遇すること——これは今は打破されたかつての慣行を想起させる——などにこの制度が利用されることもあるかもしれない。しかしそのような憂慮を強調しすぎるべきではない。というのも，放棄者の同意は常に自由で明確なものでなければならず，また証書では，将来の法的帰結が詳細に明示されるか

---

[32] 改正法の政府提出法案起草理由説明 p. 23.
[33] de Montgolfier, *op. cit.*, p. 10.
[34] de Montgolfier, *op. cit.*, p. 10.
[35] Le Guidec, *op. cit.*, no. 15.

Ⅳ 諸外国における社会と法の変化

らである。

## 6 段階的恵与 (libéralités graduelles)[36]

段階的恵与は，旧法下での，許容される信託的継伝処分（substitution fidéi-commissaire）の名前が改められるとともに，規定内容も一新されたものである。

信託的継伝処分とは，処分者Aが譲受人Bに対し，Bはそれを保存して・死亡時にはC（Aにより指名される）にそれを移転させなければならない，という負担つきで，財産を無償処分する（生前処分でも死因処分でもよい）というものである。旧法では原則として禁止されており（旧896条），特別に定められた要件を満たす場合に限って，例外的に処分全体が有効となるものとされていた（旧897条・1048条以下）。その特別の要件とは，Aが，まずBとして，原則としてA自身の子のうち1人ないし複数を選び（旧1048条），例外的に，Aが子を残さずに死亡した場合にはAの兄弟姉妹のうち1人ないし複数の者を選ぶこと（旧1049条），かつCとして，Bの一親等の子（Aによる処分の発効時にはまだ生まれていなくてもよい）のみを全員，年齢や性別による差別なく指定すること，であった（旧1050条）。これに対して新法では，同種の処分は法律の規定で許容されている場合に限って認められるとされるが（同896条），許容されるために満たされるべき要件が大幅に緩和された。具体的には，AがBやCとして任意の者（法人を含む）を選択できるようになった。

このような提案は，Carbonnierグループによって既になされていたところであるが[37]，政府提出法案ではそれは受け入れられず，名前を変えるほかは

---

36 段階的恵与については，既に拙稿・前掲「可能性」論文159頁注50である程度詳しく扱い，本稿の記述はそれとかなり重なっている。なお同所では，段階的恵与によく似たものとして改正法で規定の設けられた，残余財産恵与（libéralités résiduelles）にも言及したが，これは，以前から判例上認められていた残余財産遺贈（これについても同論文の138頁以下を参照）の法理を明文化した上で，それを恵与一般に拡大したにすぎないものなので，本稿では触れない。

旧法の規定を維持することになっていた（政府提出法案 17 条）。しかし国民議会第一読会の際に，成年の障害者を守る団体からの要望にも応える形で[38]，信託的継伝処分の原則的禁止に対する例外を大幅に緩和することが決められ，この方針を元老院も支持したのである。

段階的恵与の活用例としては，次のようなものが挙げられている。まず，2006 年 2 月 22 日の国民議会第二審議 (séance) において，法務大臣は，(1)親 A が，障害を負った子 B にアパルトマンを与えて B の居住を確保し，B の死後は B の兄弟姉妹が承継できるようにする，(2)親 A が，障害を負った子 B に株を与えて，そこから上がる収益で B の生活を維持し，もしまとまった資金が B に必要となった場合には，B の後見人がそれを売却し（この場合，段階的遺贈の効果の客体は売却されたものではなくその代位物になる。新 1049 条 2 項），B の死後，B の兄弟姉妹やその子らが承継する，の 2 例を挙げている。また，Carbonnier グループは，(3)A が B として生存配偶者を指定し，C として A 自身の子ないしその他の血族を指定する，(4)障害のある子をもつ A が，その子の将来に備えて，専門の団体を状況に応じ B または C として指定する，の 2 例を挙げている[39]。さらに，(5)旧規定のもとでも許容されていたような，3 世代間にわたる承継のための利用も，もちろん可能である[40]。

なお，B が A の相続につき遺留分を有する場合には，対象財産を保存し・死亡時に移転させる，という負担は，それを A から自由分として受け取った分の限度でのみ及ぶ（新 1054 条 1 項）。しかし B は，贈与後に作成された・遺留分の事前放棄のために必要とされる形式を備えた公署証書（本文 5 で前述）において，または贈与証書において[41]，遺留分として受けた財産の全部

---

[37] Carbonnier, *op. cit.*, p. 82. さらに遡れば，すでに 1984 年の第 80 回ノテール会議で同趣旨の提案がされていたとされる（Jean François Pillebout, L'offre de loi : à propos des handicapés mentaux. JCP N 2005 no. 3, p. 46)。

[38] J.O. rapport, A. N. 2005/06, no. 2850, p. 40.

[39] Carbonnier *et al*, *op. cit.*, p. 83.

[40] 新 1055 条 2 項がそのような利用を念頭に置いて作られたものである点について，J.O. rapport, Sénat 2005/06, no. 343, p. 48.

[41] Nathalie Levillain, Libéralités, PACS, dispositions diverses : ce qui va changer... JCP N

IV 諸外国における社会と法の変化

ないし一部にもその負担が及ぶことを承諾することができる（新1054条2項）。

段階的恵与と遺留分の事前放棄とを組み合わせた活用法としては，例えばAがBとして障害者である自分の子を指定し，Aの遺産について遺留分を有するAの他の子（すなわちBの兄弟姉妹。その全員又は一部の者がCとして指定されることも考えられる）に，遺留分を事前放棄してもらう，というものが考えられる[42]。

## 7　企業経営の継続のための諸措置

2でも述べたように，旧規定は，1804年の民法典制定時から基本的に変更を受けていないが，その制定当初においては，企業の経営者の死後にその企業の行く末がどうなるかについて，配慮はなされていなかった。また20世紀においては，主に農業経営についてのみ，そのような配慮が見られるようになった[43]。しかし今日，毎年1万もの企業（主に中小企業）が経営者の死亡をきっかけとして消滅しているという現状がある。そのことの責めは必ずしも相続法に帰せられるべきものではないが，しかし相続法の厳格さが解決を妨げているような問題が存在するのも確かである[44]。そこで改正法は，経営者について相続が開始しても，かれの経営していた企業がそのまま活動を継続し・適正に承継されるよう，いくつかの改正をおこなった[45]。そのうち特に大きなものは既に本稿で扱ったので（死後委任，贈与分割の利用可能なケースの拡大，遺留分の事前放棄，など），ここではまだ触れていないものを

---

2006 act. 462, p. 1276 は，贈与証書でもこの承諾ができるとする規定について，遺留分の事前放棄のために必要とされる形式を備えた公署証書による場合と比較して，承諾者の保護が十分でないように見える，と批判している。

42　Levillain, *op. cit.* (successions), p. 1232.
43　改正法の政府提出法案起草理由説明 p. 19.
44　de Montgolfier, *op. cit.*, p. 9.
45　もっとも，この問題の解決のためには，税法上の障害も念頭に置く必要があり，またもちろんだが，究極的には関係当事者の意向や能力にも大きく依存する（Le Guidec, *op. cit.*, no. 38）。

簡単に紹介する。

(1) 黙示の単純承認
　黙示に単純承認したとは評価されない事由が，旧779条に比べて格段に具体的に規定され，相続に関する選択権を行使したとみなされることなく，被相続人の経営していた企業の活動を相続開始直後もそのまま相続人が継続できるよう，配慮がなされた（新784条）。

(2) 遺産分割の延期・不分割の維持
　不分割状態にある遺産について，不分割権者（相続人など）は誰でもいつでも分割の請求ができるというのが原則である（旧815条1項，新815条）。これに対する例外の1つとして，旧法は，遺産に含まれる農場が不分割権者のうちの1人によって引き継がれるまでに時間を要する場合に，最大で2年間の分割の延期を，不分割権者からの請求に基づいて裁判所が裁量的に許可することを認めていた（旧815条2項）。また，不分割を維持すべきであるという関係当事者の請求が裁判所の裁量的判断によって認められうるケースの1つとして，それが経済的にみて一体をなしている農場であり，その経営が被相続人もしくはその配偶者によって支えられていた場合，が規定されていた（旧815-1条1項）。新法は，農業という限定を撤廃し，企業であればその目的（農業的，商事的，工業的，職人的，自由職業的）は問わないこととした（新820条・821条）。

(3) 優先的帰属（attribution préférentielle）
　遺産分割において，経済的にみて一体をなしており細分化が望ましくないもの（典型的には農場）について，その経営に実際に参加している（もしくはしていた）相続人ないし生存配偶者が，必要な場合には清算金の支払と引き換えに，その一体の全体を自分に帰属させるよう求めることのできる権利が一定の場合に認められており，これを優先的帰属という。旧832条3項及び4項では，裁判所が便宜であると判断するときに優先的帰属の請求が認められる場合の一つとして，優先的帰属の請求される対象財産が，農場である

か・または家族的性格を何らかの形で有する商業的・工業的・職人的企業，の所有権・不分割持分ないしは人的社員持分（parts sociales）である，という場合が規定されていた。新831条はこれを拡大して，対象財産が企業の所有権・不分割持分ないしは社員権（droits sociaux）であれば，その企業の目的のいかんや家族的性格の有無は問わないこととした。

## 8 おわりに

ここまで，筆者の関心に専ら基づいて，改正法によって実現された改正点のうち主なものを紹介してきた。そのほかにも，財産を受けることについてヨリ大きな需要をもっているヨリ若い世代に，財産を承継させることを可能にすべく，相続放棄が代襲相続の原因となることに改められるなど[46]（新754条），興味深い改正点はまだまだ多いが，紙幅の都合もあり本稿ではこれ以上の紹介は断念する。ただ，そのように限界をもつ紹介だとはいえ，今改正が全くテクニカルなものにとどまるわけではなく，フランス法の伝統的な観念（遺産について法定相続人が当然に有するとされる権利の尊重，相続人間の平等，等々）を大枠で維持しつつもそれを修正し[47]，以て，最近の人口動態，

---

[46] 改正法の政府提出法案起草理由説明 p. 24. なお興味深いことに，de Montgolfier, *op. cit.*, p. 10 は，この改正を，相続資格を有する者の自由の増大として位置づけている。

[47] Malaurie, *op. cit.*, p. 1966. ヨリ具体的に，Daniel Vigneau, La règlement de la succession — Observations sur le projet de loi portant réforme des successions et libéralités. JCP N 2006 étude 1144, no. 2 は，改正法案を支配している2つの欲求として，相続法を支配する大原則の維持と，現代の経済・家族に関する一定の現実への顧慮とを指摘する。また Marc Nicod, L'anticipation de la succession. JCP N 2006 étude 1136, no. 5 は，改正法案は個人主義の強化という傾向を有しているが，しかし相続人（特に遺留分を有する者）の利益を決定的に破壊するつもりもないのであり，意思（volonté）の力と相続人の保護との均衡点を探ったものである，と位置づけている。なお，両論文はいずれも，2006年1月26日に Toulouse で行われた，倒産手続及び相続・恵与の改革をテーマとしたシンポジウムでの報告（両著者とも大学教授である）の抜粋であり，したがってその叙述は，基本的に改正法の政府提出法案に基づくものである。

[48] 改正法の意義を高く評価しつつも，同時に多くの問題を積み残しにしたと指摘し，

及びスムースな企業承継と相続のプランニングとへのニーズ，にある程度[48]応えた，という点は明らかにできたと考える。同様の問題に直面するドイツ法が取る対処の仕方との比較は刺激的なテーマであるが[49]，これは将来の課題としておきたい。

また，筆者が最近扱った[50]，大陸法系における無償処分と信託との関係，という観点からも，改正法は非常に興味深い。すなわち，改正法は，死後委任や段階的恵与など，信託「的」と呼びうる制度[51]を新たに導入ないし大幅に拡大したが，それを信託という枠の中で規律するのではなく，むしろヨリ特定的な状況を前提とする個別的な制度として規定したのである。ある元老院議員により近時提出された信託法案が，無償処分目的での信託の利用をおよそ埒外に置いていること[52]とあわせ考えると，フランスでは，信託の利用は商事的な文脈に限定する，という方向性が確立されてきたように見受けられる。もっとも，いうまでもないが，そのことをふまえて日本法がどういう態度を採るべきかは，新信託法が制定された今日でもなお熟考に値する問題である。

---

　　また多くの改正規定は，フランス人の平均的な相続像からみると非常に限られた数の処分者（disposant）にしかかかわらない性質のものであると述べる，Guerchoun/Piedelièvre, op. cit. nos. 4s. も参照。また，同論文の注50は，改正法のうち恵与に係る部分について，Carbonnier et al, op. cit. と比較対照してみれば，改正法による改革が限定的なものであることは明白である，と指摘する。政府提出法案段階のものに対するコメントだが，Malaurie, op. cit., p. 1966 et s. もほぼ同旨を（辛辣な口調で）述べる。

49　ドイツ法の対応を扱う日本語文献としては，藤原正則「ドイツにおける生前処分と死因処分の傾向」新井［編］・前掲書199頁と，同論文256頁注1に引用された諸論文を参照。

50　拙稿・前掲「可能性」論文参照。

51　参照，新井誠「高齢社会における個人信託制度の必要性」新井［編］・前掲書278-279頁。

52　この点については，拙稿・前掲「可能性」論文153頁注1を参照。なお，本稿脱稿後，同法案は大幅な修正ののち法律として成立するに至ったが，その法律については，本稿の筆者による紹介（「フランス信託法の制定について」千葉大学法学論集22巻1号（2007）174頁）が既に公表されている。

Ⅳ 諸外国における社会と法の変化

＊　本稿は，手塚和彰教授主宰の「社会的公正・公平を考える研究会」の第4回例会（2005年2月7日）に筆者がおこなった「現代家族財産法の諸問題」と題する報告に，その後のフランスの立法動向を踏まえて大幅に加筆修正したものである。もっとも，本稿脱稿時（2006年10月）においては，改正法に関する文献（とりわけ修正を経て最終的に成立した改正法の内容をふまえたもの）として入手できたものが非常に少なく，その意味においても，本稿による改正法の紹介は包括的なものからは程遠い。そのような不完全なものを，千葉大学に着任して以来一貫してお世話になってきた手塚先生に献呈するのは，誠に忸怩たる思いであるが，ご海容をいただければ幸いである。

## アメリカ労使関係法の黄昏
――「骨化」から死へ？――

中窪裕也

## 1 はじめに

　アメリカ合衆国で「労働法」(labor law) と言えば，集団的な労使関係法を意味する。その中心に位置するのは，1935年にいわゆるワグナー法として制定された，全国労働関係法（National Labor Relations Act）である。戦後，タフト・ハートレー法（1947年）およびランドラム・グリフィン法（1959年）によって修正を受けたものの，70年以上にわたって，団体交渉を基盤とする労使関係システムを支えてきた。

　しかし，周知のように，アメリカの労働運動は，1950年代をピークに衰退の一途を辿り，閉塞状況にある。散発的な成功や新たな組織化の努力は見られるものの，長期低落を押しとどめる力とはなりえていない[1]。今日では組合の組織率は12.0％，民間企業に限れば7.4％であり[2]，全国労働関係法の制定時の水準をも下回る。団体交渉や労働協約は，大多数の労働者にとっ

---

1　2005年にはAFL-CIOが分裂し，全米サービス従業員労組やチームスターズなどの有力組合が脱退してCTW（Change to Win）を結成したが，これが組合運動の再活性化のきっかけになるのか，それとも「終わりの始まり」なのかは，まだ判断しがたい。CTWの結成を1930年代におけるAFLからのCIOの分離独立と対比した分析として，長沼秀世「CIOの形成―組織原理の対立」日本労働研究雑誌562号80頁（2007年）を参照。

2　数字は，連邦労働省の発表による2006年のもの。前年と比較して，全体で0.5％，民間で0.4％の減少となっている。U. S. Department of Labor, Bureau of Labor Statistics, *Union Members in 2006*（1/25/2007）.

て，ほとんど無縁な存在になってしまった。その一方で，1960 年代以降の雇用差別禁止立法や労働条件規制等の発展によって，「雇用法」(employment law) と呼ばれる個別法の分野が比重を増し，集団法の影は薄くなるばかりである。

そのような中，疑問符付きではあるとはいえ，ついに「労働法の死」をタイトルに掲げる論考が現れた。ニューヨーク大学のシンシア・エストランド (Cynthia L. Estlund) 教授（以下では敬称を省略して「エストランド」と記す）が 2006 年に発表した，「労働法の死？」(The Death of Labor Law？) である[3]。エストランドは，以前，アメリカ労働法の衰退を「骨化」(ossification) という概念を用いて分析したことがある[4]。いわば新陳代謝の欠如により干からびて固まってしまうことを意味するが，今回の論文もそれを基礎にしながら，労働法学，労働法，労働組合のいずれもが存亡の危機に瀕していることを論じている。危機の指摘そのものは，ある意味で陳腐ともいえるが，労働法の「骨化」が生じたメカニズムや，法学分野としての労働法の凋落などについて，独自の考察が示されている[5]。

近年，アメリカ労働法を素材に「集団の再生」を論じる力作が，水町氏によって発表された[6]。その前向きな姿勢には大きな魅力を感じるが，凍てつ

---

[3] Cynthia L. Estlund, *The Death of Labor Law?*, New York University School of Law, Public Law & Legal Theory Research Paper No. 06-16（2006）. この論文は，Social Science Research Network のサイト（http://www.ssrn.com）から，ダウンロードが可能である。その後，同内容で，Annual Review of Law and Social Science Vol. 2, pp. 105-123（Dec. 2006）に掲載された。

なお，エストランドは，「自己規制」という視角から雇用・労働法の再構成を試みる論文により，わが国でも注目されている。Cynthia L. Estlund, *Rebuilding the Law of the Workplace in the Era of Self-Regulation*, 105 Colum. L. Rev. 319（2005）. 同論文の紹介として，神吉知郁子「論文紹介」アメリカ法［2006 - 2］360 頁。

[4] Cynthia L. Estlund, *The Ossification of American Labor Law*, 102 Colum. L. Rev. 1527（2002）.

[5] 労働法学の凋落について，エストランドは既に下記の論文を発表しており，本論文もそれを下敷きにしている。Cynthia L. Estlund, *Reflections on the Declining Prestige of American Labor Law Scholarship*, 23 Lab. L. Policy J. 319（2005）.

[6] 水町勇一郎『集団の再生―アメリカ労働法制の歴史と理論』（有斐閣，2005年）。な

いた荒野でそのような萌芽が生長して開花・結実することがいかに困難な挑戦であるかという点は，我々としても十分に認識しておく必要があろう。そのためにも，いささか気の重い作業ではあるが，以下に，エストランド論文の内容を辿ってみることにしたい[7]。

## 2 アメリカ労働法学の栄光

エストランドは，まず，20世紀のアメリカ労働法学が，数々の大学者を輩出し，法学界の最先端を走っていたことを指摘する。ここでは，3つのポイントに分けて概観しておこう。

第1に，労働法学隆盛の起源はニューディールよりも古く，20世紀初頭の，いわゆるLochner時代に遡る[8]。州や連邦による労働立法に対して，連邦最高裁が違憲判決を下して立ちはだかった時期である。労働組合運動に対しても，裁判所がインジャンクションを濫発して抑圧し，その是正が焦眉の課題となった。かかる状況の下で，Robert Haleらリアリズム法学者による「契約の自由」批判や，Felix Frankfurterによるレイバー・インジャンクション批判は，当時の法学の最前線であるとともに，後のワグナー法の知的基盤を形成する役割を果たした。

第2に，労働立法および労働運動にとって突破口となり，かつ労働法学の地位を一挙に高めたのは，言うまでもなくニューディールである。新政権の積極的経済・社会政策と労働運動の高揚，1935年のワグナー法（全国労働関係法）の制定に至る連邦議会内外の政治過程，従来の態度から一転してその

---

お，同書に対する筆者の書評として，日本労働研究雑誌550号97頁（2006年）。

[7] 本稿で触れるアメリカ労働法の歴史，立法枠組み，判例等について詳しく説明する余裕はないので，中窪裕也『アメリカ労働法』（弘文堂，1995年）の参照をお願いしたい。また，アメリカにおける集団法と個別法との関係については，同「アメリカ労働法の動向―個別的労働法の発展とその意義」労働法律旬報1378号36頁（1996年），同「労働法の規制緩和と柔軟化―アメリカ」日本労働法学会誌93号121号（1999年）も参照。

[8] Lochner v. New York, 198 U. S. 45 (1905).

合憲性を認めた1937年の連邦最高裁判決[9]と，サスペンスあふれる劇的な出来事の連続であった。さらに，ワグナー法は画期的な立法であったけれども，その下で実際に団体交渉が定着するには，労働組合による激烈な闘争が必要とされた。1930年代後半から40年代前半にかけて，数多くの労働争議が発生し，連邦最高裁の判断も次々に示された。これらの解決のために尽力する労働法学は，まさに社会の最重要問題を扱う分野として，声望を高めた。また，ワグナー法に体現された労働者の基本権と労使自治のシステムは，産業における自由と民主制を確立するものであり，労働法学に憲法的な輝きを与えることとなった。

　第3に，ワグナー法によって創設され，タフト・ハートレー法によって修正・補完された新しい労働法体系は，巨大な「制度的調整」を必要とするものであった。全国労働関係法そのものが，州法から連邦法へ，司法から行政へ，という決定権限のシフトをもたらした。加えて，同法によって促進される団体交渉が，労働協約をめぐる紛争の解決のために自主的な仲裁制度を発展させ，これに関する裁判所の権限や労働者個人の権利との関係について，一群の法的ルールを生み出した。かかる制度的変化の過程において，連邦最高裁の判決がきわめて重要な役割を果たしたのは当然であるが（連邦法による先占，労働協約における仲裁判断の尊重，組合の公正代表義務と排他的代表権限，NLRBの決定に対する司法審査など），そこには，Archibald Coxをはじめとする有力な労働法学者の著作が，大きな影響を及ぼした。1940年代から60年代初頭にかけての労働法学は，判例への影響を通じて新たな制度枠組みの設計に参画する，現実的な可能性を持っていたのである。また，このような労働法の発展が「誰が判断するか」を中心的争点とするものであったことから，戦後の法学界で隆盛を誇ったリーガル・プロセス学派の主張——法の役割はさまざまな主体の間で決定権限を適切に配分することにある——に合致し[10]，労働法学の地位はいっそう高まった。

　この第3の点の指摘は，筆者にとって特に印象的である。この時期の判例

---

9　NLRB v. Jones & Laughlin Steel Co., 301 U. S. 1 (1937).
10　リーガル・プロセス学派については，モートン・J・ホーウィッツ（樋口範雄訳）『現代アメリカ法の歴史』（弘文堂，1996年）331頁以下を参照。

や学説を読む中で，アメリカの労使関係法において「制度」がいかに重要であるかを痛感したからである。NLRB，裁判所，仲裁人の権限配分や，その下での組合と個人との関係について繰り広げられた高度に知的な議論を，まざまざと思い出す。

## 3 公民権時代の労働組合

けれども，上に見たような労働法学の栄光の日々はとうに去り，今日では法学の周辺領域に押しやられてしまった。その原因を探る形で，エストランドの考察が進められる。最初の要因は，労働組合の精神およびイメージの低下である。

1950年代は，労働組合運動の量的な絶頂期であったが，イデオロギー的にも多様な組織を傘下にかかえ，反共攻撃の的とされたり，腐敗や権力欲の犠牲になったりした[11]。そして，以後の組合運動は，量的にも精神的にも「大きさ」を失った。民主主義や基本権のための社会運動というよりも，自己の経済的利益を追い求める存在のように見えるようになり，エスタブリッシュメントの一部と化してしまった。

さらに，1950年代以降の公民権運動が，人種差別を克服するために，積極的司法介入による人権の保護と監視，州に対する連邦権限の優越といった新たな憲法的主張を掲げ，1930年代に労働組合運動が有していた倫理的・知的訴求力を奪う結果となった。平等の実現のために裁判所が大きな役割を果たしたことから，法学界における公民権運動のアピール度はたいへん高い。他方で労働組合は，公民権運動と連携するよりも，むしろ敵対することが多かった。

実際には，長年にわたり黒人を排除して差別を行ってきた組合がある一方で，特にCIO系の組織では，平等な権利を認める組合もあった。しかし，組合が多数決により運営される組織である以上，白人労働者の既得権益を守

---

11 周知のように，これに対処するために1959年にランドラム・グリフィン法が制定され，組合の内部関係に規制を加えた。

ろうとする方向に傾くことは避けられない。かくして労働組合は，進歩的な社会運動や公益を志向する法学にとって，解決の主体よりも，問題の一部とみなされるようになってしまったのである。

## 4　労働法の「骨化」

このような労働組合の問題と並んで，アメリカの労働法そのものも，エストランドのいう「骨化」が進み，魅力を失っていった。論文では区切りなく論じられているが，ここでは4つに分けて概観してみよう。

(1)　重要論点の減少

第1は，いわば法体系の成熟による重要論点の減少である。1947年に労働法の枠組みが完成し，1959年に若干の修正を受けた後は，法律の条文はほとんど変わっていない。その下での制度枠組みを決める重要判決も，1970年代前半までに出尽くした観がある。もちろん，様々な争点は残っていて，活発に議論されたものの（たとえば，保護される団体行動の範囲，組合活動を理由とする差別の意味，選挙前における使用者の反組合キャンペーンの限界など），それらの重要性は，徐々に狭まりゆく団体交渉の世界，あるいは労働法という特殊な専門領域でのみ認められ，社会全体のパブリック・ポリシーに関わる問題とは見られなくなった。

リーガル・プロセス学派に高く評価され，かつ労働法学にとって成功であったはずの，1950年代から60年代初頭の判決が，このような傾向を加速したのは，皮肉なことである。これらの判決は，労働法を裁判所や政治過程からできるだけ遠ざけ，仲裁人およびNLRBという労働関係の「専門家」の手にゆだねることを志向していた。しかし，ひとたびそれが成功すると，連邦最高裁の判決によって労働法が成長・発展する機会は減少し，判例の重要度も低減してしまった。

(2)　立法の停滞と法の老化

第2は，立法の停滞による法内容の老化である。1959年以降，連邦議会

における全国労働関係法の重要改正の試みは，長年にわたる政治的な行詰りによってすべて不成功に終わり，現在のほとんどの条文が，1935年または1947年に作られたものである。その間，女性やマイノリティーの職場進出，製造業からサービス産業や情報部門へのシフト，運輸・通信技術の発達による地理的条件の緩和，固定的・階層的な秩序から柔軟で自由度の高いチームワークへという職場組織の変化，労働条件について労働者個人に権利を与える法規制の発展など，実に大きな変化が起きている。現行法のシステムは，今日の諸条件の下で労働者の団結と団体交渉を守るために十分ではなく，機能不全を起こしていると言わざるをえない。

1970年代以降，労働組合側は何度か，組織化と代表選挙，不当労働行為の救済，ストライキ代替者の使用といった問題に焦点を絞り，連邦議会で労働法改正案を提出して，多数の支持を得るところまで行った。しかし，使用者側が一致団結して抵抗したため，いずれも最後の段階で不成立に終わる。修正されない全国労働関係法の条文と，それを支える集団主義的な理念は，古い78回転のレコードのように，遠い過去からの声のような響きを帯びるようになってしまった。

また，ワグナー法制定当時，会社組合を根絶するために設けられた禁止規定（広い文言で，かつ広く解釈されてきた）が，従業員代表制度を不可能にしてしまった。それらの中には，交渉代表組合のない職場で，それに代わる労働者の発言の窓口として，有効に機能しうるものが含まれている。他の先進国ではさまざまな形の従業員代表制度が利用され，かつ，アメリカの労働者の多くもそれに賛意を示しているのに，70年前の法律の規定が，これを違法としているのである。

(3) 外部刺激からの隔絶

第3は，上に述べたこととも関連するが，労働法が1960年代以降，ほぼ完全に外的刺激から隔絶されてきたことである。

通常であれば，基本的な法の枠組みはともかく，その下部においては「再解釈」による見直しの余地がありうる。しかし，全国労働関係法の場合，労働者の私的訴権が否定されており（これは，ニューディール議会が裁判所に著

しい不信感を抱いていたため，意図的に採用されたものである），私人たる原告およびその弁護士のエネルギーや，事件を受理する裁判所の創造的役割が，活用されることはない。私的訴訟が許されれば，より革新的な法解釈や，被用者の権利のよりよい実現が，可能になったものと思われる。ところが，法の適用は私人ではなく NLRB に委ねられており，その NLRB はといえば，古い法律と集積していく先例に縛られ，ニューディール労働法制の理念と変わりゆく現実とのギャップの中で，身動きがとれなくなるばかりである。

また，連邦法による先占の法理がしっかりと確立されたため，州の立法や地方レベルのイニシアティブ，あるいは州のコモン・ローによる変革の可能性も，閉ざされてしまった。一例だけをあげれば，パブリック・ポリシー（公序）に反する解雇を違法とするコモン・ロー法理が適用されれば，組合活動を理由とする解雇に対する有効な救済手段となったはずである。しかし，現実には先占法理によって，そのような私的訴権は排除されてしまう。

さらに，合衆国憲法の規定も，労働以外の抗議活動のケースや公共部門の労働関係では重要な保護を与えているにもかかわらず，こと労働問題については，特別の立法があるのでそちらに譲るとの態度がとられ，労働法の殻の中に浸透してこない。また，国際基準による人権や労働権の保障も，アメリカ特有の国際的立法権限に対する反感から機能せず，国内法に対する見直しの契機となることはない。

このように，アメリカの労働法は，その発展を促す外的刺激から，ほぼ完全に遮断されてきた。かかる状況は，雇用差別禁止をはじめとする雇用法の分野が，複数の法のチャンネルを通じて，さまざまな法の寄せ集めのような雑然たる景観を呈しながらも急速な発展を遂げているのと，対照的である。雇用差別禁止法では，数度にわたる連邦法の改正，使用者による自主的な是正の奨励，労働者の私的訴訟による活発な権利実現と法理形成（およびそれを契機とする立法的改革），州法による多様な規制の許容といった要素が，目覚ましい法の発展をもたらし，法学者への刺激ともなっている。ところが，集団的な労働法においては，これらはどれひとつ起こらず，40 年近くにわたり，伝統的な枠組みの中にとどまるばかりである。

(4) 組合勢力の衰退

　第4に，労働法の衰退の基礎には，言うまでもなく，労働組合運動そのものの衰退がある。少なくとも，組合運動にもっと力があれば，政治的な障害を克服して法改正を実現することができ，それが労働法学にとっても新たな刺激になったはずである。しかし，現実にはそうならず，労働法や労使関係の研究者は，代わりに，エネルギーのほとんどを，労働組合の衰退を論じることに費やすことになった。

　組合衰退の理由については多くの説明がなされており，それらは相互排斥的ではなく，力点の相違といえる。ただ，組合の組織化にとって最も直接的で決定的な阻害要因は，使用者の強固な抵抗（しばしば違法な抑圧を含む）である。経済構造の変化による競争激化とグローバル化が進む中で，アメリカの使用者は，労働組合や団体交渉への抵抗をますます強めている。それが組合の敵対的態度を呼び，労使間の信頼と協力を困難にするとともに，一般の労働者にとって，組織化することが自分の利益になると信じにくい状況を作り出している。

　このような状況を，法がどれだけ変えることができるのかは問題であるが，少なくとも労働法の「骨化」が，組合勢力の衰退に手を貸す結果になったことは間違いない。市場経済の下，多くの組織化企業が消滅する一方で，多くの新しい企業も生まれている。しかし，そちらは非組合の状態がベースラインとなり，労働者が使用者の抵抗を押し切って積極的に組合を選択しなければ，組織化はなされない。労働法改正が実現せず，労働者の権利保護が不十分であることが，その機会を狭めているのである。

## 5　労働法学への影響

　労働法の沈滞は，当然ながら，それを研究対象とする労働法学にも深刻な影響を与えた。ここでも，エストランドの議論を，3つに分けて見ておこう。
　第1は，内向的で後ろ向きな議論への傾倒である。法の変化や発展のための道筋が狭まり，その中での議論は，専門家的・隙間的な性格を帯びるようになる。これに飽き足らない一部の学者（Paul Weiler など）は，より大胆な

形で,法が現実に適合していないことを病理学的に分析し,その解決のための処方箋を提示した。しかし,実際の政治状況を見れば,法改革の可能性が閉ざされていることから,むしろ,現在の労働法が前提とする制度や価値観に対する根源的な批判を行う者が多くなった。

かくして,建設的な批判や改革提案よりも,現行システムの欠陥をより精緻に分析するのが流行となる。議論の相手方としても,現実の判断者・決定者ではなく学者仲間が想定され,学界内的な色彩が強まる。このような傾向は労働法以外の分野でも見られたが,1970年代末から1980年代にかけて,労働法は,かかる「批判法学」(critical legal studies) の主戦場の1つとなり,その成果として,いくつかの深く鋭い研究を生み出した。けれども,労働法そのものが冷え切ってくるにつれ,他の法学分野からの関心も衰えてしまった。

第2は,これとは政治的に正反対の立場から,1980年代に「法と経済学」派が労働法批判を行ったことである。ニューディールの労働立法は,市場と個別契約のエレガントな論理を否定し,政府の介入により集団的行動を奨励するものであるとして,経済活動に対する誤った法政策の象徴的存在とみなされた。新古典派経済学むき出しのがさつな論理に,労働法学はもちろん反発し,価値観の激突となったが,「旧体制」の弁明者という役回りを押しつけられてしまった。「法と経済学」派はそのうち他の分野へと転戦し,他方で労働法学の中から,労働法の法理に関するより精密な経済分析が出てくるという副次的な成果もあったが,傷つけられた労働法の威信を回復するにはとうてい不十分であった。

第3は,個別的な「雇用法」への関心の高まりである。もちろん集団法の分野においても,ストライキ時の代替労働者,施設内での組織化活動,未組織企業における労使協力など,議論が盛り上がった問題もある。しかし,広い関心を呼ぶイシューは少なくなり,かつ長続きもせず,活気が失われてしまった。他方,雇用法の分野では,次々に新たな規制枠組みと個人労働者の権利が形成されてきた。また,特に雇用差別禁止の分野においては,公民権運動の精神を引き継いで,女性,高齢者,障害者などのマイノリティーへと保護対象を拡大し,それらの中で私的訴訟が大きな役割を果たしている。こ

のような雇用法が，法学や法曹の世界においても確固たる地歩を築き，伝統的な労働法をしのぐほどになったのである。

もっとも，この新しい雇用法が，法学の世界で，50年前に労働法が占めていたような高い地位を獲得することは，おそらくないであろう。雇用法は雑多な法規制の寄せ集めという性格が強く，ひとつひとつの研究や分析は有用であるものの，一般性や認知度に欠ける傾向がある。連邦最高裁の法理形成に影響を与えることから生まれる権威も，雇用差別禁止と公共部門を除けば，ほとんど見られない。しかも，近年では，個別労働者の権利について，仲裁により解決する旨の合意を求める使用者が多くなり，連邦最高裁は，かかる合意の拘束力を認める判断を示している。これにより裁判所での訴訟が回避されることになれば，雇用法が公的な関心対象からはずれ，私的フォーラムへと隠されてしまう危険がある。

## 6　再生への希望？

では，このような窮状を打開する希望はあるのだろうか？　最終章の冒頭で，エストランドはこう問いかけるが，悲観論に傾かざるをえないことは，すでに見たところから明らかであろう。労働法の「死」を論じる所以もそこにある。

とはいえ，労働法の中心に位置する学者たちが，その復活のための努力を必死に行ってきたことは確かである。エストランドも，最近の例として，かつての人種差別撤廃運動が絶望的な状況にめげず，長い年月にわたる裁判闘争によってついに判例変更に成功したことに倣うべきだとする議論[12]と，ワグナー法の制定時には少数組合も自組合員のみを代表して団体交渉を行っていたことを指摘し，これを許容することによって全国労働関係法の再活性化をはかろうとする議論[13]を紹介する。しかし，これらはいずれも，過去に学

---

[12] Ellen Dannin, *Taking Back the Workers' Law: How to Fight the Assault on Labor Rights*（Cornell Univ. Press, 2006）．

[13] Charles Morris, *The Blue Eagle at Work: Reclaiming Democratic Rights in the American Workplace*（Cornell Univ. Press, 2005）．

び，それを現代に再生する，という性格の試みである。ワグナー法制定の経緯やそこに込められた理念は今でも強いアピール力を有するが，今日の環境の下で，それらがどれだけの実現可能性を有するかは，相当に疑問といわざるをえない。

エストランド自身は，むしろ，労働運動の現場に根ざす2つの動きに注目する。第1は，労働者の組織化にあたり，組合が，NLRBの選挙を利用する代わりに，使用者との間に自主的な協定を結び，組織化キャンペーンの期間中に使用者が中立的な立場を維持すること（あるいは，少なくとも反組合的宣伝を控えること）と，組合授権カードを第三者がチェックして過半数に達している場合には団体交渉に応じることを，約束させる戦術である。第2は，途上国における労働基準の遵守をはかるため，消費者や市民団体の圧力を背景に，企業に行為規範を示させてこれを監視する戦術であり，これを組合運動にも応用することを提言する。両者はいずれも，労使間の自主的な契約を基本とするものであり，これに対する多様な当事者の関与を通じて，法の活性化を導くことができる——という議論は，まさにエストランドお得意の「自己規制」モデルである[14]。

これらが本当に成功して労働運動や労働法の再活性化につながるのかは，率直なところ，心細い限りである。エストランド自身も，その困難さを否定しない。けれども，従来的な枠組みからの労働法改革が実現する可能性も極めて低い以上，この新しいパラダイムによる努力を試みるべきだ，と主張している。

## 7 若干のコメント

以上のように，最後には「死」を回避するための努力に希望を託すことになるのであるが，本論文の真骨頂は，アメリカ労働法および労働法学の衰退分析の部分にあるといえよう。それが強い説得力を有することは，否定のし

---

[14] 前掲注3の後段で引用したエストランド論文（*Rebuilding the Law of the Workplace in the Era of Self-Regulation*）を参照。

ようがない。
　特に，州法を排除して連邦法の統一的な規制体系を作り，その下でNLRBや仲裁人という専門的判断の場を優先的に位置づける労使関係法のシステムそのものが[15]，法発展の契機を奪って「骨化」をもたらした，という指摘は，たいへん興味深いものがある。エストランドが「ごた混ぜ」(hodgepodge)と表現する雇用法の世界が，果たして好ましいかどうかは問題であるが，様々な立法や司法判断が入り乱れる，その猥雑ともいえるエネルギーが法に活気をもたらし，研究者の関心を刺激していることは確かであろう。
　これに対して，集団的な労働法においては，いくつかの論争点はあるものの，各判断主体がそれぞれの領域内で事件処理をしている，というイメージである。ある意味で安定的であり，じり貧ではあっても組織化・団体交渉が消滅してしまうことは考えにくいので，「骨化」と「死」との間には若干の距離があるように思われる。とはいえ，その流れを押しとどめることができない現状に，心ある労働法学者が強い危機感を抱くのは当然であり，エストランドの本論文は，それを端的に示すものといえる。
　筆者も，アメリカの団体交渉制度を研究の出発点とした者として，かかる焦燥感を共有する。アメリカの労働法学者たちの悲嘆や努力についても折に触れて紹介してきたつもりであるが[16]，相変わらずの状況があまりに続くことに，疲れを覚えざるをえない。
　ただ，その一方で，数年前に恩師のクライド・サマーズ (Clyde W. Summers) 教授が，集団的な労使関係だけを扱う「労働法」はもう教えない，とおっしゃっていたことが心に残っている。労働法は，本来，個別法と集団法の両方を含むべきものである，という趣旨である。

---

[15] アメリカの労使関係法システムにおいては，NLRBおよび仲裁人の判断が，特に先占法理を通じて大きな位置を占め，その一方で労働者個人の訴訟が排除されることについて，前掲注7の中窪『アメリカ労働法』170頁以下および180頁を参照。
[16] 中窪裕也「アメリカ：NLRBの課題と展望」中央労働時報897号81頁 (1995年)，同「書評：M. W. フィンキン編『被用者代表法制の将来』」日本労働研究雑誌434号52頁 (1996年)，同「著書紹介：James A. Gross, Broken Promise: The Subversion of U. S. Labor Relations Policy, 1947-1994」アメリカ法 [1999-1] 69頁。

Ⅳ　諸外国における社会と法の変化

　戦後，特殊アメリカ的な「労働法」が成立しえたのは[17]，ニューディール労働立法の存在の大きさとともに，解雇自由原則に支配された個別労働関係の空虚さのゆえであろう。1960年代以降の雇用法の発展は，そのようなアンバランスを遅ればせながら修正するものである。今日の労働法学には，個別法，集団法の両方をしっかりと見渡した上で，硬直した筋肉をもみほぐして血行をよくするような，前向きの議論を行うことが期待されよう。

　労使関係法が「骨化」して死に瀕しているとしても，労働をめぐる法的問題がなくなったわけではない。アメリカの労働法が，活気あふれる雇用法を包摂しつつ，より大きな「労働法」として生まれ変わる姿を見たいものである。

---

17　アメリカにおいても，個別法の分野が最初から等閑視されていたわけではない。たとえば，名著の誉れ高い John Commons & Johan Andrew, *Principles of Labor Legislation* (4th Revised ed., Harper, 1936) は，ニューディールの労働立法が支配的地位を占める直前の状況を示すものといえるが，「雇用と失業」，「公正最低賃金」，「労働時間」，「安全衛生」などの章が並び，集団法については全9章のうち第7章「団体交渉」があるのみである。同書の翻訳として，コモンズ，アンドリュウス（池田直視，吉原節夫訳）『労働法原理（上・下）』（ミネルヴァ書房，1959年・1963年），比較的最近における同書の紹介として，小畑史子「J. コモンズ，J. アンドリューズ『労働法原理』」日本労働研究雑誌432号71頁（1996年）。

Ⅴ　特別寄稿
ドイツとイギリスの経験から

# 高齢社会と経済のグローバル化からの挑戦に立ち向かうドイツ労働法

ペーター・ハナウ

## 1 高齢社会に対する労働法の対応

　日本と同じようにドイツで生じ，しかも日本以上に身近に差し迫っている，人間の高齢化とそれによる高齢社会は，特に労働法による対応を促している。すなわち，65歳まで，あるいはもしかしたら70歳まで，さらにもしかして労働能力喪失までの生涯労働時間の延長がそれである。しかし，ことはそう簡単ではない。ドイツでは，相変わらず若者達の間に著しい失業があり，乏しい職場を若者達に維持し続けるために，高齢者をできるだけ早期に退職させるか，あるいは定年退職準備の段階へ送り込むという実務が普及している。特にこの目的に用いられるのが，65歳から62歳への定年年齢の限定的な繰り上げ，女性や重度身体障害者の場合に60歳への定年年齢の繰り上げ，および高齢者パートタイム労働規則である。この規則は，その職場が他の若年労働者によって占められるならば，労働時間を55歳に達した後減らし，パートタイムだけで働くという労働者のために国による補助金を定めている。しかし，それに加えて，最初に2年間フルタイムで継続して働いた後は，その後「パートタイム労働」をゼロになくしてしまうという実務が形成されている。しかし，これらすべての規則は，きっとこの10年後なくなっているはずである。というのは，そのときに労働力不足が予測されるからである。

　このような移行状態を考慮に入れれば，高齢社会における労働法には2つの異なる課題が出ている。1つは，高齢の労働者ができるだけ長くその労働関係に止まらねばならないということ，もう1つは，職を失った高齢の労働

者を新しい労働関係に組み入れるべき刺激が生み出されねばならないということである。

　ドイツの解約告知保護法には，既にずっと以前から，労働関係終了前の高齢労働者保護に役立つ規則がある。事業上の理由から，比較可能な労働者グループの一部が解雇されねばならないとき，いわゆる社会的選択がなされねばならず，解雇というアクションには，まず最初に社会的にヨリ保護を必要としない労働者が含まれていなければならないのである。その保護が必要かどうかは，3つの基準に従うことになる。すなわち，年齢，事業所に所属した期間そして扶養義務である。そこで，高齢の労働者は，これら3つの基準のうちの2つによって保護される。というのは，事業所に所属した期間という基準も特に高齢者に有利だからである。もちろん，その就業の継続，特に知識，能力や成果によって就業が継続しているか，または事業所のバランスの取れた人的な組織を確保するための就業継続が，正当な事業上の利益になっているところの労働者は，社会的選択の中へ入れられるべきではない。特に人的組織を確保するために，使用者は，必要な解雇をバランスをとって異なる年齢のグループへ振り分ける権限を持っている。例えば，事業所において，ある一定の事業範囲の労働者の20％の者が解雇される場合，使用者は，30歳代の20％，40代，50代の20％，そして例外としてまだ事業所で就業している60歳代の20％を解雇のために予定することができる。

　老齢年金支給の完全な請求権が発生する65歳満了は，何ら解雇理由ではない。しかし，労働関係にこの時点で期限を付することは，許されておりしかも一般的である。より早い時期に期限を付すことが許されるのは，労働者がその期限を65歳が経過する前3年以内に有効だと認めたときだけである。その他に許されるのは，55歳という伝統的な定年制が存在する特に民間のパイロットの場合だけである。しかし，この民間のパイロットでも生涯労働時間を延長する傾向がある。

　賃金面でも，高齢者は，特別に重要な役割を果たしている。多くの労働協約や労働契約において，年功原則が当てはまる。すなわち賃金は，年齢とともに上昇していくのである。

　おそらく日本と同様，ドイツにおける伝統的な労働法に特徴となるものは，

高齢労働者が定年年齢到達までに特別に保護されるということである。しかし，この保護は，高齢労働者が失業し新たな職場を求めている場合，反対に転じた。その場合，労働法の保護は，労働法上の雇用の障害になるのである。ドイツの立法者は，その障害に対して，2000年に52歳満了後に採用されている労働者との労働関係の有期契約化の規制を完全に解除したことによって反応した。そこで，契約の有期化は，好きなだけ長く，そして好きなだけ何度も許されるというのである。

　このシステムは，欧州指令，すなわち2000年11月27日の就業及び職業における平等取扱の実現に関する欧州指令によって動揺することになった。とりわけ，欧州指令は，労働関係，すなわち雇用から解雇までの労働関係のすべての段階において年齢を理由とする直接および間接の差別を禁止しており，これによってドイツのシステムが動揺することとなったのである。欧州指令が年齢をもって考えているのは，老いた年齢のみならず，若い年齢もである。確かに，EU加盟国は，不平等取扱が就業政策，労働市場および職業教育の領域からみて適法な目標に役立つときには，特別に年齢を理由とする不平等取扱が許されると定めることができる。2005年11月22日の欧州裁判所の周知の判決（C-144/04）（Manngold/Helm）は，高齢労働者について，ドイツ法で定められている緩和された契約有期化を取り扱っている。裁判所は，失業した高齢労働者を職業的に組み入れることが欧州指令の意味する正当な目標であるという前提から出発している。それにもかかわらず，ドイツの規則は，極端なものとして批判された。というのは，ドイツの規則が52歳を過ぎたすべての労働者を，区別することなく――すなわち，労働契約締結の前に失業していたかどうか，そしてどの位長く失業していたかどうかにかかわらず――，労働者保護の重要な観点である確実な就業関係から大幅に排除することになるからである。

　EUに加えて重要なことは，欧州指令や欧州裁判所の判決もが，特別なEU法だけの差別禁止を持ち出しているのではなく，さらにそれ以上に国際法に依拠しているということである。それについては，指令の中で，「高齢労働者の法の下の平等や差別からの保護は，一般的な人権であり，この人権は，人権の一般宣言，あらゆる形態の女性差別をなくすための国連協定や，

市民的権利や政治的権利に関する国連国際条約，経済的・社会的及び文化的権利に関する国連国際条約，並びにあらゆる EU 加盟国によって署名された人権及び基本的自由の保護のための欧州協定の中で承認されたものである。ILO111 号条約は，就業及び職業における差別を禁止している。

　これらの国際法上の保障や義務は，確かに明示的に年齢と関係していないが，欧州裁判所の見解によれば結局のところ年齢もその中に含まれており，直接加盟国に対して当てはまるものである。細目の規則化については，加盟国は，補充的な差別反対の法律を施行せねばならず，それは，ドイツでは作業中である。

　年齢による差別の禁止という広範な結果を認める終局判決は，今まだ下されていない。ドイツでは，次のことがはっきりしてくる。すなわち，一方では，社会的選択における高齢労働者の優遇が存続し続けるのに対し，他方で，それに対する確かな反論の中で，完全な老齢年金支給開始をもって労働関係終了の可能性と結びつけようとしていることである。この支給開始は，長期的に 65 歳から 67 歳に延びるはずなので，定年年齢はそれに応じて先に延ばされるであろう。以上の限りでは，高齢者に認められるすべてのことがあらゆる労働者に存続しているのに対し，賃金では著しい見解の変遷があった。賃金が加齢だけでのみ上がるということは，（若い）年齢を理由とする不当な差別と専らみなされている。そこで，年功の原則には，ここで差別禁止における限界があり，公共の職務では，報酬に対する年齢等級が既に廃止されてきたし，業績給で補いつつ，使用者のもとで連続した職務時間に応じた報酬の等級化が導入されてきた。報酬にとっての年齢の意味は，それによって除かれはしないが，弱まっている。これが私的企業においてそのまま実施されるか，あるいはより徹底して実行されるならば，これは，結局若い者ばかりではなく，高齢の労働者にとっても有利となろう。なぜなら，できるだけ早期に高齢労働者を手放さそうとする使用者の一般的傾向は，高齢労働者がより多く所得を得るという考えに実際基づいているのだからである。これが除かれ，あるいは弱められれば，高齢労働者を続けて就業させ，職業訓練をさせるという刺激が高まることになる。

## 2 グローバル化への対応

　国家及び使用者の側から見ると，特に，経済のグローバル化への反応の1つとして，絶えずより早く変化する経済関係への適合を容易にするために，労働条件の弾力化が求められている。労働組合は，むしろ現状の労働条件を特に頑なに守るという，反対の考え方へ行く傾向がある。しかし，労働組合は，弾力的な労働条件への要求を完全には拒めないであろう。こうして，我々は，今日，個別的労働法と集団的労働法においてやや異なった結果を伴ったところの中間段階にある。

(1) 個別的労働法
　伝統的な，今日では幾重にも弾力性を欠いて適用されている労働法の中心は，解約告知保護である。今日までに，ドイツやまた他のヨーロッパ諸国（オランダ，スペイン，フランス）においても，解約告知保護そのものを攻撃し，弱めることがなされてこなかった。それでも，人は，同じままの解約告知保護であるにもかかわらず，労働関係の存続保護を和らげるために回り道を選択してきた。この目標のために最もよくとられる道は，期間の定めのある労働関係を緩和することである。それには，EU指令の中に次のような1つの限界が見い出される。EU指令は，確かに初回の契約有期化をそのまま認めるが，複数の有期労働契約が時間的に並列することは，立法者が次のような措置の1つあるいは複数の措置を規定したときにのみ許しているのである。すなわち，その措置というのは，(1)かかる労働契約もしくは労働関係の延長を正当化する重要な理由，(2)連続する労働契約または労働関係を合計して許される上限期間，(3)労働契約または労働関係の延長が許される数である。
　ドイツの立法者は，この可能性を用いてきた。一方で，立法者は，反復された有期化でもその有期化をあらゆる想定される重要な理由から許してきた。パートタイム・有期労働契約法第14条が幾つかの例を示しており，特に作業量に対する臨時の事業上の需要とか，他の労働者の代替といった例を示している。判例は，有期化の理由について高い要求を出している。それゆえ，

重要な理由に基づく有期化は，新しい労働契約を2年間まで重要な理由なしに期間を付して結び，この枠内で，有期契約の最高でも3回の更新が許されるという方法で補われてきた。企業設立後最初の4年間は，期間が4年に伸ばされている。それによって，使用者は，弾力化の限られた代替的な結果を得ているのである。

　この法的状態は，保守党員（CDU/CSU）と社会民主党員からなる新しく選挙された大連立政権によって変更される予定である。より多くの弾力化を求めてきた保守党員には，何かが与えられ，また何かが取り上げられるようである。保守党員に与えられるものは，解約告知保護法の直接の制限である。その適用には，今まで6か月の待機期間があったが，これが2年に延長されるであろう。それと引き替えに，2年間の重要な理由のない有期契約の締結が廃止されるであろう。期間の定めのある労働関係は，おのずから終わってしまうので，弾力化は，結局のところそれによって制約されるのであり，拡大されるのではない。他方で，解約告知も一般の解約告知保護の範囲外で様々な制限にさらされている。特に，妊婦や障害者のための保護がそれである。なぜ，保守党員がそのように関わり合おうとするのか——法律は未だないのに——全く明らかではない。保守党員は，それを理解していなかったか，あるいは解約告知保護法を直接に制限するという象徴的価値が，彼らにとって実際上の成果よりもさらに重要なのである。

　解約告知保護法以外での労働関係弾力化のさらなる道としては，労働者派遣，出向，あるいは労働者のリースがあげられる。この領域でも，立法者の反応は2段組である。一方では，今まで1年の期間での労働者派遣が，今では期間の定めなく許されている。しかし，これは，同一賃金（equal pay）の原則と結びつけられてきた。派遣元の使用者は，自分の労働者に，そのときどきの派遣先の比較できる労働者がそれを受け取るのと同じ賃金を支払わなければならないのである。しかし，労働協約は，それと異なる定めを置くことができ，それは実際に生じていて，同一賃金の原則は，実務ではほんの稀に適用されるに過ぎない。

(2) 集団的労働法

　経済のグローバル化は，使用者や使用者団体の地位が労働組合に対して強化されてきたという結果をもたらした。彼らは，労働組合の要求やストライキの脅しにロックアウトによって対応するだけではなく，海外進出，すなわち職場を国外へ移すことによって対応できるのである。さらに，既に議論されていることは，使用者がストライキの脅しに反対して，またストライキの場合に，彼らが職場を国外へ移そうとするとき，それがロックアウトのような争議行為にあたるかどうかである。

　それは，ドイツの使用者がこぞって我先と国外へ逃亡するというほどにはなっていない。

　使用者は，ドイツに居残ることの条件として労働条件のより著しい弾力化を求めている。この弾力化は，企業の上位の平均に合わされる傾向のある全部門について，ドイツで広く普及してきた全部門の協約とは反対に，特に今までよりますます個々の事業所の状態を基準にすべきものとなっている。今や，ドイツ企業は，使用者団体から脱退するということによって，地域（横断的労働）協約から（一般的拘束力のある協約の場合を除いて）逃れることができるのである。その現象は徐々に多くなっている。しかし，他の使用者は，労働組合に単独では対抗しないために，使用者団体，したがって地域（横断的労働）協約に留まろうとしているが，事業所の特殊性の配慮についてより多くの裁量の余地を得ようとしている。労働組合は，不承不承徐々に多くそれに応じ，事業所の特別な規定についていわゆる開放条項に合意している。さらに，それを超えて，協約賃金または協約を超える労働時間の合意は，労働者に調整のために就業保障が与えられている場合に，より有利になり，同時に有効になるということが主張されてきた。この新しい有利性の理論は，しかしながら受け入れられなかった。しかし全体としては，その展開は，事業所側に近い労働条件という日本のシステムの方向へ行っている。

　労働条件の弾力化は，海外進出を望むドイツ企業を繋ぎとめておくのに，常に十分とは限らない。労働組合は，ときには譲歩を望もうとせず，またときには，使用者は，何事にも全く係わろうとはしない。労働組合は，ストライキによって事業所を国外へ移そうとすることを使用者に止めさせようと試

Ⅴ　特別寄稿：ドイツとイギリスの経験から

みている。しかし，そのストライキは，事実上そして法律上の視点からは，問題のある武器である。事実上というのは，使用者が事業所を直ちに閉鎖して国外へ移ろうとするときに，使用者は，いずれにせよその移行期間ストライキを恐れなければならないからである。法律上の視点というのは，事業所の継続がドイツ法によれば労働協約の内容や労働争議の対象とはなりえないからである。これは，まさに直接には労働条件に該当するのではなく，経済的な企業の決定にあたるからである。労働組合は，形式では労働条件を目的としているが，結果的には事業所の移転を不可能にさせるであろう，いわゆる社会協約を要求することで何とか切り抜けている（例えば，数年に及ぶ解約告知期間や非常に高い補償金である）。

　労働条件の維持への許された要求が，事業所の維持という許されない要求へと転じる境界線は，未だ明らかにされていない。

　最後に確認すべきことは，労働法が社会の高齢化と経済のグローバル化への反応のことでまだ大変苦労しているということである。大がかりなグローバル化が職場の異動や喪失につながるとしたら，高齢の人間を労働過程へより多く組み入れるという可能性や必要性はもはや存在しなくなるであろう。その場合，高齢の人間が何から生活をしたらいいのか，分からない。私の2つの今日のテーマは，関連づけて見られ，また関連づけてのみ解決されることができる。

〔阿久澤利明　訳〕

# 高齢世代の雇用

――ドイツ労働法における高齢被用者――

ロルフ・ヴァンク

## 1　現行労働法

(1)　高齢被用者は特別の被用者グループか？

　本日，こうして皆様の前でお話できることを大変嬉しく思う次第である。国連の統計によると日本人の平均寿命，とりわけ沖縄でのそれは国際比較で最も長い。日本の方々はこのテーマについて特に通じておられよう。

　このテーマの意味を目にして，ドイツの労働法教科書では高齢被用者が特別の被用者グループとして認められていると思われる向きがあるかも知れない。しかし実際にはそのようなことはない。労働法の教科書ないしハンドブックには女性，障害者，年少者に関する章が設けられ，また外国人被用者についても特別の章があるだろうが，高齢被用者に関して一章を設けたものはない。また，文献でも定年の問題を除けばこのテーマは今日までほとんど扱われてこなかった[1]。

　斯様な次第は，法律の状況に応じたものである。ドイツでは，年少者について年少労働保護法，対男性関係での女性について，民法典611 a条，612条3項，妊婦及び母親について母性保護法，障害者について社会法典第9編が存在している。高齢被用者に関する特別法は今なお存在せず，幾つかの僅かな個別条項が高齢被用者について存するに過ぎない（パートタイム労働・有期労働契約法14条，事業所組織法75条1項2文，80条1項6号，96条2項2文）[2]。

---

[1]　これに対して，Peter, AuR 1993, 384; Simitis, RdA 1994, 257, 260ff. 参照。

(2) 憲　法

　基本法は総じて労働法にはごく僅かしか触れていない。被用者グループによる区別はなく，被用者についても一般的な差別禁止が適用され得るに過ぎない。関連する基本法3条はその3項において幾つかの禁止される区別メルクマールを特別に示しているが，年齢はそこに含まれない。そのため，基本法3条1項における一般的な平等原則が用いられ得るのみである。そもそも基本権は市民の国家に対する関係において適用される。憲法3条1項の関連でいえば，解約告知について現業労働者と職員とで法律上の区別が設けられていたが，その区別は客観的にもはや正当化され得ず，連邦憲法裁判所により無効と判断されている。これに従うと，客観的理由なく高齢被用者を若年被用者と比して不利益に扱う法律上の条項も，基本法3条1項により憲法違反となる。もっとも，これまでそうした観点は憲法判例においても，労働法判例[3]や研究論文[4]においてもほとんど扱われてこなかった。

　加えて，私人間相互の関係，すなわち使用者と被用者の関係において基本法3条1項は直接適用されない。ここでは，類似した内容を持つとはいえ，労働法上の均等待遇原則が関わるに過ぎない。しかし，これまでのところ，同原則から年齢差別に関して労働法上の帰結は導かれていない。他に憲法上かかわりがあるのは基本法12条である。同条は職業の自由を保障し，普遍的な被用者の基本権を示すものである。定年との関連で，連邦憲法裁判所が法律上の規定について，また，連邦労働裁判所が労働協約ないし契約上の定年について客観的理由及び比例性原則を顧慮した内容コントロールのため基本法12条を引用してきている。

(3) Ｅ Ｃ 法

　衝撃はむしろEC法の規制によってもたらされたといえる。1999年のアム

---

[2] 加えて，Linsenmaier, RdA 2003, Sonderbeilage Heft 5, 22, 24.
[3] 例えばBAG AP TVG § 1 Tarifverträge : Luftfahrt Nr. 14参照。他にBVerfGE 103, 172.
[4] これに対し，Gitter/Boerner, RdA 1990, 129, 135; Nussberger, JZ 2002, 524, 531; さらにLöwisch/Caspers/Neumann, Beschäftigung und demographischer Wandel, 2003, S. 13f. 参照。

ステルダム条約13条が，差別を禁ずる指令を公布する加盟諸国の権限を定めたのである[5]。

① 均等待遇枠組指令の適用範囲

ECは2000年11月27日に「雇用及び職業における均等待遇のための一般的枠組を確立するEC2000年78号理事会指令」（均等待遇枠組指令：以下「指令」）を採択した[6]。この指令2条1項では，年齢等を理由とする差別が禁止されている。年齢差別に関する規制は，アメリカ法の年齢差別禁止法（ADEA）を範としている。アメリカ合衆国において差別禁止法は，ヨーロッパにおけるよりも遥かに重要な意味を持っている。というのも，アメリカでは解雇制限法が極度に発達しておらず，その代用として用いられざるを得ないからである。ヨーロッパのような解雇制限が存在するのであれば，反差別の場合にはより穏当なやり方が可能であろう[7]。

指令3条1項によると，差別禁止は公的・私的領域のすべての者に対して，とりわけ選定基準及び採用条件，労働賃金を含む就労・労働条件，解雇条件に関して妥当する。加えて職業教育・再教育，団結におけるメンバー資格と参加についても適用がある[8]。

差別に該当するのは限定された構成要件である。以下の2つの立証がなければならない。第一に，被用者のあるグループが，同じ事情の下で比較対象のグループと異なる扱いを受けていること。第二に，そうした異なる扱いにおいて不利益取扱が存すること，である。

指令は明文で，間接差別にも適用があることを定めている（指令2条2項）[9]。実務では特に間接差別が重要である。禁止されるメルクマールそれ自

---

5 2000/43EC及び2000/78/ECの両指令が私法に対して有する意義については，Adomeit, NJW 2002, 1622; Baer, ZRP 2002, 290; Braun, JuS 2002, 424; Fahr, JuS 2002, 727; Globig, ZRP 2002, 529; Montag, ZRP 2003, 18; Neuner, JZ 2003, 57; Picker, JZ 2002, 880; ders., JZ 2003, 540; Rainer, JuS 2002, 726; Säcker, ZRP 2002, 286; Stünker, ZRP 2003, 17 並びに以下で挙げる文献を参照。

6 ABl. EG L 303 vom 2. 12. 2000, S. 16.

7 Kuras, RdA 2003, Sonderbeilage Heft 5, 11, 13.

8 客観的な適用範囲については，Schmidt/Senne, RdA 2002, 82.

9 この点について Linsenmaier, RdA 2003, Sonderbeilage H. 5, 22, 25; Schlachter,

体にではなく，許されないメルクマールを特徴付ける別のメルクマールと結びついた差別である。男女同権の事例における欧州裁判所の誤った判例とは異なり，同指令では，比較される被用者グループに属する者の数と規制との関わりは問題とされていない[10]。

小規模事業所を除外する特別規定はない[11]。

② 正当化理由

正当化理由がある場合には，差別は許される。その点で「正当化理由」と「比例性」の区分がなされる。指令が焦点を合わせるのは，「目的が正当である限りにおいて，当該メルクマールが，特定の職業活動の性質もしくはその実行のための条件に基づき，職業上求められる本質的・決定的な要求を表したものである」か否かである。

さらにその必要性は「適切」なものでなければならない。

③ 例外分野

指令自体によって予め除外されている分野，ないし国家の立法者によって除外され得る分野は，正当化理由と区別する必要がある[12]。本稿の以下では，構成要件は満たすが正当化理由があるといった事例が重要となるが，この例外分野に関しては，それぞれについて構成要件の面が問題となる。

指令によると，例外分野として問題となるのは以下のものである。

- 指令2条5項「民主社会における公的な治安の保証，秩序の維持，犯罪行為の予防のため，及び，健康保護，自由と権利の保護のために不可欠の措置」。これにより，例えば警察，刑務所，救急活動は除外される[13]。同様の考えは，指令3条4項により軍隊にも当てはまる。

---

Gedächtnisschrift für Blomeyer, S. 358; Schmidt/Senne, RdA 2002, 83; Wiedemann/Thüsing, NZA 2002, 83 を参照。

10 この点について，Kuras, RdA 2003, Sonderbeilage H. 5, 11, 13f.; Schmidt/Senne, RdA 2002, 1236.

11 Kuras, RdA 2003, Sonderbeilage H. 5, 11, 13.

12 Löwisch/Caspers/Neumann, Beschäftigung, S. 16ff.

13 Linsenmaier, RdA 2003, Sonderbeilage H. 5, 22, 26; Schlachter, Gedächtnisschrift für Blomeyer, S. 336, Schmidt/Senne, RdA 2002, 80, 82 参照。

・指令3条3項は国家の社会保障制度を除外する。
・指令6条2項は企業の社会保障制度を除外する。
・指令7条。指令7条1項によると，加盟国は職業生活における完全な平等の地位を保証するため，指令1条で挙げられた差別理由に基づく不利益取扱を防止する，もしくは補整するための特別の措置を継続する，あるいは導入することができる[14]。

④ 詳細

指令は年齢を理由とする差別を禁じている。もっともそこで想定されているのは「高齢」ではなく，年齢のメルクマール一般であり，例えば，20歳の被用者を30歳の被用者に対し差別することも考えられる。その点で「年齢」は相対的な概念なのだが[15]，この観点は以下では顧慮しない。

指令はさらに，違反事例に対し国家法が効果的で相当且つ抑止的なサンクションを規定するよう求めている[16]。ドイツではこの先例として，採用されなかった女性応募者の損害賠償請求権が民法典611a条により，また，採用されなかった障害者の損害賠償請求権が社会法典9編81条2項，2号3号により規定されている。

指令は実体法の他，手続法に対しても意味を持つ。指令10条によると，まずは被用者が，不利益取扱の存在が信ずるに足ることを示す必要があり，それがなされると今度は使用者が差別の不存在を証明しなければならない[17]。

指令9条2項は，自らの名により訴えを提起する権利を団体には与えていない。しかし将来的には，諸団体が被用者の名で訴えを提起し，その者を支えることができるようになる必要がある[18]。

---

14 Linsenmaier, RdA 2003, Sonderbeilage H. 5, 22, 27.
15 Linsenmaier, RdA 2003, Sonderbeilage H. 5, 22, 25; C. Weber, AuR 2002, 401, 402; Wiedemann/Thüsing, NZA 2002, 1234.
16 Kuras, RdA 2003, Sonderbeilage H. 5, 11, 15; Leuchten, NZA 2002, 1256; C. Weber, AuR 2002, 401, 404f.
17 Bauer, NZA 2001, 2672（証明責任の転換）; Kuras, RdA 2003, Sonderbeilage H. 5, 11, 16; Linsenmaier, RdA 2003, Sonderbeilage H. 5, 22, 27; Leuchten, NZA 2002, 1254, 1255.
18 Leuchten, NZA 2002, 1254, 1255.

指令は本来であれば，2003年の2月12日までにドイツ法に導入されなければならないはずであった。前司法大臣は2001年の末にすでに，対応する法律草案を提出していたが，同法案はその間激しい批判を受け，撤回された。現司法大臣はこのテーマを引き延ばし気味に扱っている。年齢のメルクマールに関して，同指令の国内導入は2006年2月12日まで先延ばしが可能となっている。

以後は，これまで述べてきたEC指令を基礎として論述を行う。それは遅くとも2006年までにはドイツにも導入されなければならず，労働法上の議論も現在ではこの指令を出発点として行われているからである。

(4) 憲法及びEC法の個別法に対する影響

基本権（ここでは基本法3条1項，12条）は直接には立法者としての国家に対してのみ作用する。使用者と被用者の関係では，いわゆる間接的第三者効が生ずるに過ぎない。つまり，基本権に含まれる価値を引用し得るに過ぎないのである。基本権，及び基本法3条1項，12条は直接，私法上の労働関係には適用されない。EC指令についても基本的に妥当するのは，使用者と被用者に対する直接的第三者効がないことである。これは，指令がまずもって国内法に導入されなければならないことから生ずる帰結である。特定の条件の下で，国内法への導入がなされていないか，あるいはそれが遅れている場合に指令が効力を拡張することがあるとはいえ，通説によればそれは私人間には妥当しない。

(5) 採　用

高齢被用者の差別は，現在のドイツではとりわけ採用の際に生ずる。ドイツの全企業の約60パーセントが，現在では50歳以上の被用者を働かせていない。

このことが意味するのは，そうした企業ではこれまでに解雇，終了契約，高齢者パートタイム，自然変動の利用を通じて高齢労働者の割合を下げてきた，ということである。採用の実務がこれに歩調を合わせて行われる。50歳以上の被用者が職場を見つけるには大変な苦労が要る。彼ら彼女らは企業

の採用実務において若年の被用者と比べ明らかに不利益に扱われているのである。

　ここで基本法3条1項による差別禁止の効力を及ぼす必要がある，との考えがあるかも知れない。しかしそうすると，契約自由における締結の自由，すなわち，契約相手選択の自由が高位にあることへの考慮が欠けることになる。そのため，差別禁止は通常，既存の労働関係があって初めて介入することとなり，採用における大きなハードルはそこに含まれないのである。例外的に，男女の同権について民法典611 a条1項が，採用の際に女性が男性に対して客観的理由なく不利益に扱われてはならないことを規定しており，欧州裁判所，連邦憲法裁判所，連邦労働裁判所は一連の判決においてこの規定及び類似の規定が実効性あるものとなるよう助けている。

　均等待遇枠組指令はこれに対応する差別禁止を，選定基準及び採用条件について年齢に関しても定めている。しかし差別を受けた高齢被用者の採用請求権[19]は，例えば不当に採用を拒否された女性応募者と同様に[20]存在しない。指令が意味するところでは，将来的には求人の際に決まった最高限度年齢が表示されてはならず，また，高齢の応募者であっても採用面接に呼ばれなければならない[21]。そうした規定は採用の機会を高めることができる。使用者は求人の文言により高齢の応募者を門前払いしたり，面接に呼ばないことで競争から排除したりすることができなくなるからである。

　女性の差別禁止に関する欧州裁判所の比較可能な判例によれば，女性の応募者に対し妊娠についての質問は許されないとされることから，応募者に対する年齢についての質問は許されない，との結論を導かざるを得ない。もっとも，この禁止は大して効果的ではない。履歴書からすでに年齢に関する情報がもたらされるからである。事情が変わるとすれば，アメリカ合衆国のように中立的な応募が許されるようになった場合のみであろう[22]。場合によっては，年齢を偽る権利も認められる[23]。

---

19　指令採択の際の考慮事項17号を参照。
20　Leuchten, NZA 2002, 1256f.
21　Löwisch/Caspers/Neumann, Beschäftigung, S. 23ff.
22　Bauer, NJW 2001, 2673参照。

V 特別寄稿：ドイツとイギリスの経験から

　女性の均等待遇に関して，欧州裁判所と連邦憲法裁判所の判例は類似しており，それによると，求人広告及び採用面接の際に使用者は，男性もしくは女性の応募者に関して自らが求めるものは何かを明確にしなければならない。使用者は後になって年齢を拒否理由とすることはできない。

　指令は裏口を通じて，すなわち6条1項c号において求人の際に最高限度年齢を定めることを許している。指令によれば，定年退職までに適切な就労期間が必要とされる場合にそれが可能となる。

　その客観的理由は，使用者が被用者の教育に相当の費用を支出してきており，すぐに定年退職をされてしまうとそれが償却されない，といった場合に存在し得る。しかし，使用者自身がそうした支出を行わなかった場合には，そのような論拠は成り立たないだろう。

　ドイツでは文部大臣が，他の州からの応募者の大学教授ポストへの任用を拒否する理由として，そうした応募者には定年退職までの就業年数があまり残っていないため，支払うことになる年金出費が多過ぎるという論拠を用いている。こうしたいかがわしい論拠も疑わしく，許されるものではない。自分たちが連邦諸州の間で調整システムを作りだす能力がなく準備もないことを応募者のせいに転嫁することは，将来的には許されまい[24]。

　使用者の目的についてEC指令は明文で述べていないが，それは従業員の年齢構成をバランスの取れたものとすることである。この目的はドイツ法で，ここ数年来，解雇法に関して認められている。それは指令の6条1項の意味で正当化された目的として認められるはずである。このような解釈は，指令採択の際の考慮事項25号によって支えられる。

(6) 有期採用

　法体系の観点からすると，期間を定める権利を採用の権利ないし解雇権に加えるべきか否かは，多くの点ではっきりしない。これと関連して，「有期採用」という難問がある。

---

23　C. Weber, AuR 2002, 401, 404.
24　指令4条1項で許される最高年齢制限については，Löwisch/Caspers/Neumann, Beschäftigung, S. 21f. 参照。

多数の失業した高齢者がいることを、ドイツの立法者は知っている。また、使用者が高齢の被用者を採用しない理由の一つが、ドイツの解雇制限システムに基づくことも、使用者には明らかである。詳細は後に述べることとして、事実的には、複数の被用者が関わる解雇の際、常に高齢の被用者が事業所に残る結果となる。社会的選択を伴う解雇の一連の過程が済んだ後、使用者と対峙するのはベテラン組のみである。

　立法者が自らの行為の効果に満足しないとき、自身がその根源を理解していないことが何と多いことか。例えば、解雇法においてバランスの取れた年齢構成を明文で指示することにより、高齢の被用者も解雇し得る可能性を使用者に与えてしまうことがそうである。そのような時、立法者は隣の戦端を開いてしまうのである。ここでは、パートタイム労働・有期労働契約法の特別規定を設けることがそうである。この法律によると、有期労働契約は基本的に客観的理由を必要とし、同法14条が承認される理由を限定列挙している。新規採用については、最初の2年間、客観的理由が必要とされない。

　立法者は高齢の求職応募者のための特別規定を設けた。パートタイム労働・有期労働契約法14条3項により、使用者は高齢の被用者との労働関係に任意の長さで、理由なく期限を付すことができる。2001年より高齢応募者とは58歳以上の応募者とされ、さらに2002年12月23日から2006年12月31日までの期間については52歳以上の応募者となっている。この特別規定の目的は、使用者から解雇可能性がないことへの恐れを払拭し、そのことで労働市場における高齢被用者の機会を高めることにある。しかし、この法規制が目下のところ立法技術的に十分吟味されていない法文であることは措くとしても、それがEC法の基礎となっている有期雇用指令と適合するか否かについて、ドイツでは議論の対立がある。

　均等待遇枠組指令の関係では、同指令によって許されている個々の国の労働政策目標にこの規定が沿ったものであることが、EC法違反ではない理由として主張されている[25]。有期雇用指令との関係では、法律で年齢は期限設定のための客観的理由として明文で挙げられていないが（本来はそのことが

---

[25] Bauer, NJW 2001, 2672.

指令によって必要とされているはずだが），高齢被用者の労働市場における就職機会が乏しいことは事実的に認められた客観的理由である，との主張がなされている[26]。

(7) 報　酬

報酬額が年齢とともに上昇する，との規定は，法律にも労働協約にも存在する。これに関して年齢と勤続年数は区別される必要がある[27]。

① 年　齢

公勤務における俸給体系は，官吏と被用者のいずれについても年齢等と結びついている。EC 指令に挙げられた正当化理由の中で，このことに言及したものはない。若年被用者を差別する形での直接「年齢差別」が存在し，それは将来的に除去されなければならない[28]。

② 勤続年数

民間経済においては，労働協約が勤続年数に伴い上昇する賃金を規定している。勤続年数とともに経験も向上するとの推定が基礎にある限りで，間接差別が存在するが，しかしそれは客観的に正当化されている[29]。もっとも，この論拠が取り上げられるのは，業務活動の遂行にとって経験が問題となる場合のみである。故に，長年の経験が意味を持たない単純労働の場合には，そうした段階付けは間接差別として許されないこととならざるを得ない。

(8) 定　年

このテーマの核をなすのは定年である。定年は法律にも労働協約にも存在する。

① 定年退職の義務付け

定年は法的には年齢差別の観点から検討される[30]。人々の大多数（アン

---

26　Preis/Gotthardt, DB 2000, 2065, 2072; 他に Däubler, ZIP 2001, 217, 224.
27　一時金について Löwisch/Caspers/Neumann, Beschäftigung, S. 29ff.
28　Schmidt/Senne, RdA 2002, 88.
29　Löwisch/Caspers/Neumann, Beschäftigung, S. 35f.
30　Rolfs, Anm. Zu BAG BGB § 620 Altersgrenze Nr. 20 参照。

ケートによれば約90パーセント）は，この議論を理解できていないものと思われる。多くの被用者は，強制的な定年を有害な干渉とは見なしておらず，学生が学期末を待ち望むのと同様に，年金受給を待っている。詰まるところ問題となるのは，他律的に設定された定年を越えても働きたい少数の被用者か官吏である。そうした人々が労働に自己実現を見出していることがその理由かも知れない。しかし経済的な理由，例えば，年金のみでは従来の生活水準を維持できないといったこともあり得よう。

　ドイツの実定法では，社会法典第6編41条によって労働法上の定年が許されている。連邦憲法裁判所及び連邦労働裁判所は多数の事例で定年を基本法12条との関連で検討し，（法律及び労働協約における）諸々の規制を有効と解してきた[31]。均等待遇枠組指令がここでどのように作用するかは定かでない。同指令採択の際の考慮事項14号によると，退職のための定年を設ける個別国家の規定については言及がない。同指令6条2項によれば，加盟国は企業の社会保障制度のため，定年を定めることができる。定年は3条1項c号の「解雇条件」の概念に属し，この場合，指令の文言自体が指令採択の際の考慮事項よりも優先される[32]。もっとも，法律上の定年については，同指令7条1項による積極的措置が問題となることが考えられ得る[33]。

　国家もしくは使用者が自らの事業計画に介入することは，2つの理由から正当化されると思われる。

　(a)　年齢による能力の低下は，その理由の一つとなり得よう。ここでは，その種の事実がどのように現れるかによっての区別が必要となるだろう。悪化した労働を行うことで他人に損害をもたらす場合には，そうした正当化理由は明白である。例えば，高齢パイロットの反応能力が低下した場合には，飛行において数百もの人命が危険に晒され得る。かかる理由による定年は多くの法律及び労働協約に存在する。そうした定年はこれまで連邦憲法裁判所及び連邦労働裁判所により[34]基本法12条との関連で常に認められてきた[35]。

---

[31] 職業不能との関連について BAG AP Nr. 19 zu § 620 BGB Altersgrenze 参照。

[32] Schlachter, Gedächtnisschrift für Blomeyer, S. 363.

[33] 批判的見解として，Schlachter, Gedächtnisschrift für Blomeyer, S. 364ff; Schmidt/Senne, RdA 2002, 84.

V 特別寄稿:ドイツとイギリスの経験から

　しかし，そうした第三者への損害と結びつくことなく，年齢による能力の低下は起こり得るのである。例えば，商人が柔軟に顧客の要望に対応できなくなるような場合である。このような場合には，使用者はより若い被用者を職場に配置したいと主張することしかできない。

　仮に定年が存在しないとすれば，使用者はその都度解雇を行わなくてはならないことになる。そうなれば様々な理由から問題がある。「更年期」の訪れは，被用者によって様々である。使用者はある時には55歳の者を解雇し，ある時には70歳の者を解雇することとなろう。従業員がもはや求められる給付をなさないことを使用者がその者に告げなければならないとすれば，それは両当事者にとって好ましからざることである。法律的には，解雇制限法1条2項による個人的事由による解雇の場合の「能力の低下」という解雇理由に関して，争いが頻繁に生ずることとなろう。一度雇い入れた被用者に対し，その生涯に亘って同じ給付を行うよう要求する権利が使用者にないことは明らかである。一定の能力低下を使用者は所与のこととして受け容れなければならない。そのため，能力低下が著しく，被用者がその職場に適さない場合に初めて解雇に理由が与えられることになる。その確定は容易ではない。ドイツの豊富な解雇法判例の中に好例が見当たらないことは注目に値する。見たところ，被用者が年齢を理由にその職業にもはや適さない，と明らかに述べた使用者側からの解雇は存在しないのである。

　実務ではおそらく，高齢の従業員を切り離すため使用者は別の理由を挙げているのであろう。その際，事実的な，あるいは誤って推測された能力低下もあろうが，高齢被用者が高額の賃金を得ていることから，使用者が高齢被用者を解雇し若年被用者を新規採用することで出費を抑えることが特に大きいのである。とはいえ，法律的には，高額の賃金支払を理由とする解雇であればそれも無効である[36]。

---

34　BAG AP Nr. 5 zu § 620 BGB Altersgrenze; AP Nr. 11 und Nr. 12 zu § 1 TVG Tarifverträge : Luftfahrt.

35　同旨に例えば，Löwisch/Caspers/Neumann, Beschäftigung, S. 34; Schmidt/Senne, RdA 2002, 88.

36　Wiedemann/Thüsing, NZA 2002, 1234, 1239.

年齢を理由とする個別的な解雇の替わりとなるのが，定年を一括して決めることである。人々に一般的に広まっている考えとは逆に，法律で一般的に決められた労働法上の定年はドイツには存在しない。もっとも，労働協約及び労働契約には，通常そうした定年が規定されている。

　法的観点から問題となるのは，被用者の職業自由に対する介入である。そうした介入は，客観的な理由があり，釣り合いが取れた比例的なものである場合にのみ許される。

　個別的な解雇を避ける，ということは客観的な理由となり得よう。定年の設定が低すぎることなく，また経済的観点から年金受給が期待できる場合には，被用者は他の方法で保護されているため，介入は比例的であるといえる。

　その点で，年金保険システムと労働法上の定年との間に関連が見出される必要がある。年金保険では長きに亘り定年が65歳である。このため，現役の稼ぎよりはかなり低くなるとしても，社会保険年金によって保護された被用者が自らの労働関係を終了させることは，労働法的には期待可能であると解される。

　(b)　定年の第二の正当化理由として考えられるのは，労働市場における機会平等という考え方である。法律上の定年が連邦憲法裁判所で訴訟の対象となった事例では，定年は若い世代に機会を与えるために必要，との主張がなされるのが常であった。連邦憲法裁判所はかかる論証にその都度同意し，取り上げてきた。しかし，そうした論証は皮相的なものである。

　この論拠が正当化されるのは，職場の数が限られている場合にのみである。それは特定の自由業につき，自営業者として業務を行う場合に当てはまる。

---

　　＊訳注　Schweinezyklus　豚の生産に見られる経済現象。豚の値段の高騰を受け，投資が強化されるが，飼育期間が必要なことから市場への供給が遅れ，今度は一度に大量の供給がなされることから供給過剰と価格の下落が起こり，生産が縮小され，再び豚の価格が上昇する，という一連の経済的サイクル。こうしたサイクルは労働市場にも見られる。担い手が少なく高給を得られる職場を目指して，求められる教育を受けようとする者の数が増えると，その者たちが学業を修める頃には求人が過多となり，職探しに苦労することになる。「教師のサイクル Lehrerzyklus」は，教師の採用状況に同様の時期的な変動が見られることを意味したもの。

V　特別寄稿：ドイツとイギリスの経験から

公証人の数は，法律で定められた地域毎に，法律によって制限されている。そのため，高齢の公証人は誰もが若い公証人の機会を奪っていることになる。

　被用者には，その種の法律的な制限はない。連邦労働裁判所は被用者の場合について，特に労働協約において，労働生活における機会平等の観点から，同時に法定社会保険による給付や企業年金からの追加的な支払いがなされる限りで定年を正当と認めてきた。

　おそらくここで信じられているのは，国民経済には所与の職場数が存在し，これらの職場はどれもが高齢の被用者か若年の被用者のどちらかにより占められるのだ，とのこと，あるいは逆に，高齢の被用者を十分に解雇すれば，若年の被用者に必ず職場があてがわれる，といった経済学的な誤謬であろう。これに対して，雇用政策がうまくいっているアメリカ合衆国，スイス，デンマーク，ニュージーランドといった諸国では，ドイツよりも高齢者の就業割合が高いことが比較によって証明されている。

　そうした大雑把な一括りの論理によって，機会の平等を理由付けのために持ち出すことは論理的ではない。最低限の前提として，特定の職業について労働市場のデータを示し，労働力の供給過剰が存在することを明らかにする必要があるだろう。それを試みたとすれば，結果はその時々の労働市場に左右されるため，定年は職業毎に様々に設定されることとなり，加えて，「豚のサイクル」*や「教師のサイクル」と並び「年金退職のサイクル」もあることが分かるだろう。

　この種の考慮は判例及び研究論文においてほとんど全くといってよいほどなされていない[37]。いずれにしても，ある職業に一定の定年を設ける場合に後継世代を引き合いに出すことは論理的ではないのである。

　客観的に正しいといえるのは，起こり得る解雇を包括的な定年に置き換え，また，高齢被用者と若年被用者の比率を考えて包括的に定年を規格化することのみであろう。もっとも，それが指令6条1項の意味で承認された目的であるかどうかについては問題がある[38]。

---

[37] もっとも，Däubler, Handelsblatt vom 8. 3. 2001, S. 6 参照。
[38] Schmidt/Senne, RdA 2002, 87.

② 継続労働の義務付け

これまで問題としてきたのは,被用者が定年を迎えた後も働き続けることが可能か否かであった。これに対し以下では逆の問題,すなわち,どの程度,被用者が働き続けることを強制されるか,についての問題に触れることとしよう。当然ながら,直接的な強制は基本法12条によって禁止されている。しかしながら社会保険法及び労働法は間接的な強制を行い得るのである。

退職に関する労働法は社会保険法に従っているため,まずは,社会保険法を概観しよう。

社会保険法における定年は65歳である。しかし事実的には,満65歳までにおよそ半数の被用者が労働生活から引退する。それは職業不能や稼得不能による場合もあれば,高齢者パートタイムや終了契約による場合もある。最後の職場から年金受給に至るまでの期間に失業している多数の被用者がこれに加わる。そのため,65歳という年齢は現実に説得力のある数字というよりは,規範的な尺度となっている。社会保険及び企業年金の場合,この年齢において最高額の支払いが受けられる。それより前に年金生活に入った者は年金の前払いを受ける。60歳で「燃え尽きた」が,早期の年金受給退職に伴う支給額の低下を受け入れることのできない,あるいは受け入れるつもりのない者は,通常の定年年齢までその後も働かなくてはならない。ここに間接的な強制が存在するのである。

社会保険制度の財政事情は厳しいことから,社会科学者と政治家は将来的に定年年齢を段階的にではあれ67歳まで上げることを考えている[39]。そうなると,通常の定年年齢まで届く被用者は,現在と比べてなお一層少なくなり,年金受給の喪失はますます大きなものとなる。

(9) 終了契約

これまで述べてきたことを相互に比較すると,ひどい矛盾が明るみに出る。被用者は社会保険法及び労働法に従い65歳ないし67歳まで働くことになる。

---

[39] いわゆるRürup委員会等。さらにKurznachrichten-Dienst Nr. 36/2003におけるHansen等。

しかし使用者は50歳を超えた被用者を雇いたくはないのである。

　高齢の被用者を雇わないという目的を，使用者はどのようにしたら達成できるだろうか。すでに述べたように，年齢による能力低下を理由とする解雇の手段は，理論的には可能であるが，実際には行われていない。現在の年齢構成は，以下のようにして出来上がってきたのである。

　すでに述べたように，EC指令が国内法化されない限り，使用者は応募者の年齢のみを理由として雇わないことを妨げられない。

　つまり，高齢の被用者が事業所から締め出される場合には必ず，そのポストが埋められないか，あるいはより若い被用者で埋められることになる。ドイツにおける離職の大部分は被用者の自己退職によるもので，使用者は自然の変動を利用しているだけである。

　法秩序はそれ以外に，高齢被用者がそのポストを手放すように仕向ける2つの手段を使用者に与えている。

　一つの可能性は高齢者パート就労促進法から生ずる。この法律によると高齢被用者は任意に，この特別法がなければ起こったはずの受給額の減額なしに前倒しで年金を受けることができるのである。

　第二に，従業員集団を若返らせたい使用者は，高齢被用者と終了契約を結ぶことができる。この場合，労働者には任意の離職の対価として一時金が支払われる。この手段はかなり多く用いられている。

(10) 解　雇

　①　すでに述べたように，事実的には，使用者が個人的理由による解雇の手段を取らないことで，高齢の被用者はそうした解雇から保護されている。しかし，他の全ての被用者と等しく，高齢被用者も経営上の理由による解雇の危険に晒されている。

　②　複数の被用者を解雇する必要がある場合には，解雇制限法1条3項による社会的選択が行われなければならない。1996年から1998年の間，そして僅かな期間を置いて現行法でもまた，使用者は社会的選択の際に，年齢，勤続年数，扶養義務といった社会的基礎情報を考慮しなければならない。この3つの基準のうち，2つにおいて高齢の被用者は有利である。

年齢に関しては瞭然である。勤続年数に関しては，以下のようなことが考えられ得る。例えば，ある事業所に入ってようやく2年が経った35歳の者が，同じ事業所で20歳から働いている30歳の者よりも劣るということはあり得る。しかし，平均的には，高齢の被用者の方が若い被用者よりも，同じ会社でより長い勤続年数を経てきたといえよう。扶養義務については，高齢の被用者は通常その配偶者を扶養しなければならないが，若い被用者のように子どもの扶養はせずともよいことを考慮すべきである。

解雇制限法1条3項は総じて年齢差別に敵対的である。それはいわば高齢者の特権である。複数の被用者が解雇の対象となる場合には，通常，若い被用者が解雇され，高齢の被用者は社会的選択により保護されるからである。

特権とはしばしば相反する結果をもたらすもので，この場合もそうである。使用者は法律事情から高齢被用者を切り離すことが難しいと知っているために，先回りをして，わざわざ高齢の被用者を雇うことはないのである。社会的保護は対照的に作用している。高齢の被用者として職場をすでに（あるいは今なお）得ている者はそうした保護を享受するが，高齢の被用者として職場を探している者は保護からはねられるのである。

これまで研究論文に書かれてきたところによると，社会計画規制は均等待遇枠組指令には違反しない[40]。一部，高齢被用者の保護を目的とする解雇の際の特別条件について，指令6条1項2文a号と関わりがある。

別の著者は，同指令7条1項により，年齢を理由とする不利益取扱を補整するため積極的措置が許されると解している[41]。

男女同権の事例における欧州裁判所判例に倣うと，硬直した基準を設けることは許されず，個別事例における考量が行われなければならないことになる。そうであれば，従来の連邦労働裁判所判例の線に沿うものといえよう。優れた立法技術や法的安定性といってみたところで，総体には何の関わりもない。明確な所与のメルクマールを示しポイント制に置き換えて正義の内容を法律に与えてみたとしても，その内容はすべてを個別事例での評価に委ね

---

[40] Bauer, NJW 2001, 2673.
[41] Schmidt/Senne, RdA 2002, 84.

る規定よりも乏しくなるのであり，そうしたことは誤りである。

　勤続年数という社会的基礎情報については，報酬の場合と同様に，そのメルクマールを，そこから測られる豊富な企業経験と結びつけることが可能である。

(11) 社会計画

　社会計画の中で，年金受給年齢に近い歳の被用者に，より低額の一時金を支払う場合には年齢差別が存在する。しかしその差別は，社会計画上の一時金が一般的に将来に向けられたものと理解される場合には正当化される。他の方法で保護される者，あるいは（新しい職場や年金により）間もなくそうなる者は，必要性が少ないからである[42]。

(12) 高齢者パートタイム

　EC指令によって明るみに出されたのが，高齢者パート就労促進法である。同法1条1項では，稼得生活から年金受給退職までのスライド式移行が目的として追求されている。それは同指令6条の意味で正当化された目的である。しかし90パーセントの者は高齢者パートタイムをブロックモデルで選択し，つまりスライド式に移行するのではなく前倒しに稼得生活から離れてしまっているために，この法律がその目的達成に適合する程度は非常に僅かなものとなっている。とはいえ，問題なのは，この法律にある「従業員集団の若年化」という目的が，あらゆる被用者の職業編入促進を求めるEC指令6条1項a号に違反しないかどうかである[43]。

## 2　労働市場政策の変化

　高齢被用者に関する従来の労働市場政策は，国家及び民間使用者のいずれの場合にも，もはや維持することはできない。

---

[42] Bauer, NJW 2001, 2673; Leuchten, NZA 2002, 1260 も参照。
[43] Schmidt/Senne, RdA 2002, 86.

(1) 均等待遇 EC 指令

既述の EC 指令は，年齢差別の観点から，労働法上の多くの規定に対する試金石となる。特に政治家は今後，女性の就業促進のときと同じ誤りを犯してはならない。実用的でない無意味な特典を用いた政策は，その原因を見極めることなく（特定の職業に女性が就かない理由は？　社会政策者が今日まで十分な幼稚園，児童一時預かり所，全日学校を作らない理由は？），せいぜい結果の修正をもたらすに過ぎない。そうした政策は総じてプログラムの信用を失墜させ，先送りの戦略へと至ってしまうのである。

これに対し，高齢被用者に対する有意義な助成を行おうとするならば，まずは使用者の，そして被用者自身も意識改革が必要である。高齢の被用者は概して低い給付しか行わないという考えが広まっているが，それは高齢医学の知見によれば維持されない。高齢被用者が提供するのは，基本的に劣った給付ではなく，別の種の給付なのである。政治家や使用者団体，労働組合，メディアには，そうした意識改革を支えることが求められる。

とはいえ，法的及び経済的枠組条件もまた，使用者と被用者にとって高齢被用者の就労をより魅力あるものとするよう変わらなければならない。

(2) 民主政の要因

ドイツ連邦共和国では，いわゆる年齢指数，つまり 20 歳から 65 歳までの稼得年齢人口に対する 65 歳以上の者の比率が，近年，急速に上昇している。このことが社会保障システムと労働市場に影響を及ぼしている。

1 人の稼得就業者が，1 人から 2 人の年金生活者の年金を負担するようになったのはそれほど前のことではないが，その者は間もなく 3 人の年金生活者の年金を稼がなければならなくなる。現在の構造では，このシステムによる支払いは不可能となる。長く働いてきた被用者は，年金保険料を支払った上で，システムから年金支払いを受けられないのである。現在の予測によると，ここ数年のうちにドイツの労働市場は隘路に陥るだろう。人々の平均寿命は常に上昇している一方で，子供の数は続落状態にある。（高資格移民者の許可を目的とする）入国移民政策の変更によって欠陥を塞ぐことはできまい。

Ⅴ　特別寄稿：ドイツとイギリスの経験から

## 3　企業実務のための結論

　以上述べてきたことから得られる企業にとっての結論とは，人事戦略を高齢被用者に向けて転換しなければならないということである。第一に，若年被用者と高齢被用者にそれぞれ見出され易い能力とは何か，についての認識転換が必要である。若年被用者について確認し易いのは身体的給付能力と適応能力であり，高齢被用者に特徴的なのは経験知と労働の徳である。

　こうした認識から得られるのは縮減的なアプローチである。年齢で決まってくる労働についての要求，例えば，大きな肉体的負担，環境による大きな負担，硬直した業績ノルマなどを高齢の被用者に期待すべきではない。それに対し高齢被用者は監督，教育，計画，指導といった分野での労働に適している。

　以上より，人事計画にとって重要なのは，従業員集団の年齢構成を常に視野に収め，チーム評価と個々の被用者に対する助言指導とを行うことである。目標は個人を伸ばす計画である必要があり，その際，特に内部での配置転換が重要な役割を果たし得る。

　さらに，年齢に応じた訓練を行うこと，あるいはフレキシブルな労働時間配分を行うことも，高齢被用者の助けとなろう。チームを若年被用者と高齢被用者を組み合わせて構成することもできる。従業員の健康に対する配慮にも，企業はより一層価値を置く必要がある。

　これまでドイツの高齢の被用者は，「果たして存在しているのか？」と問われてきた。本稿で取り上げたすべての措置は，その問いに対し「ええ，今はまた存在していますよ」，と答えられることを目標としなければならない。

〔初出：季刊労働法205号（2004年）　皆川宏之　訳〕

# 法律と実際の雇用関係の変遷 （講演録）

マーク・フリートラント

　今回の講演では，私はイギリスにおける雇用関係の変遷について，雇用法の分野の専門家としてお話いたします。特に，雇用法の法律家として私が最近取り組んでいるテーマのいくつかについてお話したいと思います。これらのテーマは，これから先3年間にわたる私の研究プロジェクトで，ヨーロッパ比較法に基づいて追求したいと思っているものです。

　私はイギリスが経験したことを見ていくつもりですが，同時にそれに対応する日本の状況との比較も試みます。こうした考察で明らかになると思われる比較研究結果は非常に興味があるものです。イギリスにおいて，雇用の経済や社会様式と労働市場の動きの中で起こる一連の変化についても，考察したいと思います。また，雇用法のシステムがこうした変化にどのように対応しているのかも検討いたします。

　私の主な論点は，雇用法の法制度が，経済および社会の変化によりとてつもなく大きな難題に直面していることですが，これから数年の間にそれに対する非常に大きな概念上および実践上の対応が求められることでしょう。そこで，私は，このような変化がどのようなものであるべきか，自身の見解を明確にお話ししようと思っています。

　イギリスにおける雇用関係の変遷についての私の研究の出発点は，1970年代初期に行われた雇用関係の実際と法律の詳細な調査で，私は雇用契約法に関する本の中でその調査について書いています。その当時は，その後に続く時期に比べると，個別雇用関係に関する法規制が比較的緩やかな時代でした。

　当時は，安全衛生の分野で，かなり多くの法律が制定され，雇用契約に関しても一般法の制定が始まっていましたが，労働法，特に雇用契約法は，そ

れに続く時期に比べると，法令の数も判例法の数も比較的少ない分野であったことは間違いありません。その当時はまた，現在の状況とは著しく異なり，主人と使用人（master and servant）の法律という古い用語がまだかなり広く使われていました。この用語は，1960年代後期から1970年代初期に，私がそのテーマで調査を開始した頃，ようやく雇用契約法という用語に変わりつつあったのです。

当時の雇用契約の主な特徴は，雇用関係が，その他の労働契約形態，実際にはその他の個人労働契約の形態と非常に明確に区別されていたことでした。それらの形態は，独立契約者あるいは自営業者と全く別の契約とみなされていたのです。それによって，一般にこれらその他の契約，つまり独立契約者あるいは自営業者の契約は，労働法あるいは雇用法の範囲外と考えられていました。これが，それ以降非常に意義深い変化を遂げ，現在もさらに変化をし続けている状況であることは，後ほど明らかにいたします。

雇用契約は二つのレベルの契約から成るものであるというのが当時の私の考えでした。一つは，労働と賃金あるいは給料との単なる交換，すなわち労働と報酬との交換のレベル，そしてもう一つが，雇用契約のレベル，すなわち契約が従業員に保障を与え，従業員もまたある意味で雇用主に一種の保障を与えるというレベルがあると考えました。従業員は収入が保障され，また雇用も保障されたのです。

雇用関係の実際と法律は，従業員に対する保障の増大に結びついていたように思われます。収入の保障に関しては，例えば短期間の病欠や短期間の失業，これは従業員の勤務に対する一時的な需要不足により雇用主が従業員を一時解雇するレイオフの時期に起こりうるのですが，その間の収入の保障などがあります。雇用契約は，その当時，仕事が無い，あるいは仕事を休んでいる期間の収入を保障する合理的な可能性を従業員に与えるものだと，徐々に解釈されるようになっていました。

当時また，雇用契約は労働者に対してさらなる雇用の保障を与えるものになっていたようです。雇用契約の標準的な解釈では，相当な雇用終了通知を受ける権利が含まれており，法律ではそれに剰員整理（redundancy）と，例えば解雇の内容またはその手続きにおいて不公正がある懲戒免職などの不当

な解雇に対する保護が徐々に加え始められていました。

　以上が，1960年代後期から1970年代初期に私が調査し本に書いた雇用契約法の主な特徴です。その後1990年代末に，私は再度この研究を行い，個別雇用関係と契約に関する法律と実際についての別な詳しい調査を実施しました。その結果については，個人雇用契約に関して最近執筆した本に記述しました。

　私の主な結論は，1970年代以降，個別雇用関係が，まず何よりも，高度に法的に規制されるようになったということです。これは1970年代全般にわたって起こった展開でした。その後の1980年代から1990年代初期の間では，個別雇用関係はかなり規制緩和されましたが，これらの方向転換は，政権交代および雇用関係と労働法に対する政府の方針転換と連動しています。その後1997年以後は再規制への道が始まりますが，これはやはり1997年から現在まで続く労働党が政権についたことによる政権交代と政府の方針転換があったからです。

　こうした規制，規制緩和，再規制というサイクルの結果，また雇用関係についての経済的・社会的見方が変化した結果，雇用関係に対する法的枠組みはかなりの緊張，困難，そしてストレスにさらされてきたと考え，このことについて調査し理解する必要があると感じました。

　それで，個別雇用契約に関する本の執筆を終えたとき，進行中の変化全てを十分に理解するために，さらに多くの研究，調査，執筆を行う必要があることが明確になりました。この調査を進めることが，私の現在の研究，そしてこの先数年間は取り組みたいと切望している研究の中心になると思います。

　この研究では，21世紀のイギリスの労働関係の変遷および構造変化を理解しようとする試みが必要となるでしょう。この調査を成功させるためには，他の国の法制度との比較に基づき，実際と法律の両方に関するイギリスの経験について考察することが非常に重要だと感じております。私は，ヨーロッパ諸国の法制度に注目するつもりですが，このことはイギリスの特殊な事情の理解に特に関連した比較だからです。しかし，私はさらにその他の国々，特に日本のような国の研究者仲間とともに比較考察することに，非常に関心をもっております。こうした他の司法制度を持つ国々の研究者たちとの意見

交換はすべて，この研究にとって極めて興味深く重要なものです。

　研究プロジェクトでは，3つの異なる面に注目して労働関係の変遷および構造変化を理解することが必要です。労働契約の条件および期間について調査するだけではないのです。それは1つの側面であり，注目すれば即座に明らかになるであろうと考えられる側面です。しかし，変遷について十分に理解するためには，さらに2つの側面の調査が必要であると確信するようになりました。そのうちの1つは，労働者としての認定と分類方法の変化の側面です。さらに3つ目の側面は，雇用主あるいは雇用組織の概念を理解し適用する方法についてですが，これは個別雇用契約において探求が極めて不十分である側面だと思います。

　私の主張，そして私は今回の考察を通しその主張を展開させていくつもりですが，その私の主張は雇用組織を構成しているものが経済的あるいはビジネスの現場では巨大な変化を遂げているにもかかわらず，雇用契約における雇用主の概念をこれまで十分に再考あるいは再解釈してこなかったというところにあるのです。

　雇用契約法について考える際に従来優先されてきたのは，雇用の条件および期間についてですが，私はこの考察において，実は労働者の概念および雇用主の概念での変化を優先しようと思っています。そして，私の分析の最後つまりこの講演の最後の部分で，もう一度雇用の条件と期間における変化の問題を考えてみるつもりです。

　まず，労働者の概念における変化を検討する詳細な分析を始めたいと思います。これは，ここで論議中の多くの問題と同様，経済構造の変化にあわせて法的分析を行う問題です。長い間，雇用関係については，法構造を，非常に明確な経済および社会構造と思われていたものに，従わせてきました。これは，既に指摘しているように，雇用関係の二元的な分類でした。私が個人的経済活動と呼んでいるものに携わっているすべての人は，2つのカテゴリーに分類されたのです。1つは雇用契約のもとでの従業員，そしてもう1つは，業務に対する契約のもとで働いている独立契約者あるいは自営業者と呼ばれる人々です。雇用契約の別の用語としての業務の契約（the contract of service）と業務に対する契約（the contract for services），従業員と独立契約

者という明確なコントラストがあったのです。この二元的システムは経済および社会構造の現実に密接に対応しているように見えたのです。

　こうした二元的システムはその数年の間に崩壊し，十分に機能しなくなり，労働関係の経済的な現実に対応しなくなったというのが私の主張です。後に示すように，雇用現象におけるこの変化に対する法律の対応は，多様でありましたが，これまでのところは，かなり限られておりました。私たちはこうした経済的変化に応じた法的局面について，もっと根本的に再考しなければならないと思います。

　そこでまず，1970年代初期には純粋で単純とでも言うべき状態であった二元的分類，二元的システムについて見てみると，イギリスの個別雇用法は，標準的な雇用関係を中心として非常に強固に組み立てられていたことがわかります。標準的な雇用関係とは，すなわち雇用契約という典型的な形，いわゆるステレオタイプを与えるような関係です。これは，第1に常勤の労働に対する雇用規定，第2に相当な告知によってのみ終了できる不定のすなわち期間の定めの無い雇用規定，そして第3に，前述の，例えば短期の病欠や一時解雇の期間の賃金支給など労働者に対する収入の保障を条項の形で規定している雇用関係であり雇用契約でした。

　こうした関係とその他の労働関係とを区別するのは，理にかなって理解しやすいことだと見なされていました。ここで言うその他の労働関係とは，既に説明したような，独立契約者との関係と考えられるもので，ここが非常に重要なところなのですが，こうした人々は雇用法，労働法の規範外になるとみなされたのです。そこで，例えば，新しい法律が施行され，剰員整理に関して労働者の権利が増大したり，不当な解雇に関し労働者に権利が与えられたりした時，こうした権利は雇用契約のもとでの従業員に限定され，もっと広いカテゴリーの労働者に広げることを考えすらしなかったことは，極めて理解できるものであり，このことは，議論の対象にならなかったのです。

　従業員と独立契約者とは，指揮命令に関するテストと統合に関するテストを組み合わせたものを使って区別されました。また経済的事実あるいは経済的従属に関するテストを使う傾向も見られました。つまり，労働者が雇用契約を結んでいるかどうかを判断するのは，従属性を考えることによって判断

されました。そこで，従業員と独立契約者は，労働者が雇用主の指揮命令下で労働活動を行っているのか，雇用主が労働者の職務遂行の方法を指揮命令する権利を持っているのか，あるいは労働者が雇用組織の一員として完全に統合されているのか質問することによって，区別されていたのです。その答えが「はい」の場合は，労働者は雇用契約を結んでおり，「いいえ」の場合は，その人は雇用法の範囲外の独立契約者でした。

　さらに，「この労働者は，実際に経済的に雇用主に依存していますか。」と尋ねる経済的事実のテストが使われる傾向もあり，これは，指揮命令と統合に関するテストの厳しい適用によって雇用契約労働者と認定されるよりさらに広いカテゴリーの労働者をつかもうとする試みでした。しかし，このテストのシステムは崩壊し，労働者の２つのカテゴリー，すなわち雇用法の範囲内の労働者と範囲外の労働者を区別するための十分な方法を提供するのをやめてしまったというのが現実でした。

　これには様々な理由があります。例えばパートタイムあるいは臨時の労働形態の利用が増えたことです。パートタイム労働者と臨時労働者の利用が増えたことによって，この労働者の区別が困難にさらされることになったのです。というのは，こうした労働者は雇用組織の一員であるかどうか答えることがより難しく，この種の労働者が徐々に労働力の中で大きな割合を占めるようになるにつれ，従業員と独立契約者との区別を維持することがますます難しくなってきたからなのです。

　さらにまた，法的および財政的理由ではあたかも自営であるかのような従属労働者の出現という現象が広がってきました。これは，偽装雇用という問題です。ますます多くの労働者が独立契約者あるいは自営業者であるという形式上の根拠をもとに契約を提示されていますが，私が先ほど示したテストを皆さんが行ったら，彼らが従属あるいは完全雇用者であると判断するでしょう。

　これが労働者の区別を困難にし，裁判所は，契約の解釈において，契約の当事者が労働者を位置づけた形式上の分類にどの程度縛られているのであろうか，あるいはこうした形式上の分類の背後をどの程度見て，「この労働者は自営業者とみなされていて，契約でも自営業者とされていますが，その背

後を調査した上で，実際はこの労働者が雇用契約のもとの労働者であると主張するつもりです。」と言えるのであろうか，という問題を提起したのです。そうすることがいつ可能なのかを決める難しさが，雇用契約と請負契約との区別をますます困難なものにしたのです。

　この問題に対する法的回答には，2つの主な形がありました。1つは，従業員の概念の範囲を広げて，より広い労働者の概念を含めることでした。この手法が使われている所では，真に厳密な意味での自営業者とされる狭いカテゴリーを除外し，その他の労働者たちは現在法律が適用されている労働者の範囲内に含まれているのです。1998年の全国最低賃金制度と同じく1998年の労働時間規則が，この法的手法を使った例です。

　この問題ととりくむために使われているもう1つの手法は，イギリスの労働法の伝統にはかなり反するものですが，すべての個別労働関係を問題となっている雇用法の範囲内に含めるというものです。すべての個別労働関係を含めるのです。この手法は様々な種類の雇用差別に対する法の中で使われています。性差別および人種差別に関する法や，最近では，宗教と信仰，障害者，性的志向，年齢に関する反差別法で，この手法が使われています。これらすべての法律の本文では，すべての個別労働関係というさらに無制限の概念が使われていますが，実際には，労働関係あるいは労働契約が，契約当事者による労働の個人的遂行に対して，どの地点で個人的ではなくなるのかという深刻な問題を残しています。

　これは，適用すべき非常に理解しやすい判断テストになりそうに思われますが，実際には非常に複雑な問題を引き起こす可能性があるのです。例えば一人の労働者が，労働者であるにもかかわらず自分の仕事の一部のために助手あるいは代行者を雇ったような場合，後者の労働者は本当に労働の個人的遂行に対して契約しているのであろうか，あるいは前者の労働者は自分自身が遂行しても他の人が遂行しても労働に対する契約者になるのかどうかというような問題です。それで，適用するのが非常に難しいカテゴリーなのです。

　こうした2つのタイプの雇用法におけるカテゴリーの拡大が行われておりますが，私は，雇用契約と請負契約の間の古くて厳しい二元的システムからの取り組みの変化は比較的表面的なものであったと考えています。この二元

構造は，いまだに私たちの雇用法システムや社会保障システムの中に非常に深く根付いていると思います。税金システムにおいても，雇用による所得に対する税額については，まだこの伝統的な二元システムを使って処理しているのです。

私たちは，これから先数年間，この二元システムについて根本的な再考をする必要があるということを確信しています。同僚の間では非常に物議をかもしているのですが，私個人としては，二元システムは10年以内に崩壊し，根本的により広い労働関係のカテゴリーを中心とした雇用法を再構築しなければならないだろうと，あえて予言します。

私は，日本の雇用法に関するこれまでの先行研究と考察から，今回の分析の多くの部分がおそらく日本にもぴったりとあてはまると考えていますが，この点については，日本人の同僚の方々のコメントや見解に非常に興味があります。

次に，雇用主あるいは雇用組織の性質の変化についての話題に移りたいと思います。イギリスの雇用法においては，まだ多くのシステムについても観察できることだと思いますが，イギリスの雇用法システムが，もし労働者のある標準的なステレオタイプと非常に強く結びついているとしたら，同じように，あるいは，おそらくそれよりもさらに強く，雇用主の標準的なステレオタイプと結びついているのは事実だと，強く確信しております。イギリスの雇用法システムは，いまだに雇用主を典型的に一人の人間，真に典型的にという意味で言えば，一人の男性としてイメージしていると思います。私たちは「使用人」(servant) という用語をもはや使っていないのと同じように，「主人」(master) という言葉も使うことはありませんが，私たちの雇用主のステレオタイプはいまだに「主人」あるいは「ボス」なのです。

もちろん，雇用法の専門家たちは，実際には雇用契約での雇用する側が一人の人間であることは現在では非常にまれであることを知っています。雇用主は，法人，会社，トラスト，地方自治体，その他の団体であることが，もっと一般的です。このことは理論的には知られていることですが，私たちの雇用法システムの中ではあまり機能してこなかったことは確かで，いまだに雇用主の典型的なタイプ，ステレオタイプは，「労働者」の「ボス」とし

て一人の男性の主人であるかのようにあつかわれているのです。

　多くの点で，これは現実に対応しなくなっていると思います。たとえ雇用主を人間から法人，団体に替えたとしても，雇用関係において起こっている経済構造の変化についてすべてを認識し，考慮に入れているとはまだ言えないのです。

　こうした状況を表していると思われる3つの現象を示したいと思います。1つめは，三角雇用関係という現象です。2つめは，雇用組織構造の変化，3つめは，雇用主労働者（自営）と考えられる雇用主のネットワークという現象です。

　三角雇用関係は，ますます重要なものになってきています。三角雇用関係の最も重要な形態，もちろん形態だけではありませんが，最も重要なのは，雇用エージェンシーあるいは雇用ビジネスを通しての雇用形態です。それは，ある雇用組織が労働者を採用するために，あるいは，これも同様に重要なことなのですが，その労働者の継続的な雇用のために，雇用エージェンシーのサービスを利用するというものです。これは広く普及している現象だと思いますが，イギリスでは，ますます多くの労働者が継続的あるいは非常に長期的な雇用関係を持っています。この関係は，労働者の契約と支払いは雇用エージェンシーが行い，一方で労働者の業務は，実際にはエンドユーザーである組織，それは本当の意味での雇用主で，労働者の業務のユーザーなのですが，そうしたエンドユーザーが受け，また指示しているという意味で，まさに三角関係です。

　現在，イギリスの法律では，これはまだ十分に解決されていない問題となっています。こうした状況においては，労働者の雇用主は，一方では雇用エージェンシーであり他方ではエンドユーザーであるのか，あるいはその両者であるのかということを知る必要があります。私たちのシステムにおいて真の問題は，まず，労働者がエージェンシーに雇用されているのか，エンドユーザーに雇用されているのかについて，こうした三角雇用関係の一角にいる労働者が非常に不安定であることなのです。

　時々，これは私にとって非常に驚くべきことではあるのですが，どちらの組織に――現在の時点ではどちらか私たちにもわからないのですが――雇用

V　特別寄稿：ドイツとイギリスの経験から

されているのかがよく分からないために，あたかもどの組織とも雇用契約をしていないような状況にいる労働者が実際に存在しているのです。私たちでは，その労働者がエンドユーザーに雇用されていると言えるのか，あるいは雇用エージェンシーに雇用されていると言えるのか，他に証拠がないかを知らせる明確で標準的な認定根拠が決定的に必要なことを強調します。私たちは，標準的な認定根拠が必要です。それは，個人の雇用関係に明確な証拠がない場合でも，その労働者をどちらと認定するのか，決めることができるのです。異なる国の雇用法システムは異なる規則を持っていると思います。ここでもまた，私は日本のシステムとの比較考察に興味があるのです。

　雇用主の性質における2番目の変化は，イギリスにおける労働者の法的概念には十分には扱われていない，あるいは含まれていない，法的継続性という外見の裏にある雇用組織の性質の大きな変化の明確な可能性です。確かにイギリスの法律におけるケースでは，法的雇用主は変わらないのに，株式会社の管理に変化が起こることで，会社の経営の性質や構造，経営方針が完全に変わり，実質的には雇用主の変化があったにもかかわらず，法的条件には全く何も変化がないケースです。

　Marks & Spencer 社の例のように，大企業の株式の過半数の所有の変化があったのに，Marks&Spencer 社とその労働者の間の法的関係には全く変化が認識されなかったのです。雇用法が私たちのシステムの中でいまだに実際には適切に対応できていないことが問題なのです。

　3番目の可能性は，経営分野における私の同僚たちはこのことに次第に重要性を感じはじめており，またここでも私は日本の実情においても非常に意味があるのではないかと予想していることなのですが，実際にはネットワークとして理解されている雇用構造の成長です。これらは特殊なプロジェクトの実行のために組織化されたネットワークのことで，例えば，ある特別な製品あるいはサービスの開発プロジェクトがある場合，その目的のために作られたグループ，会社，あるいは小規模な組織によってプロジェクトが実行されますが，そこでは実際にはこのネットワークへの参加者の多くは，雇用者と労働者という二重の役割を果たしているのです。経営コンサルタント，デザインコンサルタント，建築コンサルタント，エンジニアコンサルタントな

ど，一連の専門的業務の供給者がすべて，こうした複雑な関係の中にあり，事業全体が雇用者と労働者の混合から成るネットワークとしてのみ正確に理解されうるような状況が増加しています。しかし，私たちの法的システムと構造には，いまだにこの種の構造を理解し考慮に入れることに非常な困難があるのです。

　さて，最後に，雇用契約の条件と雇用期間における変化，すなわち雇用関係の内容の変化についての話に移りたいと思います。一定期間およびパートタイムの雇用関係の利用の増加についてはすでに述べましたが，さらに，非常に重要でありながら分析が不十分であると思われる，年金支給の性質と範囲における変化について見ていきたいと思います。これは，私が今回の話で取り上げる最後の主要なテーマになると思います。このテーマは雇用関係の経済的現実の変化という非常に重要な分野ですが，これまで雇用契約法の理論の中にはほとんど含まれてきませんでした。これについては，私自身，今後力を入れてやるべき課題だと思っています。

　私たちが今見ているものは，非常に重要な変化，つまり一方は従業員で他方は独立契約者であるというこの根本的な区別のある古いシステムからの変化，そして，年金に関する限りは全く異なった構造と期待です。1960年代から1970年代にかけての，私が本を書いた初期の時期には，本来，雇用主，雇用組織が，経済的現実において，そして雇用契約を通してもたらされる法的現実においてはそれよりもさらに，退職に際しての収入の保障と職業年金支給の主たる供給者となっていたことは確かです。

　それとは対照的に，独立契約者の雇用主については，こうした期待は全くなかったのです。経済活動に従事しているこのような人々は，もっぱら公的年金支給をあてにするか個人の貯金と退職時の収入保障のための保険の準備に頼っていたのです。しかしそのことは，経済活動に従事しているこうした人々に対する雇用主の責任ではなかったのです。

　ここ数年，私たちは，はっきりした区別がなくなってきたという非常に重要な変化，経済活動に従事するすべての種類の人々に対する年金準備をより均一な範囲への細分化という変化，そして，私たちのシステムでは重要視されていないことから起こる，とりわけ重要なこと，従業員が職業年金支給に

## V 特別寄稿：ドイツとイギリスの経験から

関して雇用主からの支給を一般的には期待できるという雇用契約のもとでの従業員の期待の減少などを見てきました。

イギリスの労働・年金省は，数年前に，年金支給の構造と形態を全般的に調査するために年金委員会を設置しました。当委員会は，昨年6月に非常に重要で権威のあるレポートを作成しましたが，そこで，以上のような変化が原因で年金制度は事実上危機に陥っていると述べられています。その中での重要な結論は，今回の考察にとっても非常に重要なものなので，ご紹介いたします。年金委員会は，次のように述べています。

イギリスの年金制度は，過去においてはうまく機能していたようだが，これは先進諸国の中で最も出し惜しみをする国家年金制度の一つが，最も進んだ任意個人積立年金制度によって補完されていたからだ。この楽観的なイメージ（そしてこのレポートを作成しているのは政府の委員会である）には常に特殊なグループの人々に関しては多くの欠陥が隠されていたのだが，この制度は，他の国々と同等の年金受給者に譲渡される国内総生産の割合により，概してうまく機能していた。しかし国家は，人口高齢化に直面し，歳出を制限するために，多くの人々に対して提供する支援を削減する計画である。

国家はこうした計画をしており，さらに次のように述べています。

個人制度は，手を引いていく国家の役割を埋め合わせるほどには発達していない。それどころか，個人制度そのものが深刻な衰退の状況にある。民間部門における基本的な傾向は，雇用主年金拠出金が1980年代初期より減少し，年金積立金の全体のレベルは，公式な見積もりで考えられていたよりも著しく低くなっている。しかし，不合理な株式市場と平均余命上昇の認識の遅れによって，1990年代後期まで，多くの確定給付型制度に必要な調整が行われなかった。

また，次のようにも述べています。

愚か者たちの天国が終わってしまったように，この制度は新しいメンバーに対して排他的なものになってしまい，さらに出し惜しみをする確定拠出型制度へのシフトが次に起こった。年金積立金の基本的なレベルは，人口統計の難問に直面し，上昇するどころか下降している。年金増額はい

まだに不公平なものになっており，リスクは個人へとシフトし，時にはそれに対処できないでいる。

以上の結論は，イギリスで非常に広く受け入れられています。これが非常に熱心な専門家の方々からの非常に権威のあるレポートであったことは理解されており，政府内や雇用主たちの間でこれに対して真剣に答えようとする刺激剤になりました。それには長い時間がかかるでしょう。回答の一部は雇用契約法の中になければならないと思います。それは適応させる必要があるのです。こうしたニーズを認識し処理するための再構築が必要で，これらのニーズを正確に理解するためには，今回の話で私が何を主張してきたか，つまり，労働法システムの中の従業員とその外にいるその他の労働者とを単純に区別することはもはや適当ではない労働市場について論じているのだということを理解する必要があるのだと考えております。経済的現実はそれよりはるかに複雑で，民間部門の年金支給の落ち込みによって，こうした区別の重要性や法的再構築と慎重な改革に対する必要性が非常に増しています。

私の結論は，ここで考察した3つの要素すべてが，標準的な福祉的「雇用契約」のモデルに異議を唱えるために，集められ組み合わされるということです。このモデルは，私がそれについて研究している間，雇用関係についての法に関する思考を支配してきたのです。実際には労働者はもはやこのモデルに適合せず，雇用主ももはやこのモデルにすっきりと適合せず，また個人雇用契約の内容もやはり適合しないのだということを，最後に述べておきます。

私は，専門の法学者として，比較に基づいてこうした問題に着手し理解しようと試みることを非常に楽しみにしており，これらの重要性や興味深さを皆さんが確信するほど，また，私が幸運であれば，おそらく皆さんと比較に基づいた議論ができるほど十分にお話したと思っております。本当にありがとうございました。

**手塚和彰（千葉大学教授）** 興味深い意見，本当にありがとうございました。日本も，労働市場や高齢化社会など多くの問題をかかえています。先生がおっしゃったように，イギリス，そして日本も，非常に深刻な状況にあります。日本

V 特別寄稿:ドイツとイギリスの経験から

の国会の開会にあたり,政府は,高齢化社会,特に日本の年金制度について明確な説明ができませんでした。ところで,フリートラント先生に何かご質問,ご意見をお願いします。どなたかいらっしゃいませんか。

**モリス博士(オックスフォード大学日本支部長)** フリートラント先生,私は,自分の雇用者が誰なのかがわからない従業員がいるという状況についてのお話に特に興味を持ちました。例えば,雇用エージェンシーなのか,あるいはいわゆるその人が働いている会社なのかということです。こうした状況における何らかの法律上での先例はあるのでしょうか。

**フリートラント教授** 最近の判例法で,非常に興味深い議論がなされており,裁判官たちは,理論に基づいて書かれたものに関心を示しています。これは私たちにとっても非常に興味深い討論ですが,ここにいらっしゃるマスコミ関係の数人の方にも関心を持っていただけると思います。というのは,最近の判例の中でも最も重要なものの1つが,ロイターという国際通信社に関するもので,この会社は,私がすでにお話した意味で,ほかの多くの通信あるいはマスコミの組織と共通点をもち,経営業務,コンサルティング業務,時には現場での一次報道業務,つまり個人労働者による報道業務さえも,エージェンシーを使っているのです。

このケースでは,数年にわたって雇用されていた労働者が,解雇されたのですが,不当解雇に対するクレームを,雇用エージェンシーにすべきなのか,ロイター通信社そのものにすべきなのかという決断をするのが非常に困難でした。彼の雇用条件そして報酬支給についての正式な取引関係はすべて,雇用エージェンシーと行われていましたが,彼の労働は実際にはしばらくロイター通信社によって管理されていたのです。

その雇用エージェンシーは破産してしまったので,有効な救済策を講じることはできなかったのです。不当解雇のクレームを雇用エージェンシーに対して行っても無駄なことでした。この労働者が不当解雇のクレームを行おうとするならば,彼がロイターから直接雇われている従業員であることを証明しなければなりませんでした。これまでの方法とは非常に重要な離脱をし,上訴裁判所はこうした状況において,この労働者は実際にはおそらく4年間ロイターのために働いていたと判断し,準雇用契約がロイターと生じていたと主張するつもりでした。

しかし,私の同僚である理論家の多くは,これは非常にあいまいな分野であり,準雇用契約というこの推定根拠がいつ適用されるのか確信を持てないと考えています。それがそもそも適用されるのかどうかについてすら確信が持てないのです。そこで,どの組織が雇用主であるのか真に不確かな場合,それを私たちに教えて

くれるような明確な標準的基準あるいは推定根拠を持っていないというのが私の意見です。このケースはエンドユーザーを雇用主とみなすことを選んだ有用な徴候ではありますが、いまだに明確で疑いのない法的な状況を生み出してはいないのです。

**モリス博士** 大変ありがとうございました。私は福祉的雇用契約モデルへの挑戦という考えに興味をもちました。もう少しお話いただけるでしょうか。新しい年代の私たちは、法的システムが労働者に与えている保護に重点をおく余裕はもはやなく、むしろ雇用主と労働者の間の調整に様々な関心をもつべきだということでしょうか。

**フリートラント教授** イギリスでは私のような理論家である雇用法律家の間で、最も重要で興味のある論争は、イギリスの法律と実際における雇用関係に対する古い福祉モデルからどの程度離れることができたかというものです。私たちがかなりの距離進んだということは認めてくださると思いますし、それは議論の余地がないことだと思います。しかし、どの程度進んだのかということに関しては大いに論争が行われており、この論争での主要な分野の1つは、これは私たちにとって極めて興味深い分野なのですが、イギリスの法律とヨーロッパ共同体の法律との関係の性質についてです。

広く支持されている意見によると、1960年代、1970年代といった時代の古典的な福祉モデルにより似ているのは、ヨーロッパの社会モデルを維持しているヨーロッパ共同体の法律です。この見方は非常に現実的で非常に正確だと思います。イギリス国家においては、ヨーロッパ大陸の多くの法的システムより古典的な福祉モデルからの離脱が少しだけ遠くまで進んでいるという傾向があると思います。従って、イギリス国内の雇用法とヨーロッパ共同体の法律との間に、興味深い緊張があるようです。

この緊張は、労働党政府の新しい政策により、近年少し緩和してきたようですが、それでもまだ存在しています。先ほど私が言及した年金についての最新の論争は、非常に重要で決定的な局面を迎えています。そして、それは国家システムにゆだねられている分野なのです。

ヨーロッパ共同体は、職業年金の問題にはまだにあまり深く関わっていません。性差別についてのヨーロッパ共同体法がいくらかの関わりはありました。このことは、性差別の典型的問題を排除するために、共同体メンバー国家の職業年金制度へ介入するという非常に重要な点を示しました。性差別の典型的問題は、公的職業年金支給制度において重要だったのです。しかしそれを除いては、ヨーロッ

## V 特別寄稿：ドイツとイギリスの経験から

パ共同体法はまだあまり深く関わってきてはいないのです。私が先ほど述べたこうしたプレッシャーのもとで，ヨーロッパ共同体法がより深く関わってきているのを見るのは驚くべきことではありません。

この点に関しては，私は日本の経験について何冊かの本を読みました。日本の経験について精通しているとは全く言えないのですが，読んだ本を通して，日本の制度は今のところヨーロッパ大陸の社会モデルの制度の方により近い位置にあるように思えます。しかし，イギリスが経験してきた種類の緊張についての明確な指摘があり，それについては，私の日本への訪問中に議論を始めた人たちの反応の中にも認められることに気づきました。

**手塚教授** ほかにどなたか。

**榊原健一（千葉大学教授）** 私は法律家ではなく，経済学者です。経済的見地から質問を一つさせていただきます。価値判断についてです。考察を通じて，私には比較ということに関して少しあいまいに思えました。経済学においては，例えばパレート基準や何らかの功利主義的基盤を用いていますが，先生の考察においては，判断のための基盤が何であるのかイメージができませんでした。先生の考察において価値判断の基盤となっているものについてご説明いただけますでしょうか。

**フリートラント教授** 私の調査過程において，経済学者の方々にも認めていただけるような基盤となる理論的立場を明確にして取り上げる必要があることを認識しております。今のところ，それについては非常に懐疑的な状態であり，私がより明確な立場を取っていないように見えるのは至極当然のことです。

さしあたり，私が何を主要な選択だと考えており，私の意向がどこへ向かっているのかについてお話したいと思います。私が選択したのは，法律および経済学の理論家の立場を取ること，そして単にマクロ経済の効率という概念に従ってこれらの発展を分析するために，これらの立法上の発展あるいは未発展すべてに対して効率原理，効率基準を認定し適用することです。

私がお話している伝統は，この種の立場，この種の論証に比較的なじみが薄く，この種の理論をお話してこうした理論的アプローチの点から十分な理論的根拠を生み出せるような論説を発展させようと努めているところです。目下，私が注目しているアプローチは，権利，特に法の中に組み入れられている労働者の社会的・経済的権利が効力をもち，個人企業，あるいは国家経済全体の競争に貢献する地点について考えるアプローチです。

イギリスの労働法システムでのこうした判断基準の認定に関しては，法律家で

ありながら経済の専門家にもなった同僚たちによって，非常に有用な研究があります。この種の研究がさらに有用になっていることに気付き，私がこの課題についておこなう研究のなかでも何らかの有用なことを述べるに足る調査をしていきたいと心から希望しております。

今のところ，この分野での私の立場について話していないというあなたのご意見は非常に正しいのですが，その立場を明確にして取り上げる必要があることははっきりと認識しております。目下意図しているのは，労働者権利の効率と競争力をつけるための雇用関係を調整するために，この研究を利用することです。

**井口武夫（尚美学園大学教授・元ニュージーランド大使）** 私は，セントジョンズカレッジは歴史学者の大学だと思っていましたが，今は労働法および雇用法の大学になっています。フリートラント先生，ようこそ日本へ。私は50年ほど前にセントジョンズカレッジにいて，現在は日本の大学で国際法および国際組織を教えています。セントジョンズカレッジでは法律を勉強したわけではありませんが，人権に関する講義をしております。

私がお尋ねしたい質問は，2004年秋にセントジョンズカレッジで女性のサッカーチームを見て，イギリスでは女性の権利が非常に重要であったことがわかります。しかし日本では，女性差別を禁止する国連条約を批准しましたが，日本には，いまだに雇用契約を結ぶ前に，特に民間企業は女性を雇用したがらないという現状があります。

50年前の私の時代，ここにいらっしゃる林大使の5年前になりますが，私が外務省にいた頃，妊娠した女性の面接をした時，外務省は面接試験で，彼女を誘導して何とか採用しないようにあらゆる手段をつくしたのですが，彼女は非常に優秀だったので外務省に入ることができました。現在，おそらく外務省職員の10%近くは女性です。とは言っても，何よりまず，特に民間企業の間では，いまだに女性を雇用しないという差別があり，人権および女性の権利を勉強している学生たちに対して，「女性の平等について卒論を書いているとは言うな。もし言ったら，民間企業の面接で差別されるから。」と忠告するという困難があります。少し皮肉を言ってみましたが。

ところで，イギリスの労働実情では差別される女性の権利についての最大の問題は何でしょうか。日本では，産休・育児休業がまだ十分ではないという問題があるので。また，既に述べたように，過去10年の間に，ある銀行の女性は，一般職よりも専門職にいるほうが昇進する人が多いことを認める高等裁判所の判決がありました。これは法律上の差別であり，裁判所はこれが日本の法律においてそ

してまた国連条約を批准したあとでは，男女平等における法的な差別であるとして，そのような雇用慣行を批判したのです。

しかし，産休・育児休業やその他の問題は依然として存在しており，女性は自分たちが十分には保護されていないと感じています。もしイギリスの経験や先例から学べるとしたら，ありがたいことだと思います。というのは，私はイギリスのオックスフォードで一度も法律を学んだことが無く，法律の専門家でもありませんが，国際法における人権について教えているからです。ありがとうございました。

**フリートラント教授** 大変ありがとうございます。これは非常に重要な中心となる問題です。私はイギリスおよびヨーロッパ共同体の雇用法でのサクセスストーリーの1つとして，雇用における性差別の排除の点からこれまでに行われてきたことを非常に注意深く発表したかったのです。この20年から30年の間に，非常に大きい進展がありました。しかし非常に大きな問題も残っています。

私たちは，お話にあったような新規募集での露骨な性差別が広く行われている状況を越えて進展してきました。幸いなことに，現在こうした差別は非常に減少しています。産休・育児休業附与は，法においても実際上も，以前よりかなり良くなっています。私の同僚で男女差別と雇用における家族の権利の法律を専門としている人たちは，現在残っている大きな問題は，女性労働者に対するガラスの天井と言われるもので，これはすなわち女性はしばしば雇用組織の中で限られた昇進しかできず，より高いレベルになると，ガラスのように見えない，しかし実在している障害にぶちあたるということなのです。傷つかずにこの障害を通り抜けることはできないのです。

こうした障害の存在をいかにつきとめ，排除していくかについて，非常に真剣に検討されていますが，それは適切なことだと思います。私の話の少し前の内容にもどりますが，非常に重要な問題は，女性が家庭での責任，これはもちろんいまだに父親より母親が圧倒的に背負っていますが，この責任を果たすためにパートタイム雇用に従事している場合，その結果として，従業員としての彼女たちの地位は，パートタイムあるいは一時的という雇用の性格によって，疑わしいものになるというわなにおちいる点なのです。この問題が扱われた先例となる判例のいくつかは，家庭の責任をもつ女性労働者にまさに関係しているのです。そこで，女性のサッカーチームのように非常に重要な進展がなされてきた一方で，非常に重要な問題も残っているのです。これはイギリスの雇用法の法律家たちの間で，非常に活発な議論が行われている分野です。

法律と実際の雇用関係の変遷(講演録)(マーク・フリートラント)

**手塚教授** そろそろ,本日の研究会のミーティングを終わりにしたいと思います。もう一度,先生の発表とご回答に深く感謝いたします。大変ありがとうございました。

**フリートラント教授** 大変ありがとうございました。

注1) マーク・フリートラント教授の講演は,2005年1月25日に上廣財団ホールで,「経済・構造変化にともなう雇用変化と雇用関係法に関する実証的・比較法的研究会(平成16年度文部科学研究費)」と上廣財団との共催で行われたものである。

注2) マーク・フリートラント教授プロフィール;オックスフォード大学セントジョンズカレッジ研究員,同大講師,助教授を経て,教授(現職)である。雇用関係法の権威であり,2001年から2004年までは,同大学ヨーロッパ比較法学研究所長を兼務し,2002年には英国学士院の特別研究員に選任された。なお,同教授はトニー・ブレア英国首相(当時)をはじめ多くの著名人を指導したことで夙に有名である。主著としては,"The Contract of Employment" (1976), "Public Services and Citizenship in European Law" (1998,共著), "Personal Employment Contract" (2003)等。

〔初出:季刊労働法210号(2005年)　手塚和彰　訳〕

469

# 解雇制限の緩和によりより多くの
# 雇用は生まれるのか

ウルリッヒ・ヴァルヴァイ

## 1 はじめに

　この数ヶ月の間に労働市場の状況はさらに困難となった。たとえ，長期プロジェクトにより，労働市場の状況に一定の希望が持てるとしても，雇用改善のスピードはさしたるものではありえない。今日の耐え難い高失業率は，再三議論の中心となっている。

　たしかにこの数年間，一定の成長率があれば，失業率は明らかに低下はしている。もちろん高度成長期はすでに過去のものとなっているように思われはするが，それゆえにこそ構造的な改革によって成長の雇用への実効性が向上するか否かに依存するであろう。

　労働市場の規制緩和はこれに対する本質的な寄与をなしうる。
　この論文は脱規制化論議の"ロングラン"，すなわち雇用の保障の規制（なかでも解雇からの保護の規制，期間限定雇用と期限付き雇用などの臨時就業形態の規制）を論じている。この論稿は目下の労働市場状況の総括から始まる。構造改革をめぐる現在の論議から出発して，論文はドイツにおける雇用保護規定の機能性を論じている。雇用保護規制の弾力化は80年代の初めから労働法の脱規制化が必要か否かをめぐる論争の中心である。今なお対立する論争の前面にあるのは，雇用保護が経済成長の水準，就業と失業ならびに失業の構造に及ぼす可能性のある非生産的効果についてである。ドイツにおけるように厳しい雇用保護に対する主要な批判点を前提として，この論稿は国際的に比較した見通しを提示している。ひとつは1999年の雇用保護の労働市

V 特別寄稿:ドイツとイギリスの経験から

**就業保障と労働市場効果 (OECD 1999)**

|  | 80年代末指標(順位) | 90年代末指標(順位) |
|---|---|---|
| 個別の解雇制限 | 2.7 (13) | 2.8 (21) |
| 大量解雇 |  | 3.1 (13) |
| 期限付就業 | 3.8 (15) | 2.3 (18) |
| 　うち:期限付労働契約 | 3.5 (15) | 1.8 (15) |
| 　うち:パートタイマーおよび派遣 | 4.0 (12) | 2.8 (18) |
| 相対評価 |  |  |
| 変化1:大量解雇抜き評価 | 3.2 (14) | 2.5 (18) |
| 変化2:大量解雇込み評価 |  | 2.6 (20) |

注:数値は0〜6　高い規制は数値大
　　カッコ内はドイツのOECD内順位　　(80年代末19ヶ国,90年代末26ヶ国)

場効果に関する"Employment Outlook"のなかのOECDの包括的な調査に詳細に依拠している(OECD1999参照)。一方では規制密度との,他方では成長ダイナミズムと雇用・失業境界との関連に関する見込みでこれをしめくくっている。その後,結果を広い理論的・概念的枠組み,すなわち法経済性の認識について追完し,最後に雇用政策上の見通しから,雇用保護の規制における改革の必要性があるか否かにつき展望として論議している。

## 2　出発点での分析

### (1)　発　展

90年代にドイツの失業は絶え間なく上昇し,新しい記録的頂点に達した。さしあたりの頂点として1997年に年間平均失業率11.4%に達した(図1参照)。1997年から2001までの好景気は失業の後退につながったが,最近失業はふたたび増加してきたがすう勢としては,失業率の推移の反対像のように,就業率は伸びた。

失業の理由は多様である。誘因は就業者ポテンシャルの上昇で,1970年来増え続ける就業参加(特に既婚女性)と「旧東独からのドイツ人移住者」(Übersiedler),「旧東欧諸国からのドイツ人移住者」(Aussiedler),外国人の流入であった(なかでも戦後の出生率の高い年次の人口圧力により引き起こされ

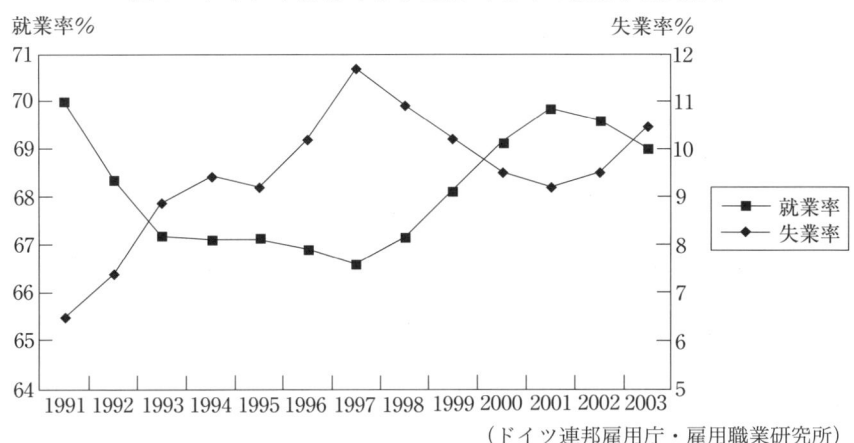

図1 ドイツの1991年から2003年までの就業率と失業率

（ドイツ連邦雇用庁・雇用職業研究所）

た）。

　この労働力供給増加がなければ，オイルショックの結果としての景気後退は，おそらく，比較的無傷に克服されていたであろう。しかし国内人口の増加とその就業傾向は短中期的に変わることなく限定条件を形成し，政治，経済，労働市場はそれと取り組まなければならない。就業者ポテンシャルの増加は過去においてはより高くより雇用効果のある経済成長によってのみ克服されるべきものであったろう。将来性のある商品に充分投資することなく，新しい市場の開拓があまりにも少なかったため，より大きな経済成長は達成されることはできなかった。他方，旧来の生産構造，たとえば炭鉱，港湾，農業などに，さらに補助を行う結果，ドイツはハイテク領域への投資が進まず，この部門の潜在的可能性を高めることができなかった。その結果，最終的に必要不可欠な構造改革，第二次的経済の第三次経済への変換も，過度に妨げられた。今日の構造的な高失業は，その結果，実際克服すべき過程から生じた付随現象とは見られないのである。

　今日の経済成長は，とりわけ，経済成長の雇用への効果，とりわけ，時間当たりの労働生産性の発展や，就業者1人当たりの年平均労働時間の短縮に依拠している。高い生産性の向上は，かつては西ドイツの国民経済においてその製品ならびにサービスに対する労働量の恒常的減少よるものであった。

ここでその根拠をみると，より大きな資本投下により，技術的発展をもたらし，さらには，高度の職業訓練による従業員の熟練の向上は，ドイツ再統一の結果でもある高賃金をもたらした。その結果，労働の要素はドイツ再統一のコストが過度に課せられ，その間企業における労働コストと支払われた実質賃金との間の相当な「公課のくさび」をもたらすこととなった。こうした高労働価格は，事実上「生産性の鞭」として機能し，職場は低熟練の水準を合理化によって取り除くか，職場を国外に移動させる結果となり，一部は不法労働により代替させられたのである。

協約週労働時間の短縮とより以上のパートタイム労働はいずれにせよ時間当たり労働生産性を引き上げている。この2つの側面は，総労働量のより多くの人への割り当てによる追加的な就業可能性をもたらした。この点で最後に言及すべきは，経済成長と雇用の関連は，その上に労働市場のシステムと製造・サービス産業の規制により影響されるということである。

弱まった景気の状況とならんで，ドイツ再統一は労働市場の問題をさらに強めた。通貨の交換比率を1対1にしたことや，東の賃金水準の急激な西の水準への調整を志向した賃金政策により，東の経済への支出条件はますます悪化したのである。にもかかわらず，1990年以来相当な進歩は，たとえばインフラの整備に関し，もたらされている。就業比率について言えば，西の水準に追いついている。しかしながら，東では，本質的に高失業ないしは過度の就業に結びついており，女子の就業率が西より高いということもある。製造業に有利になり，建設業に（過度の）負担を強いるような社会階層の変革が示唆しているように，構造改革はいまだ十分にはなされなかった。それどころか製造業においては，成長率とともに拡大生産がなされ，その結果製造業は高度なサービス産業への有力な注文者となっている。

今日のドイツの労働市場は，したがって，一定のポジティブな兆候にもかかわらず，高失業の印象をうけるし，景気の点でも，より多くの構造的な性質のものとの印象である。いずれにせよ，高度に熟練をもち，スペシャリストとしての労働力が不足している。この点での短期的な解決は見られない。変転極まりない世界経済の動向は，IT産業にもとづくサービス分野の「根底的な危機」ならびに2001年9月11日から，イラク戦争までの結果から，

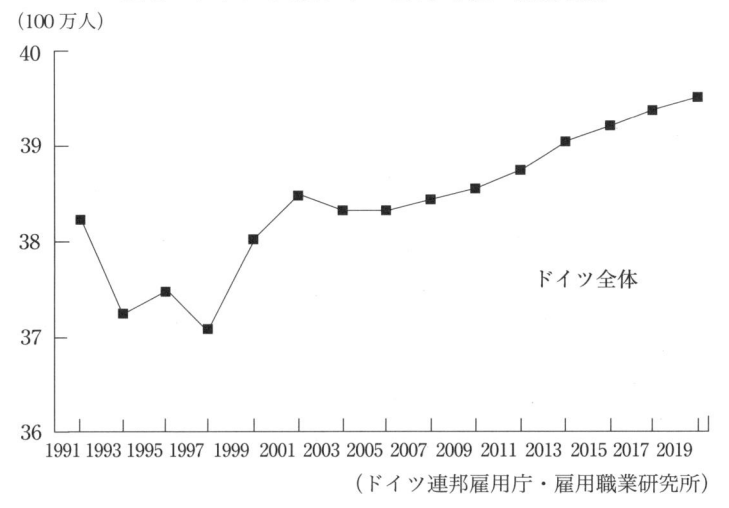

図2　ドイツの1991年〜2015年迄の就業者数

（ドイツ連邦雇用庁・雇用職業研究所）

急速な労働市場の改善には否定的にならざるをえない。今年度（2003年）についてみると，図1に示したごとく，一層の就業者の減少と，再度の失業者の増が見込まれているのである。

(2) 長期的な展望

雇用職業研究所の現在行われている長期プロジェクトによれば，労働市場の需要の面では就業者総数においては2005年の早期には，2000年の水準に戻り，2015年には100万人程度の増加が見込まれている（図2，およびSchnur/Zika2002参照）。

これは，現状のモデル推計の結果である。これによれば，西ドイツは水平線に銀色の線が見られるのだが，東ドイツではモデル推計によっても独力でのポジティヴな雇用の進展は見られない。雇用上の供給の面では，この数年間の10万人台の国外からの労働力移動があったが，その水準に関してはこれ以上追加することは許されないのであるから（Fuchs/Thon1999），西ドイツでは，中期的には失業の減少は期待できる。これに対し，東ドイツでは，雇用の減少が一層進むであろう。総体的に見ると，2015年まで，現状の下

で推計すると 2015 年までには完全雇用にはなりえないのである。

　各部門の進展は，グローバリゼーションという変化の背景の中で，将来的にも本質的な過去に見られた 100 年間の基本的な傾向を裏付ける結果となろう。

(i)　農林業ではさらに雇用を喪失し，建設業や製造業も同様である。

(ii)　サービス産業（第三次産業）のより以上の雇用は，企業の分割による分離や企業の機能の切り離し（つまりアウトソーシング）の恒常的な増加からくるものでもある。

(iii)　2015 年までのもっとも強力な雇用の増加は，企業関連のサービスである。

　ドイツは，能率の高い産業の基盤に，その成長と雇用効果を発展させてきたことから，企業関連のサービスに関しては比較的競争力での優位を有する (Wolff1990)。

　企業家の無限責任（Komplementerität）と補助の削減は将来的な製造業とサービス産業の関係として提示される。統合と制度改革は構造改革に利するし，これによりドイツは世界市場において競争的地位を持続的に強化できるのである。

## 3　規制と労働市場——事例としての雇用保護

　西側の国民経済の考察をするには，マクロの政策に収斂する。財政政策はほとんどの国で，公債整理の方向に向かっている。通貨政策は価格安定の目的に義務付けられていると感じる。こうしたマクロの政策の方向は多くの国では望ましい安定をもたらしているが，これはすなわち国家財政の負債の削減と低インフレ率を意味する。しかし，国民経済のマクロ経済政策比較にはさまざまなやり方がなされている。この変化は外因性のショック（たとえば，世界経済の発展）があてはまり，また人口変動もあてはまるのだが，すなわちおおむね似たような通貨—金融政策の枠内において，各国間での成長と雇用の顕著な差が存するからである。

　マクロ政策上の効果に関するあまり低く評価すべきではない制度的調整が

働く，特に，資源の配分がこれにあたる。考慮すべき点は，その場合，特に製品と労働市場の規制緩和であり，これについては，市場の透明性の硬直化，調整の速度の少なさ，不十分な配分効果などが問われている。職場確保の理由から，より少ない意味を有するのは，その貢献においても，規制政策による「あらゆる方向への攻撃」に対し身構えることを望むことになる。さらに，この意味における貢献について，顕著な例を見ることができる。この点に関しては，規制緩和の議論の流行が重要であるが，とりわけ，雇用の保護規制（および，解雇制限，一時的な稼働，期限付き就労，パートタイム労働など）がこれにあたる。雇用の保障は一つの次元であり，この議論に関しての詳細はきわめて重要である（参照，Buechtemann/Walwei1996）。

次に，マクロとミクロの経済上の就業保障とを分けるべきである。マクロレベルでの就業保障の程度は，一般的に就業しており，それが継続することから，推定によりなされる。この推定は，労働力の需要の変わらないことに，一つの職場喪失後同等の就業が見つけ出せる可能性を見出している。

ミクロのレベルでの就業保障の程度は，現実に使用者が雇用を維持している蓋然性にまさに相関するものである。これはとどのつまり個別の職場の保障に限らないのである。個別の経済的次元での就業保障は，場合によっては，企業内の配転の可能性により保障されうる。

マクロレベルとミクロレベルの就業保障はしかしながら現時点でのものにとどまる。より有利な労働市場の状況下においては，マクロの就業保障は比較的高いといえる。ミクロレベルでの就業保障（たとえば，解雇制限の法的形式）によると，職場の配転を通じて，時には職種及び，また同時に地理的モビリティーを考慮する場合には，傾向的には企業に，就業者のより少ない利用（つまり解雇）と結びついているよりも，わずかのコストを要するに過ぎない。この逆は，不利な労働市場の場合にあてはまる。

さらに区別すべき点は，事実上の就業保障と法的な就業保障を区別することである。事実上の就業保障という言葉に関しては，とりわけ小企業内で，契約上の根拠のない場合でも就業者が，就業保障を事実上得る場合をいう。法律上の就業保障は，これに対して，個別契約上ないしは実定法または労働協約の規定に基づいている場合である。解雇制限ないしは，これと関連する，

いわゆる「一時的な就業」（たとえば，期限付き就業や派遣労働）などについての合目的的なフレキシビリティーの程度をめぐる議論はとりわけ集団的な規則的基準に集約されている。これとは逆に，制限の水準もこれを調整する規制のレベルの問題も論じられている。

ドイツの制度において，解雇制限は，労働契約を絶対的に破棄し得ないものと同等に扱うことはできない。使用者は，解雇に関して実質的な根拠を要し，また，手続的な規制（たとえば，告知期間ないし被用者代表との協議）を守ることが必要である。恣意的な解雇は既存の解雇制限により，告知期間の自由の制限を含み，破棄される。実定法上，労働協約上の規制は就業グループが様々な程度に解雇制限がなされることをさらに予期している。かくして，解雇制限は企業での勤続によることになる。試用期間にかんしては，わずかの解雇制限が，期限付労働契約に関しては，期限の終了とともに解雇制限も終了する。パートタイマーに関しては，期限付契約すら例外である。これに対し，官吏はより強い解雇制限を享受し，身障者や妊娠中の女子も同様である。

労働関係の終了への中心領域は解雇制限である。多くの論文で，一方の実定法上の解雇制限と，他方での事実上の就業保障との共通性と差異に関して論じられている。その結果，事実上の就業保障は法律的な解雇制限なしに存する。たとえば，小企業で，あるいは，期間の延長によりなされ得る。他方，期間の定めのない労働契約（すなわち，現行法の解雇制限が適用される就業）に関しては，解雇制限の多寡を，たとえば停滞部門に関して，ないしは注文の減少に際して同時に規定することはできない。

## 4　就業保障と労働経済的な批判

労働法の規制緩和は必要かというこの間の論争は就業保障規定の弾力化の程度をめぐるものである。就業保障に関しては，一連の異なる次元があり，このテーマの展開にとって重要な意味がある（参照，Büchtemann/Walwei 1996）。

まず，前述のように，マクロ経済とミクロ経済上の就業保障を区別する必

要がある。マクロレベルの就業保障の程度に関しては，一般的に就業しているか，就業し続ける可能性が調べられる。労働需要が変わらなければ，ある職場がなくなっても，同等の職場に再度つける可能性があるとみなされる。これに対し，ミクロレベルでの就業保障の大きさは，現実に使用者が就労を維持する可能性に対応する。これは必ずしも職場保障に限らない。就業保障は，個別経済レベルでは，場合によっては，企業内の配転可能性により保障することができる。

マクロレベルとミクロレベルの就業保障はたしかに相互に関連する。より良い労働市場の状況下においては，「マクロの就業保障」は比較的高い。ミクロレベルの就業保障（たとえば，法的な解雇制限の形式において）は，就業者にとって保障の少ない有益性と結びついており，自ら職場の配置転換により必要な職業上ないし，同時に地域的モビリティーを得て，傾向としては企業に少ない負担で可能である。これと逆の点が，劣悪な就業状況ではあてはまるのである。

ここで，法的な就業保障と事実上の就業保障を区別すべきことと，その意義が異なること，ならびにドイツの解雇制限の意味に関しては，すでに3で述べたとおりであるから繰り返さない。

経済学の理論上，目下支配的な新古典派のパラダイムにおいては，労働市場規制の合目的性に対する疑問を解くためには，これ以上の分析は必要ない。労働市場の契約自由を制限することは，その結果同時に契約当事者の効率の低下が生ずるのであるから，代替措置なしに除去するべきである。こうした考え方は労働市場規制が，交換可能性（ここでは，労働契約の成立をいう）を侵害する結果となるから，次善の結果にしかならない。解雇制限はその事例として，こうした点を示している。効果的な解雇制限は企業にとっては，たとえば，従業員をいかなる条件でも解雇できないとすれば，市場からの撤退の制限とみなされる。効果的な解雇制限は，アウトサイダーがインサイダーを随意に押し出すことはできないのであるから，被用者相互間の代替競争にマイナスとなる。

よく考えてみると，配分の観点からみて望ましいとされる労働市場の規制は，当面の問題への間違った解答となる可能性があり，また，労働市場の面

でも不効率の再生産になる。その結果，社会政策的な市場配置に対する規制による干渉がなされるべきか否か，あるいはどの範囲でなされるべきかという点が正当化されるか，常に問われている。この点に関しては，労働市場規制に替わると考えられるやり方として，たとえば，配分問題に関連する税—移転システムの中で強固なターゲットグループとして扱うことによるなどの，代替策を試すことも含まれる。就業保障の制度的規制を一見すると，次のように雇用政策的な観点から関連があると評価される5つの批判点がある。

　第1は，費用的観点である。就業保障に関する規制（たとえば解雇制限）は，採用を行う面でネガティヴに働く。企業は，特に同一条件（たとえば，労働生産性が変わらない）のもとで，労働要素の費用の増加をともなうと考えられる解雇制限への費用（および解雇補償）を受け入れなくてはならない。もし，企業にとり労働力の需要（適度の必要労働量）が増加した場合，様々な代替手段（たとえば，期間の定めのない新規採用，期間付採用，時間外労働，派遣労働者の受け入れ）のコストの比較を行う結果，どれが適当かの判断を行う。

　第2は，構造改革の強調である。就業保障の法的枠組みが強ければ強いほど，雇用関係はより安定し，その結果被用者の計画の保障（たとえば，長期使用のための消費財の購入など）も強まる。雇用において，移動（配置換え）が少なければ，所与の経済構造に関しては，「現状維持的」に機能する。停滞領域から成長経済領域への構造改革とその結果，大企業から中小のサービス業種への構造改革にとっては阻害的に働く。フレキシビリティーの欠如は，変化する経済的限定条件への調整の必要な時代に必要な変化を阻害し，その結果，経済成長の喪失を招くという，経済上の負担を生ずる。

　第3は持続性の意見である。

　労働市場の流動性の抑制は他方ネガティブに働く。保護のための規制は，アウトサイダー，つまり雇用制度の外に置かれている保護の及ばない人々には厳しい逆作用を生ずる。たとえば，解雇制限はとりわけ高失業の時期には人の配置換えを妨げることになり，失業を固定化させてしまう。一定の労働者グループ（たとえば，ドイツでは，重度障害者は特別の解雇制限があるが）に対する雇い入れの保障を高くすることは，失業者が失業にとどまる方向に寄

与することになる。特別の人々のグループへの保護は，社会的な不利として調整するべきであるから，したがって，「経済的な善に対するのろい」は企業への一方的な負担となりうる，すなわち保護は個別の保護の状況を悪化させることにすらなり，社会的な位置づけが必要である。

第4は，バイパス見解である。

費用的観点からは，一層の保護規制が保護される就業の形式のバイパスに向かわせることになる。より厳しい解雇制限は，企業に，特に解雇制限のない雇用や保障の少ない雇用（たとえば，期限付契約，派遣労働や自営業者の請負といった）に向かわせる。こうしたバイパスは雇用水準や失業の改善効果に結びつかず，一層のこうした雇用の組み合わせを増すことになる。そして，その結果は，正規従業員と縁辺従業員との分断（セグメンテーション）を進めることになる。

第5は，不安定性を重視する見解である。

規制は必ずしも法的明確さについて配慮しているわけではない。就業保障の規制はその実物教材を与えてくれる。適当な法規制が少ないことによる法的な明確性の欠如（たとえば，経営上の理由による解雇に際しての社会的選択）は労働市場の両当事者（労使）に不必要な不安定状況を与える。判例が少なく，そのために法的要件を確定するには今後の規定の制定への動きを高めることになる。とりわけ1985年の期限付き労働契約締結の簡略化による期限付き契約による改革は，この問題を考慮せざるを得なくした。最後には労働市場の移動コストに関しての法的条件の不安定性に関する，上述のいわゆる「費用的観点」に帰着するのである。

こうした批判の観点は，厳格な就業保障（ドイツにおけるような）規制が労働経済的観点から支持できるか否かに関しては，経験的な結果により支持される。こうした経験的結果については国際的な比較に基づき検討されることが必要である。ただ，国際比較といっても絶対的な比較の基準があるわけではないが，一定の推計は成り立つ。

## 5　OECDの1999年研究

　OECDの1999年の「就業保障と労働市場効果」と題する調査研究は就業保障規制の労働市場に対する効果に関して一歩を進めたものである。
　OECDのこの調査は，予備調査もなされた上で，就業保障の領域における規制の程度を指標として進められたものである。この就業保障の指標としては，個別の解雇保護，大量解雇および短期的就業としての，期限付き労働契約および派遣労働についての就業保障をとっている。その評価のために，OECDは各規制の観点からの硬性指標を示している。最初の指標は0（一切の制限がない）から6（強い制限）までを設けている。その強弱は，コンマ以下で示されている。

表1　就業保障の国際比較：OECDの規制程度
1980年代末と1990年代末比較

| 国　名 | 総体指標 | | 国　名 | 総体指標 | |
|---|---|---|---|---|---|
| | 90年代 | 80年代 | | 90年代 | 80年代 |
| 米国 | 0.2 | 0.2 | ベルギー | 2.1 | 3.1 |
| 英国 | 0.5 | 0.5 | オーストリア | 2.2 | 2.2 |
| カナダ | 0.6 | 0.6 | スウェーデン | 2.2 | 3.5 |
| アイルランド | 0.9 | 0.9 | 日本 | 2.4 | ― |
| オーストラリア | 0.9 | 0.9 | ドイツ | 2.5 | 3.2 |
| ニュージーランド | 1.0 | ― | 韓国 | 2.6 | ― |
| スイス | 1.0 | 1.0 | ノルウェー | 2.6 | 3.0 |
| デンマーク | 1.2 | 2.1 | フランス | 3.0 | 2.7 |
| ハンガリー | 1.4 | ― | スペイン | 3.1 | 3.7 |
| ポーランド | 1.6 | ― | イタリア | 3.3 | 4.1 |
| チェコ | 1.7 | ― | ギリシャ | 3.6 | 3.6 |
| フィンランド | 2.0 | 2.3 | ポルトガル | 3.7 | 4.1 |
| オランダ | 2.1 | 2.7 | トルコ | 3.8 | ― |

出所：OECD 1999

OECDの各国のランク付けによれば，ドイツは表1に見るように明らかな結果が出ている。つまり，1980年代末と1990年代を比べるとドイツは，就業保障による規制は国際比較上，上がっている。その結果，ドイツは1990年代末において先進26ヶ国中20番目で，その数値は2.6になっている。そのデータに大量解雇を加えないと，2.6で全体の18番目である。80年代には，就業保障の数値は3.2と高かったものの，より良好な位置の14番目となっていた。ただ1980年代の場合，19ヶ国の比較であったので，これについて差し引いて考察する必要がある。

　数値的に，1980年代末の3.2の数値が，90年代末に2.5になったのは臨時稼働の形式が増えたからである。1985年の18ヶ月までの期間付労働契約の合法化は，その後1996年には24ヶ月までの期間可能となった。派遣労働の領域では，派遣期間の延長は徐々に12ヶ月に延長された。1996年10月の，景気の後退期に6人から11人までの従業員の企業における解雇制限の適用が，1999年には減少した。

　表2によれば，ドイツは高就業保障のなされている国の一つとなっている。

　1990年代にかけては，ドイツを含む多くの国々で，短期的就労を増やしているが，南欧諸国がなお，就業規制が強いことが表1から明らかである。

　なお，OECDのモデルによれば，団体交渉の構造，失業者への賃金の代償措置，公的負担率，実際の労働市場政策に対する費用負担，生産能力の余力などが考慮されている。こうした中で，優秀な高齢労働者の再就職可能性，若年者の就労可能性，女性の就労可能性などが検討されている。

## 6　雇用・就業保障の規制緩和と労働市場に対する効果（結論）

　以上の前提からつぎのようなことが結論付けられる。もちろん，雇用市場を一気に改善させることができるような万能薬などというものは，あるわけではないので，すべて検討し直すことが求められているのは，その枠組み全体なのである。きょうの私の講演では，とりわけ解雇保護を中心点に述べてきた。つまり，解雇保護を緩めることが雇用を増やすことにつながるのかどうか，という視点である。

V 特別寄稿:ドイツとイギリスの経験から

　まず，統一後の労働市場の変化をみるために，前掲図1を用意した。これには，ドイツ統一後91年から2003年までの失業率と，それから就業率の変化が記されている。上が失業率，下が就業率である。これは2003年のデータである。注目すべきことは，97年から2001年までに失業率が下がり，就業率が上がるという状況があったけれども，2001年から2003年，今年に至るまでに，再び失業率が上がり，就業率が下がるという方向が出てきていることである。

　この失業問題を抱えているのがドイツだけではないということは，実際統計（表2）を見ていただければわかるが，ドイツは7.8％。この値は，ただし，2001年の値である。2003年については，残念ながらデータがいまここにないが，2003年，これよりもっと悪くなっているということはいえる。

　失業率のその割合が，ドイツはヨーロッパのなかでどのへんに位置するかということをわかっていただけるように，このような形で，まずいちばん左

表2　EU労働市場データ（失業）：2001年

失業率

| 1.8 | 7.3 | 7.8 | 10.4 |
|---|---|---|---|
| ルクセンブルク | EU平均 | ドイツ | スペイン |

若年失業率（15－24歳）

| 4.4 | 7.8 | 14.0 | 28.0 |
|---|---|---|---|
| オランダ | ドイツ | EU平均 | ギリシア |

長期失業者率

| 0.5 | 3.3 | 3.9 | 5.9 |
|---|---|---|---|
| ルクセンブルク | EU平均 | ドイツ | イタリア |

不熟練失業率

| 2.5 | 10.2 | 11.5 | 17.5 |
|---|---|---|---|
| ルクセンブルク | EU平均 | ドイツ | フィンランド |

出所：Eurostat Labour Force Survey 2001
　　　Employment in Europe 2002

側が失業率のいちばん低い値である。1.8 というところ。それで，いちばん上の右は 10.4 となっているけれども，それはいわゆるワーストケースというもので，ドイツはどこに位置するかというと，ワーストのほうに近い場所にあるということがおわかりいただけると思う。ご覧いただけますように，下の 2 つ，下から 2 番目のものは長期失業者，それからいちばん下のものは，職能能力の低い就業者の失業率の割合だが，この 2 つに関しては，ドイツは，残念ながらヨーロッパ平均の上に位置していると，悪い結果が出ている。この表の上から 2 番目は若年失業率だが，これだけはドイツは，ヨーロッパの平均よりはまだ下のほうにいる，という形にはなっている。

　この若年失業率も，まだ平均より下にあるとはいえ，どんどん増えていく傾向にある。しかし，いちばん大きな問題をなしているのが，やはり長期失業者の問題で，これは，特に高齢者雇用と非常に強く関わってきている。というのも，長期失業に陥りやすいのは，いちばん高齢者だからである。これは年金生活に入るまでの，その間の失業が増えていくということとも関連している。

　さて，表 3 が示しているのが，先ほどとは逆の，今度は就業率の割合である。まずは女性の就業率が，上から 2 番目だが，ここがドイツでは 58.7％という値になっている。そして，この女性の就業率などはヨーロッパ平均の上にあるドイツだが，下の 2 つ，これは，上が高齢者の就業率，その下が能力の低い被用者の就業率だが，この 2 つでは，ドイツはヨーロッパ平均の下に位置している。昨日シュメール先生が，「この雇用状況は，ヨーロッパでも国によっていろいろ違う」というふうにおっしゃっていたけれども，それは，特にこの高齢者の就業状況をみていただくとはっきりわかると思う。高齢者の就業率は，スウェーデン，いちばんよいところでは 66.2％ですが，いちばん悪いルクセンブルクでは，24.8％という値になっている。

　このドイツの雇用状況で特に特徴的なのが，正規雇用の減少である。これは具体的にいうと，正社員が長期にわたって雇用されている状況，働いている状況だが，これもドイツは非常に減っているということがおわかりになると思う。1988 年，ドイツは 67.4％という正規雇用の就業率があったが，それが 2000 年の段階では 61.3％までは減ってしまっている。このように，正

V 特別寄稿：ドイツとイギリスの経験から

### 表3　EU 労働市場（就労者）：2001 年

就労率（全体）
就労率（対 15 − 64 歳人口比）

| 54.5 | 64 | 65.7 | 75.9 |
|---|---|---|---|
| イタリア | EU 平均 | ドイツ | デンマーク |

女性就労率（対 15 − 64 歳人口比）

| 40.9 | 54.9 | 58.7 | 72.6 |
|---|---|---|---|
| イタリア | EU 平均 | ドイツ | スウェーデン |

高齢者（55 − 64 歳人口比）失業率

| 24.8 | 37.7 | 38.3 | 66.2 |
|---|---|---|---|
| ルクセンブルク | ドイツ | EU 平均 | スウェーデン |

不熟練労働者比率（15 − 64 歳人口比）

| 40.8 | 44.9 | 49.3 | 67.7 |
|---|---|---|---|
| ベルギー | ドイツ | EU 平均 | ポルトガル |

出所：Eurostat labour Force Survey 2001

規雇用の割合が減っているということの原因として，ドイツの場合は，パートタイム就労が増えたということ，それから「ミニジョブ」と呼ばれる収入の少ない仕事の種類が増えたということ，また有期雇用の形態が増え，派遣で働く人が増え，さらには独立して自営業で働く人が増えたという要素がある。

では，ここで雇用市場と経済成長の関係をみていきたいと思う。統計から明らかなことは，これは1980年から2000年にいたるまで各国のデータを集めてみたものだが，年平均の GDP のパーセンテージが，ドイツの場合＋2.1％というふうになっている。そして，その隣の真ん中の枠だが，これが雇用を増やすために必要な経済成長率のパーセンテージだが，ドイツの場合は，雇用を増やすために，ほかの国よりもより多くの経済成長が必要だということがわかる。そして，同じことが雇用市場にもいえ，雇用を増やすために，ドイツではほかの国よりもさらなる経済成長が必要だというような状況

にある。

　なぜこのようにドイツの失業率が高いのかということには，いろいろな原因がある。まず，構造改革がなかなか進んでいかないということ，それから将来に対する投資が積極的に行われない，つまり教育の分野で行われていないということ，さらには，いわゆる税や考課の負担が大きすぎて，手取りの収入が減ってしまうという問題があるということ。それから東ドイツとの統合という追加的な負担があったことと，それから労働市場が柔軟性に欠ける構造を持っているということである。

　この労働市場に柔軟性が欠けるという最後のポイントが，労働市場にみられる規制と関わってくるわけだが，ここで示したのが，ドイツの労働市場の規制の背景にはどのような要素があるかということである。まず一つめが，欧州連合の枠内における財政と，それから金融政策が，欧州連合のいわゆる収斂基準，あと財政健全化基準というところとの関連で，非常な制約を受けるということ。そして，何よりも国家財政には安定が求められるという背景がある。しかしながら，ここで見落としてはならないのは，そのように欧州連合加盟各国で政策をある程度そろえて，そしてそれを進めていくにしても，そこから出てくる結果というものが，経済的な面や，あるいは雇用市場の面で同じ結果に至るかということ，同じパフォーマンスが出るかということは，別の問題だということなのである。

　なぜそのように，同じ政策をとっても同じ結果にならないかといえば，やはりそこにあるいちばん大きな問題は，構造がその国によって違うということである。具体的にいえば，それは，資本市場や，あるいは労働市場でさまざまな異なる規制がとられているために起きることだが，私は，ここで詳しくその一つひとつ規制に関して言及はしないで，解雇保護という，この話に限って論ずることとする。

　労働市場の規制は，一概によいともいえないし，また悪いとも評価することはできない。2つの顔を持つヤヌス神のように，両方の側面があるというのが実際のあり方なのだ。一方では，市場の失敗を是正するために，より効率的に，そして配分を改善するという効果をもたらすことがある。しかし他方，政策の失敗を伴う公的な介入につながるということもある。この規制を

## V 特別寄稿：ドイツとイギリスの経験から

することによって，本来目標としていたことが達成できない，あるいは別の形のほうがより効果的であったということが，後からわかるということがある。

解雇保護に目を向けてみますと，少し戸惑うような現状を目の当たりにする。じつは解雇保護という規定がなくても，雇用の安定を達成することは可能なのである。しかし，逆に解雇保護があるからこそ，高い雇用率を確保し，そして雇用の安定がもたらされるということもある。一国の経済にとっては，やはり雇用の安定を目指すというのが，重要な課題になっている。

解雇保護が最も重要な働きをするのは，企業における，企業内の雇用の安定である。しかし企業にとっては，解雇保護というのは多大なコストを伴うものである。それは，解雇のために，場合によっては継続して報酬の支払いを続けなければいけないということもあるし，あるいは相殺するという形で，一時的な退職金を支払うということもある。そのような形で，高いコストを強いられてしまうというのが，企業にとっての雇用保全規定，解雇保護の規定なのである。

これらの点に関してはすでに述べたところのまとめになるが，1つめのポイントは，構造改革との関連である。これまでドイツの解雇保護の規制は，主に大企業の利益を守るというような役割を果たしてきた。しかしながら，昨今の経済状況のなかでは，いちばん成長の可能性を持っているのは，もはや大企業ではなく，規模の小さい中小企業なのである。それゆえ，そのサービス業中心の中小企業の要求に合わせた，つまり市場の現実に合わせた形での自由化が必要になること。こういう視点を，まずは見落としてはいけないということがある。

2つめのポイントは，解雇保護の緩和を進めていくことで，雇用形態の構造が変わっていくということである。特に私が重要だと考えているのが，雇用の流動化がそれによって生まれてくるということである。

3つめのポイントは，私が最初に申し上げましたとおり，解雇保護が，例えばそういった保護規定があるということは，これまで雇用を守るというような効果を持ってきたわけだが，それがなくなるということは，働くということに対する働く側の意識も変わっていかなければならないということにな

る。つまり，働く側が，たとえ働く会社が変わっても，それでも働き続けることのできる能力を身につけていくという意識が，非常に大切になる。

働く人の質という，働く人の仕事に対する態度に変化が必要だということは私の述べる4つめのポイントとも関わってくるけれども，ともかく生涯にわたって働くことができるように，1つの職場に縛られずに，そこだけにとどまることにこだわらずに働くことができるように，フレキシブルな能力を人々が身につけなければならない，ということにもつながるのである。

このように，働く側がフレキシブルな能力を身につけるということが，ドイツで最大の問題であります失業問題——もちろん，これは日本でも大きな問題ですけれども，その失業問題を解決するにあたって重要なポイントの一つになると思う。つまり，労働市場に参加していく能力，そういったフレキシブルな能力を労働者がつけることによって，可能にできるわけだからだ。ただし，そうしたフレキシブルな能力を身につける人たちだけが一つの特定のグループをつくって，そこのなかで行き来するような，一種のゲットーのような形での雇用形態ができてしまってはいけない。そういった形で働き続けることで，収入の安定がいつかは図られるような形での雇用形態が望まれるところなのである。

## 参考文献

Bielinski, H.（1997）: Deregulierung des Rechts befristeter Arbeitsverträge. Enttäuschte Hoffnungen, unbegründete Befürchtungen, in : WSI-Mitteilungen, 50. Jg., Heft 8, Düsseldorf

Büchtemann, Chr.（1990）: Kündigungsschutz als Beschäftigungshemmnis? Empirische Evidens für die Bundesrepublik Deutschland, in : Mitteilungen aus der Arbeitsmarkt-und Berufsforschung, 23. Jg., Heft 3, S. 394-409.

Büchtemann, Chr./Höland, A.（1989）: Befristete Arbeitsverträge nach dem Bescäftigungsförderungsgesetz 1985, Forschungsbericht 183 des Bundesministeriums für Arbeit und Sozialordnung, Bonn

Büchtemann, Chr./Walwei, U.（1996）: Employment Security and Dismissal Protection, in : Schmid, G./O'Reilly, J./Schömann, K.（Hrsg.）: International Handbook of Labour Market Policy and Evaluation, Cheltam, UK-Brookfield, US, S. 652-639

Buttler, F./Walwei, U.（1990）: Effizienzwirkungen des Kündigungsschutzes, in : Mitteilungen aus der Arbeitsmarkt-und Berufsforschung, 23. Jg, Heft 3, S. 386-393

Dörsam, P.（1997）: Die Beschäftigungswirkung des Kündigungsschutzes aus der Sicht institutionalistischer Arbeitsmarkttheorien, in : Zeitschrift für Wirtschafts- und Sozialwissenschaften 117. Jg., Heft 1, S. 55-84

Franz, W.（1999）: Ein Plädoyer für eine beschäftigungsfreundliche Lohnpolitik. In : Wirtschaftsdienst, 79. Jg., Heft 8, Seite 455-472

Fuchs, J./Thon, M.（1999）: Potentialprojektion bis 2040. Nach 2010 sinkt das Angebot an Arbeitskräften. IAB Kurzbericht Nr. 4, Nürnberg

Funk, L.（1999）: Beschäftigungs-Doppelbeschluss als Strategie zum Abbau der Arbeitslosigkeit. In : Wirtschaftsdienst, 79. Jg., Heft 10, S. 628-636

Ichino, P.（1998）: The labour market : A lawyer's view of economic arguments, in : International Labour Review, Vol. 137, No. 3, S. 299-311

OECD（1994）: Jobs Study, Evidence and Explanations, Paris

OECD（1999）: Employment Outlook, Paris

Okun, A. M.（1981）: Prices and Quantities, A Microeconomic Anelysis, Oxford

Schnur, P./Zika, G.（2002）: Projektion bis 2015. Gute Chancen für moderaten Beschäftigungsaufbau. IAB kurzbericht Nr. 10

Walwei, U.（1996）: Flexibilislerung und Regulierung des Beschäftigungssystems, in : Mitteilungen aus der Arbeitsmarkt-und Berufsforschung, 29. Jg., Heft 2, S. 219-227

Werner, H.（1998）: Beschäfigungspolitisch erfolgreiche Länder-Was steckt dahinter? in : MittAB, 31. Jg., Heft 2, S. 324-333

Wolff, H.（1990）: Das Dienstleistungswachstum-eine moderne Umwegproduktion. Überiegungen zur Bedeutung der Dienstleistungen für die gesamtwirtschaftliche Entwicklung. In : Mitteilungen aus der Arbeitsmarkt-und Berufsforschung 23, S. 63-67

〔初出：季刊労働法 206 号（2004 年）　手塚和彰　訳および編〕

# ドイツの少子高齢化と年金改革の方向

ヴィンフリート・シュメール

## 1 はじめに

　まずはっきりさせておきたいのは，老齢保障といった場合の，その内容です。一つめは，それはシステムの問題です。年金保険といった，そういったシステムの問題。そしてもう一つは，高齢になってその人が置かれる状況ということです。高齢期になってからのその人の置かれる状況というのは，年金保険が給付するもの，それによってのみ決まるわけではありません。もう一つの状況としては，例えば医療保険，それがどのような状況をその人に対して影響するか，ということも関係してきます。例えばドイツの場合では，医療保険でも介護保険の分野でも，給付が縮小される傾向があります。その代わりに自分で何らかの形の保障をつくっておくとか，あるいは給付を受ける場合も，自分の自己負担が増えるといったような事態が生じています。
　こういった状況をかんがみますと，学術分野で戦わされている議論においても，あるいは一般的な議論においても，必要な給付の水準というのはどれぐらいかということに関して，さまざまな見解が分かれているというのが実状です。私は，これからのお話のなかで，まずシステムとしての老齢保障というところに観点を置いてお話していこうと思います。まずは2～3点，私たちの挑戦課題として存在している点についてお話します。

## 2 人口動態と老齢保障

　人口動態の変化という点については，きょうの午前中にマイデル先生がお

話になりましたけれども，これが雇用の点でも非常に大きな影響を及ぼすということが指摘されています。いまこちらにお見せした図（省略）は人口の構造の変化ですけれども，左側のこのピラミッド型をしているのが従来の構造だったものが，高齢化が進むにつれて，右のほうの，いわば壺のような，花瓶のような形というのでしょうか。そういったものに動いていると。注目していただきたいのは，若い人たちの層がですね，小さくなっている。それで，さらに上に伸びているというのは，職業訓練などの期間がどんどん長くなっているためです。そして，いちばん上の層が高齢者の層ですけれども，そこが，右側のこの壺型の図では下に下がっていっています。これはどういうことを意味するかというと，年金の受給の年齢が引き下げられているという実状ですね。それによって就労期間は，左側のピラミッド型のほうに比べて小さくなってしまっていると。短くなっているということです。

　そして，平均寿命の伸びがありますから，当然この高齢者の部分の割合は，どんどんまた縦に伸びていっているわけですけれども，寿命の伸びに関して，これ，日本でもいえるかどうかは，ちょっと私，わからないんですけれども，ドイツの場合では，女性の寿命が男性より長くなっているばかりではなくて，その伸びの勢いも，女性のほうがはるかに高いということがあります。男性よりも。その結果，年金を支払わなければならない年金支払い期間が，女性に対する支払い期間が非常に延びていくという要素だけではなくて，遺族年金の支払いも同時に延びているということもなります。

　もう一つ寿命との関連で考えなければならない要素として，健康状態ということがあります。その高齢者の置かれている健康状態がどのように変わっているのか，あるいは変わっていないのか。これは罹病率との関わりで非常に重要な要素となってきます。この健康状態を維持できるかどうか，あるいは病気になる確率がどのぐらいあるかどうかという要素は，健康保険と，あるいは介護保険との関わりで大切になってくるものではなくて，また年金保険との関わりでも非常に重要なポイントになってきます。というのは，もし健康状態を損なって早くに年金を受給しなければならなくなる場合，つまり障害年金の受給が関わってくる場合という状況が想定される，という理由があるからです。さらに，病気になるということによって，そもそも働く期間，

就労期間が短縮されてしまうという，もう一つの要素もあるわけですね。

　１人の高齢者に対してどれぐらい現役世代が存在するかという，この割合の問題は，私たちが就労期間と年金を受給する期間の，その限界といいますか，切り替わるポイントをどこに置くかということで大きく影響されます。そして，どの年齢で就業が始まるかということも，当然その場合大切なポイントになってきまして，1998年，この図でいちばん上の行ですけれども，20歳で就業を始めると。それで60歳で年金を受給し始める。この場合に，高齢者と，それから就業者の割合がいったいどのぐらいになるかといいますと，現役世代が100人に対して，高齢者が40人ぐらいということになります。

　そして，この20歳から仕事を始めて60歳で引退するということを，このまま，ずーっと続けていたら，この高齢者と現役世代との割合が2030年にはどうなるかというのが，この２つめの行でありまして，ご覧になられるとおり，100人の現役世代が74人もの高齢者を支えなければいけないということになります。しかし，この引退の年齢を今後30年の間に，例えば63歳にまで引き上げたと仮定してみます。そうすると出てくる結果，つまり現役世代100人が何人の高齢者を支えなければならないかという結果は，いちばん下ですけれども，58人という結果になります。もちろん1998年の水準に比べれば上がりますけれども，その上がり方の度合いが，まったく引退年齢を変えなかった場合と比べて，はっきりと下がるということが明らかになります。

　ですから，この就業期間の長さという問題は非常に重要なポイントになってくるということは，ここで申し上げなければなりません。そして，いまさまざまな政治的な課題があるわけですけれども，私が一つ非常に重要だと考える政治的なプロセスがあります。ドイツでは，保険料率はできるだけ上げたくないという傾向がありますが，その一方で，政治的な決断として保険料率を上げるというものも存在します。特に過去ドイツでは，早期退職が推し進められてきました。そして，早めに退職して年金生活に入ったからといって，それによってその年金の給付額が減額になるとか，そういったことがまったく行われてこなかったわけです。その結果，結局財源を賄うために保険料を上げざるを得ないというような状況が生じてきたのでした。

　最近取り入れられた一つのやり方として，労働所得に対する新しい仕組み

があります。それは，つまり労働報酬の一部を企業年金に払い込むという形で，企業年金のほうに回すということなのですが，その労働報酬から取り出される部分には，一切，税や保険料の負担がかからないという仕組みです。この規定が実際にどれぐらいの規模で実践されることになるかというのはまだ不明なのですけれども，計算上みてみますと，こういうことになります。平均して賃金の2％が，この仕組みによってその企業年金のほうに流されて，つまり，それが課税とか保険料徴収の対象にならないということになれば，現在の保険料率は0.3ポイント引き上げざるを得ないということになります。もちろん，なぜかといえば，保険料収入が減ってしまうということがあるからです。

　それから，ビジネスを自分で起こして自営になるということを政治的な側面から積極的に進めていこうという政策がさらに推し進められていくことになれば，それは当然ながら公的保険料の収入を減らすという方向に進んでいくことになります。つまり，国民の所得の側面から優遇策をとっていこうとすることは，最終的には保険料の収入にダメージを与えて，保険の運営にマイナスの影響を与えるということになるわけです。そして特に大きな問題なのが，このような形で進んでいる政治的なプロセスが非常に速い速度で進んでいって，そこで行われるさまざまな提案というものが，人々の間に結局不安を掻き立てる結果になってしまい，いまの公的社会保険のシステムから，むしろ逃げ出そうとする方向に人々を動かすということになることです。「保険料はできるだけ払いたくない」と。「なんとか逃げる方法はないだろうか」という方向に人々を動かすきっかけになってしまいかねないと。

## 3　2001年年金改革

　さて，ここで2001年に行われた年金改革がどの方向に行くのか，つまり，ドイツの老齢保障に起きるパラダイムの変化ということをお話していきます。それでは，まず非常に簡単なわかりやすい形で，年金のこの算定式をちょっとご紹介したいと思います。というのは，どこでその路線の切り替えが起きているのかをはっきりみるためには，まずはこの算定式を理解することが必

要になる。簡単に説明します。

　この算定式（後掲）は，大きくいいまして2つの要素から成り立っています。一つめが個人報酬点数といわれるもので，これはどのように計算されるかというと，個人の額面の報酬ですね。それが平均の報酬額で割られるということになります。つまり平均的な報酬を得ている人にとっては，この個人報酬点数というのは1点になるわけですね。そして，それに掛けることになるのが2つめの要素です。これは，いまユーロで計算することになりますけれども，1点当たりの個人報酬点数が，その月あるいはその年でどれぐらいの価値があるか，というものです。そして，このように個人報酬点数を，その決まった値で掛ける。これがいま，だいたいユーロにすると25ユーロという値になっております。ですから，40点の個人報酬点数を持つ人だとすると，掛ける25で出る値が，だいたい1,000ユーロ。これが年金の額ということになります。

　さて，1989年に行われた年金改革においては，年金の額の設定に関して明確な目標設定がつくられました。

　例えば45点の個人報酬点数を持っていた人の場合ですけれども，その場合は，手取りの報酬の70％に値するというふうに考えられました。これは個人報酬点数が40点の場合だと，当然出てくる値は少なくなります。45点以上だと手取りを上回るということになるわけですね。

　この2つめのユーロの価値というものが，この1989年の改革以後さらに手を加えられることになりまして，結局，最終的には手取りの報酬に合わせて年金の額が伸びるという結果になりました。そして，例えば45という点数は，時間の経過にかかわらず手取りの報酬の70％であるということは変わらなかったわけです。ですから，ここを見ればわかりますように，この段階では，給付の水準を守るということに目標設定が置かれていたわけです。そして，その給付の水準を守るために，保険料あるいは連邦補助のほうを必要に合わせて適応させるということが求められていたのです。

　ですから非常に大切な一つのポイントとしては，目標設定として，年金と，それから現役時代の報酬というものがしっかりとつながれていたということ，そして2つめは，給付の水準を守ることが非常に大切であったので，それに

合わせて保険料収入のほうをフレキシブルに変えていかなければならなかったということです。

　この点で，2001年の年金改革によって根本的な変化が生じました。これは2つの観点で説明できることです。まず一つめが，報酬点数が，これまでのように手取りの報酬に関連づけられているのではなくて，額面の報酬に関連づけられるようになったということ，そしてもう一つが，2つ新たなファクターが加わったということです。その2つのファクターというのが，一つめが公的年金の保険料率，そして2つめが私的年金・老年保障の，その率です。こちらの私的年金の保険率に関しては，これは立法者がその率を決めているということは，きょうの午前中，マイデル先生のお話の中であったと思います。決まってはいるのですけれども，これが何しろ任意の加入の保険であるために，ここがどのぐらいの値になっているのかというのは，実際のところはわからないということになります。

　そして，特別なトリック，政治家によるトリックがどこに潜んでいるかといいますと，ここの，まさに任意加入の，この私的老年保障の，この率に潜んでいるわけです。この保険料率は，段階的に4％まで上げていくということが決められている。これが段階的に上がっていけば，結果的にどういうことになるかというと，年金のスライドの率ですね。年金がスライドされて増えていく率が小さくなっていくということになる。つまり，結果的にどういうことになるかというのは明らかで，公的年金の給付はどんどん切り下げられていくということになるわけです。

　そして，ここからまたもう一つはっきりしてくるのが，そもそも追加的に設けられた，この任意加入の私的な老年保障というものは，もともと公的年金を補足する形で設けられたのではなくて，最終的な目的は，公的年金を部分的に代替していくことだ，ということです。

　これまでご説明しましたように，これまでドイツの公的年金は，給付のほうに目標を置いて，給付の合わせて保険料を考えるというふうな形で進められてきたのですけれども，この改革の結果によって，それが完全に変わりました。つまり，目標が置かれるのは保険料率のほうであるということになります。例えば2020年までには，保険料率は最大20％に抑え，2030年までは

22％にまで抑えようというふうな，保険料率の目標を設定するわけですね。ということは，つまり保険料率がこの目標値を上回るようになれば，それはもう自動的に給付の削減につながるということになります。

　私が先ほど申し上げたパラダイムの変化というのは，まずこの点にはっきり現れています。つまり給付を確定するということから，保険料のほうの拠出を確定するという方向にパラダイムが変化したということですね。

## 4　今後の年金改革の方向

　さて，それでは，年金の額と，それから所得の配分というものがどうなっているか，その観点からみていきたいと思いますが，

　まず，この図（省略）をご覧いただきますと，最初，個人報酬点数が45点，そして手取りの報酬の70％，それが65歳での年金生活開始というを前提としての状況です。そして，この個人報酬点数のほうが40点とか35点とかに下がれば，そのネット報酬のうちの何％が年金になるかという，その値も下がっていきます。62.2％あるいは54.4％というふうに。そして，もしも引退の年齢を62歳に高めれば，必然的に値は，そのいちばん右のところですね。そういった形になるということになります。

　そして社会扶助，あるいは最近困窮度に応じて導入された基礎保障のことで考えてみますと，これは，額としては40％になります。ネットの手取り報酬額の。そして定年が65歳と仮定しまして，はたしてこの社会扶助水準の年金額を得るために，いったいどれぐらいの個人報酬点数が必要なのかということは，この図の隣の数を見ればわかりますが，なんと25.7点ということになります。それも26年間，少なくとも保険料を払わなければならないという前提においてです。

　つまり給付を下げるということは，それだけ保険料の払い込み期間を長くしなければならないということを意味します。そして2001年の年金改革が目指したのが，まさにこの点なのです。年金額が社会扶助，つまり生活保護の水準に達するために必要な個人報酬点数も，下の図でご覧いただければわかりますけれども，ネット報酬の40％を得るためには，この個人報酬点数

497

が 28.1 点，つまり 28 を超えないといけない，ということになっているわけです。そして，この新たな改革の結果，個人報酬点数が 45 点，それによってある程度生活できる年金水準が維持できるはずですけれども——以前と比べて——，この 45 点を獲得できる人は，大多数はいないのではないかといわれています。

さらに，先ほどから話に出ておりますリュールップ委員会というところが提案した，さらなる給付の切り詰め策という点で，この年金算定式にもう一つ新たな要素が加わりました。非常に新しく作られたドイツ語の用語で，日本語に直訳すれば「持続性要素」というふうになるのですけれども，この新たな持続性要素というのは，一見非常に説得力があるようにみえます。つまり，そこに出ておりますけれども，考慮されるのは，年金受給者の数と，それから保険料を払っている人の，その割合です。その変化に応じて年金がスライドするということになります。

$$\text{従来の算定式} \times \left[ \left( 1 - \frac{RQ_{T-1}}{RQ_{T-2}} \right) \times \alpha + 1 \right] \quad RQ = 年令受給表比率$$

さて，公の場でも，こういった新しい要素が取り入れられることで，こういうふうなスライドが起きる，ということは説明されているのですが，当然ながらここにもトリックがあります。そのトリックが，この「$\alpha$」です。この $\alpha$ という値は，かなり任意的に定められるものです。それはどのようにかというと，先ほど言いました，年金保険料 22% の上限を超えないということと関連して，非常に任意的に決められる値です。つまり，ここの $\alpha$ というところにどんな数字が入るかというのは，本当に何でもいいわけですね。原則的に。いま国中に存在するコウノトリの数を何かで割って入れてみようとか，そういうことだってできるわけです。

そして，この新しい要素を加えること，あるいは年金受給年齢を引き上げるということによってどのようなことが結局生じるかといいますと，受け取る年金の額が，これまでのように現役時代の報酬の 64% ではなくて，54% に下げられていくということです。というわけで，ある程度の年金水準，社

会扶助，つまり生活保護を上回る規模の年金水準を確保しようとすれば，それに必要な保険加入期間——保険料を支払う期間——は，34 年に増えます。

また，さらに年金受給者に対しても，介護保険，そして医療保険の負担を引き上げるという提案もありますし，加えて年金受給額の課税に関しても引き上げるという話があります。こうしたさまざまな対策を講じた場合，どのような結果が生まれるのか，一つ例を挙げてご説明いたします。

例えば，現在 1,200 ユーロの年金を受け取っている人に対して，この，いまご説明したさまざまな新しいルールがすでに用いられているとすれば，その人が受け取る年金の額は，1,200 ではなく，800 ユーロになります。つまり手取りで 3 分の 1 減ってしまうということです。この数字をみますと，比較的給付が低いということがわかります。つまりは，実際に現実をみると，社会扶助を大幅に上回る額の十分な年金を得られる人は，非常に限られてしまうということにほかなりません。

しかし，その場合，本来義務として社会保険料を払わなくてはいけない人々にとっては，高い保険料を払っているのに，高い年金にそれが結びつかないということになってしまいます。そうなると社会保険そのものが正当化できなくなります。人々にとっては十分に魅力的な制度ではなくなり，支払う意欲，あるいはそういった共感というものを覚えることができなくなるからです。つまり，政府がいくら「これまでの社会保険制度を維持していくのだ」と声高にうたったところで，現実的には，いま申し上げたようなさまざまな考えられている戦略を用いると，長期的には，この従来の制度を維持することはできなくなるということです。したがって長期的には，ドイツにおきましても何らかの形で最低年金のような制度を導入せざるを得ない。そして，それを税財源で賄うような制度にしていかなくてはならないと考えられます。つまりは，劇的に新しい制度に移行するということではありませんが，少しずつこれまでとは違ったシステムに移行していかなければならないと考えられます。

極端な言い方をすれば，ドイツでも 19 世紀の末に戻ってしまうということにほかなりません。つまり，19 世紀の末，当時のドイツでの老齢年金というのは，なんとか貧困に陥らないで済む程度の保障でした。最低限の保障

という考え方がなされてきました。それは，ここ 40 年から 50 年間，ドイツ人が当たり前だと感じていた年金の性格とは異なるものです。この 40～50 年の間ドイツ人が受け取る年金というのは，就業していたときの収入に比例した形での年金であり，就業を辞め，仕事を辞め，定年になっても十分な保障がされている，それに見合った年金を受け取れるという形でした。

　ドイツの政治の場では，「現在のドイツでは，もはや社会保障制度を維持できない。コスト面で負担できない。高すぎるのだ」という意見が聞かれます。しかし，これは公的な制度に限ったことです。いまや国民は，民間の保険に加入するというような形で，何らかの将来保障を自分で考えなくてはならない時期に来ています。私的な形で自分の老後のために備えるということ，そういった形で十分な額の年金を受け取れるようにしなくてはならないのです。

　しかし，このように私的年金を奨励するということは，ドイツでは現在社会保険料を負担している一方の側である使用者の負担緩和になるのではないか，という声が聞かれます。しかし，2001 年の改革では，使用者側の保険料率というのは，2030 年までに改革によって 11％になります。もし改革がなかったとしたら，この数字が 12 なので，じつは大して差がないということです。同じことは被用者の側にも当てはまります。改革がなければ 12，改革があれば 11。しかし，ここで考慮しなくてはいけないのは，被用者にとっては，政府が奨励する，報酬の 4％を企業年金に払い込むという新たな部分が加わったということです。つまり被用者にとっては，11＋4 で，合計 15 ということになるわけです。

　このように，リスクの移行において 2 つのプロセスがみられました。一つめのプロセスは，公的な予算から私的な予算への比重が増えたということ，そしてもう一つは，使用者の負担から被用者の負担の割合が増えたという変化です。ここで不思議なことが起こりました。改革がなければ 24％という話で，「24％なんてとんでもない。これはもう負担できる額ではない」といわれていたのに，実際に改革が行われた結果は，22％＋企業年金に回される部分の 4％で，じつは合計 26％になってしまっているのです。そこで，人口動態の変化という話は出てこないですね。

ドイツの政治家が好んで使う言葉に,「世代間の公正」という言葉があります。このような改革をすることによって,若い人たちの状況をよくする。そして,一方で高齢者にはもう少し負担を強いるという結果になります。しかし,実際にデータをみてみますと,これは利回りの変化をみたものです。改革をした場合としなかった場合にどのような違いがあるかということを,このようなデータで表しているわけですけれども,もし改革がなければ,ゼロのラインのところになるわけです。そして横の軸が生まれ年ですね。何年に生まれたかということです。それで,だいたい1972年生まれぐらいのところを境にして,利回りの点でみますと,事態は好転します。でも,その好転している部分というのがどのぐらいかというと,0.18%。ものすごくよくなったとは到底いえない数字です。しかも,これは65歳で定年になった場合の計算です。2000年生まれの人は,2065年に年金受給者になるわけです。それをかんがみましても,やはり好転しているとはいえ,それは本当に微少なものであり,また一方で高齢者にとって状況がどれほど悪化したかという部分に関しても,それほど悲惨な状態になるというほどの悪化では,到底ないわけです。

つまり,このようなデータにしてみると明らかなのですけれども,この改革の効果に関してどのような結果があるかということに関しては,あまり説得力のあるものではありません。ですから私は,この改革は,あくまでも政治的なプログラム,一つの政治プロジェクトであって,経済的な見地からすると,あまり説得力のあるものではないと捉えています。

## 5 私的年金制度の意義

時間も限られてきましたので,最後に一つだけ私的年金についてコメントしておきます。申し上げたように,これは税制面での優遇措置が得られます。配分効果を捉えてみますと,ここでも優遇されるのは,あくまでも高収入のグループであるということがはっきりします。高収入で,そのような私的な形での年金をそもそも支払える能力のある人が優遇されるわけです。また,高収入であればあるほど,複数の私的年金に加入することができる。二重三

重に加入して優遇措置をそれだけ受けられるというわけです。一方で，所得の低い人は，こうした恩恵を受けることができません。

　そして，このような私的な形での年金に公的な形での助成がなされるということは，当然のことながら，どこかにその財源を求めなければならないということです。その分の財源が天から降ってくるわけではありません。それをどこに求めるかといえば，間接な形での税収入です。付加価値税であったり，あるいは環境税と呼ばれる形での税収入を当てにしているわけです。この間接税を払うのは，なにもこのような私的年金に加入する人ばかりではありません。すべての消費者がこのような間接税の対象となり，間接税を払っているわけです。そんななかでは，ますます不利な立場に置かれてしまうグループ・社会層というのも出てきます。世帯で人数の多い世帯，家族・子どもがたくさんいるような世帯であれば，この間接税の負担が大きくなる。だけれども，こうした人たちは，自分たちの収入では私的年金を支払うだけの能力がない人たちなわけですね。この点は，やはり所得配分という観点で見失ってはいけない重要なポイントだと思います。

　いま行われている公的年金保険の改革，そして私的年金の新しいあり方というのは，またさらに家族に対しての配慮という点も忘れてはならないと思います。例えば，先ほどからお話にありますように，子どもの教育期間をどのように考慮するかということですけれども，もし全体の年金の水準が下がれば，当然のことながら，そうした教育期間の価値も下がってしまうわけです。最終的にこのようなさまざまな改革の結果，いちばん得をするのはだれかといいますと，一人，シングルの高収入の男性である，という結果が出ます。そういったさまざまな点を考えますと，私は，現在行われている，この年金改革のさまざまな戦略が本当に正しいのかどうかということに，疑問符を付けざるを得ません。

## 6　結　論

　今回の私の報告のなかで，批判的なことばかりを申し上げました。もし時間があるのでしたらば，もっとプラスの点についても触れたかったのですけ

れども，ほかにもいろいろな代替案は考えられますし，よい点も，よい方向にも考えていくことは十分にできると思います。（なお，図と表については省略させていただいた。）


〔初出：季刊労働法 206 号（2004 年）　　手塚和彰　訳および編〕

# ドイツにおける少子高齢化と年金

ベルント・フォン・マイデル

## 1　はじめに

　すでに皆様ご存じのように，人口動態の変化・少子高齢化が社会に与える影響，そして年金制度に与える影響は，日独ともに共通しているものであり，また基本的な大きな意味のある変化です。
　今回の私の報告を，大きく4つに分けてお話します。第1に，まず皆様の記憶を呼び覚ますために，現在のドイツの年金制度について簡単に説明をいたします。2番目に，いまこの年金制度が向き合っている挑戦課題について，お話いたします。その際に，単にこの人口動態の変化による影響だけではなく，それ以外の問題についても触れたいと思います。というのは，それ以外の問題も同じように密接に絡み合い，重要な意味を持っているからです。3番目に，最近行われたドイツの年金制度の改革についてお話いたします。とりわけ2001年に行われた改革について，集中的にお話いたします。そして最後に，基本的な問題提起，そして将来に向けた課題についてお話いたします。

## 2　ドイツ年金保険の現状

　では，まず最初に年金保険の現状についてお話いたします。この場合に私は，今回年金保険に限ってお話をいたします。そのほかの老齢保障については，簡単に触れるにとどめます。日本とは異なりまして，ドイツには，国民皆保険のような形での年金保険，基礎年金という形での制度は存在しません。ドイツにおける老齢保障は，さまざまな社会の市民のグループによって分け

られています。

　国民の大多数は，被用者として公的年金保険に加入しています。これは労働者，そしてホワイトカラーの職員両方を含めてのことです。1889年に設立されたこの制度は，以後それなりに発展は遂げましたし，変化もありましたけれども，構造としては設立当時のまま，社会保険の形をとっています。国民の約80％が，この公的年金保険の加入者です。そのほかには，公務員が加盟している特別な制度がありますし，また自営業者，農業に携わる者，あるいは自由業の人々などが加入するシステムがあります。

　申し上げましたように，日本のような国民皆保険の年金制度あるいは基礎年金という形で，すべての人に適用されるという制度はありません。そのために，私たちの場合は，もし個々のシステムが何らかの形で老齢の生活を保障するに足りない場合，不十分な場合の受け皿を必要とします。この受け皿の役割を担っているのが，税財源で賄われております社会扶助。日本でいう生活保護に当たる制度です。もちろんミーンズテストを経て，この制度を適用するかどうかということを確認しなければなりませんが，万が一，何らかの形で，どうしても十分な手当が受けられていないような高齢者の場合には，老齢ということで，この社会扶助——生活保護——が適用されます。

　公的年金保障が基礎となっていますけれども，それを補足する形で追加の老齢保障を自分で選ぶことができます。企業に所属している場合は企業年金がそれに当たりますし，あるいは民間の生命保険などに加入する私的年金の形があります。

## 3　ドイツ年金保険の挑戦課題

　以上，簡単にドイツの現状，制度の説明をいたしました。それでは，第2部に入ります。この制度が，いまどのような挑戦課題に向き合っているのかについてお話いたします。第1の挑戦課題，それは，きょうの午前中の中心のテーマでありますけれども，少子高齢化・人口動態の変化によって，どのような問題が生じているのかということです。

　人口動態の変化には，2つの主要な傾向がみられます。1つは，寿命がま

すます延びていくなか，人口に占める高齢者の割合，前期，後期ともに高齢者の割合が大幅に増えているということ，そして今後も増え続けるであろうということ。そして，もう1つは出生率の低下です。これはヨーロッパのほとんどの国においてみられる傾向であり，またアジアの多くの国々，とりわけ日本で顕著な傾向です。十分に新生児の数がないので，人口をいまのような形で維持していくことは，もはや難しくなるのではないかという，少子化の問題です。この人口動態の変化に加えてさまざまな問題があり，立法者は何らかの行動を迫られているというのが現状です。さまざまな問題が絡み合うことで，ドイツの年金制度もまた，いま問題を抱え，大きな転機に立たされています。

そのほかの問題に関して，個々に細かく踏み込むことはいたしませんが，いくつかの要素をこの場でご紹介いたします。1つには，就業形態の変化ということが挙げられます。これまでのように，正規の雇用契約を終身にわたり結ぶというような就業形態が主流ではなくなりました。人生のなかにおいて就業している間にさまざまな変化がみられるというのが当たり前になってきました。雇用契約が中断される。それは，たとえば途中に失業することもあるでしょうし，また自営業，自由業として仕事をすることもありましょうし，あるいは短期の労働契約を結んで仕事をするというような，さまざまな形がみられるようになりました。もともと生涯にわたる就業期間を前提とした年金保険制度が，この際に問題になるのは明らかです。個々人にとっては，保険料を払わない期間があったり，あるいは十分に保険料を払えない期間というのが，就業形態が変化することによって生じることになります。それは，すなわち年金を受給する資格期間にも大きな変化が現れる，ということにほかなりません。

2つめの要素は，家族制度に大きな変化がみられるということです。いまではシングルマザーあるいはシングルファザーの家庭が増えてきました。そうなると，就業している期間，そして教育機関との折り合いをどのようにつけるのかということが大きな問題となってきます。残念ながら，われわれの社会においては，子どもの育児，そして仕事を両立させるというための十分な解決策が見出せないままでいます。

Ⅴ　特別寄稿：ドイツとイギリスの経験から

　3つめの要素は，ますます進みつつあるグローバル化，そして国際的な競争という視点です。各国は，これまでとは違い，労働コストをかんがみる際にも，国際的な比較という視点を盛り込まなければならなくなりました。EU加盟国であるドイツ，そしてまた通貨同盟の加盟国でもあるドイツにとっては，国家予算に大きな圧力がかかることになります。ご存じのとおり，この加盟国は，それぞれ年間の負債額を3％以内に抑えなければいけないという条件がかけられています。その結果，ヨーロッパ経済圏に属する各国の財務大臣は，それぞれ国内で緊縮財政を迫られています。とりもなおさず社会福祉の予算も削られることになり，老齢保障に対して発せられる助成金なども，制限される，あるいは削減されるというのが現状です。

　このように，人口動態の変化のほかにも，いくつもの問題要素があるわけですけれども，なかでも現在ドイツにとって最も重要課題であると思われるのが，失業率の問題です。ここ数年来，いえ，それどころか数十年といってもいいでしょう。大きな問題となっている失業のために，ドイツでは年金受給開始年齢が，実際には法的に定められている65歳からどんどんと下がってゆき，現状では60歳以下で年金受給開始をする人もいれば，60少し過ぎてという人が大半を占めるようになってきました。そのために早期退職制度を設け，また年金保険においてもさまざまな特例を設け，65歳以前で退職できるような措置がとられてきました。その結果，現在では，ほとんどの人々が60歳ぐらい，だいたい平均して60歳ぐらいで年金受給開始年齢を迎えるに至りました。

　寿命が延びる一方で，このように年金の受給開始年齢が下がってきたということで，年金支払い期間が延びてきました。これが，もちろん年金保険制度に最も大きな負担となっているわけですけれども，具体的な数字を申し上げて説明いたしますと，1960年から2001年の間に年金の支払い期間は，9.9年から16.3年に延びました。1960年には，平均して9.9年間の支払い期間だったのが，2001年には16.3年になったということは，伸び率にして60％という数字になります。これが，まさに現在の年金保険制度が抱える最大の問題であるといえます。

## 4　ドイツ年金保険の改革

　では，第3番めの部分といたしまして，昨今行われてきた年金制度の改革についてお話いたします。2001年に改革が行われました。2001年というと，それほど昔ではないように思いますけれども，実際には，この改革措置も，またすでに過去のものとなってしまいつつあります。この2001年の改革の目的は，保険料率を22％以下に抑えるというものでした。そのためにさまざまな措置がとられました。その対策とは，さまざまな形で年金の引き下げを図るというものです。1つには，年金算定式の変更，それから就業不能保険の変更，また遺族年金制度の見直しなどです。

　この算定式については，批判的な立場をとっておられるなかでも最も著名な方であられますシュメール先生が，今日の午後さらに詳しいご説明をしてくださると思いますけれども，簡単にご説明いたしますと，年金調整を何らかの形で抑えるために，個人年金――個人で行う私的な形での年金――の率，4％，収入のうちの4％を，何らかの形で税制面で優遇するという措置です。この私的年金ですけれども，これに加入するか否かは個人の自由裁量に委ねられています。しかし年金算定式におきましては，一括してこの4％の優遇措置というのを，私的年金に加入していようがいまいが導入する，という形がとられました。

　2つめは就業不能年金の見直しです。ただ，この際には，以前の制度からの移行措置というものが十分にとられませんでした。そして3つめの年金引き下げの対策が，遺族年金の見直しです。従来，遺族年金の場合には，被保険者の年金の60％を受給していたのを，55％に引き下げました。ただ，その遺族が子どもを育てている場合に限っては，それなりの優遇措置がとられていました。

　このような対策をとることで，年金の額に何らかの変化をもたらそうとしたわけです。もう1つには，定年の見直しということがありました。これもまた目的としては，年金制度の負担を軽減しようというものでした。基本的な定年である65歳という年齢は，この2001年の改革において引き上げられ

ることはありませんでした。ただし，早期に受給するという部分に関しては，さまざまな変更や見直しが加えられました。65歳よりも前に年金を受給することは可能ではありますが，その場合には年金の額が削減されます。月々0.3％削減されました。逆に65歳を超えてもなお働き続ける人に対しては，同じく月0.3％の追加金が加えられました。

　このように，さまざまな新しい規定が設けられましたけれども，年金の水準そのものが大幅に下がるということはありませんでした。それでも，下がった部分，削減された部分を埋め合わせるために，私的年金が調整されるようになりました。当時の労働大臣の名前を冠して「リースター年金」といわれているものです。この私的年金は，使用者の負担はなく，被用者のみが負担する形で加入します。私的年金に加入することで，公的な年金が削減された部分を埋め合わせようというのが目的ですけれども，そのために国側から助成を得るための規定が，あまりにも細かく複雑だったために，この私的年金に加入している人の数は，まだまだ限られているというのが現状です。

　しかし，このリースター年金の中でも，企業における老齢保障に関する部分においては，大きな変更が加えられました。そして，これは大きな意味を持つこととともなりました。それは，被用者が報酬の一部，すなわち最高4％までを企業年金に支払うことができる，というものです。そう要求することができる。使用者側に対してできる，ということです。その結果，これまでドイツでは，企業において企業年金に加入する被用者の数は比較的少なかったものが，逆に増えてきたという，「企業年金ルネッサンス」ともいうべき状況が生じました。

　しかし，問題がないわけではありません。というのは，この部分に関しては税金を免除されるために，国にとっては税収入が減るということになってしまいます。また，この部分が企業年金に回ることによって，公的年金の部分が減ってしまうという問題にもつながりました。

　2001年の改革について，最後にもう1つだけ述べておきます。これは，必要に応じての「基礎保障」と呼ばれているものです。公的年金がカットされるということは，将来的に年金受給者が社会扶助の限界を超える部分の年金を受け取ることができなくなる，ということです。そのために，この基礎保

障が導入されました。これは，社会扶助の一種であるとみなしてよいのですけれども，その際には，必要性をさまざまな形で検証する必要が出てきます。

　この基礎保障は，まず1つには，管轄の担当の省庁が変わったということが特徴として挙げられます。もう1つは，その対象となった人に子どもがいる場合，どこまで子どもに頼っていいのかという部分ですけれども，これまでとは異なり，子どもがよほど高収入を得ている場合でない限りは，子どもに面倒を押しつけてはいけない，ということになりました。

　他方，社会扶助は，いわゆるミーンズテストつまり，当事者の財産や収入などを十分に確認した上で，初めて支払われる給付です。したがって，これは基礎年金という形で捉えてはなりません。基礎年金というのは，だれにでも必ず支払われる年金です。しかし，この基礎保障は，基礎年金とは性格の異なるものです。

## 5　年金改革の方向

　それでは，ここで，今後求められる改革の方向についてお話をしていきたいと思います。公的年金保険，このシステムが改革の必要があるということは，来年のこの公的年金の赤字額が60億ユーロと予想されていることからも明らかです。この膨大な赤字の予想を目の前にして，どのような改革が求めれているのでしょうか。

　これまでの22％という保険料率の上限をどうするかという問題が，最大のテーマになってきます。この問題を検討するために，政府側は，いわゆる「リュールップ委員会」という諮問委員会を設けました。リュールップというのは委員長の名前なんですけれども。そして，それに対して野党側は，以前連邦ドイツの大統領であったヘルツォーク氏を呼んで，「ヘルツォーク委員会」というものを設けました。この2つの委員会が出した報告書の内容をみてみますと，基本的には非常に似ています。共通しているコンセプトというのは，これまでのドイツの社会保険システムを，基本的には維持していくということ。ただし，細かいところで修正を加えていって，最終的に保険料率のレベルを固定していこう，というところです。政府は，「この秋のうち

## V 特別寄稿：ドイツとイギリスの経験から

に，この委員会の出した報告書に基づいて決断を下す」というふうに表明しております。

この，政府の決断がどういう形で下されることになるかを，ここでいろいろ推測することはやめまして，むしろ決断が下されるべきポイントがどのようなところなのか，ということを申し上げます。まず，立法者側が決断を下さなければならない1つの問題が，子どもを育てている育児状況にあるという人を，どのように年金保険において考慮の対象に入れるかということです。それも，これまでのように給付の面で考慮の対象に入れるだけではなく，保険料の面で考慮に入れなければいけない，ということです。

この状況が生まれた点には，ドイツの社会政策上の特徴が背景としてあります。ドイツの社会政策が動きを求められるというのは，ドイツの憲法裁判所が，「その政策に関して何らかの決定をしなさい」というような要求を出す場合であります。そして，この憲法裁判所からの要求が，いままさに家族政策の面で，裁判所から立法者側に対して出されています。というのも，憲法裁判所が出した判決において，まずは「介護保険の分野で，子どもを育てているという状況を，保険料の面の査定に反映すべし」という判断が出ました。そして，「同様な検討を，年金保険と，それから医療保険の分野でも行うべし」という判断が出ているのです。

この判断に応じる形で，いったいどのような解決方法が可能かということは，ここで申し上げないことにしまして，次のポイントに行きます。まず，年金保険をめぐる議論について，中心が置かれているのは，先ほど申し上げましたけれども，「保険料率を22％でまずは固定すべし」という，この観点です。具体的にいえば，給付を下げるためにどのような対策をとっていけばいいかということ。例えば，年金スライドを1年停止するですとか，あるいは年金算定式を変えることでスライドをゼロにするとか，そういったことが挙げられております。

この観点から，リュールップ委員会の示した報告書では，「年金算定式に新しい要素を取り入れるべきだ」という内容が盛り込まれました。それは，いわゆる持続性要素といわれるものです。それは，年金の保険料を払う人の数と，それから年金を受給する人の数のバランスを考慮に入れるというもの

です。
　このほかにも，年金水準を切り下げるためにどのような方策を用いられるかということに関しては，さまざまな議論が戦わされていますけれども，その際に，やはり危機にさらされているのは，そもそもそういった形で給付を切り下げることによって，公的年金保険というシステムそのものを，正しい，本来の意義で維持できるのか，ということです。つまり，このまま給付が切り下げられていくことによって，結局，最後に受け取れる年金というのが，いわゆる生活保護の水準をギリギリ上回るか，あるいは，ひどい場合にはそれを下回る場合もあり得るかもしれないからです。
　そもそも，国の側が，いわば国民に強制している，押し付けているという前提に基づいた保障システムであるのに，このまま給付の水準がどんどん下がっていって，ギリギリ生活保護の水準のレベルしか保障できないということになれば，そもそもこのシステムを支えようという，そういう国民の側の姿勢が損なわれていってしまうのではないか，という恐れもあります。その一方で，保険料の支払いの側の負担を考慮しなければ，そもそも基礎的な保障そのものすら支えていくことができなくなる，という問題もあります。たしかに，給付を切り下げることによって，一時的にそこを節約してお金をとっておくということはできるのかもしれませんが，それを長期的に続けた場合に，そもそもシステムそのものが揺らいでしまうことになるという，もっと大きな危険が潜んでいるわけです。
　このほか，いわゆるリースター年金と呼ばれる，この私的な追加保障のシステムをさらに充実させていく，という観点です。それも，これに参加するにあたっての面倒な手続きを廃していって，より参加しやすい形にしていこうというものです。このリースター年金を充実させるべきという点では，与野党は一致をみていまして，もう1つ与野党が一致をみているのは，年金の受給期間を全体的に減らしていくべきであるということです。これは，つまり年金受給年齢を65歳から67歳に引き上げることで，全体的な年金受給期間を下げていこうということです。
　そういった形での老齢保障をそういった形で変えていくということは，当然ながら雇用市場との関わりでもみていかなければなりません。というのも，

Ⅴ 特別寄稿：ドイツとイギリスの経験から

長く働くことができるようになった高齢者を，そもそも受け入れることができる労働市場の環境がなければ，こういった対策も意味を持たないからです。例えばサービス部門などでは，雇用の需要自体は大きくなっているわけですから，そこに高齢者を迎えて働いてもらおうということは基本的にできるはずなんですけれども，それを可能にするためには，高齢者に働いてもらえるような，そういった雇用体系の多様化が必要になると思います。さらに，高齢者の能力を，そういった場で働けるように高めていくための教育も必要になってきます。

## 6　おわりに

　最後のポイントにまいりたいと思います。それは，この社会保障システムの変更が改革によってどのように進められていくか，という点です。
　人口動態がどのように今後動いていくかということは，いま初めてわかったことではなく，かなり前からわかっていたわけですから，適当な早い段階で適切なコンセプトを挙げていれば，また状況は変わっていたのではないかと思います。このことからもわかるように，年金システムというのは，非常に長期的な視野でもって見なければいけない問題です。長期的にどう動いていくかを考え，さらに，それに信頼をおいて支えていこうとする意識も，そこには不可欠になります。
　ところが，本来そのような観点で取り組まなければならない年金システムの改革に対して，現実はまったく逆の様相をみせています。つまり改革は，常に改革の速度はどんどん速くなっていますし，短期的な変化を強いられています。さらに国民に突きつけられる要求も大きくなり，さらに厳しいものになっていくのです。たしかに，私たちを取り巻く条件は非常に早い速度で変わっていますし，また民主社会においては，そもそも政権交代や，あるいは議会での多数派の変化など，そういった変化が生じることは当然の前提としてあるわけです。そういった前提をふまえても，やはりこの社会保障システムに関しては，いちばん大切なのが，長期的な視野をもってみるということ，それから信頼のおけるシステムを作っていくということです。それを念

頭においた取り組みが何よりも立法側に求められるのです。


〔初出：季刊労働法 205 号（2004 年）　　手塚和彰　訳および編〕

# 手塚和彰先生 略歴・業績一覧

## 略　　歴

1941年9月12日　　長野県生まれ

1960年 3 月　　長野県松本深志高等学校卒業
1966年 3 月　　東京大学法学部第一類（私法コース）卒業
　　　 4 月　　東京大学大学院法学政治学研究科修士課程入学
　　　10月　　東京大学社会科学研究所助手
1970年10月　　千葉大学人文学部講師
1974年 4 月　　千葉大学人文学部助教授
1981年 4 月　　千葉大学法経学部助教授
1984年 4 月　　千葉大学法経学部教授
　　　10月　　ケルン大学（ドイツ連邦共和国）客員教授（1986年まで）
1990年　　　　神奈川県外国人労働者問題懇話会（座長）
　　　　　　　外務省外国人問題検討委員会委員（1992年まで）
　　　　　　　千葉県長期政策策定委員会委員（1992年まで）
1991年　　　　通産省産業労働懇談会委員（1993年まで）
1992年　　　　法務省出入国管理政策懇談会委員（1998年まで）
　　　　　　　文部省リカレント教育企画委員会委員（1993年まで）
　　　　　　　国際人権法学会理事
1993年　　　　労働省千葉労働基準審議会委員（1997年まで）
1994年　　　　厚生省外国人医療検討委員会委員（1995年まで）
　　　　　　　神奈川県人権施策懇話会（座長）
1996年　　　　マックス・プランク国際比較社会法研究所客員研究員
　　　　　　　神奈川県労働審議会委員（会長）
　　　　　　　労働省千葉機会均等調停委員会委員（2000年まで）
　　　　　　　千葉県新五か年計画策定懇談会委員
1998年　　　　千葉県福祉政策懇談会委員（座長）
1999年 4 月　　千葉大学法経学部長（2001年4月まで）

| 2000 年 | 千葉県地方労働委員会委員（会長代理）（2002 年まで） |
| 2001 年 4 月 | 千葉大学学長特別補佐（2002 年 3 月まで） |
| | 千葉県介護保険審査会委員 |
| 2002 年 | 外務省海外交流審議会委員（会長代理：2004 年まで） |
| 2003 年 | 東京都福祉審議会委員 |
| 2004 年 4 月 | 千葉大学大学院専門法務研究科教授 |
| 2007 年 3 月 | 千葉大学退職（定年） |
| 2008 年 4 月 | 青山学院大学法学部教授（現在に至る） |

## 業　　績

### 1　著　書

『労働法基本判例集』（分担執筆）（一粒社，1970 年）
『労働基準法講義』（分担執筆）（青林書院，1973 年）
『採用と労務』（分担執筆）（第一法規出版，1974 年）
『労働法を学ぶ』（分担執筆）（有斐閣，1974 年）
『労働法読本』（分担執筆）（有斐閣，1977 年）
『不当労働行為　労働判例評釈集(1)』（分担執筆）（有斐閣，1978 年）
『現代労働法(1)―集団的労使関係』（共著）（有斐閣，1978 年）
『官公労働法の基礎』（分担執筆）（青林書院，1980 年）
『労働契約Ⅰ　労働判例評釈集(2)』（共著）（有斐閣，1980 年）
『注釈労働組合法（上巻）』（共著）（有斐閣，1980 年）
『労働契約Ⅲ　労働判例評釈集(4)』（共著）（有斐閣，1981 年）
『新版労働法演習 2』（分担執筆）（有斐閣，1982 年）
『注釈労働組合法（下巻）』（共著）（有斐閣，1982 年）
『争議行為・官公労　労働判例評釈集(6)』（共著）（有斐閣，1983 年）
『労働訴訟・労災補償　労働判例評釈集(7)』（共著）（有斐閣，1984 年）
『引き抜き退職と企業秘密の保持』（公共企業体等労働問題研究センター，1985 年）
『欧米の高年齢者雇用・職業問題に関する研究報告書』（分担執筆）（高年齢者雇用開発協会，1986 年）
『労働法を学ぶ(改訂版)』（分担執筆）（有斐閣，1988 年）
『外国人労働者』（日本経済新聞社，1989 年）

『西ドイツにおける外国人労働者対策』（研文社，1989年）
『新版現代労働法(1)』（共著）（有斐閣，1989年）
『労働力移動の時代』（中央公論社，1990年）
『注釈労働時間法』（共著）（有斐閣，1990年）
『労働法読本(新版)』（分担執筆）（有斐閣，1990年）
『続外国人労働者』（日本経済新聞社，1991年）
『シリーズ外国人労働者③・シンポジウム・日本とドイツの外国人労働者』（共著）（明石書店，1991年）
『シリーズ外国人労働者⑤・外国人労働者と自治体』（共編）（明石書店，1992年）
『ヨーロッパ諸国における外国人労働者の受け入れ』（共著）（国際協力研修機構，1993年）
『労働法読本(第3版)』（分担執筆）（有斐閣，1994年）
『岩波講座・社会科学の方法第11巻・グローバル・ネットワーク』（分担執筆）（岩波書店，1994年）
『外国人と法』（有斐閣，1995年）
『日本歴史大系第18巻・復興から高度成長へ』（共著）（山川出版社，1997年）
『高齢社会への途』（共編）（信山社，1998年）
『国の福祉にどこまで頼れるか』（中央公論社，1999年）
『外国人と法(第2版)』（有斐閣，1999年）
Entwicklungen der Systeme sozialer Sicherheit（Mitverf.）（Duncker & Humblot, Berlin 2000）
『怠け者の日本人とドイツ人―停滞を生んだ国民性』（中央公論新社，2004年）
『外国人労働者研究』（信山社，2004年）
『外国人と法(第3版)』（有斐閣，2005年）

## 2　論　文

「労働組合の内部問題―スウェーデン」日本労働協会雑誌130号（1970年）
「労働者の退職と利得の精算」日本労働協会雑誌141号（1970年）
「戦前の労働組合法問題と旧労働組合法の形成と展開(1)」社会科学研究22巻2号（1970年）
「戦後型労働運動への訣別」現代の眼12巻12号（1970年）
「協約自治と争議行為：少数者集団の争議行為を中心にして」日本労働法学会誌38号（1971年）

「戦前の労働組合法問題と旧労働組合法の形成と展開(2)」社会科学研究23巻2号（1971年）

「出向命令権の根拠と命令拒否による懲戒解雇の正当性」季刊労働法79号（1972年）

「労働基準法研究会」日本労働法学会誌39号（1972年）

「ドイツ団結法発展史論(上)―団結の自由放任期における労働組合と団結法」社会科学研究25巻3号（1972年）

「ドイツにおける『営業の自由』と団結権の形成」高柳信一，藤田勇編『行政・労働と営業の自由・資本主義法の形成と展開3』（東京大学出版会，1972年）

「ゼネスト論争と春闘体制」現代の眼15巻5号（1974年）

「違法争議行為と民事事件」季刊労働法92号（1974年）

「旧労働組合法の形成と展開」東京大学社会科学研究所編『戦後改革・第5巻・労働改革』（東京大学出版会，1974年）

「雇用調整と配置転換」『労働法の諸問題・石井照久先生追悼論集』（勁草書房，1974年）

「四・二五判決以降の判例動向の検討」ジュリスト569号（1974年）

「鉄鋼業における企業内労使関係の史的研究(2)」日本労働協会雑誌192号（1975年）

「昭和四〇年代における農村市場変化の一事例(1)」社会科学研究26巻6号（1975年）

「ドイツ団結法発展史論(中)―団結の自由放任期における労働組合と団結法」社会科学研究27巻5・6号（1976年）

「治安警察法の立法政策的意義について」千葉大学人文学部法経論集（1976年）

「就業規則の社会的規範としての実態と法的考察―日本およびドイツを中心として」『労働法の解釈理論・有泉亨先生古希記念』（有斐閣，1976年）

「三六協定の締結・運用をめぐる法律問題（残業命令と残業拒否闘争）・今日の課題」季刊労働法103号（1977年）

「労使関係の多様化と使用者の法的地位」『講座・現代の賃金・第4巻・賃金問題の課題』（社会思想社，1977年）

「労働基準法の成立過程」季刊労働法別冊1『労働基準法』（総合労働研究所，1977年）

「ドイツ団結法発展史論(下)―団結の自由放任期における労働組合と団結法」社会科学研究29巻5号（1978年）

「日本：近代七」(1977年歴史学会・回顧と展望) 史学雑誌87巻5号 (1978年)

「ドイツ第二帝政と団結権(上)―ヴァイマール期団結法の起源として」日本労働協会雑誌232号 (1978年)

「違法争議行為と民事責任」労働法文献研究会編『文献研究・労働法学』(総合労働研究所, 1978年)

「管理職の処遇と法律問題―特集　管理職の増大と労働法問題」季刊労働法109号 (1978年)

「ドイツ第二帝政と団結権(下)ヴァイマール期団結法の起源として」日本労働協会雑誌234号 (1978年)

「ドイツにおける『団結の自由』の市民法的確立期の立法史的考察」社会科学研究30巻3号 (1978年)

「対独占領政策の形成と『転換』―戦後ドイツ社会労働政策の出発点について」中村隆英編『占領期日本の経済と政治』(東京大学出版会, 1979年)

「労働組合の資格審査制」ジュリスト増刊『労働法の争点』(有斐閣, 1979年)

「加入・脱退の自由」ジュリスト増刊『労働法の争点』(有斐閣, 1979年)

「労働組合法7条の私法上の効力について(1)～(7)」判例時報974～1022号 (1980～1982年)

「休日労働・休日振替をめぐる法律問題―特集・時間管理と労働者の権利」季刊労働法119号 (1981年)

「団交と協議・参加」現代労働法講座第4巻『団体交渉』(総合労働研究所, 1981年)

「『総評』結成と戦後社会主義」年報近代日本研究第4巻『太平洋戦争』(山川出版社, 1982年)

Deutsche Mitbestimmung, Japanische Mitentscheidung, in: P. Hanau et al., Die Arbeitswelt in Japan und in der Bundesrepublik―Ein Vergleich, Luchterland, 1984.

「職員と労務者間の法的差別(1)」(西ドイツ労働事情・判例展望1) 判例時報1121号 (1984年)

「職員と労務者間の法的差別(2)」(西ドイツ労働事情・判例展望2) 判例時報1122号 (1984年)

「解雇の社会的正当性を点数制で判断しうるか」(西ドイツ労働事情・判例展望3) 判例時報1123号 (1984年)

「事業所協定による労働契約の不利益変更」(西ドイツ労働事情・判例展望4) 判例時報1132号 (1984年)

「ME 機器導入と共同決定(1)」（西ドイツ労働事情・判例展望 5）判例時報 1149 号（1985 年）

「西ドイツにおける高齢者雇用政策の転換」エルダー 7 巻 7 号（1985 年）

「ME 機器導入と共同決定(2)」（西ドイツ労働事情・判例展望 6）判例時報 1152 号（1985 年）

「Industrial Relations in Transition－The Case of Japan and the Federal Republic of Germany」日本労働協会雑誌 277 号（1985 年）

「ME 化で変わる西ドイツの労使関係―自動車，電機産業における人員削減と労組の対応・特集　欧州の苦悩と挑戦」エコノミスト 1985 年 8 月 6 日号

「警告ストライキの合法性(1)」（西ドイツ労働事情・判例展望 7）判例時報 1158 号（1985 年）

「警告ストライキの合法性(2)」（西ドイツ労働事情・判例展望 8）判例時報 1161 号（1985 年）

「最近の労働判例の動向」（西ドイツ労働事情・判例展望 9・完）判例時報 1165 号（1985 年）

「高失業時代，ME 化時代を迎えた西ドイツ労使関係」（西ドイツ労使関係の変貌と労働法の転換 1）季刊労働法 138 号（1986 年）

「最近の西ドイツ労働法の変化について―就業促進法を中心として」ジュリスト 855 号（1986 年）

「ME 化と共同決定権の変化」（西ドイツ労使関係の変貌と労働法の転換 2）季刊労働法 139 号（1986 年）

「六〇歳定年制時代とその法的諸問題」季刊労働法別冊 9『チェックポイント・職場の労働法』（総合労働研究所，1986 年）

「産業別労働組合の行方―労働協約の規制力を中心として」（西ドイツ労使関係の変貌と労働法の転換 3）季刊労働法 140 号（1986 年）

「労働協約と事業所協定間の新たな緊張関係」（西ドイツ労使関係の変貌と労働法の転換 4）季刊労働法 141 号（1986 年）

「西ドイツ　就業促進法(上)」日本労働協会雑誌 328 号（1986 年）

「西ドイツ　就業促進法(下)」日本労働協会雑誌 329 号（1986 年）

「労働条件の不利益変更」（西ドイツ労使関係の変貌と労働法の転換 5・完）季刊労働法 142 号（1987 年）

「企業の人事戦略・管理の法的検討」季刊労働法 143 号（1987 年）

「研究者の移動と職務発明」特許研究 3 号（1987 年）

「企業疾病金庫(西ドイツ)の職業教育訓練の実情をみる」健康保険42巻1号（1988年）

「労働基準法改正後の課題」労政千葉310号（1988年）

「日独産業構造比較論—構造調整の取り組みを中心に」通産ジャーナル21巻3号（1988年）

「外国人労働者をめぐる法的問題—西ドイツなど欧米とわが国を比較して」ジュリスト909号（1988年）

「労働者派遣と請負—労働者派遣をめぐる日独比較と問題点」日本労働協会雑誌347号（1988年）

「Employees' Inventions in Japan」国際労働法社会保障学会・第12回世界大会報告集（1988年）

「労使関係の国際化と労働法の新たな展開」季刊労働法150号（1989年）

「貿易摩擦の国際経済法上の性格と位置づけに関する実証的・論理的研究—国際経済秩序原理の法的構成をめざして」（共著）千葉大学法学論集3巻2号（1989年）

「『外国人労働者受入れ』に関して考える問題点」国際人流22号（1989年）

「外国人労働者問題の今後」大原社会問題研究所雑誌368号（1989年）

「外国人労働者の受入れをめぐる法的問題点」労働法律旬報1219号（1989年）

「西ドイツの『外国人労働者受入れ』と二国間協定」季刊労働法153号（1989年）

Arbeitgeber-Arbeitnehmerbeziehungen und Innovation in Japan, in: H. Albach ed., Innovation und Gewerkschaften, Deutschland-Japan-Finnland, Gabler, 1989.

「外国における不法就労外国人問題」法律のひろば42巻12号（1989年）

「外国人雇用と入管法の改正内容」労働法学研究会報41巻3号（1990年）

「外国人労働者問題をどう考えるか—人材育成を基本に相互発展をめざす」通産ジャーナル23巻1号（1990年）

「外国人労働者の問題と今後：安易な受け入れは禁物，日本の長期的展望の確立が必要！」（第23回東日本リーダーシップコース特別講座）IMFJC24巻2・3号（1990年）

「フィリピンの実情」『外国人労働者送り出し国の実情』神奈川県労働部（1990年）

「外国人労働者問題を考える：『ヒト』の国際化」季刊Square78号（1990年）

「スイスにおける外国人労働者の受け入れ」日本労働研究雑誌32巻7号（1990年）

「外国人労働者問題をどう考えるか」木村経済レポート19巻9号（1990年）

「外国人労働者—現行法と立法論」ジュリスト増刊『労働法の争点（新版）』（有斐

閣，1990 年）

「外国人の就労実態　首都圏と大阪の実態」千葉大学法学論集 5 巻 2 号（1991 年）

「もっとも大切なヒトにかかわる法務問題」松下満雄監修『日系企業の直面する法務問題』日本貿易振興会（1991 年）

「国際的な『ヒト』の移動と 21 世紀」千葉大学法学論集 6 巻 2 号（1991 年）

「統一ドイツと EC 統合」ドイツ研究 11 号（1991 年）

「日本における外国人労働者の生活実態，社会・文化への統合」『外国人労働者：日本とドイツ』河合出版（1992 年）

「専門学校留学生受け入れ実態調査」専門学校教育振興会紀要・平成 3 年度（1992 年）

「諸外国における最近の外国人労働者受け入れ策」月刊自治フォーラム 391 号（1992 年）

「外国人の雇用と労働法」ジュリスト 1000 号（1992 年）

「技術研修による単純労働枠拡大か―外国人研修生に就労の道」労働法学研究会報 43 巻 25 号（1992 年）

Foreign Laborers, Why? in: Look Japan, 1992.

「日本の外国人労働者と今後の対応」書斎の窓 1992 年 11 月号

Ausländische Arbeitnehmer in Japan, in: Hogaku Ronshuu Vol. 7-2, 1992.

Ausländische Arbeitnehmer in Japan: Plädoyer für ein gleichberechtiges Zusammenleben, in: Asian Heft Nr. 46, 1992.

「不況下の外国人労働者と法的諸問題」法律のひろば 46 巻 2 号（1992 年）

「Protection and Equality for the Weak in Japanese Law」『Dutch and Japanese Law Compared』（日蘭比較法シンポジウム報告集，1993 年）

「迫られる価値転換―ドイツそして日本」世界 1993 年 4 月号

「出入国管理と就労」法学教室 151 号（1993 年）

「外国人の就労と労働法」法学教室 152 号（1993 年）

「総論　政治，経済的経緯と問題点」（特集・外国人労働者）土木学会誌 78 巻 10 号（1993 年）

「外国人労働者の人権―労働法の観点から」国際人権 4 号（1993 年）

「外国人労働者問題の行方」官公労働 47 巻 11 号（1993 年）

Der japanische Arbeitsmarkt in der Gegenwart, in: Hogaku Ronshuu Vol. 8-4, 1994.

「外国人労働者と自治体」国際文化研修 3 号（1994 年）

「外国人労働者問題の行方」労働かながわ 520 号（1994 年）

「日本における外国人労働者問題」国際問題 412 号（1994 年）
「外国人労働者と自治体」自治研究 70 巻 10 号（1994 年）
「ドイツ労働者派遣法研究(1)」千葉大学法学論集 9 巻 2 号（1994 年）
「介護保険ドイツリポート―福祉の現場はどう変わったか」エコノミスト 1995 年
　　10 月 17 日号
「ドイツ介護保険法の成立と展開(上)(下)」ジュリスト 1083・1084 号（1996 年）
「日本における外国人労働者の共生と統合」岩波講座・現代社会学第 15 巻『差別と
　　共生の社会学』（岩波書店，1996 年）
「外国人労働者問題の行方―ドイツの経験と比較して」自由と正義 47 巻 5 号（1996
　　年）
「大和町における『保健・医療・福祉』の連携に何故注目するか―解題を兼ねて」
　　千葉大学法学論集 11 巻 3 号（1996 年）
「介護労働力をめぐる労働市場と法的問題」季刊労働法 181 号（1997 年）
Einige Probleme um den Pflegedienst, in: Hogaku Ronshuu Vol. 12-1, 1997.
「EU 統合とヨーロッパ労働法―ドイツ法との関連において」北村一郎編『現代
　　ヨーロッパ法の展望』（東京大学出版会，1998 年）
「年金政策論ノート(1)」千葉大学法学論集 12 巻 4 号（1998 年）
「定住外国人問題の現状と課題」月刊自治フォーラム 478 号（1999 年）
「外国人の人権」みんけん 512 号
「ドイツ連邦憲法裁判所『児童扶養控除』違憲決定の波紋」ジュリスト 1173 号
　　（2000 年）
「年金制度をどう維持するべきか―その将来像をさぐる」長寿社会レポート 17 号
　　（2000 年）
「各国の出入国管理政策」法律のひろば平成 12 年 10 月号（特集・出入国管理制度
　　の現状―出入国管理行政 50 周年にあたって）（2000 年）
「少子化阻止のカギは，児童手当と働く両親を支援する政策にあり」『日本の論点
　　2001』（2000 年）
「失われる記録―情報公開法は万能ではない」論座 2001 年 5 月号
「改革が進むドイツの失業者対策は日本に何を示唆するか」（シリーズ・学者が斬
　　る第 33 回）エコノミスト 2001 年 9 月 18 日号
「エコノミスト・リポート　ドイツ労働事情・ワークシェアリングで雇用改革」エ
　　コノミスト 2002 年 1 月 22 日号
「高齢者の医療・介護・年金保険」日独社会保障共同研究シンポジウム『高齢者の

医療・介護・年金保険』（健康保険組合連合会，2002 年）
「不況の中で外国人労働者を必要とする日本人の現状」月刊自治研第 45 巻 526 号（2003 年）
「従業員発明の今後を考える―従業員発明に関する日亜化学工業事件をめぐって」ジュリスト 1241 号（2003 年）
「外国人教育・医療問題について」ESP2003 年 10 月号
「人はどうして移動するのか―21 世紀の人の移動を考える」外交フォーラム 2003 年 6 月号
「雇用と年金をめぐる日独の最近の変化」季刊労働法 205 号（2004 年）
「労働争議と仮処分」ジュリスト増刊『労働法の争点』（有斐閣，2004 年）
「労働力移動の強化の可能性とリスク」『社会保険システム改革』ベルリン日独センター（2004 年）
「EU 東方拡大の問題点をポーランドに見る」エコノミスト 2005 年 2 月 15 日号
「外国人問題にどう対処すべきか」外交フォーラム 2005 年 5 月号
Japanese Health and Long-Term Care Insurance－Economic Aspects, in: Max Planck Institute for Foreign and International Social Law, The Role of Private Actors in Social Security : German-Japanese Social Law Symposium, 2005.
「従業員発明法の現代的意義(1)～(3)」判例時報 1887～1899 号（2005 年）
Foreign Workers in Japan, in: Japan Labor Review, 2-4, 2005.

### 3　判例評釈・研究

「就業規則該当性と不当労働行為の成立―組合活動家の巻きぞえとなって解雇された者を労組法七条三号で救済した事例（スタータクシー事件・福岡地判昭和 39・4・10）」ジュリスト 363 号（1967 年）
「『懲戒解雇は労働基準監督署長の認定を受けて即時に解雇する』旨の就業規則条項の意味（八戸鋼業事件・仙台高判昭和 40・2・11）」ジュリスト 369 号（1967 年）
「債権申出期間内に申出をしなかった清算会社に対する債権を自働債権とする相殺の適否（小松設計工務所事件・墨田簡判昭和 39・12・23）」ジュリスト 379 号（1967 年）
「労基法二〇条違反の解雇の効力（加藤電機製作所事件・東京地判昭和 41・4・23）」ジュリスト 403 号（1968 年）
「甲会社から系列会社乙への転属を命じられた従業員がなした転属承諾すなわち甲

「会社退職の意思表示は、乙会社に雇傭されることを条件としてされたものであり、乙会社との雇傭関係が成立しない以上、条件の成就がない故、その効力を発生せず、甲会社との雇傭契約が存続しているとされた事例（日立製作所事件・横浜地判昭和42・2・6）」ジュリスト404号（1968年）

「タクシー会社の労働組合が、自動車検査証を占有し、会社の返還要求に応じない行為は、当該自動車の運行に支障を招き、実力的手段により会社の操業を妨害するものとして許されないが、右自動車検査証の引き渡しを求める仮処分申請は、その必要性を欠くとされた事例（三光自動車事件・東京地決昭和40・12・27）」ジュリスト408号（1968年）

「療養中の家族の看護につき、付添人を雇ったとすれば当然に支払われるべき金額を療養補償中の看護料として認めた事例／障害補償費を裁判上訴求しているときにおける労基法施行規則四七条一項にいう『決定した日』の意義」（佐藤工業所事件・仙台地判昭和42・9・29）ジュリスト416号（1968年）

「原職復帰および復職までの諸給与相当額の支払を命ずる救済命令を受けた使用者が被解雇者に対し解雇を取り消し自宅待機を命じ諸給与相当額の支払を通知したが、数日後再解雇した場合につき、右救済命令中の原職復帰命令が履行されたものとはいえないとした事例・救済命令に違反した使用者が労組法32条による過料の制裁を免れる場合（キューピー事件・東京地決昭和43・1・25）」ジュリスト427号（1969年）

「日本国際貿易促進協会事件（東京地判昭和43・1・25）」ジュリスト433号（1969年）

「保安基準に該当する具体的行為の立証がない場合に行われた保安解雇が、正当な組合活動を理由とするもので、不当労働行為であるとされた事件。保安解雇に続いて予備的解雇にも拘らず、復職等を命ずる救済命令を発したことが適法でないとされた事例（駐留軍立川基地事件・東京地判昭和42・11・8）」ジュリスト439号（1969年）

「船員法六七条にいう船長が時間外労働を命ずる臨時の必要があるときとされた事例。国鉄職員に対する懲戒免職処分が苛酷に失し、懲戒権の濫用に当たるとされた事例。国鉄法三一条による職員に対する懲戒処分の法的性質（青函連絡船事件・札幌高函館支判昭和44・1・17）」ジュリスト449号（1970年）

「労働組合の目的と臨時組合費の徴収費（日本炭鉱事件・福岡地判昭和44・2・12）」ジュリスト456号（1970年）

「女子従業員が結婚したときは退職するとの慣行の正当性。女子従業員の退職願に

よる合意解約の意思表示がその動機となった結婚退職の慣行の有効性につき要素の錯誤があったとして無効とされた事例（山一証券事件・名古屋地判昭和45・8・26）」ジュリスト487号（1971年）

「山猫スト（西日本鉄道到津営業所事件・福岡高判昭和37・10・4）」ジュリスト増刊（労働法の判例）（1972年）

「労働協約および労働契約により定められた結婚退職制が，第一子出産で打ち切られる雇用延長制をあわせ採用していても合理性を有するものでなく，性別による差別待遇の禁止，結婚の自由の保障からなる公の秩序に反し無効とされた事例（三井造船事件・大阪地判昭和46・12・10）」ジュリスト523号（1973年）

「反戦活動により逮捕，勾留された者に『事故欠勤引続きを2ヶ月以上の者で解雇を適当と認めたとき』という就業規則，労働協約を適用した通常解雇が正当と認められた事例」（日本鋼管事件・横浜地川崎支判昭和47・10・12）ジュリスト534号（1973年）

「二重就業を禁ずる就業規則の規定の趣旨。競争会社への就業が右規定に違反するとしてなされた懲戒解雇が正当とされた事例（昭和室内装飾事件・福岡地判昭和47・10・20）」ジュリスト552号（1974年）

「地位保全，賃金支払命令後になされた一時金，努力賞の支払を命じる仮処分決定を認可した事例（中部日本放送事件・名古屋地判昭和48・9・28）」ジュリスト587号（1975年）

「始末書不提出を理由とする出勤停止処分が無効とされた事例（豊橋木工事件・名古屋地判昭和48・3・14）」ジュリスト596号（1975年）

「組合の意志と無関係になされた一斉休暇ストをいわゆる山猫ストとし，これを指導した者に対する懲戒解雇を有効と認めた事例（幸袋工作所事件・福岡地飯塚支判昭和50・4・24）」ジュリスト618号（1976年）

「保安要員引揚げ争議行為の労調法36条違反該当性と責任―東亜石油事件（東京高判昭和51・7・19）」労働判例261号（1976年）

「孫請負人の労働災害についての，下請負人，元請負人の責任。孫請負人自体の過失に対し，二割の過失相殺を認めた事例（林兼造船事件・山口地下関支判昭和50・5・26）」ジュリスト633号（1977年）

「定年退職後も特段の欠格事由のないかぎり再雇用するとの労働慣行を認定し，右欠格事由のない者に対する再雇用後の就労拒否を不当労働行為とした事例（大栄交通事件・最2小判昭和51・3・8）」ジュリスト657号（1978年）

「複数の企業内組合間の賃金差別が不当であるとして差別された組合人に差額分の

損害賠償を命じた事例（門司信用金庫事件・福岡地小倉支判昭和53・12・7）」判例評論253号（1980年）

「行政官庁の許可のない校務員の本務以外の宿日直勤務につき超過勤務手当の支払が認められた事例（大阪市学校公務員事件・大阪地判昭和54・4・23）」ジュリスト720号（1980年）

「支給日に在籍しない被解雇者の賞与につき，支給対象期間中勤務した割合による請求が認められた事例（ビクター計算機事件・東京地判昭和53・3・22）」ジュリスト722号（1980年）

「生理休暇に関する就業規則の一方的変更の効力―タケダシステム事件最高裁判決をめぐって」ジュリスト808号（1984年）

「単一組織である単産支部の脱退決議反対者からなる『支部』が存する場合，右単産に対する団交拒否が不当労働行為とされた事例」（東京地判昭和58・10・27）判例評論306号（1984年）

「『褒章休暇』の繰越し保有，精算に関する就業規則の変更の効力」（ソニー・ソニーマグネプロダクツ事件・東京地判昭和58・2・24）」ジュリスト845号（1985年）

「生理休暇の取得と精皆勤手当の減額（エヌ・ビー・シー工業事件・最3小判昭和60・7・16）」法学教室61号（1985年）

「営業所長による共産党員か否かを含む事情聴取行為の違法性の有無（東京電力塩山営業所事件・東京高判昭和59・1・20）」ジュリスト865号（1986年）

「雇用調整助成金の支給要件としての休業延日数の意義（広島職安所長事件・広島地判昭和60・6・4）」ジュリスト874号（1986年）

「【一】不況対策の一環としてされた遠隔地の子会社への出向が，配転同様に本人の同意を必要とせず有効とされた事例【二】寝たきり両親をかかえる者に対する遠隔地への出向命令が人事権濫用とされた事例」（新潟地高田支判昭和61・10・31）判例評論349号（1988年）

「公民権の行使―十和田観光電鉄事件」（最2小判昭和38・6・21）労働法判例百選〈第5版〉別冊ジュリスト101号（1989年）

「労働組合の行為―旭硝子事件」（横浜地判昭和47・6・20）労働法判例百選〈第5版〉別冊ジュリスト101号（1989年）

「【一】労働組合法一七条の労働協約の一般的な拘束力は労働条件の不利益変更の場合にも認められるか【二】満六〇歳定年制に関する協約が締結された場合にそれ以前から同協約により一部有利な内容の労働条件の適用を受けていた未組

織労働者にもその効力が及ぶとされた事例（第四銀行定年制事件第一審判決・新潟地判昭和 63・6・6）」判例時報 1330 号（1990 年）

「退職後六ヶ月以内に同業他社に就職した場合の退職金不支給規定の効力」（中部日本広告社事件・名古屋高判平成 2・8・31）判例時報 1388 号（1991 年）

「同業他社への転職を理由とする退職金不支給規定の適用」（福井新聞社事件・福井地判昭和 62・6・19）ジュリスト 951 号（1993 年）

「組合反対派の活動家に対する配転・再配転は不当労働行為か（東京焼結金属事件・東京高判平成 4・12・22）」ジュリスト 1045 号（1994 年）

「退職金の減額—三晃社事件」労働法判例百選〈第 6 版〉別冊ジュリスト 134 号（1995 年）

「会社による政党員らの職制を通じての監視，尾行行為等の不法行為性（関西電力事件・最 3 小判平成 7・9・5）」ジュリスト 1103 号（1996 年）

「就業時間中の組合バッチ着用が正当な組合活動か（JR 東海事件・東京地判平成 7・12・14）」判例時報 1600 号（1997 年）

「労災保険給付不支給処分決定取消訴訟において使用者は法律上の利害関係を有する第三者として補助参加できる（レンゴー事件・最 1 小決平成 13・2・22）」ジュリスト 1220 号（2002 年）

「業務請負契約終了を理由とする派遣先企業の雇止めの効力を否定し，派遣先企業との労働契約の成立を認めた事例（ナブテスコ（ナブコ西神工場）事件・平成 17・7・22）」ジュリスト 1321 号（2006 年）

### 4　研究報告書

『アメリカにおける企業年金制度の現状』（高年齢者雇用開発協会，1982 年）

「西ドイツにおける高年齢者雇用政策の転換」『欧米の高年齢者雇用政策に関する研究報告書』（高年齢者雇用開発協会，1985 年）

「西ドイツの企業年金と早期退職制」，「イギリスにおける企業年金制度の普及と法制化」『欧米の高齢者雇用・職業問題に関する研究報告書』（高年齢者雇用開発協会，1987 年）

『外国の派遣事業の実態に関する調査研究』（社会経済国民会議，1989 年）

『専門学校留学生受入れ実態調査報告書』（財団法人専修学校教育振興会，1991 年）

『外国人の就労・居住に伴う社会的コストに関する調査研究』（法務省委託調査報告書，1992 年）

『日本的雇用システムに関する国際比較研究報告書』（連合総合生活研究所，1993

年)
『外国人研修をどう考えるか』(神奈川県研修生実態調査報告書, 1993年)
『中小企業における外国人研修生受入れ実態等に関する調査研究』(国際研修協力機構, 1994年)
『研修制度の現状と動向―外国人研修生受け入れ事例調査報告』(松本商工会議所, 1994年)
『OECD諸国における査証制度』(外務省領事移住部, 1997年)
『東京大都市圏外部における都市田園芝生圏構想』(国土庁, 1997年)
『日欧高齢社会シンポジウム報告書』(上廣倫理財団, 1999年)
『高齢者の医療・介護・年金保険―日独社会保障共同研究シンポジウム』(健康保険組合連合会, 2002年)
『在日ブラジル人に係る諸問題に関するシンポジウム報告書』(外務省, 2003年)
『日伯比較法及び在日ブラジル人就労者に関するシンポジウム報告集』(2002・8・26―29 サンパウロ, 8・29―31 ロンドリーナ) ICCLP Publications No. 8 (東京大学大学院法学政治学研究科附属比較法政国際センター, 2003年)
『国境を越えた人の移動―経済連携協定と外国人労働者の受け入れ』(外務省経済局・国際移住機関東京事務所, 2004年)
『年金制度における少子化への対応に関する研究』厚生労働科学研究費補助金政策科学推進研究事業・平成15年度総括研究報告書 (2004年)
『外国人問題にどう対処すべきか―諸外国の抱える問題とその取り組みの経験を踏まえて』(外務省・国際移住機関, 2005年)
『年金制度における少子化への対応に関する研究』厚生労働科学研究費補助金政策科学推進研究事業・平成16年度総括研究報告書 (2005年)
『平成16年度・多文化共生社会を考える研究会報告書』(地球産業文化研究所, 2005年)
『外国人問題にどう対処すべきか―外国人の日本社会への統合に向けての模索』(外務省・国際移住機関, 2006年)
『経済構造変化にともなう雇用変化と雇用関係法に関する実証的・比較法的研究』平成14年度～平成17年度科学研究費補助金研究成果報告書 (2006年)
『外国人労働者問題に関するセミナー・資料学』社会経済生産性本部 (2007年3月)
『イタリア, 韓国における外国人政策に関する調査報告書』(2007年11月)

## 5　書　評

「佐藤昭夫著・山猫スト論」日本労働協会雑誌 39 号（1972 年）
「久保敬治教授還暦記念論文集・労働組合法の理論課題」日本労働協会雑誌 267 号（1981 年）
「Hubert Rottleuthner (Hrsg.), Rechtsoziologische Studien zur Arbeitsgerichtbarkeit」法社会学 41 号（1988 年）
「髙藤昭著『外国人と社会保障法――生存権の国際的保障法理の構築に向けて』」法政大学大原社会問題研究所雑誌 2002 年 10 月号

## 6　翻　訳

「外国人被用者に対する疾病保険給付の支給に関する解説」国際社会保障研究 8 号（1972 年）
『ドイツ社会保険法』（東洋経済新報社，1978 年）
『全米自動車労組・フォード労働協約』（国際自動車労働組合調査資料）（全トヨタ労働組合連合会，1979 年）
『全米自動車労組・ゼネラルモーターズ労働協約』（国際自動車労働組合調査資料 2）（全トヨタ労働組合連合会，1980 年）
『西ドイツ「企業による老齢給付の改善のための法律」』（高年齢者雇用開発協会，1981 年）
『全米自動車労組・GM・オクラホマ工場ローカル協約・フォルクスワーゲン・アメリカ協約』（国際自動車労働組合調査資料 3）（全トヨタ労働組合連合会，1981 年）
ペーター・ハナウ，クラウス・アドマイト著『ドイツ労働法』（阿久澤利明と共訳）（信山社，1994 年）
ベルント・フォン・マイデル「ドイツにおける少子高齢化と年金」季刊労働法 205 号（2004 年）
ウルリッヒ・ヴァルヴァイ「解雇制限の緩和によりより多くの雇用は生まれるのか」季刊労働法 206 号（2004 年）
ヴィンフリート・シュメール「ドイツの少子高齢化と年金改革の方向」季刊労働法 206 号（2004 年）
マーク・フリードランド「法律と実際の雇用関係法の変遷」季刊労働法 209 号（2005 年）

## 7　評論・時評等

「労働組合の内部問題」（討論）日本労働協会雑誌 143 号（1971 年）

「社会政策と労働法学」（記念対談，語り手・大河内一男）日本労働法学会誌 37 号（1971 年）

「ちょっと待て外国人労働者の導入」中央公論 1988 年 2 月号

「いつまで放置　外国人不法就労―雇い主の処罰規定を，人権を守る組織も必要」毎日新聞 1988 年 10 月 8 日朝刊（時代の目）

「パートタイマーとアルバイター」（時評）季刊労働法 151 号（1989 年）

「素朴な『開国』論を排す」（インタビュー）諸君 1989 年 6 月号

「外国人労働者受け入れ，規制効果乏しい二国間協定―困難な量的制限」日本経済新聞 1989 年 10 月 20 日朝刊（経済教室）

「外国人労働者問題の新局面」中央公論 1989 年 11 月号

「今こそ西ドイツの失敗に学べ」諸君 1989 年 11 月号

「外国人労働者の受け入れの諸相と問題点」（座談会）法の支配 80 号（1990 年）

「現地で探ったドイツ統一の行方（上）　うずき出した市場経済への移行の痛み―生活の不安に耐える東独市民」エコノミスト 1990 年 9 月 4 日号

「現地で探ったドイツ統一の行方（中）　ジレンマ抱える東独企業の民営化―業種が限られた西独からの資本参加・買収」エコノミスト 1990 年 9 月 11 日号

「現地で探ったドイツ統一の行方（下）　両独統一の御旗は社会的市場経済―マルク一対一交換に秘められた効用」エコノミスト 1990 年 9 月 18 日号

「『人手不足』をどう考えるか：今後の雇用構造のゆくえ」造船重機 76 号（1990 年）

「経済革命の様相呈する東西ドイツの統一」商工ジャーナル 10 月号（1990 年）

「あつれき生むか東からの"人口移動"―注目される EC 諸国の国境自由化の行方」世界週報 1991 年 1 月 22 日号

「外国人労働者受け入れ問題，問い直される『条件』『目的』―混乱を露呈した総理府の世論調査」毎日新聞 1991 年 4 月 3 日夕刊

「強まるコール首相への退陣要求―市場経済化の失敗のツケが噴出」エコノミスト 1991 年 5 月 14 日号

「正念場を迎えた外国人労働者問題」市政 40 巻 6 号（1991 年）

「共和国主導でソ連はどう再生するか　ドイツで見たソ連動乱への欧州の立場」エコノミスト 1991 年 10 月 15 日号

「外国人労働者問題国際シンポジウムを終わって：手塚和彰千葉大学教授に聞く」
　　労働かながわ 494 号（1992 年）
「定住しつつある現実を見据え―新段階に入った外国人労働者の受け入れ」朝日新
　　聞 1992 年 6 月 18 日夕刊
「週四〇時間労働法制化の是非―『四〇時間制』反対は大企業のエゴ　『働く喜び』
　　を法律で縛る結果に」毎日新聞 1992 年 7 月 12 日朝刊（日曜論争）
「外国人技能実習制度創設をめぐって」（時論）季刊労働法 164 号（1992 年）
「外国人労働者と人権」（講演）人権通信 27 巻 4 号（1992 年）
「『東』からの波に翻弄される統合―『大ヨーロッパ』実現の厳しさ」エコノミスト
　　1993 年 1 月 26 日号
「外国人労働者はどこへ行く？」文藝春秋 1993 年 6 月号
「ドイツ『難民規制』の決断―高失業率と高負担に国民ぎりぎりの選択」読売新聞
　　1993 年 6 月 17 日夕刊
「晴れ間も見えぬ統一 3 年後のドイツ経済　福祉国家の基盤が崩れる危機に」エコ
　　ノミスト 1993 年 11 月 16 日号
「村山さん，もうお辞めなさい―国民が『NO』と決した政権に続投は許されない」
　　文藝春秋 1995 年 9 月号
「討論　不法滞在外国人の未収医療費」読売新聞 1995 年 10 月 3 日
「介護保険ドイツリポート――福祉の現場はどう変わったか」エコノミスト 1995 年
　　10 月 17 日号
「介護保険導入にみる日独の差」毎日新聞 1995 年 10 月 31 日朝刊（私見／直言）
「急速に硬化したドイツ外国人政策―シェンゲン協定後の大変化」（巻頭言）季刊
　　社会安全 19 号（1995 年）
「高齢社会へのステップ（福祉国家ドイツのひとこま 1）」書斎の窓 1996 年 1・2
　　月号
「追悼　ボヤキスト・土屋健治」『時間の束をひもといて―追悼土屋健治』土屋健
　　治追悼集刊行会（1996 年）
「老人ホーム・介護ホームとサービスステーション(1)（福祉国家ドイツのひとこま
　　2）」書斎の窓 1996 年 3 月号
「老人ホーム・介護ホームとサービスステーション(2)（福祉国家ドイツのひとこま
　　3）」書斎の窓 1996 年 4 月号
「福祉行政の担い手(上)（福祉国家ドイツのひとこま 4）」書斎の窓 1996 年 5 月号
「福祉行政の担い手(下)（福祉国家ドイツのひとこま 5）」書斎の窓 1996 年 6 月号

「労働時間はどこまで短縮されるか(上)（福祉国家ドイツのひとこま6)」書斎の窓 1996 年 8 月号

「労働時間はどこまで短縮されるか(下)（福祉国家ドイツのひとこま7)」書斎の窓 1996 年 9 月号

「ドイツ介護保険法施行後の一年をみる(上)（福祉国家ドイツのひとこま8)」書斎の窓 1996 年 10 月号

「ドイツ介護保険法施行後の一年をみる(下)（福祉国家ドイツのひとこま9)」書斎の窓 1996 年 11 月号

「社会保障・福祉縮減の断行（福祉国家ドイツのひとこま 10)」書斎の窓 1996 年 12 月号

「日独の社会保障―質の維持へ負担増も　総額制が日本にも必要」毎日新聞 1998 年 6 月 22 日朝刊（争点論点）

「ドイツ政権交代―シュレーダー次期首相の課題はいぜん『失業』『福祉』『旧東独』」エコノミスト 1998 年 10 月 27 日号

「日本人はどこまで国から自立できるか」正論 1999 年 5 月号

「日本の中の外国人―20 世紀をふりかえる(6)」書斎の窓 1999 年 8 月号

「Japan Looks to Hire Immigrant Workers」Financial Times 1999.10.26.

「社会科学系の産学協同のために」（対談）法律文化 11 巻 4 号

連載「わかる社会保障」朝日新聞（1999 年 3 月～）

「特集座談会　医療保険制度が危ない　木下賢志・手塚和彰・藤正巌・田部康喜」Best Partner（浜銀総合研究所）2001 年 1 月 10 日号

「座談会　国境を越えた人の移動と経済のダイナミズム」月刊経済 Trend2004 年 8 月号

「『薬の副作用について』解題」千葉大学法学論集 19 巻 2 号，2004 年 9 月

「萩原碌山と川村吾蔵―2 大彫刻家と『ふるさと創生』(上)　信州を考える 1」市民タイムス 2005 年 1 月 8 日

「萩原碌山と川村吾蔵―2 大彫刻家と『ふるさと創生』(下)　信州を考える 1」市民タイムス 2005 年 1 月 9 日

「地方分権と市町村合併　信州を考える 2」市民タイムス 2005 年 3 月 5 日

「観光戦略のない日本―市町村合併の行方　信州を考える 3」市民タイムス 2005 年 5 月 18 日

「人のつながりや連帯　松本・安曇野と世界を結ぶもの　信州を考える 4」市民タイムス 2005 年 9 月 4 日

「安曇野市の発足―求められる『志』や理想　信州を考える5」市民タイムス2005年10月13日

「教育県信州について―ブラジルへの移民に原点をみる　信州を考える6」市民タイムス2005年12月29日

「松本の文化　信州を考える7」市民タイムス2006年3月14日

「外国人労働者受け入れ　急がれる政府一元管理」日本経済新聞2006年3月7日

「企業の地域貢献について(上)　信州を考える8」市民タイムス2006年9月29日

「企業の地域貢献について(下)　信州を考える9」市民タイムス2006年9月30日

〈編集代表〉

手塚和彰（てづか・かずあき）
　　　　青山学院大学法学部法学科教授

中窪裕也（なかくぼ・ひろや）
　　　　一橋大学大学院国際企業戦略研究科教授


### 変貌する労働と社会システム
―― 手塚和彰先生退官記念論集

2008（平成20）年4月25日　初版第1刷発行

| 編集代表 | 手塚和彰 |
| | 中窪裕也 |
| 発行者 | 今井　貴 |
| | 渡辺左近 |
| 発行所 | 信山社出版株式会社 |

（〒113-0033）東京都文京区本郷6-2-9-102
　　　TEL　03（3818）1019
　　　FAX　03（3818）0344

Printed in Japan　　　印刷・製本／松澤印刷・大三製本

©手塚和彰，中窪裕也，2008.

ISBN978-4-7972-2615-7　C3332

―――― 既刊・新刊 ――――

**労災補償の諸問題**(増補版)　山口浩一郎 著　　本体 8,800円

**友愛と法**　山口浩一郎先生古稀記念論集
　　編集代表　菅野和夫・中嶋士元也・渡辺 章　　本体13,600円

**労働関係法の現代的展開**　中嶋士元也先生還暦記念論集
　　編集代表　荒木尚志・小畑史子・土田道夫　　本体10,000円

**労働関係法の国際的潮流**　花見忠先生古稀記念論集
　　山口浩一郎・渡辺 章・菅野和夫・中嶋士元也 編　　本体15,000円

**労働時間の法理と実務**
　　渡辺 章・山川隆一 編・筑波大学労働判例研究会 著　　本体 7,500円

〈日本立法資料全集・本巻〉
　　渡辺 章 編集代表　土田道夫・中窪裕也・野川 忍・野田 進 解説

**労働基準法**〔昭和22年〕(1)(立案経過資料)　本体43,689円

**労働基準法**〔昭和22年〕(2)(立案経過資料)　本体55,000円

**労働基準法**〔昭和23年〕(3)上(議会審議録)　本体35,000円

**労働基準法**〔昭和23年〕(3)下(議会審議録)　本体34,000円

―――― 信山社 ――――